《电动汽车工程手册》卷目

总主编 孙逢春（北京理工大学，中国工程院院士）

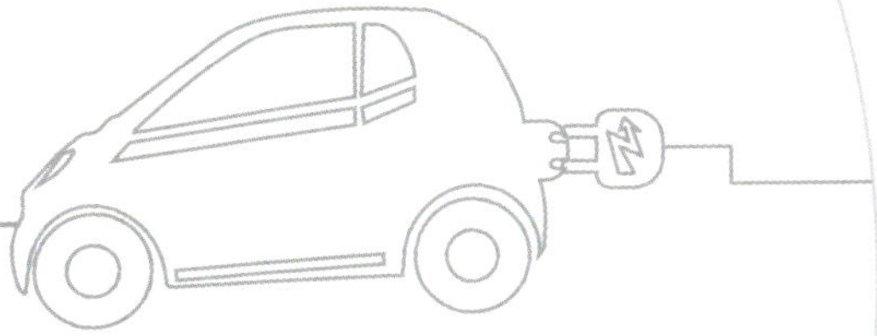

第一卷 纯电动汽车整车设计

主编 北京理工大学 林 程

主审 北京汽车集团有限公司 林 逸

第二卷 混合动力电动汽车整车设计

主编 北京理工大学 何洪文

主审 清华大学 张俊智

第三卷 燃料电池电动汽车设计

主编 同济大学 章 桐

主审 清华大学 李 骏（中国工程院院士）

第四卷 动力蓄电池

主编 中国电子科技集团公司第十八研究所 肖成伟

主审 中国科学院上海微系统与信息技术研究所 夏保佳

第五卷 驱动电机与电力电子

主编 上海电驱动股份有限公司 贡 俊

主审 中国科学院电工研究所 温旭辉

第六卷 智能网联

主编 清华大学 李克强

主审 清华大学 李 骏（中国工程院院士）

第七卷 基础设施

主编 北京交通大学 张维戈

主审 中国科学院电工研究所 王丽芳

第八卷 测试评价

主编 中国汽车工程研究院股份有限公司 周 舟

主审 湖南大学 刘敬平

第九卷 运用与管理

主编 北京理工大学 王震坡

主审 北京航空航天大学 王云鹏

第十卷 标准与法规

主编 中国汽车技术研究中心有限公司 吴志新

主审 比亚迪汽车工业有限公司 廉玉波

谨以此书献给

为中国电动汽车事业
砥砺奋进的电动汽车人！

FOTON 福田汽车

BAIC BJEV 北汽新能源

CATL 宁德时代

东风汽车

中国一汽 FAW

BYD 比亚迪汽车 BYD AUTO

宇通客车

广汽新能源 GAC NE

上汽集团 SAIC MOTOR

上汽大通 MAXUS

长安新能源 CHANGAN EV

ROEWE 荣威 品位科技 · 知你知行

奇瑞新能源 CHERY NEW ENERGY

……

HANDBOOK OF ELECTRIC VEHICLE

总主编 孙逢春 **主编** 何洪文 **副主编** 曾小华 赵治国 高建平 凌和平 **主审** 张俊智

国家出版基金项目
NATIONAL PUBLICATION FOUNDATION

Volume 2

第二卷

电动汽车工程手册

混合动力电动汽车整车设计

机械工业出版社
CHINA MACHINE PRESS

鉴于混合动力电动汽车种类多、组成复杂、设计难度大，《电动汽车工程手册 第二卷 混合动力电动汽车整车设计》立足从类别释义、整车动力系统总体设计、整车综合控制系统设计入手，梳理出混合动力电动汽车整车设计的基本方法，之后具体就五种代表性整车——串联混合动力电动汽车、并联混合动力电动汽车、混联混合电动电动汽车、插电式混合动力电动汽车和增程式电动汽车——展开具体说明，最后就混合动力电动汽车关键零部件的选型设计给出了基本原则和选型举例。本卷力求从设计原则、设计方法、具体方案、应用实例等方面组织内容，供从事混合动力电动汽车等相关工作的技术人员、工程师和技术管理人员参考使用。

图书在版编目（CIP）数据

电动汽车工程手册. 第二卷，混合动力电动汽车整车设计 / 何洪文主编 .—北京：机械工业出版社，2019.12
ISBN 978-7-111-63870-4

Ⅰ. ①电… Ⅱ. ①何… Ⅲ. ①电动汽车 – 汽车工程 – 技术手册 Ⅳ. ① U469.72-62

中国版本图书馆 CIP 数据核字（2019）第 217716 号

机械工业出版社（北京市百万庄大街 22 号 邮政编码 100037）
策划编辑：何士娟 责任编辑：何士娟 孟 阳 母云红 杜凡如
责任校对：刘雅娜 责任印制：张 博
北京铭成印刷有限公司印刷
2019 年 12 月第 1 版第 1 次印刷
184mm × 260mm · 35.5 印张 · 11 插页 · 851 千字
0001—3000 册
标准书号：ISBN 978-7-111-63870-4
定价：298.00 元

电话服务	网络服务
客服电话：010-88361066	机 工 官 网：www.cmpbook.com
010-88379833	机 工 官 博：weibo.com/cmp1952
010-68326294	金 书 网：www.golden-book.com
封底无防伪标均为盗版	机工教育服务网：www.cmpedu.com

《电动汽车工程手册》指导委员会

主　任： 付于武　　中国汽车工程学会

委　员：（按姓氏笔画排序）

王传福　　比亚迪汽车工业有限公司
朱华荣　　重庆长安汽车股份有限公司
衣宝廉　　中国工程院院士，中国科学院大连化学物理研究所
安　进　　安徽江淮汽车集团股份有限公司
李　骏　　中国工程院院士，中国汽车工程学会
李开国　　中国汽车工程研究院股份有限公司
林忠钦　　中国工程院院士，上海交通大学
欧阳明高　中国科学院院士，清华大学
钟志华　　中国工程院院士，中国工程院
徐和谊　　北京汽车集团有限公司
徐留平　　中国第一汽车集团有限公司
曾庆洪　　广州汽车集团股份有限公司
曾毓群　　宁德时代新能源科技股份有限公司
魏建军　　长城汽车股份有限公司

《电动汽车工程手册》编撰委员会

（按姓氏笔画排序）

主　　任：	孙逢春					
副 主 任：	王云鹏	王丽芳	王震坡	刘敬平	贡　俊	李克强
	肖成伟	吴志新	何洪文	张俊智	张维戈	林　逸
	林　程	周　舟	夏保佳	章　桐	温旭辉	廉玉波
常务委员：	史建鹏	李　罡	李高鹏	杨大勇	吴　凯	陈上华
	武锡斌	赵子亮	郝景贤	钟益林	高立新	凌和平
委　　员：	王　兆	王　芳	王大方	王仁广	王文伟	王志福
	王松蕊	王泽兴	田长青	田立庆	白　杰	白影春
	冯　屹	边明远	任丽彬	刘　鹏	刘永东	刘坚坚
	刘桂彬	闫紫电	阳如坤	孙　力	孙　影	孙华军
	苏金然	苏常军	李　进	李　威	李玉军	李冰心
	李益丰	杨　洁	杨　勇	杨子发	杨世春	杨智伟
	杨睿诚	时志强	吴　川	吴大勇	吴宁宁	囤金军
	何云堂	邹慧明	汪正胜	宋　珂	宋盼盼	张　雷
	张舟云	张承宁	张新丰	张福元	陈　勇	陈　强
	陈朝阳	陈潇凯	苗艳丽	欧　阳	罗禹贡	周　辉
	郑马英	单忠强	屈丽辉	孟祥峰	赵小勇	赵庆云
	赵治国	赵洪辉	段秋生	侯　明	秦志东	袁国辉
	袁登科	袁瑞铭	夏定国	倪绍勇	倪淮生	徐　宁
	徐　斌	徐　磊	徐焕恩	殷国栋	高　石	高　波
	高学平	高建平	高振海	郭景华	黄　艳	黄　彧
	黄苏融	曹万科	彭剑坤	董其惠	蒋　萌	程夕明
	程兴群	曾小华	谢　飞	翟　丽	熊　瑞	潘　牧
	戴长松	魏跃远	糜　锋			

《电动汽车工程手册》出版委员会

序

《电动汽车工程手册》正式和广大读者见面了。这是对我国新能源科技与工程领域的一个贡献，也是我国新能源汽车产业的一项重大基础性建设。

从顶层上看，中国汽车产业发展战略一定要与国家的能源战略相契合。国家的能源战略很明确，就是立足国情，多元替代。2009年，我国将新能源汽车上升为国家战略，在全球率先启动了产业化进程。2014年，发展新能源汽车被认为是迈向汽车强国的必由之路，这更进一步坚定了相关企业的信心，汽车产业总体由燃油汽车的跟踪追赶转向新能源汽车的“换道先行”。

近几年来，我国新能源汽车技术快速发展，整体素质和实力有所增强，产品的质量和水平有较大提高，产品的门类和品种有了较快的发展，为我国社会主义现代化建设做出了应有的贡献。但是也应当看到，与国民经济蓬勃发展的需要和国际先进水平相比，我国电动汽车技术还存在着一定差距。在我国社会主义市场经济体制逐渐建立和完善的进程中，在世界范围新技术革命步伐加快的过程中，我国电动汽车工业既有机遇，又有挑战。为此，电动汽车工业发展必须真正调整到依靠科技进步和提高劳动者素质的轨道上来，要下大力气掌握和追踪新技术，开发和应用新技术，改造传统工艺，发展新兴产业，不断增强电动汽车工业在国内外两个市场的竞争能力。只有这样，才能更好地完成党和人民赋予我们的发展民族汽车工业的历史重任。

《电动汽车工程手册》正是为完成这个历史任务而诞生的。它梳理了电动汽车产业多年发展的知识积累，凝结了我国电动汽车产业近20年来自主研究的重要成果，对于总结电动汽车现有技术成果、强化关键共性技术、引领技术发展方向有重要意义；另外，它涉及的内容全面，对于推进电动汽车产业链全面发展、加快国家基础体系建设具有重要意义，对于发展新能源汽车的国家战略、加快新能源汽车的推广应用、有效缓解能源和环境压力、促进汽车产业转型升级也将起到重要的参考作用，具有非常重要的出版价值。

这部手册的编写与审稿队伍，由国内千余名有专长、有经验的学者和专家所组成。手册扼要地总结了电动汽车各个关键细分领域的科学技术成就，同时也吸收了国外的成熟经验。聚沙成塔，集腋成裘。名为手册，实为巨著。

读书不易，写书颇难，写工具书更难。为了编好这部“立足全局，勾画全貌，反映共性，突出重点”的手册，从技术全面性、知识完整性、分卷协调性的角度出发，编者们做了很大努力，从无到有，诸事草创，困难重重，艰辛备尝。值此手册出版之际，我谨向各参编单位、各审稿单位和出版印刷单位，向数以千计的全体编写、审稿人员，向遍及全国的为手册提供资料和其他便利条件的单位和同志们，表示衷心的感谢。

“大道行于百年，权宜利于一时”。《电动汽车工程手册》是积累、扩充和传播知识的工具，是新能源汽车科技领域的一项宏远工程。唯有以渊博的科学技术知识作为基础，才能不断创新。它既可供从事技术工作的各类人员在工程实践中查阅使用，也可供企事业单位从事相关管理工作的人员参考使用。读者可以从中了解相关专业领域的国内领先科技和国际先进科技，了解和把握技术动向，以便能科学、准确地做出决策和规划，使我们的工作更具系统性、预见性和创造性，更好地为汽车工业的持续、快速、健康发展服务。

实践是检验真理的唯一标准。在我国，这类工具书的编撰和出版工作刚刚开始，现在是从无到有，将来是精益求精。我们将严肃认真地听取广大读者的意见和建议，以作为评价和改进这部手册的主要依据。在新的长征途中，希望我们全体的中国汽车人勠力同心，再接再厉，去完成时代赋予我们的光荣使命。

付于武

前　言

2014年5月24日，习近平总书记在上海汽车集团考察时指出："发展新能源汽车是我国从汽车大国迈向汽车强国的必由之路。"他的重要讲话为我国汽车工业的发展指明了前进和发展方向。2010年，国家把新能源汽车列入七大战略性新兴产业之一；2015年，节能与新能源汽车列入《中国制造2025》十大重点支持领域之一。

保障我国能源安全、实现节能和环保、促进汽车产业技术革命及产业转型升级，是发展新能源汽车的国家战略和大势所趋。以新能源汽车为基础的智能网联汽车，将会在生产环节以及整个消费环节、服务环节取得全面发展。

经过国家四个"五年计划"的科技攻关，特别是通过2008年北京奥运会、2010年上海世博会，我国新能源汽车行业取得了四大标志性成果：一是新能源汽车产业规模和产销量全球第一，并占有全球50%以上市场份额，技术水平处于国际先进行列；二是充电基础设施规模全球第一；三是动力蓄电池、电机、电控等核心关键技术产品产销量全球第一；四是构建了全球领先的新能源汽车安全运行监管平台技术和标准体系。

目前，我国新能源汽车产业基本掌握了整车技术和关键零部件技术，有了一定的技术积累，进入了成长期。

成长中的中国新能源汽车，对知识的需求极度渴望。在完全开放的全球市场中，技术竞争压力越来越大，中国汽车企业亟须解决电动汽车核心关键技术。加快新能源汽车持续创新，推进中国汽车产业技术转型升级，是中国科技发展的重大战略需求。

我国新能源汽车发展了20多年，是到了一个该总结、该展望的时刻了。

《电动汽车工程手册》是一部系统概括电动汽车各专业主要技术内容的大型工具书，总结了三种电驱动车辆——纯电动汽车、混合动力电动汽车和燃料电池电动汽车相关的技术成果和知识链。

《电动汽车工程手册》的编写初衷，是响应国家建设制造强国的发展战略目标要求，系统地、完整地梳理我国电动汽车这20多年来的知识体系，对电动汽车各个关键细分领域专题技术路线进行深入剖析，总结电动汽车现有技术成果，强化关键共性技术，引领技术发展方向，希望能够从供给侧的角度推进电动汽车产业链全面发展。

根据国家电动汽车重大专项部署，依据我国科技开发和产业化"三纵三横"布局，《电动汽车工程手册》规划了10卷：《纯电动汽车整车设计》《混合动力电动汽车整车设计》《燃料电池电动汽车设计》《动力蓄电池》《驱动电机与电力电子》《智能网联》《基础设施》《测试评价》《运用与管理》和《标准与法规》。其中，前三卷为整车卷，第四卷和第五卷为关键技术卷，第六卷到第十卷涉及三种整车共同的基础建设和相关产业链。手册内容广泛，卷帙浩繁，各卷的内容又相互渗透，互为补充，构成了一个纵横交错的知识体系。

从 2016 年开始，《电动汽车工程手册》编撰委员会盛情邀请在智能网联新能源汽车研究开发和产业化领域积极进取、攻坚克难和卓有建树的相关单位和专家，积极参与《电动汽车工程手册》的编撰工作。这套手册的编撰是一个从无到有的大工程，三年来，在千余位专家学者的共同努力下，书稿终成。

本手册集成产、学、研各方力量和智慧，实属来之不易。在这里，衷心地感谢《纯电动汽车整车设计》林程主编 / 林逸主审、《混合动力电动汽车整车设计》何洪文主编 / 张俊智主审、《燃料电池电动汽车设计》章桐主编 / 李骏主审、《动力蓄电池》肖成伟主编 / 夏保佳主审、《驱动电机与电力电子》贡俊主编 / 温旭辉主审、《智能网联》李克强主编 / 李骏主审、《基础设施》张维戈主编 / 王丽芳主审、《测试评价》周舟主编 / 刘敬平主审、《运用与管理》王震坡主编 / 王云鹏主审、《标准与法规》吴志新主编 / 廉玉波主审；感谢北汽新能源、宁德时代、福田汽车、广汽新能源、宇通客车、比亚迪汽车、中国一汽、东风汽车、上汽集团、长安新能源、奇瑞新能源等知名企业的技术总监和技术专家；感谢清华大学、北京理工大学、北京航空航天大学、北京交通大学、同济大学、吉林大学、南开大学、天津大学、重庆大学、湖南大学等院校的教授和老师；感谢中国电子科技集团公司第十八研究所、中国科学院电工研究所、中国科学院理化技术研究所、中国汽车技术研究中心有限公司、中国汽车工程研究院股份有限公司等研发机构的工程师。

《电动汽车工程手册》还是一个新生儿，希望大家能够不断地对之修正补充完善，使之始终伴随并助力中国电动汽车产业的健康成长。

手册终于和大家见面了，但在总体编排和一些具体问题的处理上仍有些不尽如人意之处，欢迎广大读者批评指正，并请将意见和建议发到邮箱 evhandbook@163.com。感谢大家的支持！

本卷编写与审稿人员

主编：何洪文　副主编：曾小华　赵治国　高建平　凌和平　主审：张俊智

章号	章名	负责人	其他编写人员	审稿人员
第 1 章	混合动力电动汽车概述	北京理工大学：何洪文	北京理工大学：曹剑飞	清华大学：张俊智
第 2 章	混合动力电动汽车的主要类别及工作原理	北京理工大学：何洪文	北京理工大学：曹剑飞	清华大学：张俊智； 比亚迪汽车工业有限公司：凌和平，刘坚坚
第 3 章	混合动力电动汽车总体设计	吉林大学：曾小华	北京理工大学：何洪文； 同济大学：赵治国； 吉林大学：张轩铭，李晓建，高福旺，陈虹旭，李量宇	清华大学：张俊智； 比亚迪汽车工业有限公司：凌和平，孟繁亮
第 4 章	混合动力电动汽车整车综合控制系统总体设计	北京理工大学：何洪文	北京理工大学：彭剑坤，曹万科，闫梅； 同济大学：赵治国； 郑州宇通客车股份有限公司：苏常军	清华大学：张俊智； 比亚迪汽车工业有限公司：凌和平，翟震，石明川
第 5 章	串联混合动力电动汽车整车设计	北京理工大学：何洪文	北京理工大学：曹剑飞； 中车时代电动汽车股份有限公司：汪伟	北京新能源汽车股份有限公司：魏跃远
第 6 章	并联混合动力电动汽车整车设计	同济大学：赵治国	比亚迪汽车工业有限公司：凌和平，翟震，姜龙； 上汽集团商用车技术中心：郝景贤； 同济大学：沈沛鸿，姜斯文，胡昊锐	北京信息科技大学：陈勇

（续）

章号	章名	负责人	其他编写人员	审稿人员
第 7 章	混联式混合动力电动汽车整车设计	吉林大学：曾小华	吉林大学：王越，牛超凡，崔臣，姜效望； 北京理工大学：彭剑坤，闫梅	中国汽车技术研究中心有限公司：王仁广
第 8 章	插电式混合动力电动汽车整车设计	河南科技大学：高建平	北京理工大学：何洪文，彭剑坤，闫梅，曹剑飞； 郑州宇通客车股份有限公司：张涛，苏常军，王印束，王秋杰； 广州汽车集团股份有限公司汽车工程研究院：李秦	北京理工大学：何洪文； 吉林大学：曾小华
第 9 章	增程式电动汽车设计	北京新能源汽车技术创新中心有限公司：王泽兴	北京新能源汽车股份有限公司：魏跃远； 北京理工大学：曹剑飞	北京信息科技大学：陈勇； 比亚迪汽车工业有限公司：凌和平，孟繁亮，李桂忠
第 10 章	混合动力电动汽车总成及部件选型和设计	郑州宇通客车股份有限公司：苏常军	北京理工大学：何洪文，闫梅，李梦林，石曼，韩陌； 郑州宇通客车股份有限公司：张晓伟，张涛； 常州海科新能源技术有限公司：廖越峰，杨敏	河南科技大学：高建平； 比亚迪汽车工业有限公司：凌和平，潘华，翟震； 同济大学：袁一卿

本卷前言

“节能、减排”始终是汽车技术革命的主题，是汽车工业可持续发展的关键，发展节能与新能源汽车已成为我国的国家战略和国际共识。在现阶段，限于常规动力升级难度大，“+电”已成为汽车动力系统升级的重要特征，而油电混合已成为汽车节能技术升级的重要手段。我国自2002年以来，连续启动包括混合动力电动汽车的多个电动汽车、节能与新能源汽车国家重大专项、重点项目、重点研发计划项目等对产业发展进行持续支持。插电式混合动力电动汽车已经成为我国新能源汽车的主力类型之一，实现规模运营。混合动力电动汽车作为节能汽车的主要类型正在积极推广。全球各类混合动力电动汽车销量累计已接近1500万辆。

鉴于混合动力电动汽车组成复杂、种类繁多、设计难度大，《电动汽车工程手册　第二卷　混合动力电动汽车整车设计》从类别释义、整车动力系统总体设计、整车综合控制系统设计入手，梳理出混合动力电动汽车整车设计的基本方法，之后就五种代表性车型——串联混合动力电动汽车、并联混合动力电动汽车、混联混合动力电动汽车以及插电式混合动力电动汽车和增程式电动汽车的整车设计一一展开具体说明，最后就混合动力电动汽车总成及部件的选型设计给出了基本原则和选型举例。本卷旨在为汽车与相关行业从事技术研发、战略研究的专业人员提供系统的与混合动力电动汽车相关的技术资料，力求从设计原则、设计方法、具体方案、应用实例等方面组织材料。因此邀请了国内从事混合动力电动汽车技术研发的主要整车企业，如郑州宇通客车股份有限公司、比亚迪汽车工业有限公司、广州汽车集团股份有限公司、中车时代电动汽车股份有限公司、北京新能源汽车股份有限公司、上汽集团商用车技术中心等，以及院校和科研机构，如北京理工大学、吉林大学、同济大学、河南科技大学、中国汽车技术研究中心有限公司、北京新能源汽车技术创新中心有限公司参与组稿和审稿，力求内容充实、图文并茂。历经三年时间，期间三易章节体系、五次统稿、三次综合评审，终成此稿。

本卷由北京理工大学何洪文主编，吉林大学曾小华、同济大学赵治国、河南科技大学高建平、比亚迪汽车工业有限公司凌和平为副主编，其他编写分工及审稿人员见“本卷编写与审稿人员”名单。

感谢在本书成稿过程中参与资料整理、汇总提炼、图表绘制的各位老师、工程师和同学，如北京理工大学的研究生魏东、韩若岩、白云飞等，郑州宇通客车股份有限公司的工程师黄琨、李振山、王熙熙、李嘉、纪秉男、周时国、王富生等。

最后，感谢总主编孙逢春院士在书稿章节体系安排上给予的指导，感谢主审张俊智教授以及诸位章节审稿人给予的审阅意见和仔细认真的内容斧正，感谢书稿中所引用文献、资料的作者。

由于编者水平有限，手册内容的深度和广度难免存在欠缺，欢迎各位同行给予批评指正。

编　者

2019 年 6 月

目　录

第1章　混合动力电动汽车概述

第2章 混合动力电动汽车的主要类别及工作原理

第3章 混合动力电动汽车总体设计

第 5 章 串联混合动力电动汽车整车设计

第 7 章 混联式混合动力电动汽车整车设计

第8章 插电式混合动力电动汽车整车设计

第 9 章 增程式电动汽车设计

第10章 混合动力电动汽车总成及部件选型和设计

第1章 混合动力电动汽车概述

1.1 发展混合动力电动汽车的技术背景和现实意义

汽车工业在促进世界经济飞速发展并给人们提供便利的同时，也使能源与环境问题日益凸显。节能、环保和安全成为21世纪世界汽车工业发展的三大主题。能源与环境问题作为全球面临的重大挑战，制约着汽车工业的可持续发展。因此，发展节能与新能源汽车已成为国际共识，其中，混合动力电动汽车因具有良好的节能减排潜力，成为汽车企业技术升级的重要选择。

1.1.1 技术背景

传统汽车工业的可持续发展面临着环境污染和能源短缺的双重压力。

环境问题主要表现为空气污染。我国城市的空气污染已由“烟囱”型转变为“尾气”型，汽车有害排放已成为大中城市空气污染的重要来源。

严重的环境污染不仅导致高昂的经济成本和环境成本，也对公众健康构成危害。大气状况严重恶化引起的一系列异常自然现象，例如光化学烟雾、酸雨，以及厄尔尼诺、城市热岛效应等，严重破坏和影响到人类赖以生存的地面生态系统。机动车尾气排放积聚引起的“热岛效应”会导致城市市区温度相比郊区平均升高2 ~ 4℃。全球范围内，温室气体CO_2的排放量也在不断增大。联合国政府间气候变化专门委员会（Intergovernmental Panel on Climate Change，IPCC）技术报告显示，在过去的几百年里，地球表面平均气温上升了 0.3 ～ 0.6℃，若对 CO_2 排放不加限制，到 21 世纪末，地球表面平均气温将再上升 2℃，海平面将再上升大约 50cm，严重威胁到人类有限的陆地生存空间。旨在减少温室气体排放的《京都议定书》（1997 年 12 月）、哥本哈根世界气候大会（2009 年 12 月）和巴黎气候大会（2015 年 11 月）等，明确了汽车的减排时间表和各缔约国的减排责任。我国作为发展中国家，承诺将于 2030 年左右使 CO_2 排放达到峰值并争取尽早实现，2030 年单位国内生产总值 CO_2 排放比 2005 年下降 60% ～ 65%，非化石能源占一次能源消费比重达到 20% 左右，森林蓄积量比 2005 年增加 45 亿 m^3 左右。可见，我国经济发展将面临 CO_2 排放控制的巨大压力。近几年，雾霾天气频发，而机动车排放对雾霾的贡献率达 22% 以上，为改善环境，我国很多城市陆续采取了雾霾天气汽车限行的措施，并取得了一定的成效。

能源问题主要表现为现有能源供应体系对化石燃料的过度依赖。目前，全世界供求量排名前三位的能源分别是石油、煤炭和天然气，而汽车消耗的能源几乎完全依赖于石油制成品。据美国能源部和世界能源理事会预测，全球化石类能源的可开采年限均十分有限，且主要分布在美国、加拿大、俄罗斯和中东地区。目前，世界汽车保有量已突破 12 亿辆，并以每年 3000 万辆的速度递增，预计到 2050 年将增长到 35 亿辆。国际能源机构（International Energy Agency，IEA）的统计数据表明，到 2020 年，交通用油将占全球石油总消耗量的 62% 以上。美国能源部研究预测，2020 年以后，全球石油需求与常规石油供给之间将出现净缺口，2050 年供需缺口将达到每年 500 亿桶。我国是石油资源相对匮乏的国家，中石油研究院发布的《行业发展报告》显示，2018 年我国石油消费量达 6.5 亿 t，从国外进口的石油约占总消费量的 72.3%。缓解机动车对石化燃料的过度依赖显得十分必要和急迫。

解决能源和环境问题刻不容缓，节能和减排已成为汽车工业可持续发展的关键。日益严苛的排放法规和分阶段燃油限值等政策的实施，使传统燃油汽车的技术升级面临瓶颈。多个国家和企业陆续发布禁售燃油汽车时间表，例如荷兰将在 2025 年禁售传统燃油汽车，德国将在 2030 年禁售传统燃油汽车，印度将在 2030 年禁售传统燃油汽车，法国将在 2040 年禁售传统燃油汽车，挪威将在 2025 年禁售非电动汽车。长安汽车公司计划在 2025 年全面实现纯电动化并正式停止销售燃油车，奔驰公司预计在 2022 年使全部汽车产品实现电动化，并全面停产、停售传统燃油汽车。现阶段，油电混合已成为汽车节能技术升级的重要手段，全球各类混合动力电动汽车销量累计接近 1500 万辆。

1.1.2 现实意义

自 2002 年以来，我国连续将电动汽车列入国家重大专项并予以重点支持，同时形成了以“纯电动汽车、混合动力电动汽车、燃料电池电动汽车”三类整车技术为“三纵”，以“电机、电池、电控”三大共性技术为“三横”的“三纵三横”研发布局。2010 年，新能源汽车被确定为我国七大战略性新兴产业之一，明确了着力突破动力蓄电池、驱动电机和电子控制领域核心技术，推进插电式混合动力汽车、纯电动汽车推广应用和产业化，同时开展燃料电池汽车相关前沿技术研发，大力推进高能效、低排放节能汽车发展的思路。2015年，节能与新能源汽车被确定为“中国制造2025”的十大重点领域之一，明确了继续支持电动汽车、燃料电池汽车发展，掌握汽车低碳化、信息化、智能化核心技术，提升动力蓄电池、驱动电机、高效内燃机、先进变速器、轻量化材料和智能控制等核心技术的工程化和产业化能力，形成从关键零部件到整车的完整工业体系和创新体系，推动自主品牌节能与新能源汽车同国际先进水平接轨的思路。总之，发展新能源汽车是我国由汽车大国迈向汽车强国的必由之路。

混合动力电动汽车作为节能与新能源汽车的典型代表得到重点支持。国家发改委于2007年制订并发布实施的《新能源汽车生产准入管理规则》中，对新能源汽车的定义如下：新能源汽车系指采用非常规的车用燃料作为动力来源（或使用常规的车用燃料、采用新型车载动力装置），综合车辆的动力控制和驱动方面的先进技术，形成的技术原理先进、具有新技术、新结构的汽车。新能源汽车具体包括混合动力汽车、纯电动汽车（包括太阳能汽车）、燃料电池电动汽车、氢发动机汽车及其他新能源（例如高效储能器、二甲醚）汽车等。2012年，我国印发的《节能与新能源汽车产业发展规划（2012—2020年）》中，明确了以纯电驱动为新能源汽车发展和汽车工业转型的主要战略取向，当前重点推进纯电动汽车和插电式混合动力汽车产业化，推广普及非插电式混合动力汽车、节能内燃机汽车，提升我国汽车产业整体技术水平，建立完善的汽车节能管理制度，促进混合动力等各类先进节能技术的研发和应用，加快推广普及节能汽车的思路。

结合发展实际，插电式混合动力电动汽车已成为我国新能源汽车的主力类型之一，且一定程度上实现了规模运营。因此，现阶段在我国发展混合动力电动汽车具有重要的现实意义。

1.2 混合动力电动汽车发展简史

混合动力电动汽车并不是一个新概念。在1881年世界上第一辆可充电动力蓄电池纯电动汽车、1886年世界上第一辆内燃机汽车相继问世后，伴随着人们对提高汽车综合性能的不懈追求，1894年出现了第一辆混合动力电动汽车的原型车。1899年，法国巴黎的美术展览馆展出了两款混合动力电动汽车，一款是比利时Pieper研究院开发的并联式混合动力电动汽车，装备一台电机和铅酸蓄电池组辅助的小型风冷汽油发动机；另一款是法国Vendovelli-Priestly公司制造的串联式混合动力电动三轮车，动力总成由1.1kW电机和0.75hp（0.56kW）汽油发动机组成，采用双电机独立后驱形式，通过对蓄电池组的再充电来延长车辆的续驶里程。到1914年，又出现了混联式混合动力电动汽车。

1905年出现了第一个混合动力电动汽车专利（图1-1），由工程师亨利·派珀（Henry Piper）申请。该专利的核心在于通过一台电动机为内燃机助力来获得更高的整车车速。早期混合动力电动汽车的发展动因在于当时纯电动汽车（续驶里程短、动力蓄电池性能差）、内燃机汽车（内燃机功率小、使用不方便）均存在技术缺陷。而后，随着内燃机技术的进步和流水线式生产方式的成熟，同时受制于电机控制器件不成熟和电机控制难度大等问题，混合动力电动汽车逐渐没落。直至20世纪90年代，立足解决环境和能源问题的需求，同时得益于电机驱动技术的进步，混合动力电动汽车再次受到关注，取得了明显的技术进步。截至目前，世界范围内各种形式的混合动力电动汽车市场保有量已接近 1500 万辆，成为节能与新能源汽车的典型代表。

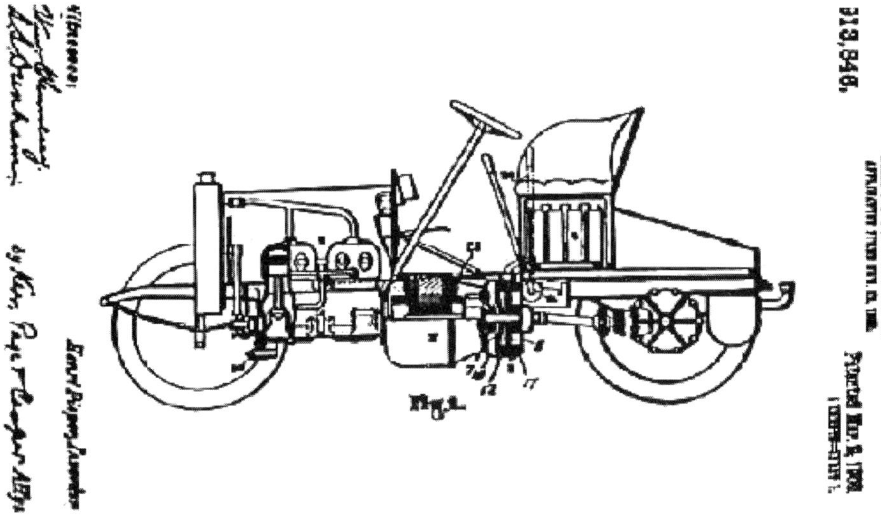

图 1-1　世界上第一个混合动力电动汽车专利

1.2.1　早期的混合动力电动汽车

鉴于早期的车用内燃机排量小、性能差，而纯电动汽车驱动电机功率小，为进一步提升整车的动力性，人们开始研发各种形式的混合动力电动汽车。

图 1-2 所示为世界上第一款混合动力电动汽车，名为“Semper Vivus”，由费迪南德 • 保时捷（Ferdinand Porsche）研制。遗憾的是，由于生产成本过高且技术不成熟，该车最终未能实现量产。“Semper Vivus”采用了串联式混合动力驱动模式，以汽油机驱动发电机发电，然后通过两个安装在前轮的轮毂电机驱动行驶。

图 1-2　1900 年问世的世界上第一款混合动力电动汽车“Semper Vivus”

在混合动力技术的早期发展阶段，还有一个重要的人物是亨利·派珀，他于1902年左右发明了并联式混合动力电动汽车，以及与之配套的早期动力管理系统。派珀将自己的专利技术授权给比利时汽车公司Auto-Mixed，该公司藉此于1906—1912年间推出了一系列混合动力车型，例如Voiturette。但该公司后被其他公司收购，导致混合动力电动汽车的生产工作无疾而终。

1915年，美国诞生了一家专门生产串联式混合动力电动汽车的制造商——Owen Magnetic。在1915年的纽约车展上，Owen Magnetic首次展示了装备六缸发动机的混合动力车型，随后推出的量产车型因营销得力而受到市场的广泛认可。该公司旗下的混合动力车型一直生产到1921年，极大地推动了混合动力技术的发展。图1-3所示为Owen Magnetic公司生产的最后一款混合动力车型——Model 60 Touring。

图1-3 Owen Magnetic公司生产的Model 60 Touring混合动力电动汽车

同一时期，芝加哥的一家电动汽车制造商——Woods也开始研发混合动力电动汽车，并于1916年推出了并联式混合动力电动汽车，如图1-4所示。这款双排座轿车以操纵杆代替加速踏板来控制节气门，最高车速可达56km/h，油耗约为4.6L/100km。

图1-4 Woods公司于1916年8月推出的混合动力电动汽车

图 1-5 所示为 1920 年 1 月问世的可充电混合动力电动汽车，由来自美国新泽西州的发明家在早期混合动力电动汽车的基础上研发而成。其电动机直接安装在后桥上，滑行时发电机能直接为蓄电池充电，而行驶中四缸汽油发动机也可为蓄电池充电。

图 1-5　1920 年 1 月问世的可充电混合动力电动汽车

1966 年，为缓解日益严重的空气污染问题，美国国会通过了一项提倡使用电动汽车的法案。随后，通用汽车公司响应号召，推出了 512 系列混合动力试验车（图 1-6）。该车系采用后置后驱布局，搭载了一套并联式混合动力系统，最高车速为 64km/h。行驶速度在 16km/h 以下时，车辆由电动机直接驱动；行驶速度在 16 ~ 21km/h 之间时，车辆采用油电协同驱动模式；行驶速度在 21km/h 以上时，车辆由发动机独立驱动。512 系列试验车奠定了通用汽车公司的混合动力技术基础。

图 1-6　通用汽车公司于 1966 年推出的 512 系列混合动力试验车

1968 年 12 月，通用汽车公司又推出了混合动力电动汽车专用的斯特林发动机，将其与 14 个 12V 蓄电池组合在一起，搭载这套动力系统的车型如图 1-7 所示。由于斯特林发动机能不断为蓄电池充电，搭载这套动力系统的车型电能不会耗尽，但起动和关闭动力系统需要耗时 20s 以上。

图 1-7 采用斯特林发动机的通用汽车公司混合动力电动汽车

1975 年 9 月，采用燃油涡轮机的混合动力电动汽车上路试验，如图 1-8 所示，其动力源自一台燃油涡轮机和一台驱动电机。

图 1-8 采用燃油涡轮机的混合动力电动汽车

1975 年 11 月问世的面向豪华车市场的 Transformer 1 如图 1-9 所示。

图 1-9 采用汽油发电机的混合动力电动汽车 Transformer 1

1.2.2 20 世纪末的混合动力电动汽车

为应对 20 世纪 90 年代日益严峻的汽车排放问题，奥迪公司推出了第一款混合动力电动汽车 Duo，如图 1-10 所示。该车后轮由电机驱动，前轮由汽油机驱动。电机由西门子公司生产，功率为 9.4kW。电能存储单元是位于行李舱地板下的镍镉电池组。2.3L 五缸汽油机输出功率为 100kW。

图 1-10　奥迪公司的混合动力电动汽车 Duo

1997 年，丰田汽车公司在日本发布了第一代普锐斯（Prius），如图 1-11 所示，它是世界上首款真正实现市场化量产的混合动力电动汽车，环保和合理的售价是其最大优势。根据美国环保署（Enviromental Protection Agency，EPA）公布的数据，第一代普锐斯的油耗为城市工况 5.6L/100km，高速路工况 5.7L/100km。

图 1-11　丰田汽车公司于 1997 年推出的第一代混合动力电动汽车普锐斯

1.2.3　21 世纪商业化应用的混合动力电动汽车

2004 年，在前期应用示范的基础上，丰田公司推出了第二代普锐斯，如图 1-12 所示。该车彻底摆脱了“使用汽油机为电机供电”的简单思路，使汽油机与电机实现了协同工作，从而大幅减少了油耗和废气排放，其综合工况油耗仅 4.7L/100km（市区综合工况 5.1L/100km，市郊工况 4.4L/100km）。

由于第二代普锐斯在美国、日本等市场大获成功，其他汽车厂商也开始积极投身于混合动力电动汽车的研发事业，推动了混合动力技术的发展，催生了自动起停系统和能量回收系统。前者可在车辆静止时使发动机自动熄火，并在需要继续行驶时快速起动，而后者可将汽车制动时的动能回收利用。

图 1-12　丰田汽车公司的第二代普锐斯

1.3　混合动力电动汽车的关键技术

1.3.1　混合动力机电耦合装置

机电耦合装置负责将混合动力电动汽车的多个动力装置输出的机械动力组合在一起，实现多机械动力间合理的分配并传递给驱动桥，实现各种工作模式，在混合动力电动汽车开发中处于重要地位。从实现动力耦合的机理角度出发，可将机电耦合装置分为转矩耦合、转速耦合和功率耦合三大类。

1）转矩耦合：转矩耦合装置定义为两个动力装置输出机械转矩的叠加，而工作转速之间为比例关系。典型的转矩耦合装置有两大类，即传动系耦合和同轴电机耦合。传动系耦合是并联混合动力电动汽车普遍采用的一种耦合方式。同轴电机耦合也是目前采用较多的机电耦合方式，其发动机输出轴与电机输出轴同轴，各种具体实施方案间的差异在于发动机与电机之间是否有离合器。为提高系统的集成度，同轴电机耦合均采用盘式电机设计，某些方案以盘式电机替代了发动机飞轮，因此盘式电机也称飞轮电机。

2）转速耦合：转速耦合装置定义为两个动力装置工作转速的叠加，而输出转矩之间为比例关系。典型的转速耦合装置有两大类，即行星排耦合和定子浮动式电机耦合。行星排是混合动力汽车机电耦合装置中经常使用的机构，按形式不同可分为单行星排、双行星排和多行星排。转速耦合装置的输出转矩与发动机和电机的转矩成比例关系，工作转速是发动机和电机工作转速的线性和。因此在汽车行驶过程中，发动机的转矩不可控，而发动机的转速可通过电机的转速调整，从而实现发动机的无级调速。

3）功率耦合：功率耦合装置兼顾了转速耦合和转矩耦合的特点，其输出转矩为两个动力装置输出转矩的线性和，而其工作转速为两个动力装置工作转速的线性和。典型的功率耦合装置为丰田普锐斯混合动力电动汽车所采用的 THS 混合动力系统。在该系统中，发动机与行星排的行星架固定连接，发电机与太阳轮相连，齿圈与电动机同轴连接。实际上，THS 混合动力系统是单行星排转速耦合与同轴电机转矩耦合集成的功率耦合系统。此外，还有通用公司的双模混合动力系统（双行星排功率耦合），双行星排的行星架直接相连并作为输出轴，两个电机分别与两个行星排的太阳轮相连，发动机与第一个行星排齿圈相连，第二个行星排的齿圈直接固定。这样，第一个行星排的三个轴同时运转，起到功率分流的作用，而第二个行星排的齿圈固定，相当于减速传动。

目前，机电耦合装置的集成方式主要有两类：一类为基于发动机、机电耦合装置和电机的一体化集成，例如丰田的 THS 混合动力系统、本田的 IMA 混合动力系统；另一类为基于变速器的机电混合动力总成一体化集成，例如采埃孚（ZF）的混合动力 8AT 总成、伊顿（EATON）的基于 AMT 变速器的单电机同轴并联混合动力总成、艾里逊（ALLISON）的双模混合动力总成等，如图 1-13 所示。

a)　　b)　　c)

图 1-13　典型的混合动力变速器总成

a）采埃孚混合动力总成　b）伊顿混合动力总成　c）艾里逊双模混合动力总成

1.3.2　发动机

常规燃油汽车的发动机作为唯一的动力装置，由于要兼顾动力性和燃油经济性，在节油方面存在如下劣势：

1）具有怠速工况。

2）采用奥托循环，部分负荷燃油消耗率高，泵气损失大，膨胀比小。

3）传统奥托循环发动机通过加浓混合气来满足提高输出功率的需求，而浓混合气在发动机内并不能被完全利用，部分以 HC 的形式排放到大气中，或在三元催化转化器中被氧化，降低了燃油利用率。

4）为满足整车动力性能要求，发动机后备功率大，导致日常行驶时大部分时间工作于低负荷非经济区。

在混合动力电动汽车上，发动机作为唯一的耗油部件，其性能和控制特性直接决定了整车的燃油经济性。由于混合动力电动汽车装有电机驱动系统及动力蓄电池组等电能存储单元，其发动机的工作过程和控制特性与常规燃油汽车发动机有明显区别。混合动力电动汽车的发动机优化主要体现在新型热力循环发动机设计技术及基于常规发动机的控制优化技术两方面。

1.3.2.1　基于阿特金森循环的发动机技术

与传统的基于奥托循环的常规燃油汽车发动机相比，针对混合动力电动汽车开发的基于阿特金森循环的发动机具有明显优势，其工作循环较前者多了一个回流行程，具体包括进气、回流、压缩、膨胀和排气五个行程。阿特金森循环利用进气门晚关，而不是节气门开度来控制负荷。进气门晚关时刻是由气缸内的充气量决定的，也就是由负荷确定气门的关闭时刻。气门关闭时刻才是压缩行程的实际开始点，而膨胀行程与奥托循环相似或稍长，这就减少了进气行程的泵气损失和压缩行程的压缩功。膨胀比较压缩比大能更大程度地将热能转化为机械能，提高了发动机的指示热效率，降低了燃油消耗。此外，进气门晚关使实际压缩比降低，因此缸内燃烧温度降低，有利于改善 NO_x 排放。

阿特金森循环发动机具有较高热效率的原因在于其能降低两方面的损耗：一是在部分负荷时，它工作在最佳膨胀比下，燃料的热效率高；二是进气行程中没有节气门的节流作用，减少了泵气损失。阿特金森循环发动机虽然具有较高热效率，但存在功率偏低的缺陷，特别是在低速、低负荷工况下。而混合动力技术可以弥补这一缺陷，即在低速、小负荷工况下可使用“动力蓄电池组 + 电机”的纯电动驱动方式，既发挥了电机低速大转矩的优点，又避开了阿特金森循环发动机低速、小负荷下的缺陷，使发动机主要工作在中高速下，充分发挥了阿特金森循环发动机热效率高的优点，提高了整车的燃油经济性能和排放性能。在大部分负荷范围内（小负荷除外），由于没有节气门作用，不存在额外的泵气损失，为提高燃油的做功能力，阿特金森循环发动机采用了较大的膨胀比。在需要提供较大输出功率时，混合动力电动汽车通过电机和动力蓄电池组输出能量，辅助汽油机提供动力，避免了传统汽油机使用过浓混合气提高输出功率的缺陷。因此，阿特金森循环发动机是混合动力电动汽车的理想发动机。

1.3.2.2 其他与发动机相关的节能技术

1. 怠速停机 / 起动控制技术（start-stop）

起动 / 发电机集成了常规发动机的起动机、发电机功能，通过传动带与发动机曲轴相连，也称 BSG（Belt-driven Starter/Generator）系统。其工作原理是：汽车遇到红灯时，驾驶人踩下制动踏板，汽车停止，发动机自动熄火并经电机控制器精确控制在一个便于快速起动的活塞位置；绿灯点亮后，驾驶人踩下加速踏板，电机控制器控制起动 / 发电机快速起动，输出动力。博世公司（BOSCH）开发的发动机怠速起停系统 ISA 已经在多款发动机上得到应用，其发动机起动时间在 0.3s 以内。

2. 发动机闭缸控制技术

以六缸发动机为例，混合动力电动汽车在起步加速时需要大功率输出，六缸发动机全缸工作，动力不足时发动机和电机联合驱动；进入巡航工况时，驱动功率需求大幅减小，发动机启动闭缸控制系统，以三缸模式工作，动力不足时发动机和电机联合驱动；汽车减速时，发动机以三缸模式工作。

3. 发动机工作过程优化控制技术

主要指对发动机工作区的优化，尽量避开低效率工况，例如停止怠速工作、气缸怠速系统（减少泵气损失）等。具体控制过程为：停车时，发动机停止工作，能量消耗为零；起步和加速时，发动机处于低转速气门正时状态驱动车辆行驶，并由电机辅助驱动，提供大转矩；车辆缓慢加速时，发动机处于低转速气门正时状态驱动车辆行驶；车辆低速巡航时，发动机的全部气门关闭，停止燃烧，只依靠电机驱动；车辆加速时，发动机处于低速气门正时状态驱动车辆行驶，并由电机辅助驱动，提供大转矩；车辆急加速时，发动机处于高转速气门正时状态驱动车辆行驶，并由电机辅助驱动；车辆高速巡航时，发动机处于低转速气门正时状态驱动行驶；车辆减速时，发动机全部气缸均关闭，停止燃烧，电机最大程度回收减速制动能量，并存储到动力蓄电池中。

1.3.3 辅助动力单元

辅助动力单元（Auxiliary Power Unit，APU）是串联式混合动力电动汽车的一种车载能量源，通常选用发动机发电机组，以优化发动机工作特性为准则，一般具有两种控制方案：发动机最低燃油消耗率曲线控制和发动机最佳燃油消耗率点控制，如图 1-14 所示。

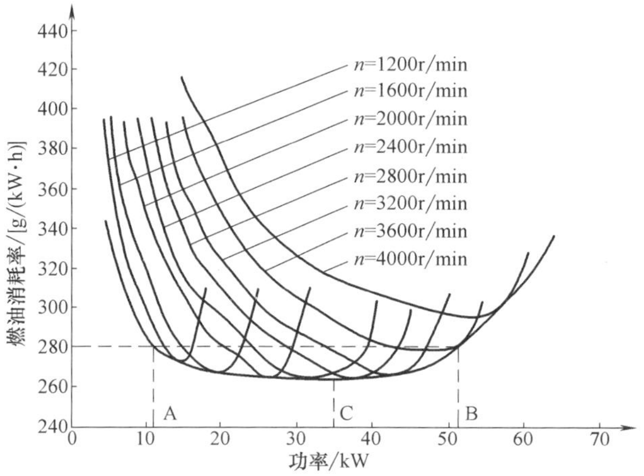

图 1-14　发动机的效率特性曲线

采用发动机最低燃油消耗率曲线控制，发动机的工作区间对应图 1-14 中的 AB 段，在整车综合控制器的作用下，依据汽车的功率需求选择合理的工作点。采用发动机最佳燃油消耗率点控制，发动机工作点对应图 1-14 中的 C 点，发动机发电机组一般采用开关控制。

在增程式混合动力电动汽车中，小功率、模块化设计的辅助动力单元也称增程器，其中的盘式电机除具备发电功能外，还集成了起动发动机的功能。辅助动力单元除采用常规发动机外，也可能采用其他形式的发动机（例如气体涡轮机和二冲程发动机）以及其他形式的发电系统（例如燃料电池发电系统）等。

1.3.4 电机

电机驱动系统将电能转化为机械能，并通过传动装置（或直接）将能量传递到车轮，进而驱动车辆按照驾驶人意志行驶，重要性与发动机相当。在混合动力电动汽车上，为满足传动系统特定的工作要求，以下两类技术是目前混合动力系统用电机的主要发展方向。

1）盘式电机技术：随着功率器件、电机控制技术的进步及高性能稀土永磁材料的出现，电机发展出现了革命性变化。在众多电机结构类型中，盘式永磁电机是一种特殊结构。与传统圆柱形电机的径向磁场不同，盘式永磁电机的气隙为平面型，气隙磁场为轴向式，轴向尺寸短、比转矩大，还可制成多盘结构，特别适合轴向空间受限，或需要低速和大转矩性能以实现直接传动的应用场合。根据气隙结构，盘式永磁电机可分为单气隙式、双气隙式和多气隙式，发动机飞轮电机就是典型的盘式电机。

2）电机及变速器的一体化结构集成和控制技术：近年来，国外一些厂商将电机与变速器集成在一起，形成一体化驱动结构，其优点是使整车结构更加紧凑、性能表现更优、便于控制。一体化集成和控制是混合动力电动汽车电机驱动系统的关键技术之一。在混合动力系统中，普遍存在电机和变速器直接耦合结构，自动换档过程需要进行电机工作模式的识别，还要确保换档的平顺性。整个过程中既有工作模式的变化，又有某一个模式下系统状态的改变，具有典型的动态非线性特征。这些都为一体化控制提出了挑战，因此电机及变速器系统的一体化集成控制技术就变得十分必要。

1.3.5 整车综合控制器

整车综合控制器（Vehicle Control Unit，VCU）是混合动力电动汽车的关键部件。它基于驾驶人的操控指令、车速等整车状态信息或混合动力系统组成部件状态信息，实施驾驶人的指令解析，依据制定的控制策略进行动力分配控制，依据动力蓄电池组等的能量状态进行能量管理，对混合动力系统组成部件进行信息监控和故障诊断等，并输出合理的指令到电机、发动机以及动力耦合装置等，满足汽车行驶需求。

整车综合控制器的硬件通常包括：微处理器、电源及保护电路模块、CAN（Controller Area Network）通信模块、A/D 模块、I/O 接口和 BDM（Background Debug Mode）调试模块等。其中，微处理器负责数据计算和存储，是整车综合控制器的大脑；电源及保护电路模块为微处理器提供稳定的 12V 或 24V 电源，并在电源意外接错的情况下切断电路，保护整车综合控制器的安全；CAN 通信模块通过内嵌的 CAN 控制器和外接的 CAN 收发器实现了 CAN 网络通信；A/D 模块负责采集加速踏板和制动踏板等模拟量信号的输入；I/O 接口负责接收钥匙、模式开关指令，并实现继电器的开关控制；BDM 调试模块实现程序的下载更新和在线调试。

整车综合控制器的软件包括芯片使用模块的初始化、信息采集和控制指令的发送、整车动力分配和能量管理策略、系统状态监控和故障诊断。其中，整车动力分配和能量管理策略是整车综合控制器软件的重点。整车动力分配的原则在于最大限度降低发动机的燃油消耗，保证发动机工作于高效区。目前，应用最广泛的控制策略以基于逻辑规则的控制策略为主。当发动机处于低速、低负荷的非经济工作区时，尽可能令其关机，采用纯电驱动模式；当发动机处于经济工作区时，采用纯发动机驱动模式；当需求功率超过发动机的经济工作区时，发动机以经济工作区的节气门上限工作，剩余功率由电机提供，即采用“发动机 + 电机”的混合驱动模式；当需求功率超过发动机的全负荷工作区时，发动机以全负荷工作，剩余功率由电机提供。基于逻辑规则的控制策略算法简单，易于实现，且具有很好的鲁棒性。但基于工程经验，该策略对汽车行驶工况的动态变化考虑不充分，难以获得最佳的控制效果，因此又出现了基于模糊规则的控制策略、基于静态全局优化的控制策略以及基于动态实时优化的控制策略等。整车能量管理策略围绕动力蓄电池的电量消耗变化主要有两大类：一为电量消耗型管理策略，即动力蓄电池的电量状态在汽车行驶前后处于衰减状态，必要时需要对动力蓄电池进行外接充电；二为电量维持型管理策略，即动力蓄电池的电量状态在汽车行驶前后基本保持不变，不需要对动力蓄电池进行外接充电，整车使用方式和常规燃油汽车相同，只需加油即可。

1.3.6 世界各大公司混合动力电动汽车技术发展路线

1. 丰田汽车公司

（1）第一代丰田普锐斯

第一代丰田普锐斯车身尺寸：长 4275mm，宽 1695mm，高 1491mm，轴距 2550mm。整车质量为 1254kg，是一款三厢车型。第一代普锐斯使用 1NZ-FXE 型 1.5L 直列四缸汽油机和一台 288V 永磁交流电机。其中，汽油机最大功率为 43kW，最大转矩为 102N • m，电机最大功率为 29kW，最大转矩为 305N • m。配备电控无级变速系统（Electronic Continuously Variable Transmission，ECVT），以镍金属氢化物（镍氢）电池组作为电源。丰田将这套油电混合动力系统称为“Toyota Hybrid System”，简称 THS。

（2）第二代丰田普锐斯

第二代丰田普锐斯摒弃了三厢设计理念，采用了实用性更佳的五门掀背造型，其车身尺寸：长 4450mm，宽 1725mm，高 1490mm，轴距 2700mm。整车质量为 1317kg，综合数据较第一代车型提升明显。第二代普锐斯沿用了 1NZ-FXE 型 1.5L 四缸汽油机，具有 VVT-i 可变气门正时技术，综合性能有所提升，最大功率为 57kW，最大转矩为 115N • m。配套的 500V 电机最大功率为 50kW，最大转矩为 400N • m。混合动力系统净功率为 83.5kW，配备 ECVT。当汽油机和电机同时运转时，其 0 ～ 100km/h 加速时间为 9.7s，纯电动模式下 0 ～ 100km/h 加速时间为 11s 左右。

（3）第三代丰田普锐斯

第三代丰田普锐斯车身尺寸：长 4480mm，宽 1745mm，高 1480mm，轴距 2700mm。第三代普锐斯的动力系统有了较大改进，采用 2ZR-FXE 型 1.8L 四缸汽油机，最大功率为 74kW，最大转矩为 142N • m。配套的 650V 电机最大功率为 60kW，最大转矩为 207N • m。混合动力系统最高输出功率为 100kW，传动系统与第二代相同。第三代普锐斯上市不久后，丰田又开发出插电式混合动力版普锐斯，其综合工况油耗进一步降至 2.2L/100km，碳排放也降至 49g/km。

（4）第四代丰田普锐斯

第四代丰田普锐斯与前三代的主要区别在于混合动力系统，它采用了全新的平行双电机结构，理论综合工况油耗为 2.5L/100km。前三代 THS 均采用了发动机和电机 MG1 在动力分配行星齿轮组同一侧，电机 MG2 在另一侧，三者同轴的模式。第四代 THS 的变速系统、电机 MG1 和发动机依然同轴，但分别布置在行星齿轮组的两侧。电机 MG2 通过一个从动齿轮减速后，再与行星齿轮组的齿圈啮合传动。这既能减小传动系统的重量和机械损失，也提高了燃油效率及整车 NVH 性能。丰田宣称第四代普锐斯的汽油机热效率达到了 40%，这对降低整车油耗有很大帮助。此外，得益于容量更大的动力蓄电池组，第四代普锐斯在纯电动模式下的续驶里程可达 48km 以上。

2. 本田汽车公司

（1）本田 IMA 混合动力技术

本田于 1999 年推出了 IMA（Integrated Motor Assist）混合动力系统，属于典型的并联式混合动力系统，至今已发展到第六代，并应用在 CR-Z、思域和飞度等车型上。IMA 系统由四个主要部件构成：发动机、盘式飞轮电机、无级变速器（CVT）及 IPU 智能动力单元。盘式飞轮电机安装在发动机与变速器之间，替代了传统发动机飞轮，并用于保持发动机曲轴的转动惯性。整个混合动力系统的结构非常紧凑，与传统燃油汽车相比只是 IPU 模块占用了额外的空间。IMA 系统的发动机通过采用 i-VTEC（气门正时及升程可变）、i-DSI（双火花塞顺序点火）及 VCM（可变气缸）等技术来实现降低油耗的目的。CR-Z 采用的是顶置单凸轮轴 1.5L 汽油机，最大功率为 83kW，最大转矩为 145N・m，实测平均油耗 5.59L/100km。IMA 系统中的发动机与传统燃油汽车的发动机并没有太大区别，只是在调校上更偏向于节省燃油。CR-Z 上采用的盘式飞轮电机最大功率为 10kW，最大转矩为 78N・m，只能起到辅助作用。但由于 IMA 系统能在特定情况下（例如低速巡航）以纯电动模式驱动，CR-Z 仍被划分到中度混合动力电动汽车的范畴。

（2）本田 i-MMD 混合动力技术

受限于系统本身的结构和设计，采用 IMA 系统的混合动力车型在节能效果上逊于采用 THS 系统的混合动力车型。因此，本田公司在 2012 年又推出了 i-MMD（intelligent-Multi Mode Drive）双电机混联式混合动力系统。该系统由阿特金森循环发动机、离合器和双电机组成，采用三轴布局，在发动机输出轴和电机输出轴之间有第三根轴，该轴将动力传递到车轮。以 i-MMD 系统为核心的本田雅阁的综合油耗为 3.1L/100km，节能效果超越了同期丰田搭载 THS 系统的车型。

3. 通用汽车公司

（1）通用轻度混合动力轿车

通用早期的混合动力产品是以别克君越 ecoHybrid 为代表的轻度混合动力车型，其 BSG 电机布置在发动机前端轮系处，36V 镍氢蓄电池布置在行李舱中。混合动力系统可实现怠速停机、制动能量回收和转矩辅助功能。

车辆具体工作状态如下：在车辆停止阶段，例如等待交通信号灯或堵车时，发动机进入自动停机模式，没有燃油消耗，一些车用电器，例如灯光系统、娱乐系统等都由 12V 蓄电池供电。发动机进入自动停机模式需要满足较多条件。首先要求变速器设置为 D 位运行，空调处于关闭或经济运行模式，动力蓄电池电量高于下限。同时，进入智能停机模式前，车速大于 20km/h，且驾驶人要踩住制动踏板；当驾驶人松开制动踏板或踩下加速踏板，汽车需要起步时，起动 / 发电机以电动方式快速起动，驱动发动机运转，燃油供应恢复，发动机自动起动。当车辆滑行且快要停止时，起动 / 发电机以电动方式工作，维持发动机运转，并实施发动机断油控制，目的是使车辆再次加速时发动机能快速输出动力，且转矩输出更平顺，驾驶性能更好；在汽车正常行驶阶段，发动机起动后，按照驾驶人的踏板指令，发动机正常工作，消耗燃油。当加速踏板角度较大时，起动 / 发电机以电动方式提供短时助力。在充电阶段，起动 / 发电机以发电方式运转，利用发动机的动力为 36V 镍氢蓄电池及 12V 蓄电池充电；在减速断油阶段，必要情况下，为保证转矩的平顺输出，起动 / 发电机以电动方式维持发动机运转。在再生制动能量回收阶段，对发动机实施断油控制，变矩器锁止，车辆以惯性带动发动机运转，起动 / 发电机以发电方式运转，对制动能量进行回收并发电。

（2）通用双模式混合动力系统

通用公司研发了基于双排行星齿轮结构的“双模混动”系统。“双模”指高、低速电子连续可变传动比模式：一种为从起动覆盖至低速区的“ Input Split”，另一种为从高速区开始使用的“ Compound Split”。该系统通过两组离合器的接合和分离来改变整车动力系统的工作模式，以兼顾车辆轻载和重载条件下的行驶动力需求。

搭载该系统的混合动力版 GMC Yukon 平均油耗为城市工况 11.2L/100km，高速工况 10.7L/100km。与燃油版 GMC Yukon 相比，燃油经济性提升了约 30%。

（3）通用插电 / 增程式混合动力技术

以雪佛兰沃蓝达为代表的新一代通用混合动力车型配备了 E-flex 系统，如图 1-15 所示，该系统是纯电驱动系统，可从汽油、乙醇、生物柴油或氢气中获取电能，燃料系统实现了定制化，以满足特殊的要求和特定市场的基础设施。沃蓝达采用的 E-flex 系统包括一台额定功率为 45kW（峰值输出功率为 120kW）的电机、一台 1.0L 三缸涡轮增压汽油机，以及容量为 16kW・h 的锂离子蓄电池。

图 1-15　雪佛兰沃蓝达配备的混合动力系统

4. 比亚迪汽车公司

2008 年 12 月 15 日，全球第一款不依赖专业充电站的双模电动汽车——比亚迪 F3DM 在深圳正式上市，如图 1-16 所示。F3DM 搭载了一套 DM（Dual Model）双模系统，由一台 1.0L 汽油机与电机组成混联构型，总功率达到 125kW，拥有混动（HEV）以及纯电动（EV）两种运行模式。纯电动模式下续驶里程超过 60km，混动模式下续驶里程达 580km。

图 1-16　比亚迪 F3DM 双模电动汽车

比亚迪唐 DM 插电式混合动力电动汽车如图 1-17 所示，该车采用比亚迪 DM 3.0 技术，搭载一台 2.0L 涡轮增压缸内直喷汽油机以及前、后两台驱动电机。混合动力模式下输出功率达 371kW，输出转矩达 820N・m。该车具有混合动力驱动和纯电驱动两种运行模式，电量较高或动力需求低时以纯电驱动为主，电量较低或动力需求加大时，可自动或手动切换至混合动力模式，纯电续驶里程达 100km。该车还可实现 220V 交流对外放电功能（VTOL），即车辆可通过自带的转接设备，为外部用电设备供电，最大放电功率达 3.3kW。

图 1-17　比亚迪唐 DM 插电式混合动力电动汽车

参考文献

[1] 霍夫曼 . 混合动力汽车技术 [M]. 耿毅，耿彤，译 . 北京：机械工业出版社，2016.

[2] 何洪文 . 混合动力车辆驱动系研究和控制策略分析 [D]. 北京：北京理工大学，2003.

[3] 高建平，何洪文，孙逢春 . 混合动力电动汽车机电耦合系统归类分析 [J]. 北京理工大学学报，2008，28（3）:197-201.

[4] 孙逢春，何洪文 . 混合动力车辆的归类方法研究 [J]. 北京理工大学学报，2002，22（1）: 40-44.

[5] 何洪文，祝嘉光，李剑. 混合动力电动汽车技术发展与现状 [J]. 车辆与动力技术，2004，(2) :50-55.

[6] ARGOTE T，KISSEL G. Development of the Chevrolet Volt Portable EVSE[R]. SAE Technical Paper，2011.

[7] MI C，MASRUR M A，GAO D W. 混合动力电动汽车原理及应用前景 [M]. 赵治国，姜娇戈，等译. 北京：机械工业出版社，2014.

第2章 混合动力电动汽车的主要类别及工作原理

混合动力电动汽车无论在能源输入，还是在机械动能的传递、调节和输出方面，均具有多种方案。对这些结构进行归类和评价，是深入了解混合动力系统并指导混合动力电动汽车研发的关键。

2.1 术语及基本概念

2.1.1 术语

2.1.1.1 基本名词术语

GB/T 19596—2017《电动汽车术语》等国家标准对混合动力电动汽车及其相关概念的定义摘录如下：

1）混合动力电动汽车（Hybrid Electric Vehicle，HEV）：指能够至少从下述两类车载存储的能量中获得动力的汽车——可消耗的燃料或可再充电能 / 能量存储装置。

2）插电式混合动力电动商用车（Plug-in Hybrid Electric Commercial Vehicles）：指的是具有可外接充电功能并且有一定的纯电动续驶里程的混合动力商用车。

3）纯电驱动模式（Pure Electric Driving Mode）：指的是只由可充电储能装置提供能源、供电机驱动车辆行驶的模式。

4）插电式混合动力电动乘用车（Plug-in Hybrid Electric Passenger Cars）：指具有可外接充电功能并且有一定的纯电动续驶里程的混合动力电动乘用车。

5）增程式电动乘用车（Range Extended Electric Passenger Cars）：通过增程器发电以增加续驶里程的电动乘用车。

6）增程器（Range Extender）：为增加电动汽车的续驶里程而加装在车辆上的专用装置。增程器通常指内燃机型发电机组。

7）总功率（Total Power）：混合动力电动汽车电机的峰值功率与发动机的额定功率之和。

2.1.1.2 不同类型混合动力电动汽车的名词解释

（1）按照动力系统结构形式划分

1）串联式混合动力电动汽车（Series Hybrid Electric Vehicle）：车辆行驶系统的驱动力只来源于电机的混合动力电动汽车。典型的结构特点是发动机带动发电机发电，电能通过电机控制器输送给电机，由电机驱动车辆行驶。另外，动力蓄电池可以单独向电机提供电能驱动车辆行驶。

2）并联式混合动力电动汽车（Parallel Hybrid Electric Vehicle）：车辆行驶系统的驱动力由电机及发动机同时或单独供给的混合动力电动汽车。典型的结构特点是并联式驱动系统可以单独使用发动机或电机作为动力源，也可以同时使用电机和发动机作为动力源驱动车辆行驶。

3）混联式混合动力电动汽车（Combined Hybrid Electric Vehicle）：具备串联式和并联式两种混合动力系统结构的混合动力电动汽车。典型的结构特点是既可以在串联混合模式下工作，也可以在并联混合模式下工作，兼顾了串联式和并联式混合动力电动汽车的特点。

（2）按照混合度划分

1）微混合型混合动力电动汽车（Micro Hybrid Electric Vehicle）：以发动机为主要动力源，电机作为辅助动力，具备制动能量回收功能的混合动力电动汽车。电机的峰值功率和总功率的比值小于 10%。仅具有停车怠速停机功能的汽车也可称为微混合型混合动力电动汽车。

2）轻度混合型混合动力电动汽车（Mild Hybrid Electric Vehicle）：以发动机为主要动力源，电机作为辅助动力，在车辆加速和爬坡时，电机可向车辆行驶系统提供辅助驱动力矩的混合动力电动汽车。一般情况下，电机的峰值功率和总功率的比值大于 10%。

3）重度混合（强混合）型混合动力电动汽车（Full Hybrid Electric Vehicle）：以发动机和 / 或电机为动力源，一般情况下，电机的峰值功率和总功率的比值大于 30%，且电机可以独立驱动车辆正常行驶的混合动力电动汽车。

（3）按照外接充电能力划分

1）外接充电型混合动力电动汽车（Off-vehicle Chargeable Hybrid Electric Vehicle）：一种被设计成在正常使用情况下可从非车载装置中获取电能的混合动力电动汽车。仅当制造厂在其提供的使用说明书中或以其他明确的方式推荐或要求进行车外充电时，混合动力电动汽车方可认为是“外接充电型”的。仅用作不定期的储能装置电量调节或维护目的而非用作常规的车外能量补充，即使有车外充电能力，也不认为是“外接充电型”的车辆。插电式（Plug-in）混合动力电动汽车属于此类型。

2）非外接充电型混合动力电动汽车（Non Off-vehicle Chargeable Hybrid Electric Vehicle）：一种被设计成在正常使用情况下从车载燃料中获取全部能量的混合动力电动汽车。

（4）按照行驶模式的选择方式划分

1）有手动选择功能的混合动力电动汽车（Hybrid Electric Vehicle with Selective Switch）：具备行驶模式手动选择功能的混合动力电动汽车。车辆可选择的行驶模式包括发动机模式、纯电动模式和混合动力模式三种。

2）无手动选择功能的混合动力电动汽车（Hybrid Electric Vehicle without Selective Switch）：不具备行驶模式手动选择功能的混合动力电动汽车。车辆的行驶模式根据不同工况自动切换。

（5）其他划分形式

按照可再充电能量储存系统的不同可以划分为（但不限于）以下类型：

1）动力蓄电池混合动力电动汽车（Traction Battery Hybrid Electric Vehicle）。

2）超级电容器混合动力电动汽车（Ultra Capacitor Hybrid Electric Vehicle）。

3）机电飞轮混合动力电动汽车（Electromechanical Flywheel Hybrid Electric Vehicle）。

4）动力蓄电池与超级电容器组合式混合动力电动汽车（Traction Battery and Ultra Capacitor Hybrid Electric Vehicle）。

2.1.1.3 与混合动力电动汽车能耗相关的名词术语

1）超级电容器（Ultra Capacitor）：可以储存静电并释放电能的装置。

2）机电飞轮（Electromechanical Flywheel）：可以存储旋转动能，并且可以将动能释放给电机 - 发电机系统，用于转化成电能的装置。

3）超级电容器荷电状态（Ultra Capacitor State of Charge）：基于实际测量的电容能量（U_{act}^2），表示成对电容最大标称电压二次方（U_{max}^2）的百分比。

4）机电飞轮的荷电状态（Electromechanical Flywheel State of Charge）：基于实际测量的机电飞轮的能量状态（n_{act}^2），表示成对飞轮每分钟额定转速二次方（n_{max}^2）的百分比。

5）可再充电能量储存系统（Chargeable Energy Storage System，RESS）：汽车存储能量的部件或系统，通过电机 - 发电机系统进行充电，或非车载电源系统进行充电，或两者共同作用。混合动力汽车的 RESS 包括动力蓄电池、超级电容器和机电飞轮。

6）净能量的改变（Net Energy Change，NEC）：RESS 能量的净改变量，单位为 J。

7）驱动能源（Propulsion Energy）：从汽车消耗的燃料和 / 或可再充电能量储存系统（RESS）获得的用于驱动汽车的能源。如果能源仅供给汽车附件（如传统汽车中 12V/24V 的辅助蓄电池），则不应作为驱动能源看待。

8）驱动系统（Propulsion System）：驱动系统指汽车起动后，能够依据驾驶人的操作指令，给汽车提供驱动力的系统。

9）制动能量回收（Regenerative Braking）：汽车减速时，由电机进行汽车制动，由此回馈能量给 RESS 系统或用于车载附件工作。

10）总燃料能量（Total Fuel Energy）：基于燃料低热值进行计算的总的燃料能量，单位为 J。

2.1.2 基本概念

为方便分析混合动力电动汽车的结构和工作原理，以下从整车车载能量流的传递环节角度，对混合动力电动汽车的概念进行解释。

1）动力传动系。车辆上所有用于存储、转化和传递能量，并使车辆获得运动能力的部件的总称，包括车载能量源、动力生成装置和动力传动装置等三部分。

2）车载能量源。在车辆动力传动系中，用于能量存储或进行能量初始转化，以向动力生成装置直接供能的所有部件的总称，由能量存储装置或能量存储、调节和转化装置组成。例如，对传统内燃机车辆，车载能量源为油箱（能量源存储）；对燃料电池车辆，车载能量源由氢气罐或储氢金属（能量源存储）和燃料电池电堆（能量源调节转化）等两部分组成。

3）动力生成装置。在车辆动力传动系中，用于将其他形式的能量转化为机械动能（旋转动能）的装置，直接作为动力传动装置的输入，例如普通车辆上的内燃机、纯电动车辆上的驱动电机等。

4）动力传动装置。在车辆动力传动系中，用于传递和调节动力生成装置输出的旋转机械动能，并输送给车辆驱动车轮，实现车辆正常行驶的所有部件的总称，包括特性场转化装置和驱动轮两部分。特性场转化装置是指在动力传动系中，用于调节和转化动力生成装置输出的动力特性场，使之与车辆行驶时驱动轮处要求的理想动力特性场达到较好匹配的所有部件的总称，例如离合器、减速 / 变速器、主减速器和差速器等。

基于上述基本概念，可将整车系统抽象为图 2-1 所示的简图，对应的常规动力汽车和纯电动汽车动力传动系简化组成见表 2-1。

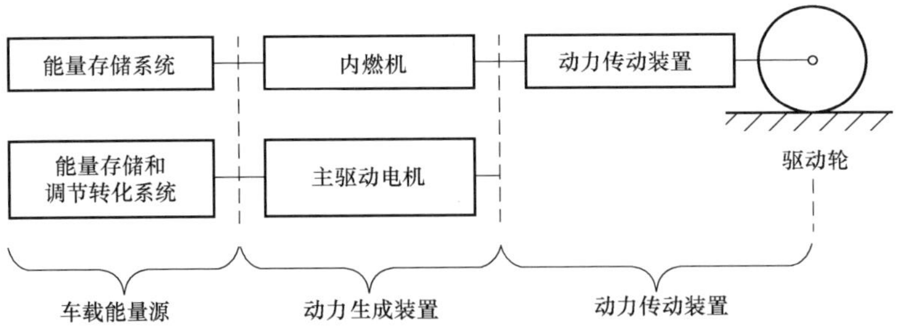

图 2-1　混合动力电动汽车动力传动系简图

根据图 2-1，对混合动力汽车的概念重新定义如下：混合动力汽车是指动力传动系由两个或多个能同时运转的单个动力传动系联合组成的汽车，汽车的行驶功率依据实际行驶状态，由单个动力传动系单独或多个动力传动系共同提供，如图 2-2 所示。如果其中一个动力传动系为纯电动汽车动力传动系，则该混合动力汽车为混合动力电动汽车，本书仅针对混合动力电动汽车展开分析。相比常规内燃机汽车和纯电动汽车，图 2-2 所示混合动力电动汽车动力传动系增加了整车能量管理和综合控制系统，其主要作用是以优化发动机的工作效率为目标，协调发动机和驱动电机之间的动力分配，同时进行动力蓄电池组的电量管理。

表 2-1 常规动力汽车和纯电动汽车动力传动系简化组成

组成要素	常规动力汽车	纯电动汽车
能量补给方式	从加油站加油	从电网充电
车载能量源	汽（柴）油箱	动力蓄电池组
动力生成装置	发动机	电机
动力传动装置	离合器、变速器、传动轴、差速器等	减（变）速器等
辅助系统	车身电气、低压供电、制动 / 空调 / 转向等	车身电气、低压供电、整车控制、制动 / 空调 / 转向等

注意：分布式驱动纯电动汽车不是混合动力电动汽车，尽管其由多个电机驱动，但车载能量源只有动力蓄电池组，因此动力传动系仍然为一个。

定义耦合部件为用于联接或联合两个（或多个）单独的汽车动力传动系组成元素，使之成为混合动力电动汽车动力传动系的部件总成。依据组成混合动力电动汽车的两个或多个能同时运转的单个动力传动系之间的动力耦合位置差异，混合动力电动汽车具有串联、并联和混联等三种基本类型。

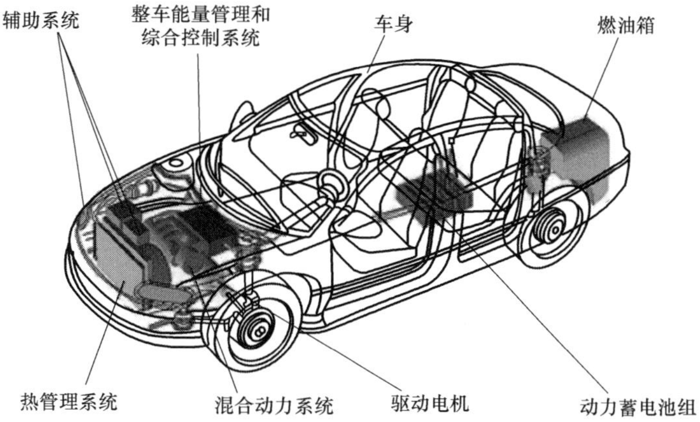

图 2-2 混合动力电动汽车动力传动系组成

2.1.2.1 串联混合动力电动汽车

串联混合动力电动汽车的单个动力传动系间的联合是车载能量源环节的联合，即非直接用于驱动汽车的能量的联合，同时向动力装置供能。常见的串联混合动力电动汽车也称电电混合动力电动汽车，其动力传动系组成如图 2-3 所示。

串联混合动力电动汽车具有如下特点：

① 车载能量源环节的混合。

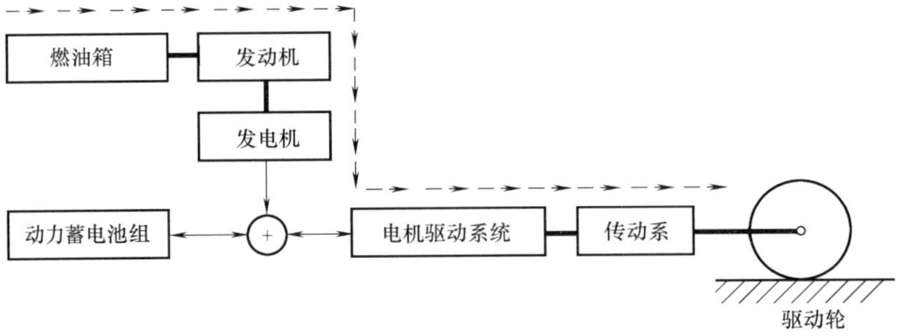

图 2-3　串联混合动力电动汽车动力传动系组成

② 单一的动力装置。

③ 车载能量源由两个以上的能量联合组成。如图 2-3 所示，燃油箱、发动机、发电机与动力蓄电池组共同组成车载能量源，共同向驱动电机提供电能，驱动电机和传动系组成单一的电驱动系统。

串联混合动力电动汽车的优缺点：

① 燃油箱存储的能量经发动机、发电机、电机驱动系统的多次能量转换输出机械能到传动系，能量传递转换环节多，导致系统效率低。

② 假设汽车行驶功率需求为 P，则发动机、发电机、电机驱动系统的功率均要求达到 P，整个动力传动系统的总功率接近 3 倍行驶功率，冗余度大。

③ 由于发动机的输出与驱动轮无机械关联，容易实现发动机工作点与汽车具体行驶工况的解耦控制。

2.1.2.2　并联混合动力电动汽车

并联混合动力电动汽车的单个动力传动系间的联合是汽车动力、传动环节的联合，即通过对不同的动力生成装置输出的动能的联合或耦合，经过相应的特性场转化装置输出到驱动轮，满足车辆行驶要求。常见的并联混合动力电动汽车也称机电混合动力电动汽车，其动力传动系组成如图 2-4 所示。

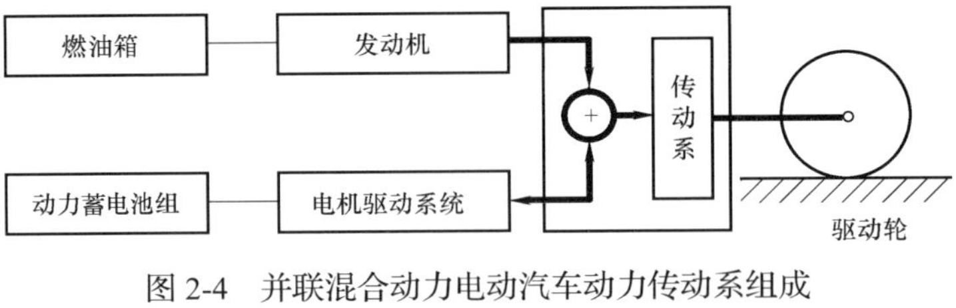

图 2-4　并联混合动力电动汽车动力传动系组成

并联混合动力电动汽车具有如下特点：

① 机械动能的混合。

② 具有两个或多个动力装置。

③ 每一个动力装置都有独立的车载能量源。

如图 2-4 所示，发动机和电机驱动系统输出的机械动能经过动力耦合后输出到传动系，驱动汽车行驶。发动机具有独立的车载能量源——燃油箱，电机驱动系统具有独立的车载能量源——动力蓄电池组。

并联混合动力电动汽车的优缺点：

① 相比串联混合，其发动机的输出动力可直接用于驱动车辆，能量转换损失小。

② 假设汽车行驶功率需求为 P，则发动机、电机驱动系统的总功率达到 P 即可，相比串联混合，动力配置冗余度小。

③ 发动机的输出与驱动轮机械关联导致工况的耦合影响问题，难以摆脱常规动力汽车的缺点。

2.1.2.3 混联混合动力电动汽车

为优化动力传动系的综合效率，并充分发挥汽车的节能、低排放潜力，在实际应用中，混合动力电动汽车的动力传动系并非是简单的串联式结构或并联式结构，而是由串联式结构和并联式结构复合组成的串并联综合式结构，即所谓的混联式结构，其动力传动系组成如图 2-5 所示。

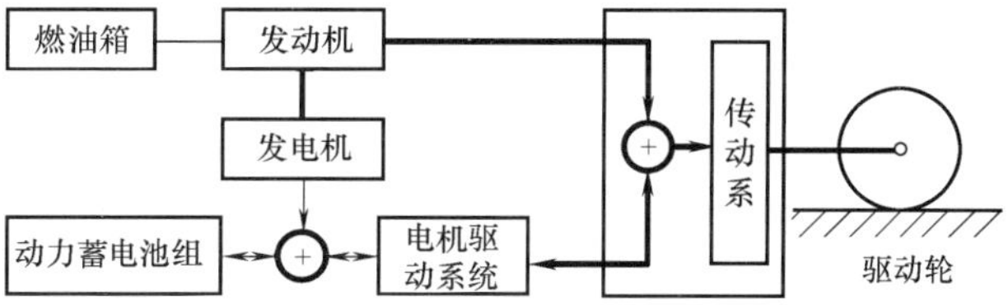

图 2-5 混联混合动力电动汽车动力传动系组成

图 2-5 所示混联混合动力电动汽车动力传动系有两个电机系统，即发电机和电机驱动系统，兼具串联混合动力系统的车载能量源混合和并联混合动力系统的机械动能混合功能。在实际应用中主要有两种方案，即开关式和功率分流式，如图 2-6 所示。

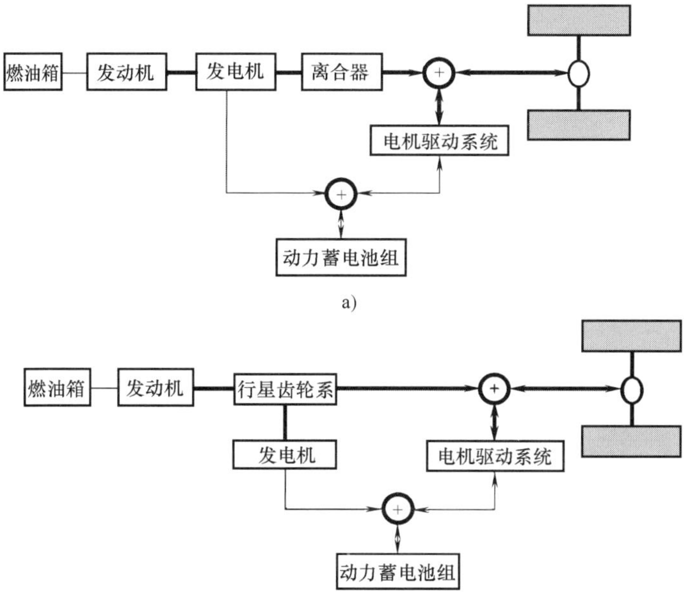

b)

图 2-6 混联混合动力电动汽车动力传动系组成

a）开关式混联 b）功率分流式混联

图 2-6a 中，离合器也称模式离合器，起到了在串联结构和并联结构间切换的作用。若离合器打开，则该混合动力传动系为简单的串联式结构；若离合器接合且发电机不工作，则该混合动力传动系为简单的并联式结构。

图 2-6b 中，巧妙地利用了行星齿轮系功率分流及三个自由度的特点，发动机、发电机及驱动轴分别与行星齿轮系的三个轴相连。在正常工作时，发动机的输出动力自动分流为两部分，一部分直接输出到驱动轴，与电机驱动系统输出的动力组成并联式结构，另一部分输出到发电机，发电机输出的电能与动力蓄电池组组成串联式结构。

2.2 分类方法

基于抽象得到的车辆动力传动系简化模型和相关基本概念，可从不同侧重点对混合动力电动汽车方案进行归类和特征分析。

2.2.1 按照耦合部件位置不同进行归类

耦合部件使混合动力电动汽车动力传动系得以正常工作，按照其具体位置和功用，可对串联混合动力电动汽车和并联混合动力电动汽车进行更详细的分类。

2.2.1.1 串联混合动力电动汽车分类

根据耦合部件位置，串联混合动力电动汽车具有单一能源存储联合式和多种能源存储联合式两种设计方案。

单一能源存储联合式是指汽车动力传动系采用同一种能源，而经不同的能量调节、转化装置实现向动力生成装置的供能，例如对柴油，可经燃油重整装置获得氢气后，再经燃料电池电堆输出电能到动力生成装置（主驱动电机），也可经发动机 / 发电机组输出电能到动力生成装置（主驱动电机），结构如图 2-7 所示。

多种能源存储联合式是指汽车动力传动系具有多种能源存储系统，或多种能量调节、转化装置，由它们共同完成向动力生成装置的供能。这是一种常见的串联混合动力系统设计方案，其结构如图 2-8 所示。

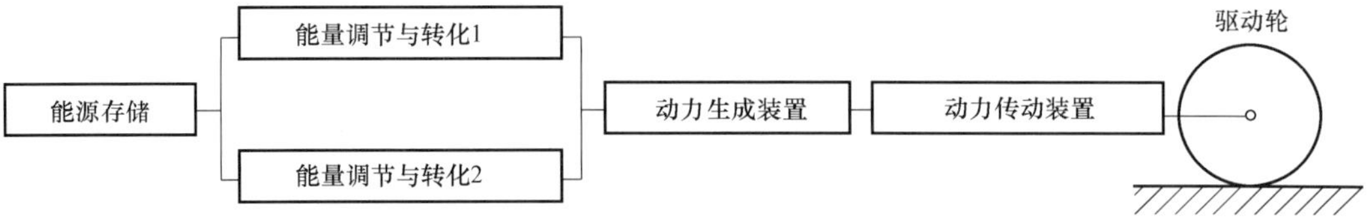

图 2-7 串联混合动力电动汽车动力传动系结构（单一能源存储联合式）

串联混合动力电动汽车实现了车载能源的多样化，可充分发挥各种能源的优势，并通过适当的控制使它们达到最佳组合状态，满足车辆行驶的各种特殊要求，例如采用发动机 / 发电机组和动力蓄电池组两种车载能源的串联混合动力电动汽车，既可满足车辆一定的零排放行驶里程，同时通过车载充电器（发动机 / 发电机组）的工作为动力蓄电池组补充充电，延长了车辆的有效续驶里程，为解决纯电动汽车的续驶里程问题提供了解决方案。

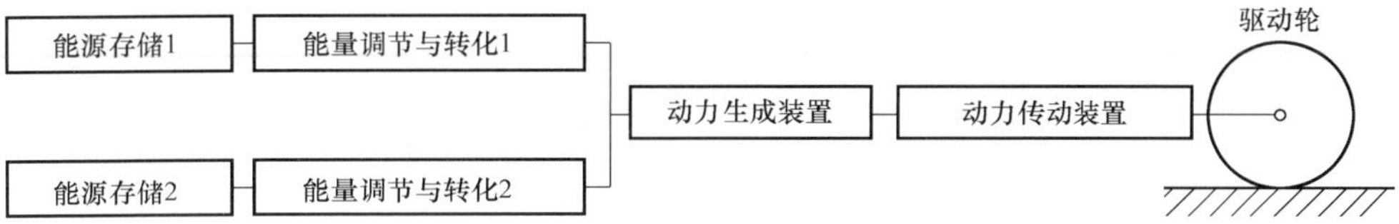

图 2-8　串联混合动力电动汽车动力传动系结构（多种能源存储联合式）

2.2.1.2　并联混合动力电动汽车分类

根据耦合部件位置，并联混合动力电动汽车具有单轴联合式、双轴联合式和驱动系联合式三种结构方案。

单轴联合式机械动力的联合是在动力生成装置输出轴处完成的，动力传动装置的输入轴为单轴，结构如图 2-9 所示，实际应用如图 2-10 所示。发动机的输出轴通过离合器与电机的转子轴相连，而动力蓄电池组通过控制器的调节作用于电机定子，实现了发动机与电机输出转矩的叠加。单轴联合式实现了不同动力生成装置机械动力输出的一体化，结构紧凑，但一些部件要经过特殊设计，例如本田 IMA 的盘式飞轮电机等。

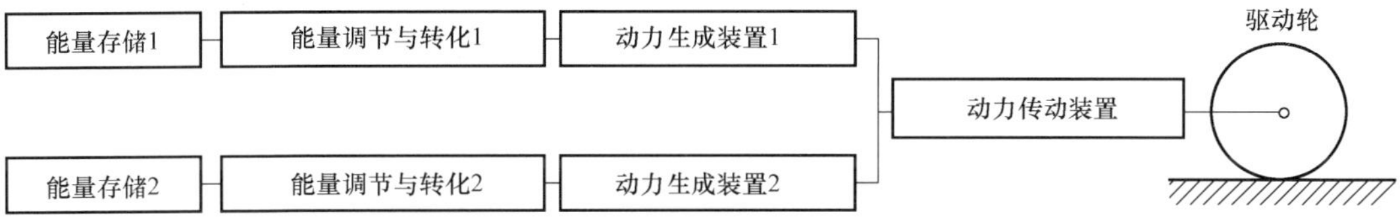

图 2-9　并联混合动力电动汽车动力传动系结构（单轴联合式）

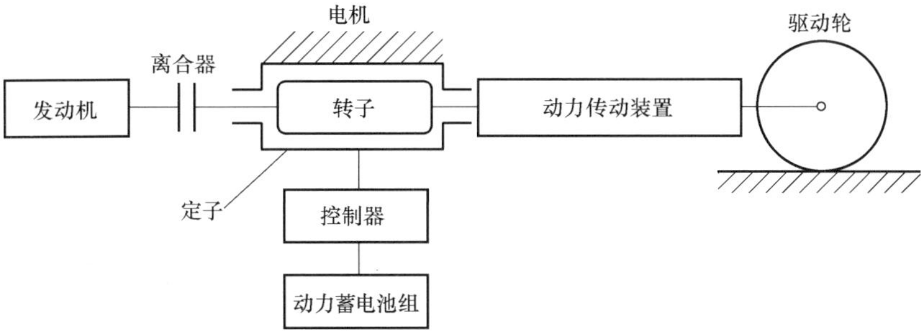

图 2-10　单轴联合式并联混合动力系统动力传动系

双轴联合式机械动力的联合，是在动力传动装置中的特性场转化装置中完成的。通常称位于特性场转化装置中的耦合部件为动力合成装置，它具有两个或多个输入轴，而输出轴仅有一个，并直接与驱动轴相连，结构如图 2-11 所示。双轴联合式只是将不同动力生成装置的输出动力合成，因此系统元件可选用现成产品，开发成本较低。

驱动系联合式机械动力的联合是在车辆驱动轮处通过路面完成的，结构如图 2-12 所示。由于有两套独立的动力传动系直接驱动车辆，在充分利用地面附着力方面具有优势，通过合理控制，可大幅改善车辆的动力性能，但系统组成和控制相对复杂。

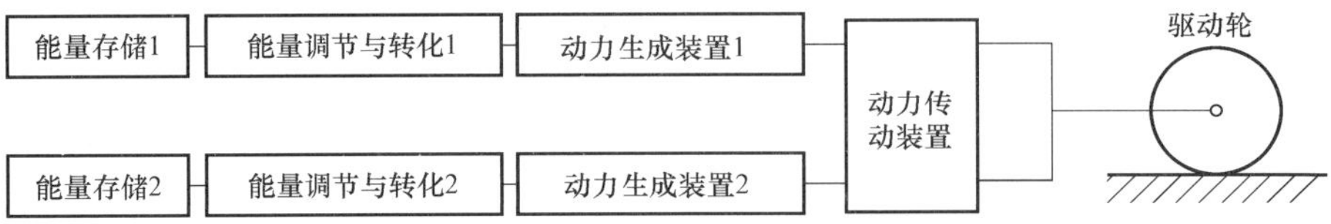

图 2-11　并联混合动力电动汽车动力传动系结构（双轴联合式）

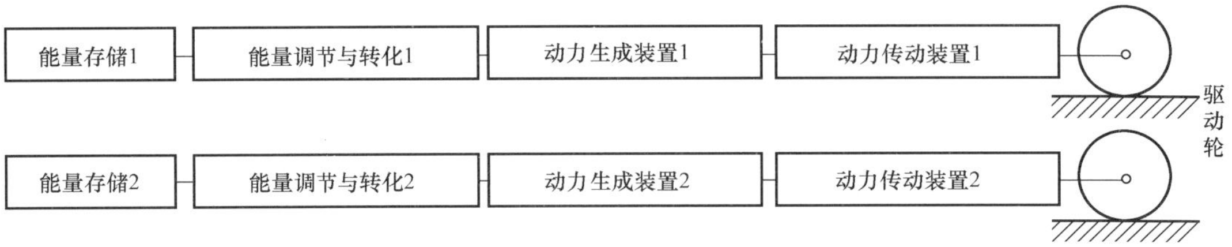

图 2-12　并联混合动力电动汽车动力传动系结构（驱动系联合式）

此外，根据对动力生成装置输出机械动力进行合成的方式不同，并联混合动力电动汽车动力传动系还可归类为：

① 转矩合成式（连接部件为 CVT、传动带、啮合齿轮等）。

② 转速合成式（行星齿轮系传动等）。

③ 驱动力合成式（四轮驱动，前、后轮分别与不同的单个动力传动系相连）。

驱动系联合式属于驱动力合成式，而单轴联合式和双轴联合式均可采用转矩合成式或转速合成式。

2.2.1.3　混联混合动力电动汽车复杂度分析

为描述混联式混合动力电动汽车动力传动系的复杂程度，引入以下定义：

1）混合动力电动汽车动力传动系的阶次。混合动力传动系的阶次是指动力传动系中所具有的可独立驱动车辆行驶的单个动力传动系数目，记为 N_D。

2）混合动力电动汽车动力传动系的指数。混合动力传动系指数是指动力传动系中所具有的用于实现动力和能源合成的耦合部件个数，记为 N_C。

为便于记录，用一个系数表示混合动力传动系的复杂程度：

$$\lambda_{hev}=N_D N_C \tag{2-1}$$

混合动力传动系的阶次越高、指数越大，传动系就越复杂，可优化的系统自由度就越多，但系统控制难度也越大，成本也越高。

以丰田普锐斯的混合动力系统为例，如图 2-13 所示，按照动力传动系复杂程度进行具体的分析。

根据车辆动力传动系定义，丰田普锐斯的动力传动系元件组成见表 2-2。可以看出，该车型具有三个独立的、可以单独驱动车辆行驶的动力传动系：

1）燃油箱→发动机→行星排→发电机→逆变器→电动机→减速齿轮→差速器→驱动轮。

2）燃油箱→发动机→行星排→减速齿轮→差速器→驱动轮。

3）动力蓄电池组→逆变器→电动机→减速齿轮→差速器→驱动轮。

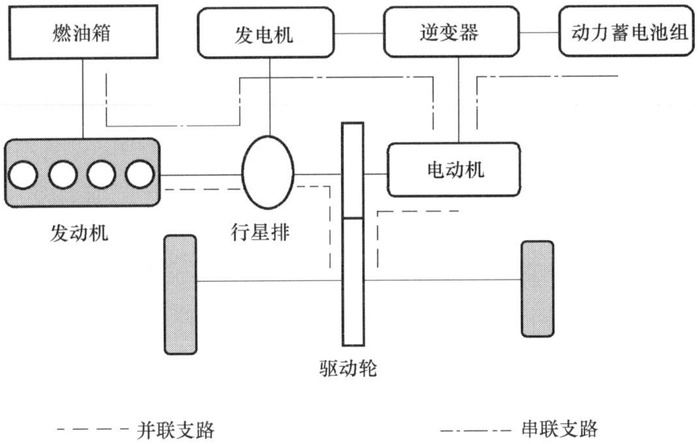

图 2-13 丰田普锐斯的混合动力传动系

两个实现动力和能源合成的耦合部件分别为：电源逆变器和行星排齿圈输出轴。

普锐斯混合动力传动系的阶次为 3，指数为 2，复杂程度为 3×2，是“多种能源存储联合式串联 + 单轴联合式并联”的混联式混合动力传动系。另外，普锐斯的续驶里程仅受车载燃油箱限制，不需要外界对车载动力蓄电池组进行补充充电，因此属于非外接充电型混合动力电动汽车。

表 2-2 丰田普锐斯混合动力传动系元件组成

车载能源		动力生成装置	动力传动系	
能量存储	能量调节和转化		特性场转化装置	驱动轮
动力蓄电池组 - 燃油箱	逆变器	发电机	减速齿轮	前轮
燃油箱	发动机 + 发电机 + 逆变器			
燃油箱		发动机	行星排 + 减速齿轮	

2.2.2 按照混合比进行归类

为评价混合动力传动系中组成部件输出功率间的分配比例，定义混合比概念如下：

1）并联混合比（对应并联式混合动力系统）

$$\rho_P = \frac{P_{M1}}{P_{M1} + P_{M2}} \tag{2-2}$$

2）串联混合比（对应串联式混合动力系统）

$$\rho_S = \frac{P_{S1}}{P_{S1} + P_{S2}} \tag{2-3}$$

式中 P_M ——动力生成装置额定功率（kW）；

P_S ——车载能量源向动力生成装置输入的额定功率（kW）。

对混合动力电动汽车而言，M1 为电动机，M2 为发动机，S1 为动力蓄电池组，S2 为发动机 / 发电机组。

按照混合比系数的变化情况，混合动力电动汽车的具体归类如图 2-14 所示，即具有三种基本类型：续驶里程延长型、助力型和双模式型。续驶里程延长型混合动力电动汽车的设计思想为，在纯电动汽车上附加一组车载能量源（或动力生成装置），并及时为车载动力蓄电池组补充充电（或分担车辆行驶的部分功率），减少动力蓄电池组的能量消耗，延长车辆的续驶里程。通常，续驶里程延长型混合动力电动汽车都装备一个较大容量的动力蓄电池组和一个小型附加车载能源（例如发动机 / 发电机组）或小功率动力生成装置（例如内燃机），混合比较大，适用于排放受严格限制的市区车辆；助力型混合动力电动汽车的设计思想为，在普通内燃机车辆（或无蓄电池的电传动车辆）上附加一组电传动系（或辅助蓄电池）以优化内燃机（或发电机组）的工作特性，提高车辆的燃料经济性并降低排放，具有良好的节能潜力；双模式型混合动力电动汽车综合了上述两类混合动力电动汽车的特点，能以零排放模式行驶一定距离，但系统复杂。

与混合比相似的概念是混合度，指电机输出的功率在整个车辆系统输出功率中所占的比例。因此，与上述三种基本类型对应的混合动力系统也可根据混合度来划分为轻混合动力系统、中混合动力系统和重混合动力系统三类：

1）轻混合动力系统采用了集成起动电机（Integrated Start Generator，ISG）。该系统除能实现用电机控制发动机的起动和停止外，还能实现在减速和制动工况下，对部分能量进行回收，以及在车辆行驶过程中，对发动机产生的能量在车轮的驱动需求功率和电机的充电需求功率间进行实时调节。轻混合动力系统的混合度一般在 20% 以下。

2）中混合动力系统同样采用了 ISG，但它采用的是高压电机。大部分时间里，车辆从燃油发动机获取动力，电机只起到辅助驱动作用。在某些情况下（例如低速巡航工况），车辆能单独使用电机驱动。这种系统的混合程度较高，一般可达 30% 左右，是最常见的一类混合动力系统。

3）重混合动力系统中的发动机和电机都能单独驱动车辆行驶。功率较大的驱动电机能满足车辆中低速行驶，甚至高速行驶需求。重度混合动力系统的混合度一般超过 50%。

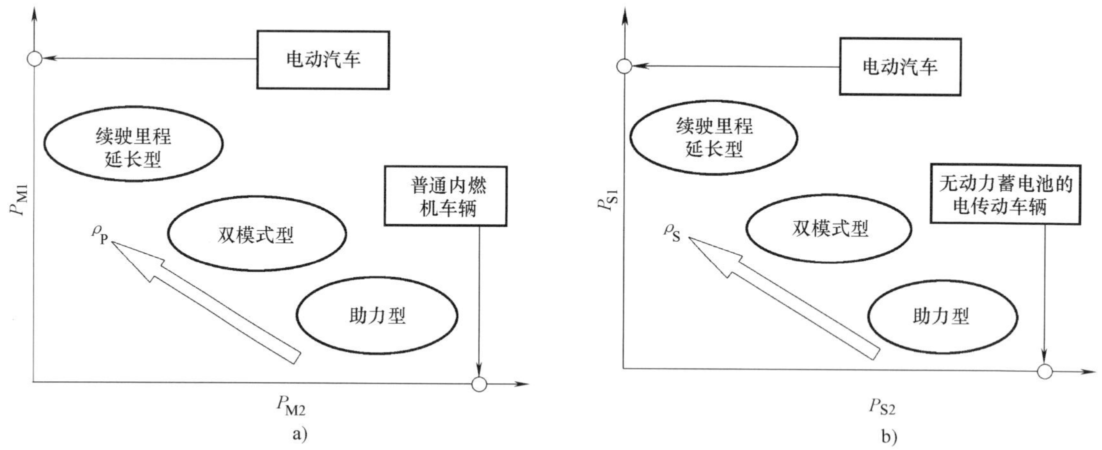

图 2-14 发动机 / 电动机混合动力归类

a）并联混合动力归类 b）串联混合动力归类

2.3 驱动系统特性场

车辆驱动特性场是指在各种可能工况下，车辆行驶所需的功率、转矩，或驱动力与行驶速度围成的平面。该平面的具体形式会受路面条件和动力输出特性的约束，理想的车辆系统驱动特性场如图 2-15 所示。

从车辆的动力性要求来看，最佳的车辆驱动系设计，应为在驱动轮处获得图 2-15 所示的理想驱动特性场。评价和对比车辆动力性能的指标，可选为车辆驱动系在驱动轮处实际的输出驱动特性场占理想驱动特性场的比例，比例越高，动力性能越佳。

从车辆的经济性要求来看，车辆的动力生成装置尽可能工作在高效区和低排放区，即针对特定的、具有代表性的行驶循环，车辆动力生成装置工作点和负荷分布应最大限度地分布于高效低排放区。

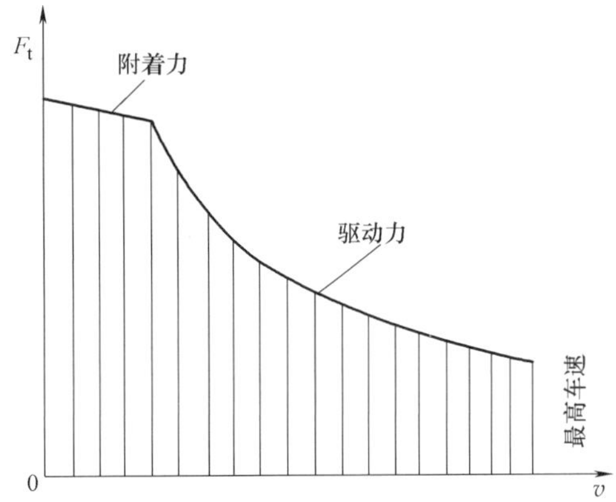

图 2-15 理想的车辆驱动特性场

F_t—驱动力（N） v—车速（km/h）

2.3.1 常规车辆驱动特性场

在常规车辆上使用的内燃机主要指四冲程汽油机或柴油机，石油燃烧产生的热能经曲柄连杆机构转化为动能输出，典型的工作特性场如图 2-16 所示。可以看出，内燃机仅在一定负荷（节气门、油门开度）和工作转速范围内具有较高的工作效率，而且不能带载起动。

为实现车辆理想的驱动特性场，以内燃机作动力生成装置的车辆都采用了离合器和多档变速器，结果形成图 2-17 所示的车辆驱动特性场。图中，斜线覆盖部分表示使用多档变速器的内燃机车辆无法填充的区域。为达到车辆动力性和燃油经济性的最佳匹配，使车辆输出特性场更接近理想的驱动特性场，采用更多档位的变速器和无级变速器成为一种趋势。

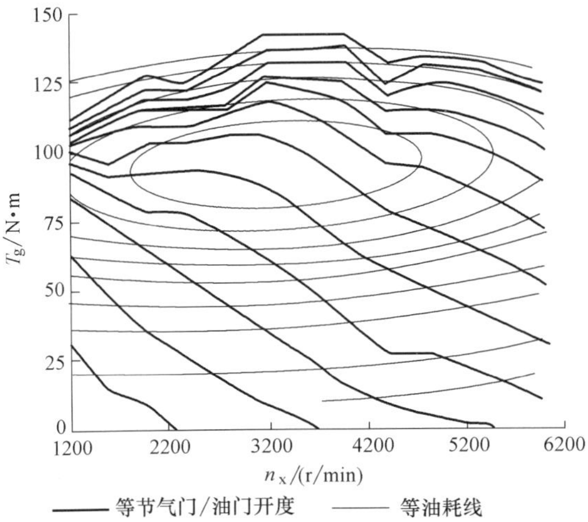

图 2-16 四冲程内燃机工作特性场

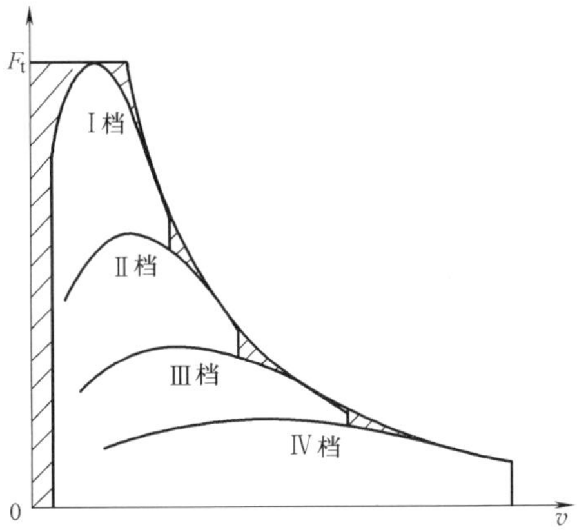

图 2-17 内燃机车辆驱动特性场

2.3.2 电动车辆驱动特性场

电动车辆以电机作动力生成装置。通过对电机进行调速控制，可达到理想的车辆驱动特性场要求，即低于额定转速为恒转矩输出，高于额定转速为恒功率输出，如图 2-18 所示。

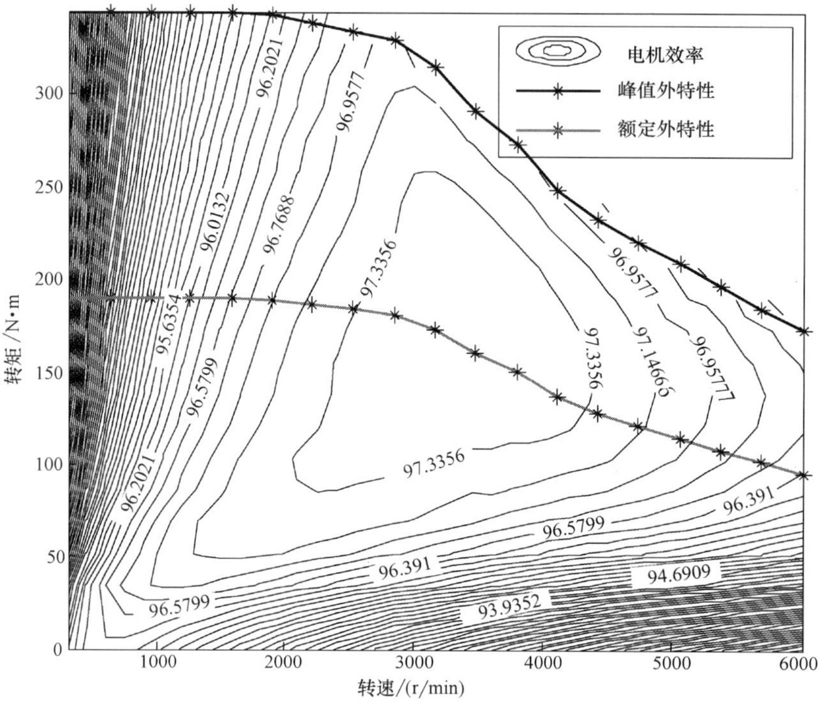

图 2-18　电机工作特性场

可以看出，电机可从零到最大转速输出转矩，省去常规车辆的离合器。由于电机本身可实现无级调速，且具有较高的工作效率，所装车辆不必选用多档变速器。但为降低电机电枢峰值电流，降低对电机峰值输出转矩的要求，并降低电机控制器功率器件容量，也有人建议使用多档变速器。另外，电机允许短时间过载，在改善车辆的加速性能、超车性能方面具有显著优势。电机能以四象限工作，回收车辆制动过程中的功能，提高了驱动系能量利用效率。

2.3.3 混合动力电动汽车驱动特性场

2.3.3.1 串联混合动力电动汽车驱动特性场

串联混合动力电动汽车的动力生成装置为电机，且其特性场转化装置与电动汽车类似，具有比较理想的车辆驱动特性场。另外，串联混合动力电动汽车实现了车载能源的多样化，尤其是储能元件的选用，可实现部分再生制动能量的回收，改善了车辆驱动系的驱动效率，同时可减少制动器的使用频率和强度，降低了制动器的维修、保养费用，以及磨损和摩擦对环境造成的不良影响。

另外，串联混合动力电动汽车驱动系中的发动机与驱动轮之间无机械连接，具有独立于车辆行驶工况对发动机进行控制的优点，发动机可稳定于高效区或低排放区工作。该结构尤其适用于难以与驱动轮直接进行机械连接的高效发动机，例如燃气轮机、斯特林发动机和燃料电池发动机等。发动机输出的机械能由发电机转化为电能，再由电机将电能转化为机械能用以驱动汽车，途经两次能量转换，使串联式混合动力驱动系的综合效率较低，对大多数轿车来说并不适用。但特殊的使用环境，例如市区或游览区的零排放、低噪声长时间行驶，也赋予了串联混合动力驱动系一定的实际应用空间。

2.3.3.2 并联混合动力电动汽车驱动特性场

在并联混合动力电动汽车驱动系中，发动机和电机均可直接驱动车辆行驶，其动力传动系的典型结构如图 2-19 所示。

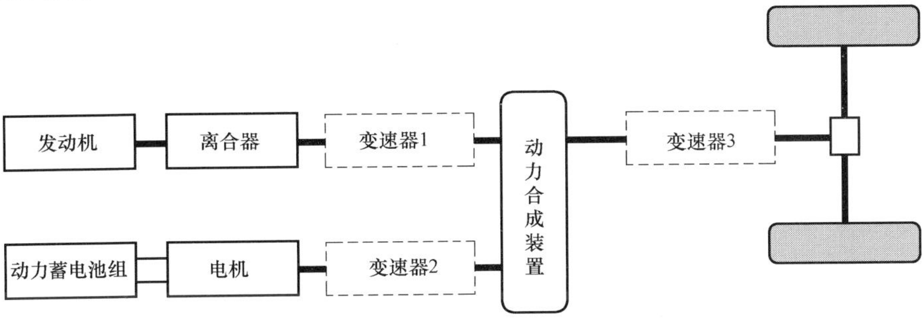

图 2-19　并联混合动力电动汽车驱动系典型结构

图 2-19 中，变速器 1、变速器 2、变速器 3 的具体选型有多档变速器、单传动比传动、自动变速器或 CVT 传动，这里取结构具有代表性的单传动比传动（若变速器不存在，则认为是单传动比传动，传动比为 1.0）和多档变速器（若为自动变速器或 CVT 传动，则认为变速器档位数为无限多），考虑到具体的控制难度和可实现性，要求三个变速器中最多只有一个是多档变速器，得到的并联混合动力电动汽车驱动特性场及特点分析见表 2-3。

表 2-3　并联混合动力电动汽车驱动特性场及特点分析

变速器编号			特点分析	驱动特性场
1	2	3		
多档变速器	单传动比传动	单传动比传动	①改善了内燃机的转矩特性。 ②提高了内燃机的效率，减小了电机单独驱动汽车的车速范围，从而减少了动力蓄电池组的放电量。 ③适用于并联混合比较大的并联混合动力驱动系。	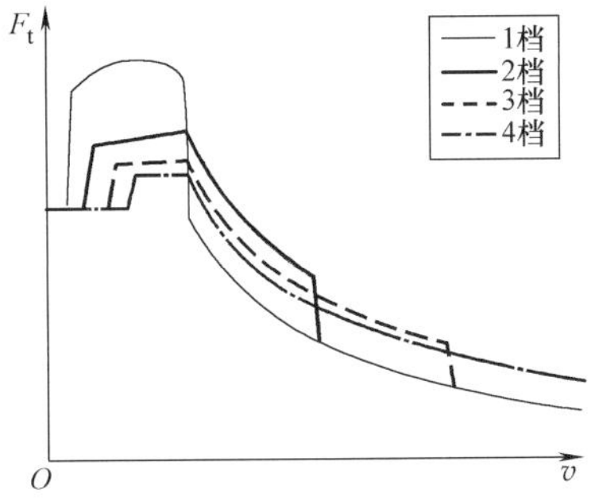

（续）

变速器编号			特点分析	驱动特性场
1	2	3		
单传动比传动	多档变速器	单传动比传动	①充分利用了驱动电机的恒功率特性。 ②提高了电机的负荷率和工作效率，更有效地利用了动力蓄电池组的有限电量。 ③适用于并联混合比较小的并联混合动力驱动系。	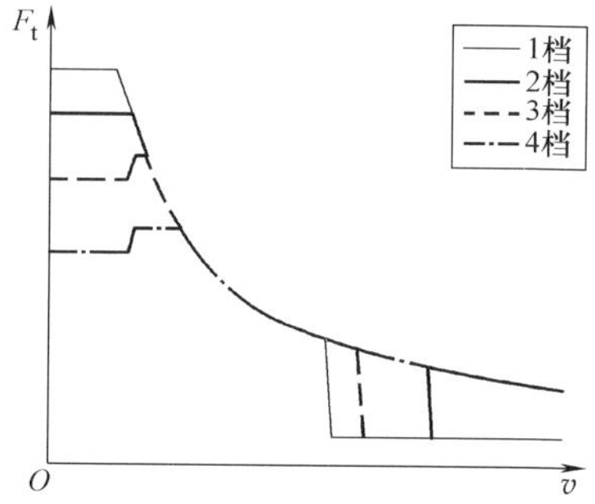
单传动比传动	单传动比传动	多档变速器	①充分利用了驱动电机的恒功率特性并改善了内燃机的转矩特性。 ②提高了内燃机的效率，减小了电机单独驱动汽车的车速范围，从而减少了动力蓄电池组的放电量。 ③整车具有良好的动力性能。	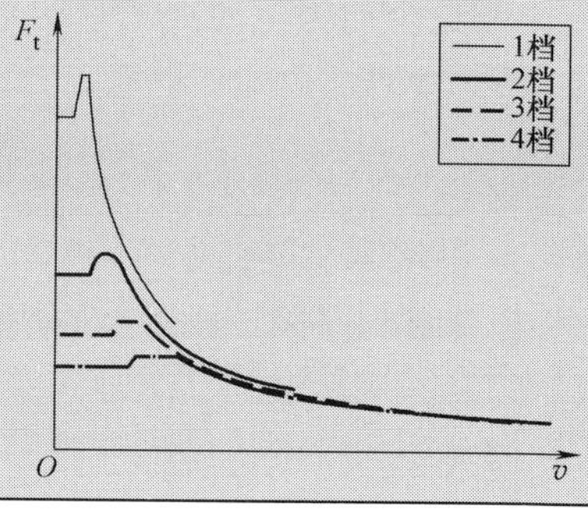
单传动比传动	单传动比传动	单传动比传动	①驱动系的结构和控制都比较简单。 ②车辆的行驶功率需求难以同时满足，因此动力元件参数的选择应充分考虑汽车的动力性要求。 ③难以使电机和内燃机都具有最佳的工作效率。	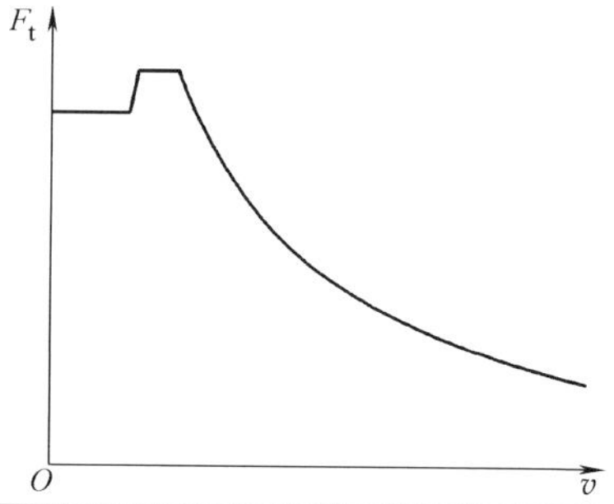

2.4 系统组成和工作原理

2.4.1 串联混合动力电动汽车的系统组成和工作原理

串联混合动力电动汽车的结构如图 2-20 所示。

汽车由电机驱动行驶，电机控制器的供电来自发动机 - 发电机 - 发电机控制器（简称“发动机 - 发电机组”）与动力蓄电池组组成的串联式结构。整车综合控制器、电机控制器、发动机控制器、发电机控制器和动力蓄电池管理系统等，通过通信线缆连接组成整车控制系统。依据控制系统的状态信息以及驾驶人操控指令、车速等整车反馈信息，由整车

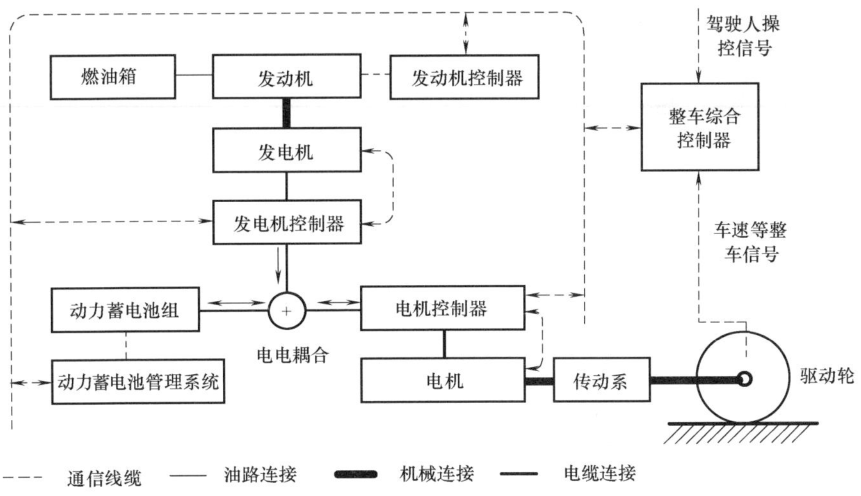

图 2-20　串联混合动力电动汽车结构

控制器实施预定的控制策略，并输出指令到电机控制器，实施电机的电动（驱动汽车行驶）、发电（再生制动能量回收）控制，输出指令到发动机控制器、发电机控制器，实施发动机 - 发电机组的开关控制以及输出功率控制，从动力蓄电池管理系统获得动力蓄电池的实时状态信息，实施动力蓄电池组的充电 / 放电能量主动管理。

依据发动机 - 发电机组的工作状态，以及动力蓄电池组的充 / 放电状态，串联混合动力电动汽车有七种工作模式，见表 2-4。

表 2-4　串联混合动力电动汽车的工作模式列表

工作模式	发动机 - 发电机组	动力蓄电池组	电机	整车状态
纯动力电池组驱动	关机	放电	电动	驱动
再生制动充电	关机	充电	发电	制动
混合动力驱动	发电	放电	电动	驱动
强制补充充电	发电	充电	电动	驱动
混合补充充电	发电	充电	发电	制动
纯发动机驱动	发电	既不充电也不放电	电动	驱动
停车补充充电	发电	充电	停机	停车

各种工作模式的具体说明如下：

1）当动力蓄电池组具有较高的电量，且其输出功率满足整车行驶功率需求时，串联混合动力电动汽车以纯动力蓄电池组驱动模式工作，此时发动机 - 发电机组处于关机状态。

2）当汽车以纯动力蓄电池组驱动行驶时，若汽车减速制动，则电机工作于再生制动状态，汽车制动能量通过再生发电回收到动力蓄电池组中，即工作于再生制动充电模式。

3）当汽车加速或爬坡需要更大的功率输出，且超出了动力蓄电池组的输出功率限制时，发动机 - 发电机组起动发电，并与动力蓄电池组一起输出电功率，实施混合动力驱动工作模式。

4）当动力蓄电池组的电量不足，且发动机 - 发电机组输出功率在驱动车辆的同时有富裕时，实施动力蓄电池组强制补充充电工作模式。

5）当动力蓄电池组的电量不足，且发动机 - 发电机组处于发电状态时，若汽车减速制动，则电机工作于再生制动状态，汽车制动能量通过再生发电与发动机 - 发电机组输出功率一起为动力蓄电池组充电，实施动力蓄电池组的混合补充充电模式。

6）当动力蓄电池组的电量在目标范围内，且发动机 - 发电机组输出功率满足汽车行驶功率需求时，为提高串联混合动力系统的能量利用效率，采用纯发动机驱动工作模式，此时发动机 - 发电机组输出功率与汽车行驶功率需求相等。

7）若动力蓄电池组的电量过低，为保证整车行驶的综合性能，则需要对动力蓄电池组进行停车补充充电，此时发动机 - 发电机组输出的电功率全部用于为动力蓄电池组进行补充充电。

图 2-21 所示为某串联混合动力电动汽车的一个典型工作过程。可以看出，在整车控制器的控制下，汽车的起步阶段采用了纯动力蓄电池组驱动模式，当加速功率超过发动机 - 发电机组的起动门限时，发动机 - 发电机组起动发电并输出相对平稳的电功率，剩余驱动功率由动力蓄电池组补充，整车以混合动力驱动模式工作。汽车加速完成，进入正常行驶和巡航模式时，整车需求功率减小，但发动机 - 发电机组仍输出较高电功率，除满足整车行驶功率需求外，还为动力蓄电池组实施强制补充充电。当汽车减速时，整车需求功率减小，且低于发动机 - 发电机组的关机门限，发动机 - 发电机组关机，采用纯动力蓄电池组驱动模式满足车辆行驶的能量要求。若汽车进一步减速，进入制动阶段，则采用再生制动充电模式，回收制动能量，为动力蓄电池组充电。在此过程中，发动机 - 发电机组仅工作在一个功率区间内，且输出功率相对平稳，保证了发动机具有一个相对稳定的工作区间，提高了发动机的工作效率。

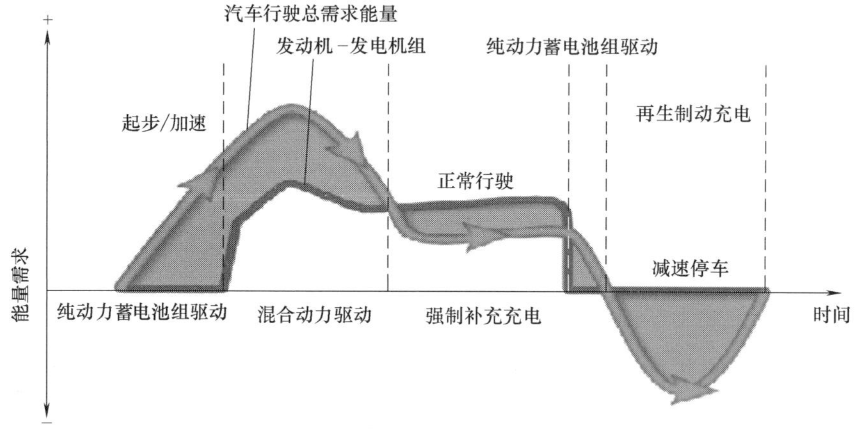

图 2-21　某串联混合动力电动汽车的一个典型工作过程（见书末彩色插图）

2.4.2　并联混合动力电动汽车的系统组成和工作原理

并联混合动力电动汽车的系统组成如图 2-22 所示。

汽车的行驶动力由发动机、电机通过机电耦合装置单独或联合提供。整车综合控制器、电机控制器、发动机控制器和动力蓄电池管理系统等通过通信线缆连接组成整车控制系统，依据控制系统的状态信息、驾驶人操控信号以及车速等整车反馈信息，由整车控制器实施既定的控制策略，并输出指令到电机控制器，实施电机的电动（驱动汽车行驶）、发电（再生制动能量回收）控制，输出指令到发动机控制器，实施发动机的开关控制和输出功率控制，从动力蓄电池管理系统获得动力蓄电池的实时状态信息，实施动力蓄电池组的充电 / 放电能量主动管理。

依据发动机、电机的工作状态以及动力蓄电池组的充 / 放电状态，并联混合动力电动汽车具有六种工作模式，见表 2-5。

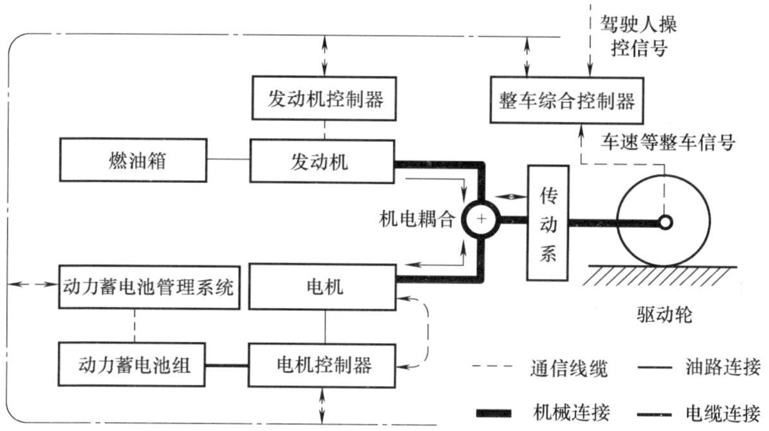

图 2-22　并联混合动力电动汽车系统组成

表 2-5　并联混合动力电动汽车的工作模式

工作模式	发动机	动力蓄电池组	电机	整车状态
纯电机驱动	关机	放电	电动	驱动
再生制动充电	关机	充电	发电	制动
混合动力驱动	机械动力输出	放电	电动	驱动
强制补充充电	机械动力输出	充电	发电	驱动
纯发动机驱动	机械动力输出	既不充电也不放电	不工作	驱动
停车补充充电	机械动力输出	充电	发电	停车

各工作模式的具体说明如下：

1）当动力蓄电池组具有较高的电量，且动力蓄电池组输出功率满足整车行驶功率需求，或整车需求功率较小时，为避免发动机工作于低负荷和低效率区，并联混合动力电动汽车以纯电机驱动模式工作，此时发动机处于关机状态。

2）当汽车以纯电机驱动行驶时，若减速制动，则电机工作于再生制动状态，汽车制动能量通过再生发电回收到动力蓄电池组中，即工作于再生制动充电模式。

3）当汽车加速或爬坡需要更大功率输出时，发动机起动工作，并同电机一起输出机械动力，经机电耦合装置后联合驱动汽车行驶，实施混合动力驱动工作模式。

4）当动力蓄电池组的电量不足，且发动机输出功率在驱动汽车的同时有富裕时，电机工作于发电模式，实施动力蓄电池组强制补充充电工作模式。

5）当动力蓄电池组的电量在目标范围内，且发动机输出功率满足汽车行驶功率需求时，为提高并联混合动力系统的能量利用效率，采用纯发动机驱动工作模式。此时，发动机输出功率与汽车行驶功率需求相等。

6）若动力蓄电池组的电量过低，为保证整车行驶的综合性能，则需要对动力蓄电池组进行停车补充充电。此时，发动机输出的电功率全部用于为动力蓄电池组进行补充充电，电机工作于发电模式。

图 2-23 所示为某并联混合动力电动汽车的一个典型工作过程。在汽车起步加速时，依据驾驶人踩下加速踏板的深度，采用纯电机驱动或混合动力驱动。汽车缓慢加速时，若发动机起动，则采用纯发动机驱动，否则仍采用纯电机驱动。汽车低速巡航行驶时，总需求功率较小，为避免发动机低负荷、低效率工作，采用纯电机驱动。汽车由低速巡航行驶开始加速时，随着驱动功率需求的增加，当驱动功率需求满足发动机高效工作区时，发动机起动，整车实施混合动力驱动。发动机在高效区工作时，通过增加电机的功率输出来满足汽车急加速的动力需求。当汽车进入高速巡航行驶时，驱动功率相对较高，为提高并联混合动力系统的能量利用效率，采用纯发动机驱动工作模式。当汽车减速并制动停止时，发动机关闭，电机工作于再生制动状态，实施动力蓄电池组的再生制动充电。在汽车行驶过程中，依据动力蓄电池组的电量状态和实际控制目标，在必要时还将实施动力蓄电池组的强制补充充电，以保证动力蓄电池组始终具有适中的电量。

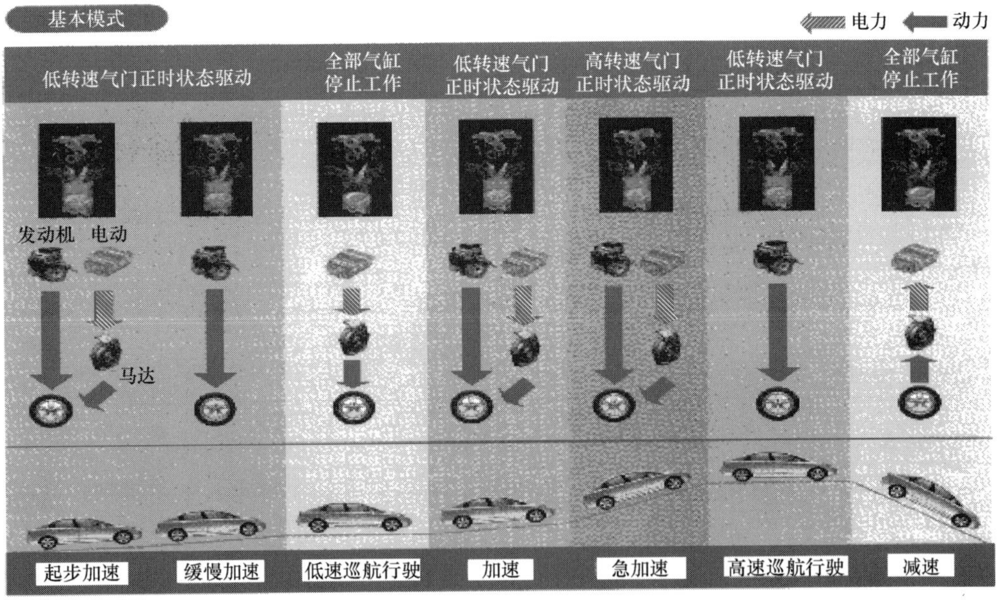

图 2-23　某并联混合动力电动汽车的一个典型工作过程（见书末彩色插图）

在并联混合动力电动汽车的工作过程中，发动机仅工作在一个适中的功率区间，且输出功率相对平稳，剩余的峰值功率通过电机来补偿，保证了发动机具有一个相对稳定的高效工作区，提高了整车的燃料经济性。

2.4.3 混联混合动力电动汽车的系统组成和工作原理

以功率分流式混联混合动力电动汽车为例，其结构如图 2-24 所示。

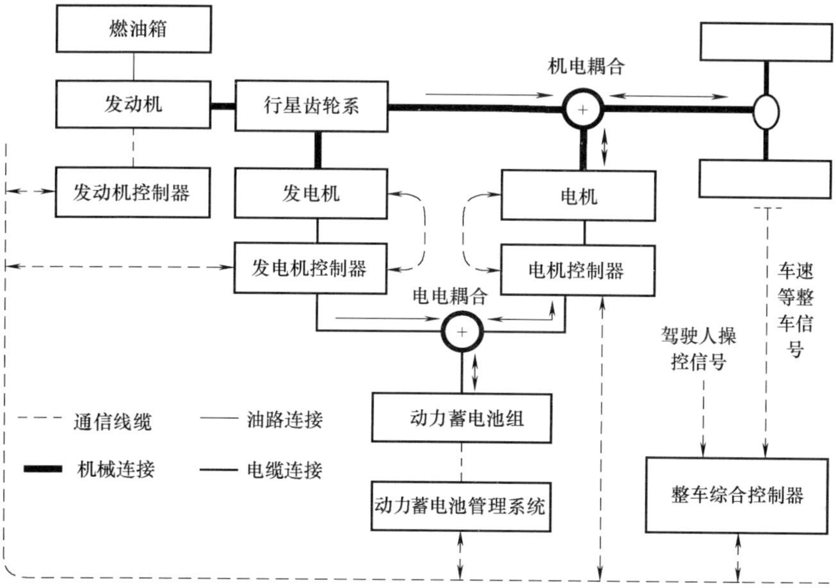

图 2-24　一种混联混合动力电动汽车的结构

混联混合动力电动汽车同时具备了并联混合动力电动汽车机电耦合及串联混合动力电动汽车电电耦合的特点。汽车的行驶动力由发动机、电机通过机电耦合装置单独或联合提供。电机控制器的供电来自发动机 - 发电机组与动力蓄电池组组成的串联式结构。整车综合控制器、电机控制器、发动机控制器、发电机控制器和动力蓄电池管理系统等通过通信线缆连接组成整车控制系统，依据控制系统的状态信息、驾驶人操控信号以及车速等整车反馈信息，由整车控制器实施既定的控制策略，并输出指令到电机控制器，实施电机的电动（驱动汽车行驶）、发电（再生制动能量回收）控制。输出指令到发动机控制器，实施发动机的开关控制以及输出功率控制。输出指令到发电机控制器，实施发电机的工作状态控制（工作转速或发电功率）。输出指令到动力蓄电池管理系统，实施动力蓄电池组的充电 / 放电能量管理。

依据发动机、发电机、电机的工作状态以及动力蓄电池组的充 / 放电状态，混联混合动力电动汽车具有五种工作模式，见表 2-6。

表 2-6　混联混合动力电动汽车的工作模式列表

工作模式	发动机	发电机	动力蓄电池组	电机	整车状态
纯电机驱动	关机	关机	放电	电动	驱动
再生制动充电	关机	关机	充电	发电	制动
纯发动机驱动	起动	发电	既不充也不放	电动	驱动
混合动力驱动	起动	发电	放电	电动	驱动
强制补充充电	起动	发电	充电	电动	驱动

各工作模式的具体说明如下：

1）当动力蓄电池组具有较高电量，且动力蓄电池组输出功率满足整车行驶功率需求或整车需求功率较小时，为避免发动机工作于低负荷、低效率区，混联混合动力电动汽车以纯电机驱动模式工作，此时发动机处于关机状态。

2）当汽车以纯电机驱动行驶时，若减速制动，则电机工作于再生制动状态，汽车制动能量通过再生发电回收到动力蓄电池组中，即工作于再生制动充电模式。

3）当汽车需求功率增加或动力蓄电池组电量偏低时，发动机起动工作。当发动机输出功率满足汽车行驶功率且动力蓄电池组不需要充电时，整车以纯发动机驱动模式工作。此时，动力蓄电池组既不充电也不放电，发动机输出的功率分两部分，一部分直接输出到驱动轮，另一部分经过发电机、电机转化后输出到驱动轮。

4）当汽车急加速需要更大功率输出时，整车以混合动力驱动模式工作。此时，发动机工作，动力蓄电池组放电，发动机输出的功率分两部分，一部分直接输出到驱动轮，另一部分经过发电机、电机转化后输出到驱动轮。另外，动力蓄电池组放电，输出额外的电功率到电机控制器，使电机输出更大功率，满足汽车总功率需求。

5）当动力蓄电池组的电量不足，且发动机输出功率在驱动汽车的同时有富裕时，实施动力蓄电池组强制补充充电工作模式。此时，发动机输出的功率分三部分，一部分直接输出到驱动轮，一部分经过发电机、电机转化后输出到驱动轮，还有一部分经过发电机后为动力蓄电池组充电。

丰田普锐斯混联混合动力电动汽车的典型工作模式如图 2-25 所示。

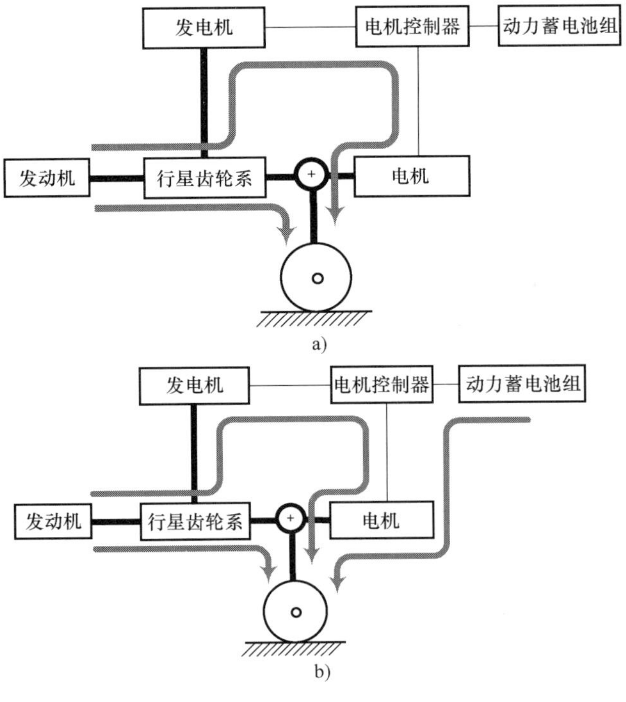

图 2-25　丰田普锐斯混联混合动力电动汽车的典型工作模式

a）纯发动机驱动模式　b）混合驱动模式

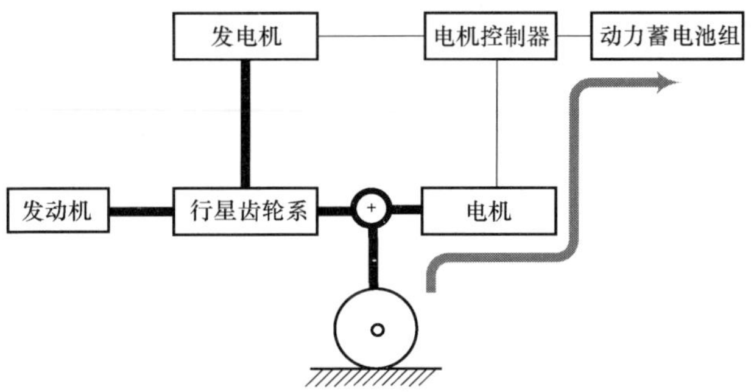

图 2-25 丰田普锐斯混联混合动力电动汽车的典型工作模式（续）
c）再生制动充电模式

对于丰田普锐斯混联混合动力电动汽车，以纯电机驱动模式起步，当需求功率达到发动机起动门限时，发动机起动，整车进入正常工作模式，如图 2-25a 所示。发动机输出动力经过行星齿轮系分成两部分，一部分驱动发电机发电，产生的电功率又直接输出到电机，电机运转并驱动车轮；另一部分直接驱动车轮，整车综合控制器自动对两部分动力进行最佳分配，以尽可能地优化系统效率。当汽车高速行驶需要较高动力输出时，动力蓄电池组放电，增大了电机的输出功率，整车获得的功率为发动机输出功率与动力蓄电池组放电功率之和，如图 2-25b 所示。当汽车减速制动时，混合动力系统自动实施再生制动能量回收，如图 2-25c 所示。当汽车遇到红灯停车时，发动机自动熄火，避免怠速运转引起的不必要的油耗和污染物排放。

2.4.4 插电式混合动力电动汽车的系统组成和工作原理

插电式混合动力电动汽车与常规混合动力电动汽车的区别在于，其车载动力蓄电池组可利用电力网（包括家用电源插座）进行补充充电，具有较长的纯电动续驶里程，必要时仍然可工作在混合动力模式。当车辆动力蓄电池电量足够时，主要工作在纯电动模式下。当车辆动力蓄电池电量不足时，适时切换到混合动力模式下工作，可理解为在能量补给方式上的耦合，如图 2-26 所示。

相比常规混合动力电动汽车，插电式混合动力电动汽车具有较大容量的动力蓄电池组、较大功率的电机驱动系统以及较小排量的发动机。为满足纯电动行驶的需要，插电式混合动力电动汽车的辅助系统均实现了电动化。

插电式混合动力电动汽车具有如下特征：

1）能源多样化，降低二氧化碳和有害物的排放，降低噪声。

2）减少去加油站的次数。

3）电比油便宜，使用成本低。

4）由于主要以纯电动模式工作，车辆寿命期间的维修成本低。

5）拥有纯电动汽车的全部优点。

6）与其他清洁汽车相比，其基础设施更容易解决。

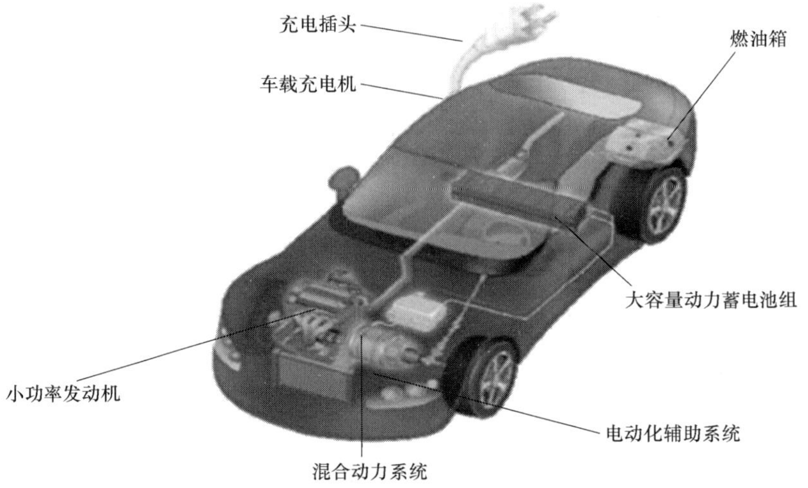

图 2-26　插电式混合动力电动汽车结构（见书末彩色插图）

插电式混合动力电动汽车的工作原理：当动力蓄电池组通过电力网充满电后，汽车优先以纯电驱动模式工作，直至动力蓄电池组电量达到纯电驱动模式工作的下限时，发动机起动，整车自动切入常规混合动力电动汽车控制模式。动力蓄电池组在满足混合动力行驶功率需求的前提下，维持在一个较低的电量状态，直至下一次通过电力网充满电。

2.4.5　增程式电动汽车的系统组成和工作原理

增程式电动汽车本身是一种串联式混合动力电动汽车，其设计理念在于通过在纯电动汽车动力传动系的基础上，增加一个增程器（通常为小功率发动机 - 发电机组或燃料电池发电系统），拓展动力蓄电池组一次充电续驶里程，满足日常行驶需要。增程器的使用解决了纯电动汽车的能量补给问题，消除了人们驾驶纯电动汽车时的里程恐惧，如图 2-27 所示。

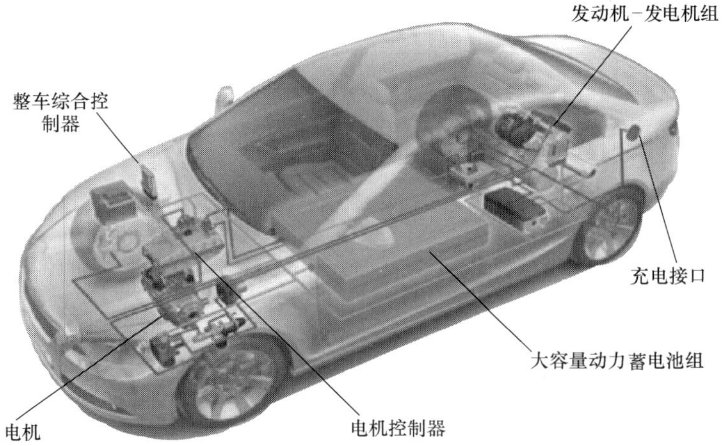

图 2-27　增程式电动汽车结构（见书末彩色插图）

相比纯电动汽车，增程式电动汽车可采用较小容量的动力蓄电池组，有利于降低动力蓄电池组的成本。相比串联混合动力电动汽车，增程器功率偏小，动力蓄电池组容量配置偏高。

增程式电动汽车完全靠电机驱动，在起步或短途行驶时，由车载大容量动力蓄电池组通过电机控制器为电机提供动力，电机驱动汽车行驶。当动力蓄电池组的电量低于设定工作下限时，车载增程器起动，整车工作于串联混合动力电动汽车工作模式，满足汽车的行驶动力需求。值得注意的是，与插电式混合动力电动汽车相比，增程式电动汽车的发动机功率更小。此外，由于在串联混合动力电动汽车工作模式下，增程器的输出功率不足以补充动力蓄电池组的电量消耗，难以像常规串联混合动力电动汽车那样无限制长距离行驶，必须及时对动力蓄电池组进行补充充电。

参考文献

[1] Nissan Motor Co., Ltd . New e-POWER: Innovative 100% Electric Motor Drive System Sets a New Path Forward for EVs[J]. Evolution, 2016（4）:1-2.

[2] MIZUNO H. Nissan Gasoline Engine Strategy for Higher Thermal Efficiency[J]. Combustion Engines, 2017, 169（2）: 141-145.

[3] 何洪文 . 混合动力车辆驱动系研究和控制策略分析 [D]. 北京：北京理工大学，2003.

[4] 王军，申金升 . 国内外混合动力电动汽车开发动态及发展趋势 [J]. 公路交通科技，2000，17（1）:71-74.

[5] 麻友良，陈全世 . 混合动力电动汽车的发展 [J]. 公路交通科技，2001，18（1）:77-80.

[6] 钱立军，赵韩，鲁付俊 . 混合动力汽车传动系结构分析 [J]. 合肥工业大学学报（自然科学版），2003，26（6）:1121-1126.

[7] 陈全世，杨宏亮，田光宇 . 混合动力电动汽车结构分析 [J]. 汽车技术，2001（9）:6-11.

[8] 高建平，何洪文，孙逢春 . 混合动力电动汽车机电耦合系统归类分析 [J]. 北京理工大学学报，2008，28（3）:197-201.

第3章 混合动力电动汽车总体设计

开展混合动力电动汽车总体设计时，要明确技术要求，结合国家法规和标准对混合动力电动汽车的性能指标进行分析，从而为混合动力电动汽车的构型及参数匹配设计奠定基

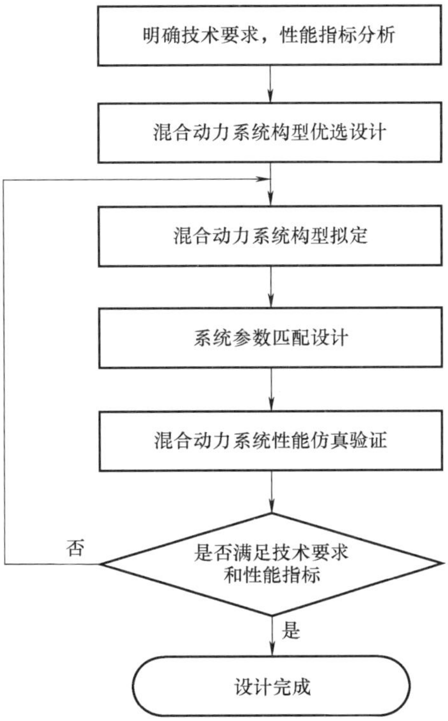

图 3-1　混合动力电动汽车常规设计方法的一般流程

础。经济性指标是混合动力电动汽车系统设计的核心要求，因此分析混合动力系统不同构型的节油潜力尤为重要，这同时也是开展构型优选设计的前提。在满足动力性、经济性指标要求后，考虑全生命周期成本和工程化难度两个因素完成构型优选。针对优选构型进行系统参数匹配设计，通过选择合适的混合动力电动汽车仿真软件验证系统的性能，反复改进、充分论证后确定设计方案。目前，常规设计方法的一般流程如图 3-1 所示。

3.1 性能指标

混合动力电动汽车的性能指标可分为三大类：一是动力性能指标，二是经济性能指标，三是排放性能指标。通过对不同指标所对应的法规进行整理和分析，为本章后续动力性参数匹配、能耗经济性匹配和性能验证提供参照。

3.1.1 动力性指标

最高车速、加速时间和最大爬坡度是评定一辆传统动力汽车动力性能的标准指标。混合动力电动汽车兼具电机和储能装置，在超车、拖载或爬坡时，发动机和电机联合驱动，同时输出峰值功率，以获得足够大的加速度，满足车辆在特定工况下的动力需求，其动力性评定方法与传统动力汽车类同。与动力性指标相关的国家法规，见表 3-1。

表 3-1 与动力性指标相关的国家法规

动力性指标	法规	适用车辆	载荷要求
加速性能	GB/T 12543—2009《汽车加速性能试验方法》	乘用车、客车以及载货汽车	9 座以内的乘用车和总质量小于 2t 的载货汽车：整备质量 +180kg（半载 <180kg），整备质量 + 半载（半载 ≥ 180kg） 超过 9 座的城市客车：装载质量的 65%，其他车辆为满载
最高车速	GB/T 12544—2012《汽车最高车速试验方法》	除纯电动汽车外	M1 和总质量小于 2t 的 N1：整备质量 +180kg（半载 <180kg），整备质量 + 半载（半载≥ 180kg） M2 和 M3 类城市客车为装载质量的 65%，其他车辆为满载
爬坡性能	GB/T 12539—2018《汽车爬陡坡试验方法》	除纯电动汽车外	满载
加速性能 / 最高车速 / 爬坡性能	GB/T 18385—2016《电动汽车动力性能试验方法》	纯电动汽车	整备 + 满载（满载≤ 180kg） 整备 +180kg（180kg< 满载≤ 360kg） 整备 + 半载（满载 >360kg）

从表 3-1 可以看出，针对不同的动力性能指标，有相应的国家法规对试验程序、适用范围和载荷要求等进行了详细介绍。因此，可以根据车型、动力性指标以及总质量等参数选择合适的载荷进行仿真计算。

3.1.2 经济性指标

与经济性指标相关的主要有两个法规：GB/T 19753—2016《轻型混合动力汽车能量消耗测量方法》和GB/T 19754—2015《重型混合动力电动汽车能量消耗量试验方法》。按照储能装置是否需要外接充电，每一法规下又可分为可外接充电和不可外接充电模式。同时，针对最大设计总质量大于3500kg的商用车辆，按照GB/T 27840—2011《重型商用车燃料消耗量测量方法》的描述，可根据车辆类型和最大设计总质量选取合适的特征里程分配比例，计算出C-WTVC工况下的综合燃油消耗量。各法规相关内容见表3-2。

表3-2 经济性法规总结

比较内容	GB/T 19753—2016	GB/T 19754—2015
适用车辆	最大总质量不超过3500kg的M1、M2和N1类混合动力电动汽车	最大总质量超过3500kg的混合动力电动汽车
载荷要求	整备质量+100kg NEDC工况	城市客车： 65%载荷状态-典型城市工况，或满载状态下C-WTVC 其他商用车：满载——C-WTVC
试验内容（插电）	无行驶模式手动选择：分为条件A（储能装置处于充电终止的最高荷电状态）和条件B（储能装置处于运行放电结束的最低荷电状态）； 有行驶模式手动选择：同样包含条件A和条件B，仿真时模式可选为纯电动模式（c_1=0）	纯电动（第一阶段）：40km/h匀速行驶至小于36km/h，或发动机起动 电量调整（第二阶段） 电量平衡（第三阶段）
试验内容（非插电）	至少跑两个循环；若车辆具备行驶模式手动选择功能，试验时选择车辆的默认行驶模式	只包括第二阶段和第三阶段，根据NEC的相对变化量确定是否需要对燃油经济性进行SOC修正
结果	插电：分别列出电耗和油耗 混动：根据电能平衡值与燃料消耗量的比值选择是否修正	插电：一、二、三阶段分别列出纯电续驶里程、电耗、油耗； 混动：二、三阶段油耗
备注	对于模型仿真计算HEV油耗仿真验证，最好将SOC调平衡，此时发动机油耗即为整车百千米油耗	建议在仿真中将NEC相对变化量调节到1%以内，进行三次仿真，求平均值或插值得到油耗
法规	GB/T 27840—2011	
备注	适用于最大设计总质量大于3500kg的商用车辆，仿真工况为C-WTVC（满载），基于最大设计总质量选取特征里程分配比例，从而计算综合燃油消耗量	

从表3-2可以看出，无论是乘用车还是商用车，无论整车总质量多大，都可以在法规中找到对应的仿真工况和试验规程。同时有两点需要注意：①针对最大总质量不超过3500kg的混合动力电动汽车，仿真计算或试验测试HEV油耗时，将SOC调平衡，此时发动机油耗即为整车百千米油耗；②针对最大总质量超过3500kg的混合动力电动汽车，计算HEV油耗时，建议将NEC相对变化量调节到1%以内，进行三次仿真或测试，求平

均值或插值得到油耗，这样可减少后续修正计算的难度。

乘用车、商用车燃料消耗量限值国家标准汇总，见表 3-3。

表 3-3　乘用车、商用车燃料消耗量限值国家标准

国标	适用范围	实施时间
GB 19578—2014《乘用车燃料消耗量限值》	适用于能够燃用汽油或柴油燃料、最大设计总质量不超过 3500kg 的 M1 类车辆 不适用于仅燃用气体燃料或醇醚类燃料的车辆	对新认证车，执行日期为 2016 年 1 月 1 日 对在生产车，执行日期为 2018 年 1 月 1 日
GB 20997—2015《轻型商用车辆燃料消耗量限值》	适用于能够燃用汽油或柴油燃料、最大设计车速 ≥ 50km/h 的 N1 类和最大设计总质量不超过 3500kg 的 M2 类车辆	对新认证车，执行日期为 2018 年 1 月 1 日 对在生产车，执行日期为 2020 年 1 月 1 日
GB 30510—2018	适用于最大设计总质量大于 3500kg 的燃用汽油和柴油的商用车辆，包括货车、半挂牵引车、客车、自卸汽车和城市客车	对于新申请形式批准的车型，自 2019 年 7 月 1 日起实施 对于已获得形式批准的车型，自 2021 年 7 月 1 日起实施

整体上说，燃料消耗量限值标准适用范围包括乘用车、货车、半挂牵引车、自卸汽车、客车和城市客车，根据车辆类型和质量对节能指标进行具体划分。

因车辆质量划分区间较多，无法全部列出，表 3-4 所示为部分质量范围对应的乘用车燃料消耗量限值，表 3-5 所示为部分质量范围对应的半挂牵引车和城市客车的燃料消耗量限值。

表 3-4　乘用车燃料消耗量限值

车型	划分质量 /kg	燃料消耗量限值 /（L/100km）	车型	划分质量 /kg	燃料消耗量限值 /（L/100km）
三排以下座椅的乘用车	…	—	其他类型乘用车	…	—
	980 ＜ CM ≤ 1090	6.1		980 ＜ CM ≤ 1090	6.5
	1090 ＜ CM ≤ 1205	6.5		1090 ＜ CM ≤ 1205	6.8
	1205 ＜ CM ≤ 1320	6.9		1205 ＜ CM ≤ 1320	7.2
	1320 ＜ CM ≤ 1430	7.3		1320 ＜ CM ≤ 1430	7.6
	…	—		…	—

注：CM：Curb Mass，整车整备质量。

表 3-5　半挂牵引车和城市客车燃料消耗量限值

车型	划分质量 /kg	燃料消耗量限值 /（L/100km）	车型	划分质量 /kg	燃料消耗量限值 /（L/100km）
半挂牵引车	…	—	城市客车	…	—
	27000 ＜ GVW ≤ 35000	32		7000 ＜ GVW ≤ 8500	16.7
	35000 ＜ GVW ≤ 40000	34		8500 ＜ GVW ≤ 10500	19.4
	40000 ＜ GVW ≤ 43000	35.5		10500 ＜ GVW ≤ 12500	22.3
	43000 ＜ GVW ≤ 46000	38		12500 ＜ GVW ≤ 14500	25.5
	…	—		…	—

注：GVW：Gross Vehicle Weight，整车总质量。

3.1.3　排放性指标

排放性指标相关规定可参照 GB 18352.6—2016《轻型汽车污染物排放限值及测量方

法》，试验测定一氧化碳（CO）、碳氢化合物（HC）、氮氧化物（NO_x）、碳氢化合物和氮氧化物（HC+NO_x）等排放气体。压燃式发动机汽车还应包括颗粒物（PM）含量。表3-6和表3-7所示为Ⅰ型试验排放限值汇总。

表3-6 Ⅰ型试验排放限值（6a阶段）

车辆类别		测试质量（TM）/kg	限值						
			CO/(mg/km)	THC/(mg/km)	NMHC/(mg/km)	NO_x/(mg/km)	N_2O/(mg/km)	PM/(mg/km)	PN①/(个/km)
第一类车		全部	700	100	68	60	20	4.5	6.0×10^{11}
第二类车	Ⅰ	TM ≤ 1305	700	100	68	60	20	4.5	6.0×10^{11}
	Ⅱ	1305 < TM ≤ 1760	880	130	90	75	25	4.5	6.0×10^{11}
	Ⅲ	1760 < TM	1000	160	108	82	30	4.5	6.0×10^{11}

① 2020年7月1日前，汽油车过渡限值为6.0×10^{12}个/km

表3-7 Ⅰ型试验排放限值（6b阶段）

车辆类别		测试质量（TM）/kg	限值						
			CO/(mg/km)	THC/(mg/km)	NMHC/(mg/km)	NO_x/(mg/km)	N_2O/(mg/km)	PM/(mg/km)	PN①/(个/km)
第一类车		全部	500	50	35	35	20	3.0	6.0×10^{11}
第二类车	Ⅰ	TM ≤ 1305	500	50	35	35	20	3.0	6.0×10^{11}
	Ⅱ	1305 < TM ≤ 1760	630	65	45	45	25	3.0	6.0×10^{11}
	Ⅲ	1760 < TM	740	80	55	50	30	3.0	6.0×10^{11}

① 2020年7月1日前，汽油车过渡限值为6.0×10^{12}个/km

在表3-6和表3-7中，Ⅰ型试验（常温下冷起动后排气污染物排放试验），第一类车指包括驾驶人座位在内，座位数不超过六座，且最大总质量不超过2500kg的M1类汽车，第二类车指GB 18352.6—2016适用范围内、除第一类车以外的其他所有轻型汽车。

参照GB 18352.6—2016，气态污染物应使用下列仪器分析。

一氧化碳（CO）和二氧化碳（CO_2）分析仪：不分光红外线吸收（NDIR）型。碳氢化合物（HC）分析仪：对点燃式发动机，氢火焰离子化（FID）型。用丙烷气体标定，以碳原子（C_1）当量表示。碳氢化合物（HC）分析仪：对压燃式发动机，加热式氢火焰离子化（HFID）型，其检测器、阀和管道等加热至463K ± 10K(190℃ ± 10℃)。用丙烷气体标定，以碳原子（C_1）当量表示。氮氧化物（NO_x）分析仪：化学发光（CLA）型或非扩散紫外线谐振吸收（NDUVR）型，两者均需带有NO_x-NO转换器。颗粒物：用重量法测定收集的颗粒物。这些颗粒物应是在各种情况下，用装在样气流中的两个串联安装的滤纸收集的。

若混合动力系统中存在压燃式发动机，则应使用带有记录器（R）的氢火焰离子化（HFID）型分析仪以及加热的取样管路，连续进行碳氢化合物（HC）分析。测得的碳氢化合物平均浓度应由积分确定。在整个试验期间，加热取样管的温度应控制在463K ± 10K（190℃ ± 10℃）。加热取样管路中应加装一个加热的滤清器（Fh），它对不小于0.3μm的颗粒物的滤清效率为99%，以滤掉分析用的连续气流中的固体颗粒物。取样系统的响应时间（从探头至分析仪入口）应不大于4s。除非对变化的CFV气流作出补偿，否则所用HFID应带有定流量（热交换器）系统，以保证样气的代表性。颗粒物取样装置由稀释通道、取样探头、过滤单元、分流泵、流量调节器和测量单元组成。颗粒物取样探头应设置在试验气流的稀释区，使其从均匀的空气 / 排气混合气中取得有代表性的样气。空气 / 排气混合气的温度在紧靠滤纸之前应不超过 325K（52℃）。在流量计中，气流温度的波动应不超过 ±3K，而质量流量比波动不得超过 ±5%。如果因滤纸超载导致流量的容积变化，无法接受，则试验应停止。再次试验时，应减少流量比，或使用较大的滤纸。应在开始试验前 1h 内从空调室取出滤纸。试验前，应将颗粒物测量所需滤纸放在空调室内，置于一只防止灰尘进入的开口盘中。进行至少 8h，最多 56h 的预处理（与温度和湿度有关）。对经过预处理后的未污染滤纸称重并储存待用。如果滤纸从称重室取出后 1h 内没有使用，则应再次称重。如果满足下面的一条或两条，则 1h 的限制可以用 8h 来代替：将处理过的滤纸放置和保存在带有塞子的密封的滤纸架总成内，然后立即放到没有气流的取样导管内。

3.2 动力系统构型设计

针对混合动力电动汽车设计过程中关注度最高的经济性指标，首先基于能量计算的理论油耗模型，定量分析不同构型的节油潜力和节油影响因素，为构型优选设计提供可靠理论依据，结合当前混合动力电动汽车开发的实际需求，从全生命周期成本和工程化难度两个角度考虑，设计构型优选方法的一般流程，并以混合动力客车构型优选设计过程进行实际举例说明。

3.2.1 节油潜力分析

3.2.1.1 节能途径

混合动力电动汽车可从以下四方面达到节能目的（图 3-2）：

1）选择较小功率的发动机，从而提高发动机负荷率。

2）改善控制策略使发动机工作在高效率区，以改善整车的燃油消耗。

3）发动机具有取消怠速和高速断油的功能，以减少燃油消耗。

4）具有再生制动能量回收功能。

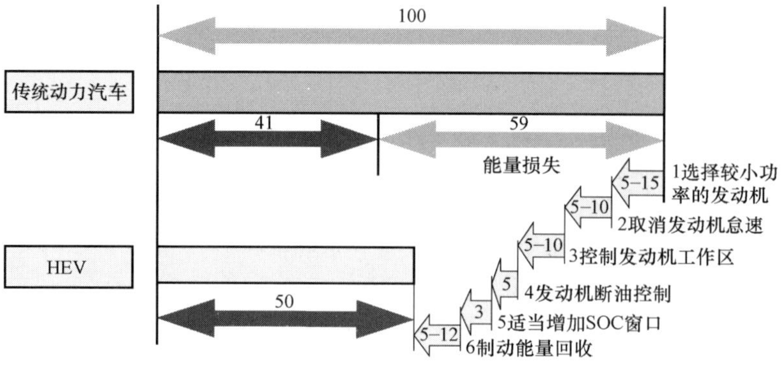

图 3-2　混合动力电动汽车节油措施及效果统计分析

对典型城市公交客车循环工况的分析，以及对整车在这些工况下的能量消耗情况的研究表明：在典型城市循环工况下，混合动力电动汽车通过减小发动机功率提高了负荷率，使整车效率得到提高，从而改善燃油经济性约 15% ~ 20%。发动机工作区域控制对燃油经济性改善的贡献率在 5% ~ 10% 之间。再生制动能量回收可节能约 5% ~ 12%。消除停车怠速可节省燃油 5% ~ 10%。综合分析表明混合动力技术在特定工况下的总节能潜力可达 30% ~ 60%。

3.2.1.2 节能理论分析

混合动力电动汽车节能机理研究的总体思想如图 3-3 所示。首先建立整车能量消耗分析模型。其中，机械传动系统及发动机能量分析模型可同时应用于传统动力汽车与混合动力电动汽车的能量消耗分析。然后建立电驱动系统的能量计算模型，以此作为能量消耗定量计算的依据。

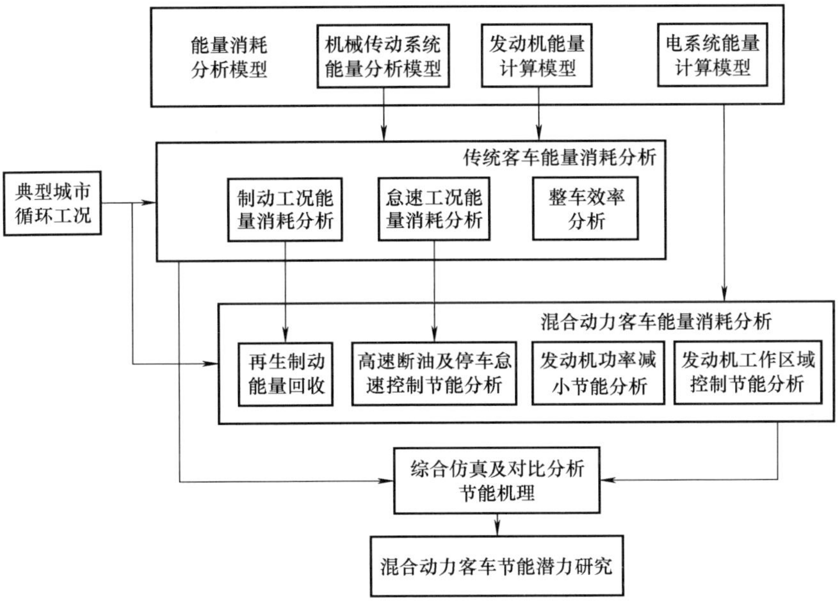

图 3-3 混合动力客车节能机理研究总体框图

基于典型城市循环工况对传统动力汽车的能量消耗进行定量统计，其研究思想如图 3-4 所示。由于传统汽车只有单一动力源，根据测试的能量消耗可进行总体燃油消耗计算，然后根据循环工况的车速和加速度等特性参数来标识加速、制动与怠速段，并分别统计这些时间段内的燃油消耗及整车效率，分别对其能量消耗特点进行分析，为混合动力汽车的节能机理研究提供对比依据。

最后，对混合动力电动汽车和传统动力汽车的能量消耗进行对比分析。对于再生制动能量回收，根据传统动力汽车制动工况的能量分析结果，作合理的假设可分离再生制动能量回收对节能的贡献。消除怠速的节能贡献可分离出高速断油控制和停车怠速控制，以减少浪费的燃油。发动机功率减小及发动机工作区域控制对节能的贡献需结合仿真对比分

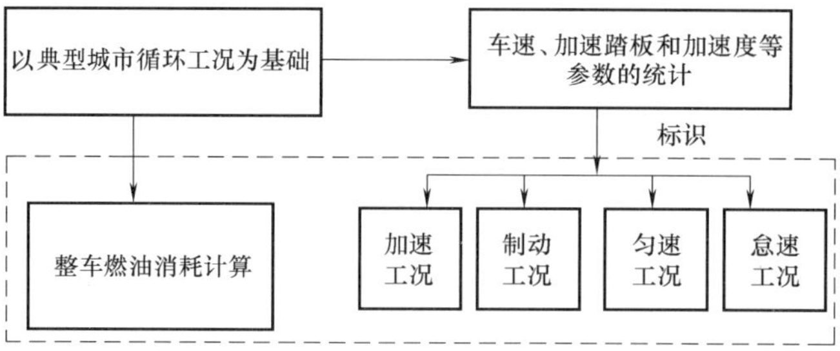

图 3-4　传统动力汽车能量消耗分析框图

析。首先假定混合动力电动汽车在无怠速控制、再生制动和发动机工作区域控制情况下，计算整车的燃油消耗，可得发动机减小功率带来的节能贡献。在无怠速控制及再生制动情况下进行燃油消耗计算，由于这部分燃油经济性改善包含由发动机减小功率带来的节能贡献，减去上述发动机减小功率的节能贡献，即可获得发动机工作区域控制对整车节能的贡献。

混合动力电动汽车的节能机理分析思想如图 3-5 所示。制动能量回收、消除怠速和发动机工作区域控制为混合动力电动汽车控制技术的分析要点，而发动机减小功率则是混合动力电动汽车设计技术的分析要点。因此，混合动力电动汽车的节能机理分析与混合动力电动汽车设计和控制均有密切联系。

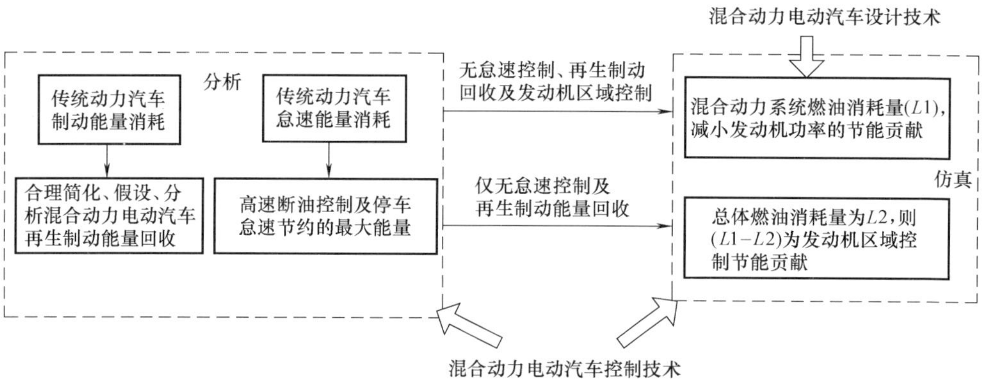

图 3-5　混合动力电动汽车节能机理分析框图

3.2.1.3　基于理论油耗模型的节油贡献分析

在混合动力系统开发的前期构型方案论证阶段，定量的油耗分析和细化的节油影响因素分析，既能辅助证明宏观油耗结果的合理性，又能揭示各类复杂混动构型的节能机理，帮助开发者深入了解不同构型混动系统的优缺点，分解系统节能优化指标并探究其节能潜力，也有助于为标定人员在后续的控制系统参数标定中指明方向。

（1）基于能量计算的理论油耗模型

根据混合动力电动汽车内部能量节点，分析混合动力系统内部能量流，并基于能量守恒定律定义混合动力系统平均综合传动效率，建立混合动力系统理论油耗计算模型。

首先，无论是串联式构型、并联式构型，还是混联式构型，均可划分为动力源模块、传动系统模块及车体运动学模块，如图 3-6 所示。其中，动力源模块由发动机和动力蓄电池组成，传动模块由电机或发电机以及变速机构组成，具体取决于混合动力系统构型。车体运动学模块根据汽车理论简化为整车纵向动力学模型，如式（3-1）所示。

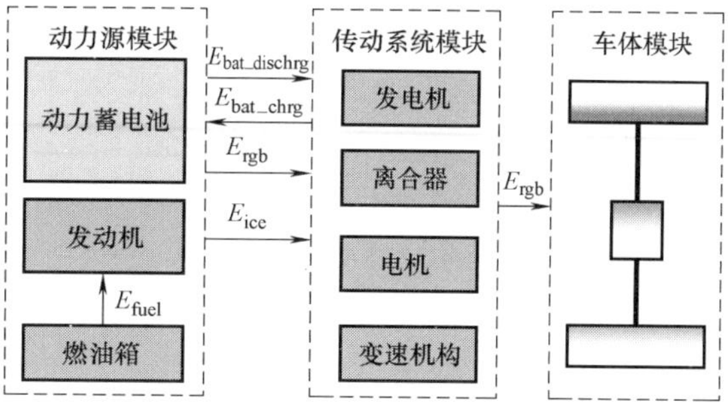

图 3-6 基于系统能量流的混合动力系统模块划分

$$F_t=F_f+F_w+F_i+F_j \tag{3-1}$$

式中 F_t——车轮处整车驱动力（N）；

F_f——滚动阻力（N）；

F_w——空气阻力（N）；

F_i——坡道阻力（N）；

F_j——加速阻力（N）。

根据图 3-6 所示的混合动力系统模块划分，定义混合动力系统内部的能量流节点，E_{wh}、E_{fuel}、E_{ice}、$E_{bat\_dischrg}$、E_{bat_chrg}、E_{rgb} 如式（3-2）~式（3-7）所示。

$$E_{wh}=\sum_{t=0}^{n}\left[\begin{cases}F_t(t)v(t)/1000 & (F_t(t)>0)\\ 0 & (F_t(t)<0)\end{cases}\right] \tag{3-2}$$

$$E_{fuel}=f_e/C\bullet Calori/3600 \tag{3-3}$$

$$E_{ice}=\sum_{t=0}^{n}\{\omega_e T_e/9549\} \tag{3-4}$$

$$E_{bat\_dischrg}=\min\{0,(\mathrm{SOC}_{ini}-\mathrm{SOC}_{end})BatE\times 3600\} \tag{3-5}$$

$$E_{bat\_chrg}=\min\{0,(\mathrm{SOC}_{ini}-\mathrm{SOC}_{end})BatE\times 3600\} \tag{3-6}$$

$$E_{rgb}=\sum_{t=0}^{n}\begin{cases}\max\{0,-T_{gc}(t)\omega_{gc}(t)/9549\eta_{gc}-T_{me}(t)\omega_{me}(t)/9549\ \eta_{me}\} & (BrkPedal(t)>0)\\ 0 & (BrkPedal(t)=0)\end{cases} \tag{3-7}$$

式中 E_{wh}——车轮处循环工况理论总驱动能量（kJ）；

E_{fuel}——发动机消耗燃油总能量（kJ）；

E_{ice}——发动机实际提供的能量（kJ）；

E_{rgb}——动力蓄电池端再生制动总回收能量（kJ）；

ω_e——发动机转速（r/min）；

T_e——发动机转矩（N · m）；

T_{me}——电动机转矩（N · m）；

ω_{me}——电动机转速（r/min）；

T_{gc}——发电机转矩（N · m）；

ω_{gc}——发电机转速（r/min）；
$E_{bat\_dischrg}$——动力蓄电池放电总能量（kJ）；
E_{bat_chrg}——动力蓄电池充电总能量（kJ）；
$F_t(t)$——循环工况各点需求驱动力（N · m）；
$v(t)$——循环工况各点车速（m/s）；
n——循环工况总时间（s）；
f_e——整车百公里燃油消耗（L/100km）；
$Calori$——燃油热值（kJ/g）；
SOC_{ini}——动力蓄电池初始 SOC；
SOC_{end}——动力蓄电池终止 SOC；
$BrkPedal(t)$——循环工况各点制动踏板开度；
$BatE$——动力蓄电池能量（kW · h）；
C——油耗单位转换系数。

$b_{e,\,avg}$ 与 C 的计算如式（3-8）和式（3-9）所示。

$$C=\frac{100}{1000\times 3600\ \rho_{fuel}x_{tot}} \tag{3-8}$$

$$b_{e,avg}=\sum_{t=0}^{n}M_e(t)/\sum_{t=0}^{n}\left[P_e(t)/9549\right] \tag{3-9}$$

式中 $b_{e,\,avg}$——发动机平均燃油消耗率（g/kw · h）；
ρ_{fuel}——燃油密度（kg/L）；
x_{tot}——循环工况总行驶里程（km）；
$M_e(t)$——循环工况各点发动机喷油量（g/h）；
$P_e(t)$——循环工况各点发动机输出功率（kW）。

此外，消耗燃油总能量与动力源处发动机实际输出能量，满足式（3-10）:

$$E_{fuel}=E_{ice}b_{e,\,avg}Calori/3600 \tag{3-10}$$

基于上述混合动力系统模块划分与能量节点的定义，根据能量守恒定律，混合动力系统的平均综合传动效率可看作传动系统模块输入功率与输出功率的比值。根据混合动力系统循环工况仿真终止点动力蓄电池 SOC 的状态，分为三种情况，见表 3-8。

表 3-8 不同情况下混合动力系统平均综合传动效率定义

	不同的 SOC 终端状态		
	$SOC_{end} < SOC_{ini}$	$SOC_{end}=SOC_{ini}$	$SOC_{end} > SOC_{ini}$
传动系统模块输入能量	E_{wh} $E_{rgb}\eta_{bat\_chrg}\eta_{bat\_dischrg}$ $E_{bat\_dischrg}\eta_{bat\_dischrg}$	E_{wh} $E_{rgb}\eta_{bat\_chrg}\eta_{bat\_dischrg}$	E_{wh} $E_{rgb}\eta_{bat\_chrg}\eta_{bat\_dischrg}$
传动系统模块输出能量	E_{wh}	E_{wh}	E_{wh} $E_{bat\_chrg}/\eta_{bat\_chrg}/\eta_{tr}$
平均综合传动效率定义	$E_{wh}/(E_{ice}+E_{rgb}\eta_{bat\_chrg}\eta_{bat\_dischrg}+E_{bat\_dischrg}\eta_{bat\_dischrg})$	$E_{wh}/(E_{ice}+E_{rgb}\eta_{bat\_chrg}\eta_{bat\_dischrg})$	$\dfrac{(E_{wh}-E_{bat\_chrg}/\eta_{bat\_chrg}/\eta_{tr})}{(E_{ice}+E_{rgb}\eta_{bat\_chrg}\eta_{bat\_dischrg})}$

注：η_{bat_chrg}—动力蓄电池充电平均效率；$\eta_{bat\_dischrg}$—动力蓄电池放电平均效率。

在不同情况下，各部分的能量如下：

1）循环工况仿真结束，动力蓄电池馈电（SOC 小于初始值)，传动系统模块得到动力源模块的输入能量包括发动机实际提供能量 E_{wh}、动力蓄电池端再生制动总回收能量 $E_{rgb}\eta_{bat\_chrg}\eta_{bat\_dischrg}$ 以及动力蓄电池放电总能量 $E_{bat\_dischrg}\eta_{bat\_dischrg}$。传动系统模块的输出总能量为车轮处循环工况理论总驱动能量 E_{wh}。

2）循环工况仿真结束，动力蓄电池 SOC 完全平衡（SOC 等于初始值)，传动系统模块得到动力源的输入能量包括发动机实际提供能量 E_{ice}、动力蓄电池端再生制动总回收能量 $E_{rgb}\eta_{bat\_chrg}\eta_{bat\_dischrg}$。传动系统模块的输出总能量为车轮处循环工况理论总驱动能量 E_{wh}。

3）循环工况仿真结束，动力蓄电池充电（SOC 大于初始值)，情况稍微复杂一些，传动模块得到动力源的输入能量包括发动机实际提供能量 E_{ice} 与动力蓄电池端再生制动总回收能量 $E_{rgb}\eta_{bat\_chrg}\eta_{bat\_dischrg}$。传动模块输出能量为车轮处循环工况理论总驱动能量 E_{wh} 以及动力蓄电池充电总能量 $E_{bat\_chrg}/\eta_{bat\_chrg}$。但是二者并不是同一节点处的能量，一个处于车轮端，另一个处于动力源端，将二者统一至车轮处需经过所定义的平均综合传动效率：$E_{bat\_chrg}/(\eta_{bat\_chrg}\eta_{tr})$。

综上，定义混合动力系统的平均综合传动效率 η_{tr} 为

$$
\begin{cases}
\dfrac{E_{wh}}{\left(E_{ice}+E_{rgb}\eta_{bat\_chrg}\eta_{bat\_dischrg}+E_{bat\_dischrg}\eta_{bat\_dischrg}\right)} & SOC_{end}<SOC_{ini} \\
\dfrac{E_{wh}}{\left(E_{ice}+E_{rgb}\eta_{bat\_chrg}\eta_{bat\_dischrg}\right)} & SOC_{end}=SOC_{ini} \\
\dfrac{\left(E_{wh}-E_{bat\_chrg}/\eta_{bat\_chrg}/\eta_{tr}\right)}{\left(E_{ice}+E_{rgb}\eta_{bat\_chrg}\eta_{bat\_dischrg}\right)} & SOC_{end}>SOC_{ini}
\end{cases}
\tag{3-11}
$$

基于平均综合传动效率的定义，提出混合动力系统理论油耗计算模型：

$$
f_e=(E_{wh}-E_{bat\_chrg}/\eta_{tr}/\eta_{bat\_chrg}-E_{rgb}\eta_{tr}\eta_{bat\_chrg}\eta_{bat\_dischrg}-E_{bat\_dischrg}\eta_{tr}\eta_{bat\_dischrg})/\eta_{tr}b_{e,avg}C
\tag{3-12}
$$

根据式（3-12）所示的理论油耗计算模型，影响混合动力系统油耗的主要因素包括车轮处循环工况理论总驱动能量 E_{wh}、再生制动回收能量 E_{rgb}、动力蓄电池充放电能量 E_{bat_chrg} 和 $E_{bat\_dischrg}$、平均综合传动效率 η_{tr}、发动机平均燃油消耗率 $b_{e,avg}$、动力蓄电池充放电效率 η_{bat_chrg} 和 $\eta_{bat\_dischrg}$。

其中，车轮处循环工况理论总驱动能量 E_{wh} 取决于循环工况需求。在循环工况选定的情况下，该能量为常数。动力蓄电池充放电能量 E_{bat_chrg} 和 $E_{bat\_dischrg}$ 则取决于循环工况仿真结束后动力蓄电池 SOC 的终值：若工况运行结束，SOC 完全平衡，则动力蓄电池充电、放电总能量均为 0。但实际控制过程中很难实现 SOC 的完全平衡。因此，在上述理论油耗模型式（3-12）的基础上加入动力蓄电池电量修正，根据理论计算模型将动力蓄电池充、放电电量等效计算为百千米油耗：

$$f_{\text{e\_unify}}\begin{cases} f_{\text{e}}+E_{\text{bat\_dischrg}}\eta_{\text{bat\_dischrg}}b_{\text{e,avg}}C & \text{SOC}_{\text{end}}\leqslant\text{SOC}_{\text{ini}} \\ f_{\text{e}}+\dfrac{E_{\text{bat\_chrg}}}{\eta_{\text{tr}}\eta_{\text{tr}}\eta_{\text{bat\_chrg}}}b_{\text{e,avg}}C & \text{SOC}_{\text{end}}>\text{SOC}_{\text{ini}} \end{cases} \tag{3-13}$$

式中　$f_{\text{e\_unify}}$——理论综合百千米油耗（L/100km）。

此外，由于动力蓄电池充、放电效率损失主要受测试环境温度影响，在常温条件下，动力蓄电池充放电平均效率均处于较高水平，一般可达 98% 以上，因此忽略动力蓄电池充放电的变化，采用固定的平均值进行计算。进一步推导，得到电量修正后的混合动力系统统一理论综合油耗计算模型为

$$f_{\text{e\_unify}}=E_{\text{wh}}\left[1-\frac{E_{\text{rgb}}}{E_{\text{wh}}}\eta_{\text{tr}}\eta_{\text{bat\_chrg}}\eta_{\text{bat\_dischrg}}\right]/\,\eta_{\text{tr}}b_{\text{e,avg}}C \tag{3-14}$$

（2）基于理论油耗模型的节油贡献分析

基于上述混合动力系统理论油耗计算模型，进一步分析混合动力系统油耗影响因素，并建立理论油耗增量计算模型，定量计算各影响因素可实现的节油贡献率。

1）理论综合油耗增量计算模型。主要分析混合动力系统再生制动能量回收及发动机工作区域优化可实现的节油贡献率。发动机工作区域优化实际包括两个方面：发动机平均燃油消耗率变化和平均综合传动效率变化。根据式（3-14）所示的理论综合油耗计算模型，当混合动力系统的再生制动能量、发动机平均燃油消耗率、混合动力系统平均综合传动效率发生变化时，系统综合油耗将随之改变。为定量分析上述影响因素对混合动力系统的节油贡献率，在上述理论油耗模型的基础上建立油耗增量计算模型。

首先，定义系统平均综合传动效率的变化梯度 τ、发动机平均燃油消耗率的变化梯度 γ 以及再生制动能量回收变化量：

$$\begin{cases} \tau=\Delta\eta\,/\,\eta_{\text{tr}} \\ \eta_{\text{tr\_inc}}=\eta_{\text{tr}}+\Delta\eta=\eta_{\text{tr}}(1+\tau) \end{cases} \tag{3-15}$$

$$\begin{cases} \gamma=\Delta b_{\text{e}}\,/\,b_{\text{e,avg}} \\ b_{\text{e,avg\_inc}}=b_{\text{e,avg}}+\Delta b_{\text{e}}=b_{\text{e,avg}}(1+\gamma) \end{cases} \tag{3-16}$$

$$\Delta E_{\text{rgb}}=E_{\text{rgb\_inc}}-E_{\text{rgb}} \tag{3-17}$$

式中　$\Delta\eta$——平均综合传动效率变化量；

$\eta_{\text{tr\_inc}}$——相对 η_{tr} 变化后的平均综合传动效率；

Δb_{e}——发动机平均燃油消耗率变化量（g/kW・h）；

$b_{\text{e,avg\_inc}}$——相对 $b_{\text{e,avg}}$ 变化后的发动机平均燃油消耗率（g/kW・h）；

$E_{\text{rgb\_inc}}$——变化后的再生制动回收能量（kJ）；

ΔE_{rgb}——再生制动能量回收变化量（kJ）。

然后，可推导混合动力系统理论综合油耗增量计算模型：

$$f_{\mathrm{e\_unify\_inc}}=E_{\mathrm{wh}}\left[1-\left(\frac{(1+\gamma)\left[\tau+\frac{E_{\mathrm{rgb\_inc}}}{E_{\mathrm{wh}}}\eta_{\mathrm{tr}}(1+\tau)\right]}{1+\tau}-\gamma\right)\right]/\eta_{\mathrm{tr}}b_{\mathrm{e,avg}}C \tag{3-18}$$

式中 $f_{\mathrm{e\_unify\_inc}}$——各因素变化后混合动力系统综合百千米油耗（L/100km）。

2）节油量与节油贡献率定义。根据上述混合动力系统理论油耗计算模型及综合油耗增量模型，进一步计算混合动力系统节油量和节油贡献率，分别如式（3-19）和式（3-20）所示。

$$\begin{aligned}\Delta f_{\mathrm{e}}&=f_{\mathrm{e\_unify}}-f_{\mathrm{e\_unify\_inc}}\\&=E_{\mathrm{wh}}\left[\frac{(1+\gamma)\tau}{1+\tau}+\frac{\Delta E_{\mathrm{rgb}}+\gamma E_{\mathrm{rgb\_inc}}}{E_{\mathrm{wh}}}\eta_{\mathrm{tr}}-\gamma\right]/\eta_{\mathrm{tr}}b_{\mathrm{e,avg}}C\end{aligned} \tag{3-19}$$

$$\sigma_{\mathrm{fe}}=\frac{(1+\gamma)\tau}{1+\tau}+\frac{\Delta E_{\mathrm{rgb}}+\gamma E_{\mathrm{rgb\_inc}}}{E_{\mathrm{wh}}}\eta_{\mathrm{tr}}-\gamma \tag{3-20}$$

其中，节油量与节油贡献率之间满足式（3-21）所示关系。可见，此处所提出的节油贡献率的物理意义是指混合动力系统节油能量占车轮处理论总驱动能量的比例。

$$\Delta f_{\mathrm{e}}=E_{\mathrm{wh}}/\eta_{\mathrm{tr}}b_{\mathrm{e,avg}}C\sigma_{\mathrm{fe}} \tag{3-21}$$

式中 Δf_{e}——节油量（L/100km）；

σ_{fe}——节油贡献率。

结合前文分析，混合动力系统节油贡献率可进一步表达为式（3-22），包含四个分项：$\sigma_{\mathrm{fe\_rgb}}$ 表示再生制动节油贡献率分项；$\sigma_{\mathrm{fe\_be}}$ 表示发动机平均燃油消耗率节油贡献率分项；$\sigma_{\mathrm{fe\_\eta}}$ 表示混合动力系统平均综合传动效率节油贡献率分项；$\sigma_{\mathrm{fe\_co}}$ 表示平均综合传动效率与发动机平均燃油消耗率节油贡献率的耦合项。实际上，$\sigma_{\mathrm{fe\_co}}$ 表示混合动力系统调整发动机工作点向优化区域移动时，发动机工作区域调整对系统节油贡献率的影响。

$$\begin{aligned}\sigma_{\mathrm{fe}}&=\sigma_{\mathrm{fe\_\eta}}+\sigma_{\mathrm{fe\_co}}+\sigma_{\mathrm{fe\_rgb}}+\sigma_{\mathrm{fe\_be}}\\&=\frac{\tau}{1+\tau}+\frac{\tau\gamma}{1+\tau}+\frac{\Delta E_{\mathrm{rgb}}}{E_{\mathrm{wh}}}\eta_{\mathrm{tr}}+\gamma\left(\frac{E_{\mathrm{rgb\_inc}}}{E_{\mathrm{wh}}}\eta_{\mathrm{tr}}-1\right)\end{aligned} \tag{3-22}$$

为便于后续油耗分析，此处定义 $\frac{\Delta E_{\mathrm{rgb}}}{E_{\mathrm{wh}}}$ 为车轮处再生制动能量占理论驱动能量的比值，指车轮处的能量回收率，简称“能量回收率”。

以上推导和定义的节油 / 节能分析理论计算公式，可应用于不同构型的混合动力电动汽车。探明各节油因素对整车经济性影响，可对各节油因素进行逐一分析并探究其极限，分析全部节油因素，便能计算混合动力电动汽车的极限节油潜力和节油水平。

3.2.2 构型优选原则

常见的构型优选方法如下：一是基于成本约束的混合动力系统构型拓扑可行性分析。

在众多候选构型中，基于系统设计成本约束及控制成本约束进行综合分析，排除系统过于复杂或控制过于复杂的系统构型；二是基于图论模型的系统构型可行性分析。根据系统图论模型及构件的邻接矩阵，对混合动力系统候选构型进行输入输出约束分析、传动系统自由度约束分析以及设计目标可行性分析，进而将候选构型范围进一步缩小；三是基于系统基本性能指标约束的可行性分析。在众多预选构型方案中，根据既定的系统动力性能和基本经济性能，从系统运动学、动力学以及动力源工作特性的角度，对各构型工作特性和工作效率进行分析，进而筛选出符合基本性能指标的构型。

综合上述方法，构型优选的基本思路：获取整车基本参数和基本性能指标，针对应用工况，首先选择几种常用构型作为初步优选构型，然后基于构型优选方法选择符合要求的构型。混合动力电动汽车构型优选基本流程如图 3-7 所示。

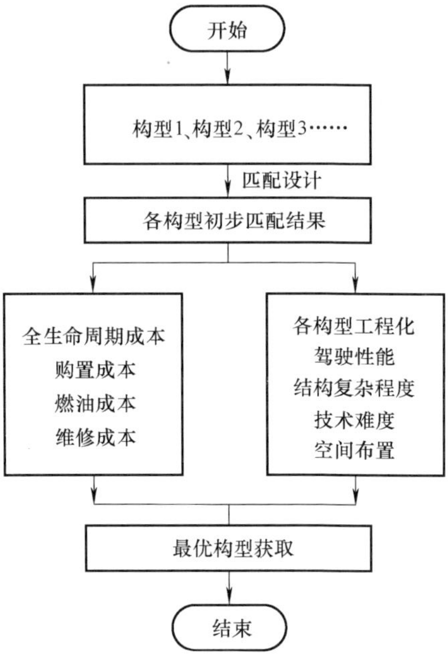

图 3-7　混合动力系统构型优选流程

基于相同的整车参数和基本性能指标，分别对几种典型混合动力构型进行初步匹配设计，得到各构型的具体匹配结果。以此为基础，综合考虑各混合动力系统构型的全生命周期成本及工程化难度，进行系统构型最终优选。

（1）各构型初步匹配

尽管不同构型的结构和布置存在差异，但基本匹配思路相近，大多是根据混合动力系统动力传动特性及其内在的能量流关系，依次按照“总动力源功率→发动机功率→电机功率、转速、转矩→动力蓄电池能量、功率、容量”的匹配思路完成动力系统的匹配。

1）混合动力总动力源功率计算。通常，混合动力车辆的总需求功率主要包括最高车速需求功率 P_{max1}、最大爬坡度需求功率 P_{max2}、加速时间需求功率 P_{max3} 和循环工况车速跟随要求需求功率 P_{max4}。动力源总功率 P_{max} 需求计算满足式（3-23）：

$$P_{max} \geqslant \max(P_{max1}, P_{max2}, P_{max3}, P_{max4}) \tag{3-23}$$

2）发动机选型。根据发动机和电机特点，即发动机转动惯量较大、响应较慢，而电机响应较快，应使发动机提供变化较慢的稳态功率，而电机提供瞬态变化的峰值功率。稳态功率包括以巡航车速行驶的功率需求 P_{e1} 和持续爬坡的功率需求 P_{e2}。

以巡航车速行驶时，所需发动机功率如式（3-24）所示：

$$P_{e1} = \frac{v_x}{3600\eta_{tr}}\left(mgf_r + \frac{C_D A {v_x}^2}{21.15}\right) \tag{3-24}$$

式中　v_x——巡航车速（km/h）；

m——整车质量（kg）；

g——重力加速度（m/s^2）；

C_D ——空气阻力系数；

A ——迎风面积（m^2）。

持续爬坡所需要的发动机功率如式（3-25）所示：

$$P_{e2}=\frac{v_{i\_c}}{3600\eta_t}\left(mgf_r\cos\alpha+mg\sin\alpha+\frac{C_D A v_{i\_c}{}^2}{21.15}\right) \tag{3-25}$$

式中 $\alpha=\arctan(i/100)$；

v_{i_c}——爬坡速度（km/h）。

发动机功率需要至少要满足上述所确定的各项功率，如式（3-26）所示。

$$P_e \geqslant \max(P_{e1},P_{e2}) \tag{3-26}$$

3）电机选型。由于不同构型电机负责工况不同，匹配过程具有一定差异，例如对于并联 P2 构型、开关混联构型和行星混联构型的电机，具体选型要求如下。

① 并联 P2 构型：电机在纯电动行驶时提供额定功率，在行驶阻力增加或需要急加速行驶时提供动态瞬时峰值功率。电机的最高转速要满足极限车速要求。

② 开关混联构型：由于低速状态发动机不能参与工作，主离合器必须处于分离状态，要求主电机在低速时承担整车的驱动任务。辅助电机主要围绕起停发动机进行，必要时可在转矩 / 功率需求较大时参与驱动。

③ 行星混联构型：由于行星混联系统能实现发动机转速、转矩与路载的解耦，可自由控制发动机工作在最优曲线上，两电机可实现对发动机转速解耦和转矩削峰填谷的控制功能。

4）动力蓄电池选型。动力蓄电池是混合动力车辆的辅助能量源，在车辆行驶过程中应快速响应电机发出的功率需求，提供驱动能量或储存车辆再生制动过程中回馈的能量。因此，动力蓄电池需要满足动力系统的功率要求，同时应具有足够的容量，满足混合动力电动汽车要求的纯电动续驶里程。

动力蓄电池的功率等级与电机相关，即动力蓄电池的输出功率要满足系统电路间的平衡，且动力蓄电池的充放电电流有一定限制，否则过大的充放电电流会造成动力蓄电池温度升高，降低动力蓄电池的使用寿命。动力蓄电池的充放电电流与容量有关，最大电流一般限制在 3~5C（C 为动力蓄电池的容量）。

动力蓄电池组能量主要满足车辆的续驶里程指标。一般采用等速法计算其能量需求，如式（3-27）所示：

$$E_b=\left(\frac{sP_b}{v}+E_{eacc}\right)/\zeta_{soc} \tag{3-27}$$

式中 E_b——续驶里程为 s 时需求的动力蓄电池能量（kW·h)；

v——汽车行驶速度（km/h)；

E_{eacc}——电动附件耗电量（kW·h)；

ζ_{soc}——动力蓄电池放电深度，不可能 100% 放出其额定容量，例如从开始的 100% 放电到 20%，那么该系数为 80%；

s——需满足的续驶里程值（km)；

P_b——当前车速下动力蓄电池的输出功率。

动力蓄电池的容量与能量之间的关系为

$$C=1000E_b/U_b \tag{3-28}$$

式中 C——动力蓄电池容量（A・h）；

U_b——动力蓄电池平均工作电压（V）。

动力蓄电池的容量选择与电系统的额定电压密切相关。当动力强、电系统额定电压选择较低时，动力蓄电池容量过大，使充放电电流太高，这对系统本身不安全，也给电机控制器带来很大挑战。因此，应根据国家标准对动力蓄电池电压等级的要求进行合理选取。

5）行星排组图论模型构建。图论是随着现代计算机技术的发展而产生的一种工程技术领域的有效分析工具。图论的基本建模思想是研究某类对象和它们之间的某种关系。如果用几何点表示某一类的若干事物，用线表示它们之间的某种关系，则可将研究的问题抽象为由一组点和连接这些点的一组线条构成的图。在此基础上运用数学分析理论和方法，可获得问题的最优解。

普通单星或双星行星排的三元件之间运动学关系见式（3-29）。但由上述图论建模方法可以看出，图论模型仅用于描述具有二元关系的系统，行星排运动学关系实质上属于超图表达的范畴。为运用图论模型表示行星排三元件之间的运动学关系，利用机构转换法将式（3-29）变换成式（3-30），即将行星传动转换成相对转速意义下的定轴齿轮传动。

$$n_t + kn_q - (1+k)n_j = 0 \tag{3-29}$$

$$\frac{n_t - n_j}{n_q - n_j} = -k \Rightarrow \frac{n_t - n_j}{n_j - n_q} = k \tag{3-30}$$

式中 k——行星排特性参数，对于普通单行星排有 $k=Z_q/Z_t$，而对于普通双行星排有 $k=-Z_q/Z_t$。

n_t——太阳轮转速（r/min）；

n_j——行星架转速（r/min）；

n_q——齿圈转速（r/min）。

结合图论模型的表示方法，将式（3-30）以图 3-8 所示的图论模型来表示。其中，顶点 t、j、q 表示行星排的三个基本元件，有向边 $e3$、$e4$ 表示相关联两个顶点的相对转速，功能弧 $c1$ 表示相关联两条有向边的运动学关系，即行星排特性参数。对于其他类型行星排（例如内外啮合双联排、外啮合双联排、内啮合双联排、外啮合双星排和内啮合双星排），可采用类似图论模型表示，如图 3-8 所示，仅是特性参数所允许的范围不同。且有如下关系式成立：

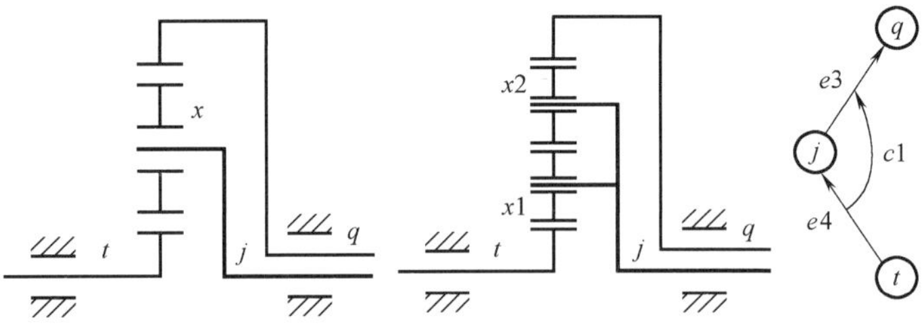

图 3-8 行星排图论模型表示方法（从左至右依次为普通单行星排、普通双行星排和图论模型）

$$\begin{cases} e3 = n_{\mathrm{j}} - n_{\mathrm{q}} \\ e4 = n_{\mathrm{t}} - n_{\mathrm{j}} \\ c1 = e4 / e3 = k \end{cases} \tag{3-31}$$

由于行星排图论模型是在相对转速意义下建立的，为与其保持一致，再引入绝对转速为零的机架定点 g，使输入构件 o 和输出构件 b 与顶点 g 相连，对应的有向边表示各构件相对固定不动时机架的转速，其图论模型如图 3-9 所示，且有如下关系式：

$$\begin{cases} e1 = n_{\mathrm{o}} - n_{\mathrm{g}} \\ e2 = n_{\mathrm{b}} - n_{\mathrm{g}} \end{cases} \tag{3-32}$$

图 3-9　行星排输入构件、输出构件和机架图论模型表示方法

有了行星排、输入构件、输出构件和机架的图论模型表示方法，就可以将每个行星排组都转化为对应的图论模型，即顶点表示基本构件和机架，有向边和功能弧表示相关联两顶点的相对转速和行星排特性参数。由于行星排组中每个行星排的三个构件属性还是不确定的，在此先假定取这三个构件 A_3^3=6 种联接方式中任意一种来分析，这不影响此后的档位分析结果。将对应特性参数看作广义特性参数，可通过对应的关系式转换成传统意义上的特性参数 k。行星排组的图论模型对应的关联矩阵是由两部分组成的，表示为

$$\boldsymbol{M} = [\boldsymbol{M}1 | \boldsymbol{M}2]_{(J+1)\times(3p+2)} \tag{3-33}$$

式中　$\boldsymbol{M}1$——由所有有向边得到的关联矩阵，其阶数为（J+1）×（$3p$+2），各元素取值按如下方式执行：当有向边 j 在基本回路 C_{i} 中，且方向与回路方向相同时，b_{ij}=1；当有向边 j 在基本回路 C_{i} 中，且方向与回路方向相反时，b_{ij}=−1；当其他情况时，b_{ij}=0；

$\boldsymbol{M}2$——由每个行星排对应的功能弧得到的关联矩阵，其阶数为（J+1）×p，表示为

$$\boldsymbol{M}2 = \left[m_{\mathrm{x}}(c) \right] \tag{3-34}$$

式中，各元素取值如下：

$$m_{\mathrm{x}}(c) = \begin{cases} 1\text{，当顶点}x\text{在}c\text{对应的行星排中} \\ 0\text{，其他} \end{cases} \tag{3-35}$$

例如，已知行星排组的构件组成：[[$z1$，α，β]，[$z2$，α，β]，[b，$z3$，β]]。其中，内层“[ ]”表示 1 个行星排。在此先假定按 [太阳轮 t，行星架 j，齿圈 q] 的排列次序来分析。按上述模型建立方法，该行星排组对应的图论模型如图 3-10 所示。

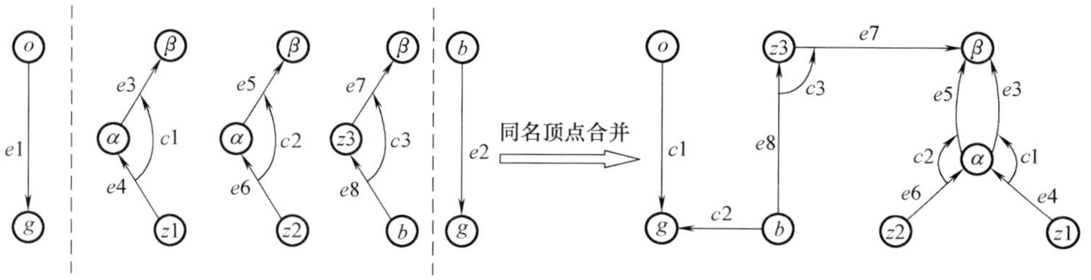

图 3-10　行星排输入构件、输出构件和机架图论模型

该行星排的关联矩阵 $\boldsymbol{M}$ 为

$$\boldsymbol{M}=\left[\begin{array}{cccccccc|ccc}1&0&0&0&0&0&0&0&0&0&0\\0&1&0&0&0&0&0&0&0&0&1\\0&0&1&0&0&0&0&0&1&0&0\\0&0&0&0&0&1&0&0&0&1&0\\0&0&0&0&0&0&1&-1&0&0&1\\0&0&1&-1&1&-1&0&0&1&1&0\\0&0&-1&0&-1&0&-1&0&1&1&1\\-1&-1&0&0&0&0&0&0&0&0&0\end{array}\right] \tag{3-36}$$

（2）构型综合优选

针对具体匹配结果，综合考虑各混合动力系统构型的全生命周期成本及工程化难度，进行系统构型最终优选。

1）各构型全生命周期成本。全生命周期成本主要包括新增购置成本、燃油成本以及维修成本。其中，新增购置成本主要是指混合动力电动汽车与传统动力汽车的构型差异所带来的成本，而燃油成本则描述了混合动力电动汽车工作过程中的燃油和电能使用成本，具体计算如式（3-37）所示。

$$C_{\mathrm{back}}=C_{\mathrm{gz}}+C_{\mathrm{ry}}+C_{\mathrm{wx}} \tag{3-37}$$

式中　C_{back}——生命周期成本；

C_{gz}——购置成本；

C_{ry}——燃油成本；

C_{wx}——维修成本。

① 各构型购置成本。对各构型的购置成本进行预估，电机系统主要包括电机和控制器两部分，其成本函数是基于批量化生产条件得到的：

$$C_{\mathrm{motor}}=c+dP_{\mathrm{mpeak}} \tag{3-38}$$

式中　c、d——拟合函数，是由电机及其控制器的价格与功率关系得到的；

P_{mpeak}——电机峰值功率（kW・h)；

C_{motor}——电机成本。

动力蓄电池及其他部件可参考市场或经验进行估价。

② 各构型燃油成本。各构型的燃油成本可表示为

$$C_{ry} = Day\left[fuel(L-L_1)/100Pr_{fuel} + E_{bat}Pr_{ele}\right] \quad (3\text{-}39)$$

式中 Day——公交客车年均行驶天数（去除维修保养天数）；

L——每日行驶里程（km）；

L_1——每日纯电动行驶里程（km）；

$fuel$——各构型百千米油耗（L/100km）；

Pr_{fuel}——柴油价格（元/L）；

E_{bat}——纯电动行驶所需动力蓄电池能量（kW・h）；

Pr_{ele}——电价（元/kW・h）。

③ 各构型维修成本。各构型维修成本可根据市场调研和经验获得。

④ 敏感度分析。全生命周期成本受到燃油价格和购置成本变化的影响，为更准确地预测混合动力构型的全生命周期成本，需要考虑上述因素的影响，进行单因素敏感度分析，主要包括燃油价格变化影响、购置成本变化影响和维修成本变化影响。

2）各构型工程化难度。各构型的工程化对比，可分别从综合性能、结构复杂程度、技术难度以及空间布置进行分析，见表3-9。

表3-9 各构型工程化难度对比

	构型1、构型2、构型3…	评价尺度				
		优	良	中	可	差
综合性能	动力性	5	4	3	2	1
	燃油经济性	5	4	3	2	1
	换档平顺性	5	4	3	2	1
结构复杂程度	动力传动路线经过的部件复杂程度，如动力源个数、有无变速器等	5	4	3	2	1
技术难度	工作模式及控制策略复杂程度	5	4	3	2	1
空间布置	传动系部件的尺寸大小	5	4	3	2	1

对各角度评价指标进行打分，并获得各构型的总分。总分对比即各构型工程化难度对比。

3.2.3 构型设计举例

整车基本参数已知，见表3-10。所要求的动力性指标，见表3-11。整车应用工况为公交客车工况。

表3-10 整车基本参数

项　目		参数
整车参数	整车总质量/kg	16550
	整备质量/kg	10000
	风阻系数	0.55
	迎风面积/m^2	7.78
	滚动阻力系数	0.0065
驱动桥传动比	4.89	
轮胎	滚动半径/mm	512

表 3-11　动力性指标

项目	参　数
最高车速 /（km/h）	69
最大爬坡度（%）	20（15km/h）
持续爬坡（%）	10（20km/h）
0—50km/h 的加速时间 /s	≤ 15

（1）构型优选基本思路

针对公交客车的应用工况特性，选择几种常用构型作为初步优选构型，主要包括并联 P2 构型、开关混联构型、行星混联构型 1（EVT+2AMT，即基于二档 AMT 变速器的 EVT 构型，以下也称 EVT1）和行星混联构型 2（EVT+2 离合器，即双行星排 EVT 构型，以下也称 EVT2），各构型简图如图 3-11 ~图 3-14 所示。

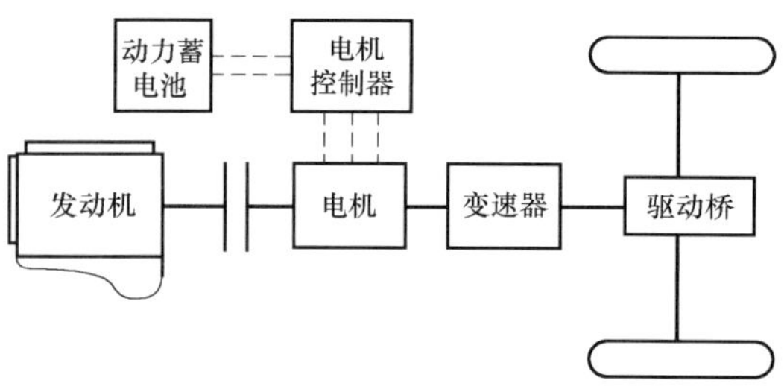

图 3-11　并联 P2 构型

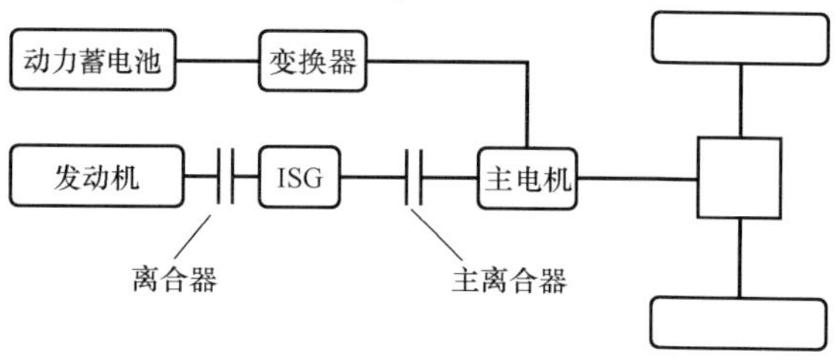

图 3-12　开关混联构型

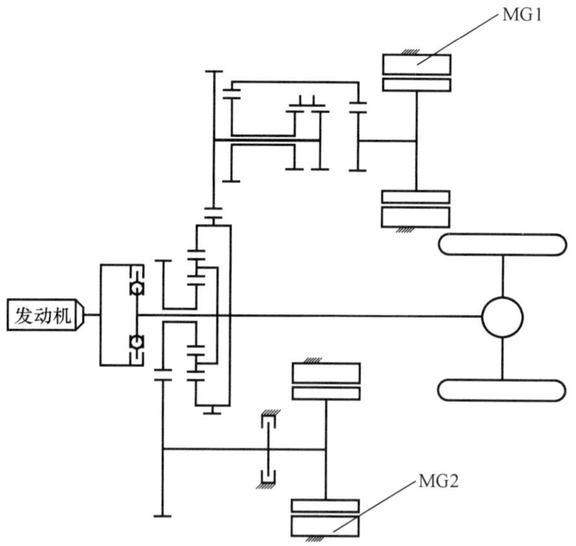

图 3-13　行星混联构型 1（EVT+2AMT）

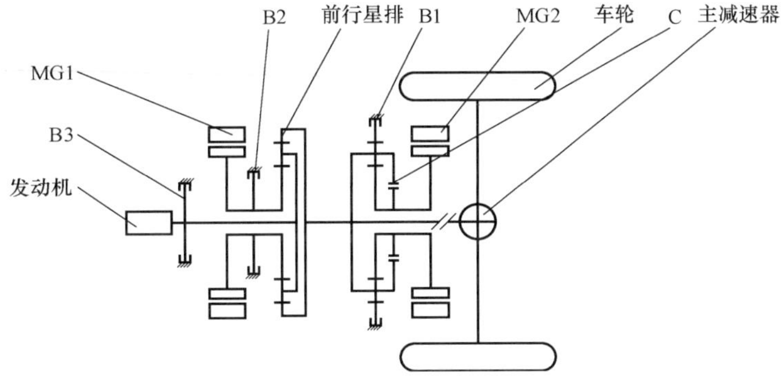

图 3-14 行星混联构型 2（EVT+2 离合器）

图 3-11 所示为并联 P2 构型，该构型在离合器与变速器之间增加电机，通过电机实现纯电动行驶、助力、调节发动机工作点以及制动能量回收等功能。该构型对整车传动系统改动小、成本低、结构简单、整车控制方便，而且发动机和电机均可单独作为动力源工作，提高系统的可靠性。

图 3-12 所示为开关混联构型，该构型没有变速器，结构更简单，主离合器接合时，发动机与系统输出轴直连，具有更好的传动效率。但其缺点也十分明显，发动机输出转矩没有变速器的调节，系统动力性较差，必然影响该构型的适用范围。

图 3-13 所示为行星混联构型 1，该构型采用 EVT+ 二档 AMT 的结构，相比同样没有传统变速器的开关混联构型，它能显著提升系统动力性。此外，行星混联构型能在约束范围内实现发动机转速、转矩和路载的解耦，易于实现发动机的最优控制，能获得良好的燃油经济性。

图 3-14 所示为行星混联构型 2，它与行星混联构型 1 的区别在于采用了双行星排结构，前行星排实现功率分流作用，后行星排通过制动器和离合器的配合，可实现两个传动比。此外，相比 EVT1，前行星排处增加制动器 B3，可锁止发动机，实现两电机共同驱动功能。

将以上典型构型作为初步优选构型，提出混合动力系统构型优选的基本流程，如图 3-15 所示。

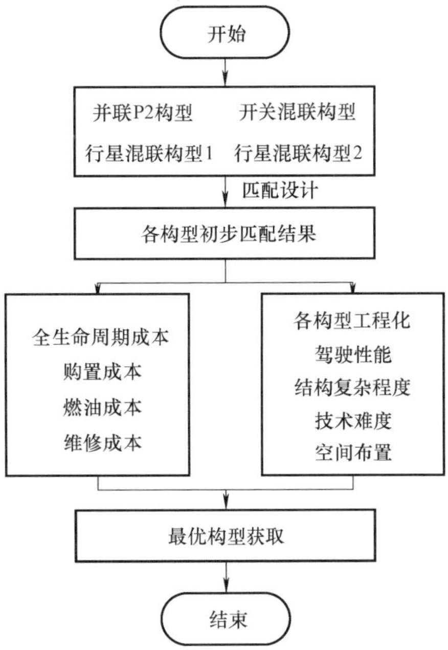

图 3-15 混合动力系统构型优选流程

（2）各构型初步匹配

为各构型选择发动机、电机和动力蓄电池，详见 3.2.2 节，匹配结果见表 3-12 ~ 表 3-15。

表 3-12　并联 P2 构型匹配结果

项目		P2 构型
发动机	型号	YC6J200-50
	峰值转矩	802N・m
	最大功率	147kW
主电机	峰值功率	110kW
	峰值转矩	850N・m
	最高转速	2500r/min
动力蓄电池	动力蓄电池电压	600V
	总能量	28kW・h
	总容量	46.7A・h

表 3-13　开关混联构型匹配结果

项目		开关混联构型
发动机	型号	YC6J200-50
	峰值转矩	802N・m
	最大功率	147kW
主电机	峰值功率	200kW
	峰值转矩	2910N・m
	最高转速	3000r/min
辅电机	峰值功率	77kW
	最大转矩	651N・m
	最高转速	3000r/min
动力蓄电池	动力蓄电池电压	600V
	总能量	28kW・h
	总容量	46.7A・h

表 3-14　行星混联构型 1 匹配结果

项目		开关混联构型
发动机	型号	YC6J200-50
	峰值转矩	802N・m
	最大功率	147kW
电机 MG1	峰值功率	100kW
	峰值转矩	250N・m
	最高转速	5000r/min
电机 MG2	峰值功率	140kW
	最大转矩	700N・m
	最高转速	6000r/min
动力蓄电池	动力蓄电池电压	600V
	总能量	28kW・h
	总容量	46.7A・h

表 3-15 行星混联构型 2 匹配结果

项目		开关混联构型
发动机	型号	YC6J200-50
	峰值转矩	802N·m
	最大功率	147kW
电机 MG1	峰值功率	100kW
	峰值转矩	250N·m
	最高转速	5000r/min
电机 MG2	峰值功率	140kW
	最大转矩	1000N·m
	最高转速	6000r/min
动力蓄电池	动力蓄电池电压	600V
	总能量	28kW·h
	总容量	46.7A·h

（3）各构型综合优选

由于本示例研究对象为公交客车，主要以节能为目标，因此在构型优选中，以全生命周期成本作为主要判定依据，各构型工程化难度作为辅助参考依据。

1）各构型全生命周期成本。全生命周期成本主要包括新增购置成本、燃油成本以及维修成本，具体计算过程见 3.2.2 节。

① 各构型购置成本。各构型购置成本计算结果，见表 3-16 ~ 表 3-19。

表 3-16 P2 构型购置成本

增加部件	部件参数	增加成本 / 元
锂电池（包括 BMS 和动力蓄电池箱）	30kW·h	36000
主电机（包括电机控制器）	110kW	24000
配电箱，继电器	-	4500
变速器	-	5000
空调压缩机	-	3000
DC/AC	-	4000
仪器仪表	-	5000
合计	-	81500

表 3-17 开关混联构型购置成本

增加部件	部件参数	增加成本 / 元
锂电池（包括 BMS 和动力蓄电池箱）	30kW·h	36000
主电机（包括电机控制器）	200kW	43000
辅助电机（包括电机控制器）	77kW	16500
配电箱，继电器	-	4500

（续）

增加部件	部件参数	增加成本 / 元
空调压缩机	—	3000
DC/AC	—	4000
仪器仪表	—	5000
合计	—	112000

表 3-18　EVT1 构型购置成本

增加部件	部件参数	增加成本 / 元
锂电池（包括 BMS 和动力蓄电池箱）	30kW・h	36000
电机 MG1（包括电机控制器）	100kW	21000
电机 MG2（包括电机控制器）	130kW	27800
配电箱，继电器	—	4500
EVT 行星排 + 二档变速器	—	5000
空调压缩机	—	3000
DC/AC	—	4000
仪器仪表	—	5000
合计	—	106300

表 3-19　EVT2 构型购置成本

增加部件	部件参数	增加成本 / 元
锂电池（包括 BMS 和动力蓄电池箱）	30kW・h	36000
电机 MG1（包括电机控制器）	90kW	19200
电机 MG2（包括电机控制器）	130kW	27800
配电箱，继电器	—	4500
EVT 双行星排	—	6000
空调压缩机	—	3000
DC/AC	—	4000
仪器仪表	—	5000
合计	—	105500

② 各构型燃油成本。各构型燃油成本计算公式如式（3-39）所示。式中，Day 取 340 天；L 取 200km；L_1 取 50km；$fuel$ 对于并联 P2 构型取 19.5L/100km，对于开关混联构型取 19L/100km，对于行星混联构型取 17L/100km；Pr_{fuel} 取 5.5 元 /L，考虑柴油价格的变化，后续会针对该因素进行单因素灵敏度分析；E_{bat} 为纯电动行驶所需动力蓄电池能量；Pr_{ele} 取 1 元 /kW・h。

③ 各构型维修成本。各构型维修成本，根据调研，按 0.8 万元 / 年计算。

通过以上分析，计算得到各构型全生命周期成本，如图 3-16 所示。从图中可以看出，在车辆整个使用年限内，开关混联构型的总成本始终高于其他三种构型；并联 P2 构型购置成本最低，但随着使用年限的增加，行星混联构型总成本小于并联 P2 构型。两行星混联构型各部分成本相似，因此最终计算出的周期成本基本一致。两行星混联构型的优选还需结合下文从工程化角度出发进行考量。

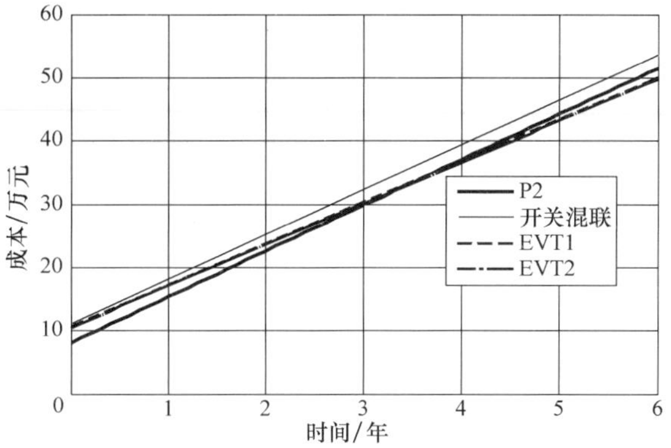

图 3-16 各混合动力构型全生命周期成本 - 时间曲线

对使用年限为 6 年的全生命周期成本结果进行放大，如图 3-17 所示。可以看到，开关混联构型与行星混联构型间的总成本差值（$C_{SP\text{-}EVT}$）约为 4 万元。并联 P2 构型与行星混联构型间的总成本差值（$C_{P2\text{-}EVT}$）约为 1.8 万元。

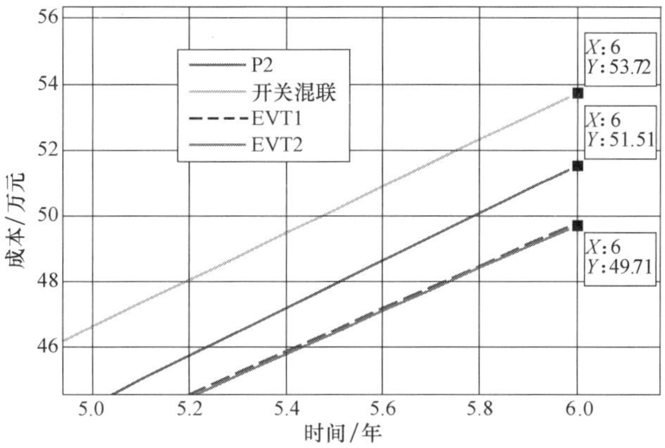

图 3-17 各混合动力构型全生命周期成本 - 时间曲线（放大图）

④ 敏感度分析。全生命周期成本受到燃油价格和购置成本变化的影响，为更准确地预测该混动客车的全生命周期成本，现考虑上述因素的影响，进行单因素敏感度分析。在考虑每个因素的影响时，其他因素设定为初始值。

a. 燃油价格变化影响。前文计算燃油成本时初定的燃油价格为 5.5 元 /L，在此基础上，分别计算燃油价格为 6 元 /L 和 6.5 元 /L 时各构型的全生命周期成本，统计结果见表 3-20。可见，随着燃油价格的提升，各构型的全生命周期成本在不断增加，$C_{SP\text{-}EVT}$ 和 $C_{P2\text{-}EVT}$ 也在不断增加。

表 3-20 燃油价格变化对各构型全生命周期成本的影响

燃油价格 /（元 /L）	构 型					
	EVT1	EVT2	并联 P2	开关混联	$C_{P2\text{-}EVT}$	$C_{SP\text{-}EVT}$
5.5	49.8	49.7	51.5	53.7	1.8	4
6	52.4	52.3	54.5	56.6	2.2	4.3
6.5	55	54.9	57.5	59.5	2.6	4.6

b. 购置成本变化影响。主要讨论购置成本变化对全生命周期成本的影响。设置购置成本变化率为 -10%-0-10%，得到的各构型全生命周期成本统计结果，见表 3-21。可见，由于开关混联构型与 EVT 构型的购置成本相近，购置成本变化率的变化对开关混联构型和 EVT 构型全生命周期成本差值几乎没有影响。而并联 P2 构型的购置成本小于 EVT 构型，随着购置成本变化率的提高，并联 P2 构型的购置成本增加量小于 EVT 构型的购置成本增加量。因此，$C_{SP\text{-}EVT}$ 和 $C_{P2\text{-}EVT}$ 随着购置成本变化率的提高而不断减小。

表 3-21　购置成本变化率对全生命周期成本的影响

购置成本变化率（%）	构　型					
	EVT1	EVT2	并联 P2	开关混联	$C_{P2\text{-}EVT}$	$C_{SP\text{-}EVT}$
-10	48.7	48.6	50.7	52.6	2.1	4
0	49.8	49.7	51.5	53.7	1.8	4
10	50.9	50.8	52.3	54.8	1.5	4

c. 维修成本变化影响。维修成本同样是全生命周期成本估算的重要依据，分别设置每年客车的维修成本为 0.8 万元 / 年、0.9 万元 / 年、1 万元 / 年，得到的各构型全生命周期成本统计结果，见表 3-22。可见，随着维修成本的增加，相当于在原有各构型的全生命周期成本基础上“平移”一部分维修费用。因此，$C_{SP\text{-}EVT}$ 和 $C_{P2\text{-}EVT}$ 保持不变。

表 3-22　维修成本变化对全生命周期成本的影响

维修成本 /（万元 / 年）	构　型					
	EVT1	EVT2	并联 P2	开关混联	$C_{P2\text{-}EVT}$	$C_{SP\text{-}EVT}$
0.8	49.8	49.7	51.5	53.7	1.8	4
0.9	50.4	50.3	52.1	54.3	1.8	4
1	51	50.9	52.7	54.9	1.8	4

综上，相比并联 P2 构型和开关混联构型，行星混联构型具有更高的节能优势，其全生命周期成本最低，且随着使用年限的增加，行星混联构型的全生命周期成本更具优势。然而，由于两行星混联构型的全生命周期成本相近，难以根据该指标选出最优构型，接下来从两行星混联构型的工程化角度进行辅助分析，从而选出最终优选构型。

2）各构型工程化难度。两行星混联构型的工程化对比结果见表 3-23，主要从综合性能、结构复杂程度、技术难度以及空间布置方面对两构型进行分析。其中，“EVT+2AMT”为行星排和二档变速器的结构。“EVT+2 离合器”为双行星排结构，可通过控制离合器和制动器的状态实现传动比切换。

表 3-23　两行星混联构型工程化难度对比

对比内容	EVT+2AMT	EVT+2 离合器
综合性能	动力性较好 存在换档冲击	动力性较好 发动机后存在制动器，可实现 MG1 电机纯电动功能
结构复杂程度	三大动力总成 + 二档变速器，结构较复杂	集成了锁止器和离合器，无二档变速器，结构较复杂
技术难度	集成难度大，需要复杂控制系统	存在更多的离合器 / 制动器及更多工作模式，控制难度更大
空间布置	电机与发动机不同轴，空间需求大	行星排取代二档 AMT，轴向尺寸更小，结构更紧凑

比较两行星混联构型可知，EVT+2AMT 构型虽然集成难度大，增加了技术难度，但动力性好，且 AMT 变速器技术成熟，因此综合性能更好。

3.3 动力系统参数匹配设计

混合动力电动汽车动力系统的参数匹配设计，主要针对选定的混合动力系统构型，结合动力性和经济性匹配基本原则进行核心部件的参数匹配设计，从而确定系统核心部件的参数。混合度优化解决了动力源功率合理分配问题，更好地突出了混合动力系统的技术优势。

3.3.1 动力性匹配基本原则

动力性参数匹配可根据以下方法进行。

（1）整车总功率匹配

混合动力电动汽车的动力性指标包括最高车速 $v_{\max}$、v_0–v_t 加速时间 T 以及最大爬坡要求 $i_{\max}$。首先，根据最高车速 $v_{\max}$ 确定的最大功率为

$$P_{\max 1}=\frac{v_{\max}}{3600\eta_{t}}\left(mgf+\frac{C_{D}Av_{\max}^{2}}{21.15}\right) \tag{3-40}$$

式中 η_t——动力传动系效率；

f——滚动阻力系数。

然后，根据爬坡性能确定的最大功率为

$$P_{\max 2}=\frac{v_{i}}{3600\eta_{t}}\left(mgf\cos\alpha_{\max}+mg\sin\alpha_{\max}+\frac{C_{D}Av_{i}^{3}}{21.15}\right) \tag{3-41}$$

式中 $\alpha_{\max}$——最大爬坡度；

v_i——爬坡车速。

最后，根据加速性能确定动力源总功率。汽车起步加速过程可表示为

$$v=v_{m}\left(\frac{t}{t_{m}}\right)^{x} \tag{3-42}$$

式中 x——拟合系数，一般为 0.5 左右；

t_m——车辆起步加速到 v_m 的时间；

t——车辆起步加速到 v 的时间。

整车在加速过程的末尾时刻，动力源输出最大功率。因此加速过程最大功率要求可表示为

$$P_{\max 3}=f(T,v_{t})=\frac{\delta m v_{t}^{2}}{3600\eta_{t}}\left[1-\left(\frac{T-0.1}{T}\right)^{x}\right]+\frac{mgfv_{t}}{3600\eta_{t}}+\frac{C_{D}A}{76140\eta_{t}}v_{t}^{3} \tag{3-43}$$

式中 T——车辆起步加速至 v_t 的时间。

根据上述三项动力性指标计算各工况最大功率，动力源总功率 P_{total} 必须满足上述所有设计要求，因此动力源总功率为

$$P_{total}=\max\left(P_{\max 1},P_{\max 2},P_{\max 3}\right) \tag{3-44}$$

(2)发动机功率匹配

发动机功率匹配主要根据稳态功率，包括以巡航车速行驶的功率要求 P_{e1}、爬坡功率要求 P_{e2}、循环工况的平均功率要求 P_{e3}、极限加速过程的平均功率要求 P_{e4}，确定发动机功率。

$$P_e \geqslant P_{e\_max} = \max(P_{e1}, P_{e2}, P_{e3}, P_{e4}) \tag{3-45}$$

其中，循环工况的平均功率 P_{e3} 为

$$P_{e3} = \frac{1}{T_{cyc}\eta_t}\int_0^{T_{cyc}} P_{wh}(t)dt \quad (P_{wh} > 0) \tag{3-46}$$

式中 T_{cyc}——循环工况总时间(s);

P_{wh}——循环工况瞬时功率(kW)。

极限加速过程的平均功率 P_{e4} 为

$$P_{e4} = \frac{1}{3600\eta_t t_{acc}}\int_0^{t_{acc}} F_t(t)v(t)dt \tag{3-47}$$

式中 t_{acc}——极限加速总时间(s)。

(3)电机功率匹配

电机功率匹配主要根据起动发动机功率要求 P_{m1}，电动驱动行驶功率要求 P_{m2}，加速峰值功率要求 P_{m3}，确定电机功率 P_m。

$$P_m \geqslant P_{m\_max} = \max(P_{m1}, P_{m2}, P_{m3}) \tag{3-48}$$

其中，起动发动机功率 P_{m1} 为

$$P_{m1} = \frac{1}{1000t_{start}}\int_0^{\omega_{idle}} J_e\omega_e d\omega_e + \frac{T_d\omega_{idle}}{1000} \tag{3-49}$$

式中 t_{start}——发动机起动总时间(s);

ω_{idle}——发动机总速转速(r/min);

T_d——发动机起动转矩(N • m)。

车辆起步与低速电动驱动行驶功率 P_{m2} 为

$$P_{m2} = \frac{1}{3600\eta_t t_m}\left[\delta m\frac{v_m^2}{2\times 3.6} + mgf\int_0^{t_m} v_m\left(\frac{t^{0.5}}{t_m^{0.5}}\right)dt + \frac{C_D A}{21.15}\int_0^{t_m} v_m^3\left(\frac{t^{1.5}}{t_m^{1.5}}\right)dt\right] \tag{3-50}$$

式中 v_m——纯电动行驶车速(km/h);

ω_{idle}——纯电动起步加速至 v_m 的时间。

电机加速助力时的峰值功率 P_{m3} 为

$$P_{m3} = \frac{\delta m v_m}{3600\eta_t}\frac{dv}{dt} \tag{3-51}$$

(4)动力蓄电池参数匹配

动力蓄电池是混合动力电动汽车参数匹配中的被动元件，其参数匹配原则主要考虑动力蓄电池功率要求、能量要求和电压等级三个问题。对具有 Plug-In 功能的混合动力电动汽车，其功率要求和能量要求更加苛刻，主要体现在:

1)动力蓄电池功率要求。电驱动行驶时，动力蓄电池要能满足加速时电机驱动整车的功率要求，即

$$P_{battery} \geqslant P_{mmax} / \eta_b \tag{3-52}$$

式中 $P_{battery}$——动力蓄电池峰值功率（kW）；

η_b——动力蓄电池效率；

P_{mmax}——电机峰值功率（kW）。

动力蓄电池的输出功率要大于所选择驱动电机的功率总和。

动力蓄电池对其充放电电流有一定限制，过大的充放电电流会造成动力蓄电池温度升高，降低其使用寿命。动力蓄电池的充放电电流与容量有关，最大电流一般限制在 $3C \sim 5C$（C 为动力蓄电池的容量）。

根据电压等级和电机起动发动机的功率需求，代入以下公式，即可计算动力蓄电池的最大电流：

$$P_{battery} = IU = \frac{P_m}{\eta_m \eta_b} \tag{3-53}$$

$$I_{max} = \frac{P_m}{\eta_m \eta_b U} \tag{3-54}$$

式中 I_{max}——动力蓄电池最大放电电流（A）；

U——动力蓄电池端电压（V）；

η_m——电机系统效率。

插电式混合动力电动汽车对动力蓄电池的要求比一般混合动力电动汽车高，特别是在SOC较低时，动力蓄电池也应输出较大功率以满足电机驱动功率要求，即动力蓄电池在SOC较低时也能大功率放电。

2）动力蓄电池的能量要求。动力蓄电池储存的能量越多，电驱动续驶里程越长，电驱动比例越高，对电网电能的利用率就越高，减少了发动机发电带来的能量二次转换，节能能力强。插电式混合动力电动汽车的动力蓄电池一次充电（通常在夜间，电网用电波谷充电）应满足一天行驶的能量要求，这些能量要求主要是电机纯电驱动能量要求、电机加速助力能量要求、电动附件正常工作能量要求等，即

$$E_b = \int_0^{T_1} \frac{P_m}{\eta_m \eta_{bat\_dischrg}} dt + \int_0^{T_2} \frac{P_a}{\eta_a \eta_{bat\_dischrg}} dt - \int_0^{T_3} \frac{P_g}{\eta_{bat\_chrg}} dt \tag{3-55}$$

其中，$E_{battery}$、P_m、P_a、P_g 分别为动力蓄电池能量、电机驱动功率、电动附件功率和再生制动功率；T_1、T_2、T_3 分别为电机驱动时间、电动附件工作时间和制动能量回收时间；η_{bat_chrg}、η_a、$\eta_{bat\_dischrg}$ 分别为动力蓄电池充电效率、附件效率和动力蓄电池放电效率。考虑到动力蓄电池使用寿命和实际工作情况，车用动力蓄电池不能100%放电，需确定动力蓄电池放电窗 ΔSOC，因此最终动力蓄电池能量 E_b 应为

$$E_b \geqslant \frac{\int_0^{T_1} \frac{P_m}{\eta_m \eta_{bat\_dischrg}} dt + \int_0^{T_2} \frac{P_a}{\eta_a \eta_{bat\_dischrg}} dt - \int_0^{T_3} \frac{P_g}{\eta_{bat\_chrg}} dt}{\Delta SOC} \tag{3-56}$$

3.3.2 能耗经济性匹配基本原则

能耗经济性匹配原则包含以下方面。

（1）发动机高效区匹配原则

1）发动机的效率特性。根据发动机原理，发动机的效率特性可由发动机燃油消耗率描述，燃油消耗率与指示热效率 η_{it} 和机械效率 $\eta_{E,m}$ 有关，即

$$g_e \propto \frac{1}{\eta_{it}\eta_{E,m}} \tag{3-57}$$

式（3-57）中，

$$\eta_{it} = \frac{W_i}{Q_1} \tag{3-58}$$

$$\eta_{E,m} = \frac{p_{me}}{p_{me} + p_{mm}} \tag{3-59}$$

式中 W_i——发动机实际循环指示功（kJ）；

Q_1——所消耗的燃料的热量（kJ）；

p_{me}——平均值压力 (kPa)；

p_{mm}——平均机械损失压力 (kPa)。

而对于 Q_1，有

$$Q_1 = \frac{\phi_c V_s \rho_s H_u}{\phi_a l_o} \tag{3-60}$$

$$T_{tq} \propto p_{me} \tag{3-61}$$

$$g_e \propto \frac{\phi_c V_s \rho_s H_u}{W_i \phi_a l_o}\left(1 + \frac{p_{mm}}{P_{me}}\right) \tag{3-62}$$

式中 ϕ_c——充气系数；

V_s——气缸工作容积（L）；

ϕ_a——过量空气系数；

H_u——燃料低热值（kJ/g）；

l_o——化学计量空燃比。

燃油消耗率与发动机转矩之间并不是简单的线性关系。在发动机负荷较小时，燃油消耗率 g_e 较高。随着发动机负荷增加，燃油消耗率 g_e 下降很快，且到达某一负荷时，g_e 达到最低值。负荷继续增加，过量空气系数 ϕ_a 变小，混合气形成和燃烧过程开始恶化，g_e 开始上升。如果继续增加负荷，则空气相对不足，燃烧变得困难，g_e 将显著增加。

燃油消耗率和发动机转速之间的关系与发动机转速和转矩之间的关系相似。在发动机转速较低时，g_e 较高。随着发动机转速的上升，g_e 开始下降，直到某一转速时，g_e 达到最低值。转速继续上升，充气系数 ϕ_c 变小，g_e 将显著增加。

2）发动机高效区确定依据。根据发动机的效率特性，通过两个方面确定发动机的高效区。首先是确定发动机的最低燃油消耗点 A。A 点的燃油消耗率 g_e=g_{e_min}（T_e，n_e）。然

后，以 A 点为中心，燃油消耗率 g_e 满足条件：

$$g_e \leqslant g_{e\_eff}(T_e, n_e) \tag{3-63}$$

① 最低燃油消耗率 g_{e_min}（T_e，n_e）的确定。发动机的最低燃油消耗率是与发动机功率、发动机类型、燃烧条件和进排气系统等很多因素相关的函数。从设计的角度，总是希望以最低的燃油消耗获得最大的功率输出。最低燃油消耗率确定了发动机最高效率，最低燃油消耗率是与发动机转速和转矩相关的一个量。最低燃油消耗率的位置决定了发动机高效区的中心位置。

很难用精确的数学公式准确计算发动机的最低燃油消耗率 g_{e_min}（T_e，n_e）。实际中，一般通过实验的方法标定最低燃油消耗率及其在发动机万有特性中所处的位置。该位置是由发动机转速 n_{ge_min} 和转矩 T_{ge_min} 确定的。例如，某 160kW 发动机的最低燃油消耗率为 200g/kW・h，其高效区位置的转速为 1500r/min，转矩为 600N・m。

② 高效区边界条件值 g_{e_eff}（T_e，n_e）的确定。高效区中心位置 g_{e_min}（T_e，n_e）确定后，确定高效区的关键就在于确定边界条件 g_{e_eff}（T_e，n_e）。边界条件 g_{e_eff}（T_e，n_e）是一个与发动机转速和发动机转矩相关的函数，g_{e_eff}（T_e，n_e）的大小决定了一个满足式（3-63）的高效区要求的转矩和转速变化范围。实际中，g_{e_eff}（T_e，n_e）所确定的转速与转矩就是控制策略中模式切换的边界条件。混合动力系统的节油率也在很大程度上取决于 g_{e_eff}（T_e，n_e）所涵盖的转速与转矩范围。

边界值 g_{e_eff}（T_e，n_e）的确定主要取决于整车的节油率 Δ、整车对发动机的功率需求和发动机自身的效率特性三方面因素。g_{e_eff}（T_e，n_e）越小，整车节油率 Δ 越高，但必然使定义的高效区范围的转速和转矩变化范围缩小，不易满足整车需求功率对发动机的要求。如果发动机自身效率特性好，则同样的边界值 g_{e_eff}（T_e，n_e）涵盖的转矩、转速变化范围大，容易满足整车需求功率对发动机的转速和转矩要求。

理论上，可以用泛函数表达 g_{e_eff}（T_e，n_e）与整车的节油率 Δ，以及整车对发动机的功率需求与发动机自身的效率特性之间的关系。假设整车对发动机的需求功率为 P_{E_cycle}，发动机自身的效率为 η_e，则

$$g_{e\_eff}(T_e, n_e) = f(\Delta, P_{E\_cycle}, \eta_e) \tag{3-64}$$

实际中，一般通过实验和仿真的方法，通过分析实验数据，拟合和插值求解发动机的油耗，然后通过仿真计算的节油率 Δ，反向推算 g_{e_eff}（T_e，n_e）。

（2）电机高效区匹配原则

1）电机的效率特性。输出功率变化时，电机效率的变化曲线 $\eta_m=f(P_m)$，称为效率特性。电机输出功率逐渐增加时，电机可变损耗（定子损耗、转子损耗、附加损耗）增加，但由于输出功率增加速率高于损耗增加速率，电机效率提高较快。当可变损耗与不变损耗（机械损耗、铁耗）相等时，电机效率达到最大值。随后负载继续增加，可变损耗增加很快，电机效率开始下降。一般电机的最大效率点在 0.7 ~ 1.1 倍额定功率范围内，如图 3-18 所示。

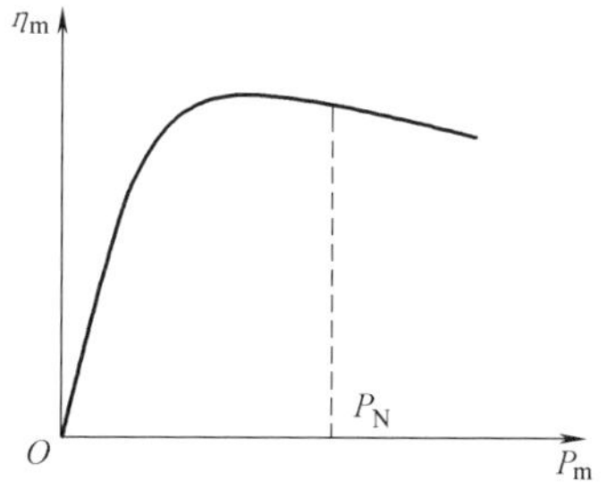

图 3-18　电机功率与效率关系曲线

图 3-18 中，功率 P_m 是电机转矩 T_m 和转速 n_m 的函数，因此电机效率也是电机转矩 T_m 和转速 n_m 的函数，即

$$\eta_m = f(T_m, n_m) \tag{3-65}$$

电机效率与电机的负载（对应于电机的输出转矩）关系密切。一般而言，电机在空载或轻载时效率很低，电机效率随负载增加而增加。在额定负载附近，电机效率达到最高。额定效率 η_N 为 86% ~ 94%。因此，匹配电机时应使负载集中在常用驱动转矩附近，不能使电机长时间在轻载下工作。随着负载的增加，电机转子的功率因数 $\cos\varphi_2$ 下降，电机效率降低。

电机的效率与转速关系体现在，起动瞬间，电机转速（也是电机转子转速）n_m=0，转差率 $s=\dfrac{n_m'-n_m}{n_m'}=1$，转子与旋转磁场之间的相对速度最大。因此，在转子导体上产生的感应电动势和电流也最大，定子绕组中的电流 I_S 可达电机额定电流 I_N 的 4 ~ 7 倍。这时，转子铜耗和电磁功率相应增大，但铜耗 $p_{Cu_2}=m_1 I_2'^2 R_2'$，与电流的二次方成正比。而电磁功率 $P_{em}=m_1 E_2' I_2' \cos\varphi_2$ 与电流的一次方成正比，p_{Cu_2} 比 P_{em} 增长快，因此电机效率在低速时较低，随着转速的增加，转差率减小，电机效率提高。到额定功率转速时转差率最小，为 2% ~ 5%，电机效率达到最大。随着转速的继续增加，电机进入恒功率区，效率逐步下降。

2）电机高效区确定依据。根据电机的效率特性，电机的高效区确定方法主要是确定电机的额定转速、额定转矩附近的最大效率点 $\eta_{m\_max}(T_m, n_m)$，以此点为中心，效率满足

$$\eta_{mi} \geqslant \eta_{m\_eff}(n_m, T_m) \tag{3-66}$$

① 最高效率 $\eta_{m\_max}(T_m,\ n_m)$ 的确定。最高效率与电机类型（永磁、感应、开关磁阻电机）、电机设计和控制等因素有关。根据电机的效率特性，电机的最高效率一般发生在额定转速和额定转矩确定的额定功率附近（0.7~1.1）P_N。因此，在电机的匹配中，电机的最高效率点可根据额定转速和额定转矩分量确定。

② 电机高效区边界条件 $\eta_{m\_eff}(T_m,\ n_m)$ 的确定。电机高效区的中心位置确定后，确定高效区的关键就在于确定边界条件 $\eta_{m\_eff}(T_m,\ n_m)$。边界条件 $\eta_{m\_eff}(T_m,\ n_m)$ 也是一个与电机转速和电机转矩相关的函数。$\eta_{m\_eff}(T_m,\ n_m)$ 的大小决定了高效区范围内的转矩和转速适应范围。

在混合动力系统参数匹配中，电机的高效区匹配确定了一个以 $\eta_{m\_max}(T_m,\ n_m)$ 为中心，满足式（3-66）的边界条件的一个区域。该区域就是电机匹配的高效区，确定了一个转速和转矩的变化范围，同时也确定了混合动力系统控制电机的范围。

理论上，同样可用泛函数表达 $\eta_{m\_eff}(T_m,\ n_m)$ 与整车的节油率 Δ，整车对电机的功率需求和电机自身的效率特性之间的关系。如果整车对电机的需求功率为 P_{m_cycle}，则电机自身的效率特性为

$$\eta_{m\_eff}(T_m, n_m) = f\left(\Delta, P_{m\_cycle}, \eta_m\right) \tag{3-67}$$

在实际应用中，通过实验和仿真方法，分析实验数据，拟合和插值求解电机的效率特性，然后通过仿真计算的节油率 Δ，反向推算 $\eta_{m\_eff}(T_m,\ n_m)$。

3.3.3 混合度优化方法

动力性、经济性的参数匹配原则介绍了混合动力系统核心部件的一般匹配选型原则，为更好地突出混合动力系统的技术优势，还需要对混合动力电动汽车整车动力源的功率组合和分配比例进行优化，即混合度的优化。以并联混合动力电动汽车为例，说明混合度优化方法。

混合度指的是电系统功率占总功率的百分比。混合度越高，说明发动机占的比例越小，越接近纯电动汽车。相反，混合度越低，说明发动机功率越大，越接近传统动力汽车。图 3-19 所示为不同混合度对应的汽车类型。

混合度影响混合动力电动汽车的类型、整车质量、成本、用途和燃油经济性等。目前，混合度的一般设计方法如图 3-20 所示。

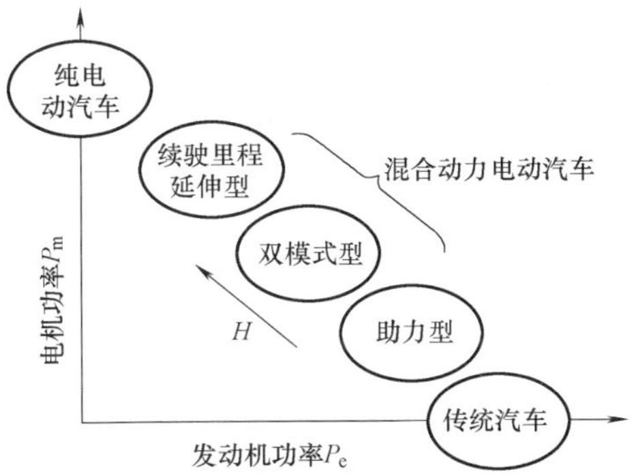

图 3-19 不同混合度对应的汽车类型

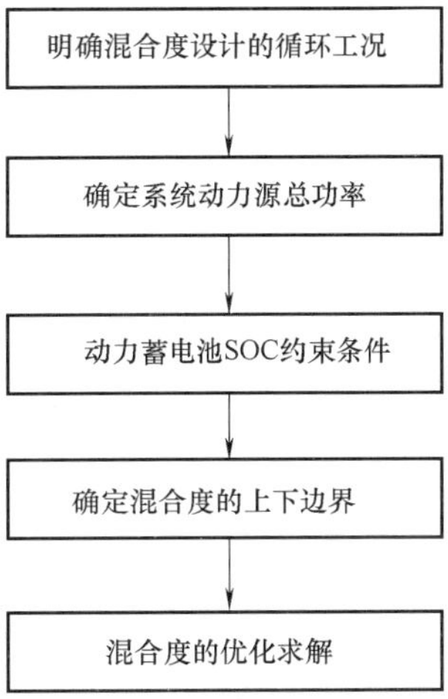

图 3-20 混合度的一般设计方法

（1）明确混合度设计的循环工况

混合度设计中的经济性目标函数、工况的加速性以及电能量平衡的考核，都与混合动力电动汽车的循环工况有关。此外，循环工况对整车性能的影响显著，是混合动力电动汽车设计与评价的基础。基于不同循环工况设计的混合动力电动汽车有很大区别，因此必须结合实际情况，同时根据混合动力电动汽车的类型和用途，制定较全面的混合动力电动汽车循环工况考核标准，这对设计和考核混合动力电动汽车具有重要意义。

（2）确定系统动力源总功率

确定系统动力源总功率是混合动力电动汽车混合度设计满足动力性要求的重要前提。按前文所述混合动力电动汽车动力源总功率确定方法，设计时须根据加速性、最高车速和最大爬坡性能来综合确定。系统动力源总功率 P_{total} 必须满足上述所有设计要求，即

$$P_{total} \geqslant P_{max} = \max(P_{max1}, P_{max2}, P_{max3}) \tag{3-68}$$

式中 P_{max1}——最高车速确定的最大功率（kW）；

P_{max2}——最大爬坡度确定的最大功率（kW）；

P_{max3}——最大加速度确定的最大功率（kW）。

（3）动力蓄电池 SOC 的约束条件

保证动力蓄电池 SOC 在循环工况前后平衡是常见助力型混合动力电动汽车的重要约束，可通过以下方法实现。

混合动力电动汽车的燃油消耗计算可表示为

$$B_{\mathrm{H}}=\frac{1}{3600\rho_{\mathrm{fuel}}}\int_{t_0}^{t_{\mathrm{f}}}b_{\mathrm{e}}(t)P_{\mathrm{e}}(t)\mathrm{d}t \tag{3-69}$$

式中　B_{H}——发动机燃油消耗（L）；

$b_{\mathrm{e}}(t)$——发动机的比油耗（g/kW・h）；

$P_{\mathrm{e}}(t)$——发动机功率（kW）；

ρ_{fuel}——燃油密度（g/L）。

发动机比油耗 $b_{\mathrm{e}}(t)$ 与发动机工作点密切相关，且与发动机效率 $\eta_{\mathrm{e}}(t)$ 成倒数关系，可表示为

$$b_{\mathrm{e}}(t)=\frac{b_{\mathrm{e.opt}}}{\eta_{\mathrm{e}}(t)} \tag{3-70}$$

式中　$b_{\mathrm{e.opt}}$——发动机理论燃烧值（100% 效率值），$b_{\mathrm{e.opt}}=\dfrac{3.6\times10^6}{f_{\mathrm{lhv}}}$；

f_{lhv}——燃油的燃烧低热值（J/g）。

因此，发动机燃油消耗可表示为发动机效率的函数：

$$B_{\mathrm{H}}=c_{\mathrm{e}}\int_{t_0}^{t}\frac{P_{\mathrm{e}}(t)}{\eta_{\mathrm{e}}(t)}\mathrm{d}t \tag{3-71}$$

式中　c_{e}——化简系数，$c_{\mathrm{e}}=\dfrac{1000}{\rho_{\mathrm{fuel}}f_{\mathrm{lhv}}}$；

P_{e}——发动机功率（kW）；

η_{e}——发动机效率（%）。

如果要维持动力蓄电池电量平衡，就要通过发动机来补充充电。当动力蓄电池 SOC 下降时，须在原发动机工作点增加一定的功率，以对动力蓄电池进行补充充电，维持其电量。发动机工作点的变化，使发动机的油耗增加，因增加 SOC 平衡功率而使发动机增加的油耗 Δb_{e} 为

$$\Delta B_{\mathrm{H}}=c_{\mathrm{e}}\int_{t_0}^{t}\frac{P_{\mathrm{e}}+\Delta P_{\mathrm{e}}}{\eta_{\mathrm{e}(P_{\mathrm{e}}+\Delta P_{\mathrm{e}})}}\mathrm{d}t-c_{\mathrm{e}}\int_{t_0}^{t}\frac{P_{\mathrm{e}}}{\eta_{\mathrm{e}P_{\mathrm{e}}}}\mathrm{d}t \tag{3-72}$$

$$\Delta P_{\mathrm{e}}=P_{\mathrm{chg}}=P_{\mathrm{set}}(\mathrm{SOC_i}-\mathrm{SOC_0}) \tag{3-73}$$

式中　ΔB_{H}——考虑充电功率后的混合动力电动汽车的燃油消耗量；

ΔP_{e}——发动机补充充电功率 P_{chg}（kW）；

P_{set}——设定的充电功率值（kW）；

$\mathrm{SOC_i}$——当前 SOC 值；

$\mathrm{SOC_0}$——设定控制中线 SOC 值。

这部分充电功率使混合动力电动汽车的燃油消耗可为

$$B_{\mathrm{H}} = c_{\mathrm{e}} \int_{t_0}^{t_{\mathrm{f}}} \left[\frac{P_{\mathrm{e}}(t)}{\eta_{\mathrm{e}}(t)} + \Delta b_{\mathrm{e}}(\Delta P_{\mathrm{e}}) \right] \mathrm{d}t \tag{3-74}$$

式（3-74）就是考虑约束条件 SOC 平衡的混合动力电动汽车燃油经济性计算公式。利用该式进行燃油经济性计算，可维持工况前后的电量平衡。

（4）混合度上下边界的确定

在满足动力源总功率要求及动力蓄电池 SOC 平衡约束后，还要满足混合度本身的上下边界约束。混合度上边值条件的确定就是在动力源总功率一定的前提下选择发动机的最小功率。混合动力电动汽车的混合度下边值条件由电机的最小功率决定。

1）混合度上边界的确定。混合度上边界对应所能选择的发动机最小功率。发动机最小功率一般依据发动机提供变化较慢的稳态功率确定。稳态功率包括以巡航车速行驶的功率要求 P_{e1}、爬坡功率要求 P_{e2}、循环工况的平均功率要求 P_{e3} 以及极限加速过程的平均功率要求 P_{e4}。

稳态功率由发动机提供，即克服与车速相关的空气阻力和滚动阻力或坡道阻力，瞬态功率由电机提供，即克服整车的加速阻力，如下：

$$P_{\mathrm{v}} = \frac{v}{3600\eta_{\mathrm{t}}} \left(mgf\cos\alpha + mg\sin\alpha + \frac{1}{21.15} C_{\mathrm{D}} A v^2 \right) \tag{3-75}$$

$$P_{\mathrm{dv}} = \frac{v\delta m}{3600\eta_{\mathrm{t}}} \frac{\mathrm{d}v}{\mathrm{d}t} \tag{3-76}$$

式中 P_{v}——与车速相关的稳态功率（kW）；

P_{dv}——与加速度相关的瞬态功率（kW）。

将巡航车速 v_{cruise} 代入式（3-75），可得 P_{e1}。最高行驶车速为 $v_{\max}$，车辆经常行驶时的平均车速为 v_{aver}，则 v_{cruise} 的取值应满足：

$$v_{\mathrm{aver}} \leqslant v_{\mathrm{cruise}} \leqslant v_{\max} \tag{3-77}$$

当整车需要爬坡时，特别对于爬长坡情况，为维持动力蓄电池的电量，一般情况下，不会要求电机助力。因此，将爬坡车速 v_{i} 和爬坡指标 $i_{\max}$ 代入式（3-75）可得爬坡功率需求 P_{e2}。

发动机功率选择还要考查工况的平均功率 P_{e3}。为满足工况的正常驱动能力，发动机的功率至少要大于循环工况的平均功率 P_{e3}：

$$P_{\mathrm{e3}} = \frac{1}{T_{\mathrm{cyc}}} \int_0^{T_{\mathrm{cyc}}} P_{\mathrm{wh}}(t)\mathrm{d}t \quad (P_{\mathrm{wh}} > 0) \tag{3-78}$$

式中 P_{e3}——基于设计工况驱动要求的平均功率（kW）。

发动机功率的最终确定还要考虑整车极限加速过程。该过程为整车加速常用工况，要求发动机提供平均功率，峰值功率由电机提供。由于这种加速过程比较短，应充分发挥两动力源本身的特性。发动机提供该过程的平均功率 P_{e4} 计算式为

$$P_{\mathrm{e4}} = \frac{1}{3600\eta_{\mathrm{t}} t_{\max}} \int_0^{t_{\max}} F_{\mathrm{t}}(t) v(t)\mathrm{d}t \tag{3-79}$$

式中 $t_{\max}$——极限加速过程，从零到最高车速 $v_{\max}$ 所用的加速时间（s）。

综上所述，一般情况下，发动机功率至少要满足上述功率要求，即

$$P_{e\_min}=\max(P_{e1},P_{e2},P_{e3},P_{e4}) \tag{3-80}$$

要确定发动机功率选择上述值是否合理，还应进行循环工况下的负荷率概率分布校核。根据数理统计理论，可用样本去推断总体（格里文科定量）。对传统动力汽车（与混合动力电动汽车总功率一致）在循环工况下发动机的工作点（转速、转矩或功率点时间历程）进行统计，并以发动机每个时刻点的功率与其最大功率的比值反映当前发动机功率负荷率，统计该负荷率可得其频率直方图。通过频率直方图，可考查当发动机功率选择为上述值时，能满足工况驱动需求的概率有多大，以考核其设计合理性。

最后，混合度的上边值为

$$H_{max}=\frac{P_{total}-P_{e\_min}}{P_{total}} \tag{3-81}$$

2）混合度下边界的确定。混合度下边界由电机的最小功率决定，选定电机最小功率的同时必须满足以下条件：

① 起动发动机能力。混合动力电动汽车节能机理研究表明，消除怠速对整车燃油经济性的改善很明显。因此，需对发动机进行起停控制。这就要求电机具有瞬间起动发动机的能力，即瞬间起动发动机的功率 P_{m1}（kW）：

$$P_{m1}=\frac{1}{9549t_{start}}\int_0^{\omega_{idle}}J_e\omega_e\mathrm{d}\omega_e+\frac{T_d\omega_{idle}}{9549} \tag{3-82}$$

式中 J_e——发动机转动惯量（$kg\cdot m^2$）；

t_{start}——电机起动发动机时间（s）；

ω_e——发动机转速（r/min）；

ω_{idle}——发动机怠速转速（r/min）；

T_d——发动机摩擦转矩（N · m）。

② 单独驱动整车能力。如果对混合动力电动汽车有纯电动驱动的要求，则可利用电机的低速、高转矩特点来起动整车，藉此可改善因发动机低速起动带来的油耗与排放恶劣性。纯电动起动能力可表示为

$$\frac{\mathrm{d}v}{\mathrm{d}t}=\frac{F_{tm}-F_w-F_f}{\delta m} \tag{3-83}$$

式中 F_{tm}——车辆纯电动行驶驱动力，即电机输出转矩到车轮的驱动力（N）。

车辆由起步加速到纯电动行驶车速 v_{zev} 的加速时间为

$$t_{zev}=\frac{1}{3.6}\int_0^{v_{zev}}\left[\frac{\mathrm{d}t}{\mathrm{d}v}\right]\mathrm{d}v=\frac{1}{3.6}\int_0^{v_{zev}}\frac{\delta m}{F_{tm}-F_w-F_f}\mathrm{d}v \tag{3-84}$$

根据纯电动起步加速时间 t_{zev} 不应超过期望值，可计算电机最小功率 P_{m2}。

③ 纯电动行驶能力。纯电动行驶可做到零排放，主要在一些特殊场合使用（例如要求零排放行驶的军用车）。混合动力电动汽车以纯电动车速 v_{zev} 行驶时，所需功率 P_{m3} 为

$$P_{m3}=\frac{v_{zev}}{3600\eta_t\eta_m}\left(mgf+\frac{1}{21.15}C_DAv_{zev}^2\right) \tag{3-85}$$

式中 η_m——电机效率。

④ 整车加速能力。由于整车动力源总功率选择是根据动力性指标，且主要以整车加速性确定的，即大多数情况下，只要加速性指标得到满足，其他动力性指标一般也同时能得到满足。尽管动力源总功率原则上可满足整车加速能力，但混合度选择最小时（电机功率最小），电机的低速、高转矩特性优势发挥最低，相比其他混合度方案，整车加速性能是最低的。因此，需对整车进行加速性校验。

通过前文确定的各功率，电机最小功率均需满足上述需求功率（具体与设计实际情况有关，例如不要求纯电动行驶，则 P_{m2} 不考虑）即

$$P_{m\_min} = \max(P_{m1}, P_{m2}, P_{m3}) \tag{3-86}$$

混合度的下边值为：

$$H_{min} = \frac{P_{m\_min}}{P_{total}} \tag{3-87}$$

（5）混合度的优化求解

确定动力源总功率，可满足动力性指标要求，并按 SOC 平衡方法对混合动力电动汽车的电量进行维持。通过对发动机及电机极限功率的考查，将混合度限定在边界条件内。该边界条件就是混合动力电动汽车混合度设计的有效范围。通过优化方法可考查混合度对整车性能的影响，进而实现求解。

将混合动力电动汽车参数设计问题转化为在动力源总功率设计满足动力性约束条件下的混合度单变量优化问题，而单变量优化问题的求解可采用黄金分割法、区间二分法等。为简化、优化算法和节省仿真时间，也可采用取点试算法，并用最小二乘法拟合来考查混合度在其可行边值范围内与设计目标函数之间的关系，即对其可行范围内的几种代表点进行仿真，以确定拟合曲线，找出最优解。

3.3.4 某混合动力电动汽车动力系统参数匹配举例

上述动力性、经济性匹配原则具有一般性，可在不同构型的混动系统中应用。混合度优化方法实现了动力源功率的合理优化分配，在并联构型的混动系统尤为适用。本节以某并联混合动力城市公交客车为研究对象，应用上述混合动力电动汽车混合度设计方法，通过具体的设计要求，选择合适的循环工况，确定动力源总功率和混合度边值条件，最后优化求解混合度，为最终混合动力系统参数选择提供有利借鉴。

（1）混合动力客车的设计要求及循环工况选择

1）设计指标及构型选择。研究对象为某混合动力城市公交客车，其设计要求和指标如下：

① 最高车速≥ 80km/h。

② 最大爬坡度≥ 25%。

③ 持续速度 40km/h（4% 坡度）。

④ 0—60km/h 的加速时间≤ 30s。

⑤ 续驶里程≥ 500km。

⑥ 燃油经济性比传统动力汽车降低 30%（北京城市循环工况）。

⑦ 尾气排放比传统动力汽车降低 30%。

将整车燃油经济性、最高车速、爬坡度和加速性能列为该混合动力城市公交客车的首要控制目标，根据混合动力电动汽车的构型特点，选择总体效率较高的双轴并联式结构形式，如图 3-21 所示。整车质量、空气阻力和迎风面积等基本参数，见表 3-24。其中，变速器采用自动式机械变速器（AMT），离合器放置在变速器前，这样可保证相对传统 AMT 客车的换档机构基本不变。转矩合成器为传递效率较高的双轴并行齿轮机构。

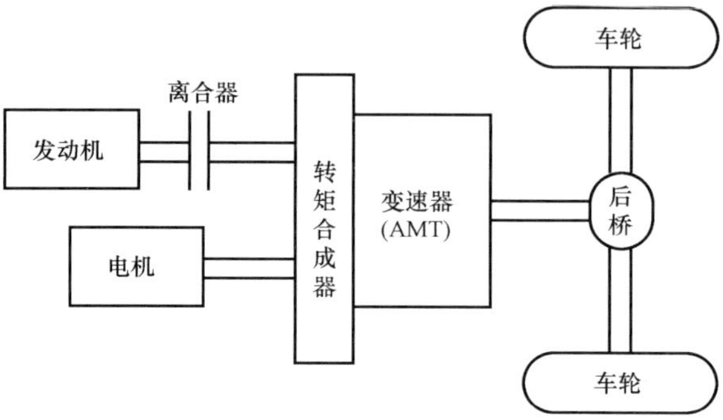

图 3-21　并联式混合动力城市公交客车结构

表 3-24　混合动力城市公交客车的整车参数

参　数		参 数 值		
总质量		15000kg		
整备质量		11000kg		
轴距		5600mm		
轮距		前 / 后，2020mm/1847mm		
风阻系数（C_D）		0.65		
迎风面积（A）		6.5m^2		
外形尺寸（长 × 宽 × 高）		11400mm × 2480mm × 2950mm		
发动机	排量	7.127L		
	缸数	6		
	最大热效率	40.89%		
	最大转矩	680N · m（1400~1500r/min）		
	最大功率	157kW（2500r/min）		
	最高转速	2500r/min		
变速器传动比	一档	7.285	四档	1.563
	二档	4.193	五档	1.000
	三档	2.485	超速档	0.847
	倒档	6.777		
驱动桥传动比		6.333		
轮胎	规格	10.00-20		
	滚动半径	509mm		

2）循环工况确定。由于该混合动力城市公交客车的实际行驶环境为北京地区，应以北京城市公交客车工况为根据。图 3-22 所示为北京城市公交客车动态工况曲线。该工况与实际情况较吻合，其最高车速为 47km/h，总行驶里程为 7.2km，总运行时间约为 30min

（1925s）。其中，停车怠速段占总运行时间的 30% 左右。

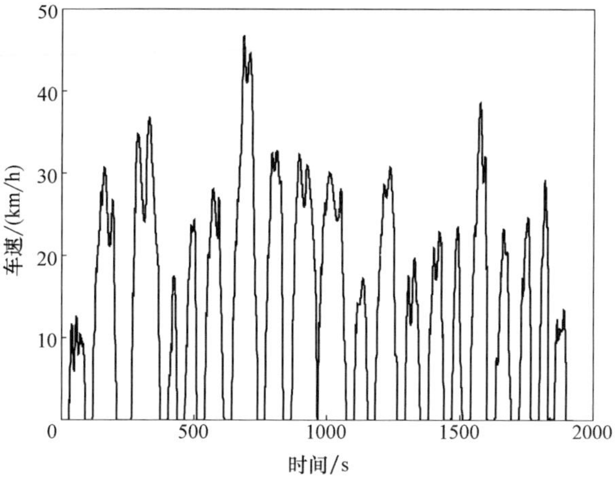

图 3-22　北京城市循环工况曲线

（2）混合动力城市公交客车动力源总功率的确定

根据该混合动力城市公交客车的设计要求，可确定有关其动力性的三项设计指标。将最高车速 v_{max} = 80km/h 代入式（3-40），得 P_{max1}=80kW。爬坡性能有两项指标：一项为 v_i=40km/h，将 α=arctan（4%）(即爬坡度为 i=4%）代入式（3-41），得 81kW；另一项由最大爬坡指标 α=arctan（25%）(即爬坡度为 i=25%，假定在一档低速 10km/h）所确定的功率为 90kW。因此，爬坡要求功率为 P_{max2}=90kW。

对该混合动力城市公交客车的基准型，即传统公交客车进行加速性能仿真，利用式（3-42）进行车速的拟合，结果如图 3-23 所示。从中可看出，拟合曲线与实际加速曲线吻合较好，证明了用式（3-42）来估计汽车加速过程的合理性。

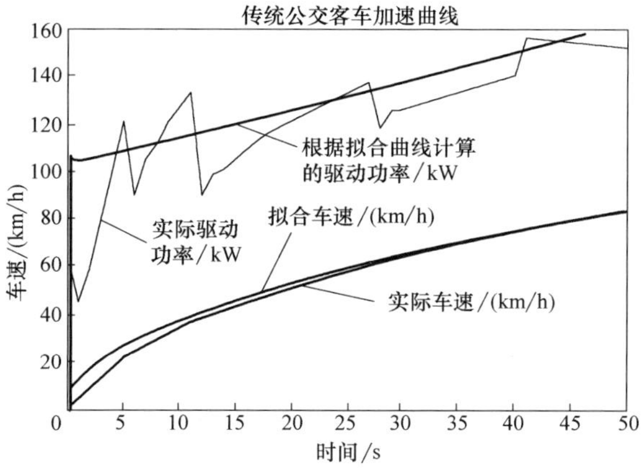

图 3-23　传统公交客车加速曲线拟合

图 3-24 所示为该混合动力城市公交客车驱动功率与加速时间及末车速之间的关系。其中，图 3-24a 所示为 0—80km/h 加速过程的功率需求与加速时间的关系；图 3-24b 所示为加速时间 40s 加速过程的功率要求与加速末车速的关系；图 3-24c 所示为不同加速性指

标所计算的功率需求三维图。由此三维图可确定任意动力性设计指标要求下的动力系统总功率，例如针对 40s 加速到 80km/h 的加速性要求，可确定由动力系统输出到驱动轮的总功率至少需要 126kW。

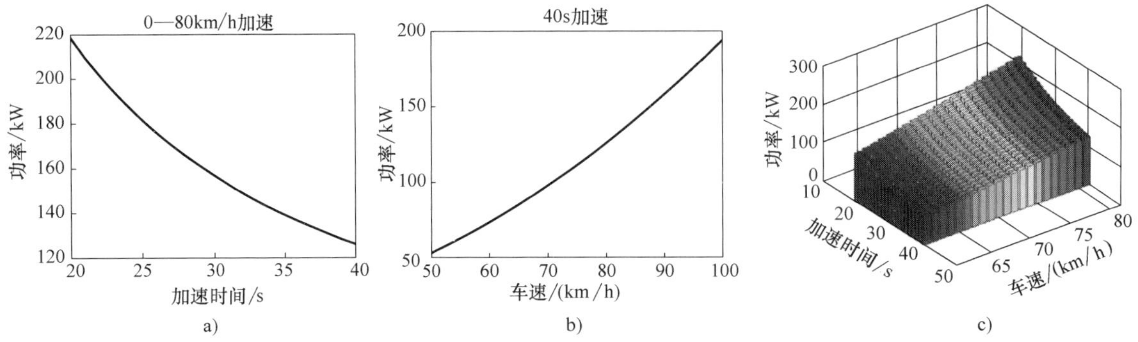

图 3-24 驱动功率与加速时间和车速的关系

a) 功率与时间 b) 功率与车速 c) 由加速时间和车速确定功率

最后，综合考虑整车传动效率、整车附件功率及发动机本身的富余量，可最终确定混合动力城市公交客车动力源的总功率。

同时，用上述方法计算汽车动力源总功率需求时，还需考虑汽车的实际换档延迟时间。当前混合动力城市公交客车自动式机械变速器（AMT）的平均换档时间为 2 ~ 4s。计入换档时间 2s（期望值），将指标要求的加速性能代入式（3-43），计算得该混合动力城市公交客车总功率为 P_{max3}=160kW。

因此，综合考虑上述动力性指标（最高车速、爬坡及加速性）要求，该混合动力城市公交客车动力源总功率需求确定为：$P_{total}=\max(P_{max1},P_{max2},P_{max3})=160\text{kW}$。

动力源总功率确定后，还需进一步考查该混合动力城市公交客车是否满足循环工况的加速性要求。对于北京城市公交客车循环工况，其车速及加速度的时间历程如图 3-25

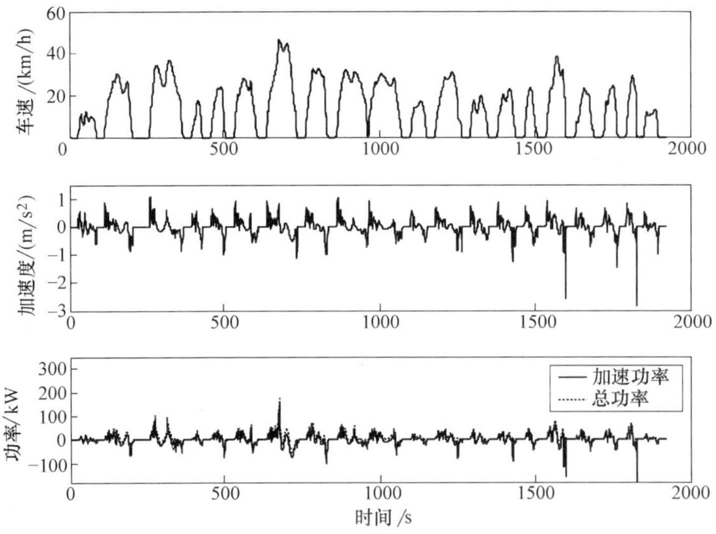

图 3-25 北京城市工况车速、加速度及功率要求

所示。对该工况的加速度与车速关系进行统计，如图 3-26 所示（横坐标为车速段，分为 0 ~ 10km/h，10 ~ 20km/h 等段，并以其中间车速值为代表）。可以看出，北京城市公交客车循环工况最高车速虽然较低，只有 47km/h，但低速段（0 ~ 10km/h）的加速性要求较高，最大值为 1.1m/s^2，而其他车速段的最大加速度不超过 0.8m/s^2，每个车速段内的平均加速度不到 0.4 m/s^2。以最大加速度（只有一个点）代入式（3-43）计算得总功率为 160kW，说明动力源可满足该工况的动力性要求。

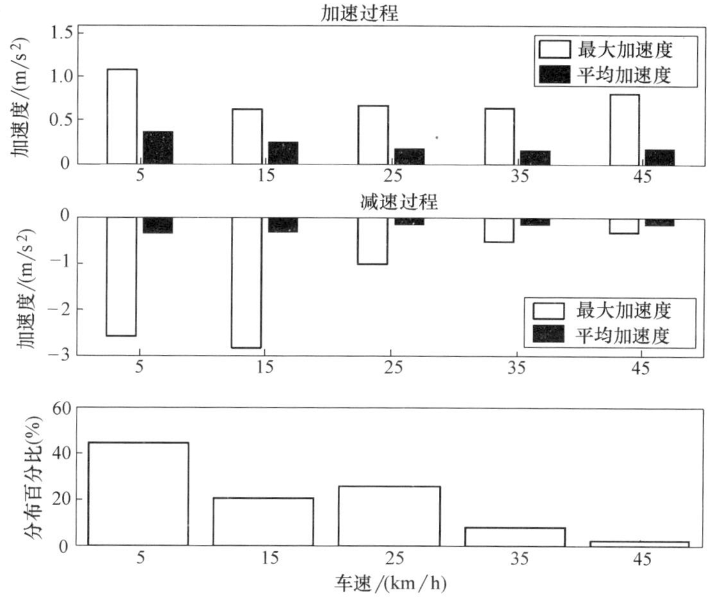

图 3-26 北京城市工况加速度对车速分布

综上，为达到动力性设计指标并满足工况加速性要求，动力源总功率设计为 160kW 是合适的。

（3）混合动力城市公交客车混合度边界条件的确定

1）最大边值（上边值）条件。根据式（3-75）及设计要求，代入公交客车的巡航车速（这里取其最高车速）及爬坡指标，计算其稳态功率分别为：P_{e1}=80kW，P_{e2}=90kW。根据该混合动力城市公交客车的整车参数，可统计其在循环工况的加速度及功率需求时间历程。对上述功率需求，按式（3-78）进行计算，得其平均功率 P_{e3}=48kW。应用仿真软件 ADVISOR 对整车极限加速过程进行仿真，计算其加速曲线、驱动力和驱动总功率，结果如图 3-27 所示。可见，整车能加速到其最高车速指标设计值 80km/h，并对该极限加速过程的功率按式（3-79）求平均值，得到 P_{e4}=100kW。

为进一步验证上述发动机功率选择的合理性，对发动机功率负荷率概率密度进行分析，进而为发动机功率选择提供直观依据。对传统动力客车（与混动型总功率相同）在北京工况下的功率负荷率进行概率统计（即绘制频率直方图），结果如图 3-28 所示。图 3-28a 为发动机工作点，从中可见，发动机工作点在整个循环工况下负荷率严重偏低。从功率负荷率概率密度来看（图 3-28b），怠速与制动情况下（即负荷率≤ 0）的概率高达

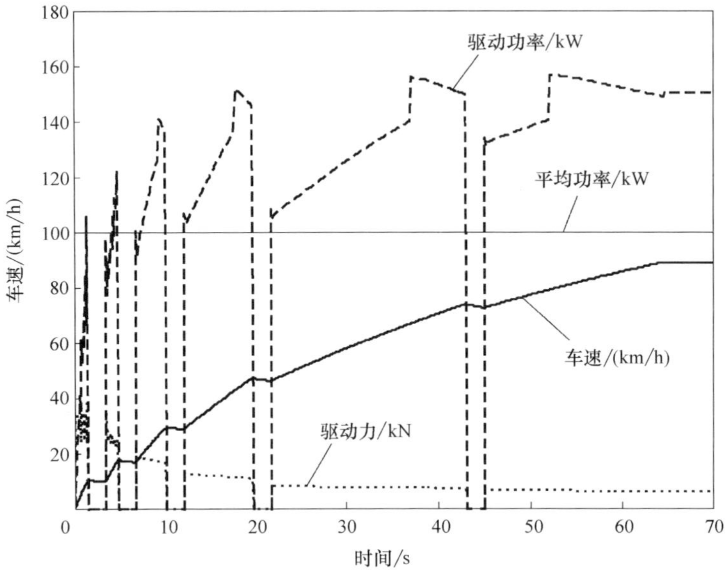

图 3-27　整车极限加速过程（考虑换档时间 2s）

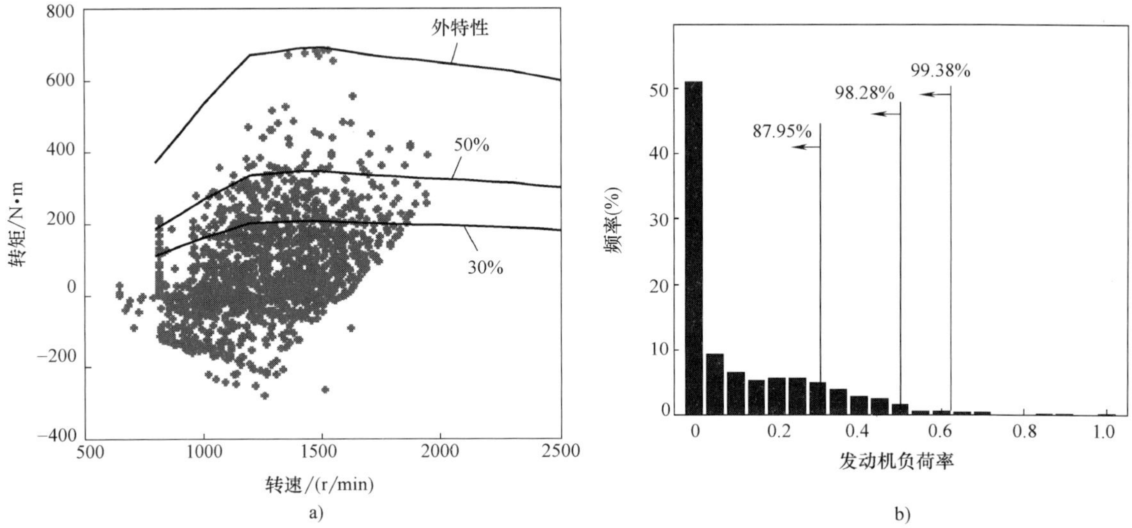

图 3-28　北京城市工况发动机负荷率概率密度统计（全工况）

a）发动机工作点　b）发动机负荷率概率密度

50%。整个循环工况内，发动机在 50% 负荷率下工作的概率达 98% 以上。如果发动机按前文确定的最小功率 P_{e3}=48kW 进行选择（即发动机功率占总功率的 30% 左右），则能满足工况 88% 的驱动要求。如果以最大功率 P_{e4}=100kW 进行选择，则发动机功率占总功率的 60% 左右，能满足 99% 以上的驱动要求。

单独考查驱动情况，不考虑怠速和制动情况，发动机工作点负荷率统计结果如图 3-29 所示。从中可以看出，发动机在其 50% 负荷率下工作的概率为 95%。如果发动机按最小功率选择，则能满足工况的 2/3 以上驱动要求。如果以最大功率选择，则能满足约 98% 的驱动要求。通过对传统发动机工作点的功率负荷率概率分析，混动型客车发动机功率按上述方法选择为 P_{e_min}=100kW，能满足整个循环工况 98% 的驱动要求。因此，发动机功率选择是足够保证工况驱动要求的。

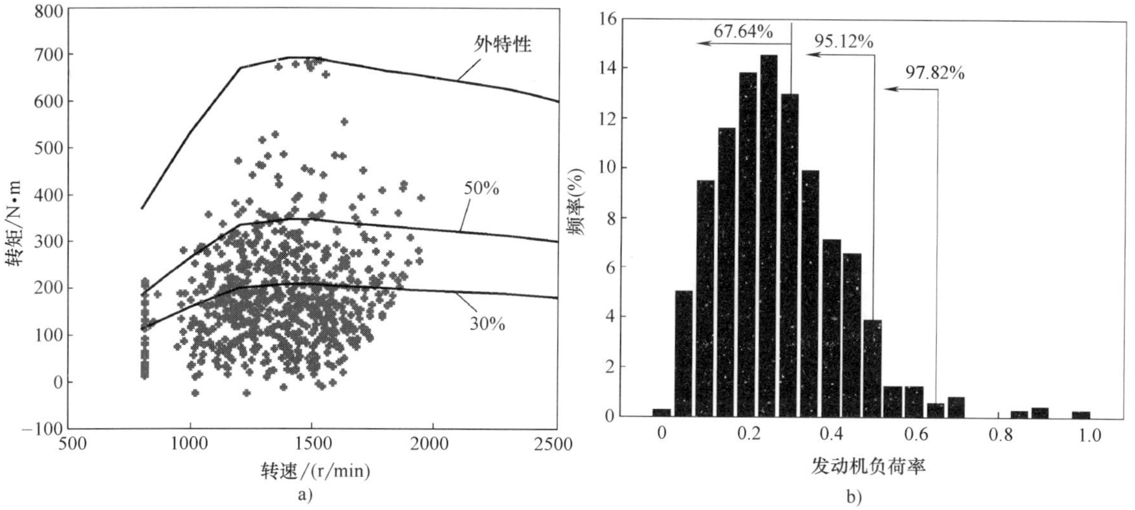

图 3-29　北京城市工况发动机负荷率概率密度统计（驱动工况）

a）发动机工作点　b）发动机负荷率概率密度

因此，发动机功率选择为 100kW，这样能同时满足发动机单独爬坡、最高车速巡航、工况平均功率需求和极限加速过程对发动机的平均功率要求，并作为混合度设计的一个重要约束。根据式（3-81），可确定混合度最大边值 H_{max}=37.5%。

2）最小边值（下边值）条件。由于当前混合动力城市公交客车为电助力型，动力蓄电池容量十分有限，整车在行驶过程中，电机单独起动整车和纯电动行驶的工况均不会出现（除非需要强制动力蓄电池放电）。因此，混合度最小边值条件考虑电机起动发动机能力就足够了。

对于双轴并联式混合动力城市公交客车来说，混合度不宜选择过小，因为转矩合成装置两输入轴的转矩差过大，会造成机械连接、应力平衡等问题。此外，混合度过小，作为助力装置的电机由于回收再生能量有限，对改善经济性并不明显。混合度如果太小，则电机起动发动机较困难，消除怠速工况就不可能实现。因此，从混合动力公交客车的控制技术上说，需要对发动机怠速进行控制，这就要求电机具有瞬时起动发动机的功能。对于当前城市公交客车用柴油发动机，其怠速为 600 ~ 800r/min，摩擦转矩为 20 ~ 30N·m，要求发动机起动在 0.5s 内完成（乘客感觉不到发动机起动），代入式（3-82）计算得电机起动发动机至少需要 20kW 的起动功率，即电机功率最小值 P_{m1}=20kW。

上述总功率选择已经考虑了加速性能，原则上能满足整车加速要求，但混合度取最小边值为加速性最差的情况，在上述电机取小值后，可对加速性进行校验。图 3-30 所示为其加速到最高车速过程各动力源功率输出与车速关系曲线。从中可见，当不考虑换档延时，0—60km/h 加速时间为 22.4s。当考虑 AMT 的换档延时按 2s 计算，加速时间为 30s，能满足加速性设计要求。如果换档延时大于 2s，则加速性会受影响。

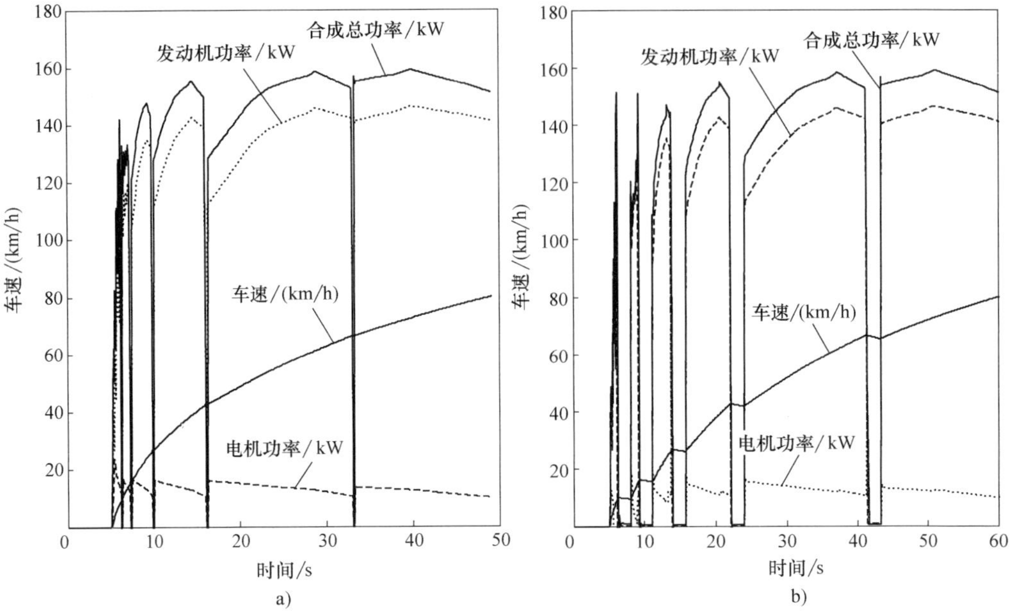

图 3-30　电机对整车加速性的校核曲线

a）不考虑换档延时　b）考虑换档时间（2s）

因此，电机至少选择为 20kW，由式（3-87）确定其混合度最小值为 H_{min}=12.5%。

（4）混合动力城市公交客车混合度优化求解

通过上述分析，确定了混合度的合理选择范围，即混合度须在 12.5% ~ 37.5% 的边值条件内进行寻优考查。为简化、优化算法并节省仿真计算时间，对该边值条件内的几种代表型混合度方案进行仿真，并通过最小二乘法曲线拟合燃油经济性改善与混合度之间的关系，为混合度的综合确定提供依据。

通过仿真软件 ADVISOR 进行仿真研究，同时对动力蓄电池 SOC 的平衡方法进行建模，嵌入到整车计算模型中，使每组方案都能按上述动力源总功率前提及 SOC 平衡思想进行计算。表 3-25 为其中几种混合度方案在北京城市工况下的燃油经济性仿真结果，图 3-31 所示为其仿真曲线。从仿真曲线来看，实际车速完全跟随工况要求车速，且每个方案都能保持动力蓄电池电量平衡，即完全满足上述混合度设计约束条件。

为校验所设计混合度方案是否满足动力性约束，对上述混合度方案进行加速性仿真。图 3-32 所示为其 0—60km/h 加速过程仿真曲线。在讨论由加速性来确定总功率时，验证了若总功率能满足加速性能，则也能满足其他动力性指标要求这一问题。因此，只需讨论混合度对加速性的影响即可。从图 3-32 中可以看出，这些混合度方案均能满足加速性能设计指标。在总功率一定的条件下，混合度对汽车的加速性影响甚微，这也进一步验证了上述动力源总功率作为混合度设计的重要约束条件是合理的。

表 3-25　几种不同混合度的仿真结果

车型	发动机功率 /kW	电机功率 /kW	混合度（%）	经济性 /（L/100km）	比传统动力汽车改善（%）
传统客车	157	0	0	40.2	—
总功率相同混动客车	140	20	12.5	29.8	25.76
	128	32	20	27.8	30.82
	120	40	25	26.7	33.43
	100	60	37.5	24.4	39.24
第一轮样车	117	30	20	23.8	40.61
第二轮样车	140	40	22	26.0	35.30

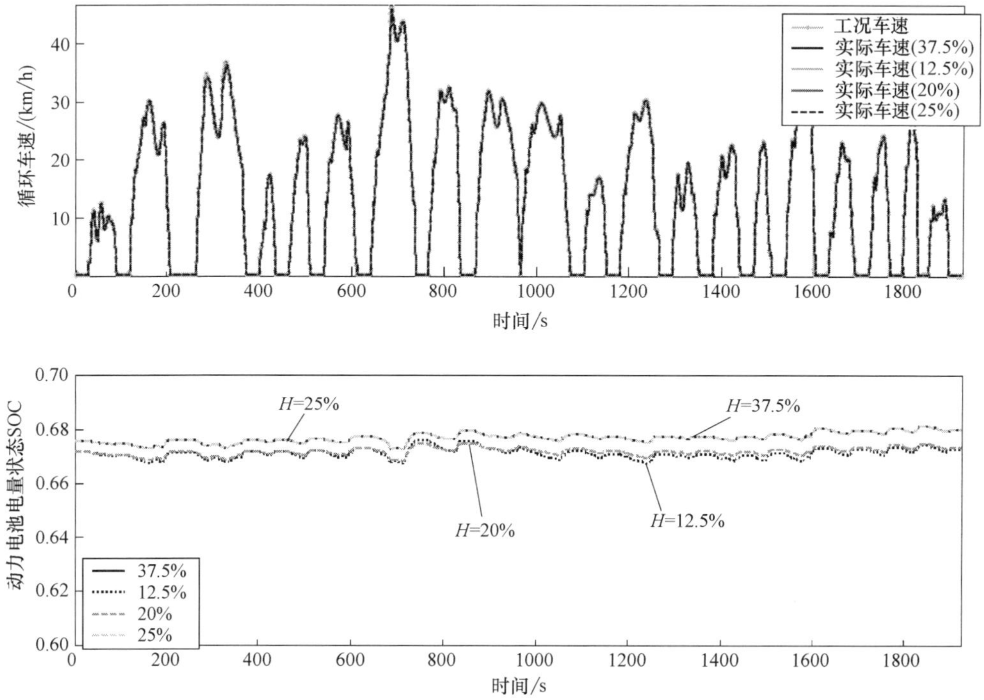

图 3-31　不同混合度车速跟随和动力蓄电池 SOC 变化情况（见书末彩色插图）

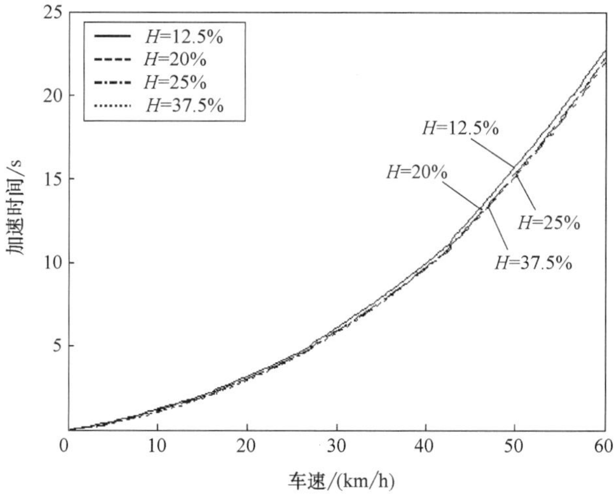

图 3-32　不同混合度对加速性能的影响

由表 3-25 可见，传统客车（混合度为 0）在北京城市工况下的百千米燃油消耗为 40.2L，表中大部分混合度方案的混合动力客车的燃油经济性均达到改善 30% 的设计指标。但就目前的技术条件和成本考虑，在满足燃油经济性设计指标的前提下，应选择混合度较小的产品。其中，第一轮样车所选方案的仿真结果表明，它能满足经济性指标要求，但由于其总功率小于设计值 160kW，后续试验表明其加速性能未能达标。第二轮样车所选方案同样是轻度混合，混合度为 22%，其经济性能仿真结果达到了节能 30% 的设计指标要求。此外，由于总功率大于上述设计方法确定的 160kW，其动力性能达到了加速性要求。

通过对仿真结果进行曲线拟合来分析燃油经济性改善与混合度的关系。根据上述混合度选择原则和仿真结果点的分布特点，采用二次多项式方程来确定其拟合曲线，即燃油经济性改善 ϕ_{FE} 与混合度 H 之间的关系可表述为：$\phi_{FE}=c_0+c_1H+c_2H^2$。其中，$c_0$、$c_1$、$c_2$ 为拟合系数，可根据表 3-25 中的数据，利用最小二乘方法拟合得到系数 c_0、c_1、c_2，结果见表 3-26。拟合曲线如图 3-33 所示。

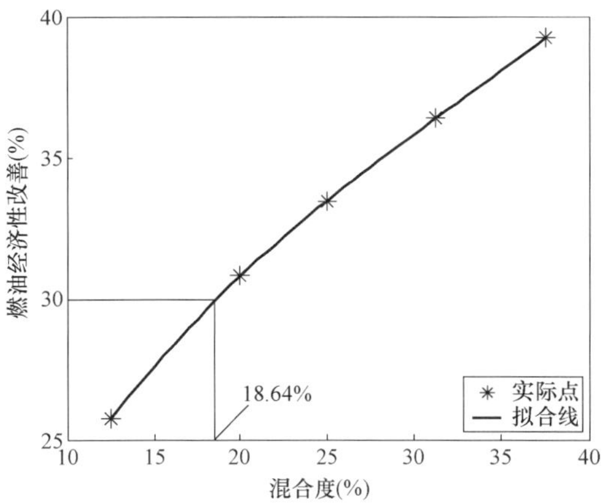

图 3-33　燃油经济性改善与混合度关系

表 3-26　经济性改善与混合度拟合系数

系数	最小二乘值
c_0	16.2564
c_1	0.8435
c_2	−0.0062

可见在上述确定的边值范围内，混合度越大对整车燃油经济性越有利，且混合度在其边值条件内的最大值方案（即发动机功率为 100kW，电机功率为 60kW）最省油。而在另一边值点，即混合度为 12.5% 方案，其燃油经济性只能改善 25.8%，未能达到改善 30% 的目标。要达到节能 30% 的目标，混合度至少要达到 18.6%（需选择发动机功率 130kW、电机功率 30kW 的方案）。上述定性研究表明，整车成本随混合度线性增加，因此在满足设计要求的前提下，应选择混合度较小的产品推向市场，即应选择混合度为 18.6% 的方案。

3.4　性能仿真及常用软件

参数匹配、性能计算仿真等是混合动力电动汽车设计过程中的重要环节，这些工作通常依靠软件完成，常用的混合动力电动汽车性能仿真软件有 ADVISOR、AVL Cruise、

MATLAB/Simulink、AMESim 和 GT-Power 工具箱等。本节以某实际仿真应用为例，简述各软件的主要特点和使用步骤。各仿真软件主要特点见表 3-27。

表 3-27 汽车仿真软件主要特点

仿真软件	适用范围	主要特点	缺点
ADVISOR	车辆动力性、燃油经济性以及排放性能仿真	①模块化建模； ②源代码开放； ③前向仿真和后向仿真相结合； ④能与多种软件实现联合仿真	传动系统等只有固定几种形式，不能很好地适用于目前已有的和待开发车型，需进行二次开发
AVL Cruise	车辆动力性、燃油经济性以及排放性能仿真	①模块化建模； ②具备整车和部件的优化能力； ③提供与 MATLAB/Simulink 的交互接口	各模块源代码不开放，二次开发困难
MATLAB/Simulink 工具箱	车辆控制逻辑仿真	①丰富的可扩充预定义模块库； ②采用交互式图形编辑器管理模块图； ③可使用定步长或变步长仿真	需掌握仿真内容的数学模型，对工程师的建模能力要求较高
AMESim	燃油喷射系统、制动系统、动力系统、机电系统和冷却系统的仿真	①图形化的物理建模方式； ②提供齐全的分析工具； ③能与多种软件实现联合仿真	各模块源代码不开放，二次开发困难
GT-Power 工具箱	车辆设计参数的分析、耗油量和噪声的计算、发动机性能、冷却系统的仿真	①提供多种发动机燃烧模型； ②可与 MATLAB、STAR-CD 等软件联合仿真； ③对发动机燃烧情况模拟真实； ④可用于预测稳态或瞬态的发动机性能	主要针对发动机工况进行仿真模拟，仿真时对工程师的专业背景要求高，要求设置一些较深入的参数
GT-SUITE 工具箱	发动机、动力系统、车辆性能仿真	①集成化的 CAE 软件包； ②各模块采用同一操作平台，各模块之间数据兼容； ③涵盖发动机、驱动系统、冷却系统、燃油供给系统、曲轴机构、配气机构六个方面的性能仿真	GT-SUITE 是车辆前向仿真软件，主要用于在设计阶段开发车辆传动系统及发动机 / 驱动电机

3.4.1 基于 ADVISOR 的混合动力电动汽车性能仿真

（1）ADVISOR 简介

ADVISOR（Advanced Vehicle Simulator，高级车辆仿真器）是由美国可再生能源实验室（National Renewable Energy Laboratory，NREL）在 MATLAB 和 Simulink 软件环境下开发的高级车辆仿真软件。该软件自 1994 年 11 月开始投入使用，可对传统动力汽车、纯电动汽车和混合动力电动汽车的各种性能作快速分析，目前最新的免费版本是 ADVISOR2002，商业版本为 ADVISOR2004。

（2）ADVISOR 主要特点

1）仿真模型采用模块化设计思想。ADVISOR 软件按模块建立了发动机、离合器、变速器、主减速器、车轮和车轴等部件的仿真模型。各模块都有标准的数据输入 / 输出端口，便于模块间进行数据传递。各总成模块都很容易扩充和修改，用户可在现有模型的基础上，根据需要对一些模块进行修改，然后重新组装需要的汽车模型。这样会大幅节省建模时间，提高建模效率。

2）仿真模型和源代码全部开放。ADVISOR 的仿真模型和源代码在全球范围内完全公开，可在其官方网站上免费下载。用户可方便地研究 ADVISOR 的仿真模型及其工作原理。

3）采用独特的混合仿真方法。现在的汽车仿真方法主要有前向仿真和后向仿真两种。仿真软件也多采用其中的一种方法，导致两种方法不能互补。而 ADVISOR 采用了以后向仿真为主、前向仿真为辅的混合仿真方法，这较好地集成了两种仿真方法的优点，既使仿真计算量较小、运算速度较快，又保证了仿真结果的精度。

4）在 MATLAB 和 Simulink 软件环境下研发。MATLAB 是世界上顶尖的可视化科学计算与数学应用软件，其语法结构简单、数值计算高效、图形功能完备，集成了诸多专业仿真工具包，还提供了方便的应用程序接口（API）。用户可在 MATLAB 环境下直接调用 C、Fortran 等语言编写的程序。MATLAB 内置的计算程序、专业的仿真工具以及与其他应用程序的接口，能减少汽车模型的搭建和仿真计算过程中的工作量，同时也方便了熟悉不同编程语言用户之间的合作。

5）能与其他多种软件进行联合仿真 Co-simulation。汽车是一个复杂的系统，其仿真涉及机械、电子和控制等多个领域，工作量很大。ADVISOR 软件开发过程中也难以覆盖所有领域，这就限制了它的一些功能实现。但 ADVISOR 设计了开放的软件接口，能与 Saber、Simplorer、VisuaDOC 和 Sinda/Fluint 等软件进行联合仿真，为用户改进和拓展功能提供了方便。

（3）ADVISOR 使用步骤

启动 ADVISOR：首先打开 MATLAB，在命令窗口 Command Window 输入“advisor”，单击回车键进入启动界面，单击开始键【start】后，进入 ADVISOR 主界面。

ADVISOR 有三个主界面，分别是整车参数输入界面（Vehicle Input）、仿真参数输入界面（Simulation Parameters）和仿真运行结果界面（Results）。

1）整车参数输入界面。图 3-34 所示为整车参数输入界面。在该界面下，用户可根据需要选择动力传动系统配置，主要包括传统动力系统、串联混合动力系统、并联混合动力系统和纯电动动力系统等。同时也可对已选的动力传动系统部件的参数进行设置。

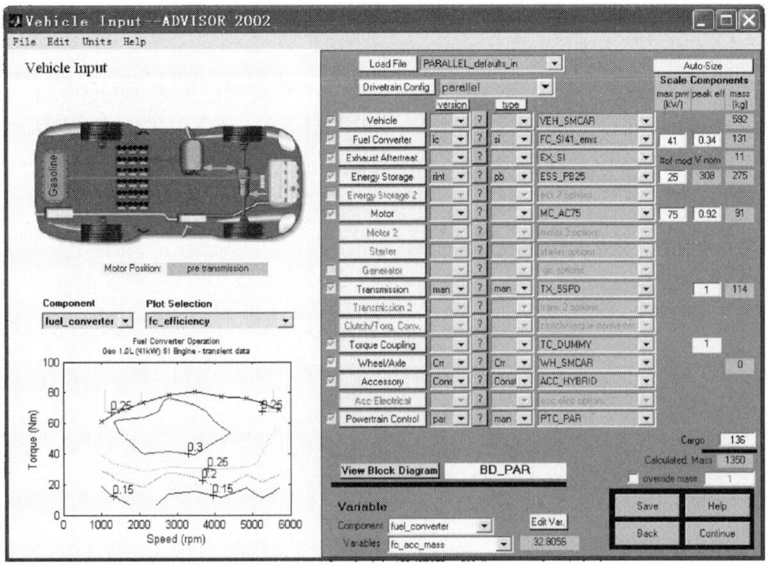

图 3-34　整车参数输入界面

2）仿真参数输入界面。图 3-35 所示为仿真参数输入界面。该界面主要用于设置仿真循环工况。

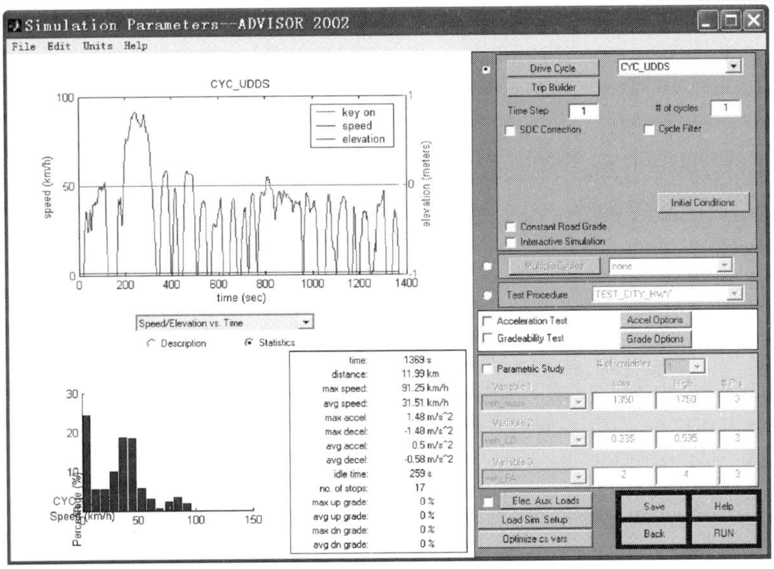

图 3-35　仿真参数输入界面

3）仿真运行结果界面。图 3-36 所示为仿真运行结果界面。在该界面上，用户能清晰地看到之前设定的参数对应的整车性能，包括油耗、污染物排放和整车动力性能。

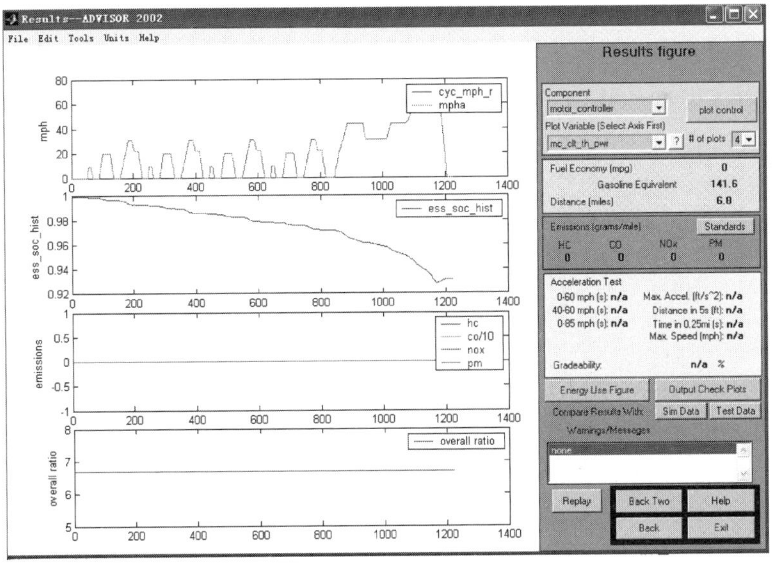

图 3-36　仿真运行结果界面

（4）基于 ADVISOR 的仿真实例

利用 ADVISOR 开放源代码特性进行再开发，即利用整车、车轮、传动系和动力源等已有模块，再开发差速耦合动力合成器模型及其控制策略。

基于差速耦合系统的连接关系及动力传递特性，延续 ADVISOR 的后向建模方式，建立 Simulink 模型：输入分别为动力系统要求的功率、发动机实际输入功率、发电机实际输入功率和电机实际输入功率；输出分别为发动机需求功率、发电机需求功率、电机需求功率和实际输出功率。

差速耦合的控制策略主要依据差速耦合的动力传递特性。已知需求转矩，可通过调节发电机负荷或转矩来使发动机不在高油耗区工作，或控制发动机在某一高效点 / 区域工作。发动机输出转矩一半用于发电机发电，不足或多余的转矩又通过电机进行补充或发电。其具体实现如图 3-37 所示。

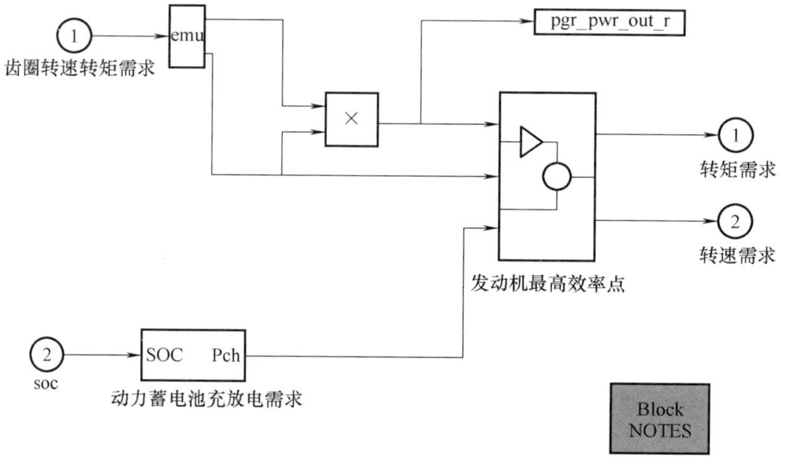

图 3-37　基于差速耦合的控制策略

将上述差速动力耦合器模型及混合动力电动汽车控制策略集成于 ADVISOR 仿真软件中，搭建整车仿真模型，其顶层模型如图 3-38 所示。图中，框线标识 1 为动力合成器模块，标识 2 为控制策略模块。

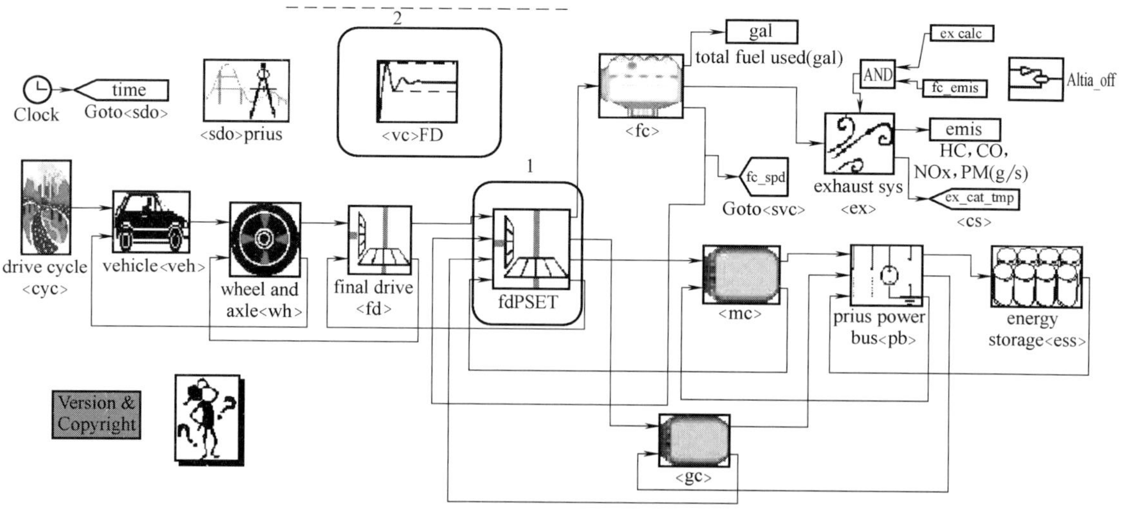

图 3-38　基于差速动力耦合的混合动力整车仿真顶层模型

基于此仿真平台，可对整车参数进行设置，藉此分析差速耦合装置如何对各动力源进行转速、转矩控制，从而达到对发动机的最佳控制，在无变速器的情况下，实现电无级变速（EVT）功能。

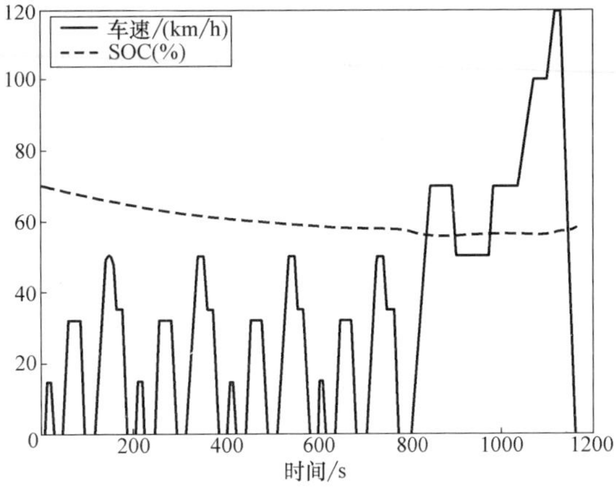

图 3-39　差速耦合 HEV 工况车速、SOC 曲线

仿真过程的车速与 SOC 如图 3-39 所示。整车燃油经济性为 4.8L/100km，比传统动力汽车节油 30% ~ 40%（同类传统动力汽车燃油消耗为 7 ~ 8L/100km）。同时，输出的实际车速跟随工况良好，动力蓄电池 SOC 始终维持在目标值 0.6 附近。

基于 NEDC 工况，差速耦合器三端对应动力源的实际输出转矩如图 3-40 所示。可见，各动力源的转矩均按正常要求进行控制。发动机基本被控制在最佳转矩区内，工作变化较小。在各加速段过程中，不足动力均由电机提供。而发电机充电转矩与发动机输出转矩成正比，其比值恰好符合 50% 关系，如图 3-41 所示。

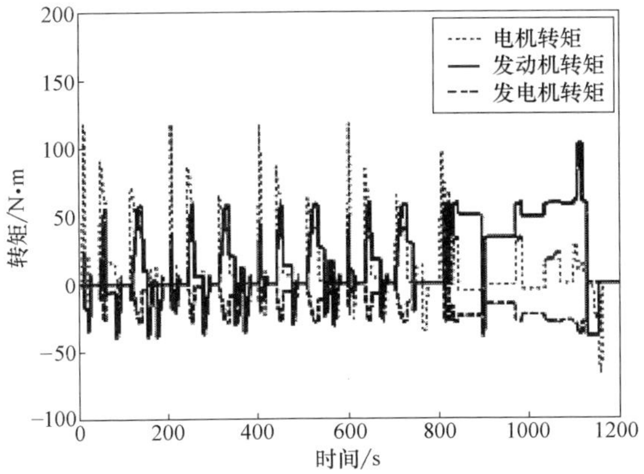

图 3-40　差速耦合动力源实际输出转矩

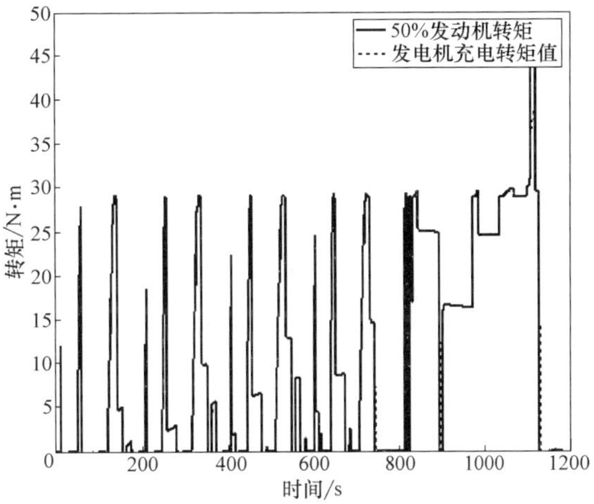

图 3-41　发电机充电转矩仿真

综合转矩关系仿真结果表明，上述差速耦合器动力传递关系正确，可使发动机在最佳效率点工作。电机在加速时助力，在制动减速时发电，并可维持动力蓄电池 SOC 在目标值附近。

3.4.2　基于 AVL Cruise 的混合动力电动汽车性能仿真

（1）AVL Cruise 软件简介

AVL Cruise 是 AVL 公司基于全面满足汽车开发全过程要求的思想设计的，用于研究汽车动力性、燃油经济性、排放性及制动性等。灵活的模块化理念使其可对任意结构形式的汽车传动系统进行建模和仿真。它可用于汽车开发工程中的动力系统、传动系统的匹配，汽车性能预测和整车仿真计算，可进行发动机、变速器、轮胎的选型及其与车辆的匹配优化，还可用于混合动力电动汽车、纯电动汽车的动力系统、传动系统及控制系统的开发和优化。

（2）AVL Cruise 主要特点

AVL Cruise 可轻松实现对复杂车辆动力传动系统的仿真分析，能进行正向或逆向仿真，其主要特点如下。

1）模块化建模，使不同项目组可对模型进行方便、快捷的整合，快速搭建各种复杂的动力传动系统模型。

2）分层建模，将动力总成的不同元件搭建在不同层中，可搭建部分模型，仅对动力总成某一部件进行仿真分析。

3）实现对车辆动力性、经济性、排放性以及其他相关性能的计算分析。

4）根据预设的性能指标，对模型中的参数进行快速优化组合，采用 DOE 参数化研究以及多动力总成匹配研究的方法对动力传动系统进行优化。

5）使用 Oracle 数据库进行数据管理与维护，提高数据安全性，方便实现不同工作组的数据交流。

6）内置 Function 函数，可兼容 C 语言，方便用户直接进行相关控制策略的设计开发。

7）使用 MATLAB（DLL、API、Interface）或 C（Black Box）进行各种动力总成的整车控制策略设计开发。

8）与 AVL BOOST 软件联合仿真，对发动机瞬态特性进行分析；与 AVL Drive、IPG Car Maker 联合仿真，对制动稳定性、驱动力控制、行驶平顺性以及换档品质评价等进行分析；与 KULI 或 FLOWMASTER 耦合仿真，对车辆热管理系统进行设计分析；与硬件系统（AVL In-Motion、dSPACE、ETAS 等）实现硬件在环仿真，对动力总成及其 ECU 控制策略进行分析和调试，实现车辆动力学的快速原型开发和硬件在环仿真功能。

（3）AVL Cruise 使用步骤

1）模型的搭建和数据的输入。搭建模型可参照所需搭建模型的车辆结构图进行，元件都是模块化的，可直接将所需的元件模块拖入建模器窗口，数据的输入应仔细，具体参数的含义可参考 Cruise 的帮助手册。

2）数据总线的连接。Cruise 的 DataBus 接于 CAN 总线，共有 4 列，分别为 Component Requires（数据需求者）、Input information from（所需要的数据）、Component delivering（数据提供者）和 Output informaton（提供出的数据）。数据总线的连接是 Cruise 建模的第二部分，也是最关键的一部分，模型搭建只是完成了机械连接，而数据总线连接是信号连接。

在 Input information from 中，有黑色和蓝色两类数据。一般而言，蓝色是必须要连接的，黑色可视情况有条件地进行选择。另外有两个黑色的信号是必须连接的，一个是 Engine 的 Load signal 或 Desired torque，视 Engine 属性中 Control Variable 的选择而定，另一个是 Clutch 的 Desired Clutch Release 或 Desired torque，视 Clutch 属性中 Control

Variable 的选择而定。Cruise 默认采用 Load signal 和 Desired Clutch Release。

3）计算任务的设定。Cruise 有七大类 10 个计算任务，可根据需要选择相应的计算任务进行计算。在设定计算任务时，注意驾驶人（Driver）模型和道路（Course）模型的设定。Cruise 可进行整车动力性、经济性和排放性三大项，以及包括循环行驶工况、爬坡性能、最高车速、全负荷加速性能和最大驱动力等 10 个小项的计算，并可根据不同的计算方式采用正向仿真或逆向仿真。

4）计算结束后，数据的后处理分析，可在 Cruise 中进行相关数据和图形的直接分析对比，也可将数据导入 Excel 等数据或文本处理器进行分析。

（4）基于 AVL Cruise 的仿真实例

图 3-42 所示为某并联式混合动力客车 AVL Cruise 模型，其在城市综合工况下主要动力部件在换档过程中的瞬态仿真结果如图 3-43、图 3-44 所示。

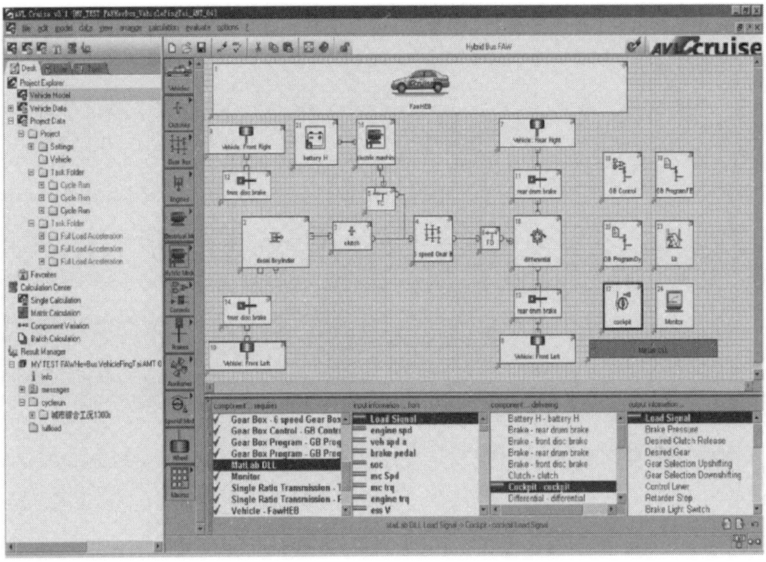

图 3-42　某并联式混合动力客车 AVL Cruise 整车模型

在图 3-43 中，从离合器开始分离到完全分离的过程中，发动机和电机的负荷信号都为零，动力蓄电池的电流为零，均不参与工作。从离合器完全分离到开始接合的过程中，发动机不参与工作，负荷信号仍为零。由于升档降速，电机根据目标转速将实际转速调低，其负荷信号为 -1，全力降速。动力蓄电池的电流逐渐减小，直至离合器开始接合，主动同步调速完成。在离合器接合过程中，电机的负荷信号为零，不参与调速，保留传统动力汽车由驾驶人控制行车的习惯，这时发动机单独工作。

对瞬态过程进行分析的功能充分说明，基于 AVL Cruise 软件建立的仿真平台可进行正向仿真的同时，还可对动态过程的主要动力部件进行人为干预，可对控制结果进行观测及调试。这与实际车辆的调试过程极为接近，充分体现了 AVL Cruise 软件的实用性。

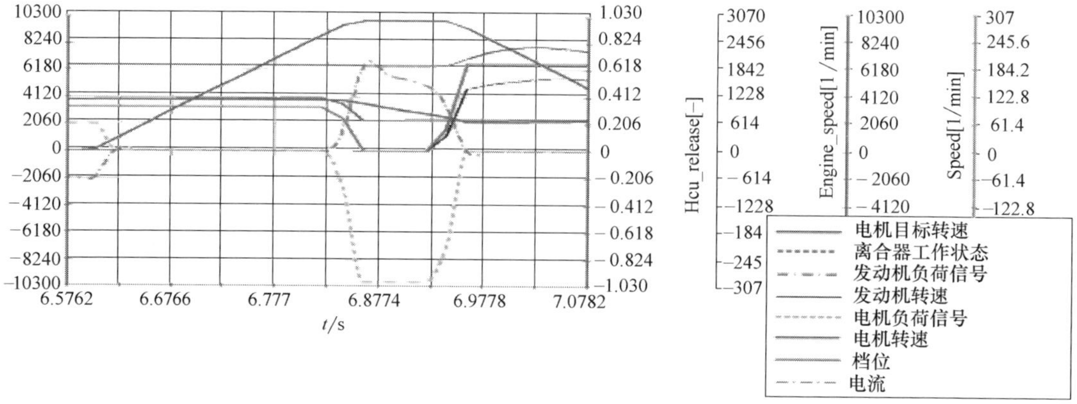

图 3-43　升档时换档过程与主要动力部件的仿真（见书末彩色插图）

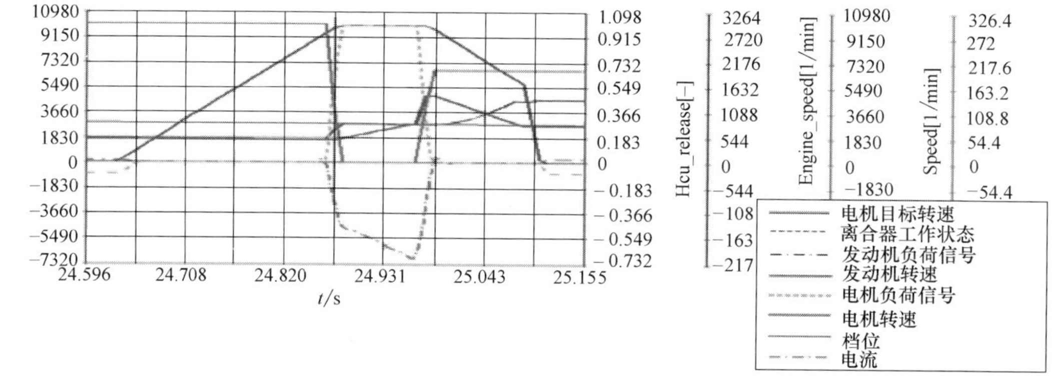

图 3-44　降档时换档过程与主要动力部件的仿真（见书末彩色插图）

3.4.3　基于 MATLAB/Simulink 工具箱的混合动力电动汽车性能仿真

（1）MATLAB/Simulink 工具箱简介

创建于 1984 年的 Math Work 公司推出的 MATLAB 软件，以强大的功能在同类数值计算软件中独领风骚。作为 MATLAB 软件重要组成部分的 Simulink 工具箱已成为院校师生和工程领域研究人员使用最广泛的动态系统建模、仿真工具。Simulink 是基于模型的、用于动态系统和嵌入式系统的多领域仿真设计工具。对于各种时变系统，包括通信、控制、信号处理、视频处理和图像处理系统，Simulink 提供了交互式图形化环境和可定制模块库，以对其进行设计、仿真、执行和测试。

（2）MATLAB/Simulink 工具箱主要特点

1）丰富的可扩充预定义模块库。

2）通过交互式图形编辑器来组合和管理直观的模块图。

3）以设计功能的层次性来分割模型，实现对复杂设计的管理。

4）通过 Model Explorer 导航、创建、配置和搜索模型中的信号、参数和属性，生成模型代码。

5）提供 API，用于与其他仿真程序的连接或与手写代码的集成。

6）使用 Embedded MATLAB 模块在 Simulink 和嵌入式系统执行中调用 MATLAB 算法。

7）使用定步长或变步长运行仿真，根据仿真模式来确定是以解释性的方式来运行模型，还是以编译 C 代码的形式来运行模型。

8）通过图形化的调试器和剖析器来检查仿真结果，诊断设计的性能和异常行为。

9）通过模型分析和诊断工具来保证模型的一致性，确定模型中的错误。

（3）MATLAB/Simulink 工具箱使用步骤

1）构建数学模型。Simulink 模块库能仿真连续系统、离散系统和混合系统，不同的控制系统应用的描述方法不同，具体包含微分方程描述、差分方程描述等。建立数学模型时，可利用这些方法来描述控制对象的动态特性。

2）引用 MATLAB 的函数工具求解数学模型。在 MATLAB 环境下选择仿真算法对数学模型进行求解，将其转换为计算机能处理的离散化模型，即仿真模型。用户可通过点击鼠标或拖放模块图标的方法来建模。在 GUI（图形用户界面）可画出模型图，实现模型构建并设定各模块参数。

3）建立 Simulink 模型，完成系统的仿真运行和分析。根据数据模型的求解结果，建立 Simulink 仿真模型。用户可依据控制系统应用需求设置仿真参数，其中包含仿真时间、仿真步长和解算器算法类型等。为保证仿真运行的实时性和精准性，一般采用快速仿真算法或离散仿真算法。

4）输出仿真结果，并将其反馈至控制系统设计之中。利用 Scope（示波器）或其他显示模块，进行仿真结果的观察，并根据仿真系统运行状态随时变更仿真参数，观测仿真数据变化。仿真结果可存放在 MATLAB 的工作空间（Work-Space）中。

（4）基于 MATLAB/Simulink 工具箱的仿真实例

利用 MATLAB/Simulink 建立某插电式混合动力电动汽车的模型，包含各子系统的整车模型，如图 3-45 所示。该模型主要由驾驶人模型、整车控制模型、发动机模型、电机模型、动力蓄电池模型、行星齿轮耦合机构模型、主减速器模型和车轮模型构成。

混合动力电动汽车的参数匹配和控制策略制定基于循环工况，不同的循环工况对汽车燃油经济性、动力性等方面的性能影响很大，以欧洲典型综合循环工况 CYC_ECE_EUDC 为例，对该模型进行经济性仿真。由于本例所示模型为插电式混合动力电动汽车，进行经济性能仿真可分成电量消耗模式（CD 模式）和电量保持模式（CS 模式）两种情况。分析动力蓄电池 SOC 值、燃油消耗量等随时间的变化曲线，可得该插电式混合动力电动汽车的经济性能，并验证整车控制策略的合理性。图 3-46 所示为 CS 模式下的 NEDC 工况燃油消耗和 SOC 变化曲线。此时，插电式混合动力电动汽车工作方式与传统混合动力电动汽车相同，由图可得发动机燃油消耗和动力蓄电池的净耗能量。

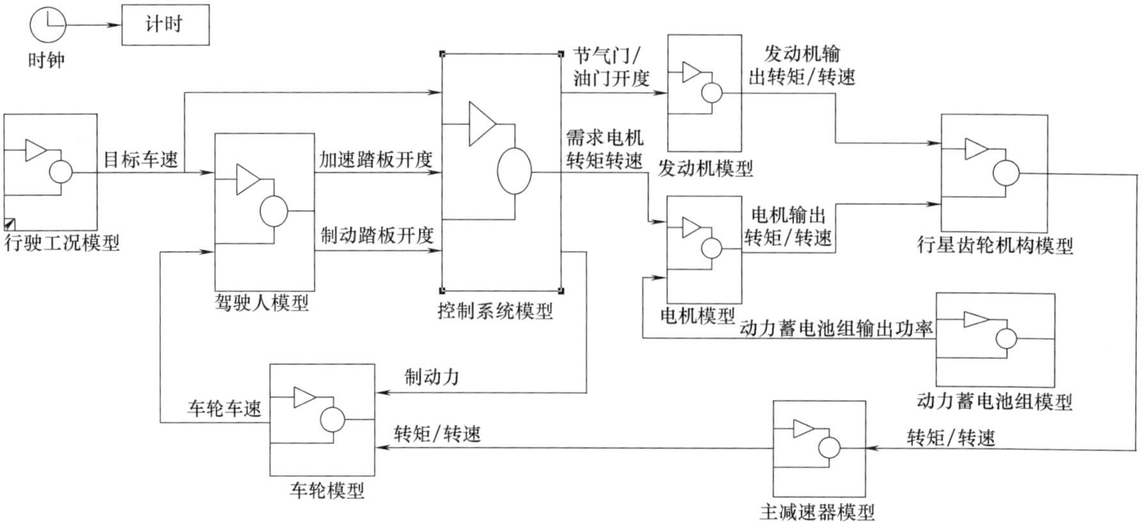

图 3-45　某混合动力电动汽车整车 Simulink 模型

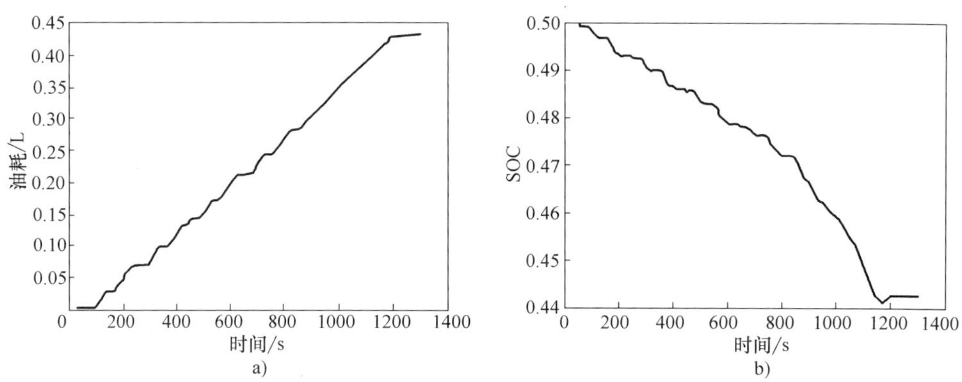

图 3-46　NEDC 工况燃油消耗和 SOC 变化

a）发动机消耗油量　b）SOC 值

以车用永磁同步电机（PMSM）为例，利用 MATLAB/Simulink 建立永磁同步电机动态仿真模型。在该模型中，可通过仿真得到永磁同步电机在特定需求转矩和需求转速下的性能输出量、动态特性以及工作效率。

图 3-47 所示为永磁同步电机动态模型。在某个特定电机工作点，将需求转矩指令 T_e^*，发送给电机控制器。之后，电机控制器会根据制定的磁场定向矢量控制策略得到需求电流 i_d^* 和 i_q^*。此外，电机实际测量的三相电流 i_a、i_b 和 i_c 通过坐标变换转变为实际电流 i_d 和 i_q，将其与之前得出的需求电流对比后，经过 PI 控制器生成需求电压 u_d^* 和 u_q^*。

将再次通过坐标变换生成的需求电压 u_α^*和 u_β^* 输入空间矢量脉宽调制（SVPWM）发生器，得到逆变器的开关信号，从而控制逆变器将动力蓄电池组的直流电压转化为电机所需的三相交流电压。最终控制永磁同步电机输出实际转矩 T_e，并在负载转矩的作用下生成电机转速 ω_m 和功率 P_m。

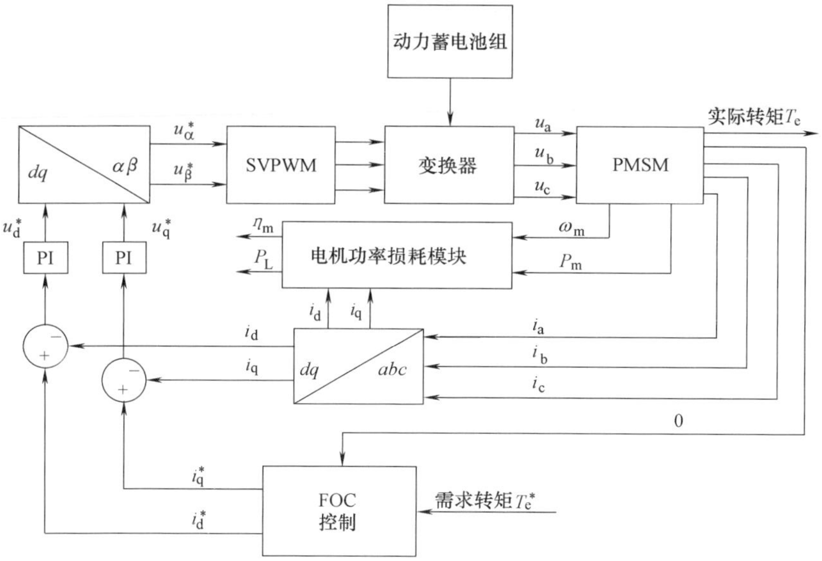

图 3-47　永磁同步电机动态模型示意

最后，将从电机中采集的电流信号 i_a、i_b 和 i_c 作为电机调速系统的反馈信号，将转速 ω_m、功率 P_m 以及实际电流 i_d 和 i_q 输出到根据上述电机功率损耗数学模型建立的电机功率损耗模块中，进而得到电机功率损耗值 P_L 和工作效率 η_m。

3.4.4　基于 AMESim 的混合动力电动汽车性能仿真

（1）AMESim 软件简介

AMESim 软件是基于功率键合图的机械液压系统建模、仿真及动力学分析软件。AMESim 仿真软件包括信号库、液压库、液压元件设计库、机械库、热库和电库等约 35 个模型库，能对实际工作状况的空气条件、系统和外部热交换、系统内部元件位移、压力、流量、转矩以及转速等多物理域进行模拟与仿真，功能强大。AMESim 软件为解决实际系统问题的建模、仿真和图形化动态性能分析提供了开发环境，不仅可用于新产品的开发设计，还可通过建模分析对现有产品进行性能优化改进，广泛应用于工程机械、航空航天和汽车等行业的产品设计中。

（2）AMESim 主要特点

1）软件采用图形化物理建模方式，操作简单形象。软件自带的数据编辑工具可将数据量很大的实验数据转化为实验曲线形式，便于使用者直观分析。

2）优化工具和批处理工具使对系统的优化和多工况下系统不同特性的对比能以图形形式呈现。

3）拥有多个与仿真软件连接的接口，例如 Simulink&reg、Adams&reg、Simpack&reg、Flux2D&reg、RTLab&reg、ETAS&reg、d SPACE&reg 和 i SIGHT&reg 等，可实现多学科、多领域的联合仿真。

4）工程设计师完全可应用集成的一整套 AMESim 应用库来设计一个系统。AMESim

使工程师可迅速达到建模仿真的最终目标——分析和优化工程师的设计，帮助用户降低开发成本并缩短开发周期。

（3）AMESim 使用步骤

应用 AMESim 软件搭建仿真平台时，主要分为以下四个模式：

1）绘图模式（Sketch mode）。在该模式下使用应用库目录中的元件模块搭建系统方案。建立 AMESim 仿真模型的应用元件主要来自机械库、信号和控制库、IFP 驾驶库、传动库和车辆动力学库。

2）子模型模式（Submodel mode）。AMESim 为每个元件模块提供了不同的子模型，以满足不同的建模需求。子模型模式下可给每个元件模块选择所需的子模型。

3）参数模式（Parameter mode）。在该模式下主要根据传动系统参数及整车技术参数设置子模型。

4）仿真模式（Simulation mode）。在该模式下可进行仿真时间、步长、求解器和仿真模式（动态、稳态）等仿真参数设置，以运行仿真。当 AMESim 与 MATLAB/Simulink 联合仿真时，在该模式下，AMESim 会自动打开 MATLAB，在 MATLAB 下打开仿真平台的 Simulink 模型部分，并启动联合仿真。

（4）基于 AMESim 的仿真实例

利用仿真平台 AMESim 建立某串联式混合动力公交车的动力总成，利用仿真集成环境 Simulink 建立整车控制器模型，并将 Simulink 控制模块导入 AMESim 中，在此基础上进行整车联合仿真。仿真模型如图 3-48 所示。

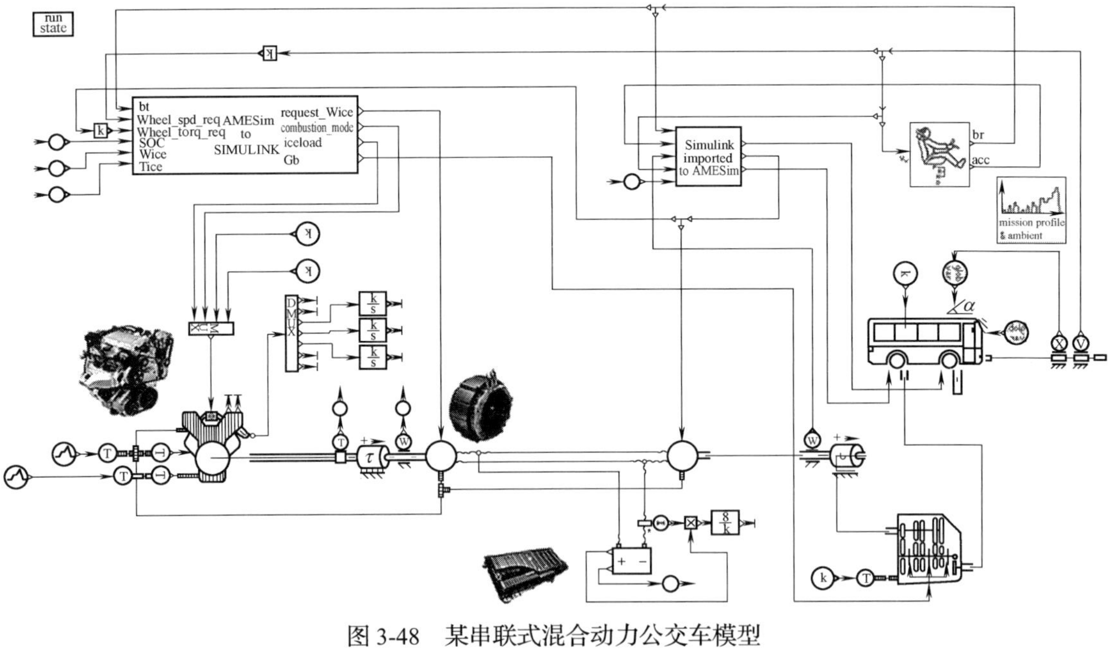

图 3-48　某串联式混合动力公交车模型

图 3-49 和图 3-50 所示分别为该模型在我国 10 个典型城市公交工况下续驶里程和整车能耗的变化情况。由图可得出在动力蓄电池 SOC 的变化范围内的总续驶里程、纯电动

续驶里程、纯电动电能消耗量和总燃油消耗量。通过将动力蓄电池 SOC 的变化量换算成等效燃油消耗量，再加上发动机在工况内总的燃油消耗量，即可计算出串联式混合动力公交车的增程续驶里程。

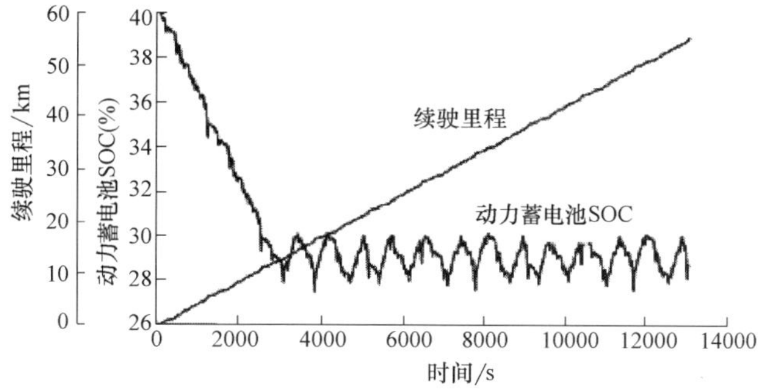

图 3-49　续驶里程变化情况

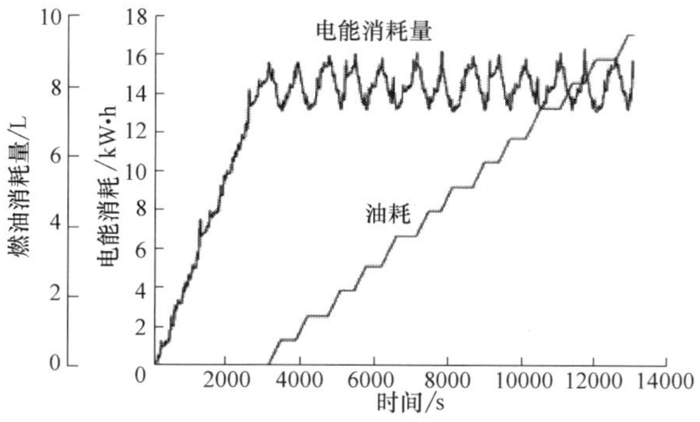

图 3-50　整车能量变化情况

3.4.5　基于 GT-Power 工具箱的混合动力电动汽车性能仿真

（1）GT-Power 工具箱简介

GT-SUITE 系列软件是美国 Gamma Technologies 公司开发的汽车仿真分析软件，主要应用于车辆设计参数的分析、各种运行情况下的耗油量和噪声计算，同时还可用于发动机性能评估、冷却系统性能评估等，在同类软件中居于领先地位。

GT-Power 是 GT-SUITE 软件中的发动机性能、声学及控制模拟系统模块，它基于流体及热力学计算理论，采用有限体积法求解，用于噪声分析时具有全面、灵活的特点，既可单独计算消声器的声学性能，又可模拟发动机的稳态和瞬态工况，根据噪声分析排气管的压力波动等情况。

（2）GT-Power 主要特点

1）GT-Power 可模拟点火式发动机、柴油机、二冲程或四冲程机以及增压机等多种活塞式发动机，有多种燃烧模型可供选择。

2）GT-Power 可与 MATLAB/Simulink 联合，采集循环过程中的参数（例如压力、温度、转速等）并输出给电控单元，经程序计算后将指令输出给执行部件，实现喷油量、喷油正时、喷油压力、点火时刻和节气门角度等的控制。

3）GT-Power 可与 STAR-CD 三维软件耦合，实现某些零部件单元（例如进气管道、气缸、消声器等）的真实复杂三维尺寸模拟，这对发动机噪声学分析研究十分重要。

4）GT-Power 可详细模拟空气和燃料混合、气相和液相混合以及十一种燃烧产物混合，可完全代替 EGR、喷油产物和燃烧产物在排气系统中流动等现象所产生的影响。使用者可在非常宽泛的范围内，按任意比例模拟合成 N_2、O_2、H_2O、CO_2、CH、甲醇、乙醇和 H_2 等真实气体，并可考虑环境湿度的影响。

5）GT-Power 可用于预测稳态或瞬态的发动机性能，例如所有管路段的流量和流速、系统的温度和压力、发动机充气效率 / 功率 / 转矩、燃烧率模型、汽油机 NO_x 排放、柴油机 NO_x 和微粒排放、催化剂化学反应、传热、麦克风测量的外部噪声以及倍频分析等。

（3）GT-Power 使用步骤

应用 GT-Power 工具箱搭建仿真平台时，主要分以下四步：

1）发动机模型的建立。具体步骤为建立工程加载模板、定义实体并将实体中的基本模块连接起来。在定义实体中，EndEnvironment 模块是描述发动机输入和输出边界条件的模块。Engcylinder 模块用来描述发动机的气缸特性。Pipe 是用来创建管实体的模块，根据常用设置创建进气管、进气歧管和排气歧管。发动机阀体（valves）的创建，复制 . . . /tutorials/G-Tpower/common directory 目录下 template.gtm，将 GT-POWER 提供的模型 \intvalve" 和 \exhvalve" 拖拽到工程图中，作为实验模型的发动机阀体。InjAFSeqConn 模块用来创建喷油嘴。EngineCrankTain 模块是 GT-Power 中定义曲轴箱的模块。

2）进排气系统的建立。进气系统需要的模块有 FsplitGeneral、EndFlowCap、PipeRoundBend 和 OrificeConn。其中，FsplitGeneral 用来建立进气分支管。PipeRoundBend、OrificeConn 分别提供了进气歧管的弯管模块和节气门模块。

3）与运行相关的参数设置。模型建立完成后，需要对仿真规则和输出参数等进行设置，包括 Run setup、Case setup 和 Optimizer 等，为得到想要的输出信号，还需要对一些部件作必要的输出选择。Run setup 包括 legend（算例的说明）、timecontrol（仿真时间的控制）和 owcontrol（流动求解控制）几个运行参数的设置。Case setup 主要涉及发动机转速设置。

4）选取输出参数。根据仿真目的在不同位置设置输出参数。

（4）基于 GT-Power 工具箱的仿真实例

图 3-51 所示为利用 GT-Power 仿真工具建立的发动机性能仿真模型，该模型由气缸、进气系统和排气系统三部分组成。

图 3-52 所示为仿真结果和试验所测数据的空气流量对比曲线。图 3-53 所示为全负荷工况下转速为低转速 1500r/min 时，缸内压力曲线的仿真与试验结果对比曲线。若需验证所建的 GT-Power 模型与原发动机的一致性，还应验证全负荷工况下中转速、高转速时缸内压力结果对比情况，以及外特性转矩、功率和有效耗油率的仿真和试验结果对比情况。

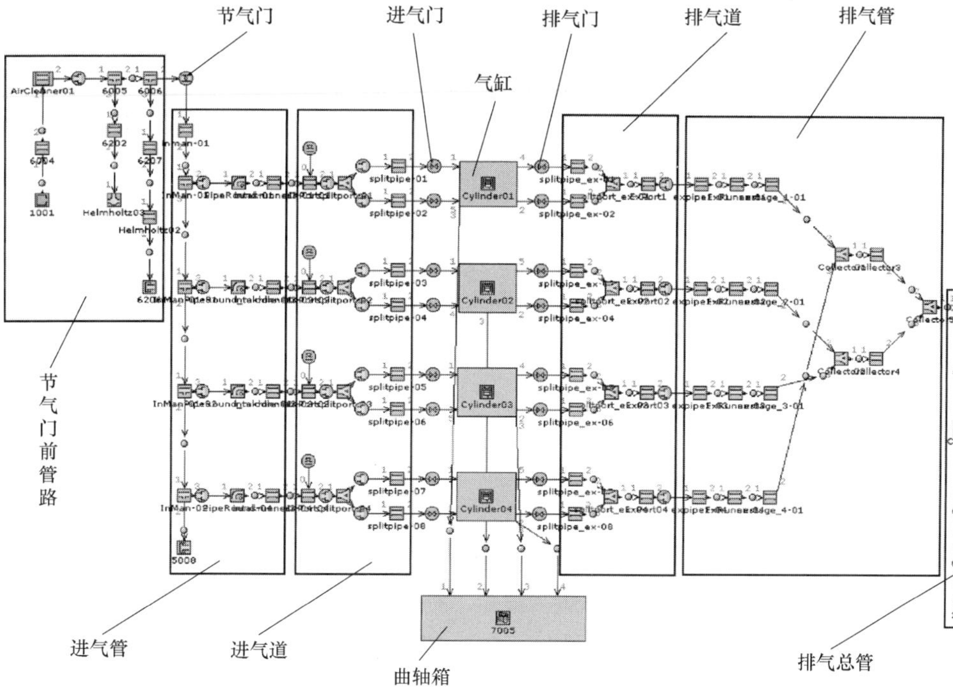

图 3-51　发动机性能仿真模型

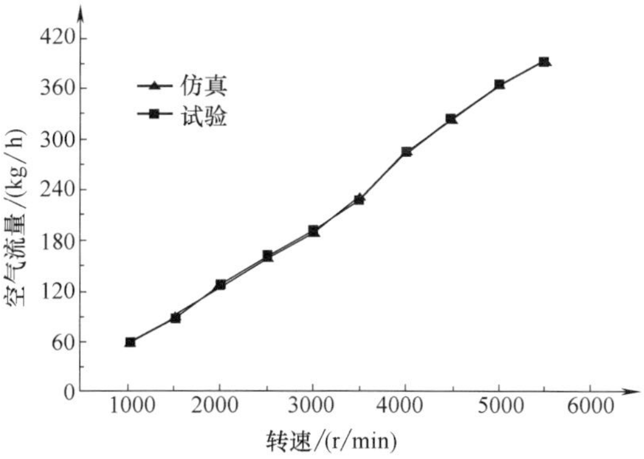

图 3-52　仿真结果与实验结果的空气流量对比

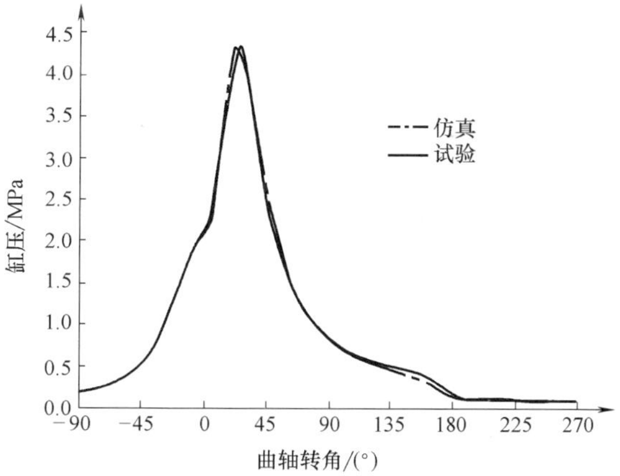

图 3-53　1500r/min 下缸压的仿真结果与实验结果对比

3.4.6　基于 GT-SUITE 工具箱的混合动力电动汽车性能仿真

GT-SUITE 是一个集成化的 CAE 软件包，主要用于发动机、动力系统和车辆性能等的设计和分析工作，包括以下模块（图 3-54）。

GT-Power：集中于发动机性能仿真，包括发动机性能（功率、转矩）、发动机燃烧与排放、发动机进 / 排气噪声、发动机后处理装置及化学反应性能等。

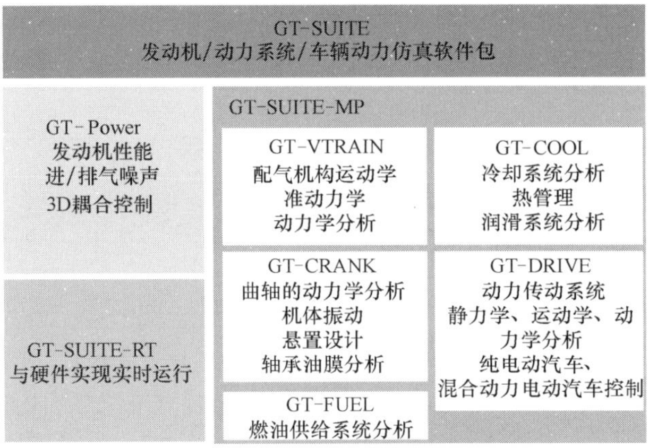

图 3-54 GT-SUITE 模块划分

GT-SUITE-MP：模拟发动机 / 整车多物理现象。在车辆分析中，除发动机气路系统（进气、燃烧、排气）外的其他部分都涵盖在此模块中，包括传统车辆及新能源车辆分析（动力性、经济性）、通用机械仿真（曲轴机构、配气机构和其他机构）、通用液压仿真（供油系统、润滑系统、液压系统）、通用电磁仿真（电磁阀、电机、直流电路）以及两相流[空调系统、预热回收（Rankin 循环）] 等。

GT-SUITE-RT：方便将 GT 模型转化为满足实时控制系统功能的模型，满足设计工程师与控制工程师之间的有效连接，有广泛的硬件支持功能，能与多种控制硬件供应商产品实现发动机的硬件在环（HIL）仿真。其中，各模块均采用同一操作平台和同一用户交互界面，具有相同的前处理、后处理及仿真计算流程，且各模块之间数据兼容。

GT-SUITE 系列软件使用方便、功能强大，涵盖了发动机、驱动系统、冷却系统、燃油供给系统、曲轴机构和配气机构等六个方面。应用 GT-SUITE 软件在汽车产品开发初期进行汽车动力传动系统参数匹配和性能仿真，不仅可节约新产品开发和试验等带来的人力和物力投入，还可降低劳动强度，缩短开发周期，提高工作效率。

GT-DRIVE 是 GT-SUITE 系列软件的重要组成部分，用于车辆和传动系统仿真，其应用领域包括发动机 + 变速器 + 车辆驱动系统选型和匹配、车辆性能预测、循环驾驶工况仿真计算（包括燃油经济性和排放）、驱动系统部件模拟、发动机和动力总成控制系统仿真、驱动系统扭振 / 驾驶性能 / 制动性能 / 驱动能力仿真以及 HEV 控制策略仿真等。

GT-DRIVE 主要通过对整车动力传动系统的结构和功能进行分析，简化物理模型，选择合理的系统模块，搭建仿真模型，建立汽车系统各总成和部件的机械连接和信号连接，并对各部件和总成进行参数化处理，完成整车建模。

发动机模型包括基于 MAP 图的发动机模型、平均值发动机模型以及完整的 GT-Power 气缸模型；动力传动系统模型包括离合器、液力变矩器、变速器、制动器、分动器、差速器、轮胎以及整车车身等；驾驶人模型；道路条件和外界环境（坡度、空气阻力、滚动阻力、转向和风阻）；EV 和 HEV 部件；控制部件用于实现基于车辆控制的模拟；与热管理 / 冷却和电、磁系统的耦合模拟。

针对混合动力电动汽车，可建立其传动系统模型，模拟多种 HEV 的结构形式，对整车能量管理策略进行仿真和优化。也可与 MATLAB/Simulink 耦合，以实现复杂的 HEV 控制策略。同时，可对电机 / 发电机、动力蓄电池、行星齿轮机构以及控制单元等 HEV 部件进行模拟。

以图 3-55 所示混合动力电动汽车仿真模型为例进行简要介绍。该混合动力电动汽车仿真模型由发动机、控制器、驾驶人、离合器、整车、发电机、电机及动力蓄电池等模型组成，如图 3-56 所示。整车模型又包括车轮、变速器、差速器、外部环境、道路条件以及制动器等模型。

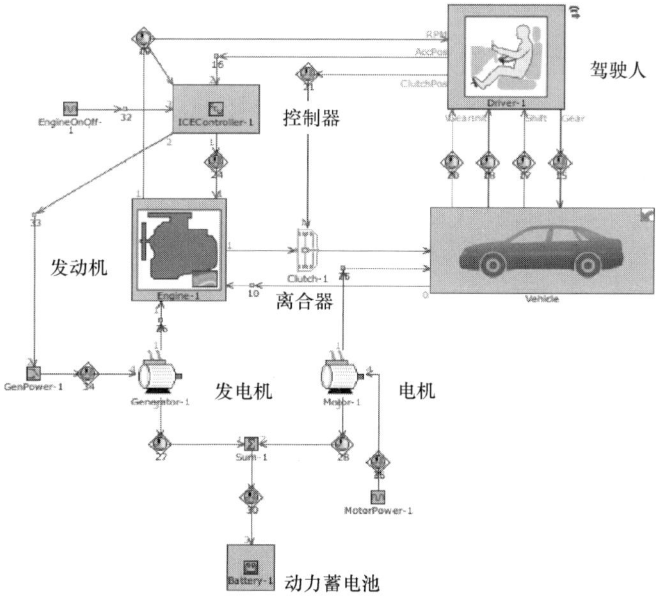

图 3-55　混合动力电动汽车仿真模型

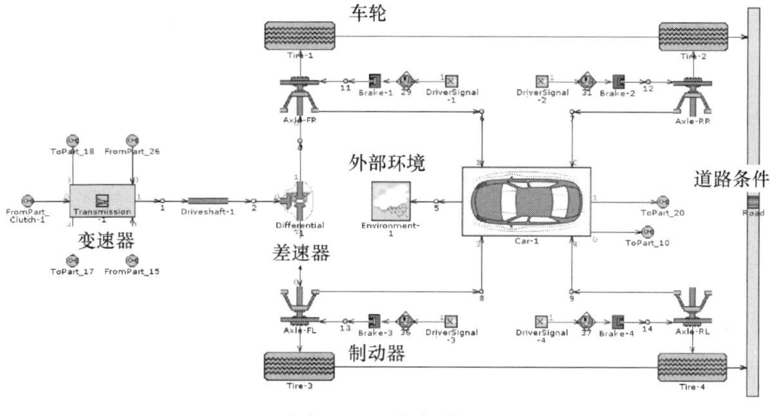

图 3-56　整车模型

有别于其他建模软件，GT-SUITE 模型分为三层：模板（Template）是数据库中的原始模型，没有具体参数；实体（Object）是有具体参数的模型，用于管理具有类似结构的部件；部件（Part）是建模区模型图上的模型，是实际存在的模型。

利用 GT-DRIVE 进行整车性能仿真的最大优势在于部件的模块化设计，以及实体的参数化输入。双击主菜单中的实体，即可弹出对应的参数输入界面。首先输入名称，然后在参数输入界面输入各参数。整车建模完成后，也可通过双击各部件对参数进行修改。图 3-57 所示为动力蓄电池和发电机的部分参数设置界面。

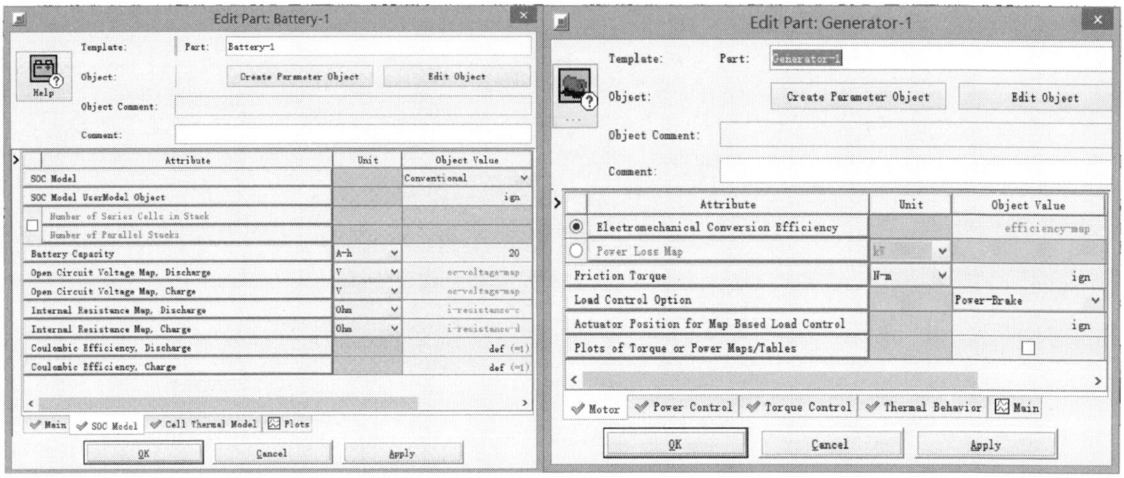

图 3-57 GT-SUITE 参数设置界面

在建立模型时，要充分考虑部件间的位置关系和连接关系，将前面定义好的各部件拖至建模区合适的位置，然后进行连接。连接时注意端口的选择。建立通过传感器或执行器的连接时会弹出对话框，在里面选择相应的信号端口即可。

根据不同的仿真计算任务，GT-DRIVE 提供了两种计算模式，涵盖了静态特性、动力学及运动学分析。静态特性分析包括发动机 + 变速器 + 车辆选型和匹配、各档位特性、驱动力、驱动功率、零坡度加速性、恒定速度下最大爬坡能力以及燃油消耗率分析等。动力学模式下可进行驾驶方法对车辆性能影响的分析，控制节气门 / 油门、离合器、变速器档位和制动器，分析车辆从静止到指定速度的加速时间和位移、车辆制动时间和距离、燃油消耗率和排放情况，输出相应过程的发动机功率、油耗等参数。运动学模式下可输入车速曲线或循环驾驶工况，计算相应的发动机转速和转矩，以实现指定的驾驶工况，进而计算发动机的瞬态功率、转矩和油耗等。如图 3-58 所示，通过 Open Run Setup 即可设置仿真类型。

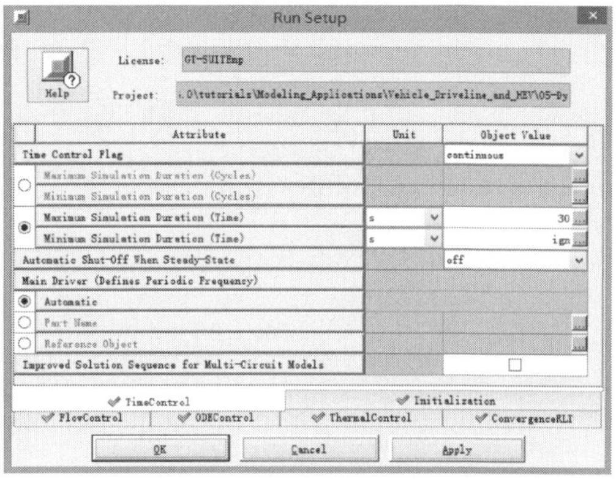

图 3-58 GT-SUITE 仿真类型设置界面

基于 GT-SUITE 工具箱，可对混合动力电动汽车的动力性及经济性等进行仿真，也可对发动机起动、制动能量回收以及怠速起停等功能进行仿真。如图 3-59 所示，通过

Open Case Setup 设定仿真案例，分别对发动机起动、制动能量回收以及车辆起动三种功能进行仿真。

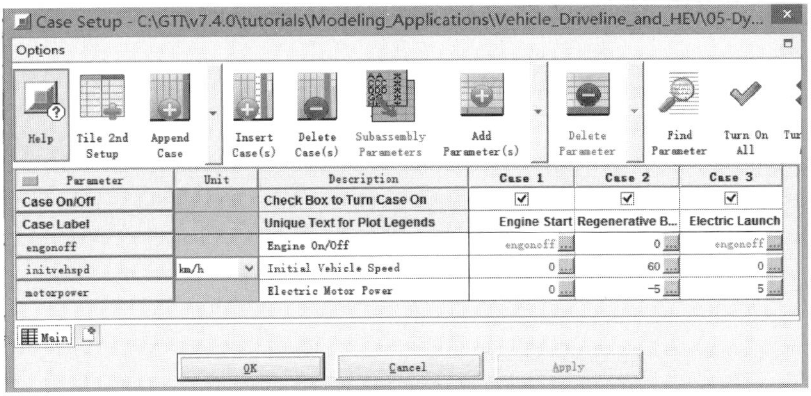

图 3-59　GT-SUITE 仿真案例设置界面

通过 Run Simulation 进行仿真计算，得到结果。如果计算出现错误警告，则重新检查模型，找到错误，改正后继续计算。仿真分析后即可进入 GT-POST 后处理模块，对所需参数进行输出并查看仿真结果。如图 3-60、图 3-61、图 3-62 所示，由 Case1 仿真结果可得，10s 时发电机将发动机拖转至 1000r/min 后发动机起动。由 Case2 仿真结果可得，车速由 60km/h 降至 20km/h 以下，电机回收制动能量使动力蓄电池 SOC 增大。由 Case3 仿真结果可得，10s 前电机驱动车辆起动至车速达到 20km/h 以上，10s 时发动机起动。

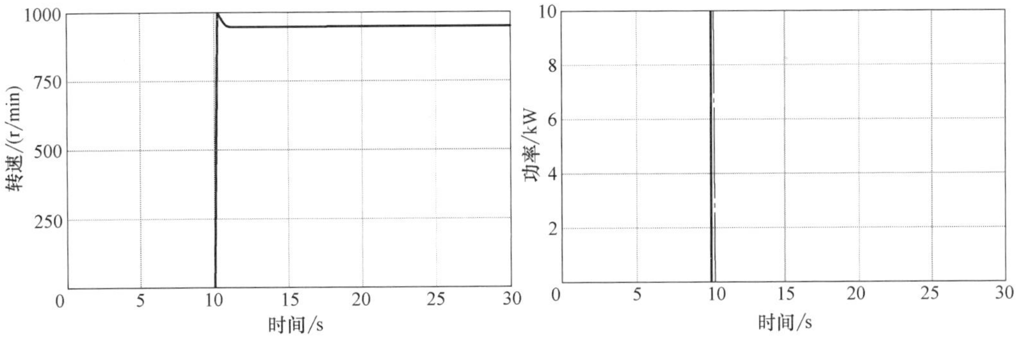

图 3-60　Case1 发动机起动仿真结果

基于 GT-SUITE 工具箱能很快建立混合动力电动汽车性能分析模型，过程简单、实用性强、使用方便，且能达到一定的计算精度。其变参数计算可用于分析结构参数及运行参数对汽车性能的影响程度，从而为混合动力电动汽车设计提供一定的参考依据。GT-DRIVE 可根据时序对传感器采集的信号进行选通、数值运算和逻辑运算等处理，得到输出信号。这些输出信号控制各执行器的工作，从而很好地模拟了控制过程，实现了对制动能量回收、电机助力和怠速起停等功能的仿真。

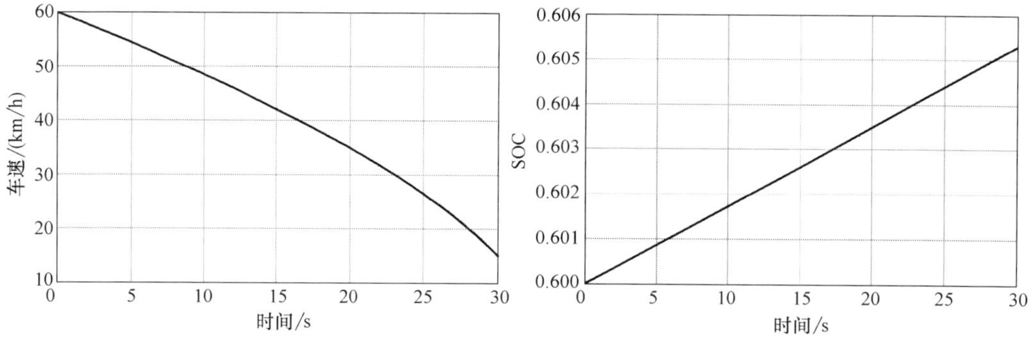

图 3-61　制动能量回收仿真结果

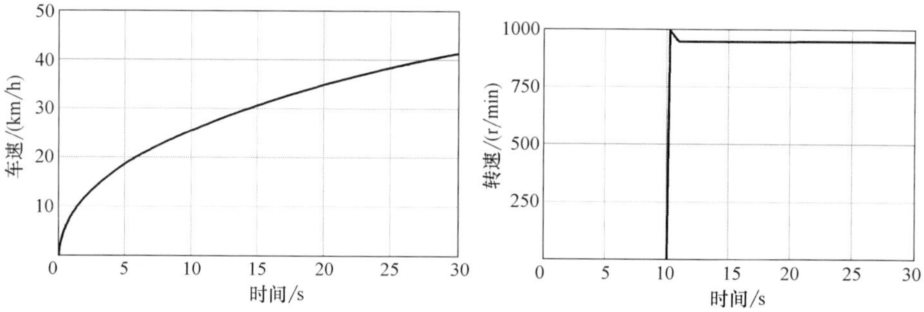

图 3-62　车辆起动仿真结果

参考文献

[1] 陈雪平，张海亮，钟再敏，等. 插电式混合动力汽车能耗及其影响因素分析［J］. 同济大学学报（自然科学版），2016，44（11）：1749-1754.

[2] 米娇. 基于图论的ISG行星耦合混合动力传动系统的方案设计及特征参数性能影响研究［D］. 重庆：重庆大学，2013.

[3] 李书华. 电动汽车全生命周期分析及环境效益评价［D］. 长春：吉林大学，2014.

[4] 曾小华，宫维钧，李相华，等. ADVISOR2002电动汽车仿真与再开发应用［M］. 北京：机械工业出版社，2014.

[5] 王楠. 基于AVLCRUISE的DCT、CVT整车性能仿真与对比分析［D］. 长沙：湖南大学，2011.

[6] 王东栋. 基于Cruise软件的并联式混合动力研究与复合电源方案仿真［D］. 长沙：湖南大学，2014.

[7] 王庆年，曾小华，等. 新能源汽车关键技术［M］. 北京：化学工业出版社，2017.

[8] 陆通. 基于 AMESim 和 Simulink 平台的速度耦合混合动力汽车匹配及性能仿真研究 [D]. 重庆：重庆大学，2012.
[9] 张亿. 插电式混合动力汽车动力耦合系统设计与性能研究 [D]. 重庆：重庆大学，2014.
[10] 谢峰. 并联式液压混合动力车辆的动力匹配性研究 [D]. 长春：吉林大学，2011.
[11] 袁磊，孙立清，苏勰. 基于 AMESim 的增程式电动公交车动力系统设计与仿真研究 [J]. 汽车技术，2014 (8)：56-62.
[12] 范晓梅. 基于排气压力波分析的发动机故障检测诊断方法研究 [D]. 桂林：桂林电子科技大学，2009.
[13] 李明. 基于神经网络和遗传算法的发动机性能优化方法研究 [D]. 上海：上海交通大学，2011.

第 4 章 混合动力电动汽车整车综合控制系统总体设计

整车综合控制器（Hybrid Control Unit，HCU）是混合动力电动汽车整车的核心控制单元，其主要功能是基于实时采集的驾驶人操作信息和车辆其他部件的工作状态信息，经信号调理、驾驶人意图解析和整车能量管理策略处理，进行各子系统的工作协调、功率分配和工作模式切换控制，兼顾车辆行驶的综合性能，以达到效率、排放、动力性和舒适性的最佳匹配。同时，HCU 还可与智能化车身系统一起控制车上的用电设备，以保证驾驶的安全性。可见，整车综合控制器的设计直接影响到汽车的动力性、经济性和可靠性等性能。

4.1 概述

4.1.1 功能定义

依据重要程度和实现次序，混合动力电动汽车整车综合控制器基本功能划分，如图 4-1 所示。

1. 数据交换管理层

整车综合控制器要实时获取驾驶人的操作信息和其他部件的工作状态信息，这是实现整车综合控制器功能的基础和前提。数据交换管理层接收 CAN 总线信息，对直接输入整车综合控制器的物理量进行采集处理，并通过 CAN 总线发送控制命令、提示或警告信息，通过 I/O、D/A 和 PWM 提供对继电器、阀类等部件的驱动信号。

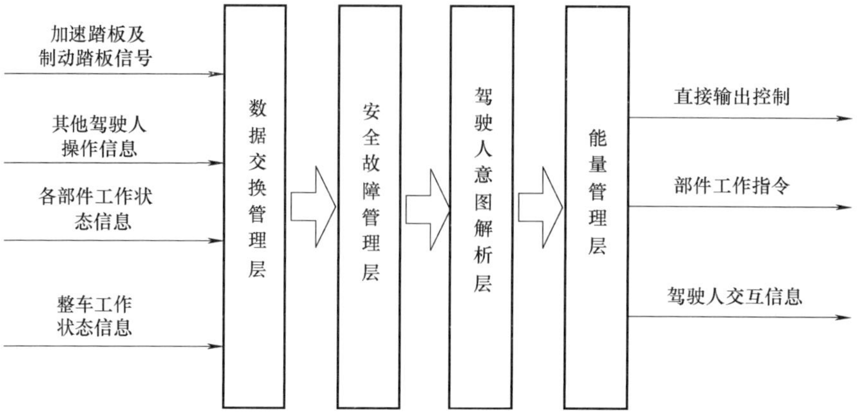

图 4-1　混合动力电动汽车整车综合控制器功能划分

2. 安全故障管理层

实车运行中，各部件都可能产生差错，进而导致器件损坏，甚至危及人车安全。整车综合控制器要能对汽车可能发生的故障进行分析处理，建立完善的故障分级机制，并依据不同故障等级实施整车安全行驶控制策略，这是保证车辆行驶安全的必备条件。具体表现为在检测出故障后，该层会做出相应处理，在保证车辆足够安全性的前提下，给出部件可供使用的工作范围，以尽可能满足驾驶人的驾驶意图。

3. 驾驶人意图解析

驾驶人的所有与驱动驾驶相关的操作信号（主要是制动踏板、节气门 / 油门踏板、档位选择、模式选择等）都直接或间接进入整车综合控制器。整车综合控制器对采集的驾驶人操作信息进行正确的分析处理，计算出车辆的功率需求、驱动系统的目标驱动转矩 / 再生制动转矩等，以实现对驾驶人意图的合理、正确解析。

4. 能量流管理层

能量流管理层的主要工作是根据制定的控制策略计算出功率、动力在多个能量源或动力源之间的分配关系，这是保证混合动力电动汽车动力性，提高混合动力电动汽车经济性的关键。

4.1.2　硬件设计和接口定义

在传统的控制单元开发流程中，通常先根据应用需要提出系统需求，并进行相应功能定义。然后进行硬件设计，使用汇编或 C 语言进行面向硬件的代码编写。接着完成软硬件和外部接口集成。最后对系统进行测试和标定。目前，研发工程师所面临的问题越来越复杂，而开发时间却要求尽可能缩短。如果采用传统开发方法，则在系统调试过程中发现的硬件电路问题就必须通过重新设计硬件来解决，然后再对软件做修改。这就导致控制系统参数的修改必须花很长时间才能得到验证，造成开发周期过长，延误项目的正常进度。为解决这一问题，目前的 HCU 硬件设计开发多采用图 4-2 所示的 V 模式开发流程。

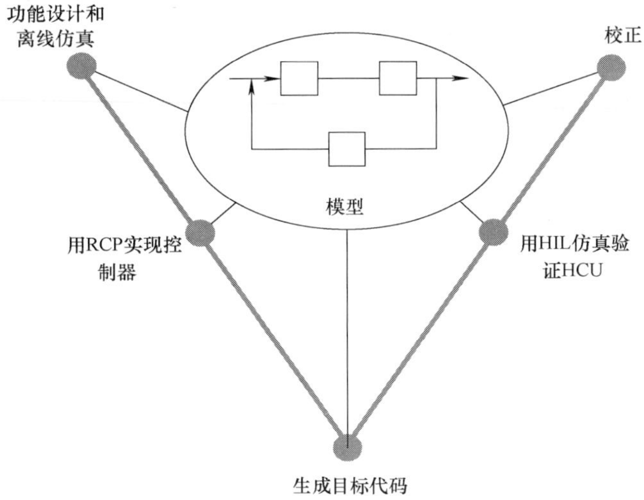

图 4-2 整车综合控制器 V 模式开发流程

汽车电子软硬件技术不断发展，为并行开发提供了强有力的工具。例如德国 dSPACE 公司开发的基于 Power PC 和 MATLAB/Simulink 的半实物仿真系统，就为控制系统开发及半实物仿真提供了很好的软硬件工作平台。采用基于 dSPACE 并行开发的工作流程，如图 4-3 所示。

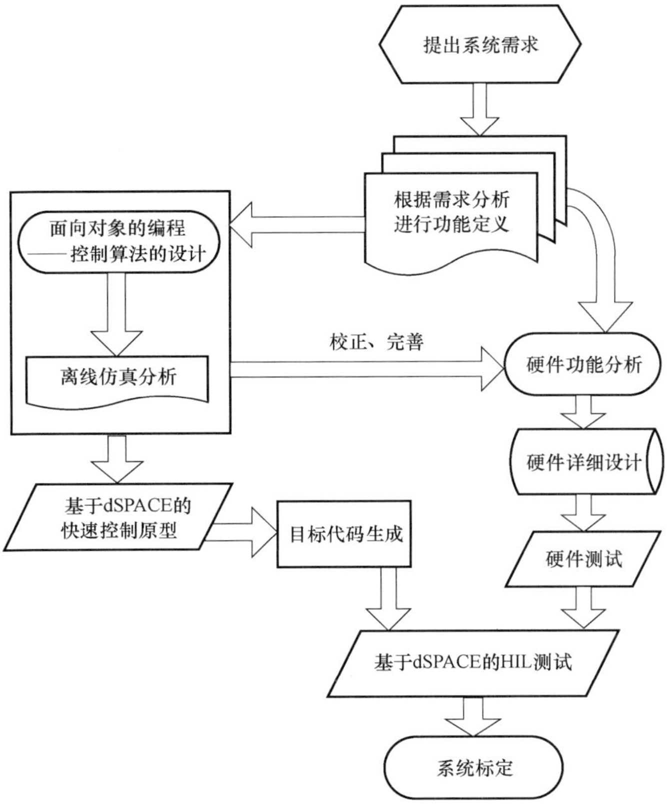

图 4-3 基于 dSPACE 的整车综合控制器并行开发模式

1. 系统功能定义和离线仿真

首先，根据应用需要明确控制器应具有的功能及需满足的特殊要求，为硬件设计提供基础。例如针对产品本身所应用的车辆平台，首先需从硬件配置、适用区域、特殊配置和法规要求等方面获取设计输入信息，包括以下内容：硬件配置需求，包括主芯片处理能力、CAN 总线通道数量、特殊通信方式配置（例如 FlexRay、LIN 总线接口）、存储需求和输入输出通道检测需求等；适用区域，明确是否存在特殊要求等其他需满足项。

最终设计的 HCU 经测试需满足电气性能、环境适应性两大主要要求。

（1）电气性能

所设计的硬件产品应符合 QC/T 413—2002《汽车电气设备基本技术条件》所规定的电气性能要求。应根据 ISO 16750-2—2012《道路车辆电气电子设备的环境条件和试验》及 GB/T 28046.2—2019《道路车辆 电气及电子设备的环境条件和试验 第 2 部分 电气负荷》等满足工作电压、电源过电压性能、电源叠加交流电性能、电源电压跌落性能、电源启动特性、电源极性反接、抛负载性能、供电电压缓升和缓降性能以及供电电压瞬时下降性能等要求。

（2）环境适应性

应满足车辆运行环境的需求，布置在底盘等湿区位置的产品防护等级需满足一定要求。应根据 GB/T 28046.3—2019《道路车辆 电气及电子设备的环境条件和试验 第 3 部分 机械负荷》的要求，满足低温性能、高温性能、温度冲击性能、温湿性能、盐雾性能、防护性能和自由跌落性能等产品性能要求。

根据需求确定好功能定义后，同时需借助 MATLAB 建立整个控制系统（包括控制算法模型和被控对象物理模型）的仿真模型并进行离线仿真，运用软件仿真的方法设计和验证控制策略。

2. 快速控制器原型（Rapid Controller Prototype，RCP）和硬件详细设计

（1）RCP 设计

从控制系统的 MATLAB 仿真模型中抽取控制器模型，结合 dSPACE 的物理接口模块（A/D、D/A、I/O、RS232、CAN）实现与被控对象的物理连接。然后用 dSPACE 提供的编译工具生产可执行程序，并下载到 dSPACE 中。dSPACE 此时作为目标控制器的替代物，可实现控制参数在线调试和控制逻辑调节。该过程通常在实际操作中用于快速验证控制逻辑。

（2）HCU 硬件详细设计

在进行离线仿真和快速控制器原型设计的同时，根据控制器的功能定义，同步完成硬件的功能分析，并进行相应的硬件详细设计和制作。及时根据软件仿真的结果对硬件设计进行完善、优化。

硬件详细设计以功能定义确定的硬件技术要求为输入展开，主要涵盖元器件选型、硬件电路设计、电磁兼容和抗干扰设计、可靠性设计以及通用性设计五大方面，如图 4-4 所示。

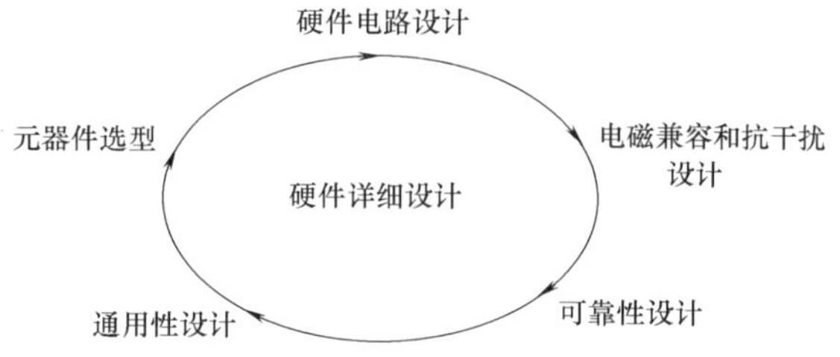

图 4-4　硬件详细设计维度示意

HCU 硬件的通用基本技术要求主要包括以下方面：

① 采集数字和模拟信号的通道数量及精度要求。

② 输出控制信号（含数字、模拟信号）的数量和精度要求。

③ 工作电压范围、工作温度范围要求，例如 9 ～ 32V，−40 ～ 85℃。

④ 通信能力要求，例如支持几路 CAN 总线通信。

⑤ 支持车辆严重故障后的车辆“跛行回家”功能，当车辆发生严重故障时能保证其具有最基本的行驶能力。

⑥ 易调试、可扩展，具有可重复擦写的存储器。存储器容量至少满足项目需求，便于存储系统参数。

⑦ 防护等级要求，通常要求不低于 IP67。

⑧ 具有良好的电磁兼容性，满足国家对相关行业电气设备的电磁兼容标准。在混合动力电动汽车中，高压电机控制器和电机均会产生强烈的电磁干扰，因此 HCU 要有较强的电磁抗干扰能力。

HCU 硬件详细设计内容如下。

1）HCU 硬件电路元件选型主要包括主控芯片、外围芯片和分立器件的选型。需选用国际或国内知名厂家的电子元器件，优先选用通过汽车级认证的电子元器件。

① 主控芯片的选型。汽车电子系统中使用较广泛的有 8 位、16 位和 32 位微控制器（Micro Controller Unit，MCU），需按工作电压范围、所需处理的信号类型和数量、存储要求、运算能力和操作系统等，选择性价比相对较高的 MCU。32 位 MCU 拥有处理复杂运算和控制的功能，在越来越强调网络和诊断功能的现代汽车电子系统中将成为主流。基于软件因素考虑，MCU 一般是在若干个 MCU 与开发平台的供应商之间进行筛选，并以平台化的开发模式为首要考虑因素。

② 外围芯片选型。根据控制器基本技术要求所需硬件电路，例如模数转换模块、时钟电路、驱动模块、隔离电路和外部存储模块等，涉及的外围芯片包括 Flash/EEPROM 存储类芯片、电源管理芯片、时钟芯片和 AD 芯片等。

③ 分立器件选型主要包括电阻、电容、电感、MOS 管、二极管及晶体管等基本元器件的选型。

2）硬件电路设计。图 4-5 描述了 HCU 硬件电路总体设计架构。HCU 是多输入、多输出、数模混合共存的复杂系统，其各功能电路相对独立，需按模块化思想设计硬件系统的各模块，主要包括核心模块设计、电源模块设计、输入电路设计和输出电路设计。

① 核心模块设计。控制器核心控制模块负责数据处理、逻辑运算以及控制功能的实现。在 HCU 中，主控单元和通信芯片是两个非常重要的组成部分。随着内部电子模块越来越多，汽车中的主控单元也越来越多，通信的协议和方式也在不断发展，网络功能已成为传递车内复杂数据必备的功能。

MCU 接口：微控制器通过输入 / 输出（I/O）端口实现对外部设备的监测和控制。I/O 端口按功能可分为并行总线 I/O、通用数字 I/O、片内功能单元 I/O、总线 I/O 和特殊功能接口等。需根据功能需求，考虑可扩展性及与外设的关系，合理进行功能接口设计。

时钟和复位：MCU 的复位逻辑是从某些不确定状态（或混乱状态）回到一个确定

的初始状态，并从该状态开始工作，重新运行程序。复位逻辑在 MCU 设计阶段需充分考虑。

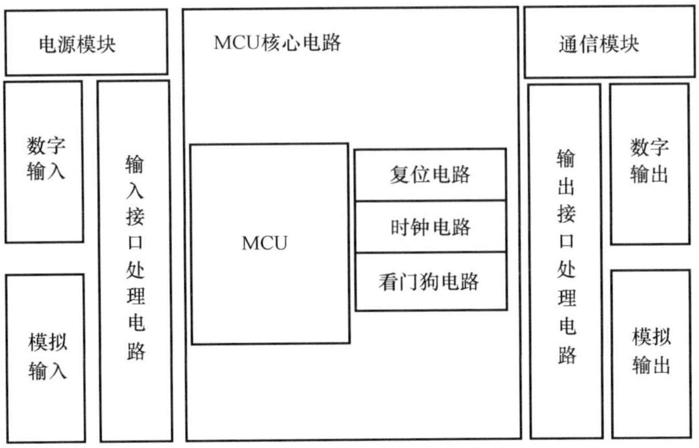

图 4-5　HCU 硬件电路总体设计架构

② 电源模块设计。汽车电子模块的低压电源设计主要围绕将整车电气系统电压（例如 12V 或 24V）转换至模块内部逻辑电路的 5V、3.3V 等电压平台进行，这部分电路可分为防反接保护、浪涌抑制、电压监测和低压转换四部分。

a. 防反接保护电路：汽车电子模块必须具有防电源反接功能，该部分电路一般用二极管实现，且二极管电流、功率、反向电压必须与电路匹配。

b. 浪涌抑制电路：抑制电源电压上的各种浪涌波形。

c. 电压监测电路：对电压进行监测，确认电压所处的状态。

d. 低压转换电路：实现 12V、24V 至 5V（或 3.3V，取决于 MCU 供电电压）的转换，是整个电路的核心，通常依据输出电压、最大输出电流、最小电压差和静态电流等参数进行电源器件选型。

③ 输入电路设计。输入电路处理部分，整体可分为数字信号和模拟信号两类。数字信号可进一步划分，通过电平、频率和占空比等不同参数传递信息，将电平信号进一步细分可得高电平有效输入、低电平有效输入等多种类型。

a. 高电平有效开关输入：指模块检测到低电平时，认为外部开关或模块没有动作；检测到高电平时，认为外部信号有效并予以识别。

b. 低电平有效开关输入：指模块检测到高电平时，认为外部开关或模块没有动作；检测到低电平时，认为外部信号有效并予以识别。

c. 频率信号和 PWM 信号：最典型的是车速信号，它是数字传感器输出的信号。这类信号在处理过程中较简单，但在传递过程中可能存在耦合干扰信号，因此需注意滤波和处理。

d. 模拟信号：从传感器输入的信号类型较多，有电阻型、电压型和电流型，处理传感器信号需要设计不同的信号调理电路，不过以转化为模拟电压信号的形式最常见。对于模拟信号的读取，转换电路的精度是关键。

④ 输出电路设计。汽车电子模块的输出电路分为两种：信号输出和功率控制输出。前者主要通过小功率晶体管实现。后者种类较多，常用的输出电路分为功率晶体管、智能功率开关和电磁继电器等。

汽车电子系统的输出接口一般要具备短路保护功能，需要承受短路电流并在切断短路电流后恢复到正常工作状态。根据输出接口的不同形式，低边开关输出、高边开关输出、恒定输出和继电器输出等输出形式通常有不同的测试要求。

（3）电磁兼容与抗干扰设计

GB/T 29259—2012《道路车辆 电磁兼容术语》对“电磁兼容”的定义：“设备或系统在其电磁环境中能正常工作，且不对该环境中任何事物构成不能接受的电磁骚扰的能力。”从电磁兼容的角度出发，除设备能按设计要求完成其功能外，还有两点要求：

① 系统本身抗电磁干扰能力强，不易受外界环境的干扰。

② 系统本身不应成为一个噪声源，产生对其他仪器、设备的电磁干扰。

基于以上两点，首先考虑在 HCU 电源进入端增加抑制共模及差模干扰的滤波电路，辅以 DC/DC 输出的 LC 低通滤波电路，这样既可保证 HCU 不受火花塞、电磁阀等强干扰源的不良影响，也可防止核心控制模块产生的高频噪声干扰其他电器。然后将核心控制模块与所有对外信号进行电气隔离，防止耦合至线缆上的干扰信号影响核心控制模块工作。此外，PCB 板的布局会对电磁兼容性有很大影响。使用多层印制电路板设计可提高 MCU 的抗电磁干扰能力。在布线时，需合理规划铺铜区域。对噪声特别敏感的信号，例如各种模拟信号，建议单独为其划分布线区，远离数字电路。

（4）可靠性设计

可靠性设计要求 HCU 要考虑车辆工作环境，严格选用外壳材料和插接件类型，并通过结构优化设计、控制器内部和边缘灌胶处理工艺，保证 HCU 的抗振动、防盐雾和防尘/防水等级达到相应标准要求。同时需考虑异常情况并做出应急处理，使车辆安全运行。硬件上要保证 HCU 故障时车辆仍可行驶，例如“跛行回家”功能，输入的节气门/油门踏板信号在 HCU 内部用继电器进行切换，系统正常工作时继电器通电。该信号由 HCU 处理后再传送给发动机电子控制单元（Electronic Control Unit，ECU），车辆工作在混合动力模式下。当 HCU 失效时，继电器断电。该信号直接传送给发动机 ECU，混合动力车辆可像传统动力车辆一样安全行驶回家（前提是具备发动机驱动行驶模式）。

（5）通用性设计

一款合适的 HCU 需要正确的输入，不同车型的 HCU 接口需求也不一样。因为 HCU 开发周期较长，所以要有一定的兼容性，能适应较多车型。为充分适应不同车辆需求，需设计尽量多的信号接口，部分功能可通过硬件或软件配置选择，方便移植和扩展。例如，由于控制器在车辆上的布置位置不同，考虑兼顾 CAN 网络通信质量，则控制器本身可能作为网络终端或分支节点，其内部 CAN 总线终端电阻需设计为可配置模式，以保证灵活性。

3. 硬件系统测试及 HIL 仿真验证

为验证整车综合控制器硬件功能完整性和正确性，硬件系统测试应考虑按以下方法进行，以确保所开发的硬件符合功能定义和安全要求。

① 硬件功能性测试，即采用黑盒测试技术针对被测硬件的接口规格说明进行测试。

②非功能性测试，即对硬件的性能或可靠性进行测试，包括防尘 / 防水、抗盐雾和抗振性等。

③ 基于 dSPACE 的 HIL 测试，即通过与策略软件的结合，对所开发 HCU 进行混合动力电动汽车控制策略逻辑功能仿真和验证。

开发完成后的 HCU 在实车使用时，需根据具体配置分配控制器插接件的详细接口定义，根据混合动力电动汽车信号种类分配的一种通用型接口定义，见表 4-1。

表 4-1　混合动力电动汽车 HCU 接口定义

端子分配	信号类型	信号名	信号含义
1	电源和搭铁	常火	车辆蓄电池供电
2		ON 火	车辆钥匙起动后的供电
3		电源搭铁	功率搭铁
4		信号搭铁	模拟搭铁
5	开关量输入	纯 / 混切换信号	切换车辆工作模式（纯电动、混动）
6		前进档	档位信息
7		空档	
8		倒档	
9		离合器开关信号	离合器接合或分离状态
10		加速踏板开关量	节气门 / 油门信号开关量输入
11		制动踏板开关量	制动信号开关量输入
12		“跛行回家”开关信号	“跛行回家”功能激活与否，翘板开关输入
13		行李舱门信号	发动机舱门开信号
14	模拟量输入	加速踏板信号	节气门 / 油门信号模拟输入
15		制动踏板信号	制动信号模拟输入
16	开关量输出	电机冷却水泵控制	控制电机冷却水泵供电
17		电转向使能控制	控制电转向工作使能
18		打气泵使能控制	控制打气泵工作使能
19		发动机怠速使能	控制是否允许发动机怠速停机
20	模拟量输出	发动机节气门 / 油门信号	发动机节气门 / 油门控制信号输出
21	CAN 总线通信	CAN 总线高	CAN 总线网络高
22		CAN 总线低	CAN 总线网络低
23		CAN 总线屏蔽	CAN 总线网络屏蔽搭铁
24		终端电阻配置	CAN 总线终端电阻配置

4.1.3 整车控制总线设计原则及协议

20 世纪 70 年代以来，车载电子系统在数量上呈指数级增长。大量电子系统的应用导致了线束与接口数量的急剧增加，引发了系统重量、成本、复杂性和可靠性问题。为解决这些问题，车载网络应运而生。如今，车载网络已成为汽车电子系统互连的常规手段。按照美国汽车工程师学会（SAE）的定义，如图 4-6 所示，车载网络可根据数据传输速度和功能分为四类。

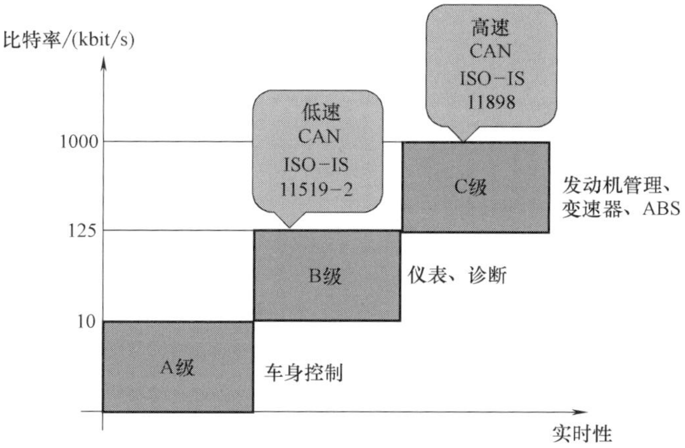

图 4-6 SAE 车载网络分类

1）A 类网络的数据传输速率低于 10kbit/s，主要应用于车身附件领域，例如车门锁、照明装置和座椅控制等，主要网络协议为 LIN 等。

2）B 类网络的数据传输速率为 10 ~ 125kbit/s，主要支持 ECU 间的数据交换，例如仪表、车身控制领域等，主要网络协议为低速 CAN 等。

3）C 类网络的数据传输速率为 125kbit/s ~ 1Mbit/s，主要支持高速实时通信，例如动力总成、底盘控制领域等，主要协议为高速 CAN。

4）除上述三类网络外的数据传输速率高于 1Mbit/t 的网络归类为 D 类网络，主要用于多媒体数据传输，例如 MOST、车载以太网等，以及容错性的安全领域，例如 FlexRay 等。

受性能、成本以及供应商支持等多方面原因影响，当前的汽车通常采用多条车载网络通过网关互连的集成电子架构方案。

4.1.3.1 车载网络系统概述

混合动力电动汽车普遍采用多条车载网络进行系统集成，总线应用领域主要包括：

1）动力系统控制，主要包括发动机、变速器、动力耦合装置、驱动电机、动力蓄电池、充电机以及车辆控制和管理等。

2）底盘系统控制，主要包括防抱死制动系统、动力转向系统、驱动力控制和稳定性控制等。

3）车身系统控制，主要包括电子门锁、空调自动控制和自动调节座椅等。

4）信息系统显示，主要包括电子仪表板、综合显示屏、导航系统和收音机等。

5）安全和故障诊断，主要包括安全气囊、故障诊断系统等。

其中，动力系统控制用车载网络系统（简称动力网络系统）是混合动力电动汽车电子系统集成设计的重点。

混合动力电动汽车车载网络系统设计的一般流程主要包括：

1）车载网络系统功能描述。

2）车载网络系统架构定义。

3）车载网络系统设计。

4）车载网络系统测试及分析。

5）车载网络系统台架试验。

6）整车试验，进一步验证、完善设计。

7）车载网络系统固化，完成设计。

4.1.3.2 车载网络系统功能描述

混合动力电动汽车动力网络系统主要用于整车综合控制系统中多能量源、动力源的综合控制及功能管理，如图 4-7 所示。动力网络系统主要连接节点为发动机管理系统（EMS）、变速器（AT/AMT /DCT）控制模块、动力耦合装置控制模块（PCU）、电机控制器（MCU）、动力蓄电池管理系统（BMS）、充电机控制器、车辆控制单元（VCU）以及仪表和显示装置等。各节点通过车载网络交换数据。

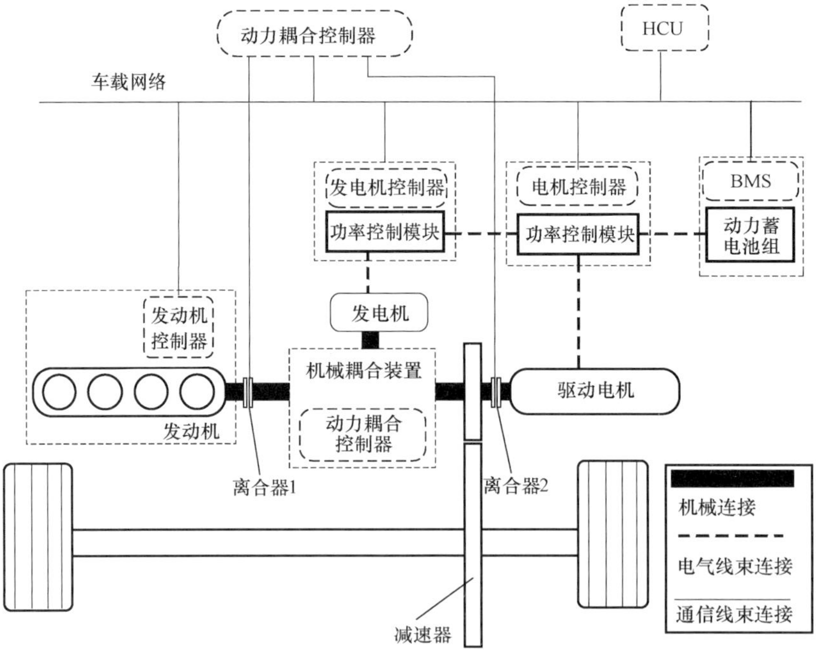

图 4-7　混合动力电动汽车整车综合控制系统动力网络示意

4.1.3.3 车载网络系统架构

CAN 总线是目前推广最成功的车载网络，包括高速 CAN 总线协议和低速 CAN 总线协议。混合动力电动汽车动力网络采用多条高、低速 CAN 总线互连架构，如图 4-8 所示。

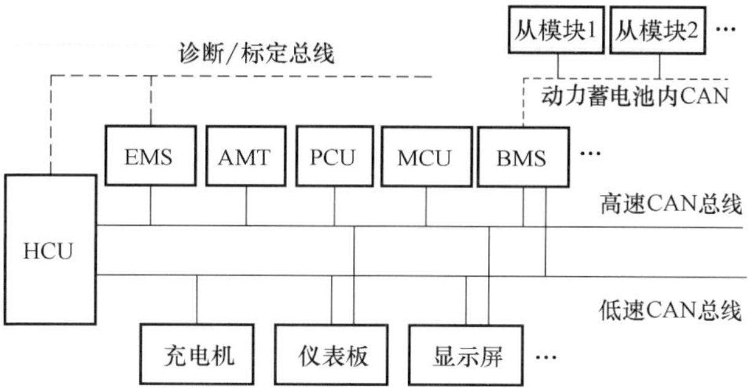

图 4-8 混合动力电动汽车动力网络架构示意

车载网络系统主要包括：高速 CAN 总线，通常用于高速实时数据交换，用于 HCU、EMS、变速器（以 AMT 为例）、MCU 和 BMS 等的互连，通信速率通常设置为 250kbit/s 或 500kbit/s；低速 CAN 总线，主要用于充电管理和信息显示数据通信，用于充电机、仪表板和显示屏等的互连，通信速率通常设置为 125kbit/s；HCU、仪表板和显示屏可作为网关同时连接高、低速 CAN 总线。

4.1.3.4 车载网络系统设计

1. 网络分层模型

混合动力电动汽车动力网络系统通信协议设计，可参考国际标准化组织（ISO）提出的七层“开放系统互连”（OSI）模式，从上到下依次是应用层、表示层、会话层、传输层、网络层、数据链路层和物理层，如图 4-9 所示。

值得注意的是，实际使用的网络协议并不必严格按照该参考模式制定完整的七层通信协议。换言之，这种层次结构并不是必备的，而是要因实际需求而定，控制类网络，例如 CAN 总线多给出底层定义。

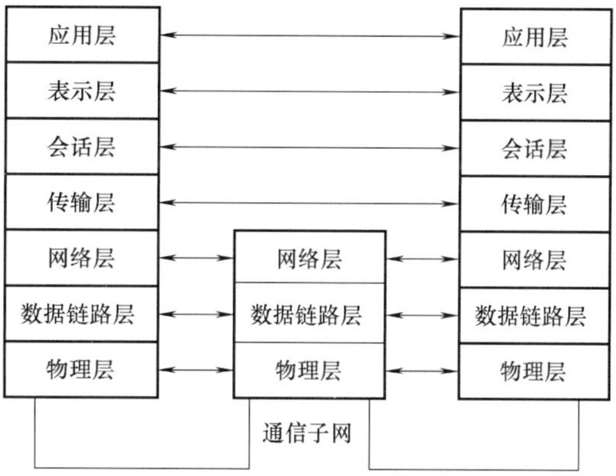

图 4-9 ISO 的七层 OSI 体系结构

2. CAN 总线协议

CAN 总线协议遵从 ISO/OSI 网络开放系统模型，如图 4-10 所示。CAN2.0B 具体定义了底二层，即物理层和数据链路层，其中数据链路层又分为逻辑链路控制子层 LLC 和媒体访问控制子层 MAC。

① LLC 子层的功能：为数据传输和远程请求提供服务，确认由 LLC 子层接收的报文已被接收，并为恢复管理和超载提供信息。

② MAC 子层的功能：作为 CAN 总线的核心，主要定义了传输规则，即控制帧结构、执行仲裁、错误检测、出错标定和故障界定等功能。总线上何时开始发送新报文及接收新报文，均在 MAC 子层中定义。

LLC 子层和 MAC 子层的运行被“故障界定”实体监控，以实现实时可靠数据通信。

CAN2.0B 定义了标准帧和扩展帧两种数据帧结构。其中，标准帧采用 11 位 ID，扩展帧采用 29 位 ID。具体的 CAN 总线协议可参见 CAN2.0B 技术规范和 ISO 11898 标准文件。

CAN 协议的底二层协议通常是给 CAN 总线控制器和收发器半导体制造商提供参考的。实际应用中，底二层协议通常由硬件 IC 器件实现，用户只要选用相应 IC 器件即可，无须编程实现。可选的 CAN 总线控制器器件包括内含 MSCAN 模块的 S12 系列 MCU 芯片，而可选的 CAN 总线收发器器件包括 TJA1040 等。

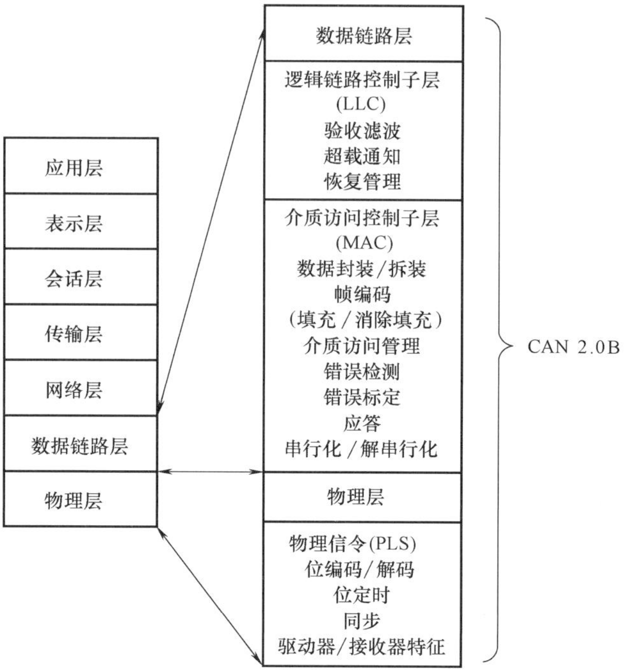

图 4-10　CAN 总线协议体系结构

3. SAE J1939 协议

SAE J1939 是一个面向美国商用车制定的协议，目前已被全球商用车广泛采用。SAE J1939 协议在 CAN2.0B 基础上，进一步定义了网络层和应用层，并为传输层、会话层和表示层预留了位置，以便未来进行扩展。SAE J1939 与 OSI 模型相对应的分层模型如图 4-11 所示。SAE J1939 标准组根据分层结构具体定义了不同层的相应标准文件，见表 4-2。由此可见，SAE J1939 是一个具体可用的车载网络协议标准，它为 HEV 车载网络系统的设计提供了很好的设计依据和参考。

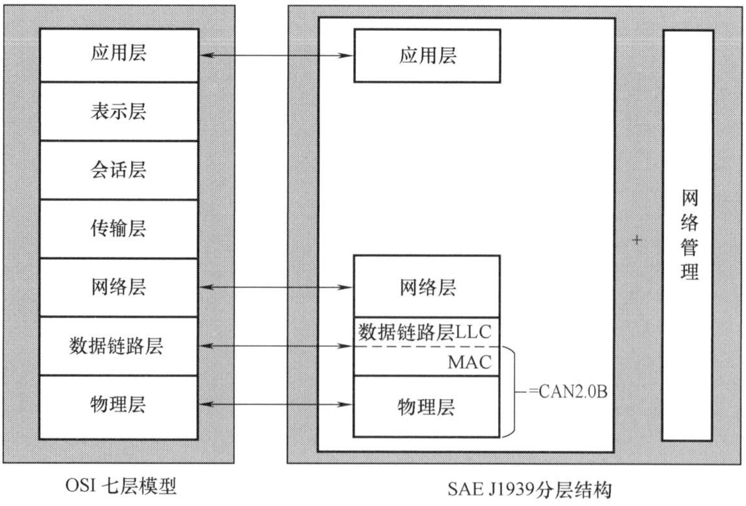

图 4-11　与 OSI 模型相对应的 SAE J1939 分层结构模型

表 4-2 SAE J1939 标准的文档构成

SAE J1939 协议	SAE J1939 概述
SAE J1939/0X	针对特定应用的说明文档，X 指 J1939 特定的网络 / 应用版本
SAE J1939/01	货车、大客车控制和通信网络应用文档
SAE J1939/11	物理层文档，250kbit/s，屏蔽双绞线
SAE J1939/13	物理层文档，定义诊断接口
SAE J1939/15	物理层文档，250kbit/s，非屏蔽双绞线
SAE J1939/21	数据链路层文档，定义信息帧的数据结构、编码规则
SAE J1939/31	网络层文档，定义网络层的连接协议
SAE J1939/4x	未定义的传输层文档
SAE J1939/5x	未定义的会话层文档
SAE J1939/6x	未定义的表示层文档
SAE J1939/71	应用层文档，定义常用物理参数的格式
SAE J1939/73	应用层文档，用于故障诊断
SAE J1939/74	应用层文档，可配置信息
SAE J1939/75	应用层文档，发电机组和工业设备
SAE J1939/81	网络管理协议

4. 混合动力电动汽车发动机控制信息定义

对于混合动力电动汽车，发动机是动力系统的主要部件。发动机控制信息的定义是车载网络设计的重要任务。SAE J1939 针对发动机控制信息给出了详细定义。具体设计中，可直接采用这些定义，或以此为参考制定新的协议。

设计实例：动力耦合控制装置发送给发动机的控制信息定义，见表 4-3 和表 4-4。

表 4-3 控制信息报文格式定义

报文格式	定义释义
PGN：0	参数组编号：0
Torque/Speed Control 1	转矩 / 速度控制 1
T：HCU	发送节点：HCU
R：ECM	接收节点：ECM
Cycle	发送周期：取决于控制目的
Data length：8	数据长度：8
Data Page：0	数据页：0
PF：00	协议数据单元格式：00
PS：DA =0	特定 PDU：目标节点地址 =0
P：3	默认优先级：3

表 4-4 控制信息报文内容定义

起始位	长度	名称	SPN
1.1	2bit	发动机控制模式	695
1.3	2bit	发动机请求速度控制状况	696
1.5	2bit	控制模式的优先级	897
2-3	2bit	请求的转速极限	898
4	1byte	请求的转矩极限	518
5.1	3bit	发送速率	3349
5.4	5bit	控制目的	3350

5. 混合动力电动汽车电机控制器控制信息定义

对于混合动力电动汽车，驱动电机是动力系统的主要部件。驱动电机控制信息的定义是车载网络设计的重要任务。SAE J1939 针对驱动电机控制信息前期版本未给出详细定义。具体设计中，可参考发动机控制信息定义制定新的协议。

设计实例：动力耦合控制装置发送给驱动电机系统的控制信息定义，见表 4-5 和表 4-6。

表 4-5　控制信息报文格式定义

报文格式	定义释义
PGN：61392（EFD0）	参数组编号：61392（EFD0）
Torque/Speed Control 1	转矩 / 速度控制 1
T：HCU	发送节点：HCU
R：MCU	接收节点：MCU
Cycle：10ms	发送周期：10ms
Data length：8	数据长度：8
Data Page：0	数据页：0
PF：00	协议数据单元格式：00
PS：DA=EF	特定 PDU：目标节点地址 =EF
P：1	默认优先级：3

表 4-6　控制信息报文内容定义

起始位	长度	名称	SPN
1	8 bit	加速踏板行程 1	-
2	8 bit	加速踏板行程 2	-
3	8 bit	制动踏板行程 1	-
4	8 bit	制动踏板行程 2	-
5	8 byte	车辆运行模式	-
6	3 bit	自动变速控制	-
7-8	5 bit	预留	-

4.1.3.5　车载网络系统设计中应注意的问题

1. 网络诱导延时问题

车载网络的使用，一方面能减少布线并提高数据共享能力、增强系统灵活性。另一方面也会不可避免地导致系统延时，即所谓的网络诱导延时。如图 4-12 所示，一个基于 CAN 总线的闭环控制回路的延时通常包括五个部分：图中 τ_k^s 表示传感器采样和处理数据消耗的时间；τ_k^{sc} 表示数据从传感器节点排队发送到控制器节点接收完传感器信息所用的时间；τ_k^c 表示控制器节点计算控制命令消耗的时间；τ_k^{ca} 表示控制命令从控制器节点排队

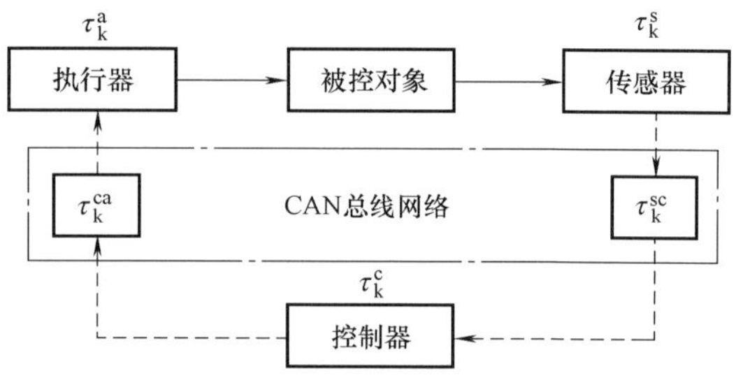

图 4-12　基于 CAN 总线的闭环控制回路延时示意

发送到执行器接收完控制信息所用的时间；τ_k^a 表示执行器节点对控制命令信息的处理时间。

基于 CAN 总线的闭环控制回路的总延时为上述五项的总和，即 $\tau_k = \tau_k^s + \tau_k^c + \tau_k^a + \tau_k^{sc} + \tau_k^{ca}$。

网络诱导延时会降低实时控制系统性能，甚至导致系统失稳。因此，如何根据网络诱导延时设计鲁棒的控制器并进行系统延时性能分析，是混合动力电动汽车动力网络设计和控制策略研究中需要重视的问题。

2. 网络拥堵

网络负载率是车载网络环境的一个重要表征指标。网络负载率是单位时间内总线网络传输数据占网络带宽的百分比。

网络负载过大会造成网络拥堵，导致网络诱导延时变长、网络丢包等负面问题，给网络控制系统性能带来不利影响。

因此，在混合动力电动汽车动力网络设计中，需要合理设计网络通信协议，以确保合理的网络负载率，既要保证足够的控制系统性能，又不能让网络负载率过高，以免导致网络拥堵。

4.2 动力分配控制策略总体设计

4.2.1 基于发动机效率特性的适应性控制策略设计

发动机是混合动力电动汽车主要的动力输出部件，很大程度上决定了整车的经济性。图 4-13 所示为一款发动机的燃油经济性 MAP 图，直观体现了不同转速、转矩输出情况下，发动机的比燃油消耗率特性。依据发动机的效率特性，按照高效区聚集原则有针对性地设计混合动力电动汽车的动力分配策略，无疑能提升整车的燃油经济性。

1）基于发动机效率 MAP 的区域控制策略设计。如图 4-13 所示，曲线 1 以上的发动机工作区效率较高，曲线 2 为发动机效率最优曲线。根据发动机的燃油经济性 MAP 图，应控制动力输出，使发动机仅工作在一个适中的功率区内，且输出功率相对平稳。剩余的峰值功率通过电机来补偿，以保证发动机具有相对稳定的高效工作区，提高整车的燃油经济性。根据上述原则所设定的一种发动机工作区控制策略，如图 4-14 所示。由于低转速的 A 区和高速、低负荷的 B 区的整体效率都很低，设定为发动机不起动，由电机单独驱动车辆行驶。在 C 区效率相对很高，可充分发挥发动机的经济驱动特性，因此设定为纯发动机工作区。此外，当发动机自身转矩不足以满足整车的动力需求时，采用电机和发动机混合驱动方式，即 D 区和 E 区。

2）基于发动机动态特性匹配的多参数逻辑门限控制。在发动机高效区控制的基础上，为进一步减少由功率动态变化引起的油耗增加，提出发动机准稳态控制的总体思路，基于发动机负荷增长率、电机负荷增长率、驾驶人踏板变化率和驾驶人踏板的机电混合动力系统动力分配控制策略，如图 4-15 所示，应用验证结果表明整车燃油经济性改善 15% 以上。

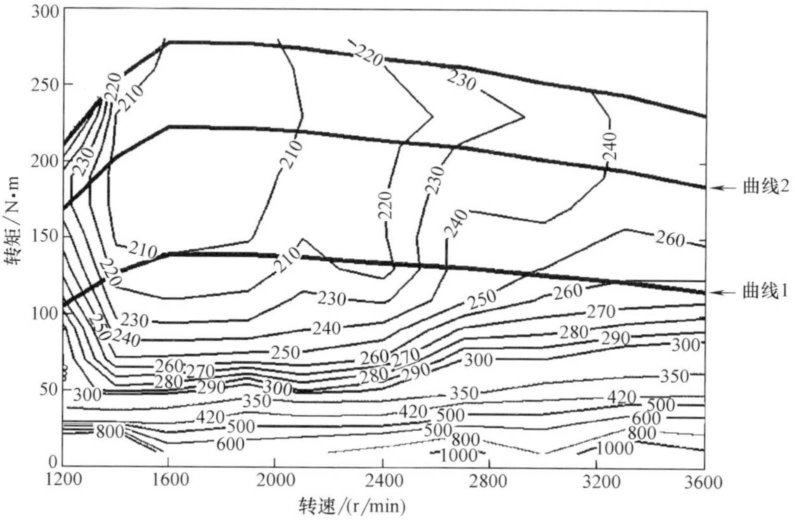

图 4-13　某发动机 MAP 图

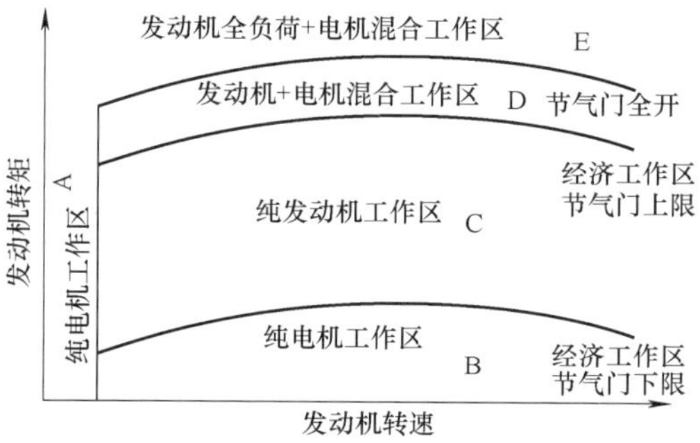

图 4-14　发动机工作区划分策略

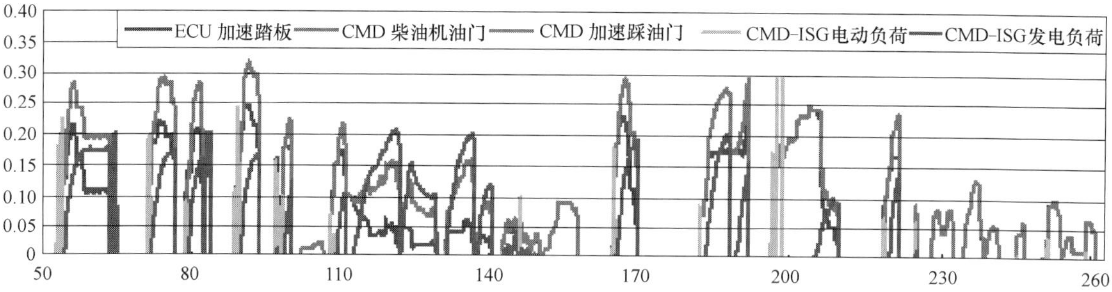

图 4-15　基于发动机动态特性匹配的多参数逻辑门限控制策略应用效果

4.2.2　发动机工作特性与车辆工况的解耦控制系统及控制策略设计

解耦控制指选择适当的控制规律，将一个多变量系统转化为多个独立的单变量系统的控制问题。在解耦控制问题中，基本目标是设计一个控制装置，使构成的多变量控制系统的每个输出变量仅由一个输入变量完全控制，且不同的输出由不同的输入控制。实现解耦后，一个多输入、多输出控制系统就解除了输入、输出变量间的交叉耦合，从而实现自治控制，即互不影响的控制。

由图 4-13 所示的发动机效率 MAP 图可以看出，发动机确定的转速、转矩对应一个确定的工作效率点，为实现发动机高效工作点的确定性精准控制，需要解除发动机工作转速、转矩与车辆实际需求转速、转矩的耦合影响，即设计一套发动机转速、转矩双解耦的控制装置。目前可用的解决方案包括采用可控发电装置的电电混合动力系统和功率分流混联混合动力系统。

4.2.2.1 采用可控发电装置的电电混合动力系统

这里的可控发电装置指输出电压、电流可独立控制的发电装置，例如电电混合动力系统中由“发动机 - 发电机组 +DC/DC 变换器”或“燃料电池发电系统（FCE）+DC/DC 变换器”的可控发电装置等。由于有 DC/DC 变换器的隔离，发动机 - 发电机组或 FCE 的输出电压和电流不受母线电压、电流的约束，只要输出功率满足需求即可，这实现了发动机 - 发电机组或 FCE 在等功率需求下的最佳效率点匹配控制。

下面以 FCE+DC/DC 变换器的电电混合动力系统为例，说明具体控制策略的设计。该系统的电气系统构型如图 4-16 所示。整车控制器采集驾驶人实时踏板信号，并根据车载功率算法将驾驶人踏板信号转化为车辆功率需求信息 P_Σ。由于 FCE 功率难以短时间内大幅变化，设置动力蓄电池组作为整车功率输出的补充，有：

$$P_\Sigma = P_B^* + P_f^* \tag{4-1}$$

此时，FCE 不需对整车实时需求功率进行跟踪，而是提供部分稳定功率 P_f^*，多余或不足部分由动力蓄电池目标充放电功率 P_B^* 弥补，即实现了 FCE 与行驶工况的功率解耦。

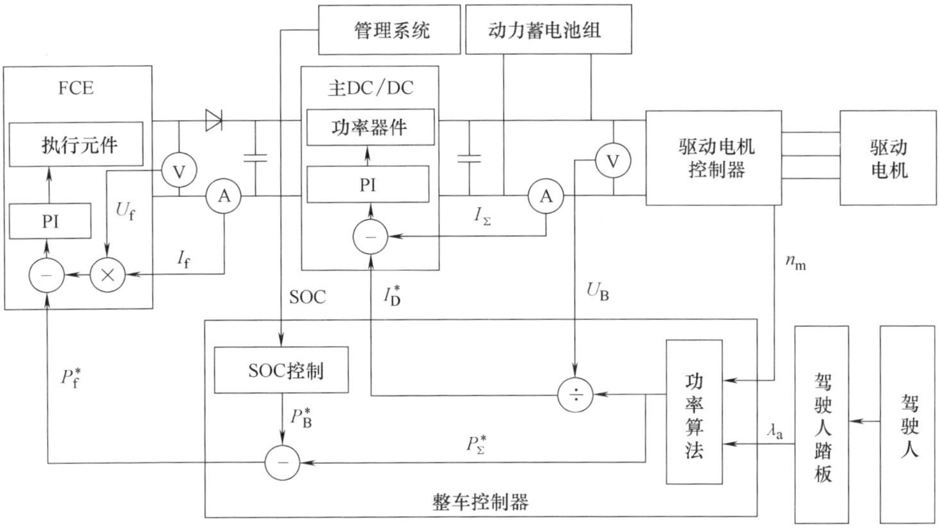

图 4-16 FCE+DC/DC 电电混合动力系统构型

接下来设计混合动力构型的控制策略。由于动力蓄电池组在不同 c_{SOC} 下的输出特性变化较大，选择动力蓄电池的输出功率时要充分考虑剩余电量的影响。通过 c_{SOC} 阈值将策略设定为四个模式，分别为：

1）当 c_{SOC} 大于设定工作上限值 $c_{SOC.H}$，且需求功率小于或等于 FCE 开启阈值 $P_{f.ON}$ 时，动力蓄电池单独提供需求功率。

2）当 c_{SOC} 处于中间阈值 $c_{SOC.t}$ 和工作上限值 $c_{SOC.H}$ 之间时，FCE 按最优工作状态输出功率，不足部分由动力蓄电池补充。

3）当 c_{SOC} 处于工作下限值 $c_{SOC.L}$ 和中间阈值 $c_{SOC.t}$ 之间时，动力蓄电池按剩余 c_{SOC} 比例限制输出功率，不足部分由 FCE 补充。

4）当 c_{SOC} 低于工作下限值 $c_{SOC.L}$ 时，动力蓄电池按最低允许值输出功率，不足部分由 FCE 补充。

以上策略以公式形式具体展示为

$$P_{B}^{*}(k+1)=\begin{cases} P_{\Sigma}^{*}(k) & c_{SOC}(k)>c_{SOC.H} \,\&\, P_{\Sigma}^{*}(k)\leqslant P_{f.ON} \\ P_{\Sigma}^{*}(k)-P_{f}^{*}(k+1)\eta_{D} & c_{SOC.t}\leqslant c_{SOC}(k)\leqslant c_{SOC.H} \\ P_{B.min}\dfrac{c_{SOC}(k)-c_{SOC.t}}{c_{SOC.L}-c_{SOC.t}} & c_{SOC.L}\leqslant c_{SOC}(k)\leqslant c_{SOC.t} \\ P_{B.min} & c_{SOC}(k)<c_{SOC.L} \end{cases} \tag{4-2}$$

$$P_{f}^{*}(k+1)=\begin{cases} 0 & c_{SOC}(k)>c_{SOC.H} \,\&\, P_{\Sigma}^{*}(k)\leqslant P_{f.ON} \\ P_{f.min} & c_{SOC.L}\leqslant c_{SOC}(k)\leqslant c_{SOC.H} \,\&\, P_{\Sigma}^{*}(k)<0 \\ \dfrac{P_{\Sigma}^{*}(k)-P_{B}^{*}(k+1)}{\eta_{D}} & c_{SOC}(k)\leqslant c_{SOC.t} \,\&\, P_{\Sigma}^{*}(k)\geqslant 0 \\ \max\{P_{f.min},\min\{P_{\Sigma}^{*}(k),P_{f.max}(k)\}\} & c_{SOC.t}\leqslant c_{SOC}(k)\leqslant c_{SOC.H} \,\&\, P_{\Sigma}^{*}(k)>0 \end{cases} \tag{4-3}$$

将此策略应用于FCE 电电混合动力客车中，实测各动力元件的功率变化如图 4-17 所示。

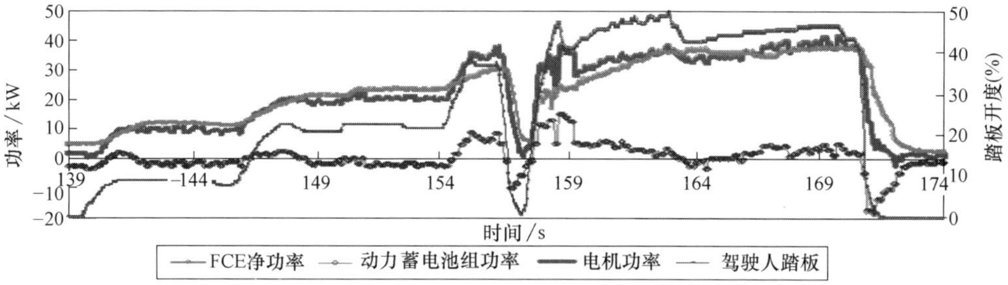

图 4-17　各动力元件功率变化（见书末彩色插图）

由图 4-17 可知，FCE 的功率变化与电机功率（整车需求功率）之间解耦，且总体变化较平稳。

4.2.2.2 采用功率分流装置的混联混合动力系统

图 4-18 所示为一个典型的功率分流式混联混合动力系统，发动机、发电机和电机作为车辆的三个动力元件，共同作用满足驱动轮的输出特性需求。该构型中，行星齿轮的三个自由度分别连接发动机、发电机和电机。通过调节发电机转速实现对发动机转速的解耦控制。通过调节电机输出转矩可实现对发动机转矩的解耦控制，具体说明如下。

发动机与行星齿轮的行星架相连，利用行星齿轮将一部分动力传递给齿圈及输出轴，齿圈通过中间齿轮轴与电机相连，将另一部分动力传递给与太阳轮相连的发电机。齿圈轴经过主减速器齿轮与驱动轴连接。发动机的动力能按比例分流到发电机和电机中。此外，电机动力与齿圈传来的动力在中间齿轮处耦合。

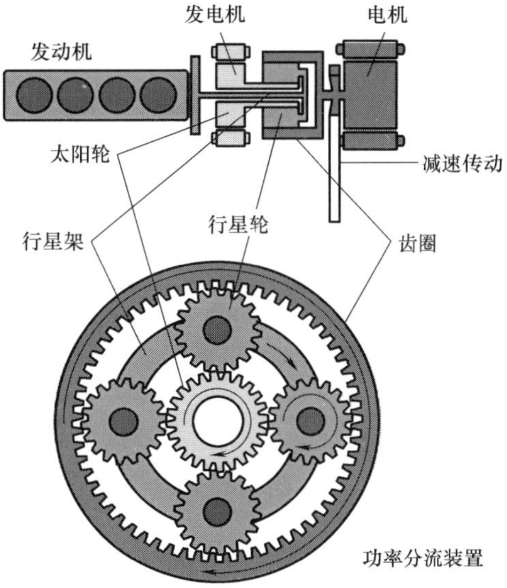

图 4-18　功率分流式混联混合动力系统构型

由于行星齿轮的存在，发动机、发电机及电机存在转速耦合：

$$n_g + kn_m - (1+k)n_e = 0 \tag{4-4}$$

式中　n_g——发电机（太阳轮）转速（r/min）；

n_m——电机（齿圈）转速（r/min）；

n_e——发动机（行星架）转速（r/min）。

在纯电动模式下，发动机不运转，n_e=0，只通过控制电机转矩来驱动车辆，而太阳轮（发电机）反转平衡电机转速，且不输出转矩。行星架（发动机）转速、转矩为零，整车成为由电机驱动的单一元件动力系统。

在发动机工作模式下，通过控制策略得到发动机的最优工作转矩，而多余或不足部分由电机补充，实现了发动机转矩相对整车驱动转矩需求的解耦，即

$$\begin{aligned} T_e &= T_{opt} \\ T_m &= T_{req} - T_{opt} \end{aligned} \tag{4-5}$$

又由于电机与齿圈相连，其转速与车速相关，即

$$n_m \propto v \tag{4-6}$$

行星排系统的三自由度转速系统可降低为二自由度，通过调节发电机转速，在行星排系统中可唯一控制发动机转速，实现了发动机转速相对整车驱动需求的解耦，使发动机可确定性地工作在最佳效率区。

4.2.3 发动机工作特性与车辆工况的近似解耦控制系统及控制策略设计

4.2.2 节讨论的发动机工作特性与车辆工况的解耦控制，虽然可实现发动机依据最佳燃油消耗曲线上的点工作，但会受限于复杂的实现转速、转矩双解耦的装置，因此实际应用中又出现了串、并联组合的开关式混联系统，可在串联模式下实现解耦控制，而在并联模式下实现近似的解耦控制，统称为发动机工作特性与车辆工况的近似解耦控制系统。

图 4-19 所示的本田雅阁 i-MMD 开关式混联混合动力系统是一种典型方案。

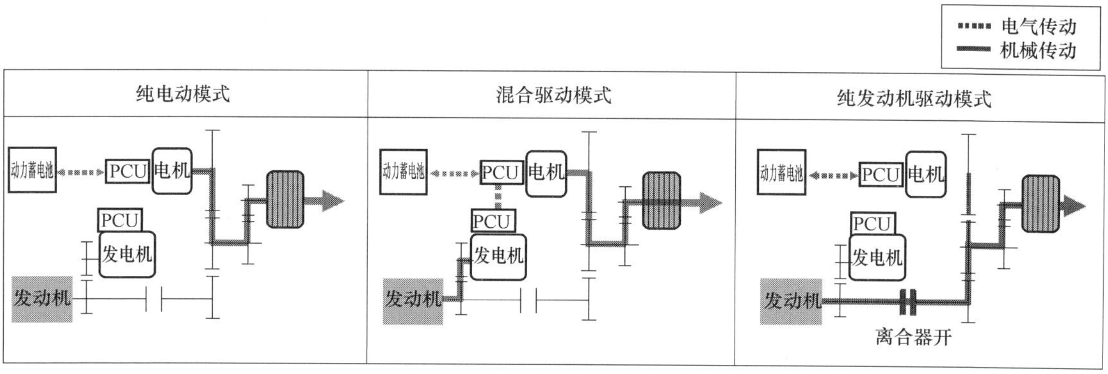

图 4-19　本田雅阁 i-MMD 开关式混联混合动力系统构型

该构型可实现纯电动模式、纯发动机驱动模式和混合驱动模式。其中，纯电动模式为离合器断开、发动机停止时，电机直接驱动汽车，此时相当于纯电动汽车。混合驱动模式为离合器断开、发动机起动时，发动机驱动发电机发电，并给电机供电驱动汽车，此时相当于串联混合动力电动汽车。纯发动机驱动模式为离合器接合、发动机起动时，由发动机直接驱动车轮，电机作为动态功率调节装置平衡发动机的动力输出，相当于普通的并联混合动力电动汽车，一般用于高速状态下的发动机主驱，可免去功率分流时的发电 - 电动效率损失，拥有更好的节油性能。

得益于近似解耦的发动机控制技术，本田雅阁 i-MMD 构型发动机的工作点分布如图 4-20a 所示，整车城市、高速及综合工况油耗与传统车对比分析如图 4-20b 所示。

显然，当该构型处于纯电动和串联式混合动力构型时，例如城市工况，发动机能实现完全解耦，此时燃油经济性最好，相比传统燃油车提升 104%。而处于并联式构型时，例如高速公路工况，发动机直接驱动车轮，此时发动机不能解耦，尽管其工作点也处在相对高效区中，但燃油经济性只比传统燃油车提升 35%。

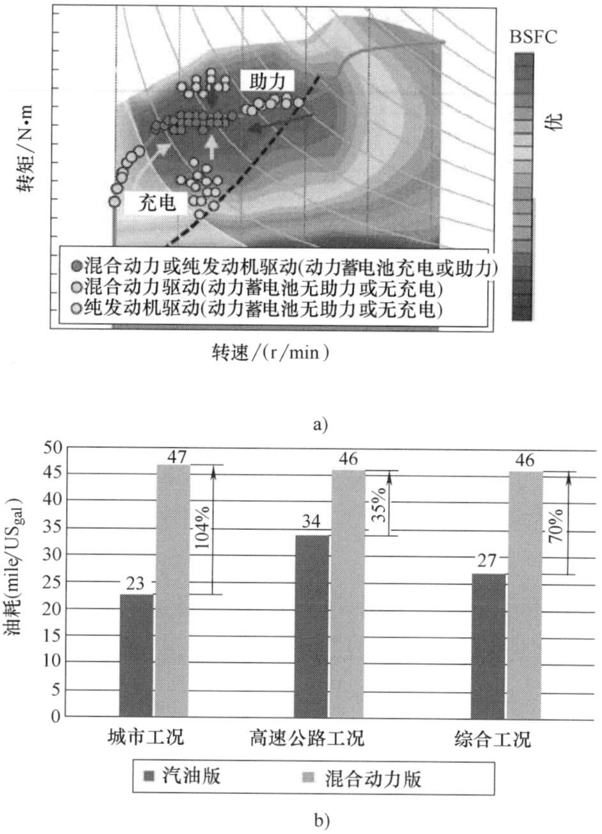

图 4-20　本田雅阁 i-MMD 混合动力系统发动机和整车性能

a）控制策略作用下的发动机工作点分布　b）燃油经济性对比

4.3　能量管理策略总体设计

4.3.1　基于规则的能量管理策略设计

基于规则的控制策略算法简单、易实现，且具有很好的鲁棒性，但基于工程经验，其对汽车行驶工况的动态变化考虑不充分，难以获得最佳的控制效果，因此又出现了基于模糊规则的控制策略、基于静态全局优化的控制策略以及基于动态实时优化的控制策略等。

以一款插电式混合动力电动客车（Plug-in Hybrid Electric Bus，PHEB）为例，其规则控制策略的运行模式可分为纯电动模式（EV 模式）、电量消耗模式（CD 模式）和电量维持模式（CS 模式）。对于该 PHEB，EV 模式时由驱动电机单独驱动，此时所有的驱动功率均源于动力蓄电池组。CD 模式时，由驱动电机和发动机共同驱动，动力蓄电池组的 SOC 逐步降低，但由于发动机参与功率输出，SOC 的下降速度要慢于 EV 模式。CS 模式时，发动机提供绝大部分驱动所需功率输出，SOC 维持在一个合适的区间，直至停车。PHEB

能量消耗模式的切换规则如图 4-21 所示。

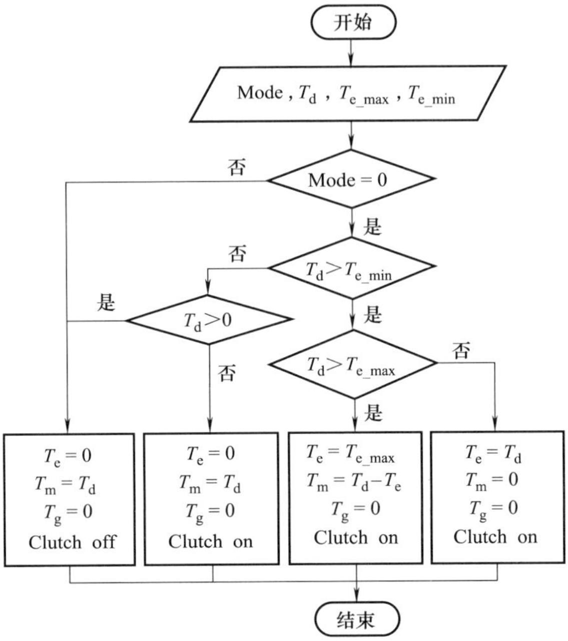

图 4-21　插电式混合动力电动客车运行模式策略

如图 4-21 所示，SOC_H 和 SOC_L 为动力蓄电池 SOC 设置的使用上限和下限。车辆起动后，当监测到动力蓄电池 SOC ≥ SOC_H 时，进入 EV 模式，此模式下辅助能量单元（Auxiliary Power Unit，APU，发动机 - 发电机组）不工作，车辆行驶的需求功率全部来自动力蓄电池。此时，由于动力蓄电池 SOC 值相对较高，为防止动力蓄电池过充而影响其使用寿命，在此模式下制动能量回收功能被禁止。当监测到动力蓄电池 SOC_L < SOC < SOC_H 时，车辆进入电量消耗模式，即 CD 模式。此时，APU 虽然开始工作，但发动机工作负荷较小，动力蓄电池提供主要的驱动需求功率。APU 提供部分需求功率，动力蓄电池无额外充电功率需求，且动力蓄电池 SOC 处于缓慢下降的过程。当进一步监控到动力蓄电池 SOC ≤ SOC_L 时，车辆进入电量维持模式，即 CS 模式。此模式下发动机工作负荷较大，整车需求功率主要由 APU 提供。同时，根据 SOC 持续下降的情况，APU 提供额外的动力蓄电池充电功率。车辆运行在 CD 模式和 CS 模式下时，整车制动能量回收功能激活，在车辆制动过程中回收制动能量。

4.3.1.1　EV 能量管理模式

当动力蓄电池组 SOC > SOC_H 时，PHEB 工作于 EV 模式。EV 模式下的具体规则策略如图 4-22 所示。此时，全部由动力蓄电池组提供驱动能量，驱动

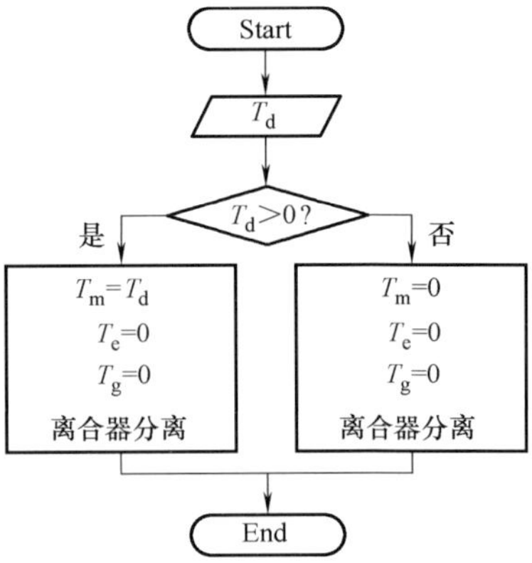

图 4-22　EV 模式下的能量管理控制策略

需求仅由驱动电机满足。此模式下动力蓄电池组具有较高的 SOC，且充电效率不高，因此关闭制动能量回收功能，达到减少充电次数，延长动力蓄电池组循环使用寿命的目的。

EV 模式下功率分配计算：

$$\begin{cases} P_m = P_d \\ P_d = P_{bat} \\ P_{apu} = 0 \end{cases} \tag{4-7}$$

式中 P_m——电机输出功率（kW）；

P_d——需求功率（kW）；

P_{bat}——动力蓄电池输出功率（kW）；

P_{apu}——APU 输出功率（kW）。

4.3.1.2 CD 能量管理模式

当动力蓄电池组 SOC_L ＜ SOC ＜ SOC_H 时，PHEB 工作于 CD 模式。CD 模式下的具体规则策略如图 4-23 所示。图中，Mode=0 表示模式离合器处于接合状态，Mode=1 表示模式离合器处于断开状态。

当 PHEB 低速行驶时，仅由驱动电机负责驱动。当 PHEB 中高速行驶时，若驱动需求转矩小于发动机最优工作区的下限，则发动机处于关闭状态，仅由驱动电机负责驱动。若驱动需求转矩位于发动机最优工作区内，则由发动机单独驱动。若驱动需求转矩大于发动机最优工作区上限，则发动机工作于最优曲线，由驱动电机来补充驱动需求转矩。此阶段中，允许驱动电机具有制动能量回收功能。

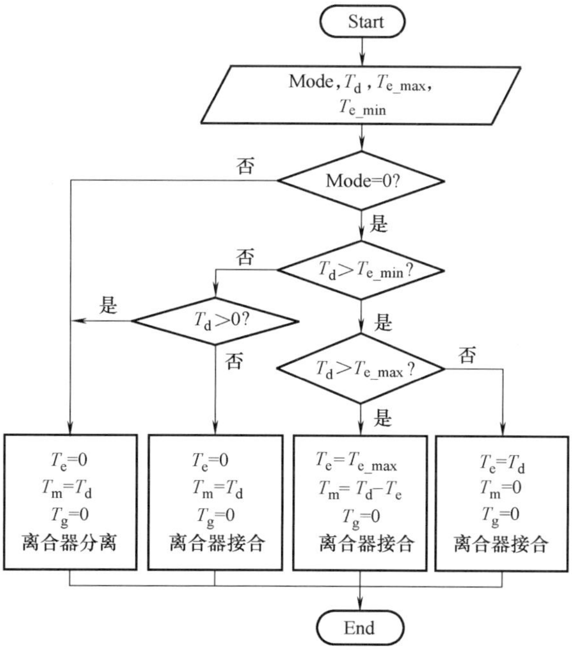

图 4-23 CD 模式下的能量管理控制策略

CD 模式功率分配计算：

$$\begin{cases} P_{m} = P_{d} \\ P_{bat} = aP_{d} \quad a \in (0.5,1] \\ P_{apu} = (1-a)P_{d} \end{cases} \tag{4-8}$$

4.3.1.3 CS 能量管理模式

当动力蓄电池组 SOC ＜ SOC_L 时，PHEB 工作于 CS 模式。CS 模式下的具体规则策略如图 4-24 所示。此模式能将动力蓄电池组 SOC 维持在 30% 左右。

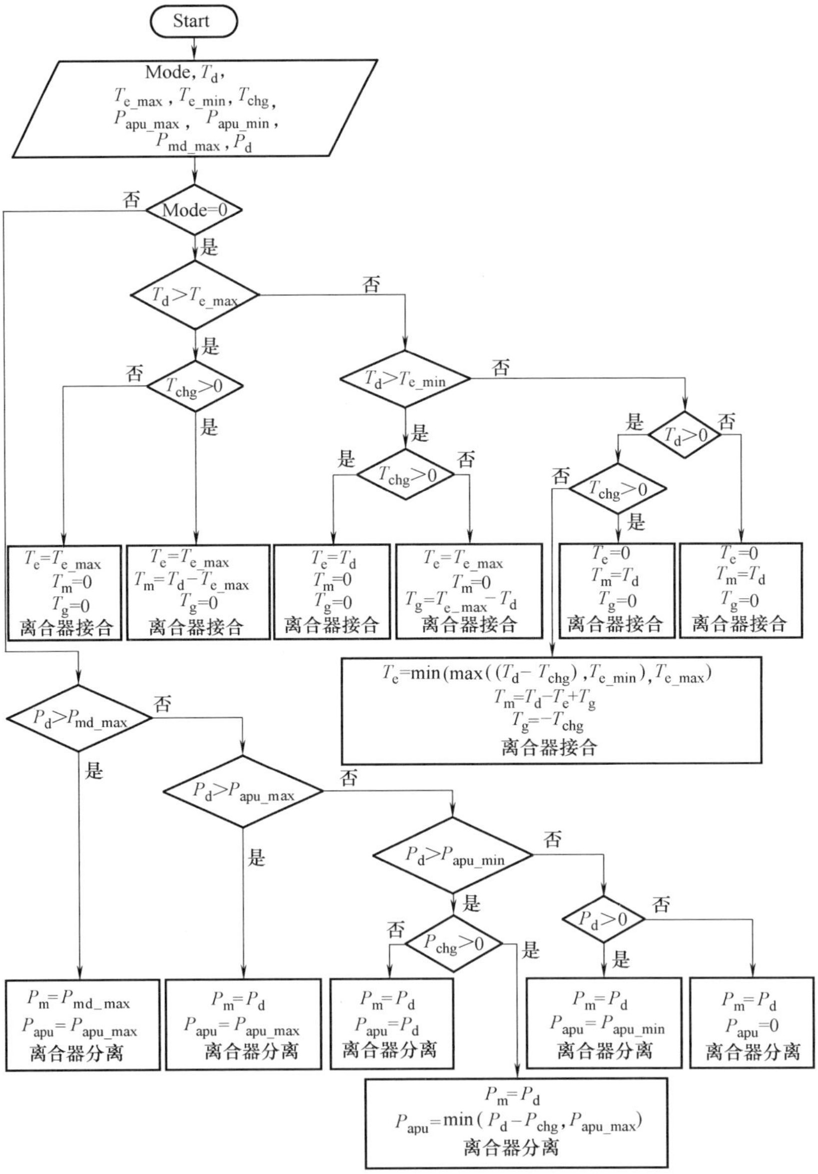

图 4-24　CS 模式下能量管理控制策略

当 PHEB 低速行驶时，采用串联混合动力模式，仅由驱动电机负责驱动。

若驱动需求功率大于 APU 最大功率，则 APU 工作于最大功率点。当需求功率小于 APU 最优工作区下限功率时，APU 输出功率等于其最优工作下限功率，为驱动电机提供电能并为动力蓄电池充电。这样尽管增加了能量流通环节，但保证了发动机工作在最佳工作区域，进一步降低了油耗。该阶段下允许有再生制动模式。

CS 模式功率分配计算：

$$\begin{cases} P_{\mathrm{m}} = P_{\mathrm{d}} \\ P_{\mathrm{bat}} = bP_{\mathrm{d}} \quad b \in [0, 0.5) \\ P_{\mathrm{apu}} = P_{\mathrm{chg}} + (1-b)P_{\mathrm{d}} \end{cases} \tag{4-9}$$

式中　P_{chg}——动力蓄电池额外充电功率需求（kW）。

CS 模式下按照式（4-9）计算 APU 输出功率。其中，b 表示动力蓄电池输出功率系数，当需求功率 P_{d} 较小时，b 通常为 0。在实际控制策略中，涉及模式切换的 SOC 临界值处都应做相应的滞环控制，以防止模式反复切换。同时，在 CD 模式切换至 EV 模式边界时，为防止发动机反复起停，滞环控制是非常必要的，具体的滞环区间由用户自己定义。

4.3.2 全局最优能量管理策略设计

混合动力系统的能量管理策略与车辆整体性能关系密切，优秀的能量管理策略能根据各动力装置自身的特性协调功率流，从而获得较高的系统整体效率，以实现节能减排目标。混合动力系统的最优化能量管理问题，是在特定目标工况下，为获得最优 SOC 变化轨迹和最小燃油消耗量而求解混合动力系统的最优控制序列。实质上，这是一个带约束的非线性动态系统最优控制问题，可通过最优化算法来求解。作为一种基于贝尔曼（Bellman）最优原理求解多步最优化问题的方法，动态规划（Dynamic Programming，DP）通过对控制空间和状态空间的广泛搜寻，保证了结果的全局最优性。虽然基于 DP 的能量管理策略属于离线策略，不适用于实时控制，但它为其他类型能量管理策略的评价提供了基准，为在线策略的开发和优化指明了方向。

Bellman 等人于 1957 年在研究多阶段决策过程优化问题时提出了 Bellman 最优原理，其本质是通过递推关系使决策过程连续转移，将一个多步最优控制问题转化成多个单步最优控制问题，从而使整个决策过程得到大幅简化。DP 算法正是一种基于 Bellman 最优原理求解多阶段最优化问题的方法。DP 算法最短路径优化过程如图 4-25 所示。

图 4-25a 所示为一简单算例，要求是求解从点 A 到点 B 历时最短的路径。图中两点之间连线对应的数字，代表从前一点到后一点要用的时间。当中间的状态点较少时，可用穷举法列举出所有可能的路径，通过比较找出最短的。但如果中间的状态点较多，则穷举法需要的计算量非常大。若采用 DP 算法求解该问题，则计算量将得到大幅降低，如图 4-25b 所示。从 B 点反向计算，以状态点 C 为例，从 C 点到 B 点的最短路径为经过 D 点到 B 点（历时 8+8=16），而不是经过 E 点到 B 点（历时 9+11=20）。这就确定了 C 点

到终点 B 的最短路径和最小代价。对全部状态点重复上述计算过程，就能得出它们对应的最短路径和最小代价，一直到 A 点。这样就可计算出点 A 到点 B 的最短路径和最小代价。

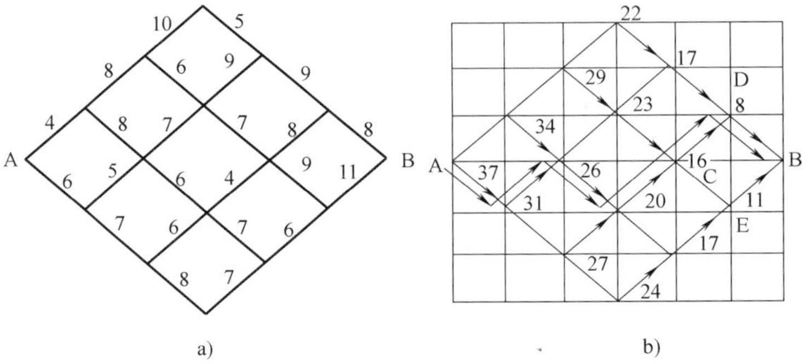

图 4-25　最短路径优化过程

具体到某一特定问题的应用，DP 其实是由系统仿真模型、系统目标函数、系统控制变量集和系统状态变量构成的多步最优问题求解程序，其结构及运行流程如图 4-26 所示。

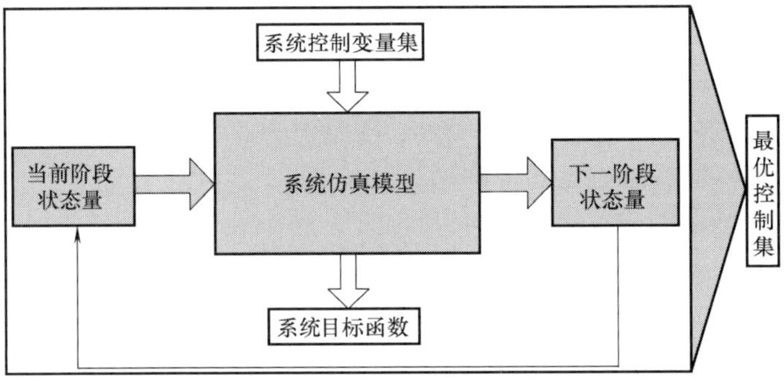

图 4-26　DP 结构及运行流程示意

在当前阶段，控制变量作用在系统模型上，致使系统状态发生转移，同时将状态转移成本输出给目标函数。到下一阶段时，发生转移后的系统状态将作为该阶段的原始状态，如此循环，直至输出最优控制变量集。

以双电机同轴混联 PHEB 为应用对象，构型如图 4-27 所示，具体阐述 DP 在全局优化能量管理上的应用。在构建相应的 DP 问题之前，需要确定系统的状态变量和控制变量，然后建立系统模型。具体步骤如下。

步骤一：明确状态变量和控制变量

表征 PHEB 状态的有车速、动力蓄电池组 SOC 等，仿真过程是以车辆目标工况已知为前提的，每一阶段的车速是确定的，因此这里选取动力蓄电池组的 SOC 作为系统唯一状态量。

在 PHEB 混合动力系统中，控制量有发动机的输出转矩 T_e 和输出转速 n_e，主驱动电机的输出转矩 T_{TM} 和输出转速 n_{TM}，ISG 电机的输出转矩 T_{ISG} 和输出转速 n_{ISG}，传统制动

器的制动力矩 T_{brake}。实际上，只有 T_e 和 T_{TM} 是独立控制量，将这两个变量取为系统的控制量。

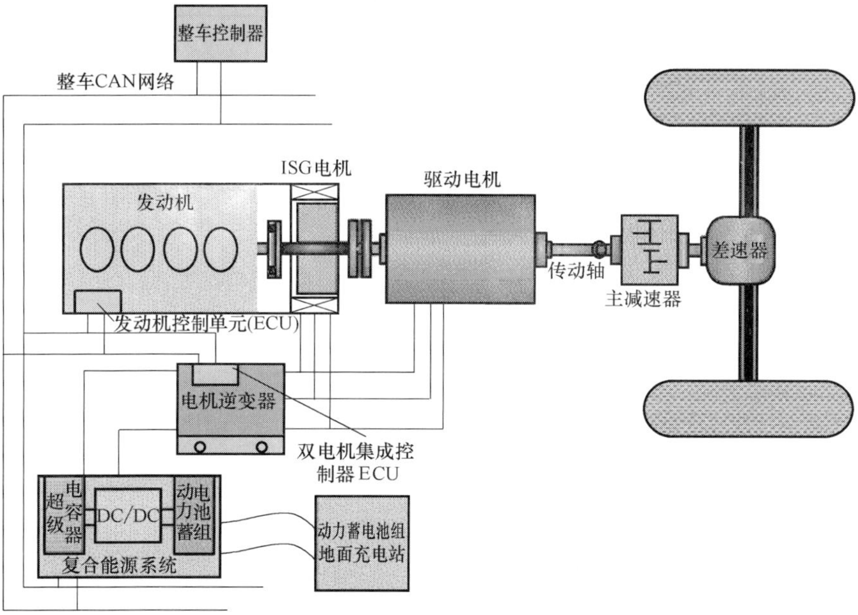

图 4-27 插电式混合动力城市客车的混合动力系统结构

基于 DP 的混合动力系统全局最优能量管理是在目标工况已知的前提下进行的，其求解过程是以目标工况的终止时刻为起始点逆向求解，其关注点在于混合动力系统的功率流和燃油消耗量。计算机仿真技术为混合动力电动汽车的功率流分析和燃油消耗量评估提供了一种便捷、高效的解决途径，面向控制的车辆静态后向仿真模型，既能满足相应的精度要求，又具有计算量小的特点。具体车辆静态后向仿真模型的建立过程在此不做具体说明。在离散时域中，PHEB 作为一个系统，可通过下式描述：

$$x_{k+1} = f(x_k, u_k) \tag{4-10}$$

式中 x_{k+1}——系统第 k+1 时刻的状态；

x_k——系统第 k 时刻的状态；

u_k——k 时刻作用于系统的控制量。

步骤二：构建代价函数

对于混合动力电动城市客车，优化目标重点集中在车辆燃油经济性。因此，PHEB 全局最优的能量管理问题就变成了求解使成本函数最小的混合动力系统控制序列问题。

$$J = \sum_{k=1}^{N} L(x_k, u_k) \tag{4-11}$$

式中 J——优化过程总燃油消耗量（L）；

N——目标工况时域离散化后的阶段数量，取决于工况的采样步长；

$L(x_k,\ u_k)$——系统某一阶段的瞬时燃油消耗量（L）。

为确保在优化过程中 PHEB 混合动力系统各部分（例如发动机、ISG 电机、主驱动电机和动力蓄电池组等）是正常、平稳运行的，需要满足式（4-12）。

$$\begin{cases} SOC_{min} \leqslant SOC_k \leqslant SOC_{max} \\ n_{e\_min} \leqslant n_{e\_k} \leqslant n_{e\_max} \\ T_{e\_min}(n_{e\_k}) \leqslant T_{e\_k} \leqslant T_{e\_max}(n_{e\_k}) \\ n_{ISG\_min} \leqslant n_{ISG\_k} \leqslant n_{ISG\_max} \\ T_{ISG\_min}(n_{e\_k}, SOC_k) \leqslant T_{ISG\_k} \leqslant T_{ISG\_max}(n_{e\_k}, SOC_k) \\ n_{TM\_min} \leqslant n_{TM\_k} \leqslant n_{TM\_max} \\ T_{TM\_min}(n_{TM\_k}, SOC_k) \leqslant T_{TM\_k} \leqslant T_{TM\_max}(n_{TM\_k}, SOC_k) \\ T_{req\_k} = T_{e\_k} + T_{ISG\_k} + T_{TM\_k} + T_{brake\_k} / i_0 \end{cases} \tag{4-12}$$

式中 n_{ISG_k}——ISG 电机当前仿真步的转速（r/min）；

T_{ISG_k}——ISG 电机当前仿真步的输出转矩（N·m）；

n_{TM_k}——主驱动电机当前仿真步的转速（r/min）；

T_{TM_k}——主驱动电机当前仿真步的输出转矩（N·m）；

T_{brake_k}——传统制动器当前仿真步制动力矩（N·m）。

式（4-12）中，下标 min 和 max 分别表示相应变量的最小值和最大值。

步骤三：动态规划优化求解

至此，PHEB 最优能量管理问题便转化成了 N 级决策过程，其动态规划过程，如图 4-28 所示。

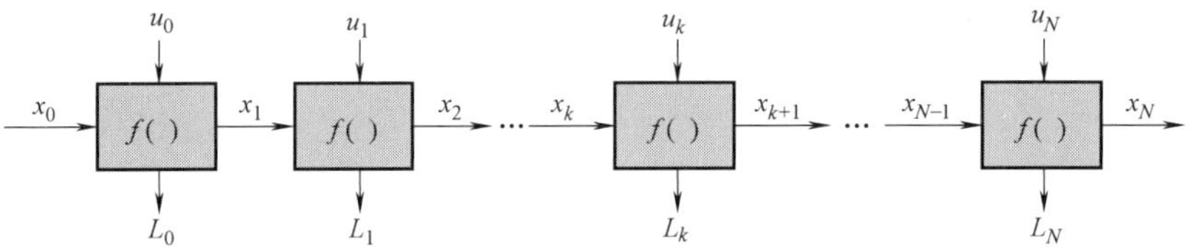

图 4-28 N 级决策过程动态规划过程

DP 是基于 Bellman 最优原理的算法，能将一个多步优化过程分解成一系列单步优化问题，借助逆向思路求得最小成本函数。在逆向求解过程中，式（4-11）描述的问题便转化成式（4-13）和式（4-14）。

第 N–1 步的子问题：

$$J^*_{N-1}(x_{N-1}) = \min_{u_{N-1}}[L(x_{N-1}, u_{N-1})] \tag{4-13}$$

第 k 步（$0 \leqslant k < N-1$）的子问题：

$$J^*_k(x_k) = \min_{u_k}[L(x_k, u_k) + J^*_{k+1}(x_{k+1})] \tag{4-14}$$

式中 $J^*_k(x_k)$——系统以 x_k 为初始状态，从 k 阶段到 N 阶段的最小燃油消耗成本（L）；

x_{k+1}——在第 k+1 阶段控制量 u_k 作用在系统 k 阶段状态 x_k 依据上式计算状态转移结果。

DP 求解过程的实质是穷举在每一阶段、每一状态下的控制组合，比较在它们作用下系统的状态转移成本，并找出最优控制组合的过程。理论上，每一阶段、每一状态下控制组合的数量是无限的，这显然是无法求解的，同时也是没有必要的。通常，先把控制量离散化成有限的点，然后进行求解。控制量离散度大小决定了有效控制集的大小，直接决定了 DP 结果的准确度和求解时间成本。控制量离散度选择越大，混合动力系统的潜能利用越充分，DP 结果的准确度越高，相应的有效控制集就越大，求解时间成本也越高。控制量离散度选择越小，有效控制集越小，求解时间成本越小，相应的可用控制点就越少，混合动力系统控制域利用率也越低，DP 结果的准确度便越低。

此外，可依据系统自身的特性，把无效控制组合排除出去。预先确定有效控制集也可有效降低 DP 的求解时间成本。对于本章涉及的 PHEB，单轴混联式混合动力系统结构具有纯电动运行模式、串联运行模式、并联运行模式和发动机单独驱动模式。根据该混合动力系统结构的特点，通过排除不合理的控制组合来缩小控制集容量（例如由于该系统是直驱结构，在车速较低时不能由发动机驱动车辆，为保护动力蓄电池而限制电机输出功率等），以降低 DP 求解时间成本。

在控制量的作用下，系统状态会出现超出其限制区间的情况，如图 4-29 所示。为防止这种情况出现，引入 SOC_{high} 和 SOC_{low}，系统状态区间将被分成 $SOC_{high} < SOC < SOC_{max}$、$SOC_{low} < SOC < SOC_{high}$ 和 $SOC_{min} < SOC < SOC_{low}$，然后分别确定有效控制集。

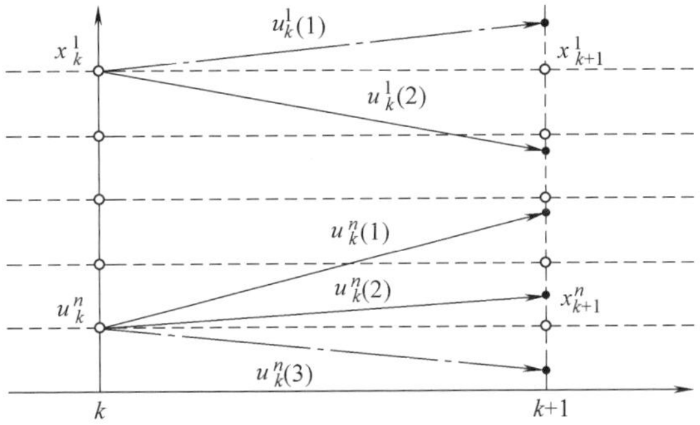

图 4-29　在控制量作用下状态转移示意图

有效控制集确定后，通过逆向求解过程实现式（4-13）和式（4-14）所描述的 DP 问题求解，最终得到每一阶段、各状态下的最优控制量和最小状态转移成本，整个执行流程如图 4-30 所示。在执行 DP 求解流程前，需先对相关连续量进行离散化，基于时域空间的目标循环工况被离散化成 N 个离散时间步（阶段），连续的系统状态 SOC 通过式（4-15）离散化成 S 个有限状态点。独立控制量 T_e 和 T_{TM} 均属连续量，同样也需离散化。由于转矩变量间存在耦合关系，T_e 和 T_{TM} 应具有同样的离散步长 ΔT。

$$S = \frac{SOC_{max} - SOC_{min}}{\Delta SOC} \tag{4-15}$$

式中　ΔSOC——系统状态量 SOC 的离散步长。

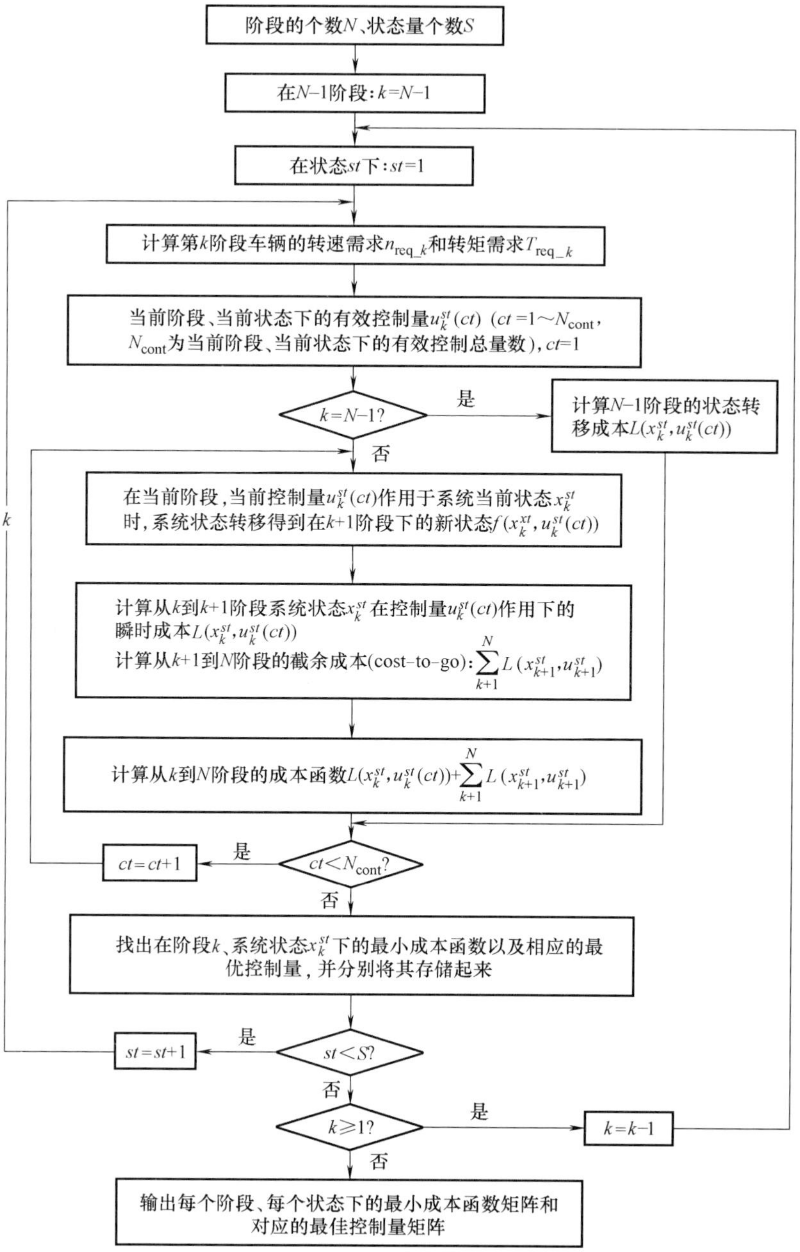

图 4-30　DP 逆向求解流程

在 DP 逆向求解过程中，系统状态输出 SOC_{k+1} 是连续的，往往不是准确地在状态空间的离散网格节点上，而是落在它们之间，如图 4-31 所示。在求解状态点 SOC_k^{st-1}，SOC_k^{st}，SOC_k^{st+1} 等的 $J^*_k(x_k)$ 时，由于在控制量作用下系统状态的转移结果 SOC_{k+1} 没有准确地落在状态网格节点上，使得 $J^*_{k+1}(x_{k+1})$ 只能通过近似方法来确定，如图 4-32 所示。在 k 阶段，系统状态点 x_k^{st} 在控制量 u_k^{st} 的作用下转移到 x_{k+1}，其对应的最小状态转移成本为 $L(x_k^{st},\ u_k^{st})+J^*_{k+1}(x_{k+1})$。但由于状态转移结果 x_{k+1} 没有落到状态空间 $k+1$ 阶段的离散网格节点上，而是落在了网格节点 x_{k+1}^{st-1} 与 x_{k+1}^{st} 之间，它们对应的最小状态转移成本分别是 $J_{k+1}^{*}(x_{k+1}^{st-1})$ 和 $J_{k+1}^{*}(x_{k+1}^{st})$，$x_{k+1}$ 对应的最小状态转移成本 $J_{k+1}^{*}(x_{k+1})$ 只能借助其相邻状态网格节点的最小转移成本来近似。

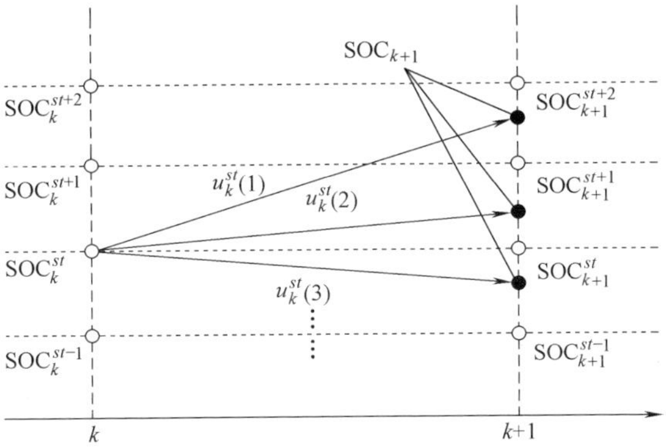

图 4-31　逆向求解过程的状态转移

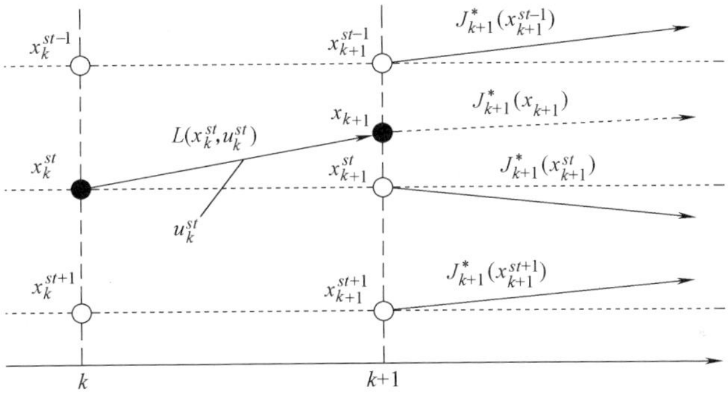

图 4-32　逆向求解过程的近似

通过逆向求解 DP，得到了各阶段、各状态的最小状态转移成本函数和对应的最优控制量。当系统状态的初始值给定后，系统状态的最优转移路径和对应的最优控制序列便能通过正向求解的方法得到。在正向求解最优控制时，会遇到与逆向求解过程相似的问题。在 k 阶段最优控制 u_k 作用下，系统当前状态 SOC$_k^{st}$ 的转移结果往往不会落在状态空间 k+1 阶段的离散网格节点上，而是落在了节点SOC$_{k+1}^{st-1}$ 和SOC$_{k+1}^{st}$ 之间，它们对应的最优控制分别是 u_k^{st-1} 和 u_k^{st}，如图 4-33 所示。因此，在确定 k+1 阶段的最优控制时，也需要通过临近状态节点的最优控制来近似。

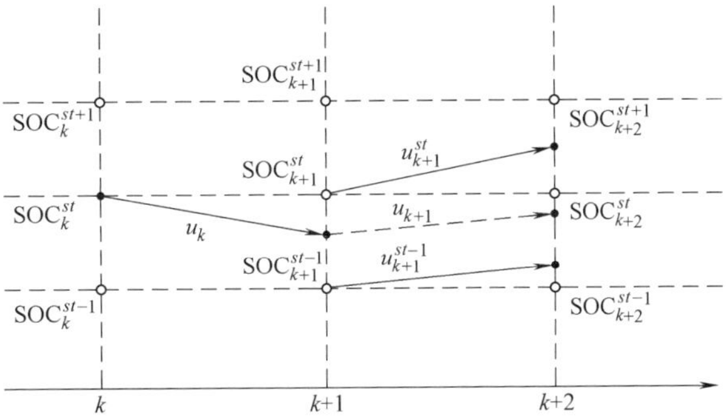

图 4-33　正向求解最优控制序列

基于 DP 的混合动力电动汽车全局

优化能量管理算法编程，可借助 MATLAB 并行计算工具箱或调用一些优秀的开源 DP 程序实现。

针对基于 DP 的混合动力电动汽车全局优化能量管理求解过程中的数值问题，下面进行简要说明。如前文所述，在控制量的作用下，系统状态的转移结果往往不是准确地落在这些网格节点上。这导致在对系统状态转移结果的成本函数进行评价时，不得不借助近似方法，例如借助临近网格节点的成本函数进行线性插值求得。不得已的近似求解势必产生数值误差，因此 DP 结果的准确性与网格节点的数量关系密切。较高的时域空间、状态空间离散精度能增加网格节点的数量，从而获得较高优化度的 DP 结果。但这会导致 DP 求解过程的计算量大幅攀升。通常来讲，为降低 DP 求解过程的计算量，在保证结果准确的前提下，应根据动力蓄电池组容量选取尽可能大的 ΔSOC。对于控制量 T_e 和 T_{TM}，可通过提高其离散精度来获得准确度更高的计算结果，以及更趋近理论最优的控制序列。只是当控制变量的离散精度达到一定程度时，更高的离散精度对结果准确度的改善变得不再明显。

4.3.3 等效燃油消耗最小能量管理策略设计

等效燃油消耗最小策略（Equivalent Consumption Minimization Strategy，ECMS）最早由 Paganelli. G 提出，他将该理论应用在并联式混合动力货车的能量控制中。ECMS 本质上是通过引入等效因子，以油耗和电机消耗电量的等效油耗之和作为总瞬时当量油耗，以最小值原理为理论基础，在控制域内求最优解的算法。基于 ECMS 的最优化能量管理策略作为一种瞬时优化策略，具有结构简单、运算量小及无需先验知识等特点，控制结果与动态规划相比具有误差小、运算快的优点，可作为混合动力电动汽车的实时控制策略。

1. 庞特里亚金最小值原理

庞特里亚金最小值原理（Pontryagin′s Minimum Principle，PMP），又名极大值原理，是由苏联学者庞特里亚金为解决容许控制属于闭集的一类最优控制问题而提出并加以证明的，是取代古典变分法后，用于求解最优控制的现代控制理论重要组成部分。该原理不仅可解决连续形式的受控系统最优控制问题，还推广应用于处理离散形式受控系统的最优控制问题。

庞特里亚金最小值原理的数学证明是复杂的，这里仅从使用角度阐述其基本原理：使某一优化问题的成本函数（或称性能指标函数）达到极小值的必要条件之一，是最优控制决策 $u^*(t)$ 满足使所定义的哈密顿函数 $H[x^*(t), \lambda^*(t), u^*, t]$ 达到极小。庞特里亚金最小值原理给出了一个求解控制系统最优控制问题的必要条件。假设所研究的控制系统的数学模型为

$$\dot{x}(t) = f(x,u,t) \tag{4-16}$$

其成本函数是

$$J(u) = \int_{t_0}^{t_T} L\left[x(t),u(t),t\right]\mathrm{d}t \tag{4-17}$$

引入协变量

$$\lambda^{\mathrm{T}}(t)=[\lambda_1(t),\lambda_2(t),\cdots,\lambda_n(t)] \tag{4-18}$$

式中　n——协变量维数。

协变量满足微分方程

$$\frac{\mathrm{d}\lambda_i(t)}{\mathrm{d}t}=-\sum_{i=1}^{n}\frac{f_i(x,u,t)}{\partial x_i}\lambda_i(t)-\frac{\partial L(x,u,t)}{\partial x_i} \tag{4-19}$$

哈密顿函数定义为

$$H(x,\lambda,u,t)=L(x,u,t)+\sum_{i=1}^{n}\lambda_i(t)\dot{x}_i \tag{4-20}$$

即

$$H(x,\lambda,u,t)=L(x,u,t)+\lambda^{\mathrm{T}}f(x,u,t) \tag{4-21}$$

将上述哈密顿函数对 λ_i 和 x_i 分别求偏微分可得

$$\dot{x}_i=\frac{\partial H(x,\lambda,u,t)}{\partial\lambda_i} \tag{4-22}$$

$$\dot{\lambda}_i=\frac{\partial H(x,\lambda,u,t)}{\partial x_i} \tag{4-23}$$

假设函数 $f(x,u,t)$ 和 $H(x,u,t)$ 及其偏导数关于自变量 x、u 和 t 是连续可控的，则式（4-22）和式（4-23）即为求取最优控制决策的必要条件。因此，求取最优问题极小值或极大值的问题可看作求取控制变量 u 在其有界域 U 内哈密顿函数 H 的极小值问题，即

$$\min_{u\in U}H(x,\lambda,u,t) \tag{4-24}$$

当已知状态量 x 的初始状态，而终值状态 $x(t_{\mathrm{T}})$ 自由时，最优控制决策必要条件的边界条件为

$$x(t_0)=x_0,\lambda(t_f)=0 \tag{4-25}$$

使用庞特里亚金最小值原理求解最优控制决策问题的步骤总结如下：

1）由系统的数学模型和成本函数列出问题的哈密顿函数和最优解必要条件，以及必要条件的边界条件。

2）求最优控制决策候选 $u'=u(x,\lambda,t)$，使 $H(x,\lambda,u,t)$ 最小。

3）将 u' 代入最优解必要条件，根据边界条件求出状态量最优轨迹 x^* 和协变量最优轨迹 λ^*，再根据 $u^*=u(x^*,\lambda^*,t)$ 求出最优控制决策。

简单叙述庞特里亚金最小值原理为，若控制决策 u^* 是全局最优的控制决策，则其必须满足以下两个必要条件。

1）在每个时刻下优化问题的哈密顿函数在 u^* 的控制律下都达到极小，即

$$H(x,\lambda,u,t)\geqslant H(x,\lambda,u^*,t),\forall u(t)\neq u^*(t) \tag{4-26}$$

2）对于协变量λ有

$$\dot{\lambda}=-\frac{\partial H}{\partial x} \tag{4-27}$$

庞特里亚金最小值原理通过提供目标问题最优解的必要条件，可搜索其最优决策和最优状态轨迹。

2. 等效燃油消耗最小策略

ECMS 是一种基于庞特里亚金最小值原理的混合动力系统能量管理半解析算法。该算法的特点是计算速度快，可实现实时控制，并对任意构型的混合动力系统适用。此外，实时运算的等效燃油消耗最小策略不需全局工况已知。ECMS 算法最大的应用难点是等效因子的确定问题，下面进行详细阐述。

依然以某功率分流混联式混合动力系统为例，其动力传动系统控制模型为

$$\omega_{\rm ISG}S+\omega_{\rm mot}=\omega_{\rm eng}(S+R) \tag{4-28}$$

$$J_{\rm ISG}({\rm d}\omega_{\rm ISG}/{\rm d}t)=T_{\rm ISG}+FS \tag{4-29}$$

$$J_{\rm eng}({\rm d}\omega_{\rm eng}/{\rm d}t)=T_{\rm eng}-F(S+R) \tag{4-30}$$

$$J_{\rm mot}({\rm d}\omega_{\rm mot}/{\rm d}t)=T_{\rm mot}-T_{\rm axle}/gf+FR \tag{4-31}$$

$$m_{\rm fuel}=\varphi_1(\omega_{\rm eng},T_{\rm eng}) \tag{4-32}$$

$$\eta_{\rm ISG}=\varphi_2(\omega_{\rm ISG},T_{\rm ISG}) \tag{4-33}$$

$$\eta_{\rm mot}=\varphi_3(\omega_{\rm mot},T_{\rm mot}) \tag{4-34}$$

式中 φ_1，φ_2，φ_3——相关查表函数；

S——太阳轮半径（m）；

R——齿圈半径（m）；

F——齿圈啮合面法向作用力（N）；

$\omega_{\rm ISG}$——ISG 电机角速度（rad/s）；

$\omega_{\rm mot}$——驱动电机角速度（rad/s）；

$\omega_{\rm eng}$——发动机角速度（rad/s）；

$J_{\rm ISG}$——ISG 电机转动惯量；

$J_{\rm mot}$——驱动电机转动惯量；

$J_{\rm eng}$——发动机转动惯量；

$T_{\rm ISG}$——ISG 电机输出转矩（N·m）；

$T_{\rm mot}$——驱动电机输出转矩（N·m）；

$T_{\rm eng}$——发动机输出转矩（N·m）；

$T_{\rm axle}$——输出轴转矩（N·m）；

f——滚动阻力系数；

$m_{\rm fuel}$——瞬时燃油消耗质量；

$\eta_{\rm ISG}$——ISG 电机效率；

$\eta_{\rm mot}$——驱动电机效率。

动力蓄电池功率需求为

$$P_{\rm batt}=P_{\rm ISG}/(\eta_{\rm ISG}\eta_{\rm inv})^{k_{\rm ISG}}+P_{\rm mot}/(\eta_{\rm mot}\eta_{\rm inv})^{k_{\rm mot}} \tag{4-35}$$

$$ki=\begin{cases}1,\ \ if\ Pi>0\\-1,\ \ if\ Pi\leqslant 0\end{cases},\ for\ i=\{ISG,mot\} \tag{4-36}$$

$$I_{\text{batt}}=\frac{V_{\text{oc}}-\sqrt{V_{\text{oc}}^2-4R_{\text{batt}}P_{\text{batt}}}}{2R_{\text{batt}}}\eta_{\text{batt}} \tag{4-37}$$

式中 P_{batt}——动力蓄电池功率；

P_{ISG}——ISG 电机功率；

P_{mot}——驱动电机功率；

η_{inv}——电机控制器效率；

I_{batt}——动力蓄电池输出电流；

V_{oc}——动力蓄电池开路电压；

R_{batt}——动力蓄电池内阻；

η_{batt}——动力蓄电池效率；

Q_{batt}——动力蓄电池总容量。

$$\dot{\text{SOC}}=-(I_{\text{batt}}/Q_{\text{batt}}) \tag{4-38}$$

$$m\frac{\mathrm{d}v}{\mathrm{d}t}=\frac{T_{\text{axle}}+T_{\text{brake}}}{R_{\text{wheel}}}+mg\sin\alpha-\frac{1}{2}\rho AC_{\text{D}}v^2-C_{\text{r}}mg\cos\alpha \tag{4-39}$$

$$\omega_{\text{axle}}=\frac{v}{R_{\text{wheel}}} \tag{4-40}$$

式中 m——车身质量（kg）；

v——车速（m/s）；

T_{axle}——输出轴转矩（N·m）；

T_{brake}——制动转矩（N·m）；

α——坡度角；

A——迎风面积（m^2）；

C_{D}——空气阻力系数；

C_{r}——滚动阻力系数；

ρ——空气密度；

R_{wheel}——车轮半径（m）。

状态变量 $x(t)$ 是动力蓄电池 SOC，控制变量 $u(t)$ 是发动机转速 ω_{eng} 和转矩 T_{eng} 组成的向量，控制目标是最小燃油消耗量。能量管理优化问题可定义为

$$\text{Minimize } J(u,x) \tag{4-41}$$

$$\text{Subject to } x^{\min}\leqslant x\leqslant x^{\max};$$

$$u^{\min}\leqslant u\leqslant u^{\max};$$

$$\text{SOC}(T)=\text{SOC} \tag{4-42}$$

其成本函数为

$$J(u,x)=\int_0^T[\dot{m}_{\text{fuel}}(u(t))]^2\,\mathrm{d}t \tag{4-43}$$

状态量动态特性为

$$\dot{x}=-\frac{V_{\text{oc}}-\sqrt{V_{\text{oc}}^2-4R_{\text{batt}}P_{\text{batt}}}}{2R_{\text{batt}}Q_{\text{batt}}}=f(x,P_{\text{batt}}) \tag{4-44}$$

约束条件为

$$\omega_{\text{eng}}^{\min}\leqslant\omega_{\text{eng}}\leqslant\omega_{\text{eng}}^{\max},T_{\text{eng}}^{\min}\leqslant T_{\text{eng}}\leqslant T_{\text{eng}}^{\max} \tag{4-45}$$

$$\omega_{\text{mot}}^{\min}\leqslant\omega_{\text{mot}}\leqslant\omega_{\text{mot}}^{\max},T_{\text{mot}}^{\min}\leqslant T_{\text{mot}}\leqslant T_{\text{mot}}^{\max} \tag{4-46}$$

$$\omega_{\text{ISG}}^{\min}\leqslant\omega_{\text{ISG}}\leqslant\omega_{\text{ISG}}^{\max},T_{\text{ISG}}^{\min}\leqslant T_{\text{ISG}}\leqslant T_{\text{ISG}}^{\max} \tag{4-47}$$

$$P_{\text{batt}}^{\min}\leqslant P_{\text{batt}}\leqslant P_{\text{batt}}^{\max},I_{\text{batt}}^{\min}\leqslant I_{\text{batt}}\leqslant I_{\text{batt}}^{\max} \tag{4-48}$$

$$\text{SOC}_{\min}\leqslant\text{SOC}\leqslant\text{SOC}_{\max} \tag{4-49}$$

可构建哈密顿函数为

$$H(x,\lambda,u,t)=\lambda f(x,P_{\text{batt}},t)+\dot{m}_{\text{fuel}}[u(t)] \tag{4-50}$$

或

$$H(x,\lambda,u)=\lambda f(x,P_{\text{batt}})+\dot{m}_{\text{fuel}}(u) \tag{4-51}$$

该哈密顿函数在混合动力系统能量管理问题上的物理含义是等效燃油消耗。事实上，等效燃油消耗量是真实发动机和一个动力蓄电池的等效燃油消耗量之和。动力蓄电池等效燃油消耗量与 SOC 之间存在比例关系，是衡量使用电能时与之等效的虚拟燃油消耗量。协变量 λ 是燃油使用和电能之间的等效系数。为更直观地展现燃油使用和电能之间的等效关系，通常会定义等效因子 s

$$s=\lambda\frac{Q_{\text{thv}}}{E_{\text{batt}}} \tag{4-52}$$

式中 Q_{thv}——燃油低热值；

E_{batt}——动力蓄电池能量容量。

等效因子替换哈密顿函数中的协变量

$$H(x,s,u)=\frac{Q_{\text{thv}}f(x,u)}{sE_{\text{batt}}}+\dot{m}_{\text{fuel}}(u) \tag{4-53}$$

根据庞特里亚金最小值原理，结合最优解必要条件的边界条件，通过求取 $H(x,s,u)$ 的极小值即可获得混合动力能量管理问题的最优决策轨迹。在数学上，λ 和 s 对 ECMS 控制决策求解的影响是等效的。

以该功率分流混联式混合动力车辆为例，在中国典型城市工况下行驶，赋值协变量λ分别为−385、−365和−345。计算三种情况下使$H(x, s, u)$达到极小值的状态量轨迹曲线，以及发动机、驱动电机输出功率轨迹曲线分别如图4-34和图4-35所示。

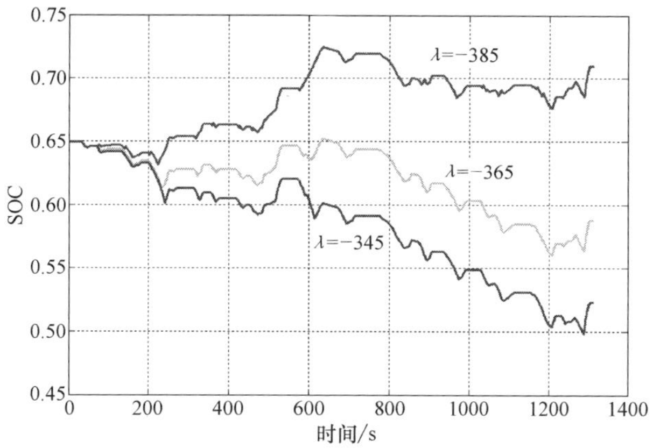

图4-34 当λ分别为−385、−365和−345时ECMS结果的动力蓄电池SOC轨迹

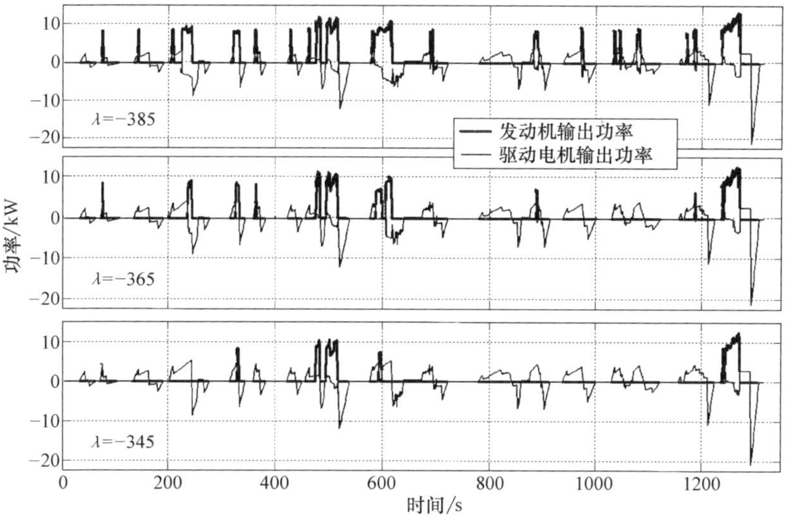

图4-35 当λ分别为−385、−365和−345时ECMS结果的功率轨迹

当λ=−385时，动力蓄电池能耗权重在等效油耗中的比例较大，控制策略倾向于尽量减少对动力蓄电池能量的损耗，对发动机燃油消耗不敏感。根据这种能耗比例运行的ECMS控制策略，其最终动力蓄电池SOC曲线表现出逐渐增长的趋势，动力蓄电池SOC终值为0.71左右。

当λ=−365时，发动机能耗权重在等效油耗中的比例较大，控制策略倾向于尽量减少对发动机燃油的消耗，对动力蓄电池能量消耗不敏感。根据这种能耗比例运行的ECMS控制策略，其最终动力蓄电池SOC曲线表现出逐渐减小的趋势，动力蓄电池SOC终值为

0.58 左右。

当 λ=–345 时，发动机能耗权重在等效油耗中的比例继续增大，控制策略更倾向于减少对发动机燃油的消耗。根据这种能耗比例运行的 ECMS 控制策略，其最终动力蓄电池 SOC 曲线表现出快速减小的趋势，动力蓄电池 SOC 终值为 0.52 左右。

上述三种情况下，发动机和驱动电机的输出功率如图 4-35 所示。当动力蓄电池能耗权重在等效油耗中的比例较大时，发动机输出功率较大。随着动力蓄电池能耗权重在等效油耗中的比重不断下降，发动机输出功率也不断减小，驱动电机输出功率不断增大，同时所消耗的动力蓄电池能量不断增多。

同一车型行驶在同一工况下时，协变量或等效因子不同的取值选择会取得不同的控制效果。相应的，其动力蓄电池 SOC 轨迹也会发生变化，并最终到达不同的终值。对于混合动力车型和插电式混合动力车型的能量管理问题，对动力蓄电池在工况末端的 SOC 终值是有明确要求的。因此，可据此对协变量取值进行反馈修正，直至最终得到最优控制决策和最优状态轨迹。经过反复调校，当 λ=–376 时，动力蓄电池终值回到 0.65，是 HEV 模式的最优控制轨迹；当 λ=–280 或以下时，动力蓄电池终值达到 0.40（假设要求最低 SOC 为 0.4），是 PHEV 模式的最优控制轨迹。两种情况下的动力蓄电池 SOC 轨迹如图 4-36 所示。

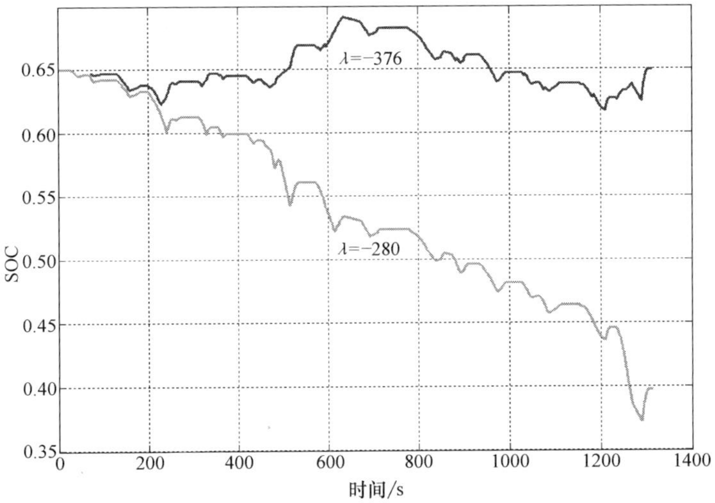

图 4-36　当 λ 分别为 −376 和 −280 时等效燃油消耗最小动力蓄电池 SOC 轨迹

此外，在 ECMS 策略中，最优控制决策选择是根据最小化哈密顿函数 H 做出的，哈密顿函数 H 的最小化过程不受动力系统构型影响，因此 ECMS 策略可实现对任意混合动力构型的控制决策优化。在获取最佳协变量或等效因子后，可实现对混合动力系统的实时最优控制。

3. 自适应等效燃油消耗最小策略

协变量或等效因子取值对 ECMS 结果影响很大。同时，研究发现最优协变量或等效因子的取值随工况不同而变化。在实际驾驶环境中，无法准确获取即将发生的工况行为，进而无法实现针对该工况进行的等效因子快速调校和选择。这也是阻碍等效燃油消耗最小策略实际应用的主要因素。

针对这种状况，研究者提出了自适应等效燃油消耗最小策略（Adaptive-ECMS，A-ECMS）。其基本思想是在行驶过程中不使用单一的等效因子寻优，而是根据工况自适应调整。等效因子根据工况类别的不同进行调整，但同时需要开发驾驶模式识别器或工况识别器，以对当前的行驶工况进行鉴别。总体来说，A-ECMS 是基于动力蓄电池 SOC 反馈以提高 ECMS 鲁棒性的一种管理策略，其等效因子随工况和动力蓄电池 SOC 自适应调整的规律如图 4-37 所示。

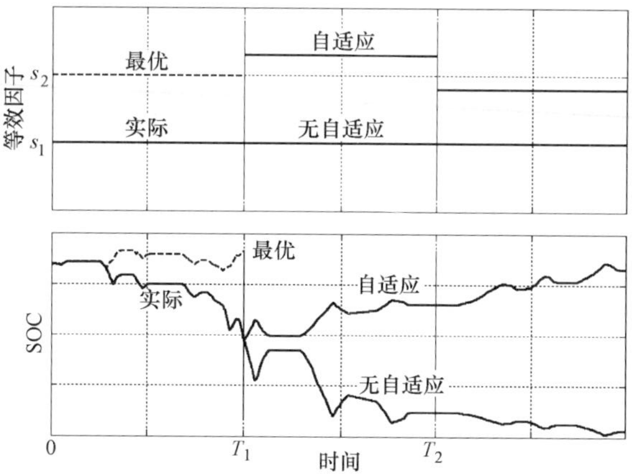

图 4-37 等效因子随动力蓄电池 SOC 自适应调整规律（能量平衡模式下）

实际取值的等效因子 s_1 与最优等效因子 s_2 经常会出现不相等的情况。如果不进行自适应调整，则动力蓄电池 SOC 会逐渐偏离参考数值。在 T_1 时刻，根据动力蓄电池的误差反馈，进行等效因子修正。这样 SOC 开始停止偏离趋势，逐渐靠近参考数值。同样地，在 T_2 时刻也会进行动力蓄电池 SOC 误差反馈修正。如此反复直至工况结束。

等效因子自适应调整的频率一般分为两类：

第一类是每个控制时刻下都会进行一次调整。

第二类是每隔一个固定时段进行一次调整。

调整等效因子时，所针对的工况使用一般分为两类：第一类是使用历史工况数据，这种方法居多；第二类是使用预测工况数据，使用较少。无论以上何种情况，根据动力蓄电池 SOC 反馈进行等效因子自适应调整的规则一般定义为

$$s(k+1)=s(k)+W_{\mathrm{SOC}}\left|x_{\mathrm{T}}-\overline{x}\right| \tag{4-54}$$

或

$$s(k+1)=\frac{1}{2}(s(k)+s(k-1))+W_{\mathrm{SOC}}\left|x_{\mathrm{T}}-\overline{x}\right| \tag{4-55}$$

式中 $s(k+1)$、$s(k)$ 和 $s(k-1)$——第（$k+1$）次、第 k 次和第（$k-1$）次的等效因子取值；

W_{SOC}——等效因子修正系数；

$\left|x_{\mathrm{T}}-\overline{x}\right|$——所选取的路段动力蓄电池 SOC 终值和参考值误差的绝对值。

一般情况下，W_{SOC} 定义为常数或分段线性函数

$$W_{\mathrm{SOC}}=\begin{cases}W_{\mathrm{soc}}^{1}, 0<\left|x_{\mathrm{T}}-\overline{x}\right|<\overline{x}^{1}\\ W_{\mathrm{soc}}^{2}, \overline{x}^{1}<\left|x_{\mathrm{T}}-\overline{x}\right|<\overline{x}^{2}\\ W_{\mathrm{soc}}^{3}, \overline{x}^{2}<\left|x_{\mathrm{T}}-\overline{x}\right|<\overline{x}^{3}\\ \quad\vdots\end{cases} \tag{4-56}$$

式中 $\overline{x}^{1}$、$\overline{x}^{2}$、$\overline{x}^{3}$——定义的动力蓄电池 SOC 误差阈值。

当动力蓄电池 SOC 误差处于不同阈值范围内时，等效因子修正系数会定义为不同大小。

以该功率分流混联式混合动力车辆为例，初始等效因子选取 –350 和 –400 两种情况，与最优 ECMS 进行对比，结果如图 4-38 所示。等效因子修正时间间隔规定为 120s，修正规则采用式（4-54），W_{SOC} 采用分段线性函数。在每一个等效因子修正时刻，未来的真实车速需求始终是未知的，因此在进行等效因子修正计算时，采用刚记录的历史车速信息。注意：经过反复调校的最优 ECMS 等效因子取值为 –336.5。

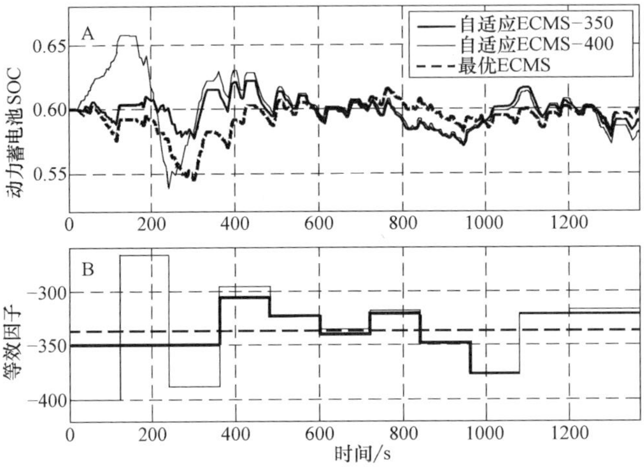

图 4-38　初始等效因子取为 –350 和 –400 的 A-ECMS 仿真结果

如图 4-38 所示，当初始等效因子为 −400 时，在第一个 120s 内，动力蓄电池 SOC 快速上升，严重偏离了参考值 0.6。在第一个修正时刻，自适应算法根据动力蓄电池 SOC 误差将等效因子修正至 –260 左右。在第二个 120s 内，动力蓄电池 SOC 快速上升趋势停止，下降至 0.54。此时，自适应算法根据动力蓄电池 SOC 误差，将等效因子修正至 –380 左右。动力蓄电池 SOC 快速下降趋势停止，再次上升至 0.6 以上。如此反复，直至动力蓄电池 SOC 最终回到 0.6 左右。观察等效因子初始值为 –350 的情况，由于选取的初始值与最优等效因子距离较近，在前 360s 内并没有出现严重偏离的情况，自适应算法在前三个时间段内并未进行修正动作。之后，动力蓄电池 SOC 与 –400 情况下的轨迹类似。360s 后不同时刻的等效因子也相近。两个初始取值情况下均能保证动力蓄电池 SOC 回归到 0.6 左右。

4.3.4　模型预测控制能量管理策略设计

1. 模型预测控制理论基本原理

模型预测控制（Model Predictive Control，MPC）又称滚动时域优化控制，是解决非线性强约束控制问题的有力理论工具。Vahidi A. 等人最先将模型预测控制应用到燃料电池混合动力电动汽车中，用于防止氢气供应过少或饱和，进而提出和验证了混合动力电动汽车能量管理线性时变模型预测控制和非线性模型预测控制方法。模型预测控制可在保证实时性的前提下，在每个采样瞬间搜索有限时域内最优的控制序列，可兼顾控制的实时性和最优性，其基本原理如图 4-39 所示。

在时刻 t_k，控制器考虑当前时刻 t_k 到未来（t_k+H_p）时刻内的短期控制问题。其中，H_p 是预测 / 控制时域。结合未来扰动预测模型，通过一定的解法器搜索预测时域内的最优控制策略并应用。其详细控制流程如下。

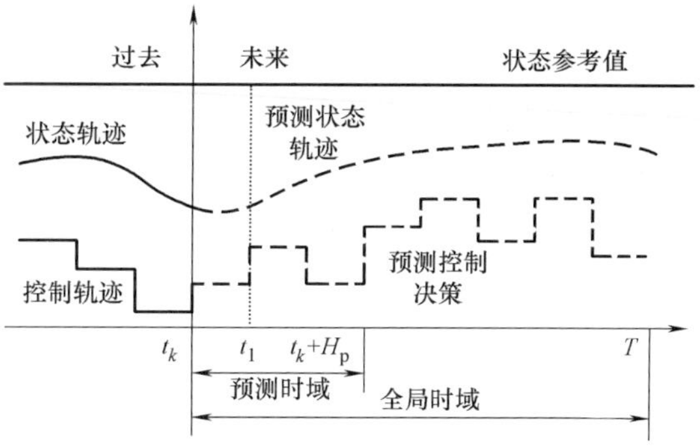

图 4-39　模型预测控制原理

1）扰动预测。根据控制问题扰动变量的特性，运用数据驱动、机器学习或经验模型等方法对未来控制时域内的扰动量进行预测和估计。该扰动量包含未来可能的控制需求、控制目标、不确定性参数和随机变量等。

2）搜索最优。定义成本函数，运用线性规划、整数规划、非线性规划、动态规划和遗传算法等方法对未来控制时域内的控制问题进行最优求解。

3）首步有效。鉴于一般情况下针对未来时域内扰动的预测结果存在一定误差，步骤2）中算得的控制策略也存在一定误差。在模型预测控制中，只取第一步计算结果，应用在底层控制器及作动部件中。第二步至最后一步的计算结果主要用于对第一步计算结果的修正，以提高其最优性能。

4）反馈循环。根据第一步计算结果在底层控制器和作动部件中的运行结果，将系统状态反馈到控制器，返回步骤 1），并开始新的模型预测控制循环。

由上述控制流程可知，模型预测控制通过冗余计算的方式来提高控制效果。基于对未来时域扰动的预测，可提高控制器预见性、适应性和鲁棒性，并确保系统变量受约束。模型预测控制理论的主要缺点是冗余计算带来的较大计算量。以双电机同轴混联式混合动力客车为例，使用动态规划算法，预测时域长度 H_p 与单步计算时间之间的关系，如图 4-40 所示。注意：采用英特尔酷睿 i7-3630QM 处理器 @2.4GHz。

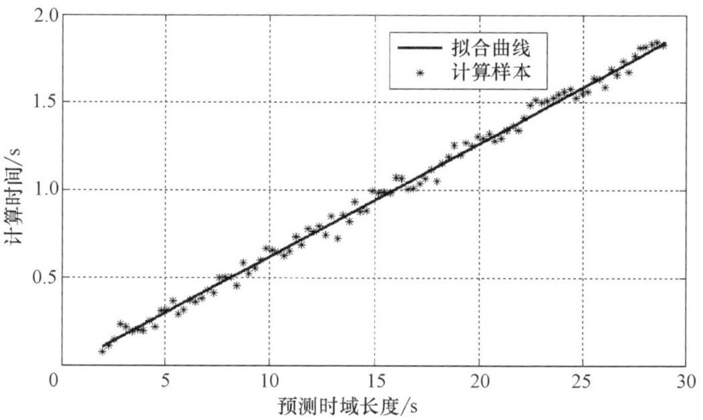

图 4-40　预测时域长度与单步计算时间关系

由图 4-40 可以看到，预测时域长度与单步动态规划求解所需的计算时间成线性正比关系。当预测时域长度达到 30s 时，其所需的动态规划计算时间长达 1.9s，不具有实时应用潜力。在实际工程应用中，混合动力电动汽车能量管理作为慢系统控制，可认为其决策响应时间在 0.5s 左右即为合理范围。综合考虑 MATLAB 代码执行效率、算法优化潜力和处理器计算频率等因素，依据图 4-40 所示结果，将模型预测控制预测时域长度控制在 6 ~ 12s 之内较为合理。

2. 模型预测能量管理

基于模型预测控制理论求解混合动力控制策略优化问题，即模型预测能量管理。通常以动态规划算法作为滚动优化算法，并引入分层预测能量管理的控制拓扑结构。以双电机同轴混联式混合动力系统为例，其分层预测控制拓扑结构如图 4-41 所示。假设道路坡度为零，则主要扰动量为未知的车速工况。图中，$v_{request}$ 是工况需求，v_{real} 是发送给车速工况预测模块的真实历史工况，$v_{predict}$ 是车速工况预测模块所预测的未来可能车速工况，为减少未知工况扰动带来的负面影响而设计。应用准静态（Quasi-static）实车模型替代实际应用中真实的车辆动力总成。

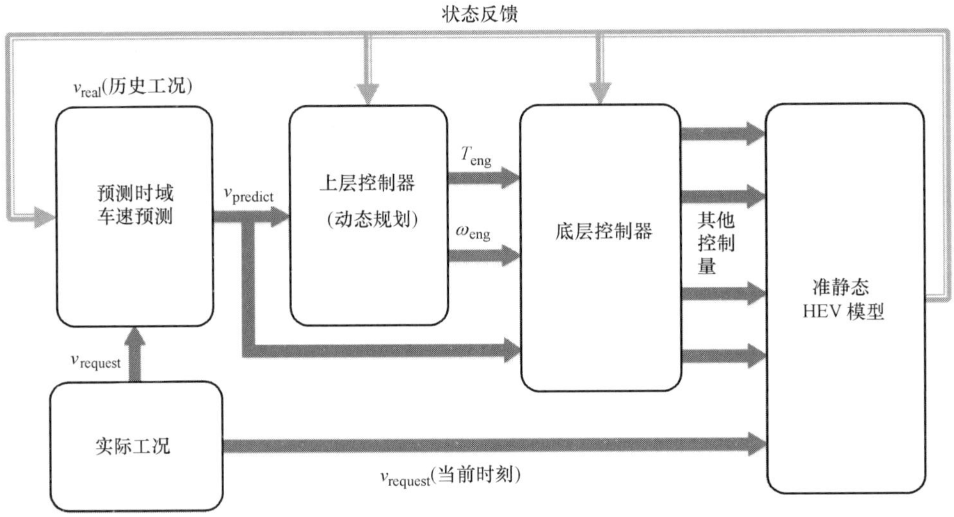

图 4-41　分层预测能量管理拓扑结构

模型预测能量管理包含上层控制器和底层控制器两部分。上层控制器接收预测模块所预测的未来车速工况。根据整车状态，使用动态规划求解预测时域内最优控制策略。底层控制器跟随并实施上层控制器的计算结果，最终将所有动力系统命令传达给实车模型 / 动力部件。上层控制器中，能量管理问题的扰动量和成本函数分别为

$$d=v_{predict} \tag{4-57}$$

$$J_{fuel}=\int_{t_k}^{t_k+H_p}[m_{fuel}(u)^2+\lambda O(t)]dt \tag{4-58}$$

式中　λ ——惩罚函数；

$O(t)$ ——发动机起停次数。

混合动力电动汽车模型预测能量管理的工况预测，主要包含车速预测和坡度预测两部分。研究主要集中在对未来车速工况的预测上。国际上研究模型预测控制在混合动力系统

中应用的团队，一般使用两种工况预测方法，即指数预测和随机预测方法。

指数预测指控制时域内的未来车速与当前车速成指数变化关系。假设当前时刻为 t_k，控制时域内未来车速根据指数预测方法为

$$v_{k+n}=v_k(1+\sigma)^n,\quad n=1,2,\cdots,H_p \tag{4-59}$$

式中　σ——指数系数，根据车速选择范围为 –0.05 ~ 0.05 不等。

中国典型城市工况在不同 σ 下的指数预测结果如图 4-42 所示。虚线为每个时刻使用指数预测的 10s 长速度矢量，曲线为实际车速工况。当 σ=0.03 时，即假设未来控制时域内的车速工况总是以 1.03 的倍数呈指数式上升；当 σ=0 时，即假设未来控制时域内的车速工况总是维持不变；当 σ=–0.02 时，即假设未来控制时域内的车速工况总是以 0.98 的倍数呈指数式下降。不同的指数预测系数对模型预测控制策略的燃油经济性有不同的影响。

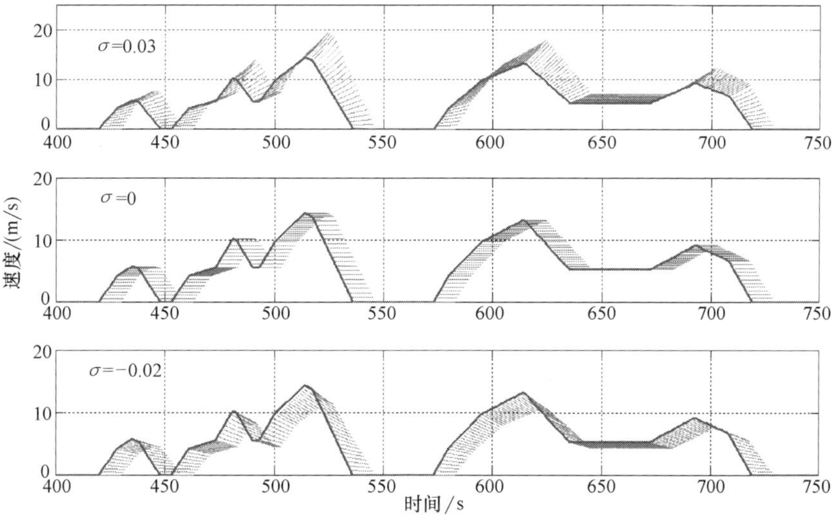

图 4-42　中国典型城市工况（400 ~ 750s）指数预测结果，H_p =10s

随机预测方法是混合动力能量管理领域的一种重要速度预测方法，主要使用马尔可夫链模型。马尔可夫过程是一类随机过程。如果一种状态未来的演变（将来）与其历史（过去）无关，只取决于其当前值（现在），则该状态的演变过程是马尔可夫过程。

天气变化就是一类典型的马尔可夫随机过程。图 4-43 所示为前一天天气与后一天天气之间的状态转移概率分布。由该图可知，连续两天的天气状态之间是没有确定性关系的。两天的天气在晴天、雨天和多云三种状态之间按图 4-43 所示的概率分布转移。例如，前一天为雨天时，后一天连续下雨的概率为 0.5，雨转晴的概率为 0.4，变为多云的概率为 0.1。其他情况以此类推。

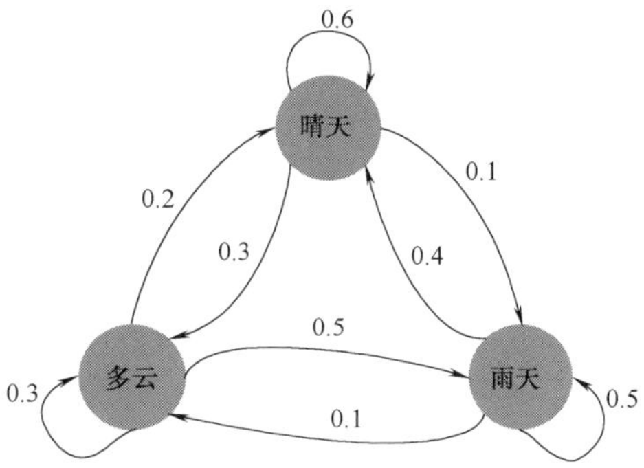

图 4-43　连续两天的天气变化马尔可夫链

在车辆行驶过程中，其速度变化随行驶环境和驾驶人意图的改变而改变。由于外部环

境影响因素很多，且驾驶人行驶意图变化也存在一定的不确定性，实际行驶过程中，未来车速可视为一种随机变量。假设车辆在某一时刻的加速度与历史信息无关，认为车辆的加速度变化为马尔可夫过程，即可使用马尔可夫链模型模拟车速变化规律并进行预测。马尔可夫链速度预测模型的建立过程如下。

1）一切与历史车速无关却影响未来车速的变量均可定义为马尔可夫状态，定义车辆速度和车辆加速度为状态量和输出。根据速度取值范围 0~36m/s 将其划分为 p 个区间，以 $i \in \{1, \cdots, p\}$ 为索引。根据加速度取值范围 –1.6~1.6m/s^2 将其划分为 q 个区间，以 $j \in \{1, \cdots, q\}$ 为索引。

2）选取若干标准工况数据或历史工况数据组成数据库，根据所构建的数据库计算状态概率转移矩阵。数据库中，所有速度和对应加速度简化等于临近的速度和加速度网格。假设当前时刻为 t_k，当前时刻速度为 v_k，加速度为 a_k，则状态转移矩阵概率公式为

$$\boldsymbol{Pr}[a_{k+n}=\bar{a}_j \mid v_{k+n-1}=\bar{v}_{i1}, v_{k+n-2}=\bar{v}_{i2}, \ldots, v_{k+n-s}=\bar{v}_{is}] \tag{4-60}$$

式中　$n \in \{1, \cdots, H_p\}$——控制时域中所需要车速预测的目标时刻；

$s \in \{1, 2, 3, \cdots\}$——马尔可夫预测模型的阶数；

$\bar{a}_j$ 和 $\bar{v}_i$——步骤 1）中所划分的加速度和速度网格值。

式（4-61）含义为：计算历史车速 $v_{k+n-1}=\bar{v}_{i1}$，$v_{k+n-2}=\bar{v}_{i2}$，…，$v_{k+n-s}=\bar{v}_{is}$ 时，$k+n$ 时刻加速度 $a_{k+n}=\bar{a}_{jj}$ 的概率。例如，当 $s=1$，即一阶马尔可夫链模型时

$$\boldsymbol{Pr}[a_{k+n}=\bar{a}_j \mid v_{k+n-1}=\bar{v}_{i1}] \tag{4-61}$$

即指在 $k+n-1$ 时特定的车速下，所指定的加速度发生的概率。

3）计算好所有相关状态之间的转移概率后，即可建立转移概率矩阵。根据该矩阵可进行速度和加速度之间的概率转移。例如，当 $s=1$，即一阶马尔可夫链模型时，状态概率转移矩阵为

$$\boldsymbol{T}_{ij}=\boldsymbol{Pr}[a_{k+n}=\bar{a}_j \mid v_{k+n-1}=\bar{v}_i] \tag{4-62}$$

$\boldsymbol{T}_{ij}$ 是 $i \times j$ 阶的矩阵。一阶马尔可夫预测模型的状态转移过程如图 4-44 所示。

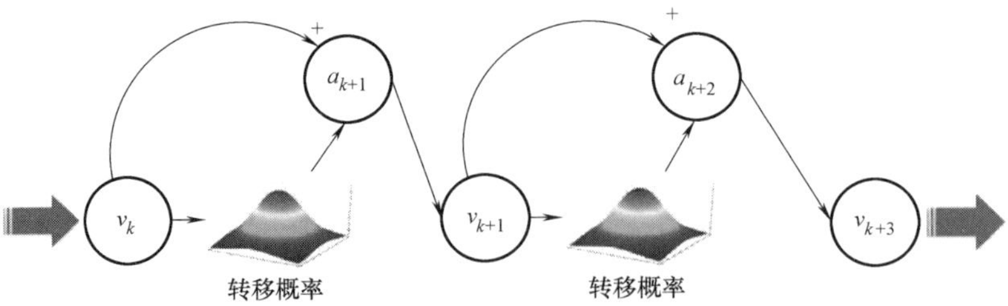

图 4-44　一阶马尔可夫链

在给定的车速 v_k 下，通过概率转移矩阵 $\boldsymbol{T}_{ij}$ 寻得对应速度的下一时刻加速度概率分布。根据该概率分布取得下一时刻加速度的随机值 a_{k+1}，其与 v_k 之和即为下一时刻的随机速度值 v_{k+1}，成为新的给定车速，循环进行状态转移。

根据美国环保署制定的UDDS（Urban Dynamometer Driving Schedule）、HWFET（The Highway Fuel Economy Test）和WVUSUB，欧洲制定的NEDC（New European Driving Cycle）以及日本制定的JN1015五个标准循环工况计算得出的一阶马尔可夫转移矩阵如图4-45所示。可以看到，在车速较低的情况下，下一时刻加速度取值主要分布在 –1.0 ~ 1.0m/s² 之间，也有约10%的可能发生加速度达到1.5m/s²的情况。随着车速的提高，急加速或急减速的情况逐步减少。当车速高于15m/s时，下一时刻加速度主要集中在 –0.4 ~ 0.4m/s² 的范围内。

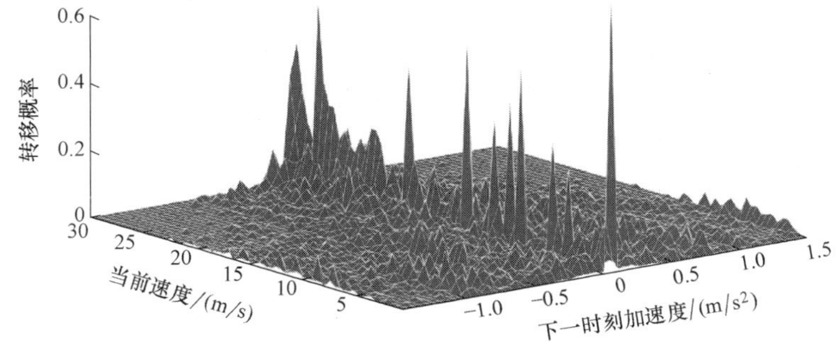

图 4-45　一阶马尔可夫车速预测模型转移概率

需要注意的是，根据行驶环境不同，不同车型应选取相应的标准循环工况或历史行驶工况作为数据库来源。此外，一阶马尔可夫预测模型建立简单，但精度较低。建立多阶马尔可夫预测模型可有效提升预测精度。

图4-46所示为一阶和三阶马尔可夫车速预测模型在图4-45所示的概率转移矩阵下，对中国典型城市工况的未来10s车速预测结果（第400 ~ 750s工况段）。可以看到，一阶马尔可夫车速预测结果随机性很大。因为在特定速度下，下一时刻加速度可选情况较多，按照可能出现的概率分布情况生成的下一时刻速度呈现出不符合实际的抖动现象。这一现象可通过不断增加马尔可夫预测模型的阶数来解决。

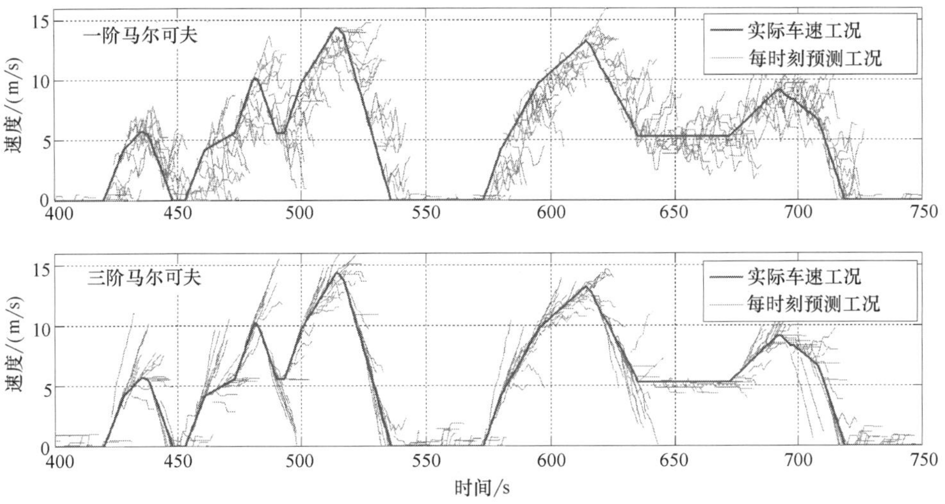

图 4-46　一阶和三阶马尔可夫车速预测模型结果

由图 4-46 所示的三阶马尔可夫预测结果，可看到车速预测结果的随机不确定性大幅减少。因为从一阶马尔可夫预测模型发展到三阶马尔可夫预测模型的过程中，对特定速度下转移概率的计算，变成了对特定速度向量转移概率的计算。通过引入更多历史车速信息作为状态量，提高了马尔可夫车速预测模型的精度。

通过上述车速预测模块，每个控制时刻下真实的控制时域内未来扰动 $v_{predict}$ 完全已知。将 H_p 设定为 10s，以双电机同轴混联式混合动力构型为例，在两种情况下的动力蓄电池 SOC 变化的仿真结果如图 4-47 所示；发动机和主电机输出转矩的仿真结果的对比如图 4-48 所示。

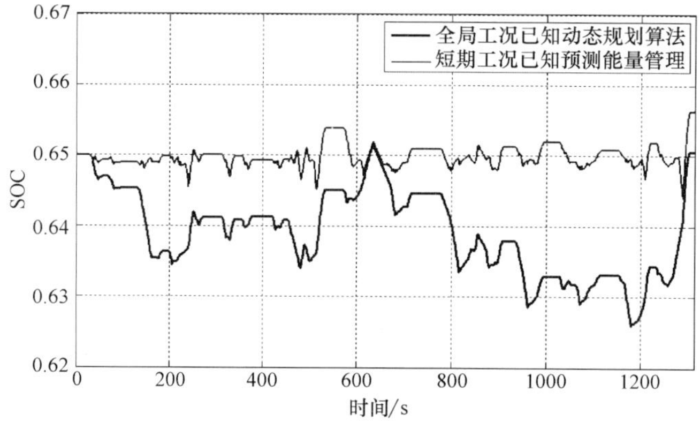

图 4-47　动力蓄电池 SOC 的变化

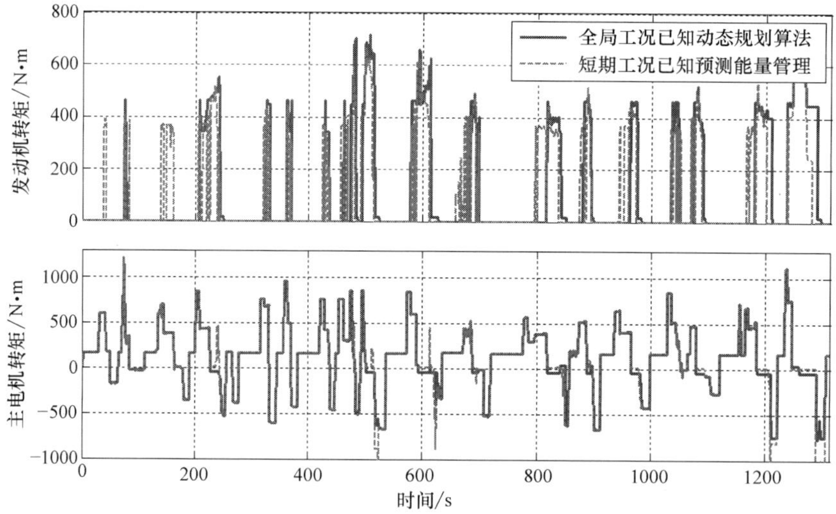

图 4-48　发动机和主电机输出转矩仿真结果对比

由动力蓄电池 SOC 变化曲线的对比可以看到，动态规划求解的动力蓄电池 SOC 结果满足了能量平衡的约束，其值可下探到 0.625 左右，最终再上升到 0.65。模型预测能量管理最终动力蓄电池 SOC 在 0.655 左右，并没有完全满足能量平衡的约束，且整个工况过程中，其 SOC 在 0.65 左右浮动较小。因为动态规划在全局扰动已知的情况下搜索的是最优策略，而模型预测控制假设未来预测时域内扰动已知，只能在每个控制时刻求取预测时域内的局部最优解。每个时刻，模型预测能量管理都会将动力蓄电池在预测时域最后的SOC约束设定为0.65，从而使整个工况动力蓄电池SOC轨迹在0.65左右小幅波动。

由图4-49所示发动机瞬时油耗分布对比可以看到，动态规划结果的发动机工作点更多地分布在较低油耗区间。综合来看，动态规划结果的燃油经济性是19.42L/100km，预测能量管理结果的燃油经济性是20.76 L/100km，两者相差6.7%。

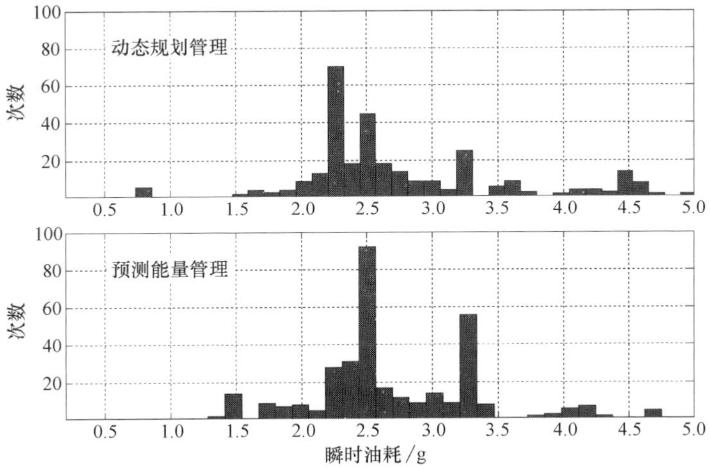

图4-49 发动机瞬时油耗分布仿真结果对比

考虑到动态规划是假设未来全局工况已知的离线静态分析方法，模型预测能量管理策略是可以实时运行的在线动态控制方法，可认为短期未来工况已知的基于模型预测控制的实时预测能量管理策略的燃油经济性表现良好。

4.3.5 基于人工智能的能量管理策略设计

近年来，以机器学习为基础的智能控制逐渐从基于有监督学习算法的能量管理，发展到基于强化学习等交互式决策学习算法的能量管理，智能化水平不断提高。下面主要分析两种基于深度强化学习的智能能量管理方法：基于Deep Q-Network（DQN）学习算法和基于Deep Deterministic Policy Gradient（DDPG）学习算法的智能能量管理方法。借助这两种方法，可分别实现混合动力汽车能量管理问题的状态空间连续化、状态 & 动作空间连续化，避免DP算法全局优化中涉及的离散化和潜在的维度灾变问题。如图4-50所示，网格数量随离散程度和变量空间维度呈指数式增加。同时，这两种深度强化学习方法也都建立在对动作 - 状态价值函数的学习理论之上。

强化学习是一类关于序列决策的机器学习算法，基于强化学习的智能能量管理方法通过探索和反馈机制，与车辆及其所在环境进行交互，从而发现、学习最优能量分配策略，藉此将过去的经验应用到新情景下，如图4-51所示。强化学习同样包含以下五个基本要素。

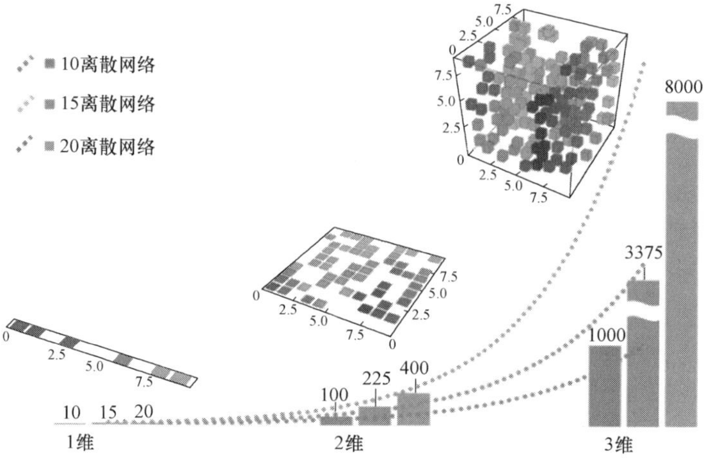

图 4-50　维度灾变示意（见书末彩色插图）

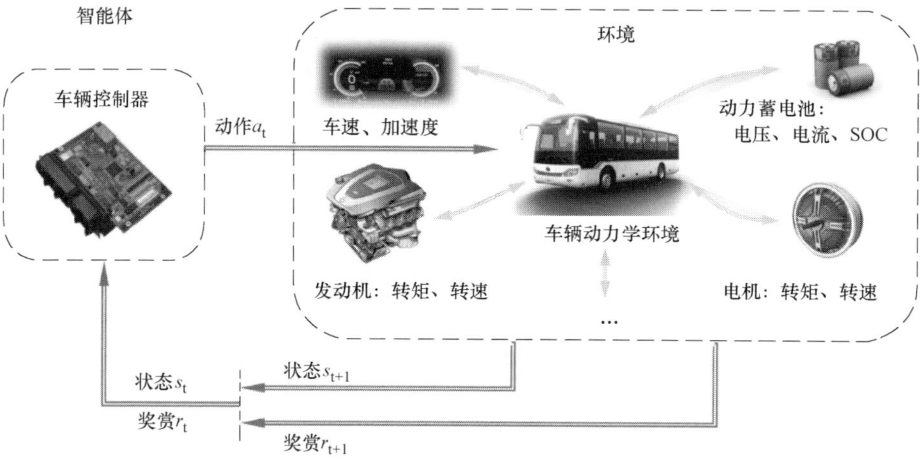

图 4-51　车辆控制中智能体与环境的交互关系示意（见书末彩色插图）

1）状态变量 s：对当前时刻环境状态的描述，用于决定之后的行动决策。首先，以混合动力汽车能量管理最优控制为目的，确定深度强化学习状态变量、动作变量、反馈奖赏和策略等基本要素。混合动力汽车能量管理是一个复杂的非平稳时间序列控制问题，受车辆自身状态（例如动力蓄电池 SOC、需求功率、速度、加速度等）、周围环境信息（例如坡度、气温等）、车载视觉信息及交通流状态信息等多方面综合影响，本章为说明基本方法，选择动力蓄电池 SOC、速度、加速度三个基本状态变量构成状态空间，将当前状态的组成向量作为强化学习的状态变量 s。

2）动作变量 A：当前时刻采取的行动，混合动力汽车能量管理问题主要在于控制电机与发动机的能量供应分配。因此，以电机与发动机的供能比例 α 作为强化学习的动作变量 a。根据混合动力汽车具体构型，供能比例 α 可通过动力学相关计算转换为发动机转矩、转速，电机转矩或电流等具体控制量。例如，对于单行星排功率分流式混合动力汽车，可选择发动机转速和转矩作为两个独立控制量，或选择发动机功率作为单一控制变量，而对特定功率下的发动机工作点采用规则控制。对于单轴混联式混合动力电动汽车，在离合器规则控制的前提下，可选择发动机转速、发动机转矩、发电机转矩，作为三个独立控制量。

3）反馈奖赏 R：当前时刻反馈信号，反映此时刻行动的好坏。反馈奖赏是通过建立的混合动力电动汽车仿真模型获得的，模型建模既可采用准静态的能量消耗模型，也可采用与实际车辆状态变化更贴近的动态模型。精确完备的车辆模型是获取准确反馈奖赏信号的前提，也是训练所得策略有效性的重要前提之一。另一方面，根据模型观测量，构建合理有效的奖赏信号函数，引导智能能量管理策略的学习，也是十分重要的。

由于混合动力汽车能量管理以最小化车辆行驶过程油耗为目的，把每时刻的单位油耗的相反数作为强化学习中的反馈奖赏。学习系统通过不断与环境进行反馈交互，逐渐学习得油耗最低的能量管理控制策略。对于同时需要保持 SOC 稳定的策略，也需要在反馈奖赏中引入 SOC 偏离稳定阈值的惩罚项，以使策略学习兼顾燃油经济性和 SOC 稳定。

4）策略 π：策略是智能体（车辆）的行为，是状态 s 到动作 a 的映射。

确定型策略：$a=\pi(s)$

随机型策略：$\pi(a|s)=P[A_t=a|S_t=s]$

通常，在强化学习策略 π 的训练过程中，可采用退火 ε 贪婪策略（ε-greedy），随训练迭代次数增加，逐渐由 1.0 降到 0.1，从而使训练样本数据更加多样化，避免训练陷入局部极值。

$$A \leftarrow \begin{cases} \text{argmax}_a Q(s,a)\,with\ probability 1-\varepsilon \\ a\,random\,action \quad with\ probability\ \varepsilon \end{cases} \tag{4-63}$$

5）动作价值函数 $Q_\pi(s,a)$：从状态 s 起，执行动作 a，依照策略 π 所能获得的累积奖励的期望值。

$$Q_\pi(s,a)=E_\pi[R_{t+1}+\gamma R_{t+2}+\gamma^2 R_{t+3}+\cdots|S_t=s, A_t=a]$$

$$Q_\pi(s,a)=E_\pi[R_{t+1}+\gamma Q_\pi(S_{t+1}, A_{t+1})|S_t=s, A_t=a] \tag{4-64}$$

4.3.5.1 基于 DQN 的智能能量管理方法

Q-learning 是一种著名且有效的强化学习算法，它使用网格化矩阵作为动作值函数的载体。Q-learning 的基本过程如图 4-52 所示。

与式（4-64）一致，针对能量管理问题给定策略 π，动作值函数 $Q(s,a)$ 在状态 s 下选取动作 a 的过程可描述为

$$Q_\pi(s_t,a_t)=\sum_{t=1}^{\infty}\{\gamma^t R_t(s_t,a_t)\,|\,s_0=s,a_0=a\} \tag{4-65}$$

式中 R——单步奖赏；

γ——对未来奖赏的折扣因子，范围为 [0,1]；

Q 函数——长期预期奖赏的累积值，用于衡量在状态 s 下采取动作 a 的优劣程度。最优 Q 函数 Q^* 可描述为

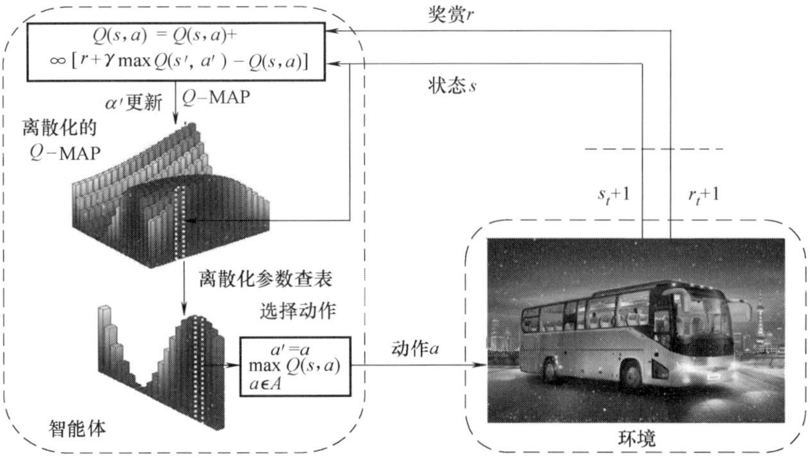

图 4-52　基于 Q-learning 算法的能量管理策略原理（见书末彩色插图）

$$Q^*(s,a) = \max_{\pi} Q_{\pi}(s,a) \tag{4-66}$$

因此通过下式，即最大化价值函数来选择动作 a：

$$\pi^*(s) = \arg\max_{a\in A} Q^*(s,a) \tag{4-67}$$

可以看出，基于 Q-learning 的能量管理策略实现的关键是对最优值函数 Q^* 的合理估计，而 DQN 算法同样是以经典 Q-learning 算法为基础的。对于 DQN 算法，引入了深层神经网络（Deep Neural Network，DNN）对值函数 $Q^*(s,a)$ 进行估计，如图 4-53 所示。

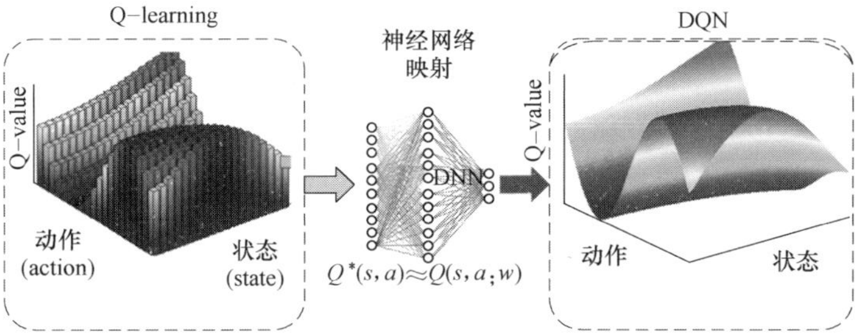

图 4-53　Q-learning 与 DQN 演变示意

与离散化矩阵不同（离散程度增加或状态量增加容易导致维度灾变），状态量的连续变化都会反映在基于 DNN 的决策系统中，这允许更精准地描述系统状态，而不必增加计算量。此外，作为一种多输入变量的函数，DNN 对增加状态维度并不敏感。这些特征有助于解决 Q-learning 算法中矩阵离散化带来的难题。此外，DNN 具有十分强大的拟合能力，这意味着动作值函数的收敛速度将大幅加快。由于训练迭代次数的显著减少，计算量同样明显减少。使用 DNN 来估计 Q 函数可表示为

$$Q^{*}(s,a) \approx Q(s,a|w) \tag{4-68}$$

式中 w——深度神经网络的权值；

$Q(s,a|w)$——在状态 s 下执行动作 a 的动作 - 状态值估计，即 Q 网络（Q-network）或状态 - 动作价值深层映射网络。

实际训练中，Q 函数的估计通过式（4-69）计算得到，即根据当前时刻的奖赏值估计动作价值，用于训练 Q 网络：

$$Q(s,a) = Q(s,a) + \alpha[r + \gamma \max_{a'} Q(s',a') - Q(s,a)] \tag{4-69}$$

式中 α——Q 函数更新的衰减因子（$0 < \alpha < 1$）；

s、a——当前时刻的状态和动作量；

s'、a'——下一时刻的状态和动作量。

虽然，引入 DNN 估计 Q 函数解决了状态量离散化的问题，但对车辆行驶过程所涉及的观测数据而言，其分布具有十分强烈的时序相关性，这对 Q 网络的训练是不利的。由于 Q 网络随时序训练数据改变而更新，即策略更新与时序行驶工况密切相关，使能量管理策略执行后的观测数据的分布改变，最终易导致 Q 网络的训练振荡或失稳。针对此问题，引入经验回放可有效稳定其训练过程。

定义状态转移数据的存储空间（经验池 D）以存储车辆行驶过程中与能量管理相关的状态转移信息。经验池中存储的数据以元组 e_t 为基本单位：e_t=（s_t，a_t，r_t，s_{t+1}），其中包含了当前状态 s_t、当前时刻所执行的动作 a_t、单步奖赏 r_t 和下一时刻状态 s_{t+1}。经验池 D 的容量属于训练的超参数之一，一般设置较大，例如 106。当状态转移信息存储达到经验池容量上限时，开始策略训练，每次 Q 网络更新时，从 D 中随机采样一个小批量用于网络参数的更新，通过这种方式消除训练数据之间的相关性，稳定网络的训练过程。

基于 DQN 的智能能量管理算法训练过程如图 4-54 所示，算法的伪代码见表 4-7。

表 4-7 基于 DQN 的智能能量管理训练算法

算法：DQN
初始化：经验池 D，尺寸为 N，以随机权重初始化网络 Q
for episode=1：M do
for t=1：T do
拥有 ε 概率选择随机动作 a_t
否则选取 $a_t=\mathrm{argmax}_{a\in A}Q(s_t，a；w)$
在智能体中执行动作 a_t，并观察单步奖赏 r_t 和下一时刻状态 s_{t1}
在 D 中存储（s_t，a_t，r_t，s_{t+1}）
从 D 中随机取出一些数据 $\overline{D}=(s_t，a_t，r_t，s_{t+1})_{t=1}^{n}$ 取出数量尺寸等于 N
for i=1：n do
计算目标在 i+1 结束，则 $y_i=r_i$，否则 $y_i=r_i+\gamma\max Q(s_{i+1}，a；w)$
根据 $(y_i-Q(s_i，a_i；w))^2$ 采用梯度下降方法更新网络权值
end for
end for
end for

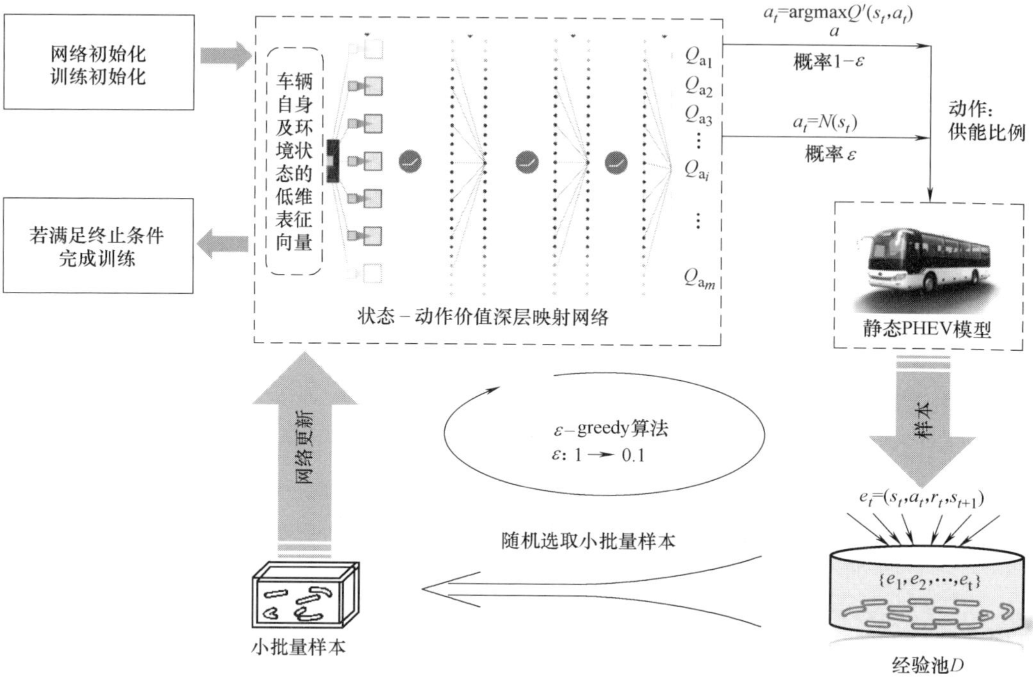

图 4-54　基于 DQN 的智能能量管理系统

4.3.5.2　基于 DDPG 的智能能量管理方法

相比基于 DQN 的能量管理，基于 DDPG 的能量管理实现了车辆控制状态 - 动作空间的连续化，如图 4-55 所示。其中，Actor-Critic（AC）网络（演员 - 评论家网络）即为 DDPG 算法的核心网络结构。但与此同时，其复杂程度和训练难度较前者也有所增加。

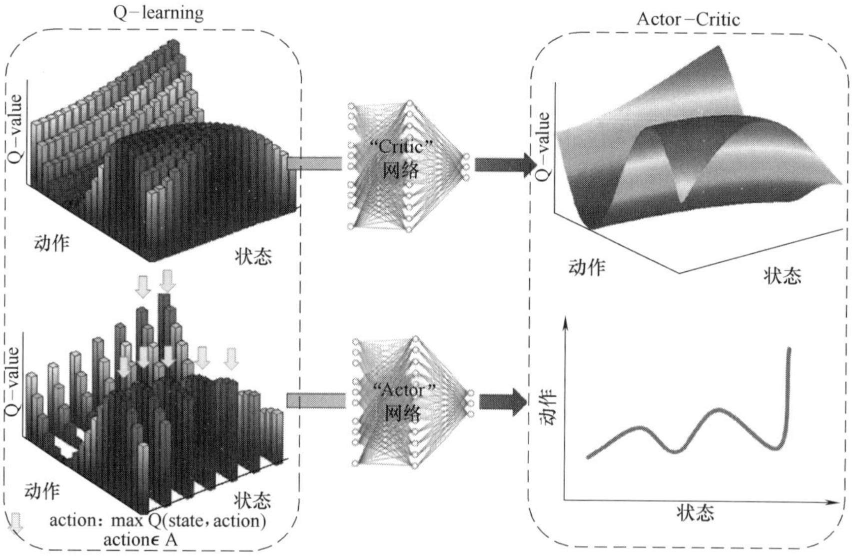

图 4-55　Q-learning 与 DDPG 演变示意

首先简要介绍 DDPG 算法的基本原理。DDPG 算法的基本思想与 Q-learning 和 DQN 是一致的，均需对 Q 值函数进行估计，如式（4-69）所示。但为将离散的动作空间连续化，DDPG 算法引入了另一个深层神经网络。最终，DDPG 算法中的网络结构如图 4-56 所示。其中，Critic 网络的功能与 DQN 中的 Q 网络一样，用于状态 - 动作值函数的估计。输入为当前时刻的车辆行驶状态量 s 和对应的能量管理动作量 a，输出为状态 - 动作值函数 $Q(s,a)$。与 Q 网络的不同在于，Critic 网络输出的值函数为一维标量，而 Q 网络的值函数输出维度与动作空间的离散度一致。Actor 网络的输入为当前时刻的状态量 s，输出为当前时刻的动作量 a，即能量管理的动作策略。

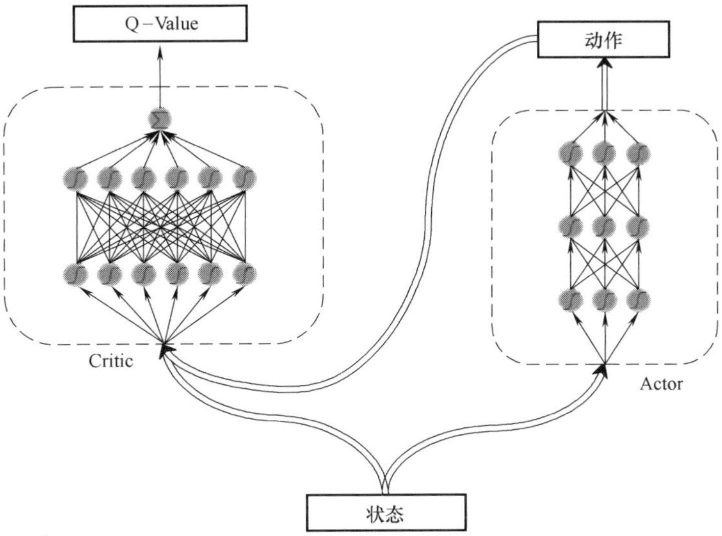

图 4-56　DDPG 算法中 Actor-Critic 网络示意

Actor-Critic 网络的更新目标分别为：选择能获得较大状态 - 动作价值的动作，输出与真实计算所得状态 - 动作价值更一致的 $Q(s, a)$。下面阐述如何更新两个网络以实现所述目标。

由式（4-69）可得，Critic 网络更新的损失函数为

$$L_Q(s,a\mid\theta^Q)=\left\{Q(s,a\mid\theta^Q)-[r+\gamma\max_{a'}Q(s',a'\mid\theta^Q)]\right\}^2 \tag{4-70}$$

但与离散的动作空间不同，对连续的动作空间而言，在所有动作空间中遍历可行动作以寻找具有最大价值的动作 $a=\max_{a'}Q(s',a'\mid\theta^Q)$ 是无法求解的。因此式（4-70）所示损失函数对 DDPG 而言并不适用。将式（4-70）中的 $\max_{a'}Q(s',a'\mid\theta^Q)$ 以 $Q(s',\mu(s'\mid\theta^\mu)\mid\theta^Q)$ 代替，即 Actor-Critic 网络根据当前状态求得的值函数。这里 μ 指 Actor 网络（网络参数为 θ^μ），Q 指 Critic 网络（网络参数为 θ^Q）。于是，式（4-70）可变换为

$$L_Q(s,a\mid\theta^Q)=\left\{Q(s,a\mid\theta^Q)-\{r+\gamma Q[s',\mu(s'\mid\theta^u)\mid\theta^Q]\}\right\}^2 \tag{4-71}$$

根据式（4-71），通过梯度反向传播可得用于 Critic 网络参数 θ^Q 更新的梯度，如

式（4-72）所示，从而更新 Critic 网络：

$$\nabla_{\theta^Q} L_Q(s,a|\theta^Q) = 2\left\{Q(s,a|\theta^Q) - \{r + \gamma Q[s', \mu(s'|\theta^\mu)|\theta^Q]\}\right\}\nabla_{\theta^Q} Q(s,a|\theta^Q) \quad (4\text{-}72)$$

在 DQN 中，策略执行通过最大化值函数实现，即 $a = \max\limits_{a'} Q(s',a'|\theta^Q)$，以此指导 Actor 网络的更新同样无法实现。但可注意到，$Q(s，a|\theta^Q)$ 同样是当前动作量 a 的函数，因此 $\nabla_a Q(s,a|\theta^Q)$ 即可指明当前状态下动作 a 如何改变，可产生更大的 Q 值函数，这与 $\max\limits_{a'} Q(s',a'|\theta^Q)$ 的思想式是一致的。因此，在 DDPG 中采用 Q 值函数对动作的梯度来指导 Actor 网络的更新，所得 Actor 网络更新梯度如下：

$$\nabla_{\theta^\mu}\mu(s) = \nabla_a Q(s,a|\theta^Q)\nabla_{\theta^\mu}\mu(s|\theta^\mu) \quad (4\text{-}73)$$

结合式（4-72）和式（4-73），即可根据梯度下降方法更新 Actor-Critic 网络参数

$$\begin{cases} \theta^Q = \theta^Q + \eta\nabla_{\theta^Q} L_Q(\theta^Q) \\ \theta^\mu = \theta^\mu + \eta\nabla_{\theta^Q}\mu \end{cases} \quad (4\text{-}74)$$

上述即为 DDPG 算法的基本思路，鉴于其引入两个深层神经网络分别用于值函数拟合和策略拟合，保证其稳定性训练极其重要。与 DQN 类似，当应用 DDPG 算法与能量管理时，同样可采用经验回放来消除时序数据间的相关性，提高算法训练稳定性。算法相关研究领域中的其他稳定性训练方法，同样可能对混合动力电动汽车智能能量管理训练十分有益。

最终，将 DDPG 算法应用于混合动力电动汽车能量管理的算法伪代码，见表 4-8，训练过程示意如图 4-57 所示。

表 4-8　基于 DDPG 算法的智能能量管理训练算法

算法：DDPG
1：初始化 Critic 网络 $(s, a|\theta^Q)$ 和 Actor 网络 $\mu(s|\theta^\mu)$
2：初始化经验池 D
3：初始训练数据归一化
4：for episode = 1 to M（最大训练次数）do
5：初始化随机过程 N 用于策略探索
6：获取初始观测状态 $s(t)$(行驶工况，加速度，SOC 等)
7：for t = 1 to T（工况长度）do
8：依据 ε-greedy 算法选择动作：$a(t)=\begin{cases}\mu(s(t)|\theta^\mu) \\ N\end{cases}$
9：调用混合动力电动汽车模型以执行动作 $a(t)$
10：记录新观测状态量 $s(t+1)$ 和所获得奖赏 $r(t)$
11：记录状态转移信息 $e_t=(s_t, a_t, r_t, s_{t+1})$ 并存储入经验池 D
12：end for
13：从经验池 D 中随机抽取一个小批量 minibatch
14：将 minibatch 送入网络，利用梯度下降更新 Actor-Critic 网络参数
15：更新 ε-greedy 算法参数
16：end for

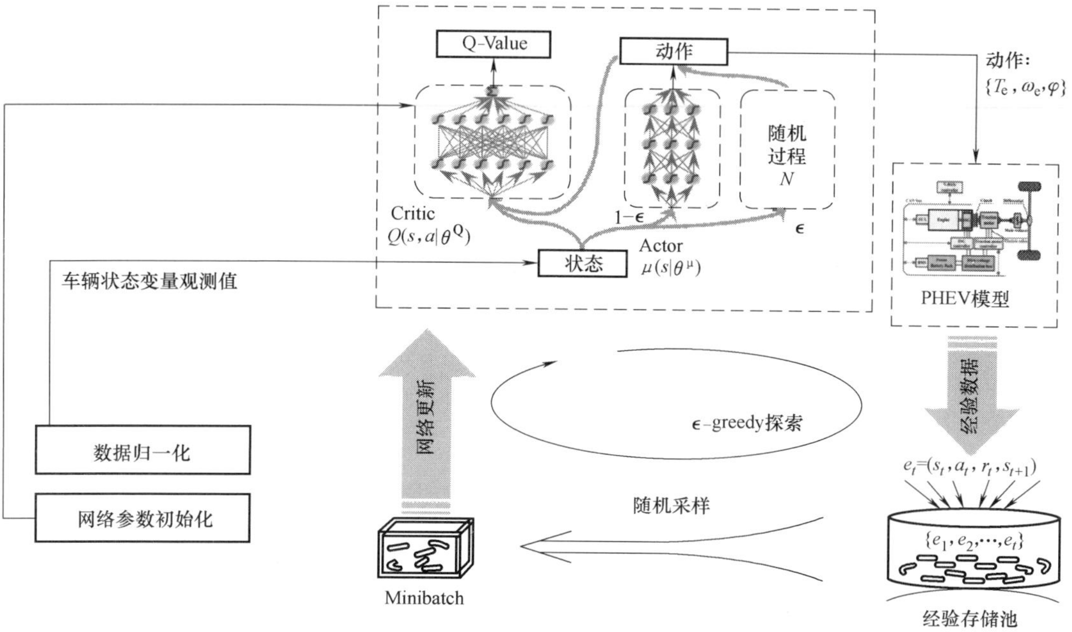

图 4-57 基于 DDPG 的智能能量管理系统

4.4 整车综合控制系统现代开发方法

4.4.1 基于V流程的整车综合控制系统开发方法

传统的整车综合控制系统开发通常基于图 4-58 所示的传统控制单元开发流程。首先根据应用需要提出系统需求并进行功能定义，然后进行硬件设计和面向硬件的软件代码编写，接着完成软、硬件和外部接口集成，最后对系统进行测试和标定。

可以看出，若采用传统整车综合控制系统开发方法，则在系统调试过程中，软、硬件的错误往往交织在一起。同时，所发现的硬件电路原因造成的问题就需要通过重新进行硬件设计并对软件进行修改来解决，这导致整个开发周期较长，开发成本与开发风险上升。

因此，随着汽车技术的快速发展，提出了基于V流程的整车综合控制系统开发方法，并实现了普遍应用。相较传统的整车综合控制系统开发方法，基于V流程的整车综合控制系统开发方法能较好地提高整车综合控制系统的开发效率，缩短开发周期、降低开发成本、减小开发风险，同时能减少工程师的工作量。

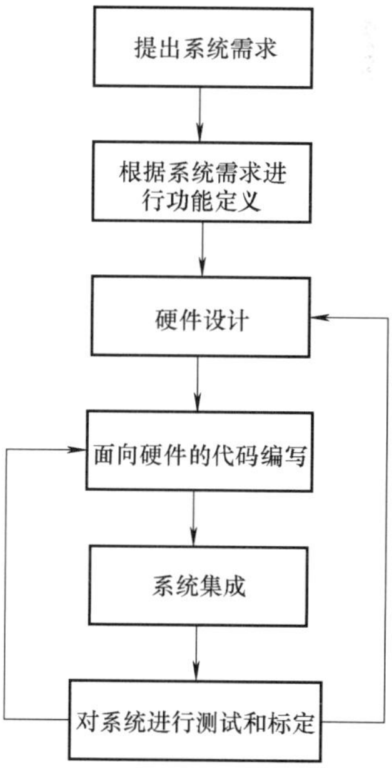

图 4-58 传统控制单元开发流程

基于 V 流程的整车综合控制系统开发流程如图 4-59 所示，主要包括整车综合控制系统的设计与离线仿真、快速控制原型（Rapid Control Prototyping，RCP）、产品代码自动生成、硬件在环（Hardware-In-the-Loop，HIL）仿真和系统集成测试 / 标定等阶段。该流程的特点是开发、编程和测试总是在同一环境下工作，开发过程的每一步都能得到验证。

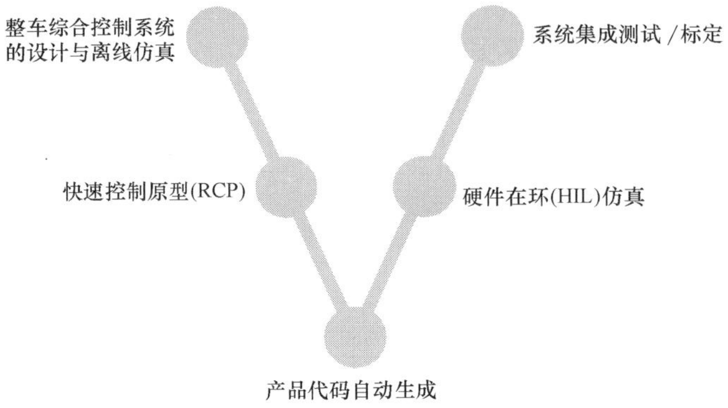

图 4-59　基于 V 流程的整车综合控制系统开发流程

下面对基于 V 流程的整车综合控制系统开发流程所包含的不同阶段进行详细说明。

1. 整车综合控制系统的设计与离线仿真

采用 MATLAB/Simulink 等计算机辅助建模及分析软件来建立整车综合控制系统模型。在该模型中，根据所设计的控制策略对输入信号进行一系列算法处理，从而满足相应的需求功能，实现对整车的综合控制。此外，还需要建立尽可能精确的相关被控对象数学模型，并将所建立的整车综合控制系统的模型与相关被控对象的数学模型结合进行离线仿真，从而验证所设计的控制策略及算法的正确性，防止发生所设计的控制方案根本不能满足实际对象功能需求的情况。图 4-60 所示是在 MATLAB/Simulink 平台下搭建的某一整车综合控制系统的能量管理策略模块的离线仿真模型主体结构，主要由驾驶人模型、能量管理策略模型、整车模型和测量窗口组成。类似的，对于整车综合控制系统的离线仿真模型的主体结构，只需要将图中的能量管理策略模型替换为整车综合控制系统模型即可。

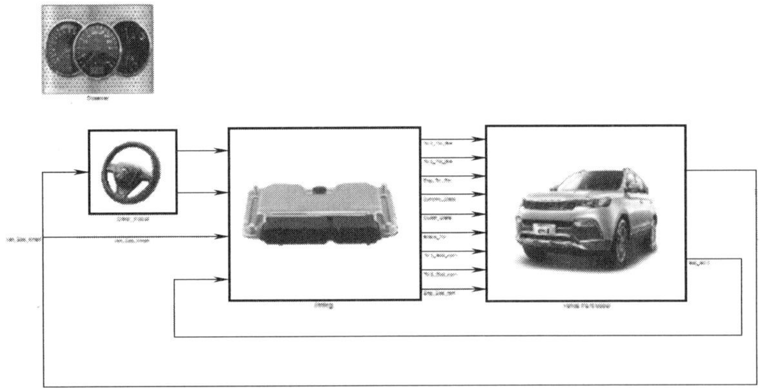

图 4-60　离线仿真模型主体结构示意

2. 快速控制原型（RCP）

快速控制原型，即控制系统的快速功能测试原型，指通过一定的技术手段，在短时间内开发出与控制器产品功能一致的测试用功能原型装置，并通过对该功能原型装置的实物实验来检验和修改设计。简单来说就是采用先进的控制系统建模工具进行建模，生成代码并自动下载到硬件开发平台中，从而快速实现控制系统的原型，且包括了实际系统中可能包括的各种 I/O、软件及硬件中断等实时特性。随后，便可利用计算机辅助试验测试管理工具软件进行各种试验，以检测控制方案对实际对象的控制效果，并随时修改控制参数，直至得到满意结果为止。RapidECU-S1 实物如图 4-61 所示。

图 4-61 RapidECU-S1 实物

3. 产品代码自动生成

产品代码的生成是将所建立的原型控制系统向产品型控制器转换的关键步骤。在前文所述的传统控制单元开发流程中，产品代码是通过手工编制代码的方式获得的。而在 V 流程中，产品代码往往采用自动代码生成工具（MATLAB RTW、dSPACE 公司的 TargetLink、ASCET 工具包等）来自动生成的。相较手工编制代码，自动代码生成的方式能较好减少编码时间，避免人工引入的错误和调试过程，加快开发流程，同时也便于代码的维护。

4. 硬件在环（HIL）仿真

有了控制产品初样后，还需要对其进行全面测试。硬件在环仿真将部分真实控制器与仿真测试结合起来，在仿真器上建立虚拟车辆模型，并通过实时接口将虚拟车辆与待测控制器连接形成回路。对控制器的各种功能进行仿真测试，从而提高开发效率，降低开发成本。此外，在进行硬件在环仿真的过程中，对于虚拟的车辆模型部分，应尽可能使用高精度数学模型来仿真。

5. 系统集成测试 / 标定

产品型整车综合控制器在制造完成后，还需要与整车的其他子系统连接，从而形成一个完整的闭环，并进行一系列全面而详细的测试，从而验证其是否满足各项设计指标和需求定义。

同时，如图 4-62 所示，在系统集成测试后期，还要根据产品型整车综合控制器的具体使用条件和衍生型号的需要（例如系列车型）进行标定，即对成品控制器中的控制参数进行调整。通常是通过大量实物实验来对控制参数进行优化，但该方法易受测试条件和开发成本限制。若利用实时仿真系

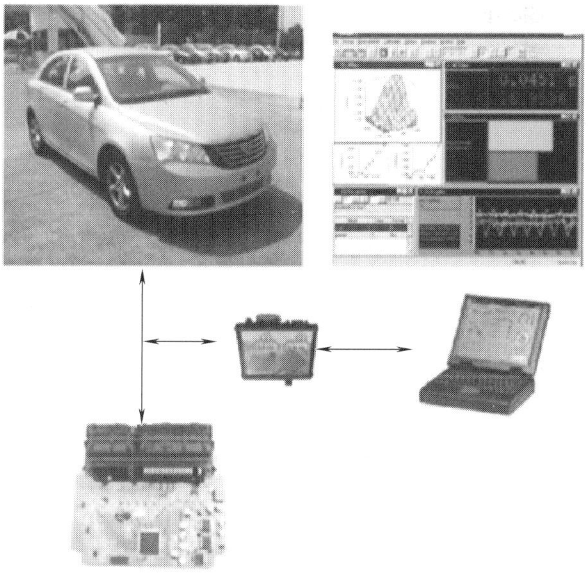
图 4-62 整车综合控制器的标定

统来仿真外界环境和使用条件，则能在实验室完成大部分标定工作，只需要进行少量实物实验来标定参数即可。

4.4.2 基于软件在环的整车综合控制系统开发

随着电控系统技术的飞速发展，ECU 在车辆上的应用领域越来越广，算法日益复杂，功能逐步增多。针对日益增长的 ECU 功能测试需求，电控测试需要更多的测试时间，造成车辆试验成本的逐渐增加，而 HIL 仿真平台资源有限，无法同时完全满足开发、测试和数据标定等多方面需求。为在节约成本的同时加大测试强度，保证测试质量，可行的解决途径只有加强离线仿真试验。

4.4.2.1 软件在环仿真方法概述

在车用 ECU 开发的系统功能定义阶段，一个包括车辆动力学模型和软件模型在内的模型在环仿真方法可在 PC 或工作站上实现，用于设计和确定各模块的功能。模型在环仿真可与快速原型方法结合，用于在开发的早期过程中，发现并排除系统和模块功能定义中的错误。

在 ECU 程序编制和调试完成后，应进行模块测试，以验证开发过程中模块设计的功能。此时，可用软件在环（Software In the Loop，SIL）仿真的方法将目标系统的编码集成到软件在环仿真系统中进行测试。进行软件在环仿真测试一般有两种方式：一种是将目标系统的程序编码以动态连接库的形式，转换为可在 PC 或工作站中运行的程序代码，完全脱离 ECU 的软硬件环境，直接在 PC 或工作站中进行 ECU 的软件在环仿真测试；另一种是目标系统的程序编码在真实的 ECU 处理器中运行，而所有 ECU 与外界的硬件连接信号都采用模拟信号，实现 ECU 的软件在环仿真测试。

在 V 型开发模式下，通过 SIL 平台一方面可在开发过程中更早介入，确保在早期开发过程中通过对嵌入式软件的测试及时发现问题，提高整改效率，从而大幅节约 ECU 功能开发成本和周期；另一方面，由于 SIL 测试采用纯软件仿真的手段进行测试，无需真实车辆及 HIL 台架资源，可在开发和测试过程中灵活使用，因此成为一种理想的功能测试工具。

4.4.2.2 实例分析

CANoe 是一款总线开发工具，具有测试、分析、仿真和记录等功能。基于 CANoe 仿真的总线开发步骤如下：

1）利用 CANdb+ + 制定总线协议。

2）CAN 总线配置文件。

3）监测 CAN 总线通信及其评价指标。

1. 联合仿真方法

CANoe 通过建立 CANdb+ + 数据库来定义 CAN 总线上各节点的通信，且 CANoe 可通过 CAPL 语言编写各节点的控制算法并对其 CAN 总线进行通信控制。但由于 CAPL

语言自身描述能力有限，对于复杂控制算法和 CAN 总线通信显得繁冗，很难反映控制意图，限制了节点模型的发展。MATLAB/Simulink 具有简单快捷的建模方式，但对于 CAN 总线的仿真建模却有所欠缺。因此，利用 CANoe 对 Simulink 开放的接口，将二者结合进行联合仿真，能观察所指定的控制策略在 CAN 环境的效果。联合仿真的具体原理图和总线拓扑结构如图 4-63 所示。

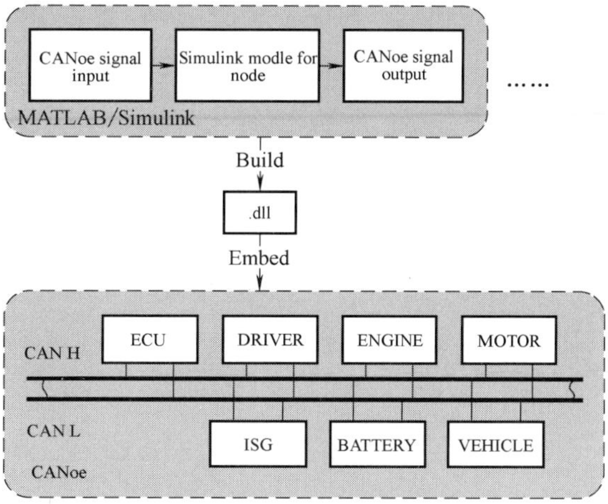

图 4-63　CAN 总线联合仿真示意

利用 CANoe/Simulink 联合仿真，通过在 CANoe 环境下将模拟的 CAN 总线连接导入至 CANoe 中的各子控制器和整车模型，能测试出所开发控制策略的 CAN 总线负载及信号迟滞等问题。具体开发步骤：建立 CANdb+ + 数据库，其界面如图 4-64 所示；以控制策略模块为一个节点，其他各 Simulink 模块分别为一个节点；将需要利用 CAN 总线发送的信号关联到各节点的发送和接收报文中；将设定完成的数据库文件导入至 CANoe 开发面板中。各节点收发的信号如图 4-65 所示。

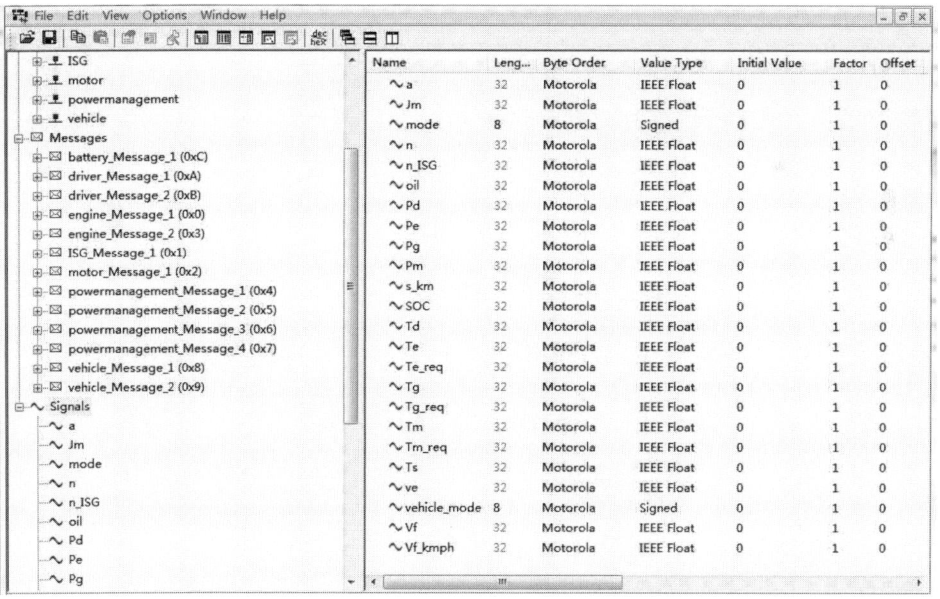

图 4-64　CANdb+ + 数据库界面

然后将 Simulink 模型中作为各控制节点模块的输入、输出接口用 Simulink/CANoe 模块的相关接口替换，并完成信号关联，如图 4-66 所示。通过快速代码生成技术将模型转换为 *.dll 格式的控制代码，并将 *.dll 文件嵌入到 CANoe 开发面板中，与图 4-67 所示的各节点一一对应。最后，通过仿真CAN总线环境来验证控制策略能否按实际需求发送和接收信号，并观测总线负载等CAN总线通信评价指标，从而完成插电式混合动力客车能量管理策略在CAN总线仿真环境下的测试与评价。

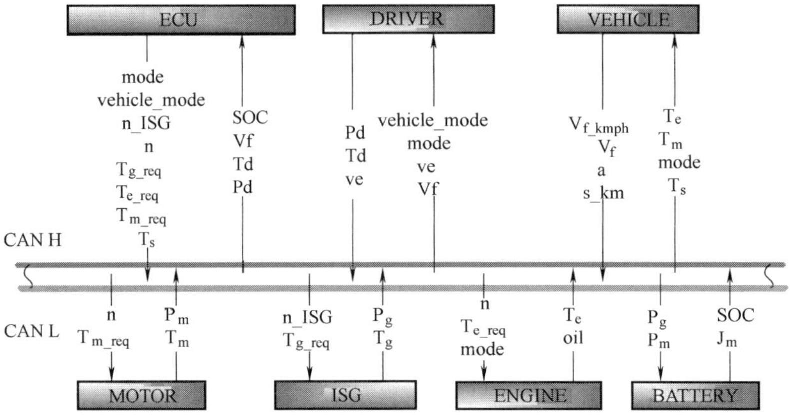

图4-65 各节点收发信号示意

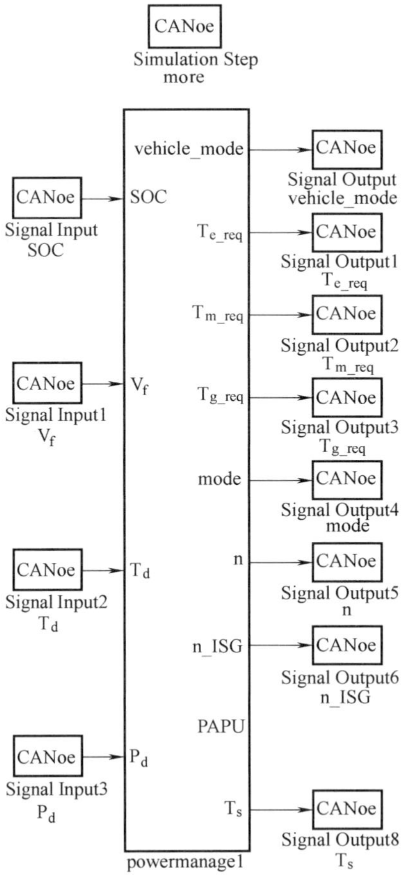

图4-66 Simulink中配置后的节点控制模型

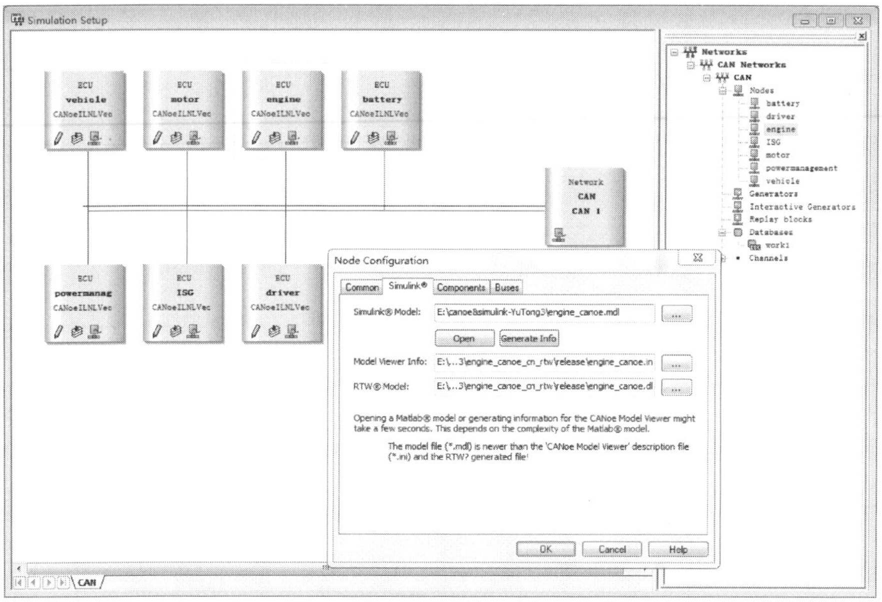

图 4-67 CANoe 开发面板中 CAN 总线拓扑结构

2. 联合仿真结果分析

CANoe 联合仿真的总线检测结果如图 4-68 所示，共监测 23 个信号和 12 个报文，包括车速、加速度、续驶里程、各动力部件转矩和功率、需求转矩和功率、电机转速、油

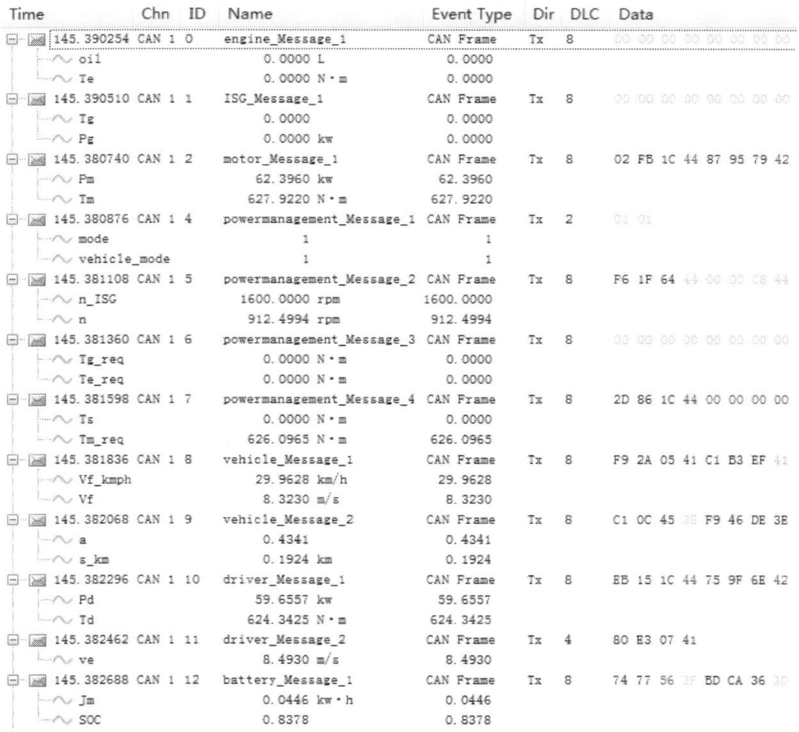

Time	Chn	ID	Name	Event Type	Dir	DLC	Data
145.390254	CAN 1	0	engine_Message_1	CAN Frame	Tx	8	00 00 00 00 00 00 00 00
oil			0.0000 L	0.0000			
Te			0.0000 N·m	0.0000			
145.390510	CAN 1	1	ISG_Message_1	CAN Frame	Tx	8	00 00 00 00 00 00 00 00
Tg			0.0000	0.0000			
Pg			0.0000 kw	0.0000			
145.380740	CAN 1	2	motor_Message_1	CAN Frame	Tx	8	02 FB 1C 44 87 95 79 42
Pm			62.3960 kw	62.3960			
Tm			627.9220 N·m	627.9220			
145.380876	CAN 1	4	powermanagement_Message_1	CAN Frame	Tx	2	01 01
mode			1	1			
vehicle_mode			1	1			
145.381108	CAN 1	5	powermanagement_Message_2	CAN Frame	Tx	8	F6 1F 64 44 00 00 C8 44
n_ISG			1600.0000 rpm	1600.0000			
n			912.4994 rpm	912.4994			
145.381360	CAN 1	6	powermanagement_Message_3	CAN Frame	Tx	8	00 00 00 00 00 00 00 00
Tg_req			0.0000 N·m	0.0000			
Te_req			0.0000 N·m	0.0000			
145.381598	CAN 1	7	powermanagement_Message_4	CAN Frame	Tx	8	2D 86 1C 44 00 00 00 00
Ts			0.0000 N·m	0.0000			
Tm_req			626.0965 N·m	626.0965			
145.381836	CAN 1	8	vehicle_Message_1	CAN Frame	Tx	8	F9 2A 05 41 C1 B3 EF 41
Vf_kmph			29.9628 km/h	29.9628			
Vf			8.3230 m/s	8.3230			
145.382068	CAN 1	9	vehicle_Message_2	CAN Frame	Tx	8	C1 0C 45 3E F9 46 DE 3E
a			0.4341	0.4341			
s_km			0.1924 km	0.1924			
145.382296	CAN 1	10	driver_Message_1	CAN Frame	Tx	8	EB 15 1C 44 75 9F 6E 42
Pd			59.6557 kw	59.6557			
Td			624.3425 N·m	624.3425			
145.382462	CAN 1	11	driver_Message_2	CAN Frame	Tx	4	80 E3 07 41
ve			8.4930 m/s	8.4930			
145.382688	CAN 1	12	battery_Message_1	CAN Frame	Tx	8	74 77 56 3F BD CA 36 3D
Jm			0.0446 kw·h	0.0446			
SOC			0.8378	0.8378			

图 4-68 CAN 总线通信报文及信号

耗、耗电量和 SOC 等。每个报文至多包含两个信号，加速度、耗电量等信号尽管不参与各节点之间的通信，但也会发送到 CAN 总线上，以便通过人机交互界面更直观地监测，同时也是实际车辆仪表板的必要监测量。为检测融入 CAN 总线仿真模型的控制策略因负载率和信号迟滞等潜在性能指标对控制效果的影响，将 Simulink 仿真与 CANoe 联合仿真得到的车速进行对比，结果如图 4-69 所示，可以看出二者基本一致。

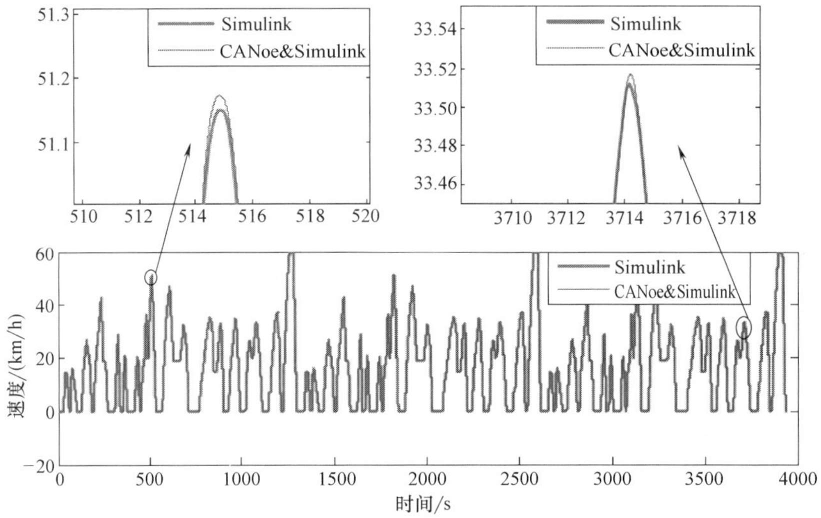

图 4-69　两种仿真所得车速对比

通过放大细节可以发现，在工况变化剧烈处，即车速曲线拐角处，两种仿真结果间的差异要比其他位置大。因为在 Simulink 环境下，各仿真节点间的通信都是理想化的，不必考虑控制信号的延时响应问题。而在加入 CAN 总线仿真模型的 CANoe 环境中，通过报文将各节点间的信号以固定周期传输，更能真实地反映各节点间的信号传输过程，而遇到工况突变处时，往往伴随有动力部件的功率和转矩突变。此时，仿真总线的迟滞效应会放大 CANoe 和 Simulink 仿真结果的差异。

在 CANoe 仿真所得车速与 Simulink 仿真所得车速中，随机抽样 4000 个采样时刻的车速，对比二者的差异和相关系数等，具体指标见表 4-9。相关系数可用来表示两个样本数据直接线性关系强度的度量值，而决定系数是相关系数的二次方，决定了对比样本数据相关的密切程度，相关系数表达式如下：

$$r_{XY}=\frac{\sum_{i=1}^{N}\left(X_i-\overline{X}\right)\left(Y_i-\overline{Y}\right)}{\sqrt{\sum_{i=1}^{N}\left(X_i-\overline{X}\right)^2}\sqrt{\sum_{i=1}^{N}\left(Y_i-\overline{Y}\right)^2}}(N=4000)$$

式中　X——CANoe 仿真结果的样本；

　　　Y——Simulink 仿真结果的样本。

表 4-9 仿真速度比较

最大误差 /(m/s)	最小误差 /(m/s)	误差标准差 /(m/s)	相关系数	决定系数
0.1071	0	0.0316	0.98	0.96

通过上述指标的数值可以看出，两种仿真结果基本一致。CAN 总线通信迟滞造成影响很小，CANoe 环境中的总线状态参数如图 4-70 所示。由图可以看出，CAN 总线负载率最大为 27.27%，小于 30%，因此不会造成总线拥堵。报文迟滞合理，最小发送间隔为 0ms。每次共发送 12 帧，与报文数相符。发送所需平均时间为 2.703ms。零错误帧，没有发送和接收错误。各项 CAN 总线通信属性符合设计要求，与前文针对车速的对比结果相吻合。

Statistic	Current ...	Min	Max	Avg
Busload [%]	27.17	26.86	27.27	27.03
Min. Send Dist. [ms]	0.000	n/a	n/a	n/a
Bursts [total]	9218	n/a	n/a	n/a
Burst Time [ms]	2.730	2.674	2.816	2.703
Frames per Burst	12	12	12	12
Std. Data [fr/s]	1200	1188	1200	1200
Std. Data [total]	110616	n/a	n/a	n/a
Ext. Data [fr/s]	0	0	0	0
Ext. Data [total]	0	n/a	n/a	n/a
Std. Remote [fr/s]	0	0	0	0
Std. Remote [total]	0	n/a	n/a	n/a
Ext. Remote [fr/s]	0	0	0	0
Ext. Remote [total]	0	n/a	n/a	n/a
Errorframes [fr/s]	0	0	0	0
Errorframes [total]	0	n/a	n/a	n/a
Chip State	Simulated	n/a	n/a	n/a
Transmit Error C...	0	n/a	0	n/a
Receive Error Count	0	n/a	0	n/a
Transceiver Errors	0	n/a	n/a	n/a

图 4-70 CAN 通信评价参数统计

在 CANoe 环境下，进行了 CAN 总线环境中各功能节点的功能验证，监测了 CAN 通信效果，验证了总线负载合理，负载率为 27.17%。信号发送和接收时间满足整车控制器的开发要求，控制策略功能实现正常，完成控制策略软件在环仿真验证。

4.4.3 基于硬件在环的整车综合控制系统开发

4.4.3.1 硬件在环仿真方法概述

硬件在环仿真（HIL）是一种硬件在线的实时仿真技术。在控制系统的研发过程中，将部分真实控制器与仿真测试结合起来，在仿真器上建立虚拟车辆模型，并通过实时接口将虚拟车辆与待测 ECU 连接形成回路，对 ECU 从功能与诊断两方面开展仿真测试。硬件在环仿真系统原理如图 4-71 所示。

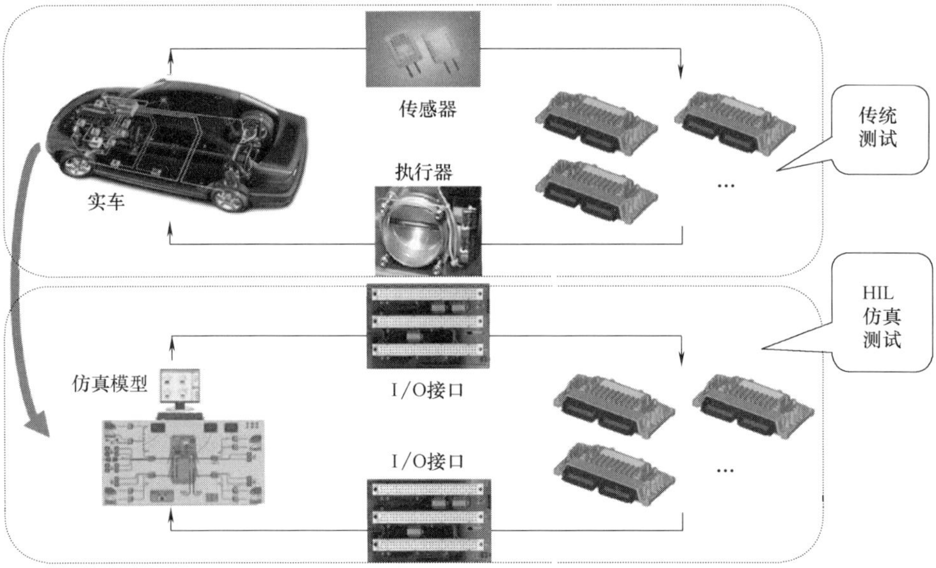

图 4-71　硬件在环仿真系统

硬件在环仿真系统主要由仿真模块、高速接口和实物模块三部分组成。仿真模块包括系统实时仿真模型和 PC 监控系统。其中，实时仿真模型是整个硬件在环仿真系统的核心，其主要功能是实现系统模型的实时仿真计算。PC 监控系统作为人机交互平台，既可方便地修改系统仿真模型的参数，又能及时地监控系统实时仿真模型在控制系统实物中的作用。高速接口模块充分利用其高速计算能力，可在系统实时仿真模型和控制系统实物之间进行各种信号传递。

采用 HIL 技术可方便地测试典型工况，甚至极端工况下的混合动力综合控制器软、硬件性能，帮助设计者了解系统的动态特性，准确分析参数变化对系统特性的影响，并能缩短开发周期、减少开发费用。基于 HIL 的整车综合控制系统的主要功能要求如下：

1）能对控制策略进行验证和优化。

2）能用于控制器软、硬件调试和测试。

3）能用于控制参数标定。

4）能用于故障模拟和 OBD 测试。

5）能用于整车运行工况模拟测试，以及能耗、排放和动力性等性能仿真测试。

6）能进行传感器、执行器模拟和 CAN 总线通信测试。

4.4.3.2　实例分析

1. 硬件在环仿真系统结构框架

本节基于 dSPACE，针对混合动力系统设计硬件在环仿真平台。dSPACE 是一套基于 MATLAB/Simulink 的控制系统开发与测试平台，可实现无缝连接。以 dSPACE 的实时控制仿真平台作为实时环境的硬件载体，它在系统中作为实时处理器。

混合动力系统硬件在环仿真平台由实时仿真系统 dSPACE、系统数字模型、信号调理电路、监控界面以及驾驶人操作装置（加速踏板、制动踏板、变速杆）等组成。

硬件在环仿真系统结构如图 4-72 所示。在硬件在环仿真测试过程中，驾驶人通过操作加速 / 制动踏板及变速杆将驾驶意图传达给混合动力系统综合控制器（HEV ECU），驾驶人操作装置中集成了相应的位置信号传感器。ECU 采集驾驶人操作信号、反映车辆速度的车速脉冲信号及通过 CAN 总线传递的各部件状态信号，并根据这些信号进行控制决策，生成各部件的操作指令（混合动力系统中主要为发动机、电机、发电机工作状态指令与功率耦合机构操作元件控制指令），通过 CAN 总线传递给实时仿真系统 dSPACE。dSPACE 通过实时接口模块（RTI）中的 CAN 模块接收 ECU 指令，实时运算车辆系统数字模型和路面状态等试验环境模型，生成各部件的实时状态及车辆状态。然后分别通过 RTI 模块的 CAN 模块与脉冲信号生成模块产生需要 ECU 采集的 CAN 信号和车速脉冲信号，并发送给 ECU。ECU 就此进入下一个时间步长的控制。这样就完成了一个实时仿真步。硬件在环仿真系统反复进行这样的计算，从而模拟了被测对象的动态过程特性。

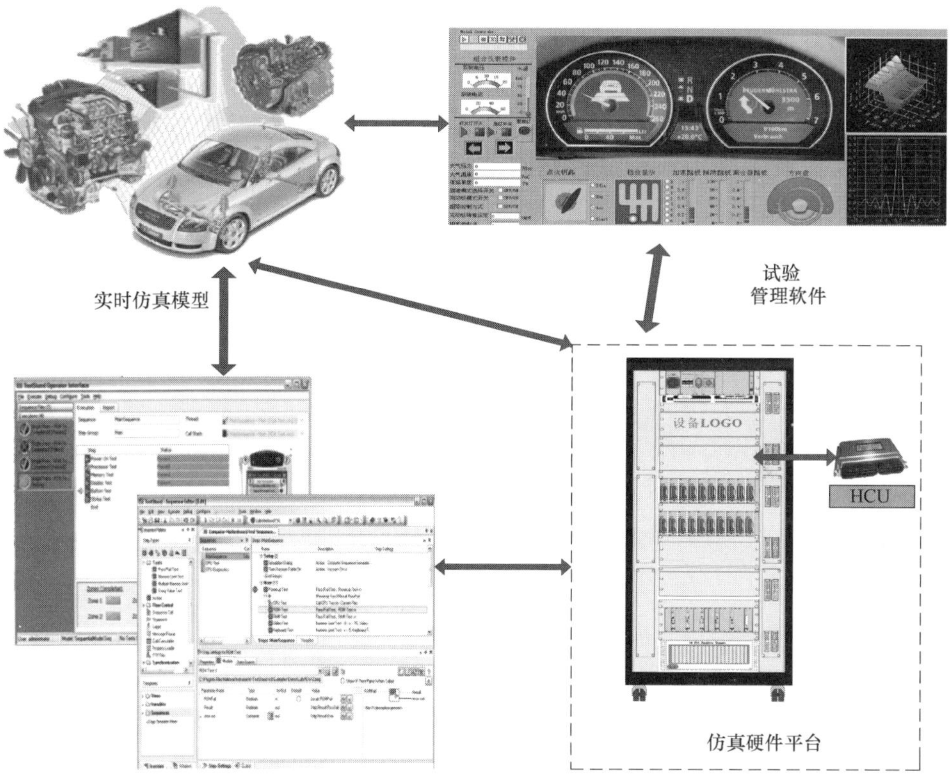

图 4-72 硬件在环仿真系统结构

2. 硬件在环仿真系统设计流程

硬件在环仿真系统设计流程如图 4-73 所示。

（1）车辆系统数学模型的建立

系统数学模型是硬件在环仿真系统最重要的软件组成部分。系统通过 MATLAB/Simulink 软件建立实时仿真模型以模拟整车真实部件。混合动力系统模型主要由发动机模型、发电机模型、电机模型、动力蓄电池组模型、功率耦合机构模型、车辆动力学模型和辅助系统用电模型等组成。

在完成车辆系统数学模型的建立后，通过离线仿真调整控制系统参数，调整至较理想值后即可搭建硬件在环仿真试验台。

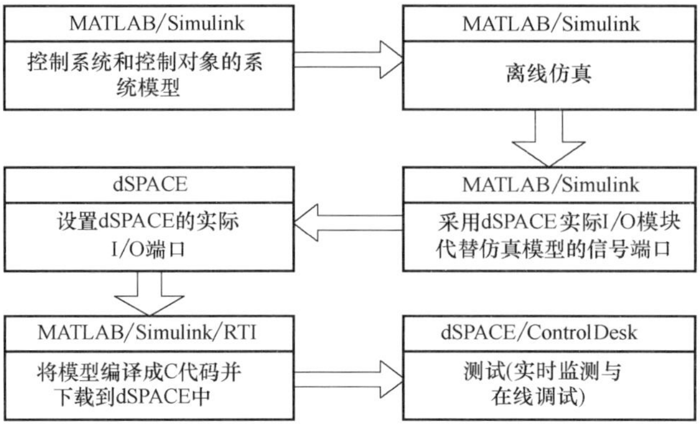

图 4-73　基于 dSPACE 的硬件在环仿真系统设计流程

（2）被控实物和仿真控制模型的连接

硬件在环仿真环境中，控制模型仍然采用离线仿真模型，用实物替代了目标系统模型，因此需通过 dSPACE 的 I/O 接口实现被控实物与仿真控制模型的连接。

（3）代码的自动编译和生成

dSPACE 的实时接口库 RTI（Real-Time Interface）能从方框图中自动生成代码并下载，它连接的是 dSPACE 实时系统与软件开发工具 MATLAB/Simulink。RTI 对 Simulink 库进行了扩展，利用这些框图无需编写任何代码就能完成包括 I/O 接口及初始化过程的全部设置。同时，通过对 RTW 进行扩展，可实现从 Simulink 模型到 dSPACE 实时硬件代码的无缝自动下载。

利用 MATLAB/Simulink/RTW 和 dSPACE/RTI 实现代码的自动编译和生成后，将其下载到 AUTOBOX 中。

（4）操控界面的搭建

利用 dSPACE/ControlDesk 软件提供的一系列虚拟测试控件，建立试验监控界面，如图 4-74 所示。测试过程中，操控界面主要包括驾驶人面板模拟界面和实时数据采集两部分。面板模拟界面直观地显示系统的关键参数、监控系统工作状态，包括模式设定等按钮。实时数据采集界面实现了试验数据曲线的实时显示、记录与分析等功能。

（5）HIL 测试

整个 HIL 测试包括通信测试、功能测试和故障注入测试三部分。

通信测试：根据项目 I/O 测试列表进行控制器的 I/O 测试。

功能测试：根据项目功能测试列表，即功能测试用例库进行功能测试。

根据该测试用例库，在现有测试平台上对目前车型进行 HIL 测试。本节采用基于 dSPACE/Automation 软件建立的测试序列，其作用是将测试用例转化为软件可识别代码，图 4-75 所示为一条完整的测试序列结构。

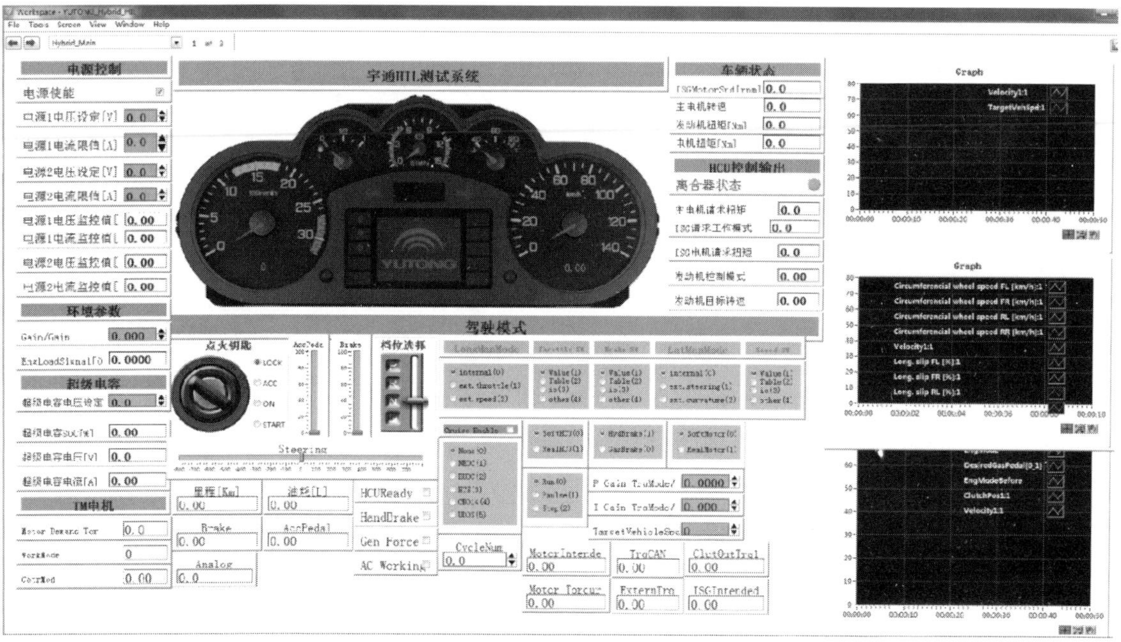

图 4-74　ControlDesk 试验监控界面

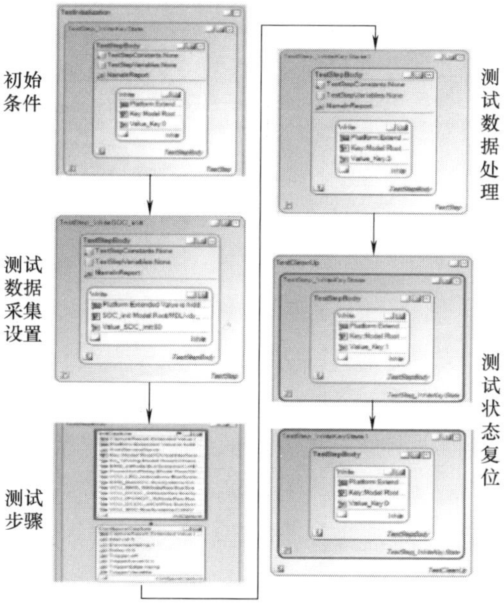

图 4-75　功能测试流程

故障注入测试：进行故障注入测试。

总体来说，基于 HIL 的整车综合控制系统具有良好的实时性和动态特性，可很好地模拟混合动力电动汽车的行驶状态，也可进行循环工况的仿真，为控制策略各模式切换等不同行驶状态的调试提供了良好的仿真平台。同时，为不同控制策略下混合动力电动汽车动力性、经济性仿真研究提供了良好的实时性仿真平台。

4.4.4 基于 Simulator 的整车综合控制系统协同开发

IPG Simulator 是一款高度灵活的硬件在环仿真器。IPG Simulator 可用于众多应用，甚至能仿真一个完整的虚拟车辆。它的应用领域主要有发动机、变速器、车辆动力系统和车身电子 HIL、开环或闭环环境、实际单元测试、功能集成测试、释放测试和 ECU 诊断测试、实时仿真、电驱动应用、ECU 综合闭环测试、发布 / 验收测试、联网 ECU、混合动力或电动力传动系和电动转向系统的电机仿真、蓄电池管理系统、机械测试台架等。Simulator 仿真器如图 4-76 所示。基于 Simulator 的整车综合控制系统协同开发硬件平台如图 4-77 所示。

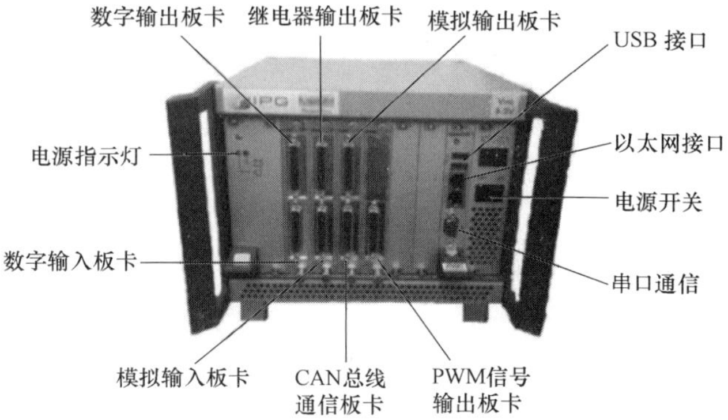

图 4-76 Simulator 仿真器

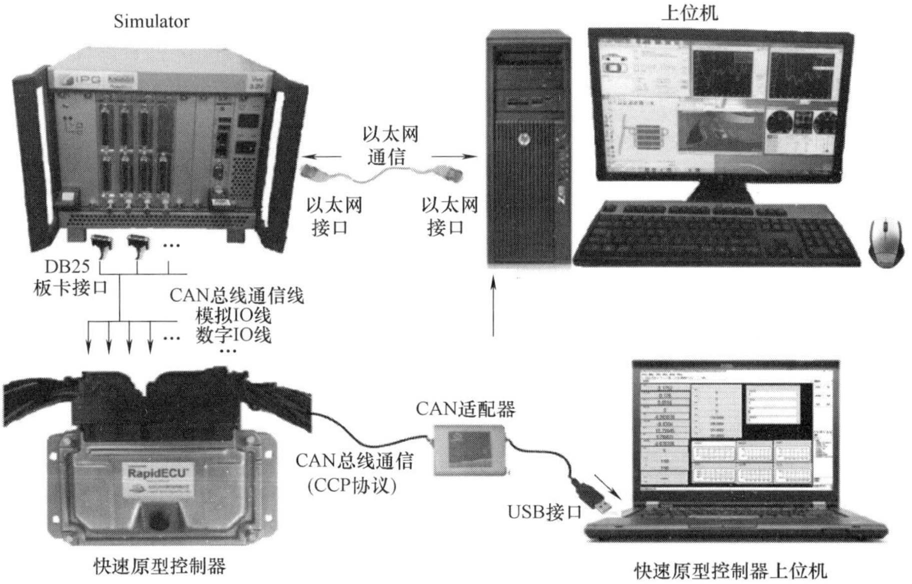

图 4-77 基于 Simulator 的整车综合控制系统协同开发硬件平台

通过 IPG Simulator 搭建虚拟的测试台架及车辆环境，产生实车的各种信号，满足发动机、传动系、整车及车身电控单元的功能测试，以及故障诊断测试、网络测试和自动测试的需求，具体功能如下：

1）模拟被控对象的各种工况，产生车辆所需的各种信号，与电控单元构成闭环系统。

2）在线实时监控和标定各种仿真参数，模拟各种不同驾驶人操作、试验环境和驾驶工况。

3）实现整车的各种电气故障，模拟复杂的故障模式。

4）快速复现故障模式。

5）实现测试自动化，且测试过程可复现。

6）实现多个电控单元的集成测试及网络测试。

7）实现高速运算，满足电控单元测试的实时性要求。

8）易于维护和扩展测试能力。

通过该测试平台搭建虚拟的测试台架及车辆环境，可实现车辆行驶的各种工况。对电控单元在不同环境条件、极限测试工况以及故障模式下的情况，进行系统的、大范围的、可复现的测试，减少实车测试所带来的风险，降低人员投入、减少开发时间和费用支出。

下面以单个 ECU 的功能测试为例进行具体说明。

一个 ECU 开发完成后，必须对其功能进行全面测试，特别是故障情况和极限条件测试。

在 HIL 测试环境的搭建中，以 IPG Simulator 作为实时环境的硬件载体，在 MATLAB/Simulink 中建立变速器模型、液力变矩器模型、发动机模型、整车底盘模型和路面模型等被控对象模型。再通过 MATLAB 产品家族中的自动代码生成工具（RTW），将上述模型转化为实时代码，下载至 Simulator 设备中的处理器板卡后，即完成 HIL 测试环境的搭建。

首先，TCU（Transmission Control Unit）通过 Simulator 中的专用 I/O 板卡获得车辆模型发出的状态信号。

TCU 基于这些信号发出对变速器模型的控制信号。同样，通过 Simulator 中专用 I/O 板卡完成对这些控制信号的采集后，车辆模型将根据控制信号进行状态更新，模拟车辆的被控动作。

在上述过程中，通过信号调理模块或外围驱动电路模块，Simulator 还可集成一些传感器或执行器，同时可通过 Simulator 的标准硬件集成相应的诊断或标定工具。

对于功能测试，可通过操作车辆模型模拟平稳加速状态、急加速 / 急减速状态、坡道状态和软件故障状态，甚至一些在现实中很难出现的极端行驶状态，从而评估 TCU 的控制效果。

另外，还可通过 Simulator 的故障注入单元模拟大量硬件故障，例如传感器输入开路、短路等，进一步检测 TCU 的诊断功能。

4.5 整车控制器参数标定

目前，比较流行的测标系统有 Vector 公司的 CANape、ETAS 公司的 INCA、dSPACE 公司的 CalDesk、ATI 公司的 VISION、大众公司的 VS100 和通用公司的 CalTool。这些在线测标系统价格昂贵，通用性不好，且没有统一标准和规范的通信方式。开发基于控制器局域网络（Control Area Network，CAN）总线标定协议（CAN Calibration Protocol，CCP）的在线测标系统十分必要。

4.5.1 混合动力电动汽车整车控制器测标流程

混合动力电动汽车整车控制器测标过程：基于实车运行数据分析动力部件对整车经济

性和动力性的影响，找出影响车辆性能的因素，挖掘车辆性能提高的潜力，从而提取控制器的标定量及相关监测量，提出基于最佳车辆性能的控制参数标定方法，确定在某一特定运行环境下的最优控制参数组合，如图 4-78 所示。

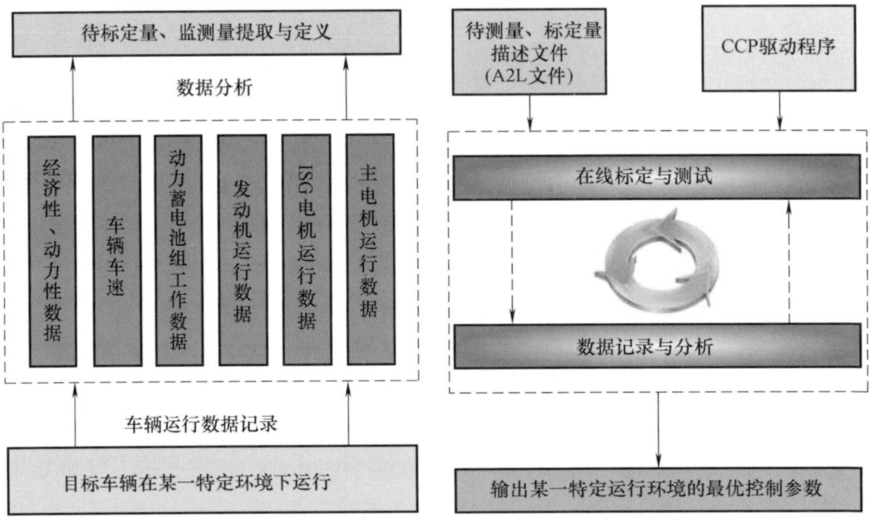

图 4-78　混合动力电动汽车 HCU 测标流程

4.5.2　基于 CCP 协议的在线测标系统开发及整车应用标定

在线测标系统是 HCU 开发过程中的重要工具之一，用于监测 HCU 相关变量，对其控制参数进行在线调整，能在线分析并保存标定结果、处理离线数据等。完整的测标系统包括主机测标环境、通信硬件连接、主机与从机的接口库文件以及从机驱动程序四部分。传统测标系统开发没有一定的标准可循，开发者往往要自行开发主机测标环境，有的甚至要自行完成包括通信接口硬件和驱动在内的所有工作，费时费力且通用性极差。为解决标定、测量和诊断（Measurement，Calibration and Diagnosis，MCD）系统的标准化，实现硬件和软件之间的兼容性和数据可交换性，德国的多家汽车制造商联手多家汽车电子设备制造商成立了标准化标定系统工作组（Arbeitskreis zur Standardisierung Von Applikationssystemen，ASAP），并制定了 ASAP 标准。ASAP 标准包括三个部分，分别是 ASAP1、ASAP2 和 ASAP3。其中，ASAP1 又可细分为 ASAP1-a 和 ASAP1-b，如图 4-79 所示。

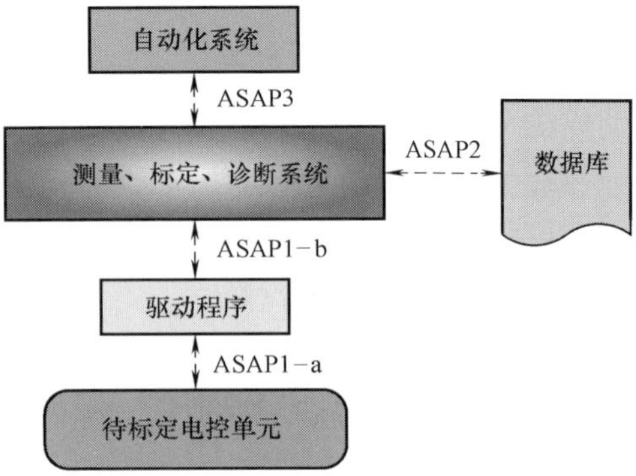

图 4-79　ASAP 标准的构成示意

ASAP1-a 是待测标 ECU 端的数据通信接口规范，ASAP1-b 则是 MCD 系统与待测标 ECU 的通信接口规范。ASAP2 是待测标 ECU 的内部数据描述文件规范。ASAP3 是自动化系统与 MCD 系统的通信接口规范。自动化及测量系统标准化协会（Association for Standardisation of Automation and Measuring Systems，ASAM）成立后，对 ASAP 标准进行了扩展，形成了新的 ASAM 标准。在新的标准体系下，ASAP 标准更名为 ASAM-MCD，ASAP1、ASAP2、ASAP3 相应地更名为 ASAM-MCD 1MC、ASAM-MCD 2MC 和 ASAM-MCD 3MC，这就是汽车 ECU 的 MCD 标准。

CCP 是 ASAM-MCD 的有机组成部分，属于 ASAM-MCD 1MC-a 规范，是基于 CAN 总线的 ECU 标定协议。CCP 采用主从通信方式，以 CAN 帧为基本单位，遵循 CAN2.0B 通信规范，支持 11 位标准和 29 位扩展标识符。CCP 的所有收发数据都打包成 8 个字节的报文，发送和接收各使用一个 ID，共占用 CAN 报文两个 ID。

1. 标定协议

目前，标定系统所采用的通信协议主要有串行通信接口（Serial Communication Interface，SCI）协议、传输控制协议 / 网络通信协议（Transmission Control Protocol/Internet Protocol，TCP/IP)、基于 K 线的 KWP2000（Keyword Protocol 2000）协议和 CCP 等。

基于 SCI 的标定系统采用传统标定方式，一直以来都是主流，现在仍有广泛应用。但 SCI 的通信速率太慢，这就导致了基于 SCI 的标定系统存在两个缺陷：一个是基于 SCI 的标定系统并不能实现真正意义上的在线标定。所谓在线标定，是相对离线标定而言的，在线标定可在被控系统运行过程中对控制参数、曲线和 Map 数据进行修改，这是对被控系统进行实时优化的必要前提。但它对标定通信方式和通信速率提出了很高的要求，SCI 的通信速率并不能满足该要求；另一个是基于 SCI 的标定系统采样频率太低，相邻两次采样之间，可能控制器中的重要变量已经多次刷新，导致采样点之间大量信息丢失，最终影响标定过程的重要变量监测、分析和判定。

基于 TCP/IP 的标定系统可快速、可靠地完成标定工作，但这种通信方式也有不足之处，即需要对待标定的电控单元进行专门改造，在原有电路的基础上增加 ETK（Embedded Tool Kit）模块。改造后的 ECU 称 ETK-ECU，专门用于 ECU 开发和标定过程。增加硬件的目的是实现相应通信接口，同时改造后可将 ECU 内存中的数据映射在 ETK 中。标定过程并不是直接修改 ECU 中的数据，而是修改映射到 ETK 硬件中的数据。这就使该方式存在三个缺陷：其一是要增加 ETK 硬件必须预留相应硬件接口，增加了 ECU 开发的复杂程度；其二是每个 ETK-ECU 改造需要花费数千美元，大幅增加了开发成本；其三是最终批量化型号的 ECU 不可能含有 ETK 硬件，无法进行标定。

由于 HCU 开发过程中对测标系统的实时性、通信速率、通用性和开发成本的严格要求，上述测标方式已无法满足。基于 CCP 的标定方式兼具了上述两种标定方式的优点，摒弃了它们的不足之处。具体而言，其优势在于：

1）基于 CCP 的标定系统可在控制器运行过程中实现对控制器数据及特性参数的实时动态标定。

2）CAN 总线可靠性好，因此通过 CAN 总线进行的 MCD 工作过程稳定、可靠。

3）CAN 总线普及度高，且 CAN 控制器成本低廉，几乎所有中高端单片机都内置了 CAN 控制芯片，这为基于 CCP 的标定方式的普及提供了有力支持。

4）基于 CCP 的标定系统在硬件上只要求共用 ECU 的 CAN 接口，主要是在 ECU 中实现符合 CCP 的标定驱动与接口程序，并不增加任何硬件成本。

5）如果将基于 CCP 的标定工具接入连接多个 ECU 的 CAN 网络中，则标定工具可标定该 CAN 网络中的所有 ECU。

6）CCP 早已在欧洲成为标准，不仅是 ASAP 成员厂商的产品支持该协议，世界其他知名整车厂及相关零部件、技术服务供应商也逐步开始支持该协议。加之 CCP 自身的不断完善和发展，在电控系统开发领域显示出强大的优势，使 MCD 工作的通信方式标准统一成为可能。

2. 标定系统软硬件设计

基于 CCP 的 PHEB HCU 在线测标系统只有一个主机，可同时连接一个或多个从机。主机是一个 MCD 工具，从机为待测标电控单元，如图 4-80 所示。CCP 规定主机和从机之间通过 CRO（Command Receive Object）和 DTO（Data Transmission Object）来会话，由主机向从机发送命令（CRO）和从机进行响应并反馈命令应答（DTO）两个步骤完成，可用单次或多次相应的会话来实现不同的功能。

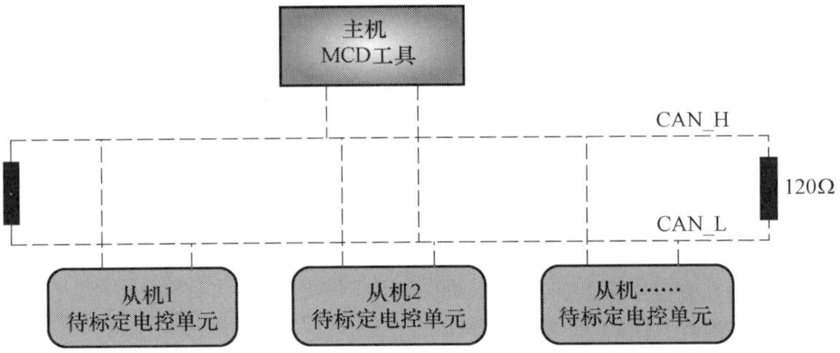

图 4-80　基于 CCP 的 HCU 测标系统通信方式

整个测标系统包括上位机测标环境、接口库文件、主机 CCP 驱动程序、USB/CAN 接口卡、从机 CCP 驱动程序和待标定控制器等，其软硬件结构如图 4-81 所示。

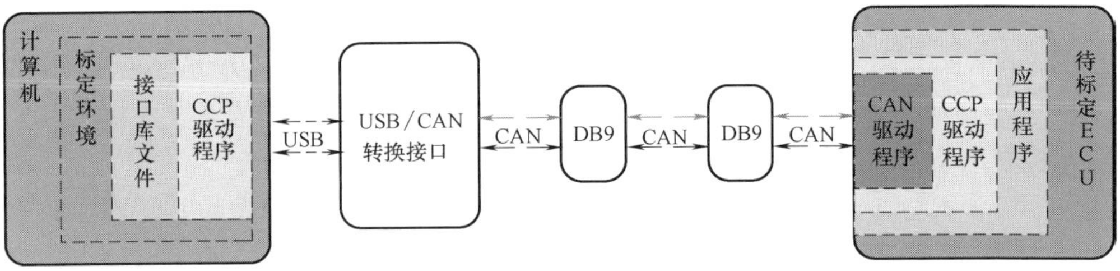

图 4-81　基于 CCP 的 HCU 测标系统软硬件结构

从 MCD 的角度看，待测标从机端的程序架构如图 4-82 所示，各程序块之间的信息交互方式如图 4-83 所示。应用程序通过调用 CCP 驱动程序中的 CCP 初始化函数完成 MCD 初始化工作。CAN 驱动程序通过调用 CCP 驱动程序中 DTO 发送反馈函数来确认上次会话是否顺利完成，以确定是否继续进行新一次会话。CAN 总线驱动程序接到主机下达的 CCP 命令后，通过调用 CCP 驱动程序中的 CCP 命令处理函数（CCPCommand）对其进行解析并做出响应。然后，CCP 驱动程序调用 CAN 驱动程序中的 CAN 发送函数将响应结果反馈给主机。应用程序通过调用 CCP 驱动程序中的 DAQ（Data Acquisition）模式函数实现对监测量值的刷新。再由 CCP 驱动程序调用 CAN 驱动程序中的 CAN 发送函数将监测量的值上传到主机。应用程序与 CAN 驱动程序之间同 CAN 收发函数实现信息传递。

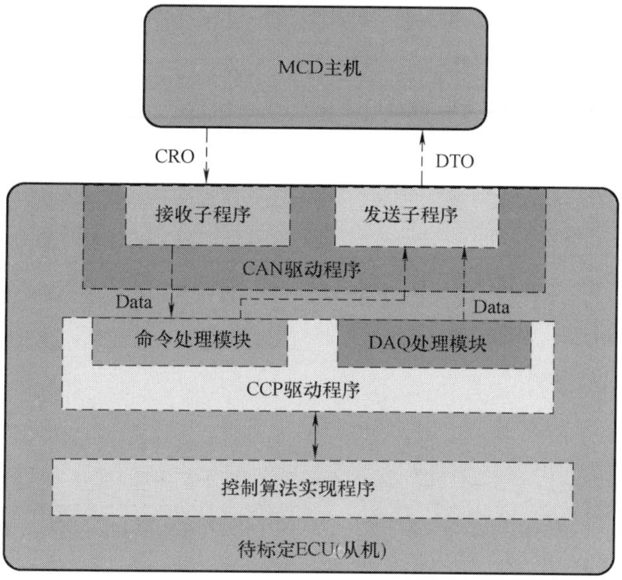

图 4-82 待测标从机端的程序架构

CCP 驱动程序与 CAN 驱动程序通过相应的接口程序实现数据传递，该接口程序的具体流程为：CAN 采用中断接收方式，在程序运行过程中收到 CAN 报文时，由 CAN 接收中断服务程序，对该条报文 ID 进行判断。若为 CCP 命令则调用 CCP 驱动程序中的 CCP 命令处理函数，否则继续执行其他程序，如图 4-84 所示。

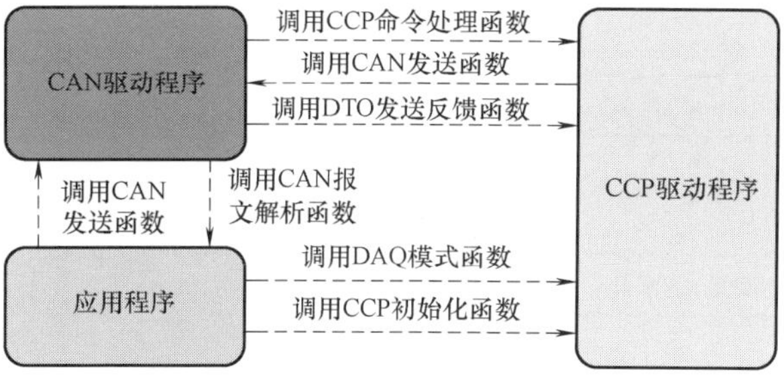

图 4-83 待测标从机端各程序块间的数据交互方式

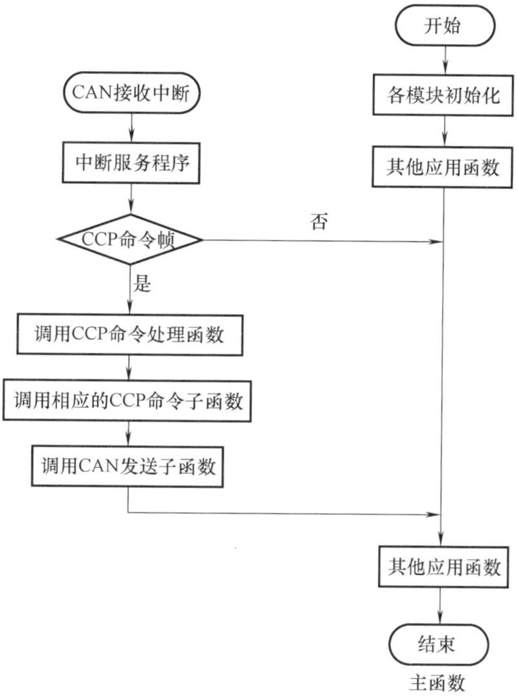

图 4-84 待测标从机端 CCP 驱动程序与 CAN 驱动程序的接口程序流程

CCP 命令处理函数执行流程为：进入函数后首先对 CCP 命令报文 CMD 代码进行判断（2.1 版本 CCP 共规定了 28 条命令，包括 11 条基本命令和 17 条可选命令，见表 4-10

和表 4-11)。然后转入相应的子函数中，完成相应任务，最后配置并返回相应的命令处理结果信息，如图 4-85 所示。

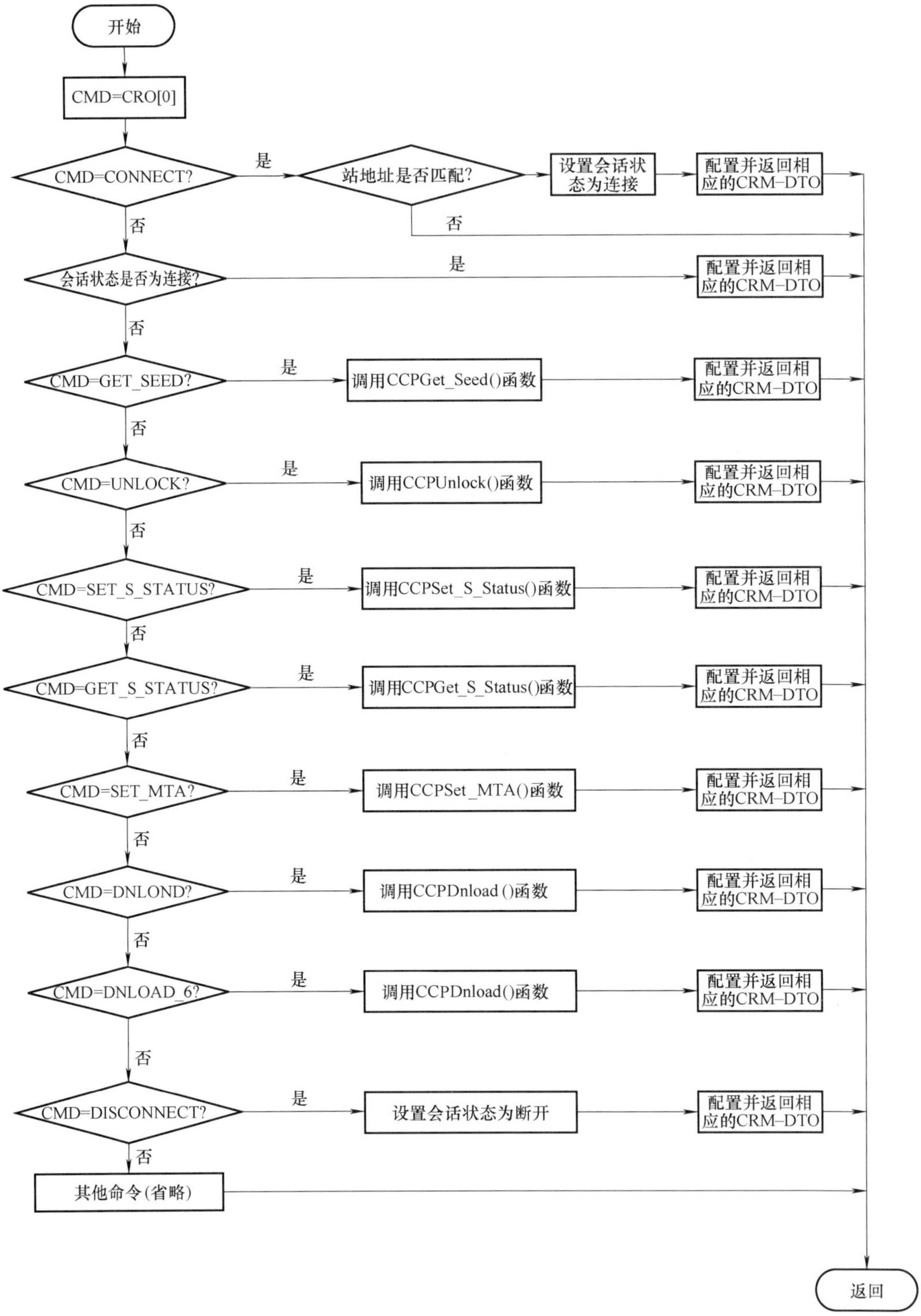

图 4-85　待测标从机端 CCP 命令处理函数流程

表 4-10　CCP 的 11 条基本命令

CCP 命令	CMD 代码	应答时间限值 /ms	功能描述
CONNECT	0X01	25	建立逻辑连接
SET_MTA	0X02	25	设置初始地址
DNLOAD	0X03	25	将主机的数据下载到从机
UPLOAD	0X04	25	将从机数据上传到主机
START_STOP	0X06	25	启停 DAQ 列表数据的上传
DISCONNECT	0X07	25	断开与当前从机的逻辑连接
GET_DAQ_SIZE	0X14	25	获取特定 DAQ 列表的大小
SET_DAQ_PTR	0X15	25	设置写入 DAQ 列表数据的初始地址
WRITE_DAQ	0X16	25	将需上传数据写入 DAQ 列表
EXCHANGE_ID	0X17	25	交换站标识符
GET_CCP_VERSION	0X1B	25	获取版本号

表 4-11　CCP 的 17 条基本命令

CCP 命令	CMD 代码	应答时间限值 /ms	功能描述
TEST	0X05	25	连接状态测试
START_STOP_ALL	0X08	25	启停同步数据传输
GET_ACTIVE_CAL_PAGE	0X09	25	获取激活状态下的标定页
SET_S_STATUS	0X0C	25	设置当前通信状态
GET_S_STATUS	0X0D	25	获取当前通信状态
BULID_CHECKSUM	0X0E	30000	建立 checksum 表
SHORT_UP	0X0F	25	将从机指定地址数据上传到主机
CLEAR_MEMORY	0X10	30000	清空 FLASH、EEPROM 的指定位置
SELECT_CAL_PAGE	0X11	25	选择标定数据页
GET_SEED	0X12	25	申请从机受保护资源的密钥
UNLOCK	0X13	25	对从机受保护资源进行解保护
PROGRAM	0X18	100	向 FLASH、EEPROM 写入指定长度的数据
MOVE	0X19	30000	对从机固定长度的数据进行转存
DIAG_SERVICE	0X20	500	系统诊断服务
ACTION_SERVICE	0X21	5000	执行系统请求服务
PROGRAM_6	0X22	100	向 FLASH、EEPROM 写入 6 个字节的数据
DNLOAD_6	0X23	25	将主机 6 个字节的数据下载到从机

DAQ 模式借助 DAQ 列表进行通信，使从机自动地按一定周期向主机上传数据。它采用中断形式完成在一定周期内对 CCPDaq 函数的调用，实现主机对从机相关量的实时监测，执行流程如图 4-86 所示。

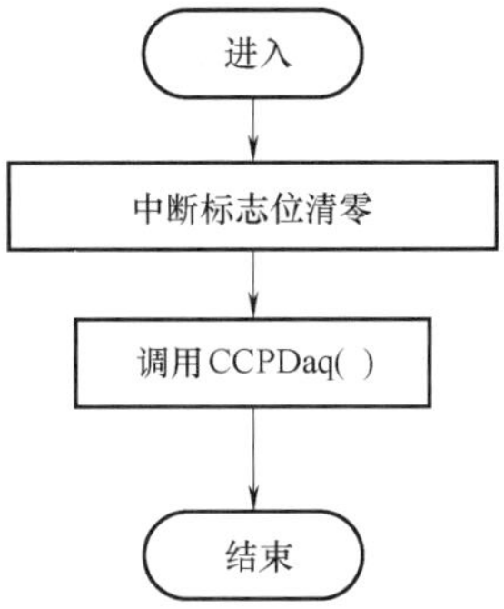

图 4-86　待测标从机端 DAQ 处理模块与应用程序的接口程序流程

下面对结合基于 CCP 的在线测标系统的应用实例进行具体介绍。HCU 在线测标系统 USB/CAN 接口转换工具（或称 USB/CAN 接口转换卡）采用稳定可靠的 CANcaseXL。测标系统运行在便携式 PC 上，其内部集成了主机端的 CCP 驱动程序。待测标从机为 HCU，从机端程序包括 CAN 驱动部分、CCP 驱动部分和控制算法实现部分。主机端测标环境是测标系统与测标工程师的交互接口，负责接收解析测标工程师的相关操作，通过调用主机端的 CCP 驱动程序将其转换成标准的 CCP 命令发送到 USB 总线上。接收从机上传来的相关处理结果，并将其显示在显示窗口上，以便标定工程师进行实时观测、分析。同时，将所有测标任务和响应结果生成文档保存下来，为标定工程师提供分析、优化依据。USB/CAN 接口转换工具负责将主机下达的 CCP 命令转换成 CAN 报文发送到 CAN 总线上。同时，将从机上传的携带处理结果信息的 CAN 报文转换后通过 USB 总线上传到主机。从机在负责执行多动力单元协调控制任务时，其内部的 CAN 驱动程序除负责正常的 CAN 报文收发外，还要辨析出主机下达的 CCP 命令，并调用 CCP 驱动程序，然后将处理的结果打包发送到 CAN 总线上。CCP 驱动程序负责解析 CCP 命令，做出响应后上传响应结果。

借助待测标 HCU 中的能量管理策略程序代码 MAP 文件，对待测标量进行配置（配置界面如图 4-87 所示），生成 A2L 文件。

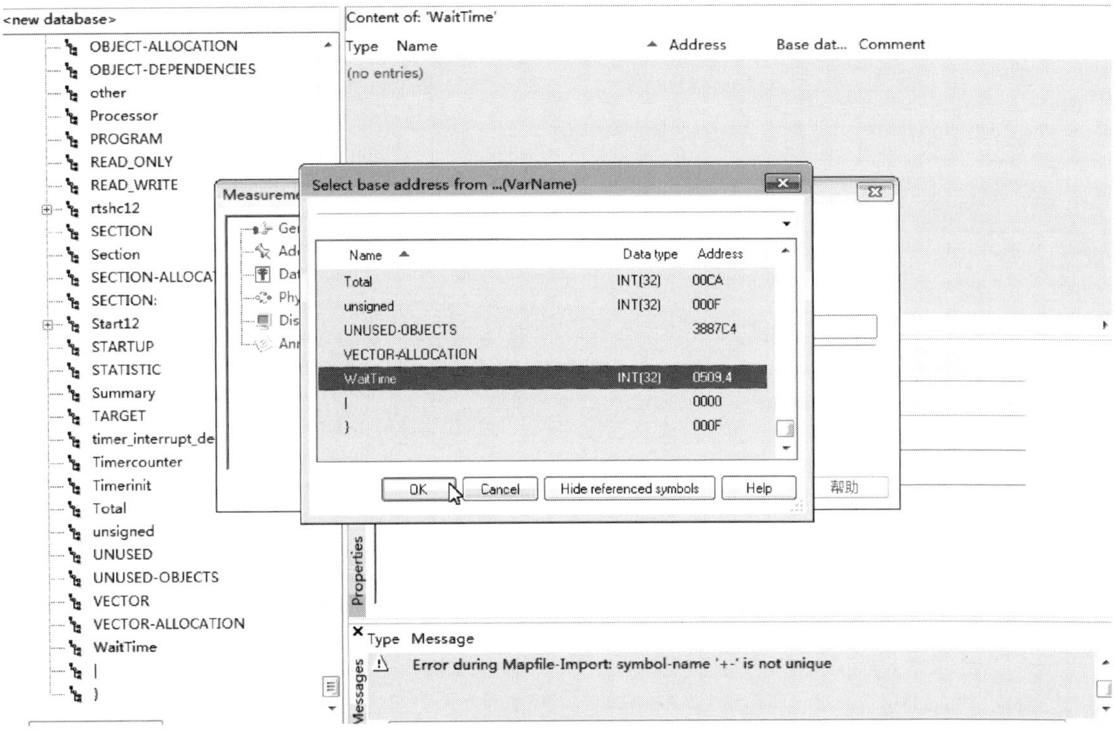

图 4-87　MAP 文件转化 A2L 文件配置界面

测标系统通过 A2L 文件（加载界面如图 4-88 所示）与 HCU 建立通信（CCP 配置如图 4-89 所示），对待测标量存储单元进行访问，从而完成对控制器相关量的监测与标定。

HCU 在线测标界面如图 4-90 所示，可根据需求选择测标量，显示方式可采用线图、数字表和速度表等形式。标定方式可采用直接输入、滑块拖动等形式。同时，在线测标的数据信息均可保存在数据库中（图 4-91），以供后续离线分析（离线数据分析界面如图 4-92 所示）。

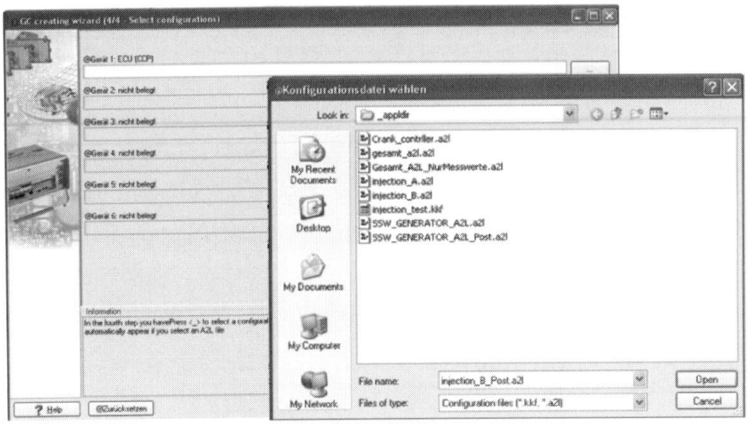

图 4-88　A2L 文件加载界面

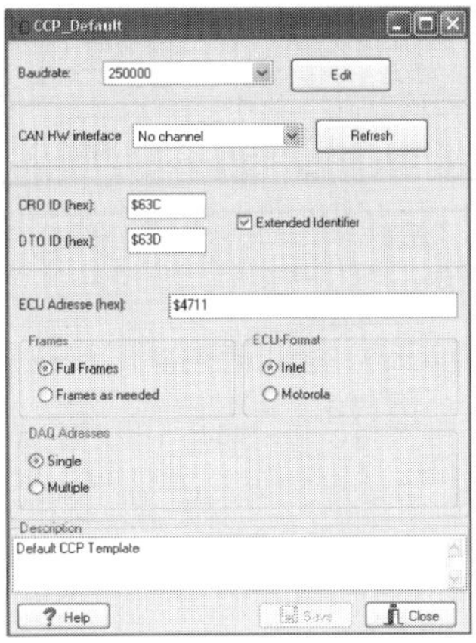

图 4-89　CCP 配置界面

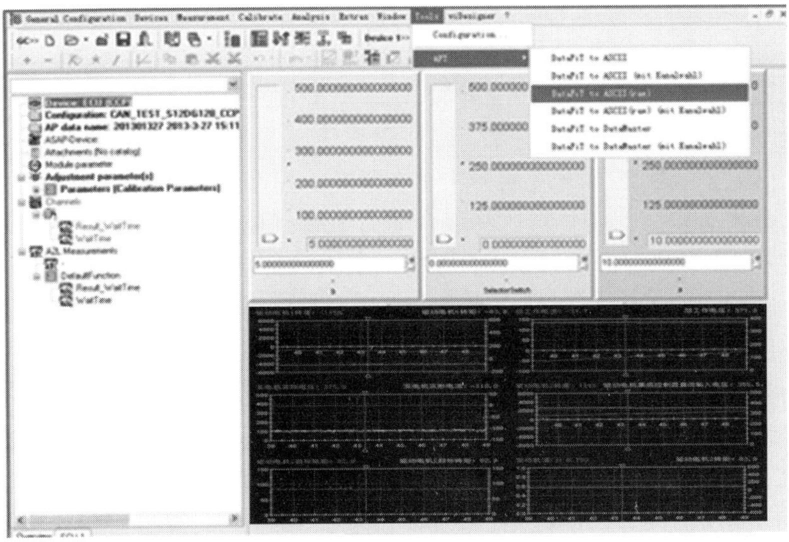

图 4-90　测标系统在线测标界面

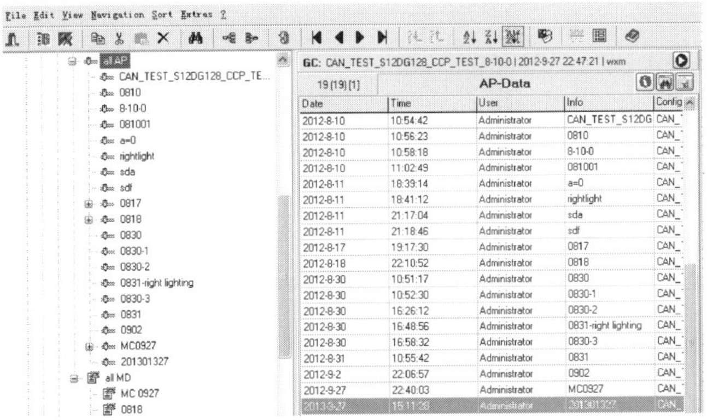

图 4-91　数据信息记录与导出界面

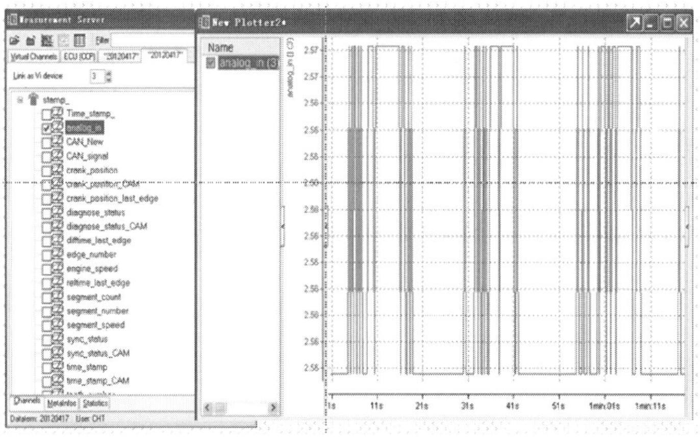

图 4-92　离线数据分析界面

4.5.3　整车控制参数远程标定方法

1. 系统概述

随着混合动力电动汽车的智能化、网联化程度越来越高，其配置日益复杂，ECU 的标定已成为汽车电子控制装置开发的一个重要环节。整车厂在车辆生产过程中及车辆下线后，因不同配置和功能，都需要对这些混合动力电动汽车的部分参数进行标定。

在现有技术中，整车厂通过标定工具接入车辆内部标定网络，对待标定 ECU 中的数据及特性参数进行标定，例如车辆部分功能的开启或关闭等。但该操作方式的缺点是必须有相关人员携带标定工具连接车辆标定接口进行操作。当需要标定车辆较多或车辆距离较远时，对新能源汽车的标定效率较低。

无线远程标定功能不仅可解决上述问题，还可节约大量的售后维护成本。

图 4-93 所示是一种通用的远程标定系统结构，该系统包括厂家云服务器、车载模块（车载终端 T-BOX 和网关）及待标定的 ECU 模块。其中，服务器与车载模块之间的通信

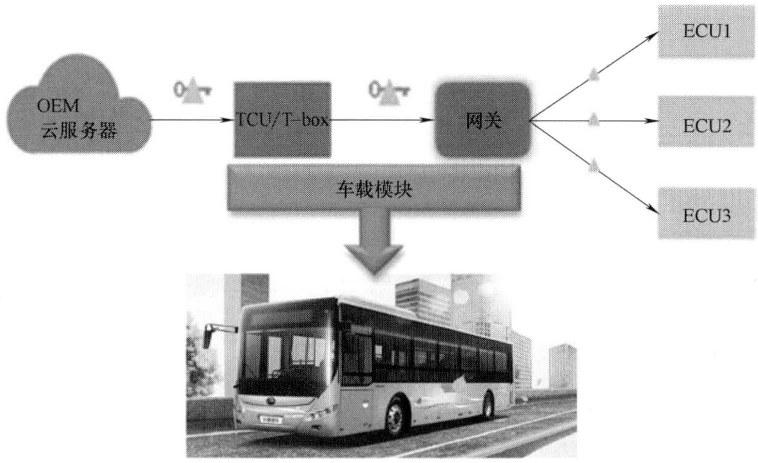

图 4-93　远程标定系统结构示例

主要通过移动通信网络 3G/4G/5G 等。车载模块与 ECU 之间的通信基于车载通信方式，例如 CAN 总线、以太网等。目前，新能源汽车以 CAN 通信为主。

2. 远程标定功能原理简介

CCP 是一种基于 CAN 总线的 ECU 标定协议，已在许多欧美汽车厂商得到应用，采用 CCP 协议可快速有效地实现对汽车 ECU 的标定。图 4-94 所示为该协议工作模式。

与在线标定不同的是，无线远程标定主要通过远程标定平台进行参数、命令下发或标定功能的实现。图 4-95 所示为以整车控制器为例，基于 CCP 功能远程标定的系统简图及程序原理流程图。

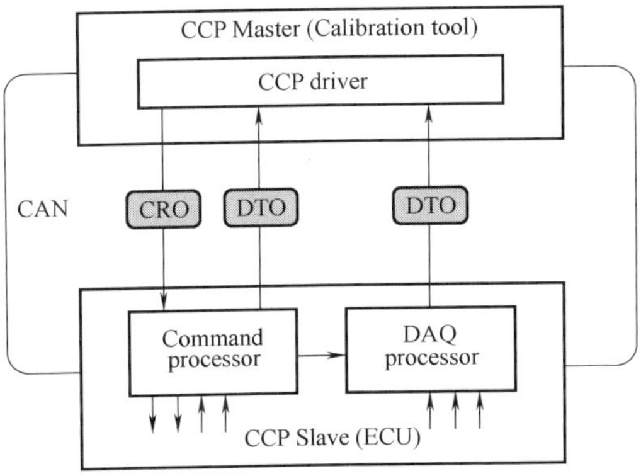

图 4-94　CCP 工作模式示意

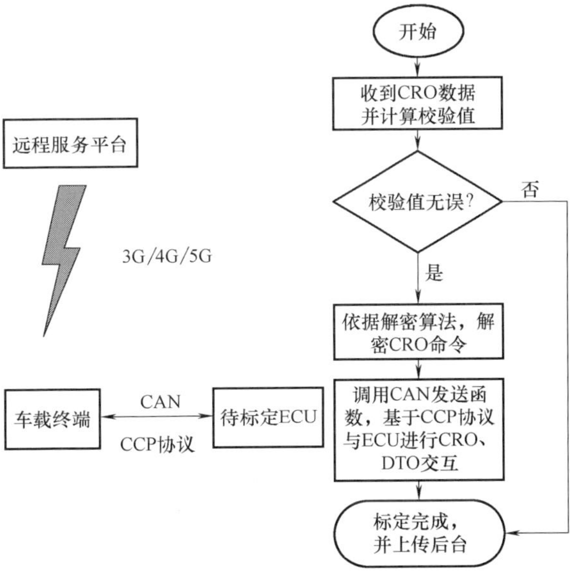

图 4-95　基于 CCP 功能远程标定的系统简图及程序原理流程

图 4-95 中的系统包括远程服务平台、车载终端和待标定 ECU 等基本远程标定系统组成部分，标定过程的具体流程：车载终端在接收到远程标定平台发送的 CRO 数据后，通过预定的校验机制计算校验值。如果不正确，则结束并上传后台进行报错；如果正确，则对收到的 CRO 数据进行解密，从中提取标定参数，然后与待标定 ECU 进行基于 CAN 协议的 CCP 功能交互，完成标定功能，并反馈给后台标定状态。此外，为保证标定过程的安全性和车辆识别的准确性，远程服务平台需具有平台权限管理、数据加密等功能。

3. 典型案例

图 4-96 所示为国内某厂家一车型整车控制器远程标定系统结构。其中，云端服务器即远程服务平台，与车载终端 T-BOX 通过 4G 无线网络进行通信。车载 T-BOX 与整车控制器之间通过 CAN 协议进行通信，在云端服务器到车载终端以及车载终端到整车控制器之间均设计了数据加密功能，防止在标定过程中外部篡改，保证信息安全。

随着新能源汽车各项智能化功能配置愈来愈丰富，客户或厂家的远程标定需求将逐渐增多。标定协议方面，UDS 标准在欧美已普遍使用，国内主机厂及零部件供应商已在逐步实行 UDS 标准，商用车比乘用车引入晚，但这将是未来的一种发展趋势。信息安全领域，为保证标定过程的安全性，随着各项汽车领域信息安全标准的建立和发布，标定过程的安全性要求会日益提高，后续基于数据链路的信息安全技术应用，例如增加安全芯片等，也是未来发展的一个趋势。

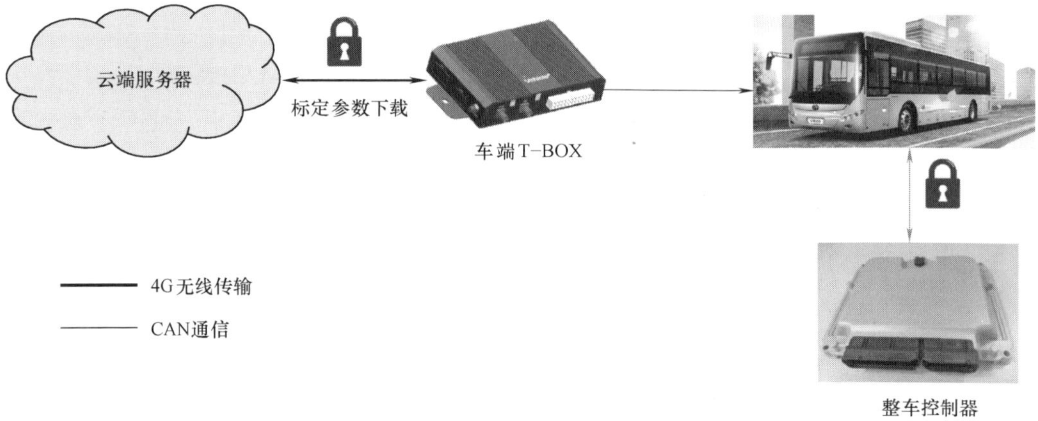

图 4-96　国内某厂家标定系统结构

参考文献

[1] 何洪文. 电动汽车原理与构造 [M]. 北京：机械工业出版社，2012.

[2] XIE S，HE H，PENG J. An Energy Management Strategy Based on Stochastic Model Predictive Control for Plug-in Hybrid Electric Buses [J]. Applied Energy，2017，196：279-288.

[3] PENG J，HE H，XIONG R. Rule Based Energy Management Strategy for a Series–Parallel Plug-in Hybrid Electric Bus Optimized by Dynamic Programming [J]. Applied Energy，2017，185：1633-1643.

[4] SUN C，SUN F，HE H. Investigating Adaptive-ECMS with Velocity Forecast Ability for Hybrid Electric Vehicles [J]. Applied Energy，2017，185：1644-1653.

[5] LI Y，HE H，PENG J. An Adaptive Online Prediction Method With Variable Prediction Horizon for Future Driving Cycle of the Vehicle [J]. IEEE Access，2018，6：33062-33075.

[6] WU J，HE H，PENG J，et al. Continuous Reinforcement Learning of Energy Management with Deep Q Network for a Power Split Hybrid Electric Bus [J]. Applied Energy，2018，222：799-811.

[7] 彭剑坤. 插电式混合动力公交车工况构建和变时域预测能量管理 [D]. 北京：北京理工大学，2016.

[8] 孙超. 混合动力汽车预测能量管理研究 [D]. 北京：北京理工大学，2016.

[9] 范皓. 插电式混合动力校车控制策略硬件在环仿真研究 [D]. 北京：北京理工大学，2015.

[10] 易璐. 插电式混合动力校车动力系统参数多目标优化研究 [D]. 北京：北京理工大学，2015.

第5章　串联混合动力电动汽车整车设计

串联混合动力电动汽车通常采用发动机 - 发电机组和动力蓄电池组等两种形式的车载电源系统，输出的电能通过电机控制器输送给主驱动电机，由主驱动电机将电能转化为机械能驱动汽车行驶。通过对两种形式车载电源系统的控制，可使发动机经常工作在稳定、高效、低污染的状态，将有害排放气体控制在最低范围。串联混合动力电动汽车的总体结构较简单，易于控制，运行特点更趋近纯电动汽车。由于无直接机械连接，发动机、发电机、主驱动电机三大部件总成在整车上布置有较大自由度，但由于各自的功率较大、外形较大、重量也较大，在中小型汽车上布置有一定困难，实际应用较少。

5.1　专用总成

5.1.1　发动机 - 发电机组及工作特性

发动机 - 发电机组作为串联混合动力电动汽车的核心子系统，如图 5-1 所示。由于串联混合动力电动汽车采用了多能量源，在高功率需求时，多能量源均可提供功率，从而减小发动机 - 发电机组的尺寸和功率。

图 5-1 中，柴油发动机通过增速箱驱动发电机，发电机通过不控整流桥与直流母线相连，发电机加不控整流桥的等效电路如图 5-2 所示。发动机 - 发电机组的输出电流、母线电压与发电机的转矩、转速之间的关系为

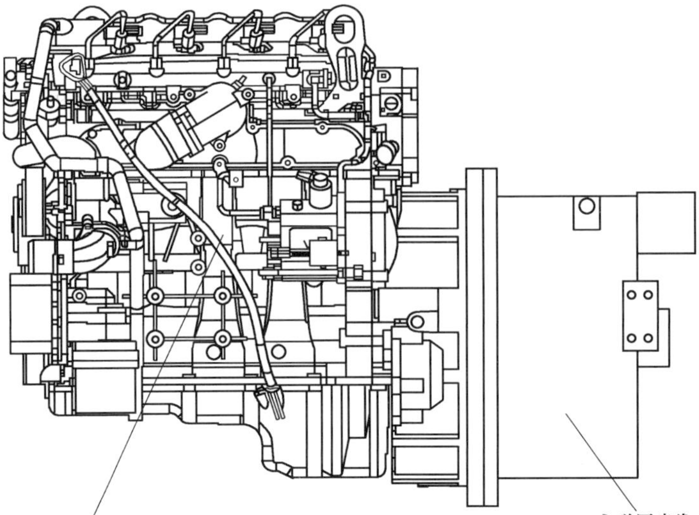

图 5-1　发动机 - 发电机组示意

$$\left.\begin{aligned}\omega_g&=\frac{U_{dc}}{K_e-I_AK_x}\\T_g&=K_eI_A-K_xI_A^2\end{aligned}\right\}\tag{5-1}$$

式中　ω_g——发电机转速（r/min）;

T_g——发电机输出转矩（N · m）;

U_{dc}——直流母线电压（V）;

I_A——发动机 - 发电机组向直流母线输出的电流（A）;

K_e——等效电动势系数；

K_x——等效内阻系数。

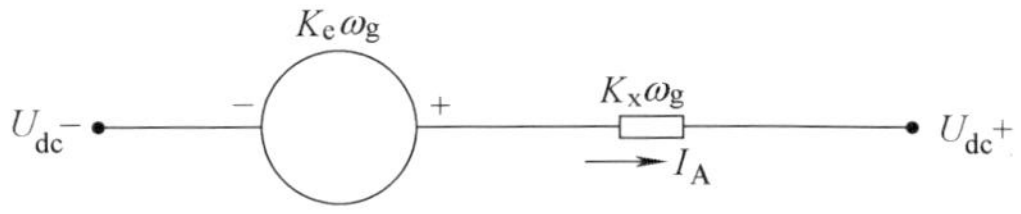

图 5-2　发电机 + 不控整流桥的等效电路

发动机转矩由发动机控制器根据发电机转矩和发动机目标转速进行动态调节，发动机转矩与发电机转矩之间的关系为

$$T_e=\frac{1}{i_z\eta_z}\left[T_g-\left(\frac{J_e}{i_z^2}+J_g\right)\frac{d\omega_g}{dt}\right]\tag{5-2}$$

式中　T_e——发动机转矩（N · m）;

i_z——增速箱传动比；

η_z——增速箱机械效率；

J_e——发动机转动惯量（kg · m²）;

J_g——发电机转动惯量（kg · m²）。

5.1.1.1　发动机工作特性分析

以福田康明斯全程调速柴油发动机 ISF2.8 为例，图 5-3 所示为该发动机的万有特性图，图 5-4 所示为其燃油消耗曲面图。图 5-3 中实线为发动机不同转速下的最大输出功率曲线，虚线为不同转速下的最佳燃油经济性曲线，与最大输出功率曲线很接近。可以看出，该发动机的输出功率随转速提高而增大，与永磁同步发电机外特性是一致的。

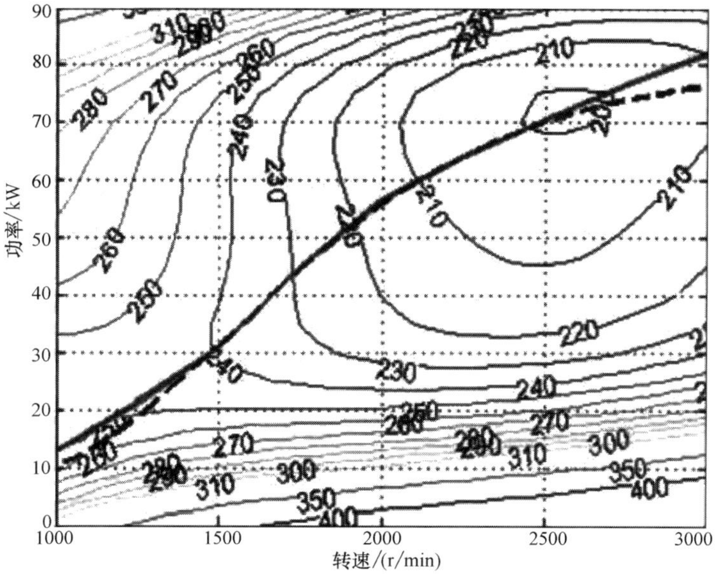

图 5-3 发动机万有特性

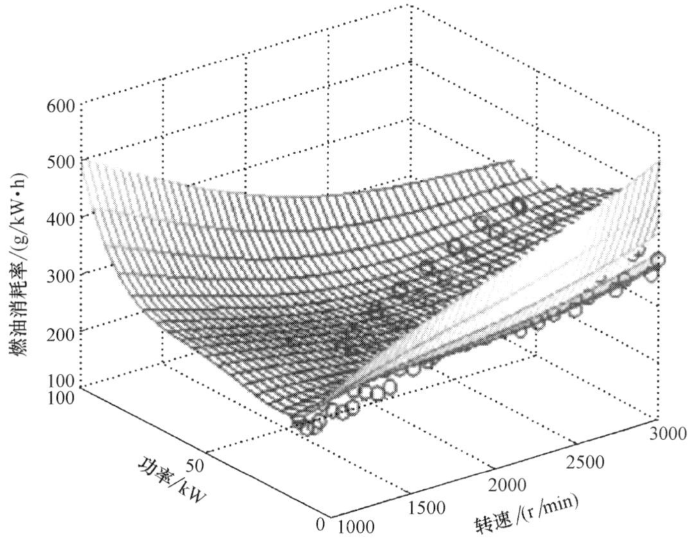

图 5-4 发动机燃油消耗曲面图

5.1.1.2 发电机工作特性分析

因为串联混合动力电动汽车的发电机输出的三相交流电经过整流桥整流后，才与动力蓄电池组并联供电给驱动电机，所以发电机与整流桥的工作特性通常一起分析。图 5-5 所示为采用永磁同步发电机、带有滤波电容的三相桥式不控整流发电机电路模型。三相交流电整流后变为直流电，但电压不能调节和控制。由于交流回路中总有一定的等值电感，即使不采用直流滤波电感也能获得较好的整流特性，使这种带电容滤波的三相桥式不控整流电路得到广泛应用。

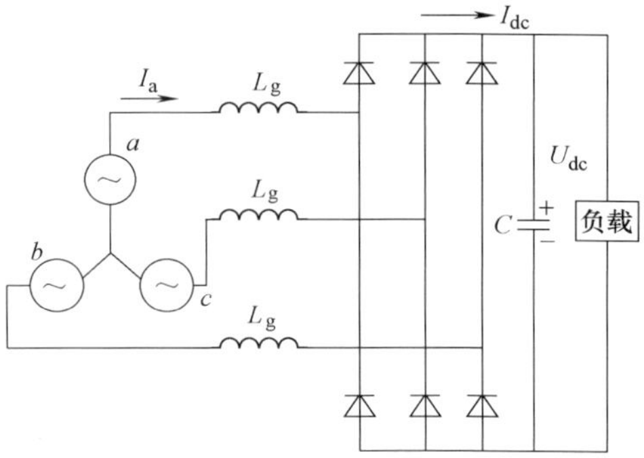

图 5-5　三相桥式不控整流发电机电路模型

图 5-6 所示为三相永磁同步发电机经过整流滤波后，在直流母线端经试验测得的不同转速下的直流电流 - 电压特性。从图中可知，对于同一转速，整流后直流母线电压随负载增大近似成线性减小，这与动力蓄电池电压 - 负载特性变化趋势是一致的，并且随着转速的降低，电压 - 电流曲线斜率基本不变，但整体向下平移。这说明发电机整流后，直流母线电压与发电机转速和负载特性强相关。

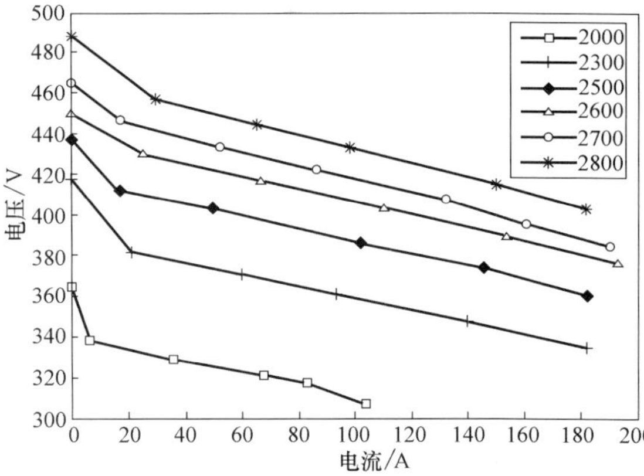

图 5-6　发电机直流侧电流 - 电压特性

图 5-7 所示为发电机输入转矩和直流母线电流特性。从图中可以得出，不同转速下，发电机输入转矩与负载电流关系曲线近似重合。如果忽略发电机绕组气隙、机械阻力，可近似认为发电机稳态时，输入转矩就是发电机产生的电磁转矩，这说明电磁转矩与发电机转速无关。

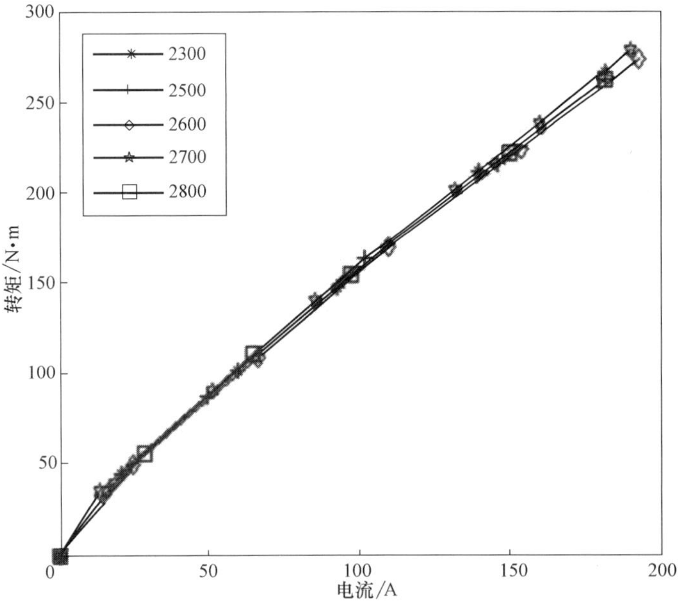

图 5-7　发电机输入转矩与直流母线电流特性

通过发动机 - 发电机组的转速和功率控制，保证发动机 - 发电机组系统快速、稳定地实现整车能量管理策略决定的目标转速和输出功率。其中，发动机的转速控制可根据整车功率需求进行单点或多点切换，以尽量实现发动机的最佳燃油经济性。发电机的控制也可采用转矩控制与电流控制，从而实现发电功率的跟踪。

5.1.2 DC/DC 变换器

在串联混合动力电动汽车中，为实现两种不同特性的车载电源系统的特性匹配，更好地达到改善整车动力性和经济性的目标，DC/DC 变换器成为必要的装置。

DC/DC 变换器是将一种电平的直流电压变换为另一种电平的直流电压的电路。变换器的输入是一个已经过滤波的直流电压，可以是固定不变的，而变换器的输出是可变的直流电压。除开关器件外，DC/DC 变换器还包含电感和电容等储能元件。功率器件的开关频率一般较高，部分甚至可达几百千赫（kHz），因此储能元件的尺寸可以做到很小。变换器的效率可以很高，达到 90% 以上。

根据是否使用隔离变压器，DC/DC 变换器可分为隔离式 DC/DC 变换器和非隔离式 DC/DC 变换器。当前，针对 DC/DC 变换器的研究主要集中在拓扑结构和控制方式两方面。

图 5-8 所示为六种非隔离式双向 DC/DC 变换器，它们具有结构简单、体积紧凑、效率较高等优点，但由于非隔离式必须采用大电感设计，在输入、输出电压工作范围较宽时，动态响应慢且功率密度较低，很难实现较大的电压 / 电流比。这种情况下，为实现高电压比的电压变换，电气隔离就显得非常必要了。

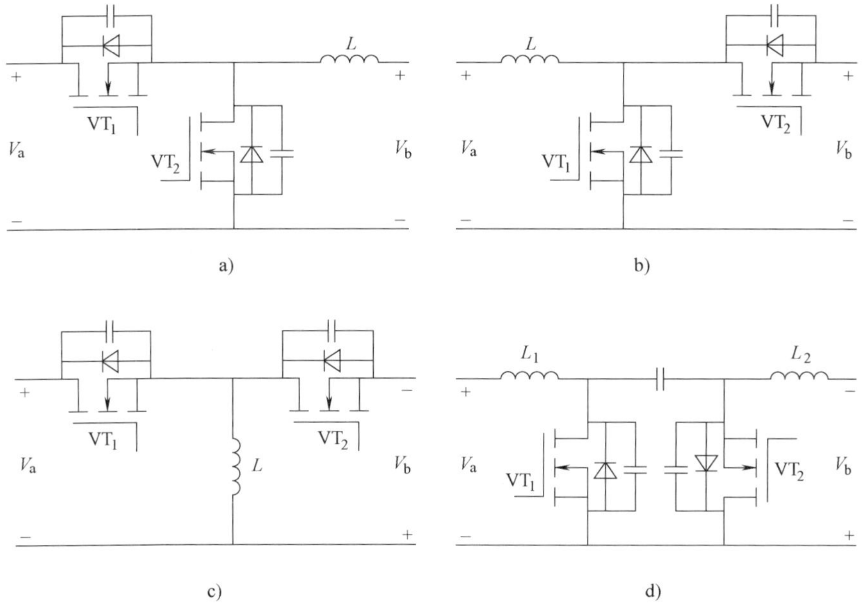

图 5-8 非隔离式双向 DC/DC 变换器的六种常见拓扑结构

a) Buck/Boost 双向 DC/DC 变换器 b) Boost/Buck 双向 DC/DC 变换器
c) Buck-Boost 双向 DC/DC 变换器 d) Cuk 双向 DC/DC 变换器

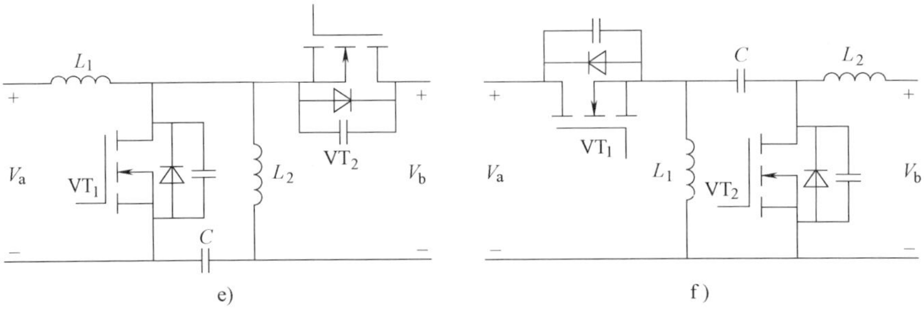

图 5-8　非隔离式双向 DC/DC 变换器的六种常见拓扑结构（续）

e）Sepic/Zeta 双向 DC/DC 变换器　f）Zeta/Sepic 双向 DC/DC 变换器

一般来讲，将高频变压器加入到非隔离式双向 DC/DC 变换器中就可得到隔离式双向 DC/DC 变换器。当前，根据输入、输出侧电压、电流选择的不同，可将隔离式双向 DC/DC 变换器分成三大类，即双电压型、高压侧电流型和低压侧电流型，如图 5-9 所示。

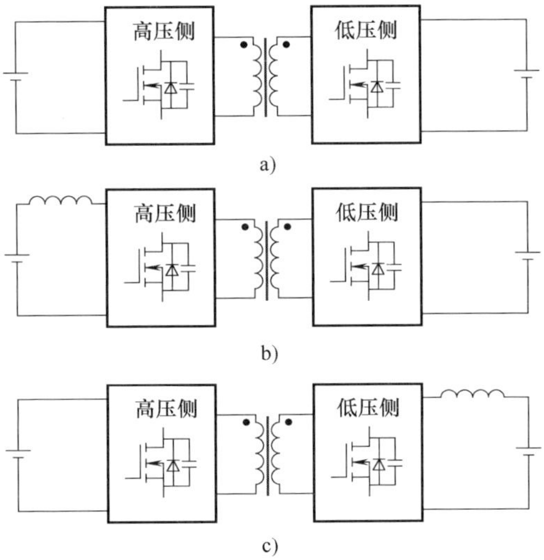

图 5-9　隔离式双向 DC/DC 变换器的三类输入、输出侧电压、电流选择

a）高压侧电压型、低压侧电压型　b）高压侧电流型、低压侧电压型　c）高压侧电压型、低压侧电流型

此外，隔离式双向 DC/DC 变换器的拓扑结构通常包含反激式、推挽式、双半桥式和全桥式四种，如图 5-10 所示。

由图 5-10a 可以看到，反激式隔离型双向 DC/DC 变换器的结构是最简单的，其主要优势为瞬态响应快、可靠性高，适用于小功率电力变换应用场景。但其变压器存在一定程度的漏感，会造成开关管关断时有较大电压振荡，不适用于电压较高的应用场景。与反激式隔离型双向 DC/DC 变换器相比，推挽式的拓扑结构具有较大的传输功率。同时，其结构复杂度并没有提高很多，但变压器漏感问题仍然不可避免，主要适用于中低压的应用场景。双半桥隔离式双向 DC/DC 变换器与前两种结构相比，开关管电压应力较小，不存在电压尖峰，更适用于电压较高的应用场景。基于类似技术路线的全桥隔离式双向 DC/DC 变换器主要适用于大功率电压电流变换应用场景。

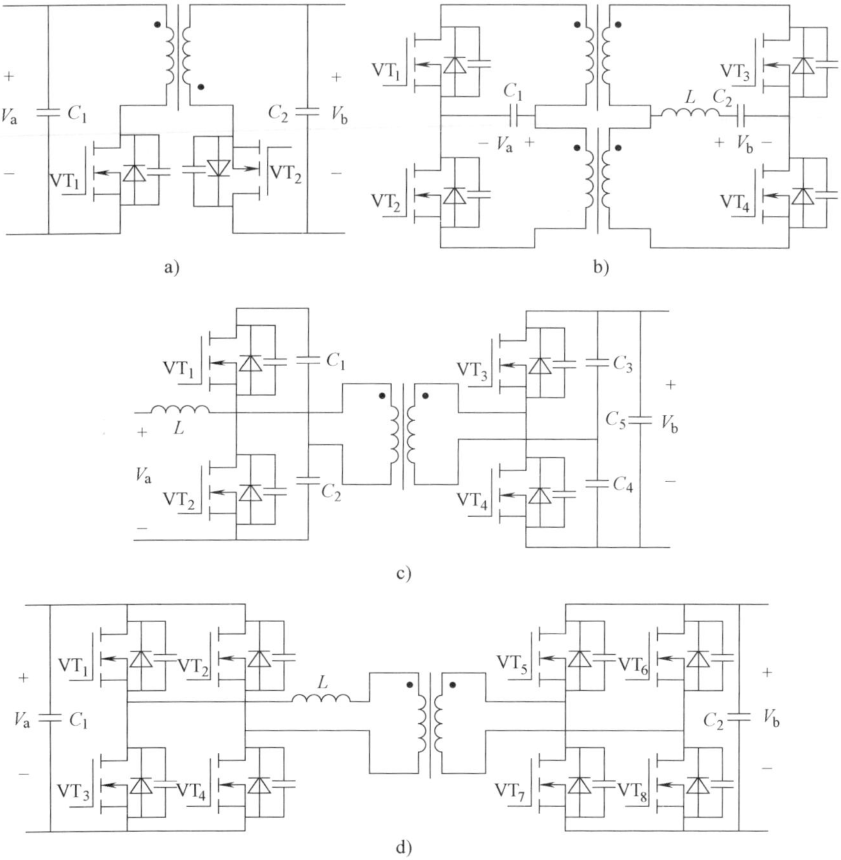

图 5-10 隔离式双向 DC/DC 变换器的四种常见拓扑结构

a）反激式双向 DC/DC 变换器 b）推挽式双向 DC/DC 变换器
c）双半桥双向 DC/DC 变换器 d）全桥双向 DC/DC 变换器

5.1.3 动力蓄电池组及其管理系统

5.1.3.1 动力蓄电池组

动力蓄电池组是串联混合动力电动汽车的常用车载电源系统，用于平衡发动机 - 发电机组的功率输出，同时回收再生制动能量。

依据串联混合动力电动汽车混合比设计不同，可配置能量型动力蓄电池和功率型动力蓄电池。能量型动力蓄电池通常具有较大的容量，能提供较持久的能源供给，常用于纯电动汽车、中度或重度混合动力电动汽车。动力蓄电池总能量在整车能源配置中占据较大比例，常超过 10kW · h。这样不仅可部分吸收车辆制动回馈的能量，还可提高车辆纯电动模式运行时的续驶里程，降低污染物的总排放。功率型动力蓄电池的容量通常较小，可提供瞬间大电流供电，主要用于轻度混合动力电动汽车，用于吸收制动回馈的能量，同时为车辆起动、加速过程提供瞬时的额外能量补充。

5.1.3.2 动力蓄电池管理系统

动力蓄电池管理系统（Battery Management System, BMS）是用来对动力蓄电池组进行安全监控及有效管理，提高动力蓄电池使用效率和使用安全性的装置，一般由多种传感器（用于测量电压、电流和温度等）、一个带微处理器的控制单元和多个输入 / 输出接口组成。BMS 最基本的作用是监控动力蓄电池的工作状态（电压、电流和温度），预测动力蓄电池的 SOC 和相应的剩余续驶里程，管理动力蓄电池的工作情况（避免出现过放电、过充电、过热和单体电池之间电压严重不平衡现象），以最大限度利用动力蓄电池的存储能力和循环寿命。

以某主从结构 BMS 为例，如图 5-11 所示。其单体电池电压和温度采集由从板完成，主控板进行动力蓄电池总电压、总电流的采集，并进行绝缘检测。主控板与从板通过 CAN 总线进行通信，从板将所测数据通过内部 CAN 总线发送给主板。同时，从板接收主控板的均衡控制指令，对单体电池进行均衡。主控板主要进行动力蓄电池组状态估算（SOC、SOH、SOP）、历史数据管理、热管理、均衡以及安全保护等功能。主控板通过外部 CAN 与整车综合控制器、车载充电器和充电站等设备通信。这种主从架构的 BMS 设计优势在于避免了在每个单体电池上安装控制电路板，连接灵活，且从板距离被控单体电池近，避免了过长的连线。同时，主控板与高压部分进行了隔离，电磁兼容性好。

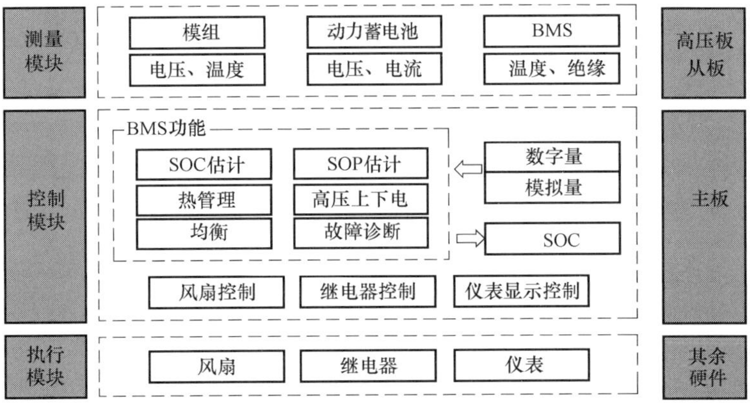

图 5-11　BMS 整体架构

BMS 接收整车 CAN 上整车综合控制器的控制指令，通过控制动力蓄电池组内部的总负继电器、总正继电器、预充继电器和充电继电器的状态，实现动力蓄电池组的高压上电。

BMS 通过内部 CAN 总线接收从板的单体电池电压、温度数据，实施对动力蓄电池组的状态估计和控制（均衡、热管理等）。

通过整车 CAN 总线反馈自身的动力蓄电池组状态信息等数据到上一级控制器。

基于 BMS 所需实现的功能，主控板和从板的主要原理如图 5-12 所示。主控板需具备模拟量采集功能、CAN 通信功能、高低端驱动功能等。从板需具备模拟量采集、CAN 通信以及均衡控制功能。高压板需具备总电压、总电流采集和绝缘检测功能。

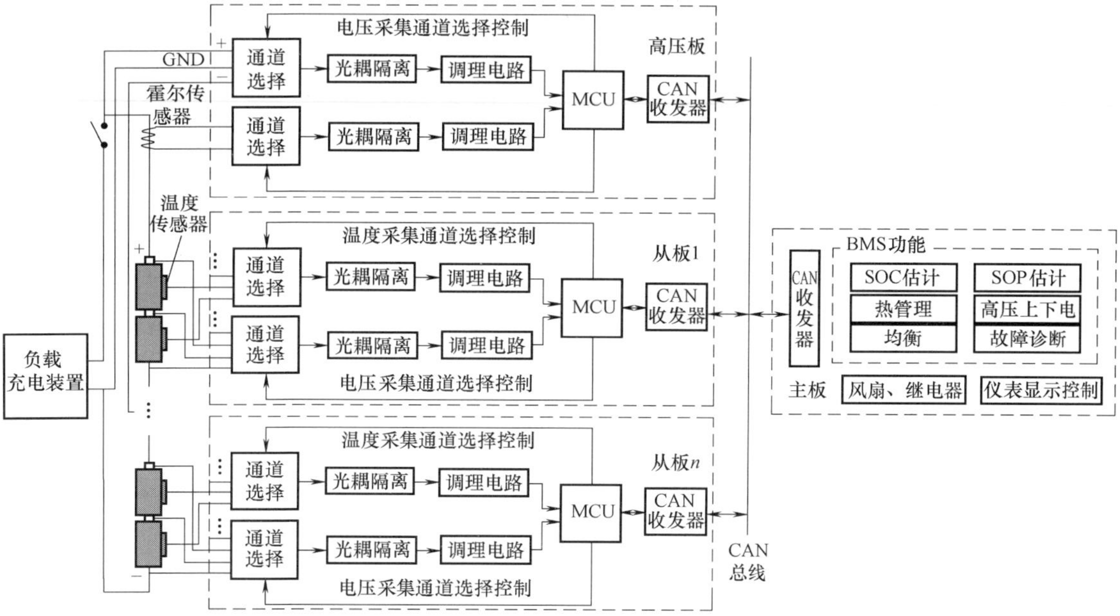

图 5-12 BMS 原理

5.1.3.3 动力蓄电池的状态估计方法

在混合动力电动汽车中，与动力蓄电池相关的用于整车控制策略决策的状态量包括荷电状态（State of Charge，SOC）、峰值功率输出能力（State of Power，SOP）和健康状态（State of Health，SOH）等，而 SOC、SOP 和 SOH 均为人为定义的隐含状态量，受动力蓄电池工作环境与动力蓄电池组中单体电池不一致性的影响，无法直接进行测量，必须通过有限的电压、电流和温度量采集进行离线、在线的估计和标定。

1. SOC 估计

SOC 是动力蓄电池在工作过程中最重要的性能参数之一，定义为动力蓄电池剩余容量占最大可用容量的百分比，如式（5-3）所示。

$$SOC = \frac{Q_{bat}}{C_{bat}^{x}} \times 100\% \tag{5-3}$$

式中 Q_{bat}——动力蓄电池当前剩余容量（A·h）;

C_{bat}^{x}——动力蓄电池在某一特定条件下的最大可用容量（A·h）。

目前，国内外有多种 SOC 估计方法，主要可分为四类：基于安时积分的 SOC 估计方法、基于开路电压的 SOC 估计方法、基于神经网络的 SOC 估计方法和基于滤波算法的 SOC 估计方法，它们的优缺点分析见表 5-1。

2. SOH 估计

SOH 作为衡量动力蓄电池容量衰减情况的指标，对应于传统动力汽车中的油箱容积。但有别于传统动力汽车中恒定的油箱容积，动力蓄电池的容量会随动力蓄电池使用而不断衰减，因此在动力蓄电池的整个生命过程中，需要对其健康状态保持不间断的更新与标定。与 SOC 有所不同，SOH 不会在工作过程中实时变化。因此，对于动力蓄电池 SOH 的估计，只能通过建立其与动力蓄电池中某一特征参数的对应关系，将对 SOH 的估计转化为对被选择参数的提取与对其变化情况的分析。见表 5-2，目前，对于 SOH 估计所用参数的选取，同样集中在动力蓄电池开路电压（OCV）和内阻上。

表 5-1　典型 SOC 估计方法的对比分析

对比	典型方法			
	基于安时积分的 SOC 估计方法	基于开路电压的 SOC 估计方法	基于神经网络的 SOC 估计方法	基于滤波算法的 SOC 估计方法
优点	易于在嵌入式系统中实现	容易实现，对 SOC 的估计精度高	不依赖于动力蓄电池的模型	能较快跟踪 SOC 变化
缺点	存在累积误差，对电流传感器精度要求较高	在锂离子电池的动态响应下不易测量得到该值	需要大量的数据样本进行拟合	对模型精度要求高，所需计算量较大

表 5-2　SOH 估计方法

方法	特点
基于开路电压的 SOH 估计方法	OCV 作为动力蓄电池的基本表征参量，与动力蓄电池 SOC 之间有明确的对应关系。而在动力蓄电池的老化过程中，这种对应关系又会随动力蓄电池容量的衰减而发生特定的改变，因此动力蓄电池的 OCV 也常用于 SOH 估计过程
基于动力蓄电池内阻的 SOH 估计方法	在动力蓄电池容量衰减过程中，一般同时伴随动力蓄电池内阻的增加，通过建立动力蓄电池容量损失量与其内阻增加量之间关系的机理模型、温度与动力蓄电池内阻之间关系的机理模型，并结合动力蓄电池内阻的在线参数辨识技术，可实现在宽温度范围下的锂离子电池 SOH 估计

3. SOP 估计

SOP 作为表征动力蓄电池瞬时动力性能的指标，与传统动力汽车中的发动机排量相似。但有别于传统动力汽车的排量，SOP 值往往会受工况、温度、电量与健康状态等因素影响而实时变化，因此需要对其进行实时、准确的在线估计，见表 5-3。其估计结果会直接决定动力蓄电池所能提供的瞬时功率输出能力与对再生制动回馈能量的吸收能力，同时与电机的最大功率共同决定整车的瞬时加速能力。在混合动力电动汽车中，SOP 的估计结果还会参与决策车辆发动机 - 发电机组与动力蓄电池组之间的功率调配。

表 5-3　SOP 估计方法

方法	特点
基于等效电路模型的 SOP 估计方法	基于等效电路模型的功率估计方法出现于美国能源部（United States Department of Energy，DOE）的动力蓄电池测试手册中。作为一种离线的动力蓄电池功率计算方法，该手册选用了由动力蓄电池开路电压 OCV 与内阻 Ro 所组成的 Rint 等效电路模型，利用混合脉冲功率特性实验（Hybrid Pulse Power Characterization, HPPC）所获得的实验数据，对模型中的参数进行辨识，进而计算动力蓄电池在电压限定条件下的充放电峰值功率
基于数据驱动的 SOP 估计方法	作为对动力蓄电池动态行为的另一种描述方式，利用自适应神经模糊推理系统（Adaptive Neuro-Fuzzy Inference System, ANFIS）对给定电流条件下的动力蓄电池电压变化情况进行预测，并以此为基础，结合对应的 SOC 估计方法，实现了对动力蓄电池功率状态的估计。但由于对训练数据的依赖性较高，同时求解过程中巨大的计算量对配套处理单元的硬件指标提出了较高的要求，这类方法还很难应用于电动汽车这种计算能力相对有限，且工况相对多变的工作场景

4. 动力蓄电池管理系统的关键技术——动力蓄电池模型

动力蓄电池复杂的电化学过程及多变的影响因素，使基于描述电化学反应过程的数学模型难以应用。同时，受限于 BMS 有限的计算和存储能力，动力蓄电池模型必须满足结构简单、计算速度快和预测精度高等特点。因此，基于工作特性定量描述的等效电路模型得到了广泛应用。

见表 5-4，常见的动力蓄电池模型有三种，即电化学模型、电气模型和黑箱模型。不同模型反映动力蓄电池特性的侧重点不同。电气模型中的等效电路模型是一种用阻容（RC 网络）来描述动力蓄电池动态特性（例如极化特性、扩散特性等）的集总参数式模型，能很好地拟合动力蓄电池的外特性。等效电路模型根据 RC 网络的数量可分为 Rint 模型、Thevenin 模型和 DP 模型等。三种典型的动力蓄电池模型应用于动力蓄电池 SOC 估计的优缺点见表 5-4。

表 5-4　典型动力蓄电池模型对比分析

	电化学模型	等效电路模型	黑箱模型
优点	模型精确，可反映动力蓄电池内部的电化学反应	模型相对简单，直观描述动力蓄电池的变化状态	不依赖于动力蓄电池模型
缺点	模型参数多、模型描述复杂、辨识难度高，不利于实际应用	辨识参数需采集大量数据	需要大量的数据样本进行拟合

1）电化学模型。电化学模型可详细描述动力蓄电池内部的电化学反应过程，不仅可反映电动势和端电压的变化过程，还可描述动力蓄电池内部的正极、隔膜和负极的反应过程，反映动力蓄电池较复杂的电化学动力学工作原理。这类模型基于动力蓄电池内部的热力学和动力学相关方程建立，相比其他类似模型能更充分和准确地描述动力蓄电池内部特性。但复杂的偏微分方程求解和繁多的电化学参数确定都取决于 BMS 的运算能力。为此，通过将动力蓄电池简化为定常线性系统，降低模型的复杂度和计算量，出现了实用的简化电化学模型，例如 Peukert 模型、Shephers 模型、Unnewhr 模型、Nerst 模型及其扩展模型等。

2）等效电路模型。等效电路模型借助传统的电阻、电容和恒压源等电路元件组成电路网络，来表征动力蓄电池的外特性行为。等效电路模型通常包括一个电压源，来表示动力蓄电池的热力学平衡电势和若干个 RC 网络，以描述动力蓄电池的动力学特性。等效电路模型对动力蓄电池的各种工作状态有较好的适用性，而且可推导出模型的状态空间方程，便于分析和应用。等效电路模型已广泛应用于各种类型的电动汽车建模仿真研究及基于模型的 BMS 中，它具有以下优点：简单的、可解析的数学方程，便于分析和应用；模型参数辨识通过试验可很好匹配；可对动力蓄电池 SOC 范围进行 0 ~ 100% 建模；在模型中可考虑温度、动力蓄电池寿命等因素的影响。等效电路模型典型代表有 Rint 模型、Thevenin 模型、RC 模型、四阶动态模型和 PNGV 模型等（图 5-13）。

3）黑箱模型。基于神经网络或机器学习方法建立的黑箱模型，通常需要大量的测试数据作为训练集，来提高模型的模拟精度和适应性。由于动力蓄电池复杂的内部化学反应，以及外部温度、老化和操作环境等的影响，具体的数学模型难以准确描述动力蓄电池工作时的化学、物理过程。而简化为黑箱模型来研究，本质是通过输入量的非线性关系来表征动力蓄电池的外部特性。用神经元权重代替难以测量的状态变量，采用神经网络仿真动力蓄电池动态性能，建立动力蓄电池神经网络性能模型。Hansen Terry 和 Wang Chia-Jiu 等学者分别采用神经网络算法、支持向量机及模糊算法等方法实现了该模型在动力蓄电池控制领域的应用。研究结果表明，这类模型经过充分训练后具有相当高的预测精度。

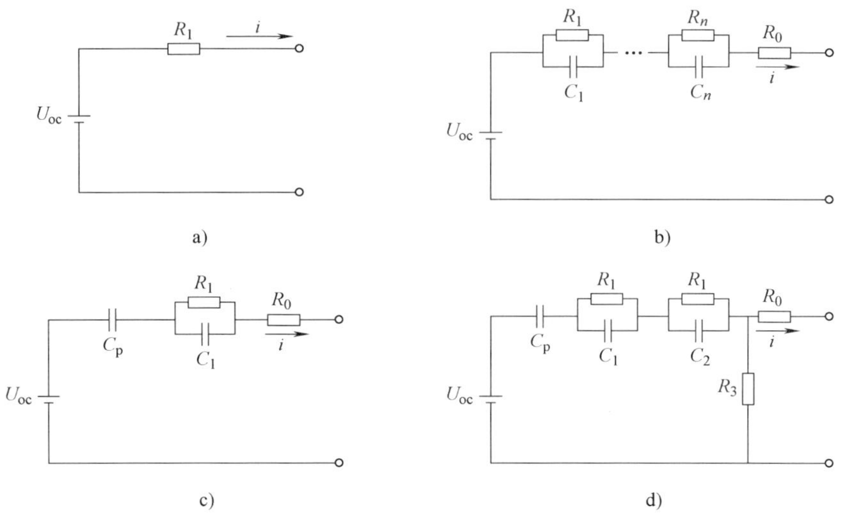

图 5-13　常见等效电路模型

a）Rint 模型　b）n-RC 电路模型　c）PNGV 电路模型　d）GNL 电路模型

5.2　动力系统构型设计

串联混合动力电动汽车中，两种车载电源系统与动力母线的连接方式直接决定了电电混合动力系统的总体控制方案，这是动力系统总体设计的关键，常用的设计方案主要有以下四种。

5.2.1　发动机 - 发电机组与动力蓄电池组直接并联构型

发动机 - 发电机组与动力蓄电池组直接并联构型如图 5-14 所示。图中，发电机既可以是永磁发电机，也可以是励磁发电机。由于采用了三相不控整流桥，为实现串联混合动力电动汽车的各种工作模式，必须依据动力蓄电池组的端电压进行发动机的转速控制，同时实现动力蓄电池组的充电 / 放电管理。

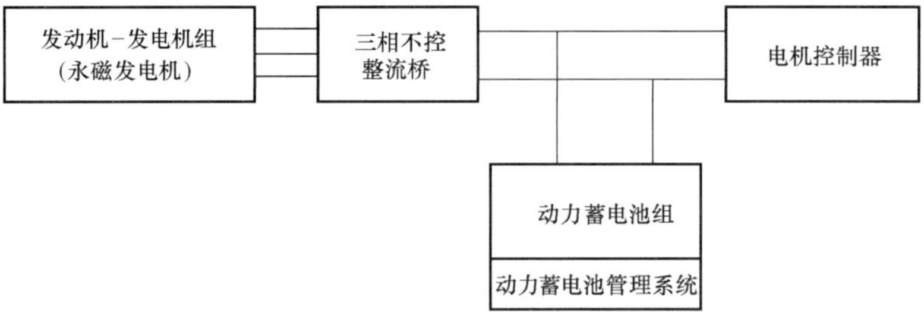

图 5-14　发动机 - 发电机组与动力蓄电池组直接并联构型（永磁发电机）

该构型由于没有 DC/DC 变换器，发动机 - 发电机组工作范围主要指其在转速 - 功率平面上的工作范围。该工作范围会受发动机和发电机的最低、最高转速限制，以及直流总线最高、最低电压和发电机最大允许输出电流的限制。此外，仅有转速一个控制变量，发动机的工作点难免受到整车实际功率需求变化的影响。为此，提出改进方案，如图 5-15 所示，把永磁发电机改为励磁（可调）发电机，实现了发动机 - 发电机组直流输出的双参数调整，即发动机的转速和励磁发电机的励磁电流两个参数调整。若系统参数匹配合理，则可实现相同输出功率条件下，发动机以最佳效率工作点工作。

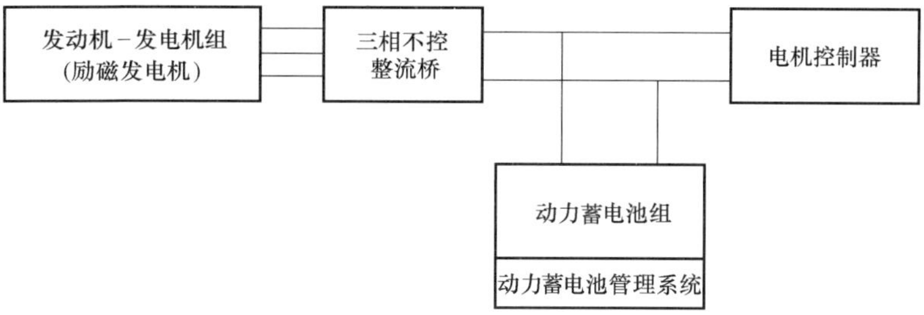

图 5-15　发动机 - 发电机组与动力蓄电池组直接并联的构型（励磁发电机）

图 5-16 所示为发动机 - 发电机组与动力蓄电池组直接并联的某串联混合动力电动校车构架。这种构型的发动机 - 发电机组输出电压与转速为严格对应关系，系统可优化的空间小。

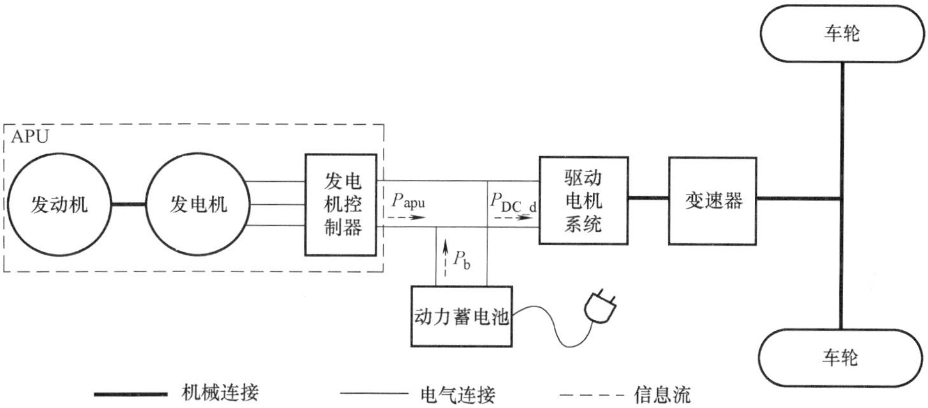

图 5-16　某串联混合动力电动校车构架

5.2.2　发动机 - 发电机组 +DC/DC 与动力蓄电池组并联构型

发动机 - 发电机组 +DC/DC 与动力蓄电池组并联的结构形式如图 5-17 所示。

如图 5-17 所示，在发动机 - 永磁发电机组直流输出端增加了一个 DC/DC 变换器。DC/DC 变换器可实现输出直流电压的升压或降压变换，使发动机 - 永磁发电机组直流输出与动力蓄电池组输出解耦，实现了发动机 - 发电机组输出的双参数调整，即发动机的转速和 DC/DC 变换器的输出电流或功率，可实现相同输出功率条件下，发动机以最佳效率工作点工作。发动机 - 发电机组输出的电压经三相不控整流桥整流后的电压，可通过控制

DC/DC 变换器开关器件的 PWM 占空比来调节，这样的组合起到了可控升压整流桥的作用。增加 DC/DC 变换器后，动力蓄电池组不再与整流桥的输出端并联，而是与 DC/DC 变换器的输出端并联。因此，整流桥的输出电压不再受动力蓄电池工作电压的限制，发动机可工作在低油耗区，整流桥的输出电压由 DC/DC 变换器升压后与动力蓄电池组的端电压匹配。因为同一转速下整流桥的输出电压越低，输出功率越大，所以增加 DC/DC 变换器的发动机在低转速下也能输出较大功率。增加 DC/DC 变换器后的发动机 - 发电机组转速范围只受发动机和发电机的最低和最高转速限制。

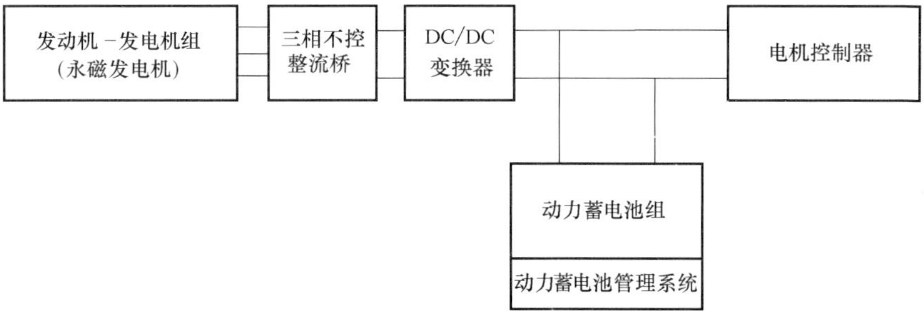

图 5-17　发动机 - 发电机组 +DC/DC 与动力蓄电池组并联构型

这种结构常用于燃料电池混合动力电动汽车，燃料电池发电系统 +DC/DC 与动力蓄电池并联结构如图 5-18 所示。

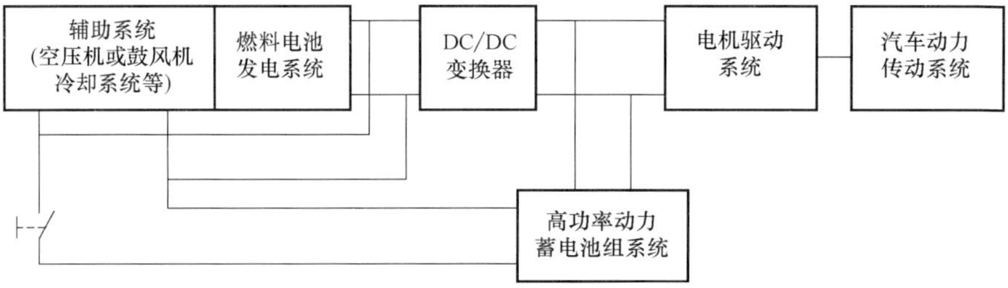

图 5-18　燃料电池发电系统 +DC/DC 与动力蓄电池并联结构

这种构型应用在燃料电池汽车上的优点是实现了燃料电池发电系统与电驱动系统之间的电气特性参数解耦。燃料电池发电系统的设计不必过多考虑电机驱动系统的输入直流电压要求，可选择较低电压、较小功率的燃料电池发电系统，有利于降低系统成本。混合动力系统的采用在保证整个系统具有良好动态特性的前提下，对燃料电池发电系统的动态特性要求有所降低。动力蓄电池组可实现车辆制动状态下的再生制动能量回收。

5.2.3　动力蓄电池组 +DC/DC 与发动机 - 发电机组并联构型

动力蓄电池组 +DC/DC 与发动机 - 发电机组并联的结构形式如图 5-19 所示。

在图 5-19 中，动力蓄电池组的输出端增加了一个双向 DC/DC 变换器，通过对 DC/DC 变换器的升压 / 降压控制，实现了动力蓄电池组的充电 / 放电主动管理以及发动机 - 永磁发电机组输出电压的主动匹配，也实现了发动机 - 发电机组输出的双参数调整，即发动机的转速和双向 DC/DC 变换器的输出电流或功率，还可实现相同输出功率条件下发动机以最佳效率工作点工作。

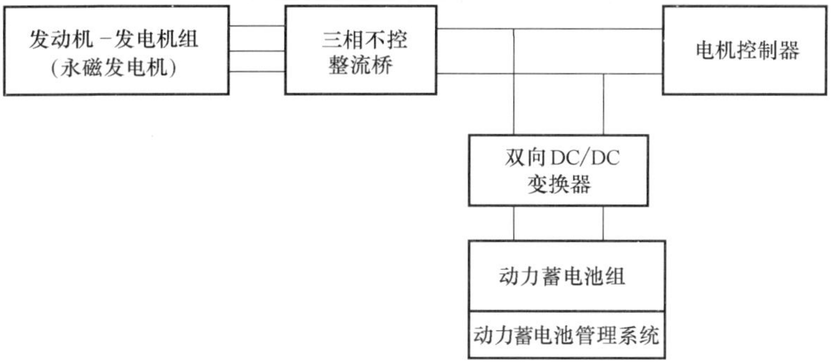

图 5-19　动力蓄电池组 +DC/DC 与发动机 - 发电机组并联结构

动力蓄电池组输出的电压可通过控制 Boost-Buck 电路开关器件的 PWM 占空比来调节，这样的组合能实现动力蓄电池组的充放电主动控制，且对动力蓄电池组的要求较小，可选择输出电压较低的动力蓄电池组，同时能对发动机 - 发电机组输出的电压进行主动匹配，使发动机能在最佳效率工作点工作。

这种结构是燃料电池混合动力电动汽车的常用构型之一。动力蓄电池组 +DC/DC 与燃料电池发电系统并联结构如图 5-20 所示。这种构型应用在燃料电池混合动力电动汽车上的优点是实现了动力蓄电池组与电机驱动系统之间的电气特性参数解耦。高功率动力蓄电池组系统的设计不必过多考虑电机驱动系统的输入直流电压要求，可选择较低电压的动力蓄电池组系统，有利于提高系统的效率。动力蓄电池组可实现车辆制动状态下的再生能量回收。

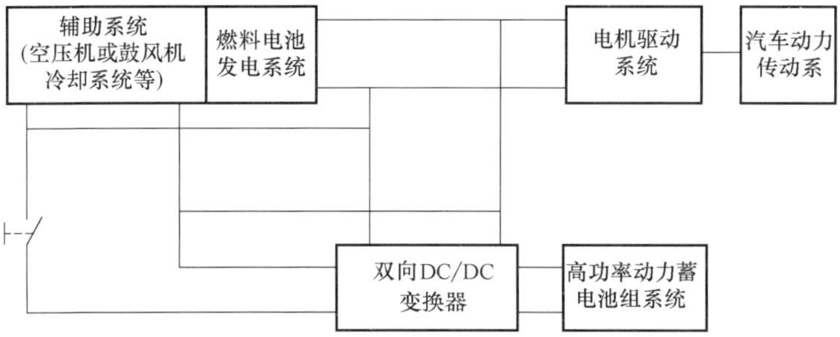

图 5-20　燃料电池发电系统 +DC/DC 与动力蓄电池并联结构

5.2.4　发动机 - 发电机组 +DC/DC 与动力蓄电池组 +DC/DC 并联构型

发动机 - 发电机组 +DC/DC 与动力蓄电池组 +DC/DC 并联的结构形式如图 5-21 所示。

在图 5-21 中，发动机 - 永磁发电机组直流输出端增加了一个 DC/DC 变换器，动力蓄电池组的输出端增加了一个双向 DC/DC 变换器。通过发动机 - 永磁发电机组输出端的 DC/DC 变换器可实现输出直流电压的升压或降压变换，实现了发动机 - 永磁发电机组直流

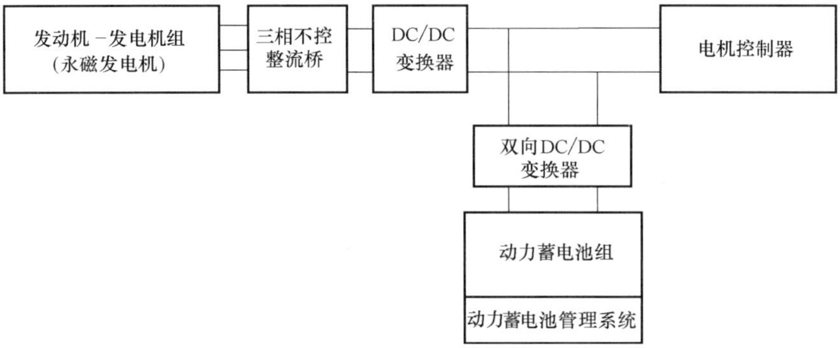

图 5-21　发动机 - 发电机组 +DC/DC 与动力蓄电池组 +DC/DC 并联构型

输出与动力蓄电池组输出的解耦。通过对动力蓄电池组输出端的双向 DC/DC 变换器的升压 / 降压控制，实现了动力蓄电池组的充电 / 放电主动管理，以及发动机 - 永磁发电机组输出电压的主动匹配。保证了在相同输出功率条件下，发动机以最佳效率工作点工作。

该构型在发动机 - 永磁发电机组直流输出端和动力蓄电池组输出端均增加了 DC/DC 变换器。这种结构能实现理想的控制效果，但增加了两个 DC/DC 变换器，大幅增加了成本，降低了能量转换效率，还增加了控制的复杂度。

5.3　动力系统参数匹配

串联混合动力电动汽车动力系统主要由电机系统、动力蓄电池系统、传动系统和发动机 - 发电机组构成，动力传动系统的结构和参数对串联混合动力电动汽车的性能起着决定性的影响。基于车辆开发的技术指标要求，对串联混合动力电动汽车的参数匹配主要包括以下三个方面：

1）参考车辆动力性指标要求完成对驱动总成的匹配选型，主要是在汽车动力学基础上结合最高车速、爬坡度和加速时间进行理论计算，主要涉及驱动电机系统和传动系统的选型，以满足汽车行驶的动力性能要求。

2）根据串联混合动力电动汽车开发技术指标中针对车辆纯电续驶里程的要求，完成对动力蓄电池的匹配选型。

3）串联混合动力电动汽车的参数匹配还包括对发动机 - 发电机组的参数匹配选型，要求车辆在串联混动模式下具备和纯电模式下至少相同的动力性能。

车辆基本参数和开发性能指标见表 5-5，车辆性能指标见表 5-6。

表 5-5　车辆已知参数

已知参数	符号	已知参数	符号
整备质量 /kg	m	迎风面积 /m^2	A
满载质量 /kg	m_{full}	传动系传动机械效率	η_T
轮胎半径 /m	r	滚动阻力系数常数	f
空气阻力系数	C_D		

表 5-6 汽车性能指标

性能指标	符号
最高车速 /（km/h）	u_{max}
百公里车速加速时间 /s	t_s
爬坡度（%）	在 u km/h 的车速下最大爬 g% 的坡度
纯电动续驶里程 /km	S

5.3.1 驱动系统功率需求分析

车辆任意行驶工况下的整车需求功率：

$$P_t=\left(mgf\cos\alpha+mg\sin\alpha+\frac{C_D A}{21.15}u^2+\delta m\frac{du}{3.6dt}\right)\frac{u}{3600\eta_T} \tag{5-4}$$

式中 P_t——车辆行驶整车需求功率（kW）；

m——整车质量（kg）；

f——滚动阻力系数；

g——重力加速度（m/s^2）；

α——道路坡度；

C_D——空气阻力系数；

A——迎风面积（m^2）；

u——行驶速度（km/h）；

δ——汽车旋转质量换算系数；

η_T——机械传动效率。

车辆匀速爬坡工况下的功率需求

$$P_s=\left(mgf\cos\alpha+mg\sin\alpha+\frac{C_D A}{21.15}u_s^2\right)\frac{u_s}{3600\eta_T} \tag{5-5}$$

式中 u_s——爬坡车速（km/h）；

P_s——车辆匀速爬坡工况下的功率需求（kW）。

车辆最高车速行驶时的持续输出功率需求：

忽略坡度阻力和加速阻力，则

$$P_{umax}=\left(mgf+\frac{C_D A u_{max}^2}{21.15}\right)\frac{u_{max}}{3600\eta_T} \tag{5-6}$$

式中 P_{umax}——最高车速持续输出功率需求（kW）；

u_{max}——最高车速（km/h）。

车辆起步加速功率需求：

$$P_a=f(u_r,\ t_a) \tag{5-7}$$

式中 P_a——车辆起步加速时的功率需求（kW）；

u_r——加速目标车速（km/h）。

根据车辆在不同行驶工况下的功率需求，串联混合动力电动汽车驱动系统的峰值功率 P_{max} 应不小于车辆在不同工况下所需功率的最大值，即

$$P_{max} \geq \max\ (P_s,\ P_{umax},\ P_a) \tag{5-8}$$

由上述公式综合可知，驱动系统额定功率和峰值功率需求分别为 P_{umax} 和 P_{max}。

5.3.2 主驱动电机参数设计

一般来说，主驱动电机的设计主要包括以下方面：电机的种类、电机的形式、电机的额定电压、电机的额定转速以及额定功率等。对于串联混合动力电动汽车主驱动电机，需要确定的特性参数主要包括：驱动电机的额定功率与峰值功率、额定转矩与峰值转矩、基速与最高转速。

电机具有较理想的工作特性，具有长时间工作的额定特性以及短时工作的峰值特性，因此以连续功率输出满足最高车速的功率需求，而车辆的加速性能和爬坡性能可通过电机短时间工作的峰值特性满足。

串联混合动力电动汽车驱动电机参数设计原则：

1）必须满足爬坡性能及加速性能要求，一般最大爬坡度和全力加速时间对应的是电机短时工作区，即电机峰值功率。

2）持续功率应满足最高车速时的功率需求，一般最高车速对应电机持续工作区，即电机额定功率。

车辆在最高车速下的额定功率和稳定车速下的爬坡短时功率可基于车辆动力学的理论计算得出，但车辆加速时的短时峰值功率理论计算比较困难，因此在电机选型过程中一般先根据额定功率和爬坡功率预选出电机参数，然后进行车辆建模仿真，通过加速时间来正向验证参数选择的正确性。

5.3.2.1 电机额定功率的选择

车辆行驶最高车速 u_{max}，根据式（5-6），代入相关整车数据，得 P_{umax}（kW），电机额定功率 $P_e=P_{umax}$（kW）。

5.3.2.2 电机峰值功率的选择

电机峰值功率的选择，需要同时满足两个条件：

1）不小于根据爬坡度和行驶车速计算出的该工况下的整车需求功率。

2）满足该爬坡工况下的驱动转矩需求。

电机工作特性如图 5-22 所示，n_N 为驱动电机额定转速，u_N 为该额定转速下，传动比一定时的行驶车速。车辆在爬坡车速行驶时，若电机转速稳定在恒功率区，则电机峰值功率的选择满足条件 1）即可；若电机转速稳定在恒转矩区，则电机峰值功率的选择满足条件 2）即可。为保证电机峰值功率满足爬坡要求，一般情况下需要同时核算两个条件。

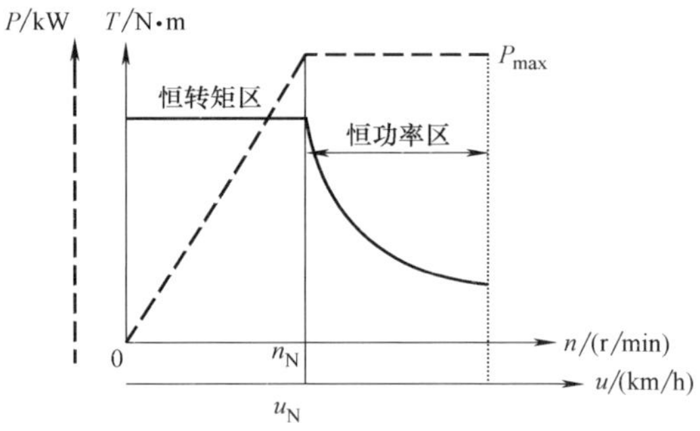

图 5-22 电机工作特性

当车辆以爬坡车速 u_s 在 g% 坡道上行驶时，根据式（5-5），代入相关整车数据，得 P_s（kW），即电机峰值功率必须满足 $P_{max} \geqslant P_s$（kW）。同时根据式（5-9）计算车辆爬坡时所需电机短时工作转矩：

$$\begin{cases} F_t = fmg\cos\alpha + mg\sin\alpha + \dfrac{C_D A u_s^2}{21.15} \\ T = \dfrac{F_t r}{i_g i_o \eta_T} \end{cases} \quad (5\text{-}9)$$

式中 F_t——汽车爬坡时所需驱动力（N）；

i_g——变速器传动比；

i_o——主减速器传动比；

r——轮胎滚动半径（m）。

由式（5-9）可知，在主减速器传动比一定的情况下，电机驱动转矩的大小与变速器传动比负相关。将爬坡工况下的各项数据代入式（5-9），可得电机峰值转矩，具体转矩与传动比关系如图 5-23 所示。

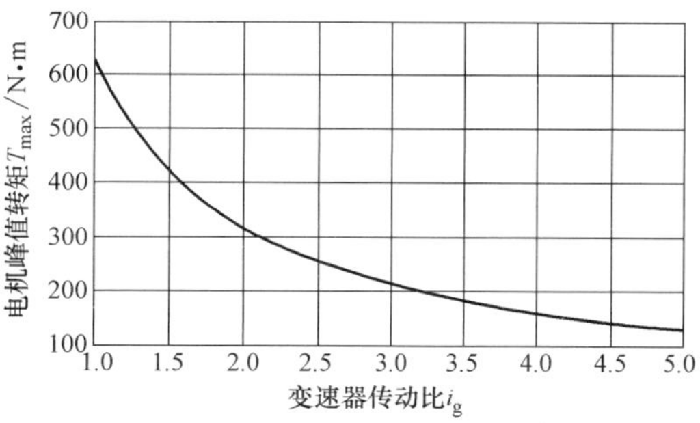

图 5-23 电机峰值转矩与传动比的关系

5.3.2.3 电机额定转速的选择

对电机而言，额定功率一定的情况下，额定转速越高，则体积越小、质量越小。驱动电机工作的高效区一般处于额定转速附近，因此从经济性出发，往往根据车辆常规车速确定电机额定转速。以下为车速与电机转速的关系：

$$u = \frac{0.377 n_e r}{i_g i_o} \quad (5\text{-}10)$$

式中 n_e——电机额定转速（r/min）。

将相关数据代入式（5-10），可得电机额定转速 n_e。

5.3.2.4 电机最高转速的选择

电机最高转速与额定转速之比，称为电机恒功率区扩大系数。事实上，较大的恒功率区对车辆行驶是有利的，它可改善车辆的动力性，在兼顾低速最大爬坡度的同时提高最高车速。但随着最高转速的提高，电机及减速装置的制造成本也会相应增加，因此电机最高转速的选择既要考虑负载要求，又要考虑电机与传动机构的经济性等因素。

电机最高转速首先要满足车辆行驶最高车速需求，取车辆最高车速 u_{max}，依据式（5-10）得电机最高转速至少需满足 n_{max}，基于相关标准中对驱动电机最高转速的要求，以最高车速对应电机转速的 1.2 倍作为电机最高转速选取的值。

5.3.3 变速器传动比设计

根据车辆总驱动功率需求，参考式（5-9）和式（5-10），可根据驱动系统工作原理，在已知电机性能参数的情况下，即可计算变速器传动比 i_g 的范围。

$$\begin{cases} i_g i_o T_{max} \geqslant (fmg\cos\alpha + mg\sin\alpha)r/\eta_T \\ n_N \geqslant \dfrac{i_g i_o u_s}{0.377r} \end{cases} \tag{5-11}$$

由式（5-11）可知，已知电机额定转速和峰值转矩，即可得传动比 i_g 的范围：

$$\frac{(fmg\cos\alpha + mg\sin\alpha)r}{\eta_T i_o T_{max}} \leqslant i_g \leqslant \frac{0.377rn_N}{i_o u_s} \tag{5-12}$$

将相关数据代入式（5-12）可得传动比范围。

5.3.4 动力蓄电池容量匹配设计

目前，国内应用在电动汽车上的动力蓄电池主要有三种类型：锂离子动力蓄电池、铅酸动力蓄电池和镍氢动力蓄电池。混合动力电动汽车上应用的动力蓄电池有很多技术指标，例如比能量、比功率、效率、维护成本、环境适应性和安全性等。对纯电动汽车来说，最重要的指标是比能量，因为它决定了车辆的纯电动续驶里程。对混合动力电动汽车来说，比功率是最重要的指标，比能量次之。因为这类车辆的所有能量均来自发动机，为保证车辆在加速、爬坡和再生制动时的性能，必须有足够的功率。

铅酸动力蓄电池成本低、技术成熟，但体积大，且能量密度、功率密度、循环寿命和充电速度都远小于另两种动力蓄电池。镍氢动力蓄电池的循环寿命、能量密度和功率密度都高于铅酸动力蓄电池，快速充电和深度放电性能好、充放电效率高、无重金属污染，但成本比相同容量的铅酸动力蓄电池高 5 ~ 8 倍，单体电池电压低，自放电损耗大。锂离子动力蓄电池是所有动力蓄电池中综合性能最优的一种，在容量和功率方面均有较大优势，其能量密度、功率密度都比另两种动力蓄电池大，循环寿命长，体积也小，但价格相对较高。

串联混合动力电动汽车动力蓄电池为整车在纯电行驶时提供驱动所需电功率并吸收制动工况的回收能量，因此其容量需满足整车设计的纯电续驶里程需求，同时应结合动力蓄电池寿命等多方面因素进行综合选取。

串联混合动力电动汽车在完成驱动电机系统选型后，基于车辆开发技术指标中对纯电续驶里程的要求，完成对动力蓄电池的匹配选型，主要包含以下步骤。

5.3.4.1 工况法续驶里程要求

依据国标要求的标准工况进行续驶里程计算，以 NEDC 工况为例说明。

设制动工况的回收效率为 λ，结合式（5-4）可知单个工况下的实时功率如下：

$$P = \begin{cases} P_t + P_{acc} & a \geqslant 0 \\ \lambda P_t + P_{acc} & a < 0 \end{cases} \tag{5-13}$$

式中 P_t——车辆在 NEDC 工况下的实时功率（kW）；

P_{acc}——车辆附件实时功率（kW）；

a——实时加速度（m/s^2）；

λ——制动回收效率，λ=0 ~ 1。

由式（5-13）可知单个工况下的电能 E_{NEDC}：

$$E_{NEDC} = \int_0^T P\mathrm{d}t \tag{5-14}$$

式中　T——工况周期，T=1180s；

E_{NEDC}——车辆行驶单个 NEDC 工况所需电能。

$$S_0 = \int_0^T u\mathrm{d}t \tag{5-15}$$

综上，NEDC 工况法需求纯电续驶里程 S，结合式（5-14）可得动力蓄电池电能 E 需求如下：

$$E = \frac{S}{S_0}E_{NEDC} \tag{5-16}$$

式（5-16）为根据车辆 NEDC 工况续驶里程技术指标理论计算得出的动力蓄电池电量需求，实际匹配选型动力蓄电池过程中，会在理论计算的数值基础上加 10% 左右的余量，以确保所匹配动力蓄电池能充分满足车辆纯电续驶里程的要求。

5.3.4.2　等速（60km/h）工况法续驶里程要求

结合式（5-4）可知等速工况下的实时功率如下：

$$P=P_t+P_{acc} \tag{5-17}$$

式中　P_t——车辆在 60km/h 工况下的实时功率（kW）。

满足 60km/h 行驶工况续驶里程 S 的动力蓄电池电能 E 需求：

$$E = P\frac{S}{60} \tag{5-18}$$

式中　S——等速工况下的续驶里程要求（km）。

式（5-18）为根据车辆 60km/h 等速工况续驶里程技术指标理论计算得出的动力蓄电池电量需求，实际匹配选型动力蓄电池过程中，会在理论计算的数值基础上加 10% 左右的余量，以确保所匹配动力蓄电池能充分满足车辆纯电续驶里程的要求。

若技术指标中既做了 NEDC 工况的续驶里程要求，又做了 60km/h 等速工况的续驶里程要求，则动力蓄电池电量需求 E 取两者的最大值。

5.3.5　发动机 - 发电机组参数匹配

发动机 - 发电机组能根据整车控制策略为串联混合动力电动汽车动力蓄电池实时补充电能，以大幅扩展车辆的纯电续驶里程。同时，在短时大功率输出的情况下，发动机 - 发电机组能提供足够的后备功率，大幅改善车辆的动力性能。发动机 - 发电机组的参数匹配选型包括发动机的选型和发电机的选型。

5.3.5.1　发电机参数设计

车辆在混合动力模式行驶过程中，发动机 - 发电机组开始工作，实时向动力蓄电池输送功率。在动力蓄电池 SOC 很低的情况下，车辆行驶的需求功率和附件的消耗功率都由发动机 - 发电机组提供，以此来确保动力蓄电池的 SOC 不会进一步下降。因此，在发动机 - 发电机组匹配选型时，要求发电机的峰值功率≥驱动电机匹配的峰值功率，根据该条件可确定发电机的功率选型范围。

5.3.5.2　发动机参数设计

串联混合动力电动汽车的主要优点在于车辆行驶过程中，发动机 - 发电机组可控制发动机工作在高效区间输出发电功率，这样可使发动机避免在怠速和低效区间工作，进而减少油耗和排放。因此，在串联混合动力电动汽车发动机选型中，要求发动机在额定工作区间（高效工作转速区间）的满载输出功率大于发电机的峰值功率，且发电机的额定转速处于发动机高效工作转速区间内。

5.4　整车控制系统设计

串联混合动力电动汽车的整车控制系统架构如图 5-24 和图 5-25 所示，主要由整车上下电控制系统、驱动控制系统、制动控制系统、发动机 - 发电机组控制系统、能量管理控制系统、附件控制系统和故障诊断控制系统组成。

串联混合动力电动汽车整车上下电控制系统包括整车低压上电控制、高压上电控制、高压下电控制以及低压下电控制；驱动控制系统包括驾驶人加速踏板和档位解析，根据档位和加速踏板解析计算驾驶人需求功率；制动控制系统通过对驾驶人制动踏板的解析，结合制动车速和动力蓄电池 SOC 完成对制动能量的回收控制；发动机 - 发电机组控制系统通过解析驾驶人的输入指令，结合动力蓄电池 SOC 完成对发动机 - 发电机组的起、停控制；能量管理控制系统涉及车辆的工作模式管理和工作模式切换，主要控制目标在于优化整车的经济性；附件控制系统主要包括热管理相关的风扇和水泵控制，以及 DC/DC 变换器的使能控制；故障诊断控制系统通过监控整车动力系统各零部件的故障信息，对相关故障信息进行确认并对故障进行分级处理，保证车辆行驶的可靠性和安全性。

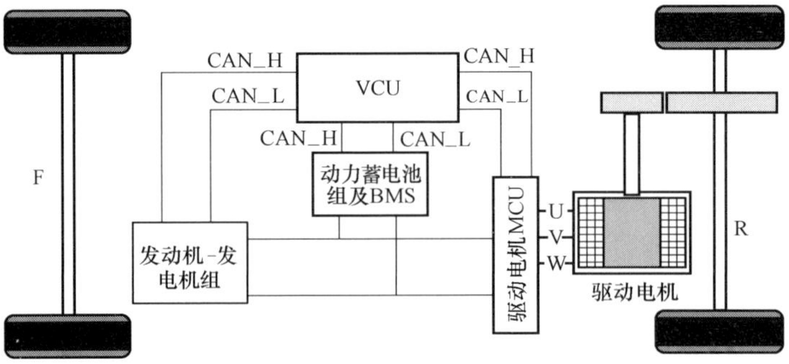

图 5-24　串联混合动力电动汽车整车控制系统架构

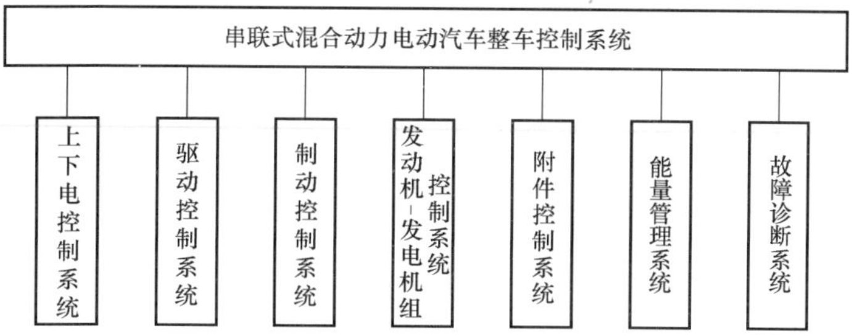

图 5-25 串联混合动力电动汽车整车控制系统功能模块

5.4.1 串联混合动力电动汽车工作模式设计

串联混合动力电动汽车动力总成包括发动机、电动机、发电机以及动力蓄电池。整车在不同工作情况下，各动力部件之间的能量传递方向也不尽相同。对不同情况下能量流动的方向与方式的研究，是制定整车控制策略的基础。串联混合动力总成各部件根据车辆的实际车速、动力蓄电池 SOC 和负载工况来决定不同的能量流动模式。在满足汽车动力要求的前提下，使发动机尽量工作在理想状态下，同时也使动力蓄电池组工作在高效范围内。

5.4.1.1 纯电动模式

如图 5-26 所示，纯电动模式时，整车能量全部由动力蓄电池组提供，通过逆变器将电功率传送至电机，从而驱动车轮。此模式适用于车辆起步或轻载，即功率需求较小的情况，可有效避免发动机工作在低效率区，实现了零排放、零污染，因此可最大限度节约能源。

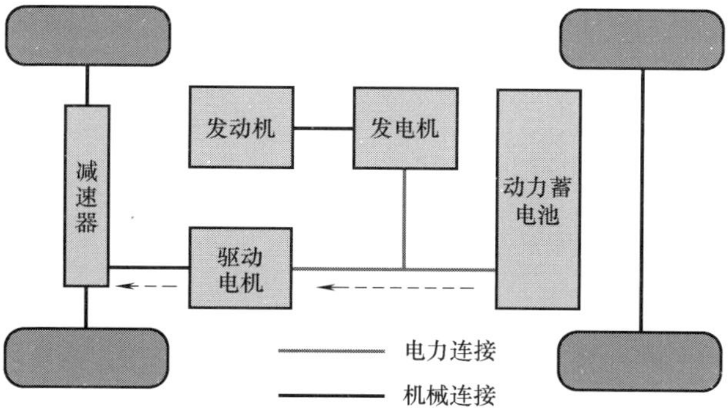

图 5-26 纯电动模式

5.4.1.2 发动机驱动模式

当汽车在正常行驶过程中，如果发动机在高效区内能提供的功率满足功率需求，则采取发动机驱动模式（图 5-27）。这种情况下，发动机 - 发电机组发出的能量直接供给电机，电机驱动车轮。虽然该模式称为发动机驱动模式，但串联混合动力构型实现了发动机工作状态与车辆行驶状态的解耦，因此并非发动机直接驱动车辆行驶，而是发动机为驱动电机提供全部功率。

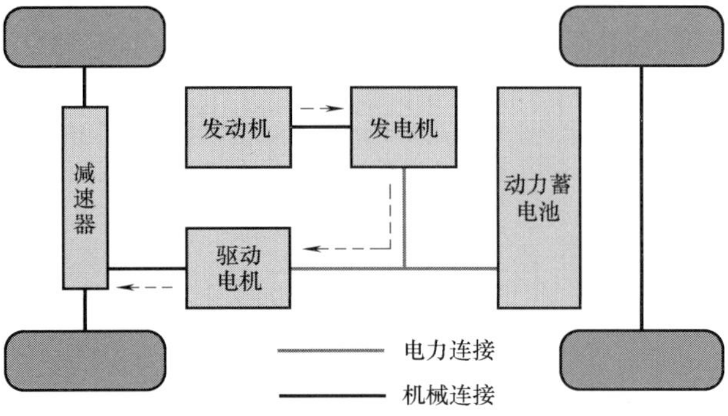

图 5-27　发动机驱动模式

5.4.1.3　混合驱动模式

当汽车在重载工况或全速加速工况下，且发动机发出的最大功率不能满足汽车行驶的功率需求时，动力蓄电池组需要提供另一部分功率。此时，汽车的功率需求等于动力蓄电池组与发动机 - 发电机组共同输出功率之和，如图 5-28 所示。

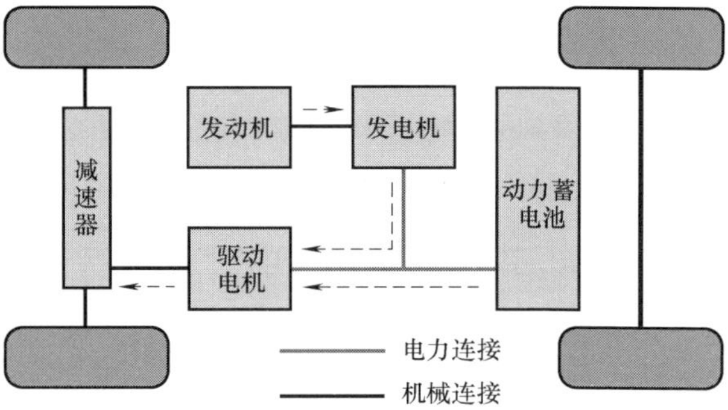

图 5-28　混合驱动模式

5.4.1.4　发动机 - 发电机组向动力蓄电池组补充充电模式

汽车在行驶过程中，动力蓄电池组 SOC 低于预先设定的最低值，且发动机发出的功率超过汽车需求功率时，发动机既提供汽车行驶所需功率，也向动力蓄电池组充电，直到动力蓄电池组 SOC 超过预先设定的最高值。此时，发动机 - 发电机组输出功率为汽车负载功率与动力蓄电池组的吸收功率之和，如图 5-29 所示。

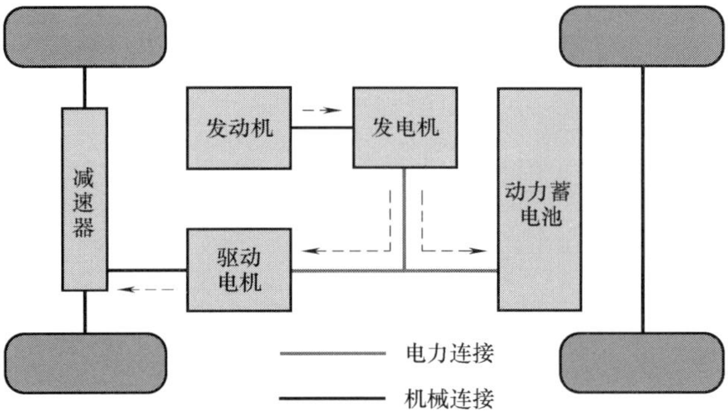

图 5-29　发动机 - 发电机组向动力蓄电池组补充充电模式

5.4.1.5 再生制动模式

当汽车减速或制动时，电机的功用相当于发电机，把制动过程中车辆的动能转换为电能，并通过功率转换器输出给动力蓄电池组。动力蓄电池组将再生制动产生的能量吸收，用于驱动汽车。回收的能量既可单独，也可与发动机 - 发电机组一起给动力蓄电池组补充电能，如图 5-30 所示。

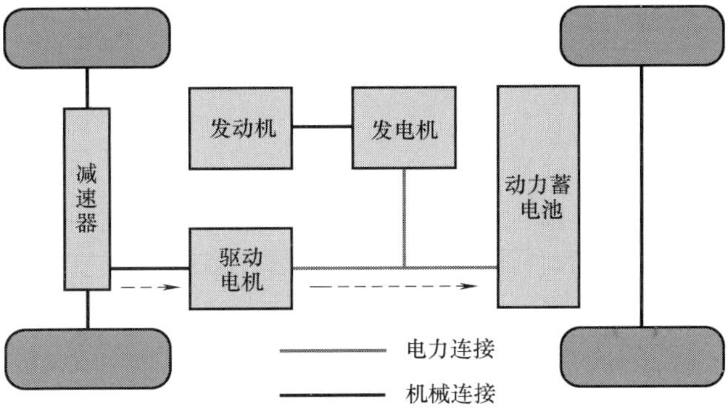

图 5-30 再生制动模式

5.4.2 串联混合动力电动汽车能量管理策略设计

串联混合动力电动汽车的发动机 - 发电机组与传动系统机械解耦，因此使发动机在最佳效率、最佳排放区工作是串联混合动力电动汽车能量管理策略的主要目标。另外，综合考虑传动系统的发动机、电机和动力蓄电池等关键部件性能指标，这也有利于整体效率的分配和能量优化。基于确定规则的串联混合动力电动汽车能量管理策略主要有三种，即单点恒功率控制策略、基于功率需求的发动机多点控制策略和基于功率跟随的发动机最佳燃油消耗曲线控制策略。

5.4.2.1 单点恒功率控制策略

如图 5-31 所示，该策略的特点是发动机 - 发电机组的工作状态取决于动力蓄电池的 SOC 状态。此外，发动机 - 发电机组以恒功率输出。能量管理策略中一般要设计高、低门限值。当 SOC 降至低门限值时，发动机 - 发电机组起动，并使发动机以最佳工况输出功率；当 SOC 升至高门限值时，发动机 - 发电机组关闭，整车能量由动力蓄电池单独提供。综合考虑工况因素和发动机起停频率，结合发动机在各功率下的最低燃油消耗率及其对应转速，可设定出发动机 - 发电机组的最佳工作点。动力蓄电池 SOC 高、低门限值可根

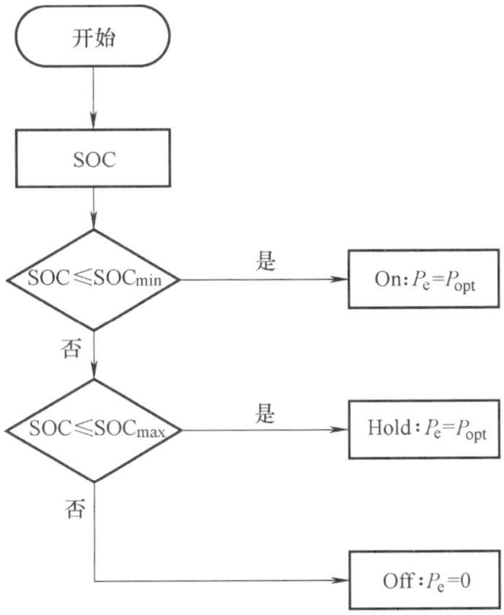

图 5-31 单点恒功率控制策略

据经验来选取，高、低门限值的差值主要根据动力蓄电池容量来合理确定。

由于发动机转速范围宽，单点恒功率控制策略无法充分发挥发动机的工作优势，需要开发基于功率需求变化的多点控制策略或功率跟随控制策略。

5.4.2.2 基于功率需求的发动机多点控制策略

该策略的特点是通过控制发动机转速及输出功率，使车辆需求功率与动力蓄电池SOC状态处于几个确定控制规则的区间内。该策略下，车辆需求功率会影响发动机输出功率，但切换频率低，发动机相对效率较理想。

可根据发动机 - 发电机组的最佳工作曲线以及发动机转速切换的可行性，选择三个或更多不同功率点来实现多点控制发电需求，如图 5-32、图 5-33 所示。为减少发动机频繁调速对燃油经济性的影响并减少污染物排放，在多点控制策略中可采用定转速的发动机控制方法。发动机转速根据整车的功率需求在不同转速点间切换。较低功率需求时，发动机工作在低转速状态，而高功率需求时，发动机工作在高转速状态。这使发动机的功率能跟随车辆行驶功率变化，同时不需要发动机转速跟随车速变化。合理选择固定的几个工作区域，可使发动机工作在相对经济的工作区，减少工作转速动态变化造成的效率降低。

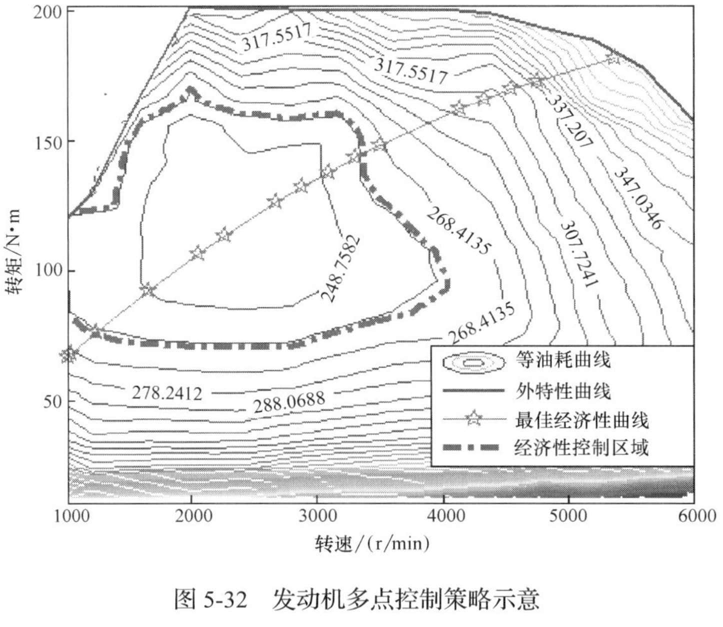

图 5-32　发动机多点控制策略示意

5.4.2.3 基于功率跟随的发动机最佳燃油消耗曲线控制策略

研究采用发动机燃油经济曲线调整的功率跟踪模式，使发动机的工作点尽可能落在燃油经济曲线上，发动机转速是连续调整的。首先要计算燃油经济曲线，但串联构型的车辆与传统燃油车辆不同，发动机输出的机械功率经发动机转化为电功率输出，需要评价的是发动机驱动发电机发电的燃油经济性，因此要将发动机的万有特性曲线与发电机的效率MAP图叠加，考虑发电的最佳燃油经济曲线。

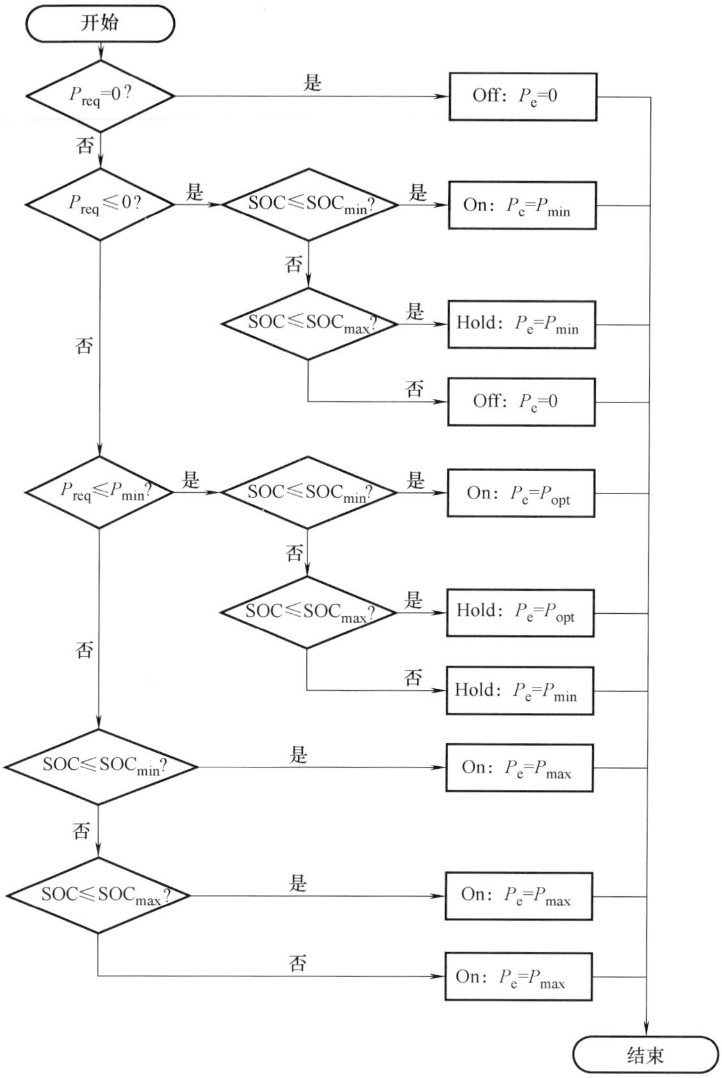

图 5-33 基于功率需求的多点控制能量管理策略

该策略的特点是，基于设计好的最佳发动机工作曲线和 SOC 的实时状态值控制发动机的功率，使其跟随车辆需求功率变化。该策略的优点是可保证动力蓄电池的充放电电流波动较小，可有效减少因动力蓄电池充放电造成的功率损失，有利于改善整车燃油经济性，其控制策略如图 5-34 所示。

5.4.2.4 发动机 - 发电机组的起停逻辑和动力蓄电池 SOC 调节策略

规则控制策略逻辑的一个关键部分是发动机 - 发电机组的起停逻辑。工程应用中，针对串联混合动力构型的能量管理策略，均需根据发动机 - 发电机组的基本起停逻辑来设计，并兼顾对动力蓄电池组 SOC 的调节需求。发动机起动的逻辑基于三个主要条件：

1）车辆需求功率在某个预设值之上。

2）动力蓄电池 SOC 低于设定阈值。

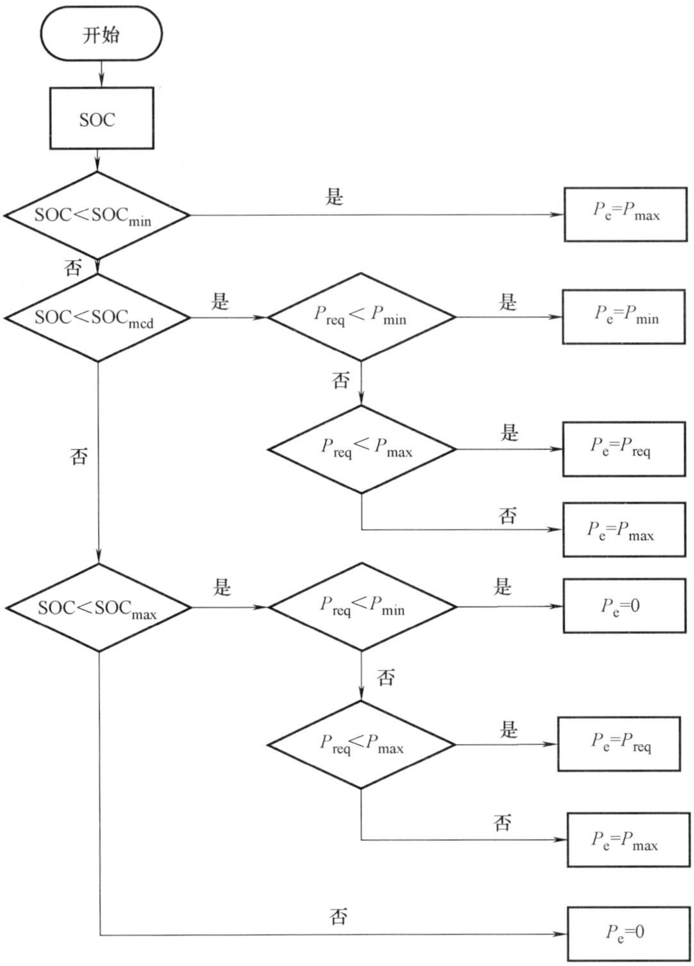

图 5-34　基于功率跟随的能量管理策略

3）当动力蓄电池 SOC 下降时，动力蓄电池不能提供车辆需求功率。

除这些阈值参数的设置外，附加的控制逻辑还要包括：为确保良好的驱动性能，发动机一旦起动或关闭，都要维持一定的时间，避免频繁开关；避免在功率需求动态波动时刻发动机意外起动，因此满足条件 1）的需求功率的持续时间必须高于阈值时间，达到预定义的一个持续时间。发动机关闭时的逻辑条件与发动机起动类似。用于起动或关闭发动机的需求功率阈值及开关的最小持续时间，都可被选择为待确定的参数进行最优化处理，根据仿真需要也可暂以经验值确定。

控制策略的另一个重要方面是能调节动力蓄电池的 SOC。特别是在 SOC 较低时，为避免因 SOC 持续降低造成的动力蓄电池寿命缩短等问题，用于确定上述发动机起 / 停逻辑的功率需求包括两部分：车辆实际行驶所需的负载功率加额外功率，该额外功率既可以是正值也可以是负值，这取决于动力蓄电池实际 SOC 值和目标 SOC 之间的差值，如图 5-35 所示。如果动力蓄电池实际 SOC 小于目标 SOC 值（SOC_{tag}），则额外功率取正值，反之取负值。

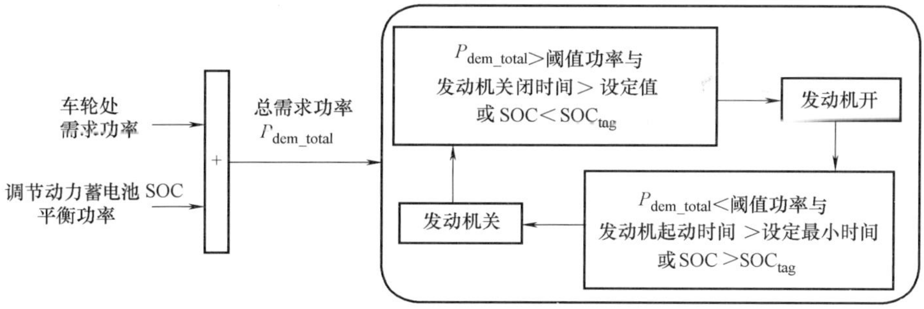

图 5-35　简化的发动机开 / 关逻辑

图 5-36 详细说明了如何定义调节动力蓄电池 SOC 在目标值的额外功率。可用下式说明：

$$P_{addi}=\begin{cases}P_{dis\_max} * ess\_percent\_pwr\_dis & (SOC_{tag}<SOC)\\ 0 & (SOC=SOC_{tag})\\ P_{cha\_max} * ess\_percent\_pwr\_chg & (SOC_{min}<SOC<SOC_{tag})\end{cases} \tag{5-19}$$

式中　ess_percent_pwr_dis ——实际 SOC 状态下动力蓄电池最大放电功率的百分比；
ess_percent_pwr_chg ——实际 SOC 状态下动力蓄电池最大充电功率的百分比；
P_{addi} ——用来调节动力蓄电池 SOC 值的调节功率（kW）；
P_{dis_max} ——实际 SOC 状态下动力蓄电池最大放电功率（kW）；
P_{cha_max} ——实际 SOC 状态下动力蓄电池最大充电功率（负值，kW）；
SOC_{tag} ——动力蓄电池 SOC 目标值，本文指 CS 阶段预设的门槛阈值（0.3）。

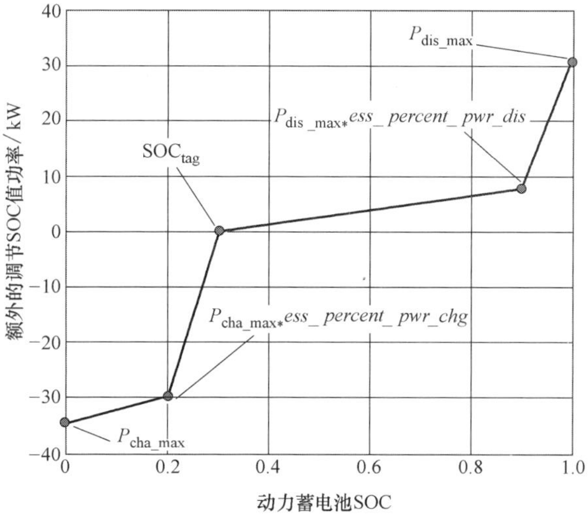

图 5-36　用额外功率调节动力蓄电池 SOC 在目标值的示例

参数 *ess_ percent_ pwr_dis* 和 *ess_ percent_ pwr_chg* 可凭经验制定，也可作为优化问题处理的输入参数，由优化算法最后给出。在行车过程中，随着 SOC 的下降，动力蓄电池的电压也略有下降，最大放电功率呈下降趋势，而最大充电功率呈上升趋势。当动力蓄电池 SOC 值处于低位（实际工程中可定为 0.3 左右），相对较小功率的发动机 - 发电机组，*ess_ percent_ pwr_chg* 参数的可选范围更大。相反，当主要由动力蓄电池组提供驱动功率时，SOC 处在高位，动力蓄电池最大放电功率远大于最大充电功率。这时，参数 *ess_ percent_ pwr_chg* 在制动过程中会起保护动力蓄电池的作用。

动力蓄电池 SOC 较高，且整车需求功率较低时，车辆单纯由动力蓄电池能量驱动。当动力蓄电池 SOC 较低或整车需求功率较高，发动机 - 发电机组起动时，发动机控制采用基于功率需求的多点转速切换控制策略或功率跟随策略，其输出功率依赖于车辆的需求功率和动力蓄电池的 SOC 状态下参数 *ess_ percent_ pwr_dis* 的值。表 5-7 为基于规则控制策略的经验参数。

表 5-7　基于规则控制策略的经验参数

参数	参数值	参数描述
eng_pwr_above_turn_on /kW	8	发动机起动最小功率
eng_pwr_below_turn_off /kW	8	发动机功率小于此数值将关闭
eng_time_min_stay_on/s	150	发动机开启停留最小时间
eng_time_min_stay_off /s	40	发动机关闭再开启间隔最小时间
ess_percent_pwr_dis(%)	80	CD 段实际 SOC 状态下动力蓄电池最大放电功率百分比
	80	CS 段实际 SOC 状态下动力蓄电池最大放电功率百分比
ess_percent_pwr_chg(%)	60	CD 段实际 SOC 状态下动力蓄电池最大充电功率百分比
	80	CS 段实际 SOC 状态下动力蓄电池最大充电功率百分比

5.4.2.5　发动机 - 发电机组动态协调控制策略

当发动机 - 发电机组的转速控制采用离散多转速切换方案时，存在发动机调速慢、发动机易熄火等问题。研究综合协调的控制策略，包括为发动机转速切换的过程安排过渡过程，并根据发动机的实际转速响应，动态调节发电机的转矩加载，实现发动机 - 发电机组的联合控制，提高发动机 - 发电机组工作的稳定性、前功率链输出电功率的稳定性。

发电机作为发动机的机械负载，消耗机械功率后产生三相交流电，经过发电机控制器整流输出高压直流电，与整车的直流母线相连。发动机 - 发电机组作为联合控制的整体，接收整车控制策略中功率分配策略的目标发电功率指令，为响应目标功率指令，可采用两种控制方案，即给定发动机目标转矩、给定发电机目标转速，或给定发动机目标转速、给定发动机目标转矩。

发动机控制器一般接收目标转速指令。在发动机控制器中，基于目标转速与实际转速采用 PID 控制器调节的控制方法直接且有效（对于柴油机，主要是对供油齿杆位置进行调节；对于汽油机，主要是对节气门开度进行调节）。而基于目标转矩的控制方法难以实现，因为在实际环境中，发动机的输出转矩监测难度大、精度也难以保证，所以无法精确建立供油量与输出转矩的关系。发电机控制器采用转矩控制或转速控制都易实现。但转速控制中，控制系统为双闭环控制，内环为转矩环（电流环），外环为速度环。而转矩控制只有内环的转矩环，因此对发电机采用转矩控制更加直接。综上，将发电机 - 发电机组的功率控制指令分解为对发动机的转速指令和对发电机的转矩指令。

发动机 - 发电机组的控制指令 n_{eng}、T_{gen}，是依据整车功率分配策略的发动机 - 发电机组的目标发电功率 P_{gen} 得到的。发动机 - 发电机组的目标转速为 P_{gen} 的函数，函数关系由 5.4.2.3 节和 5.4.2.4 节中的具体策略决定。发电机的目标转矩由式（5-20）确定。

$$T_{gen} = \frac{9549P_{gen}}{n_{eng}} \tag{5-20}$$

对发动机的转速控制有多种方法，包括单转速恒定、连续转速调节和离散多转速切换。发动机的工作转速范围宽，单转速恒定无法发挥发动机的优势，因此多采用连续转速调节和多转速切换控制方法。需要关注的是离散多转速切换时，发动机转速调节易失败，导致发动机熄火，需要制定针对性的控制策略。

基于不同的设计要求（根据我国对内燃机的功率标定规则：驱动用发动机按 15min 工作标准来标定功率，而发电用发动机则按持续工作标准，即可连续 24h 不间断输出功率的工作状态来标定各负荷下的功率），发电用发动机与驱动用发动机的外特性不同。

如图 5-37 所示，以某类型柴油机为例，传统驱动用发动机在较大转速范围内均能输出最大转矩，而发电用高速发动机的输出转矩会随转速的增高而增大。负荷确定状态下，发动机转速与输出转矩大致成一次函数关系。因此，发电用发动机在多转速调节控制时存在如下限制：

1）发动机在某一工作转速工作，当整车需要更高发电功率时，可通过提高发动机的工作转速，使其向更高的转速点调整的方法实现。但发动机向更高转速点调整时，需要消耗更大的机械功率才能达到新的功率平衡位置。而此时发动机转速较低，后备功率不足，且更大后备功率的获得需要通过提高转速才能达到，因此这一控制过程存在矛盾，会出现调速困难的问题。

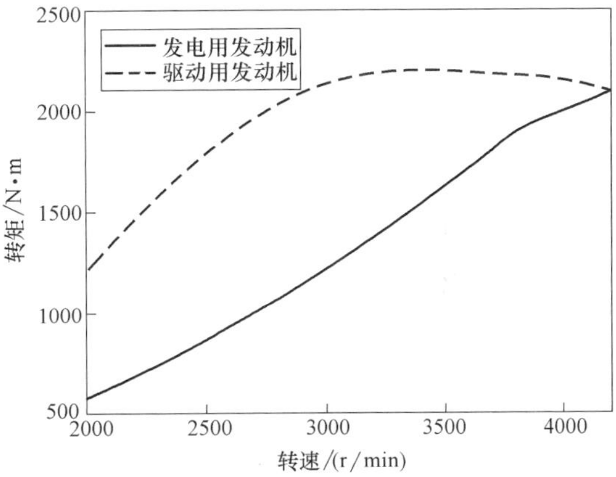

图 5-37　两种发动机外特性比较

2）发电机的转矩响应比发动机的输出转速响应要快得多，为提供更高的发电功率，需要迅速给发电机提供更大的目标转矩，而这一过程也会加剧发动机后备功率不足的问题，进而使发动机调速困难。

发动机的转速迟滞特性、特殊的外特性和发电机的转矩快速响应特性之间存在一定的矛盾关系。除为发动机转速离散调整时安排连续平滑的过渡过程外，还要对发电机的转矩加载加以控制，实现对发动机 - 发电机组的联合控制。在实际工程应用中，需要通过设计转矩协调控制器来实现对发动机 - 发电机组的联合控制。控制器输入为当前的发动机转速与目标转速的转速差，输出为发电机转矩调整系数。实现当发动机转速差极小时，发电机的需求转矩完全加载，而随着转速差的增大，发电机加载的需求转矩减小，控制策略如图 5-38 所示。

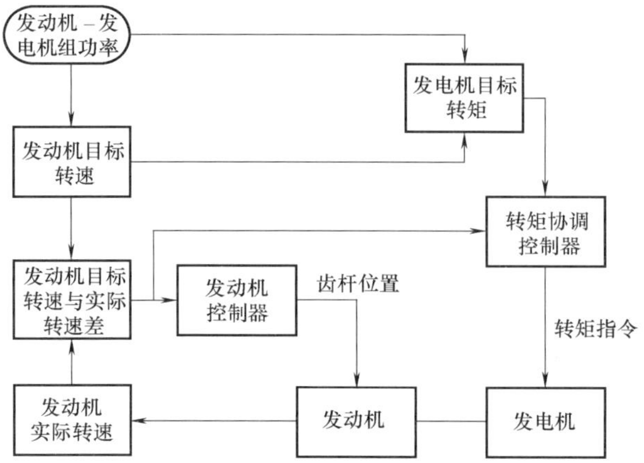

图 5-38　发动机转速 - 发电机转矩联合控制策略

5.5 动力总成集成设计

5.5.1 日产 Note e-Power 串联混合动力总成

日产 Note e-Power 串联混合动力总成包括：由发动机和发电机组成的发电系统、驱动电机及动力蓄电池组。车辆动力来源是驱动电机，发动机只充当驱动发电机发电的动力源。图 5-39 所示为 e-Power 驱动系统实物，图 5-40 所示为各动力部件的结构关系。

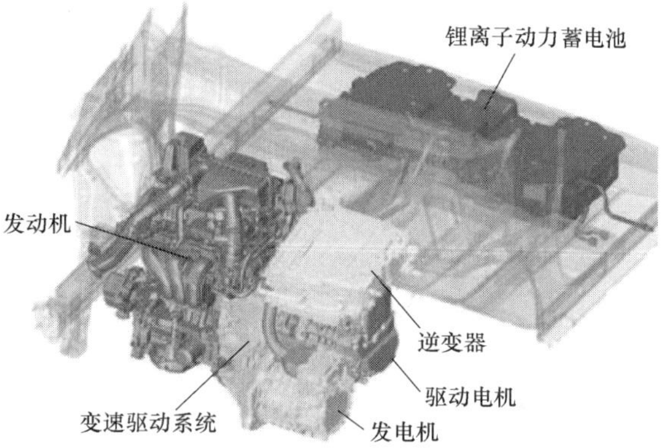

图 5-39　e-Power 驱动系统实物

整车动力总成结构如图 5-41 所示。

整车发动机参数见表 5-8。为改善燃油消耗，应用于 e-Power 的发动机基于传统的 HR12DE 型三缸发动机做了如下改进：

1）为提高热效率，将发动机压缩比由 10.2 提升至 12。采用镜面喷涂气缸壁技术，对缸体内部表面进行等离子喷涂，再进行超精珩磨，提高气缸工作面的表面精度，以有效减少活塞与气缸间的摩擦。

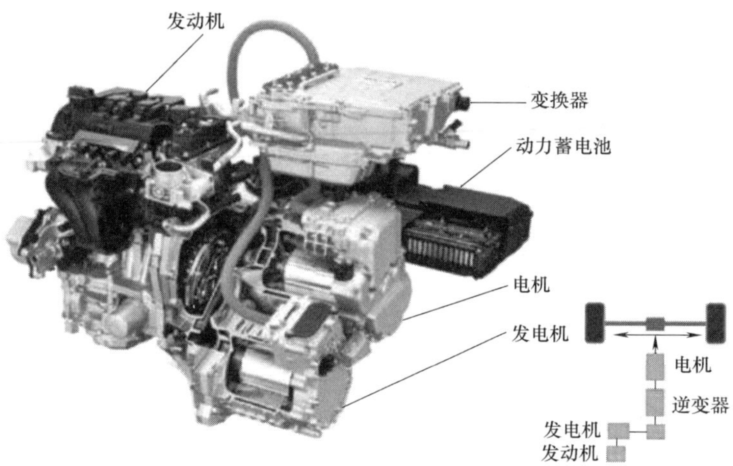

图 5-40 e-Power 驱动系统各部件布置

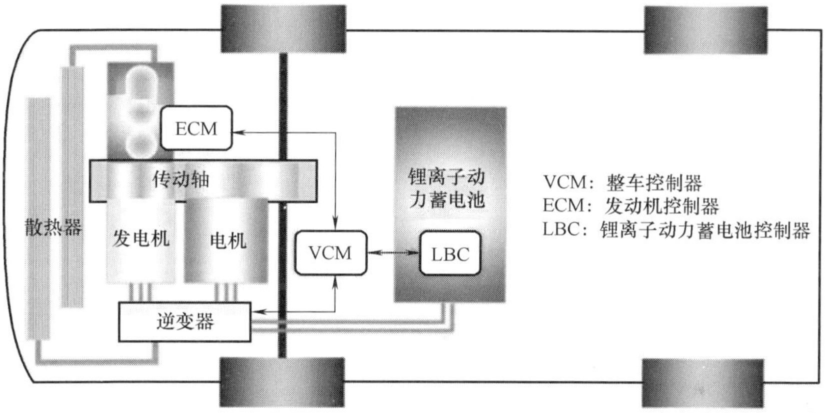

图 5-41 整车动力总成结构

2）为减少泵气损失，采用冷却废气再循环系统（Exhaust Gas Recirculation，EGR），同时带来压缩比的提升。采用米勒循环。与常规发动机相比，米勒循环下，发动机工作过程中延迟进气门关闭时间，可将部分吸入气体实现反流排除，延迟排气门打开时间，增加做功行程的有效时间。

3）为减少附件摩擦损失，采用电动水泵。取消带轮附件，并针对相关滑动表面进行涂层处理。

上述技术的应用可有效降低发动机工作摩擦阻力 20%，提升发动机的燃油经济性，却无需对发动机进行任何重大改动。该发动机表现与四缸发动机接近，在各类动力总成集成方案中具有明显优势。

日产 Note e-Power 的动力蓄电池参数见表 5-9。该锂离子动力蓄电池最大容量为 1.47kW · h。尽管容量很小，但其设计目的并不是支持纯电动行驶，而是在发电系统和驱动系统中起到缓冲作用。在车辆行驶过程中，可缓冲车轮端不稳定变化的功率需求，发挥混合动力系统“削峰填谷”的功率调整优势。

表 5-8　e-Power 版发动机与同型常规版发动机参数对比

技术参数		HR12DE e-Power 版	HR12DE 常规版
发动机参数	发动机排量 /mL	1198	1198
	发动机缸数	3	3
动力特性	最大功率 /kW	58（5400r/min）	58（6000r/min）
	最大转矩 /N·m	103（3600 ~ 5200r/min）	106（4400r/min）
关键技术	压缩比	12.0 ： 1	10.2 ： 1
	VVT 类型	C-VTC	C-VTC
	多点喷射技术	MPI Dual	MPI Single
	带轮系统	无	有
	水泵系统	电动水泵	机械水泵
	缸内摩擦处理	径孔涂层	无

表 5-9　e-Power 系统动力蓄电池基本参数

基本参数	参数组
动力蓄电池单元数	20 单元 ×4 组
电压 /V	292
总容量 /kW·h	1.47
动力蓄电池重量 /kg	40.9

日产 Note e-Power 的驱动系统采用日产聆风（Leaf）上使用的电机和控制器，最大功率为 80kW。e-Power 系统驱动电机与发电机基本参数见表 5-10。该系统的发电机主要用于调整发动机转速，使发动机工作在高效区。e-Power 动力总成与聆风共享电机和电控部件，降低了成本，实现了平台化开发目标。

表 5-10　e-Power 系统驱动电机与发电机基本参数

基本参数		参数值
驱动电机	最大转矩 /N·m	254
	最大功率 /kW	80（3008 ~ 10000r/min）
	最高转速（r/min）	10900
	质量 /kg	52.3
发电机	最大转矩 /N·m	-108
	最大功率 /kW	66（5836 ~ 10000r/min）
	最高转速 /（r/min）	10500
	质量 /kg	30.2
多合一逆变器	质量 /kg	16.9

变速机构由六个轴组成：三个用于驱动的轴（包括差速器）、三个用于发电的轴，即变速机构同时集成了一套减速器和一套增速器，用以实现驱动功能和发电功能，其具体结构如图 5-42 所示，其参数见表 5-11。

5.5.2　雪佛兰沃蓝达串联混合动力总成

雪佛兰沃蓝达混合动力系统采用容量为 16kW·h 的 360V 锂离子动力蓄电池组，成 T 形布置，位于后排座椅下部及车身中部，其纯电动续驶里程可达 80km，如图 5-43 所示。

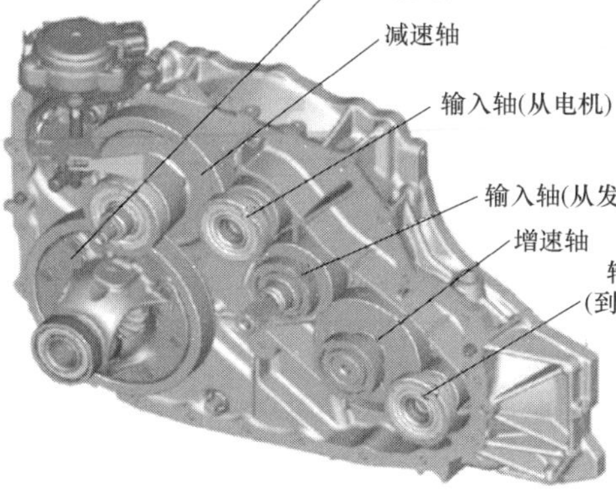

图 5-42　变速机构结构

表 5-11　e-Power 系统变速机构

	减速器		增速器
	输入轴	输出轴	
整体传动比	7.388		0.6
齿数	21/59	27/71	35/51/21
中心距 /mm	186.5		169.8

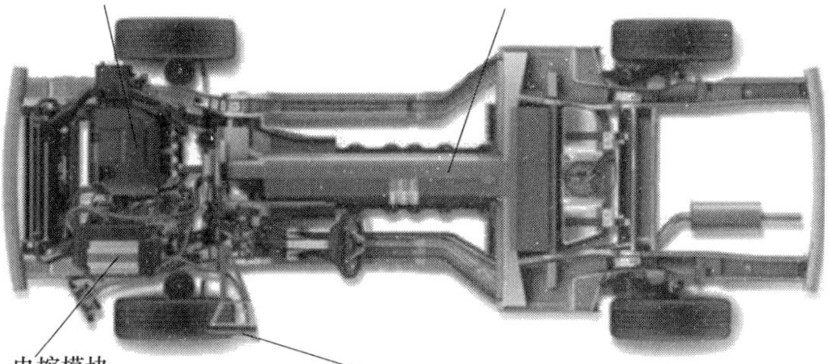

图 5-43　沃蓝达混合动力系统构成 1（见书末彩色插图）

沃蓝达动力系统还包括 2 台电机（最大功率分别为 111kW 和 55kW）和 1 台 1.4L 自然吸气汽油发动机（最大功率为 63kW），其中发动机仅用于发电，如图 5-44 所示。功率较大电机（下称电机 1）主要用于驱动车辆，而功率较小的电机（下称电机 2）主要用于发电。

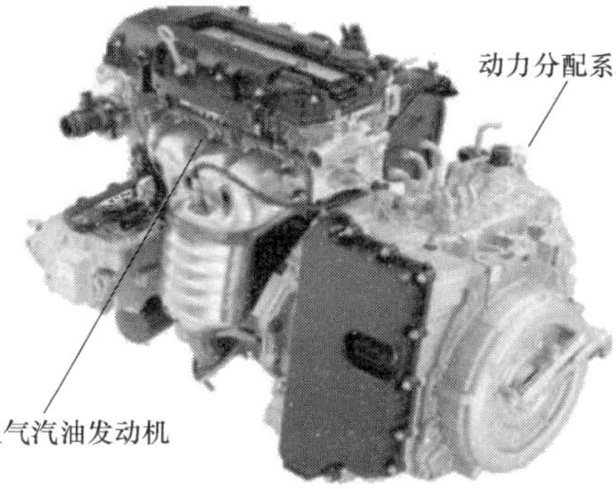

图 5-44　沃蓝达混合动力系统构成 2（见书末彩色插图）

沃蓝达混合动力系统的 2 台电机和 1 台发动机通过 1 个行星齿轮机构

和 3 个离合器组合。其中，太阳轮连接到电机，行星架连接到减速机构，直接输出动力到车轮。而齿圈则根据实际情况连接到动力分配系统的壳体（固定）或连接到电机 2 和发动机。3 个离合器用于控制动力分配。其中，离合器 C1 用于连接行星齿轮齿圈与动力分配机构壳体（固定）、离合器 C2 用于连接电机 2 与行星齿轮齿圈、离合器 C3 用于连接发动机与电机 2，如图 5-45 所示。

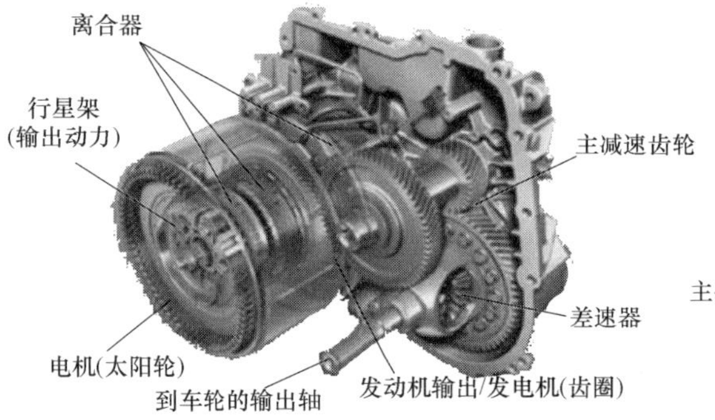

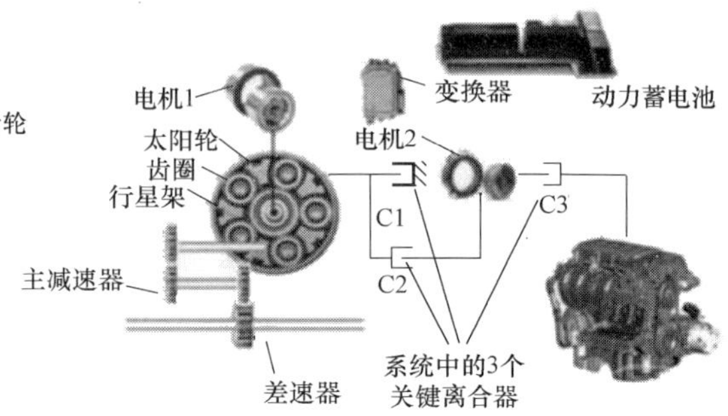

图 5-45　沃蓝达混合动力分配系统结构（见书末彩色插图）

沃蓝达混合动力系统一共有 5 种工作模式，分别为纯电动 EV 低速模式、纯电动 EV 高速模式、增程 EREV 混合低速模式、增程 EREV 混合高速模式以及能量回收模式，如图 5-46 所示。

1）处于 EV 低速模式时，仅由电机驱动车辆。离合器 C1 接合，离合器 C2、离合器 C3 分离，发动机停转。齿圈被固定，电机 1 驱动太阳轮转动，行星架在太阳轮带动下转动，把动力传输到减速齿轮，进而传递到车轮。

2）处于 EV 高速模式时，电机 1 和电机 2 共同驱动车辆。离合器 C2 接合，离合器 C1、离合器 C3 分离，发动机停转。电机 2 此时充当电动机工作，驱动齿圈转动。同时，电机 1 驱动太阳轮转动。齿圈和太阳轮同时转动，带动行星架转动，从而把动力传到车轮。电机 2 充当电动机驱动齿圈转动，降低了与太阳轮连接的电机 1 的转速，提高了其能源使用率。

3）处于 EREV 低速模式时，发动机为动力蓄电池充电，电机 1 驱动车辆。离合器 C1、离合器 C3 接合，离合器 C2 分离，发动机运转。此时，发动机驱动电机 2 发电，并为动力蓄电池充电。同时，动力蓄电池为电机 1 供电，驱动太阳轮转动。由于齿圈固定，行星架随太阳轮转动，从而把动力传到车轮。

4）处于 EREV 高速模式时，发动机为动力蓄电池充电，同时与电机 1 共同驱动车辆。离合器 C2、离合器 C3 接合，C1 分离，发动机运转。此时，发动机与电机 2 转子连接后驱动齿圈转动，同时发电，电机 1 推动太阳轮转动。齿圈和太阳轮同时转动，带动行星架转动，从而把动力传到车轮。发动机推动齿圈转动，降低了与太阳轮连接的电机 1 的转速，提高了其能源使用率。

5）处于能量回收模式时，电机 1 充当发电机回收来自车辆的动能。离合器 C1 接合，离合器 C2、离合器 C3 分离，发动机停转。车轮带动行星架转动，由于齿圈固定，太阳轮随行星架转动。此时，电机 1 作为发电机对动力蓄电池充电。

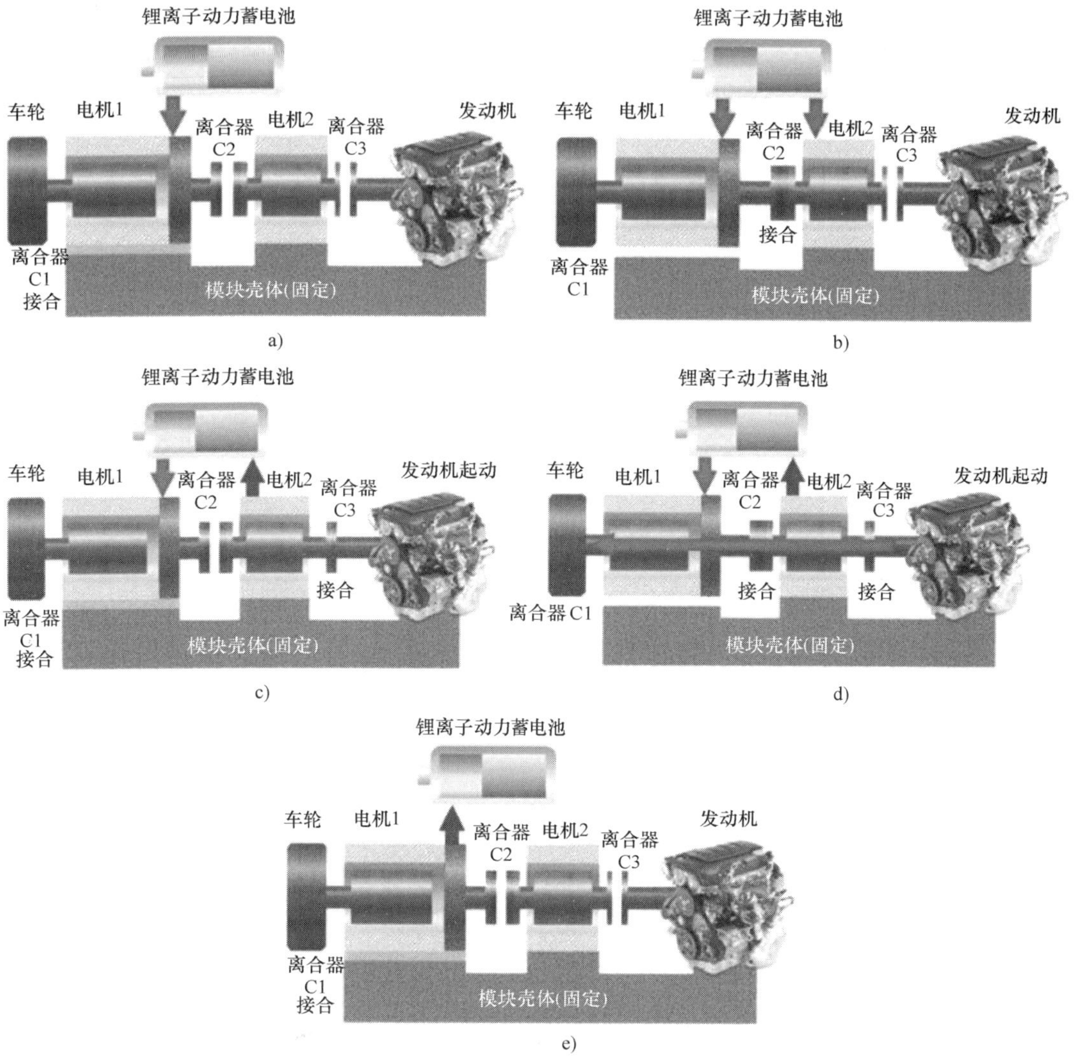

图 5-46　沃蓝达动力分配系统结构

a）EV 低速模式　b）EV 高速模式　c）EREV 低速模式　d）EREV 高速模式　e）能量回收模式

5.6　系统优化设计

串联混合动力电动汽车是一个复杂的集成系统，需要开展相应的系统优化设计，使系统在最优工况下工作。基于优化设计的思想，将重要的系统参数（例如部件参数、控制策略参数等）作为设计变量，确定约束条件和目标函数，建立串联混合动力电动汽车的系统优化设计数学模型。借助汽车仿真软件，采用适当的算法，对系统优化设计问题进行数值求解。整个串联混合动力电动汽车系统优化设计问题的求解模型如图 5-47 所示。

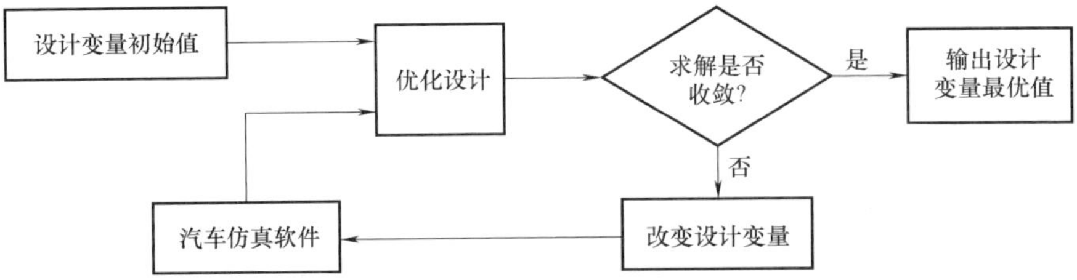

图 5-47　串联混合动力电动汽车系统优化设计问题的求解模型

5.6.1　单目标优化设计

串联混合动力电动汽车的动力性和燃油经济性与混合动力系统的参数密切相关。这些参数可以是动力部件的功率参数、主减速器传动比和变速装置传动比等。为对串联混合动力电动汽车的性能进行协调和提高，可通过单目标优化设计确定这些参数的最佳值。

在进行优化设计时，应从众多参数中选择对设计质量有显著影响且能直接控制的独立参数作为设计变量，其他参数则作常量处理。而在串联混合动力系统的众多参数中，动力部件的功率参数对于整车性能影响较大，在实际的工程设计中也常将功率参数作为重要的设计变量。

基于优化设计的思想，以串联混合动力电动汽车各部件的功率参数为设计变量，根据已建立的混合动力系统优化匹配问题的求解模型，采用适当的优化算法，求得各部件的功率参数。基本思路：以汽车动力性要求为约束条件，以燃油经济性、排放性和成本等为目标函数，确定串联混合动力电动汽车动力部件的最佳功率参数。数学模型表示如下。

设计变量：

$$X=\begin{Bmatrix} x_1,x_2 \\ x_3,x_4 \end{Bmatrix}^{\mathrm{T}}=\begin{Bmatrix} \text{发动机功率，发电机功率} \\ \text{驱动电机功率，动力电池组功率} \end{Bmatrix}^{\mathrm{T}} \tag{5-21}$$

目标函数：

$$f(X)=\{f_i(X)\}^{\mathrm{T}}=\{\text{燃油经济性或排放性或用车成本等}\}^{\mathrm{T}} \tag{5-22}$$

目标函数仅需考虑其中一项指标即可。当需考虑多项指标时，则为一个多目标优化匹配问题。

约束函数：

$$g(X)=\{g_1(X),\ g_2(X),\ \cdots,\ g_m(X)\}^{\mathrm{T}}=\{\text{最高车速，加速时间，爬坡度等}\}^{\mathrm{T}} \tag{5-23}$$

5.6.2　多目标优化设计

前文讨论的是单个目标在给定区域中的最优化问题，而在实际应用中，会更多地遇到需要使多个目标在给定区域中都尽可能取得较好结果的优化问题。这些设计目标的改善可能是相互约束的，甚至是冲突的。这就需要在这些设计目标之间取一个折中结果。这种多于一个数值目标在给定区域中的最优化问题称为多目标优化。

多目标优化问题一般可描述为以下数学模型：

$$\begin{cases}\min\begin{cases}f_1(X)\\f_2(X)\\\vdots\\f_p(X)\end{cases}, X=[x_1,x_2,\cdots,x_n]^{\mathrm{T}}\in E^n\\ s.t.\ g_u(X)\leqslant 0, u=1,2,\cdots,m\end{cases} \tag{5-24}$$

串联混合动力电动汽车进行系统优化设计追求的主要目标为

① 最佳燃油经济性。

② 最低排放。

③ 最低系统成本。

④ 最佳驱动性能。

在串联混合动力电动汽车中，各目标的优化往往是相互矛盾的，不能期望使它们的极小值点重叠在一起，即不能同时达到最优解。甚至还会出现对一个目标函数来说是优点，而对另一个目标函数却是缺点的情况。这就需要在各目标函数的最优解之间进行协调，相互之间做出适当“让步”，以便取得整体最优方案。下面介绍两种常用的解决多目标函数最优化问题的方法：

（1）统一目标法

统一目标法实际是将式（5-24）的各目标函数 $f_1(X)$, $f_2(X)$, $\cdots$, $f_p(X)$ 统一到一个总的“统一目标函数” $f(X)$ 中，即令

$$f(X)=\{f_1(X), f_2(X), \cdots, f_p(X)\}^{\mathrm{T}} \tag{5-25}$$

令式（5-24）为

$$\begin{cases}\min f(X) & X\in E^n\\ s.t.\ \ g_u(X)\leqslant 0 & (u=1,2,\cdots,m)\end{cases} \tag{5-26}$$

把多目标函数的最优化问题转变为单目标函数的最优化问题来求解。

（2）主要目标法

考虑到在多目标函数最优化问题中，各目标的重要程度不一致，在最优化设计中显然应首先考虑主要目标，兼顾次要目标。主要目标法以此思想为指导，首先将多目标函数最优化问题中的全部目标函数按其重要程度排列，最重要的排在最前面，然后以此求各单目标函数的约束最优值。这时，其他目标函数根据初步设计的考虑给予适当的最优估计值，作为辅助约束处理。这样可将多目标函数的约束最优化问题，转换为一些单目标函数的约束最优化问题，寻求整个设计可接受的相对最优解。

对式（5-25）来说，求第 k 个目标函数约束最优值的数学模型为

$$\begin{cases}\min f_k(X)=f_k(X^*) & X\in E^n(1\leqslant k\leqslant p)\\ s.t.\ \ g_u(X)\leqslant 0 & (u=1,2,\cdots,m)\\ g_{m+j}(X)=f_j(X)-f_j(X^*)\leqslant 0 & (j=1,2,\cdots,k-1,k+1,\cdots,p)\end{cases} \tag{5-27}$$

其中，$f_j(X^*)$ 开始为极小化以外的其他目标函数最优值的估计值，在求得最优值后用最

优值进行替换。

当目标函数较多时，由于前面的目标函数都达到了最优解时，可能造成后面的一个目标函数无最优解，进而使求优过程中断。为此，可对最优值 $f_j(X^*)$ 从实用角度加一个余量 $\Delta f_j(X^*)$。这时，辅助约束条件改为

$$g_{m+j}(X)=f_j(X)-[f_j(X^*)-\Delta f_j(X^*)]\leqslant 0\quad (j=1, 2, \cdots, k-1, k+1, \cdots, p) \tag{5-28}$$

参考文献

[1] 宋珂，章桐. 纯电动和串联混合动力汽车电机传动系参数匹配[J]. 汽车工程，2013，35(6)：559-564.

[2] 王成，郭淑英，刘凌. 串联混合动力系统在公交客车中的开发与应用[J]. 机械工程学报，2009，45(2)：18-24.

[3] 邱利宏，钱立军，程伟，等. 插电式串联混合动力汽车参数匹配及控制策略研究[J]. 汽车工程学报，2014，4(4)：297-303.

[4] 董学锋. 插电式混合动力乘用车主性能统计与分析评价[J]. 汽车技术，2018(7)：1.

[5] 高建平，葛坚，赵金宝，等. 混合动力汽车快速控制原型系统仿真平台开发[J]. 图学学报，2014，35(6)：905-911.

[6] 何小路，鲍久圣，阴妍，等. 混合动力车辆控制策略研究现状[J]. 机械传动，2017(1)：196-200.

[7] 刘斌，粟梅，贺建军，等. 混合动力汽车 DC/DC 辅助电源轨迹规划及双积分滑模控制[J]. 电网技术，2014，38(4)：918-924.

[8] 覃延明，刘青松，许响林，等. 混合动力汽车 DC/DC 变换器电磁干扰和抑制[J]. 客车技术与研究，2011，33(2)：19-22.

[9] 陶钧炳. 混合动力汽车 DC-DC 变流器设计研究[D]. 杭州：浙江大学，2010.

[10] 史金仙. 双向 DC/DC 变换器在混合动力汽车中的应用研究[D]. 合肥：合肥工业大学，2010.

[11] 吴军辉，黄声华，邹江峰，等. 用于混合动力汽车的三电平双向 DC/DC 变换器[J]. 电力电子技术，2006，40(1)：9-11.

[12] 范鑫. 混合动力客车大功率双向 DC-DC 变换器的研究[D]. 哈尔滨：哈尔滨工业大学，2009.

[13] 冯柳鑫. 5kW 混合动力汽车用双向 DC/DC 变换器设计[D]. 杭州：浙江大学，2014.

[14] 胡建明. 适合于混合动力汽车新型双向 DC/DC 变换器研究[J]. 电力电子技术，2011，45(4)：35-37.

[15] 王惠娟. 含氟类锂化合物在锂电池电解质中的应用[J]. 电源技术，2014，38(2)：245-247.

[16] 钱良国，郝永超，肖亚玲. 锂离子等新型动力蓄电池成组应用技术和设备研究最新进展[J]. 机械工程学报，2009，45(2)：2-11.

[17] 刘新磊，程增木. 纯电动汽车动力蓄电池匹配技术的研究 [J]. 电源技术，2018，42（3）：367-368.
[18] 陈小丹，岳明玥，马改，等. 混合动力汽车用锂离子动力蓄电池技术进展 [J]. 电源技术，2016，40（9）：1884-1887.
[19] 张革，赵新，李国栋，等. 车载锂离子动力蓄电池系统及充换电技术研究 [J]. 电源技术，2017，41（4）：641-643.
[20] 于海芳，陈文帅. 锂离子动力蓄电池寿命预测技术综述 [J]. 电源技术，2018，42（2）：304-307.
[21] 宋海飞，王振华，王全海，等. 动力蓄电池在线均衡控制策略 [J]. 测控技术，2017，36（9）：90-91.
[22] 孙金磊，朱春波，李磊，等. 电动汽车动力蓄电池温度在线估计方法 [J]. 电工技术学报，2017，32（7）：197-203.
[23] 李坤，王敬，王芳，等. 不同循环周期锂离子动力蓄电池热失控特性分析 [J]. 电源技术，2017，41（4）：544-547.
[24] 符晓玲，商云龙，崔纳新. 电动汽车电池管理系统研究现状及发展趋势 [J]. 电力电子技术，2011，45（12）：27-30.
[25] 项良军. 大容量动力型锂电池管理系统（BMS）研究 [D]. 合肥：合肥工业大学，2012.
[26] 谢长君，费亚龙，曾春年，等. 基于无迹粒子滤波的车载锂离子电池状态估计 [J]. 电工技术学报，2018（1）：3958-3964.
[27] 刘树林，崔纳新，李岩，等. 基于分数阶理论的车用锂离子电池建模及荷电状态估计 [J]. 电工技术学报，2017，32（4）：189-195.
[28] 费亚龙，谢长君，汤泽波，等. 基于平方根无迹卡尔曼滤波的锂电池状态估计 [J]. 中国电机工程学报，2017，37（15）：244-250，323.
[29] 肖仁鑫，李沛森，李晓宇，等. 基于蚁群神经网络算法的电池健康状态估计 [J]. 电源技术，2017，41（6）：916-919.

第6章 并联混合动力电动汽车整车设计

并联混合动力电动汽车基于常规动力汽车传动系统，在动力传动系的某个环节通过机电耦合装置引入电驱动力，并通过电驱动力的驱动、发电调控发动机输出转矩，稳定发动机工作点于高效区，实现整车的节能减排。由于机电耦合的形式和位置多样、电驱动的功率等级不同，并联混合动力电动汽车的动力传动形式、工作模式、控制策略和集成方案的差别较大。本章重点从机电耦合装置设计、动力传动构型设计和参数配置、整车控制策略设计、动力传动系统集成和优化等方面具体说明并联混合动力电动汽车整车设计所需考虑的关键点。

6.1 机电耦合形式

6.1.1 机电耦合装置概述

机电耦合装置负责将混合动力电动汽车的多个动力装置的输出机械动力组合在一起，实现多机械动力间的合理分配，并传给驱动桥，实现各种工作模式。从机电耦合装置实现动力耦合的机理出发，具体可分为转矩耦合、转速耦合和功率耦合三大类。并联混合动力电动汽车常采用转矩耦合型，即发动机和电机产生的转矩是自由变量，而其转速在任意时刻都是由瞬时轮速决定的，仅仅是传动比不同。

转矩耦合装置的输出转矩为两个动力装置输出转矩的线性叠加，两个动力源的工作转速之间为比例关系，其数学表达式为

$$T=\eta_e T_e i_e+\eta_m T_m i_m \tag{6-1}$$

$$n=\frac{n_e}{i_e}=\frac{n_m}{i_m} \tag{6-2}$$

式中 T、T_e、T_m——机电耦合装置的总输出转矩、发动机输出转矩、电机输出转矩（N·m）；

n、n_e、n_m——机电耦合装置输出、发动机、电机的工作转速（r/min）；

i_e、i_m——发动机、电机与机电耦合装置之间的机械传动比；

η_e、η_m——发动机、电机与机电耦合装置之间的机械传动效率。

6.1.2 同轴转矩叠加式

同轴并联结构指发动机与电机采用同一传动轴相连的布置形式。根据发动机、变速器、电机之间连接顺序的不同，又可分为前置式同轴并联结构和后置式同轴并联结构。电机在发动机和变速器之间的结构，属于前置式同轴并联结构，如图 6-1a 所示。电机在发动机和变速器之后的结构属于后置式同轴并联结构，如图 6-1b 所示。

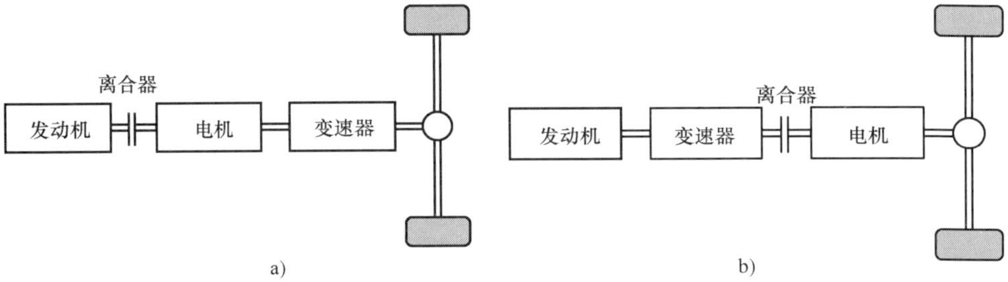

图 6-1 并联混合动力电动汽车同轴式转矩耦合装置结构示意
a）前置式同轴并联结构 b）后置式同轴并联结构

在同轴并联结构中，可实现电机与变速器一体化结构设计，这给车辆装配和空间优化带来了很大便利。当驱动力合成时，转矩波动小，能保证车辆有较好的平顺性。但两种同轴并联结构的不足也比较明显。在前置式同轴并联结构中，因为发动机与电机是同轴传动，所以二者的实时转速相同，而电机和发动机的工作转速范围相近，虽然不用考虑电机出现转速过低或超速的状态，但为保证车辆的燃油经济性，需要对发动机的工作特性进行专门调整。在后置式同轴并联结构中，变速器两端分别连接着发动机和电机，这就要求变速器既要保证发动机动力输出的稳定性，又要保证电机的运行特性，由此对变速器提出了很高的技术要求。

6.1.3 双轴动力耦合式

双轴式转矩耦合装置结构如图 6-2 所示。双轴动力耦合结构指发动机与电机通过转矩耦合器连接在一起的布置形式。转矩耦合器在变速器之前的结构属于前置式动力耦合并联结构。转矩耦合器在变速器之后的结构属于后置式动力耦合并联结构。其中，前置式动力耦合并联结构如图 6-2a 所示。它应用了 2 个传动装置，其中一个位于发动机和转矩耦合装置之间，另一个位于电机和转矩耦合装置之间。2 个传动装置可以是单档或多档的传动装置。但 2 个多档传动装置会使电驱动系统明显复杂化，并为选择每个传动装置特定的排档而增加了控制系统的难度。后置式动力耦合并联结构如图 6-2b 所示，它只有一个传动装置，位于转矩耦合装置和驱动轴之间。与具有 2 个传动装置的耦合装置相比，该装置的控制难度较低，成本也较低，但相应的缺陷就是控制精度不高。

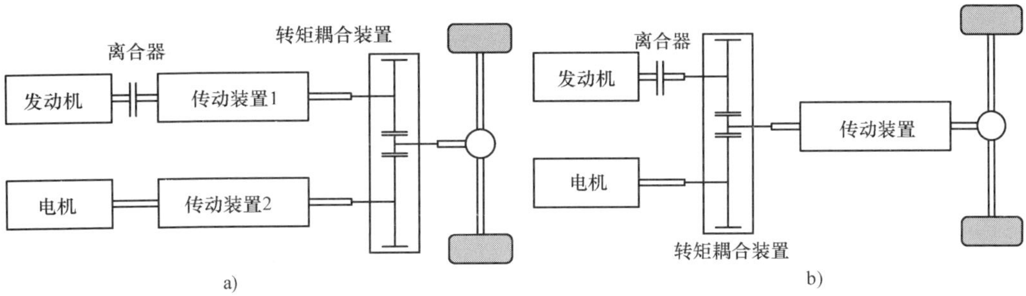

图 6-2 并联混合动力电动汽车双轴式转矩耦合装置结构示意
a）前置式动力耦合并联结构 b）后置式动力耦合并联结构

双轴式转矩耦合装置是常见的混合动力电动汽车耦合装置，可实现电机驱动、发动机驱动、发动机驱动且发电、混合动力驱动及制动能量回收等功能。两个动力源均可单独驱动车辆，一个动力部件失效时，另一个可以提供动力。双轴动力耦合结构的最大特点是发动机和电机可分别独立驱动车辆运行。与其他构型相比，该结构最大限度地保留了原车的传动结构。除此之外，双轴动力耦合结构还具有以下优点：

1）发动机输出的能量可通过变速器直接传递至驱动桥。在整个过程中，没有能量转换环节，避免了转换带来的能量损失，使能量能以机械传递的方式最大限度地进行传输，系统效率高。

2）双轴动力耦合结构可使发动机与电机的运行不受彼此限制，保证各自工作在高效区，易于实现两种动力的优化匹配。而通过优化转矩耦合器的传动比，可使两个动力源工作更加协调，在一定程度上减轻了变速器的负担。

3）通过转矩耦合器，使两种动力源可得到很好的汇合，也使双轴动力耦合结构更易在原车基础上进行改装，从而降低了制造成本。

双轴动力耦合结构也存在共性不足。由于发动机通过机械连接方式与车辆驱动桥直接相连，发动机的运行工况会受车辆行驶工况的影响。因此，需要通过较精确的控制系统和控制策略调节发动机工作点。前置双轴动力耦合结构可通过变速器来调节电机工作区，使电机尽可能在高效区运行，但对电机的最高转速与发动机转速之间的匹配有一定要求。从电机的调速范围来看，后置式双轴动力耦合结构中，液压系统可提供稳定的转矩，转矩大小不会随档位发生较大变化，降低了控制难度。

6.1.4 驱动力耦合式

驱动力耦合式混合动力系统的发动机通过离合器、变速器和驱动桥独立驱动整车后驱动轮（或前驱动轮），驱动电机通过减速器独立驱动整车前驱动轮（或后驱动轮），如图 6-3 所示。

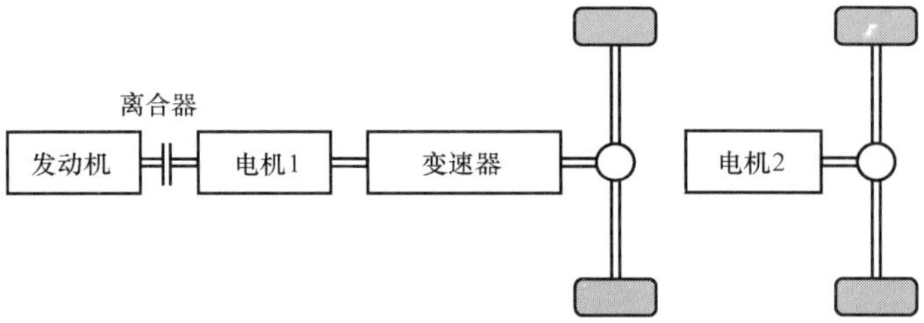

图 6-3　驱动力耦合式混合动力系统示意

在混合动力驱动模式下，发动机与驱动电机共同驱动整车的前驱动轮和后驱动轮。因为在发动机与驱动电机混合驱动时，发动机和驱动电机的动力（驱动力）在驱动轮上组合，所以称为驱动力耦合式混合动力系统。

针对这类系统，前轮也可以改由电机驱动，这样可进一步提高发动机的工作效率。双电机分轴式构型是将两台电机分别置于车辆的前桥和后桥上。前驱动一般采用双离合变速和 BSG（ISG）系统，即目前流行的 P0、P1 或 P2 结构（详见 6.2 节），后桥安装一个驱动电机。

双电机分轴式系统简化了在单一车桥上进行的动力分流工作。位于后桥的电机与传统的内燃机本身不存在机械结构的硬连接。因此不需要通过行星齿轮的方式实现动力传输和切换。另外，内燃机和电机分别为前后桥提供动力的方式，避免了两套动力系统对同一驱动桥的动力耦合，极大降低了混合动力系统的复杂程度。

6.2　动力系统构型设计

并联混合动力构型有内燃机和电机两个动力源。它们既可分开工作，也可一起协调工作，共同驱动车辆。由于电机的数量、种类，传动系统的类型、部件的数量（例如离合器的数量）和位置关系（例如电机与离合器的位置关系）存在差别，并联混合动力系统构型具有明显的多样性。根据电机位置（Position）的不同，并联混合动力系统可分为 P0、P1、P2、P3 和 P4 等构型。如图 6-4 ~ 图 6-6 所示，P0 ~ P4 所表示的电机布置方式如下。

P0：电机安装在发动机前端，以传动带与发动机相连，又称带传动起动发电机（Belt Starter Generator，BSG）。当发动机运转时，由曲轴带动发电。受传力的传动带所限，P0 构型多属于具有起停功能的弱混。

P1：电机位于发动机后和离合器前，与发动机刚性相连，也称起动 / 发电一体机（Integrated Starter and Generator，ISG）。具有发动机起停、制动能量回收 / 发电功能。同时，电机与曲轴刚性连接，可辅助输出动力。

P2：电机位于发动机与变速器之间，位于离合器之后。电机与发动机之间有离合器，因此可单独驱动车轮。动能回收时也可切断与发动机的连接。同时还能与现有的变速器（AT 或 DCT）很好地集成，因此 P2 是目前市售混动车型采用最多的构型。

P3：电机位于变速器输出端，与发动机同源输出。

P4：电机位于后桥上，即电机与发动机不驱动同一轴，车辆可实现四轮驱动。

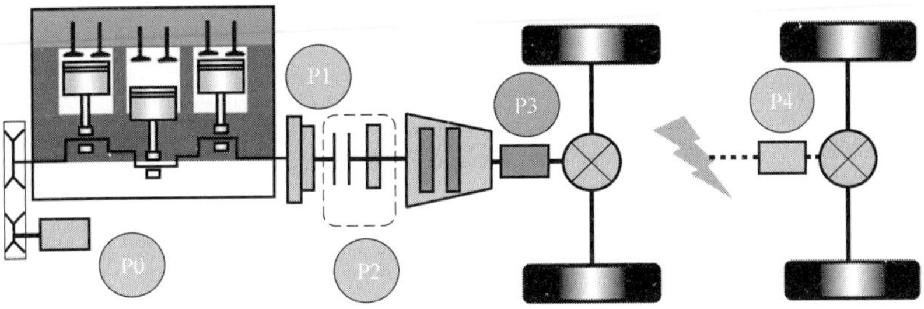

图 6-4　P0 ~ P4 构型示意

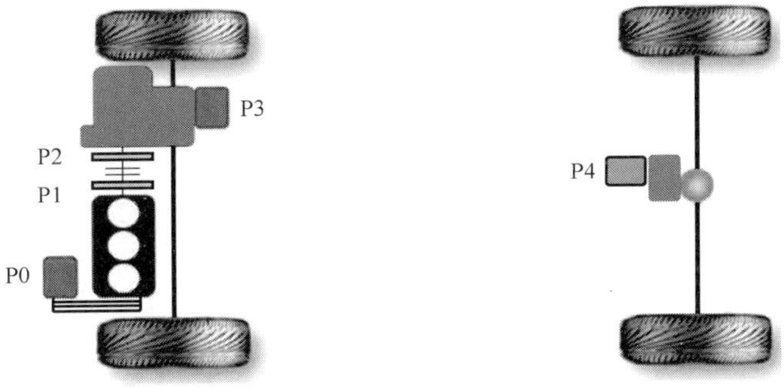

图 6-5　横置发动机

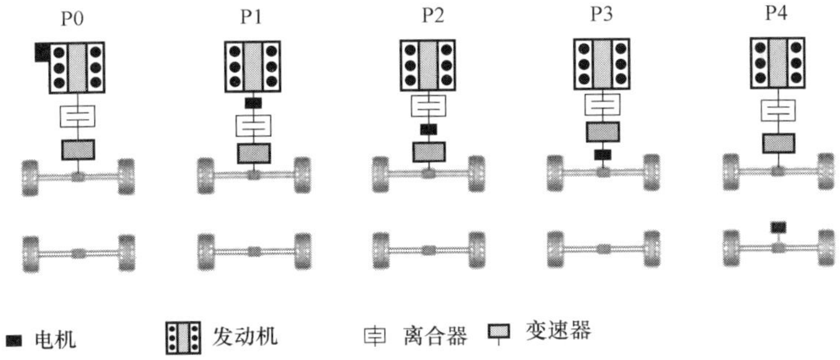

图 6-6　纵置发动机

6.2.1　P0 构型

6.2.1.1　构型分析

P0 构型指电机位于发动机前端附件驱动系统（Front End Accessory Drive，FEAD）上，该辅助系统包括电机、电动涡轮、一体式发电机 / 起动机和高压发电机等。电机与发动机曲轴通过传动带柔性连接。在发动机运转时，会有少量能量传递至电机发电。由于传动带柔性连接效率有限，电机为发动机提供助力和回收动能的能力也有限，BSG 适用于自动起停，单独使用时以 12 ~ 25V 微混和 48V 轻混为主，实际常与其他构型配合使用。P0 构型结构如图 6-7 所示。

传统汽车上的 FEAD 如图 6-8 所示。在 P0 构型中，采用 BSG 电机实现了发电的逆变器和起动发动机的起动机的双重功能，从而简化了结构。P0 构型使逆变器集成了起动机的功能，但仍然需要飞轮。目前大部分 P0 构型仍然需要 P1 位置的起动机，因为冷却时间过长时，传动带驱动电机的转矩往往不足以起动发动机，因此 P0 构型一般只应用于自动起停系统。

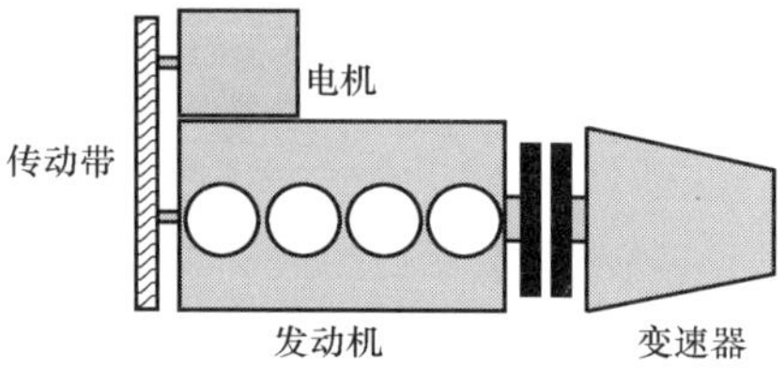

图 6-7　P0 构型结构示意

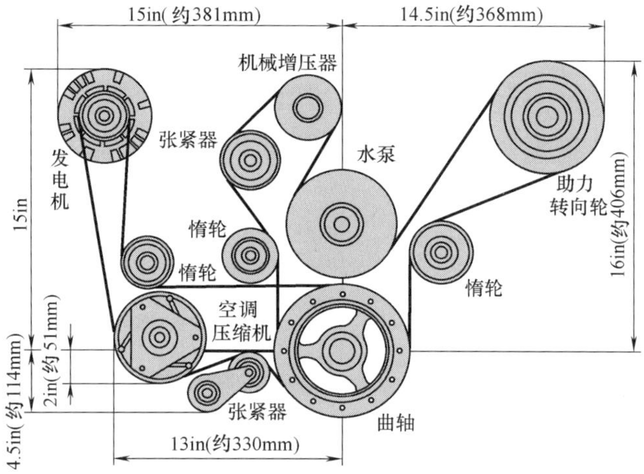

图 6-8　传统汽车上的 FEAD

6.2.1.2　实例介绍

采用 P0 构型并联混合动力系统的车型有：奔驰 A 级和 B 级混合动力版，雪佛兰迈锐宝和别克君越混合动力版。

图 6-9 所示为奔驰在 A 级和 B 级车上使用的 P0 混动方案。其中，液压传动带张紧器在 P0 混动中是一个比较重要的部件，需要比一般的张紧器调节张力的能力更强，从而保证在起动发动机和动能回收时有较高的传动效率。

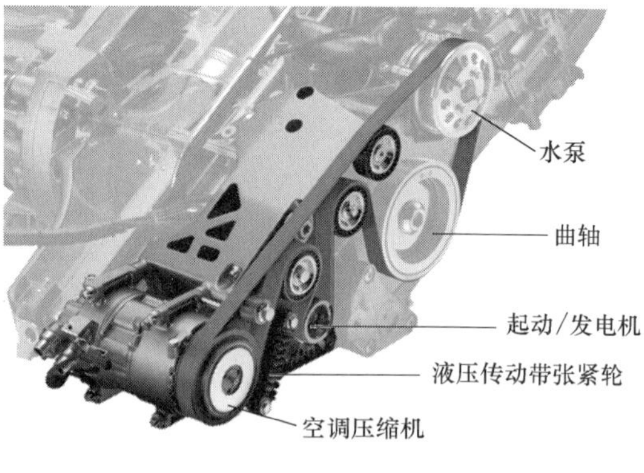

图 6-9　奔驰 A 级和 B 级车的 P0 混动方案
（见书末彩色插图）

图 6-10 所示为美国通用公司的雪佛兰迈

锐宝混合动力车和别克君越混合动力车上采用的并联 P0 混合动力系统构型。该系统由通用 EcotecVVT 直列四缸发动机、起动 / 发电机、传动带及双张紧器、起动 / 发电机控制模块、36V 镍氢动力蓄电池组、线缆及 12V 蓄电池等组成。起动 / 电动机发出的三相交流电经起动 / 发电机控制模块变换后，除为 36V 镍氢动力蓄电池组充电外，还为 12V 蓄电池补充充电。12V 蓄电池也可直接从 36V 镍氢动力蓄电池组，通过起动 / 发电机控制模块获得电量补充。

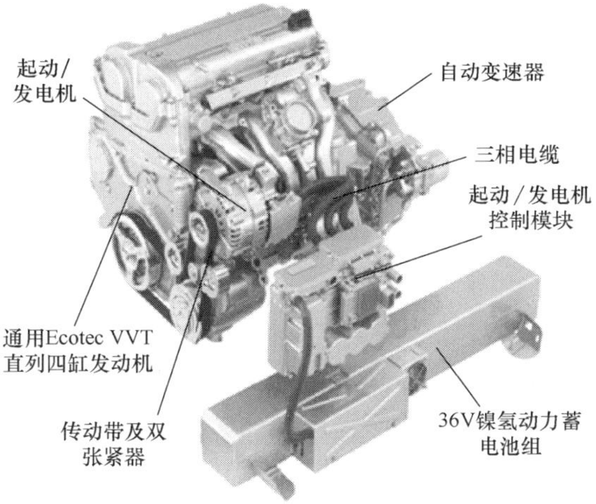

图 6-10　通用轻度混合动力系统

6.2.2　P1 构型

6.2.2.1　构型分析

P1 构型中，电机位于发动机曲轴上，即传统动力汽车起动机的位置。P1 构型结构示意如图 6-11 所示。ISG 固连在发动机曲轴上，取代了传统的飞轮。发动机曲轴与 ISG 电机转子同转，因此 P1 构型同样支持发动机起停、制动能量回收发电。也可以说，P1 构型使起动机集成了发电机发电的功能（但仍然需要 FEAD）。发动机运转时，驱动电机转子旋转，施加给定子交流电压。由于机械连接的 P1 构型具有较高的传动效率，除自动起停、微混合弱混外，还可应用在 100 ~ 200V 电压的中混系统中。P1 混动集成电机 ISG 的绕组和转子如图 6-12 所示。

发动机和电机的动力在发动机输出轴上耦合，然后通过由离合器、变速器、驱动桥和半轴组成的传统驱动系统驱动车辆行驶，这称为发动机轴动力组合式并联混合动力系统。由于电机与发动机采用了刚性连接，P1 构型可实现动力辅助：在驾驶人踩下加速踏板后，整车综合控制器（HCU）会控制 ISG 电机立刻补充动力，以此让汽车保持动力性与经济性的高度平衡。在不同程度的制动过程中，ISG 电机都可实现发动机制动能量的回收和储存。在下长坡时还会根据具体车速施加辅助制动力矩，以此提升安全性。

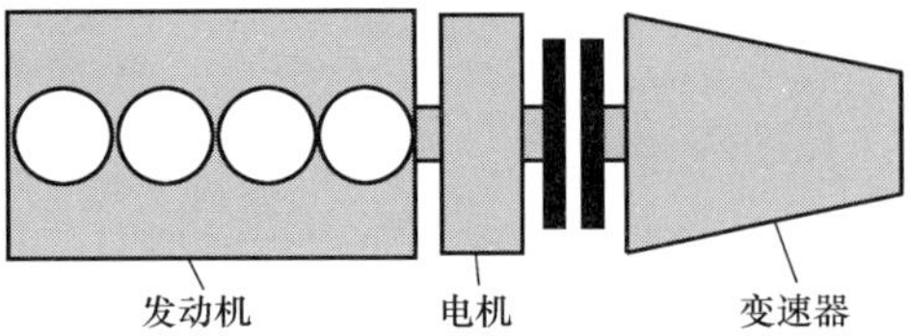

图 6-11　P1 构型结构示意

图 6-12　P1 混动集成电机 ISG 的绕组和转子

P1 构型的电机与曲轴必须同步转动，电机需要有较大的转矩和体积，同时还要考虑尺寸约束，以使电机能置于原飞轮处，因此成本较高。此外，P1 构型不适合电机功率更大、动力蓄电池容量更高的强混系统。只要电机旋转，发动机曲轴就必须旋转，因此电机单独驱动车轮难度较大。在回收动能时，由于必须带动曲轴空转，会浪费动能并增加发动机噪声和振动。

目前，P1 构型多为中混汽车采用，由于可靠性高且成本较低，国内公交车和自主品牌车型多采用 P1 构型。

6.2.2.2　实例介绍

本田 CIVIC 混合动力轿车搭载本田第四代 IMA 混合动力系统，采用了 P1 构型，其主要组成部件如图 6-13 所示，包括一台 1.3L i-VTEC 四缸汽油机、一台高功率超薄直流无刷电机、一台无级变速器和一个智能动力单元（Intelligent Power Unit，IPU）。IPU 由电机控制器、动力分配单元、高性能镍氢动力蓄电池组和空调压缩机控制器等组成。汽油机和电机布置在车身前部，IPU 布置在车身后部。

IMA 系统工作过程如下：

1）起动加速，发动机以低速配气正时状态运转，同时电机提供辅助能量。

2）急加速状态，发动机以高速配气正时状态运转，此时动力蓄电池组会提供额外的功率给电机。电机与发动机共同驱动汽车，改善整车的加速性能。

3）低速巡航状态，发动机的四个气缸气门全部关闭，燃烧停止，汽车以纯电动状态行驶，汽油发动机自由运转。汽车行驶速度必须在 10 ~ 15km/h 之间，且发动机转速处于 1000 ~ 1300r/min 时才能进入此模式。

4）一般加速或高速巡航时，发动机以低速配气正时状态运转，单独驱动汽车。

5）减速状态，发动机关闭，电机此时作为发电机工作。在电机控制器的控制下，电机将机械能最大限度地转化为电能，存储到动力蓄电池组中。

6）停车状态，发动机自动关闭，减少燃油消耗和排放。在怠速停车时，发动机关闭，动力蓄电池会继续向空调压缩机和汽车 12V 电气系统提供电能。当制动踏板松开时，电机重新起动发动机。

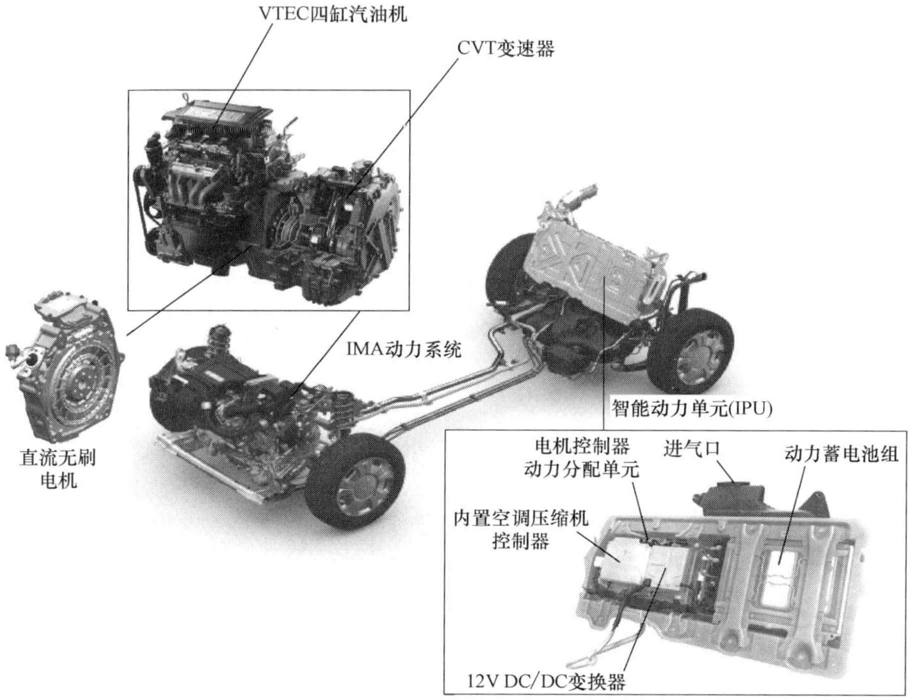

图 6-13　本田第四代 IMA 混合动力系统

6.2.3　P2 构型

6.2.3.1　构型分析

如图 6-14 所示，P2 构型中，电机置于变速器的输入端，在离合器之后。其典型结构为：发动机 - 离合器 1- 电机 - 离合器 2- 变速器 - 主减速器 - 车轮，如图 6-15 所示。

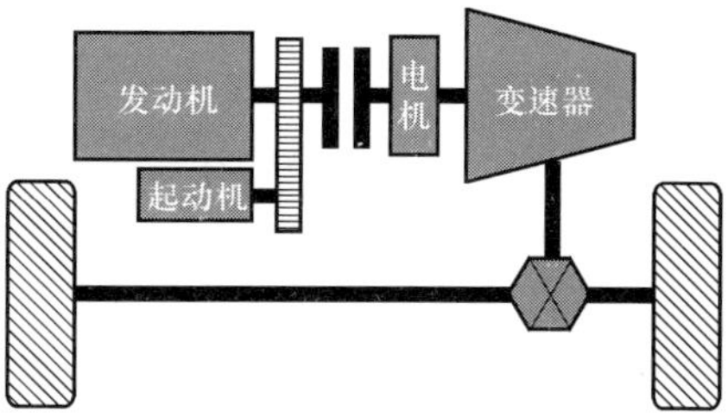

图 6-14　直接套在变速器输入轴上的 P2 电机

与 P1 构型类似，P2 构型中，电机也需要布置在发动机和变速器之间，但由于不必像 P1 一样整合在发动机外壳中，布置形式更灵活。同轴 P2 构型混合动力模块如图 6-16 所示，电机直接套在变速器输入轴上。P2 构型也可使用减速齿轮（平行轴）结构，但体积较大，如图 6-17 所示。P2 构型还可通过传动带与变速器输入轴连接，如图 6-18 所示。

相比 P1 构型，P2 构型有以下优点：由于电机与发动机之间有离合器，在纯电动模式下电机可单独驱动车轮，在回收动能时也可切断与发动机的连接。此外，由于动力经过变速器后传递至轮端，变速器的所有档位均可被电机利用。电机需求转矩较小，可降低成本和体积。

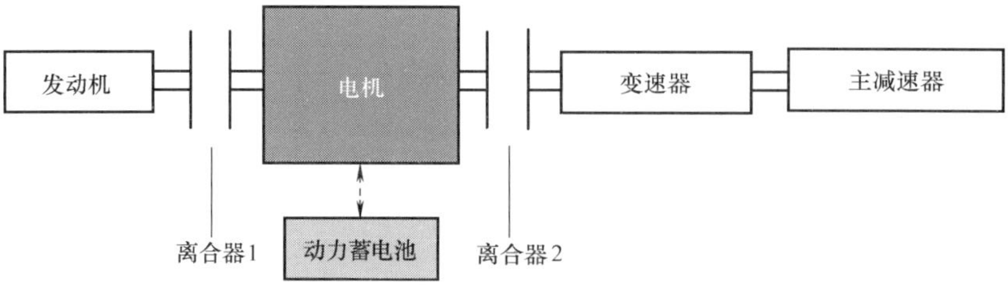

图 6-15　P2 构型典型模式示意图

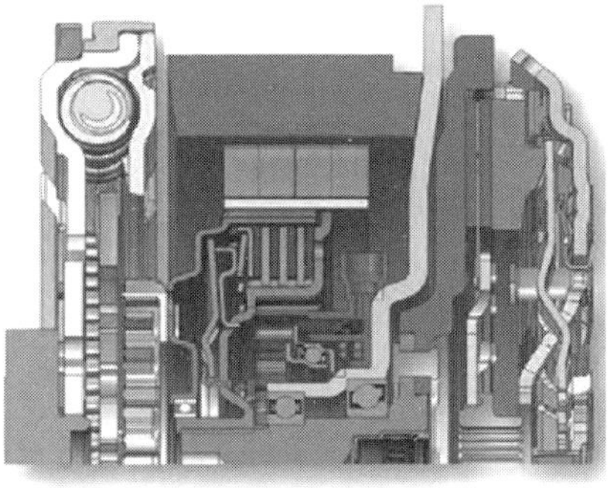

图 6-16　同轴 P2 构型混合动力模块

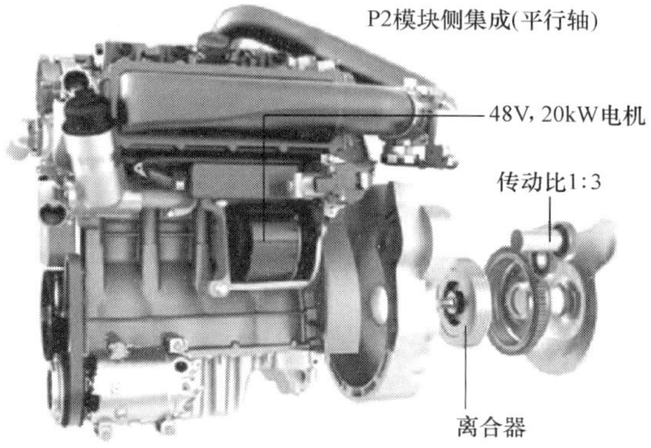

图 6-17　平行轴 P2 构型混合动力模块

但 P2 构型也有一定缺点：只在变速器切换到空档时，才能切断与车轮的连接，进而起动发动机。但若变速器不能快速切换至空档，则需要一个额外的起动电机，满足自动起停系统频繁快速起停电机的要求。该电机可以是在 P1 位置的中低压起动电机，也可以是在 P0 位置的 48V 以上中高压 BSG 电机。后者称 P0P2 系统，是双电机直连混动（串并联）的一种。

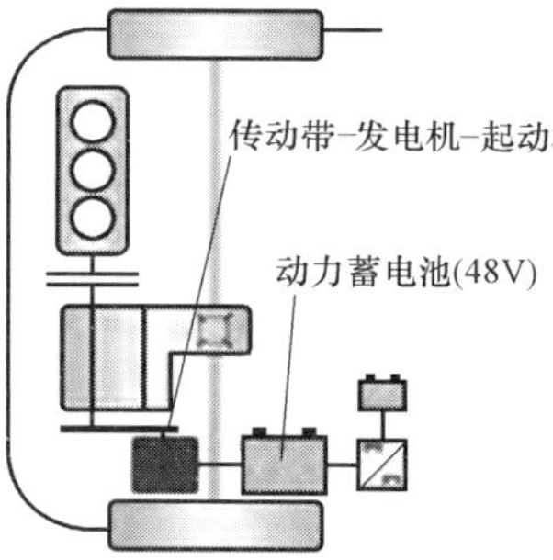

图 6-18　带传动 P2 构型混合动力模块

6.2.3.2　实例介绍

舍弗勒（Schaeffler）的 P2 构型解决方案已经比较成熟，如图 6-19 所示。这款 P2 高压混合动力模块可安装在发动机和变速器之间。它以一种创新性的方式来分配动力走向，电机作为起动机时，转矩由电机向发动机方向传递，经可分离式离合器，可传递的最大转矩为 300N・m。而发动机和电机向变速器侧输出动力时，通过单向离合器传递转矩，最大可至 800N・m。长安逸动 PHEV、大众捷达（速腾）、奥迪 A3e-tron（图 6-20）、保时捷卡宴混合动力版均采用了舍弗勒 P2 高压混合动力模块。

PSA 集团推出的柴电混合动力版 C4 采用了并联 P2 混合动力系统构型，其组成如图 6-21 所示。

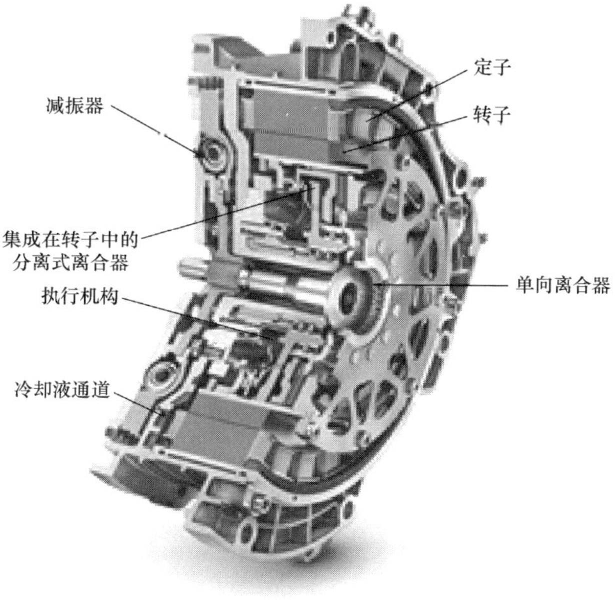

图 6-19 舍弗勒 P2 高压混合动力模块

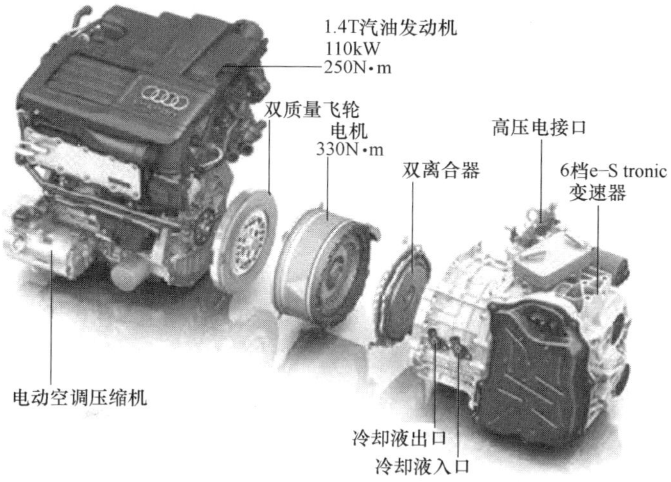

图 6-20 奥迪 A3e-tron 混合动力模块

C4 所采用的混合动力系统组成如图 6-22 所示。盘式电机安装在柴油发动机和 6 档自动变速器之间，而电机与柴油发动机之间设有干式离合器。1.6L HDi 柴油发动机的最大输出功率 / 转矩为 68kW/215N · m，电机的额定输出功率 / 转矩为 16kW/80N · m，峰值输出功率 / 转矩为 23kW/130N · m。通过干式离合器的接合和分离，可实现电机单独驱动以及电机和柴油机联合驱动。柴电混合动力系统起步时，发动机并不立即起动，首先由电机驱动平稳加速到 50km/h，然后发动机才起动输出动力。安装在行李舱底板的动力蓄电池组最高电压为 288V，最大输出功率为 23kW。原厂公布的柴电混合动力版 C4 的平均油耗为 29.4km/L，CO_2 排放量为 90g/km，相对于常规动力版 C4 减少了 28%。

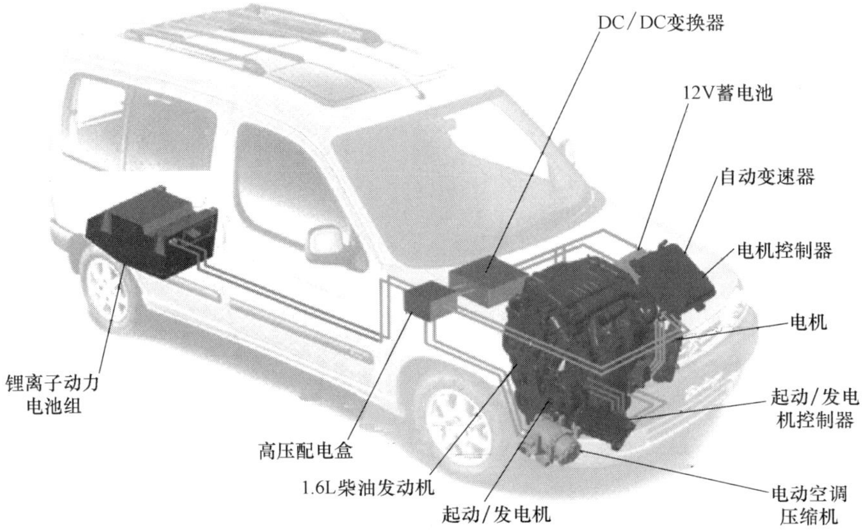

图 6-21　C4 柴电混合动力系统组成

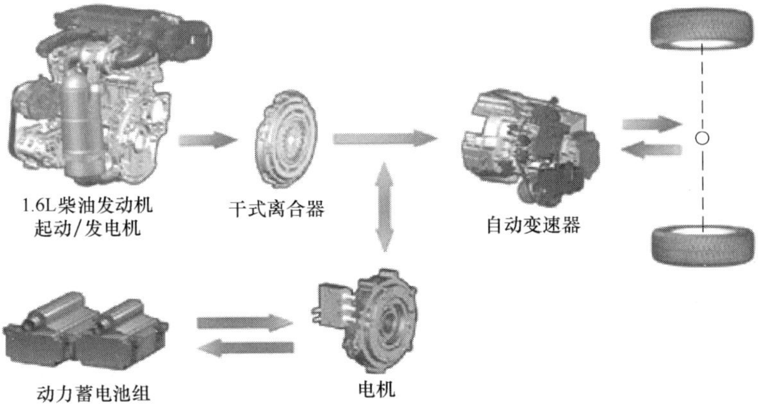

图 6-22　柴电混合动力 C4 系统组成

6.2.4　P3 构型

6.2.4.1　构型分析

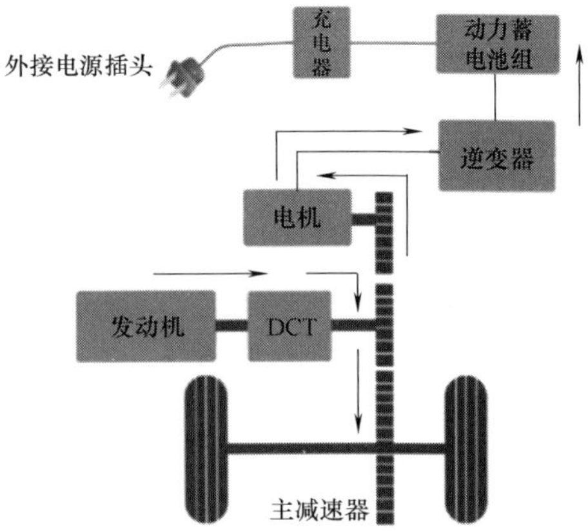

图 6-23　P3 混合动力结构示意

在 P3 构型中，电机在变速器的输出轴侧进行动力耦合，可以距变速器一定距离，更靠近传动轴，一般采用齿轮或链传动，与发动机同源输出。其典型模式为：发动机 - 离合器 - 变速器 - 电机 - 减速器 - 车轮，结构示意如图 6-23 所示。

相比电机在变速器前的 P0、P1 和 P2 构型，

P3 构型最主要的优势是纯电驱动和动能回收效率较高，且急加速表现好。对插电式混动系统而言，纯电驱动所占比例较高，而传统动力汽车用变速器都有较大能量损耗，因此 P3 混合动力构型能提高能量回收效率。

但 P3 构型也有如下缺点：由于电机与车轴相连，电机无法用于起动发动机。若需起动发动机或实现发动机自动起停，则需在发动机前端增加 BSG，即成“ P0/P3 构型”。但同时电机的功率不能太小，且动力蓄电池容量应相应加大。P3 构型的空间布置较适合后驱车型。

6.2.4.2 实例介绍

采用 P3 构型并联混合动力系统的车型有本田 i-DCD、比亚迪秦和长安逸动等。

比亚迪秦混合动力系统结构组成如图 6-24 所示，也称 P2.5 构型。该构型均基于双离合变速器，很好地利用了双离合变速器可在两个输入轴之间切换的特点，将电机集成到了其中一轴上。

以 2008 年一汽公司推出的带 BSG 的混合动力奔腾 B70 为例，如图 6-25 所示，该构型在发动机前端使用一个 BSG 电机，在变速器输出端使用另一个主电机。

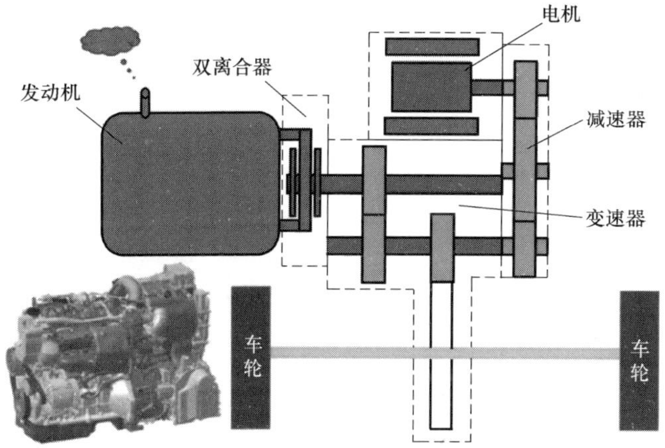

图 6-24 比亚迪秦混合动力系统结构示意

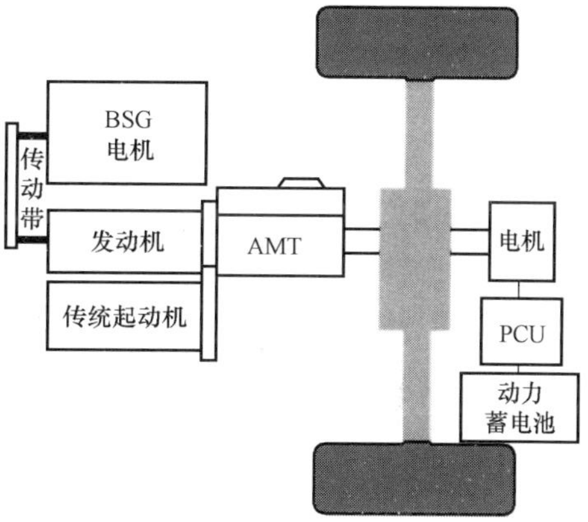

图 6-25 奔腾 B70 混合动力结构

6.2.5 P4 构型

6.2.5.1 构型分析

P4 构型把电机放在了驱动桥上，直接驱动车轮，如图 6-26 所示。P4 构型中的电机可通过链条或齿轮驱动前轴 / 后轴，或一轴取消轮轴，直接用轮毂电机代替。其转弯性能更高，且避免了轮轴和差速器带来的效率损失和额外车重。但车轮质量增加，一定程度上影响了平顺性。P4 构型最大的特点是电机与发动机不驱动同一轴，这意味着车辆可实现四驱，且电机与发动机实际上是通过地面耦合的，工作性质虽然与其他简单并联类似，但在车辆内部不存在任何机械连接。

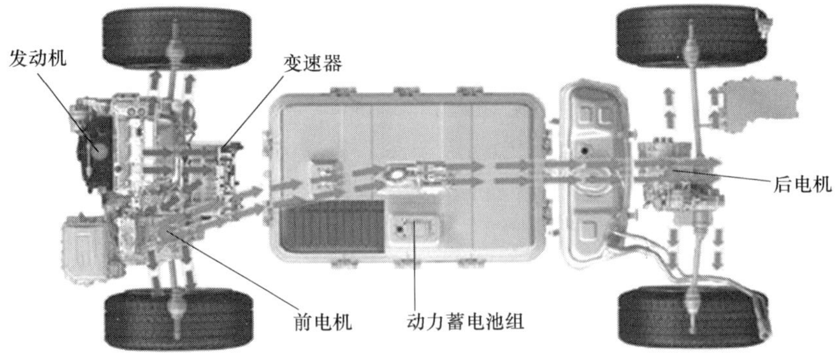

图 6-26　P4 混合动力系统

P4 构型的特性与 P3 构型大体相似。不过只有少数车型采用 P4 构型，例如宝马 i8，在纯电动行驶时以电机前驱为主，而在混动模式下则以发动机驱动的后轴为主要驱动轴。大部分 P4 构型（只有一个 P4 电机接高压电）不能随意在纯电驱动和纯发动机驱动之间切换，其本质是前、后轮驱动的切换，对车辆操控性和舒适性有不利影响。

因此，大部分 P4 构型混动车辆仍然以发动机驱动为主，另一轴的电机只作辅助。为保证时常有电量驱动另一轴的电机，常在发动机的驱动轴上设置一个电机，位于 P0 或 P2 位置。其作用在于起动发动机，且发动机起动后可给动力蓄电池充电。两种构型可分别称为 P0-P4 构型和 P2-P4 构型。

6.2.5.2　实例介绍

采用 P4 构型并联混合动力系统的车型有比亚迪唐、保时捷 918Spyder、讴歌 NSX 和宝马 i8 等。

宝马的 P0-P4 构型如图 6-27 所示。其发动机至 P0 部分可与车轮断开连接，实现了停车充电的功能，也提供了串联模式。主电机在前轴驱动汽车，而发动机在后轴负责驱动

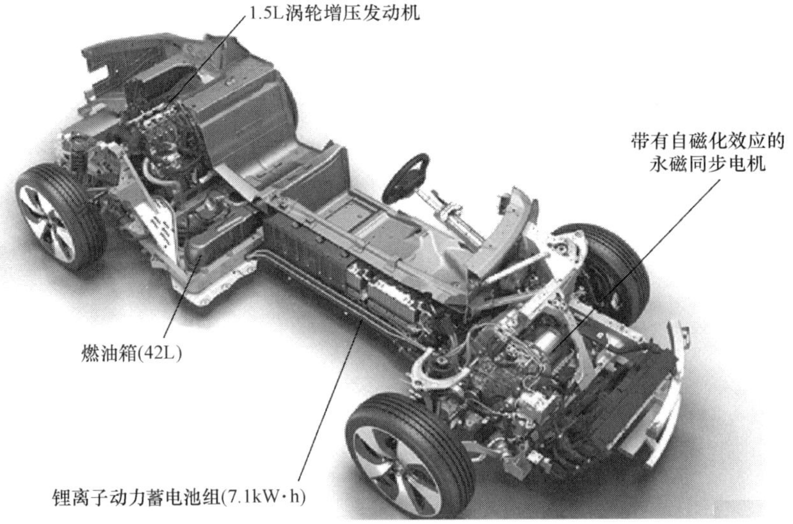

图 6-27　宝马 i8 混合动力系统

P0 电机充电。比亚迪唐主电机位于前轴，以纯电驱动模式为主，其增程式发动机也置于前轴，后轴只有小电机。这是因为比亚迪唐的发动机除增强动力外，还要负责增程，而宝马的发动机主要是用来提高动力的，主电机与发动机放在同一轴上。

保时捷 918 Spyder 插电式混合动力跑车如图 6-28 所示。该车的后轮依靠 3.4LV8 发动机驱动，而前轮依靠电机驱动，也可采用电机单独驱动，续驶里程可达 30km，纯电驱动最高车速达 151km/h。

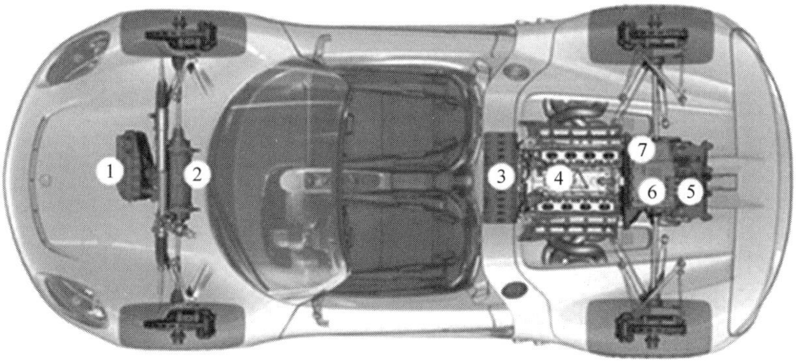

图 6-28 保时捷 918 Spyder

1、7—动力电子设备 2—电力驱动装置 3—锂离子动力蓄电池 4—V8 高速发动机
5—保时捷双离合变速器 6—电机

6.3 动力系统参数设计

确定了混合动力电动汽车的构型、整车及性能参数后，就要进行动力系统零部件的参数设计，是动力系统零部件选型的基础。本节以某款 P2 构型并联混合动力电动汽车为例，对其动力系统零部件的参数设计工作进行介绍。

6.3.1 设计流程

6.3.1.1 设计指标

在进行动力系统零部件参数设计之前，先要确定整车的动力性与经济性指标，以及整车性能的基本参数。

1. 整车设计参数

整车基本参数一般根据具体要设计的车型确定，某款 P2 构型并联混合动力电动汽车整车基本参数见表 6-1。

2. 动力性设计指标

由于整车动力源增加动力蓄电池和电机，混合动力电动汽车的动力性指标相比传统动力汽车略有不同，其评价指标有最高车速、加速时间、最大爬坡度和纯电续驶里程。

表 6-1　某 P2 构型混合动力电动汽车整车参数

参数	值	参数	值
整车质量 /kg	2420	风阻系数	0.362
轮胎滚动半径 /m	0.34	滚阻系数	0.008
迎风面积 /m^2	3.28	主减速器传动比	4.889
旋转质量换算系数	1.03	传动系统效率	0.857

（1）最高车速

汽车在水平良好路面上所能达到的最高行驶速度。

（2）加速时间

汽车的加速性能，包括汽车的原地起步加速时间和超车加速时间。

原地起步加速时间，指汽车从静止状态，由 1 档或 2 档起步，并以最大加速强度（包括选择恰当的换档时机）逐步换至最高档后，到某一预定的距离或车速所需的时间。常用 0-100km/h 所需时间（百千米加速时间）来评价。

超车加速时间，指用最高档或次高档全力加速至某一车速所需的时间。加速时间越短，汽车的超车加速性能越好，整车的动力性也越高。

（3）最大爬坡度

最大爬坡度指汽车满载时在良好路面上的最大爬坡能力。对于一般车辆，要求最大爬坡度不低于 30%，即不低于 16.7°。

（4）纯电续驶里程

在纯电模式下，以某一恒定车速在良好路面上行驶所能达到的最大续驶里程。

某款 P2 构型并联混合动力电动汽车动力性指标要求见表 6-2。

表 6-2　某款 P2 构型混合动力电动汽车动力性指标要求

参数	值	参数	值
最高车速 /（km/h）	160	最大爬坡度（%）	30
0—100km/h 加速时间 /s	≤ 15	纯电续驶里程 /km	80

3. 经济性设计指标

设计之初，常根据动力性指标对动力系统参数进行初步设计。控制策略设计完成后再进行仿真，得到整车燃油经济性结果。对比所设计的经济性目标，通过优化算法对动力系统参数进行优化，直至整车经济性达到要求，或优于所设定的经济性目标。

经济性设计指标一般用车辆在指定工况下得到的百千米综合等效油耗（发动机油耗和动力蓄电池消耗等效的油耗）来表示。具体优化方法见 6.5 节。

6.3.1.2　参数设计考虑因素

1. 动力总成耦合位置选择

并联混合动力电动汽车的动力系统结构一般分为变速器前动力耦合和变速器后动力耦合，如图 6-29 所示。

相比变速器后动力耦合方案，变速器前动力耦合对发动机和电机的动力要求降低，可减小整个动力总成的质量。下面以变速器前动力耦合形式为例，进行具体参数设计。

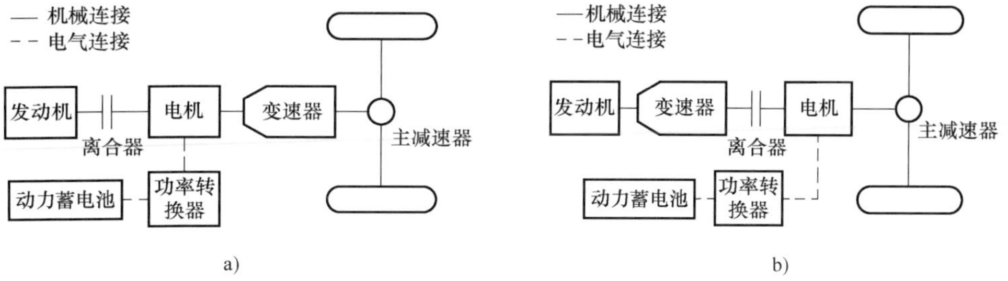

图 6-29 并联混合动力电动汽车动力系统结构示意

a）变速器前动力耦合 b）变速器后动力耦合

2. 混合比的确定

在混合动力电动汽车上，发动机功率 P_e 与电池组 - 电机功率 P_m 存在图 6-30 所示的关系。

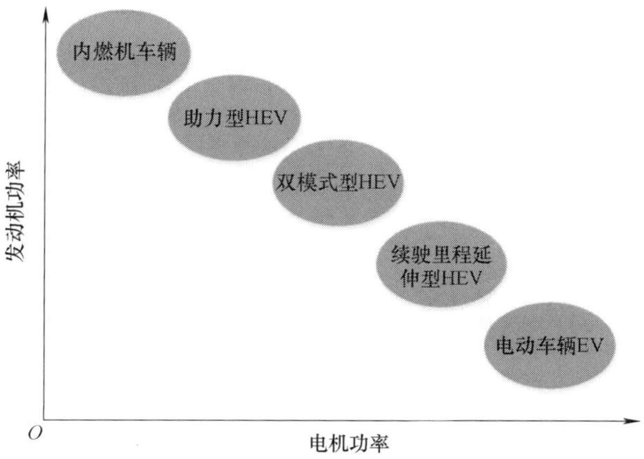

图 6-30 发动机功率与电机功率关系

并联混合动力驱动系统混合比定义为

$$\rho = \frac{P_m}{P_m + P_e} \tag{6-3}$$

式中 ρ ——混合比；

P_e ——发动机功率；

P_m ——电机功率。

随着混合比的增大，驱动系统会由传统动力汽车和电助力型混合动力电动汽车向续驶里程延伸型混合动力电动汽车和电动汽车过渡。目前，电动汽车动力蓄电池技术还有待发展，动力蓄电池比功率和比能量还有待提高，且生产成本居高不下。混合比选择过大会影响整车质量和成本，对混合动力电动汽车来说，同时会引起整车布置困难等问题。在总功率一定的情况下，混合比越大，整车质量越大，电机功率也越大，相应的整车成本也越高。对混合动力电动汽车来说，在满足控制目标的前提下，采用并联电助力型驱动系统比较合适，即取混合比小于等于 0.5。

3. 变速器档位数选择

不同类型的汽车具有不同的传动系档位数，其原因在于它们的使用条件不同，对整车性能要求不同，汽车本身的功率不同。就动力性而言，档位数多，增加了发动机发挥最大功率附近高功率的机会，提高了汽车的加速和爬坡能力。就燃油经济性而言，档位数多，增加了发动机在低燃油消耗区工作的可能性，降低了油耗。总之，档位数的增加可提高汽车的动力性和燃油经济性，但档位数越多，变速器越复杂，质量和体积越大，生产成本也越高，因此不应盲目追求多档位变速器，而应根据具体要求进行合理选型。

4. 变速器传动比选择

（1）最大传动比设计

确定最大传动比时，一般考虑三方面问题：最大爬坡度、附着率和汽车最低稳定车速。

1）满足最大爬坡度要求。汽车爬坡时车速较低，忽略空气阻力的影响，汽车的最大驱动力应满足：

$$\frac{T_{\max}i_{g1}i_0\eta_t}{r} \geqslant Gf\cos\alpha + G\sin\alpha \tag{6-4}$$

式中 $T_{\max}$——汽车的最大驱动力矩（N·m）；

i_{g1}——变速器 1 档传动比；

i_0——主减速器传动比；

η_t——传动效率；

r——轮胎半径（m）；

G——车辆重力（N）；

f——摩擦因数；

α——车辆爬坡角。

最大传动比应满足：

$$i_{g1} \geqslant \frac{r\left(Gf\cos\alpha + G\sin\alpha\right)}{T_{\max}i_0\eta_t} \tag{6-5}$$

一般车辆爬坡度应不低于 30%，即 $\alpha \geqslant 16.7°$。

2）满足最低稳定车速需求。1 档最低车速越低，表征汽车在交通拥挤的道路上行驶时越有利。计算公式如下：

$$i_{g1} \geqslant 0.377\frac{rn_{\min}}{u_{\min}i_0} \tag{6-6}$$

式中 $n_{\min}$——发动机最低转速（r/min）；

$u_{\min}$——最低车速（km/h）。

3）满足附着率要求。最大传动比确定后，还应计算驱动轮的附着率，检查附着条件是否满足上坡或加速需求。必要时，需从汽车整体布置和结构着手，改善汽车的附着能力。

（2）中间档传动比设计

中间档位传动比的确认方法有以下三种。

1）等比级数法。即相邻档位传动比之比恒等于（或接近于）一个常数，一般满足式（6-7）。此方法在高档位加速度较小，适合常驶于良好路面且比功率较大的汽车。

$$\frac{i_{g1}}{i_{g2}} \geqslant \frac{i_{g2}}{i_{g3}} \geqslant \frac{i_{g3}}{i_{g4}} \geqslant \frac{i_{g4}}{i_{g5}} \geqslant \frac{i_{g5}}{i_{g6}}\cdots \tag{6-7}$$

式中 i_{g2}——变速器 2 档传动比；

i_{g3}——变速器 3 档传动比；

i_{g4}——变速器 4 档传动比；

i_{g5}——变速器 5 档传动比；

i_{g6}——变速器 6 档传动比。

2）等差级数法。即相邻档位加速终了的车速差恒等于一个常数。此方法在低档位换档时转速降低过快，容易熄火，适合常驶于恶劣环境且比功率较低的汽车，特别适合坦克装甲车辆。

3）根据具体情况灵活设定。根据统计，一般汽车变速器中间档位的实际传动比，处于等差级数值和等比级数值之间，这种方法适合大部分小型汽车。

4）最小传动比设计。随着国内道路状况的不断改善和高速公路的普及，高档位使用率在逐渐增高，因此设置经济档（即超速档，档位传动比小于 1）成为一种趋势，一般出现在最高档。为充分利用经济档的优势，应使整车在经常使用车速范围内，发动机转速保证在最佳经济区，此时经济性最佳。一般先根据发动机万有特性图找到该发动机最佳经济转速区 n_{eco}，并查到该转速下车辆行驶速度 v_{eco}，根据：

$$i_{g\min} = \frac{0.377rn_{eco}}{v_{eco}} \tag{6-8}$$

式中 i_{gmin}——最小传动比设计；

n_{eco}——发动机最佳经济转速（r/min）；

u_{eco}——车辆行驶速度（km/h）。

计算即可得到变速器最小传动比。

本节所述某款 P2 构型并联混合动力电动汽车所选 6 档自动变速器参数见表 6-3。

6 档自动变速器换档规律如图 6-31 所示。

表 6-3 某款 P2 构型混合动力电动汽车变速器参数

档位	传动比
1	4.065
2	2.371
3	1.551
4	1.157
5	0.853
6	0.674
R	3.2

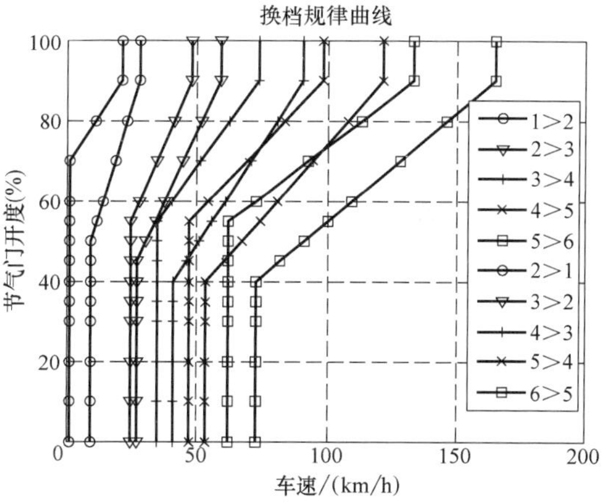

图 6-31 6 档自动变速器换档规律曲线

6.3.1.3 设计变量

根据整车动力系统的要求，一般对以下参数进行设计，见表 6-4。

表 6-4 某款 P2 构型混合动力电动汽车所需设计变量

动力零部件	所需设计变量
发动机	峰值功率 $P_{e,\ max}$
驱动电机	峰值功率 $P_{m,\ max}$
	额定功率 $P_{m,\ r}$
	最高转速 n_{max}
	额定转速 n_e
	电机扩大恒功率区系数 β
动力蓄电池组	动力蓄电池组额定电压 U
	动力蓄电池组容量 W
	单体电池额定电压 u
	单体电池容量 w
	串联单体电池数量 n_{series}
	并联单体电池数量 $n_{parallel}$

6.3.1.4 设计方法

混合动力电动汽车动力系统零部件参数设计的方法分为两大类：

1）以满足性能指标和约束条件为目标的参数设计方法，称为常规设计法。其根据整车动力性设计指标初选动力系统零部件，之后确定控制策略，并通过建立仿真模型对经济性指标进行校核。如果该经济性指标不满足，则重新选取动力系统零部件参数，直至经济性指标满足为止。

常规设计法在设计动力系统零部件参数时，不需要考虑能量管理策略、换档控制规律等要求，设计过程简单、方便、省时，设计的混合动力电动汽车能满足系统性能和行驶工况约束。常规设计法可在设计初期为混合动力系统提供初值，为建立更精确的仿真模型和优化提供基础。

2）以某个或几个指标最优为目标的参数优化设计方法，称为优化设计法。采用优化设计法进行混合动力电动汽车动力系统零部件参数设计时，首先建立可评价整车性能指标的模型，然后采用优化算法优选动力系统参数，使其满足性能约束的同时，使某个或多个性能指标最优。优化设计法可对每一个动力系统设计方案进行评价，通过优化算法迭代出各项指标都最优的方案。

优化设计法需要确定优化变量及系统约束，构建目标函数并选择优化算法。优化变量即设计的动力系统参数，通常选择能代表动力部件特性的参数，例如发动机功率、电机额定转矩和动力蓄电池容量等，变量边界根据实际情况选择。系统的约束，即整车性能指标约束和工况性能约束，以及整车性能指标通过仿真模型计算得到。优化算法通过选择合适优化变量满足整车性能指标，工况性能约束通过工况与仿真车速误差来满足。目标函数为需要优化的某一个或多个性能指标，包括燃油经济性、排放性、动力性（加速时间、最高车速、最大爬坡度）和成本（动力部件成本、运行成本）等。优化设计法大致流程如图 6-32 所示。

6.3.2 发动机参数设计

设计发动机参数时重点关注功率参数。设混合动力电动汽车以最高车速巡航时的功率由发动机提供，由式（6-9）可计算得到此时发动机应提供的行驶功率：

$$P_{el}=\frac{1}{\eta_t}\left(\frac{mgfv_{max}}{3600}+\frac{C_D A v_{max}^3}{76140}\right) \tag{6-9}$$

式中 P_{el} ——发动机满足最高速度需求的输出功率（kW）；

η_t ——传动效率；

m ——车辆质量（kg）；

f ——摩擦因数；

C_D ——空气阻力系数；

A ——迎风面积（m^2）；

v_{max} ——最高车速（km/h）；

g ——重力加速度（$9.81m/s^2$）。

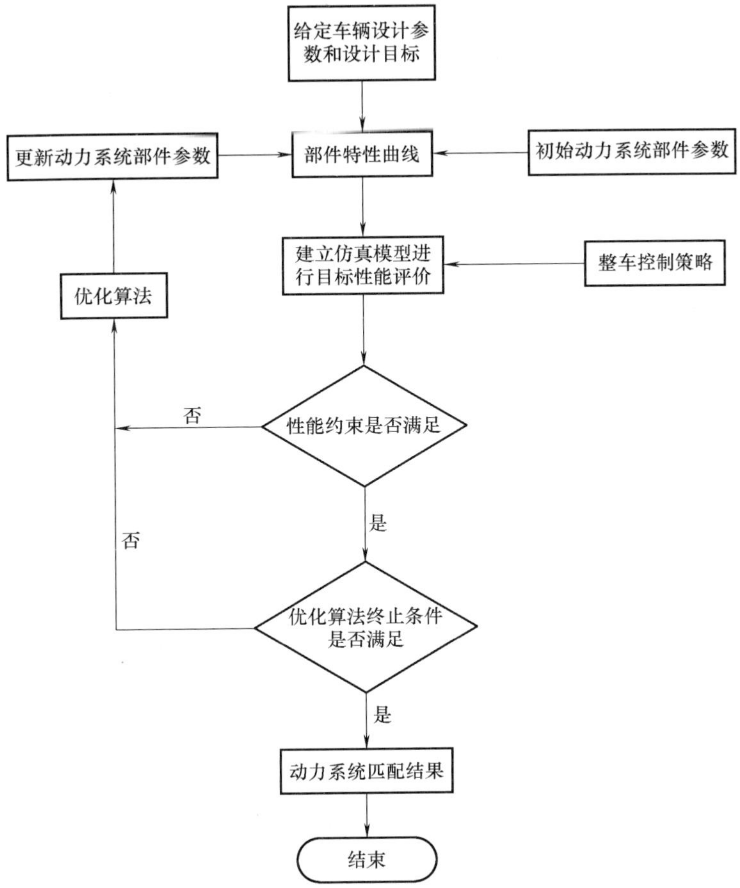

图 6-32 混合动力电动汽车动力系统优化设计法

代入整车参数列表中的数据可得 P_{e1}=84.38kW。

除车辆行驶需求的功率外，发动机单独驱动车辆匀速行驶时，还应有为动力蓄电池充电的功率裕量（10% 左右）、1% ~ 2% 的爬坡功率裕量（这里取 2%）、附件功率（特别是有空调时，大约 10%）。这些功率之和应该是发动机工作在经济区能输出的功率。由此可根据式（6-10）确定发动机的峰值功率 P_{e2}。

$$P_{e2}=（10\%+2\%+10\%）P_{e1}+P_{e1} \tag{6-10}$$

代入数据可得 P_{e2}=102.95kW。由此，设计确定了发动机峰值功率的下限，在满足下限的基础上，对发动机的峰值功率可进一步优化，参见第 6.5 节的优化算法。最终选取发动机峰值功率为 105kW。

确定发动机的功率参数后，结合现有的发动机产品，对发动机的参数选型见表 6-5。

表 6-5 发动机参数

参数	值	参数	值
发动机排量 /L	1.5	峰值转矩 /N·m	200
峰值功率 /kW	105	最高转速 /（r/min）	6000

6.3.3 驱动电机参数设计

并联混合动力电动汽车驱动电机的参数设计主要考虑其最大功率、额定功率等参数，下文就其参数设计进行介绍。

6.3.3.1 驱动电机最大功率

电机相比发动机具有更好的瞬态响应特性，因此在设计并联混合动力电动汽车时，考虑让驱动电机满足整车的动力性需求，可设计驱动电机功率参数。

（1）爬坡功率

汽车在爬坡工况下的需求功率，可由式（6-11）求得：

$$P_s = \frac{1}{\eta_t}\left(\frac{mgf\cos\alpha_{max}v_2}{3600} + \frac{mg\sin\alpha_{max}v_2}{3600} + \frac{C_D A v_2^3}{76140}\right) \tag{6-11}$$

式中 P_s——电机峰值功率（kW）；

α_{max}——最大爬坡度为 30% 所对应的坡度角（α_{max}=16.7°）。

爬坡时，车速 v_2 设定为 30km/h，代入数据得：P_s=68.59kW。

（2）百千米加速功率

基于车辆的百千米加速时间得到的加速性能，可根据式（6-12）计算得到车辆的加速需求功率：

$$P_a = \frac{1}{\eta_t}\left\{\frac{mgfv_a}{3600} + \frac{\delta m v_a^2}{1296}\left[1-\left(\frac{t_a-0.1}{t_a}\right)^x\right] + \frac{C_D A v_a^3}{76140}\right\} \tag{6-12}$$

式中 x——拟合系数（0.5）；

t_a——加速时间（15s）；

δ——旋转质量换算系数；

v_a——加速车速（km/h）。

代入数据得：P_a=99.29kW。

驱动电机的最大功率应同时满足最大爬坡度和加速性能所需的功率，因此至少为 99.29kW。在此基础上，参见第 6.5 节对驱动电机最大功率进行优化，最终设计为 $P_{m,max}$=105kW。

6.3.3.2 驱动电机额定功率

驱动电机额定功率 $P_{m,r}$ 应满足混合动力电动汽车在市区低速行驶时的功率需求。由式（6-13）可计算得到混合动力电动汽车低速匀速行驶时的需求功率：

$$P_{v,r} = \frac{1}{\eta_t}\left(\frac{mgfv}{3600} + \frac{C_D A v_1^3}{76140}\right) \tag{6-13}$$

式中 v_1——汽车低速匀速行驶时的车速（70km/h）。

代入数据得：$P_{v,r}$=10.56kW，将驱动电机额定功率 $P_{m,r}$ 设为 15kW。

6.3.3.3 电机的最高转速和额定转速

驱动电机最高转速和额定转速的选择应符合电机的机械特性要求。根据选取电机的额定功率和峰值功率综合考虑，选取电机最高转速 n_{max} 为 6000r/min。电机额定转速 n_e 可根据电机的最高转速及扩大恒功率区系数 β 确定：

$$n_e = \frac{n_{max}}{\beta} \tag{6-14}$$

β 一般选为 2 ~ 3，值越大，汽车加速与爬坡性能越好，但 β 值过大会导致电机的工作电流增大，进而增大逆变器尺寸和功率消耗，因此需综合考虑。计算后可选取电机额定转速。

由此，可得驱动电机的设计参数见表 6-6。

表 6-6 电机参数

参数	值
峰值功率 /kW	105
额定功率 /kW	15
峰值转矩 /N・m	200
最高转速 /（r/min）	6000
电流限制 /A	410

6.3.4 动力蓄电池组参数设计

本例采用锂离子动力蓄电池作为储能元件，锂离子动力蓄电池具有很高的充放电循环寿命和充放电效率，可满足混合动力电动汽车充放电要求。锂离子动力蓄电池荷电状态 SOC 工作区在 0.2 ~ 0.8 之间具有较低的充放电内阻，因此在设计控制策略时应使其始终工作在该区间，防止过充和过放。

当混合动力电动汽车以纯电动状态行驶时，考虑单次行驶里程 s 为 80km，车速 v 取值为 70km/h，所需能量为 E。

$$P = \frac{1}{\eta_t}\left(\frac{mgfv}{3600} + \frac{C_D A v^3}{76140}\right) \tag{6-15}$$

$$E \geqslant Ps/v \tag{6-16}$$

代入数据得：$E \geqslant 12.06$kW・h，而采用的锂离子动力蓄电池应满足上述能量需求，锂离子动力蓄电池的容量 W 为

$$W \geqslant E \times 1000/U \tag{6-17}$$

式中 U——电机控制器额定输入电压，即动力蓄电池组额定电压，为 384V。

代入数据可得：$W \geqslant 31.40$A・h

本例中选用的单体电池参数，见表 6-7。

第6章

表 6-7 单体电池参数

参数	值
额定电压 U_b/V	3.7 ± 0.5
额定容量 W/(A·h)	25.9 ×（1 ± 2.5%）

单体电池串联数量，由式（6-18）计算：

$$n_{\text{series}} \geqslant \frac{U}{U_b} \tag{6-18}$$

式中　U_b——单体电池额定电压（V）。

计算可得 n_{series}=104。

单体电池并联数量，由式（6-19）计算：

$$n_{\text{parallel}} \geqslant \frac{W}{w} \tag{6-19}$$

式中　w——单体电池额定容量（A·h）。

计算可得 n_{parallel}=2。

因此最终计算可得动力蓄电池组各项参数见表 6-8。

表 6-8 动力蓄电池组各项参数

参数	值
动力蓄电池组额定电压 U/V	384
动力蓄电池组容量 W/(A·h)	31.4
单体电池额定电压 U_b/V	3.7 ± 0.5
单体电池额定容量 W/(A·h)	25.9 ×（1 ± 2.5%）
串联单体电池数量 n_{series}	104
并联单体电池数量 n_{parallel}	2

6.4 整车能量管理策略设计

6.4.1 基于规则的逻辑门限能量管理策略设计

能量管理策略（Energy Management Strategy，EMS）是混合动力电动汽车的关键技术。并联混合动力电动汽车具备多个动力源，增加了汽车动力总成的复杂程度。如何统一协调并优化控制各动力源，使其相互配合以适应不同工况，保证动力需求并实现能量总体的优化配置，是混合动力电动汽车控制策略的重点与难点。

并联混合动力电动汽车的能量管理策略从实现形式角度主要可分为基于规则的能量管理策略、基于优化算法的能量管理策略以及智能型能量管理策略三大类，与其他类型混合动力车辆的能量管理策略划分大致相同，如图 6-33 所示。能量管理策略的制定直接影响并联混合动力电动汽车的整车动力性能、燃油经济性、排放性以及舒适性等性能，是混合动力电动汽车中至关重要的一部分。

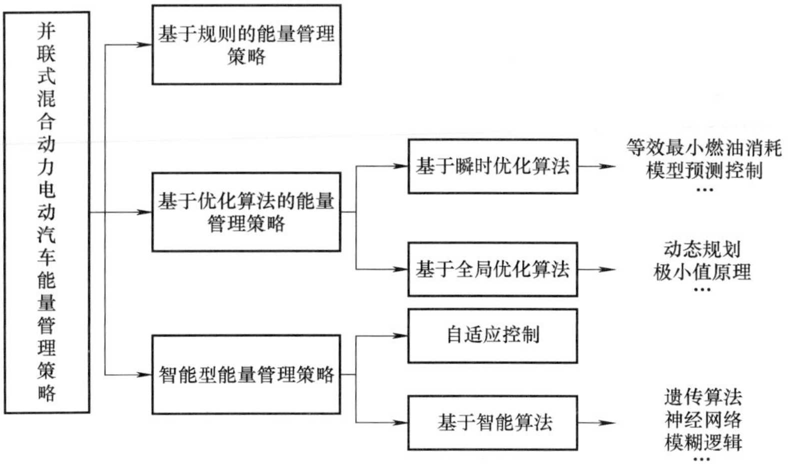

图 6-33　并联混合动力电动汽车能量管理策略分类

基于规则的能量管理策略主要依靠实验和工程经验，根据动力蓄电池 SOC、驾驶人加速踏板位置、车速及驱动轮平均功率等参数，按照一定的规则使发动机和电机输出相应的转矩，满足驱动转矩的需求，具有逻辑简单、计算量小、实时性和鲁棒性好等优点。该策略的主要控制思想是使发动机尽可能工作在高效区，以达到降低燃油消耗和减少排放的目的。其关键在于综合考虑工程经验和发动机的工作特性来划分发动机的运行区间，以及设计合适的具体规则来判断当前行驶环境下对应的运行区间。

基于规则的逻辑门限策略是一种较成熟的控制策略，已在实际商品化的混合动力电动汽车中得到应用。本节就常用的基于规则的逻辑门限能量管理策略进行介绍，主要可分为以下几种：

1）电力辅助型控制策略。

2）SOC、转矩平衡式控制策略。

3）车速因子控制策略。

4）功率因子控制策略。

6.4.1.1　电力辅助型控制策略

电力辅助型控制策略是并联混合动力电动汽车普遍采用的一种控制策略，其将电机作为动力系统中的灵活因素，根据汽车工况对发动机输出功率进行“削峰填谷”，同时将动力蓄电池 SOC 值保持在一定范围内，从而优化发动机运行状态。本田 Insight 和雪铁龙 Xsara 均采用此策略。

电力辅助型控制策略的关键是确定发动机的优化工作区，如图 6-34 所示。当动力蓄电池 $SOC > SOC_{min}$ 时，发动机工作区如图 6-34a 所示。当汽车车速小于设定的最小车速（起动转速）时，发动机关闭，此时电机提供全部驱动转矩，车辆处于纯电动工作模式。当转速大于设定的最小转速时，若车辆转矩需求小于最低转矩包络线，则仍为纯电动工作模式，发动机只工作在高于最小转速及最低转矩包络线和最高转矩包络线之间，这样可避免发动机工作于燃油经济性较低区域，同时也减少了汽车排放。

在动力蓄电池 SOC < SOC_{min} 时，发动机工作区如图 6-34b 所示。此时电机不工作，发动机的输出转矩线为允许最低转矩，因此除满足车辆驱动转矩外，多余部分是给动力蓄电池充电的充电转矩，以保证动力蓄电池 SOC 在设计运行范围内。

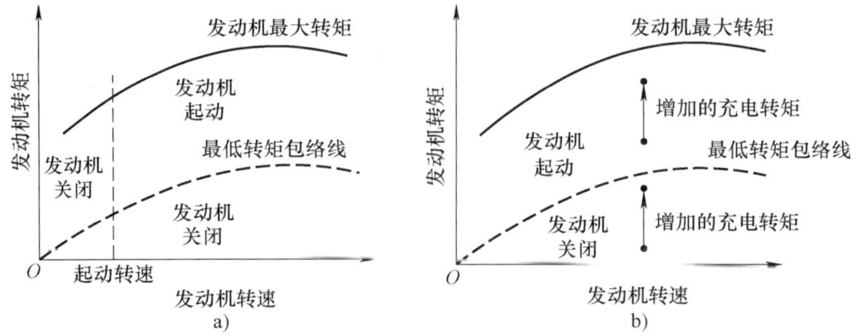

图 6-34　电力辅助型控制策略示意

a）SOC>SOC_{min}　b）SOC<SOC_{min}

电力辅助控制策略有以下优点：

1）控制目标简明：将发动机限制于优化工作区，同时保证动力蓄电池 SOC 维持在一定范围内。

2）涉及混合动力电动汽车所有运行模式。

3）较好地考虑了充电的效率和力度：充电转矩随 SOC 大小而变化。当工况需要转矩较小时，发动机可提供较大的转矩输出，以保证充电强度。

4）电力辅助控制策略易于理解和编程实现，因此在商用车中得到广泛应用。

电力辅助控制策略存在的缺陷和问题：

1）发动机优化区过大：受控制策略要求所限，难免会划分过大的优化区，使控制较“粗略”。

2）对 SOC 控制过严：这里使动力蓄电池的状态成为一个较主导的控制目标，而发动机也因受动力蓄电池的状态制约而较被动（可能因对动力蓄电池的充电而偏离了优化区中的相对“更优”工作点）。

3）电力辅助控制策略的控制目标没有充分考虑排放问题。

6.4.1.2　SOC、转矩平衡式控制策略

SOC、转矩平衡式控制策略的核心是将变速器输入端的转矩需求实时、合理地分配给内燃机或电机，以提高动力系统的效率。

变速器输入端的转矩需求由驾驶人的驱动转矩需求（T_{d_req}）、制动转矩需求（T_{b_req}）和由动力蓄电池的充电功率需求（T_{ch_req}）转换得来的充电转矩需求三部分构成。

控制策略首先要满足驾驶人的转矩请求，加速时 T_{d_req} 为正，减速时 T_{d_req} 为负。同时将驾驶人的转矩请求分配给发动机、电机和制动器。当转矩请求为正时，请求转矩等于发动机的转矩加电机的转矩：$T_{d\_req}=T_m+T_e$；式中，T_e、T_m 分别为发动机和电机的转矩指令，T_m 可正可负，用于调整发动机的负荷。

发动机负荷调整的依据为发动机效率，如图 6-35a 所示，图中还有发动机最佳效率转矩曲线 T_{e_opt}、发动机最大转矩曲线 T_{e_max} 和发动机最小工作转矩曲线 T_{e_off}，当请求转矩小于 T_{e_off} 时，因效率太低发动机应关闭。

SOC、转矩平衡式控制策略的基本原则是控制发动机在高效区工作，取消发动机的怠速运行工况。同时，在低负荷区，由于效率太低也会关闭发动机，即在低速、低负荷时，由电机驱动车辆。此外，需要监控动力蓄电池的 SOC 值。某动力蓄电池的 SOC 工作范围和需要主动充电的 SOC 区间，如图 6-35b 所示，图中内阻值为单个模块的内阻。动力蓄电池 SOC 的工作区为充放电内阻相对较低的区域，以减少动力蓄电池的充放电损失，提高能量转换效率。行车中，发动机驱动电机对动力蓄电池进行充电，称主动充电，而减速或制动时，由车辆惯性拖动电机对动力蓄电池充电，称被动充电。通过主动充电和电机助力，可调整发动机负荷，使发动机在高效区工作。

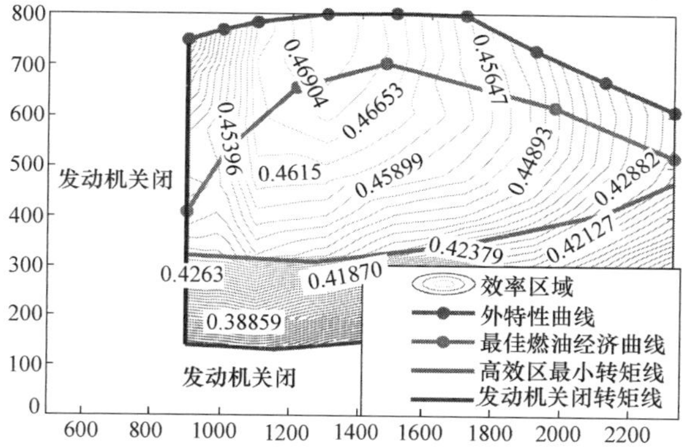

a)

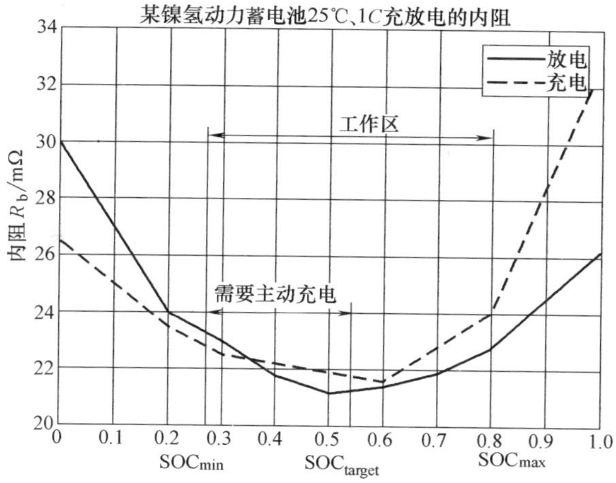

b)

图 6-35 SOC、转矩平衡式控制策略的发动机与蓄电池工作区控制

a）发动机负荷控制示意 b）动力蓄电池工作区和主动充电区

6.4.1.3 车速因子控制策略

以车速为主要参数的控制策略是并联混合动力电动汽车最早采用的控制策略。当车速

低于所设定的值时，由电机单独驱动车轮。而当车速高于所设定的值时，电机停止驱动，由发动机驱动车轮。当车轮负荷较大时，由发动机和电机联合驱动车轮。此策略利用了电机低速大转矩的特点，避免了发动机的怠速及低负荷工况。当车速较高有助于发动机有效工作时，发动机的起动可避免纯电动高速行驶时动力蓄电池的快速放电损失。当动力蓄电池 SOC 降到某一设定值以下时，无论此时车速多低，发动机都将起动，同时一部分发动机功率通过发电机向动力蓄电池组充电。

6.4.1.4 功率因子控制策略

当车轮平均功率低于某设定值时，汽车由电机单独驱动。当车轮平均功率高于该设定值时，有利于发动机有效工作，因此发动机起动，电机则停止运行。发动机起动的最佳时机是变速器换档期间，这有助于获得平稳的驾驶性能。一旦车轮平均功率超过发动机所能提供的功率，电机起动，辅助发动机提供额外功率。功率因子控制策略的特点：策略较简单，但不能保证各部件得到最佳匹配，无法获得整车系统的最大效率。

基于规则的逻辑门限能量管理策略的制定通常源于大量实车试验。该策略简单有效，易于工程实践，且能基于嵌入式环境在线运行，在实车上得到了广泛应用。但由于不能对系统控制进行优化，且很大程度上依赖于工程经验，导致其能量经济性相较基于优化算法的能量管理策略和智能型能量管理策略效果较差。

6.4.2 典型 P2 构型汽车的能量管理策略设计

6.4.2.1 能量流及工作模式分析

典型 P2 构型并联混合动力电动汽车的工作模式可分为驱动工作模式和制动工作模式。其中，驱动模式下的工作模式又可分为纯电驱动模式、发动机单独驱动模式、混合驱动模式和行车发电工作模式。

纯电驱动模式下，汽车的能量流如图 6-36 所示。此时，汽车的驱动需求转矩全部由电机提供。汽车起步时，发动机转速低，排放较差，采用电机驱动，发动机不起动，避免工作在低效率区。

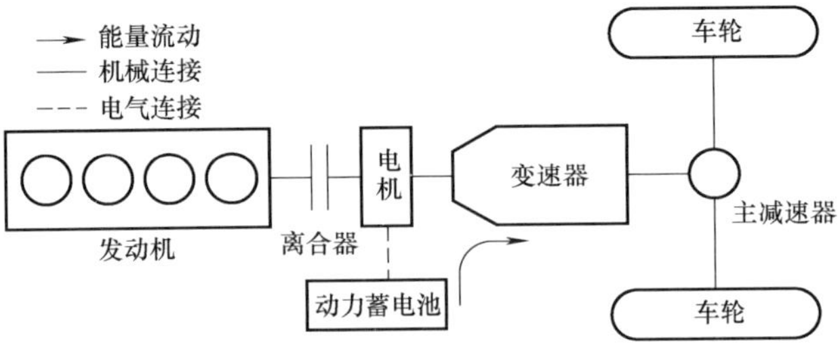

图 6-36 纯电驱动模式能量流

发动机单独驱动模式下，汽车的能量流如图 6-37 所示。此时，汽车的驱动需求转矩全部由发动机提供。当汽车处于中等负荷工况时，若驱动需求转矩由发动机提供，则可使发动机工作在高效率区。此时的汽车燃油经济性和排放性均较好。

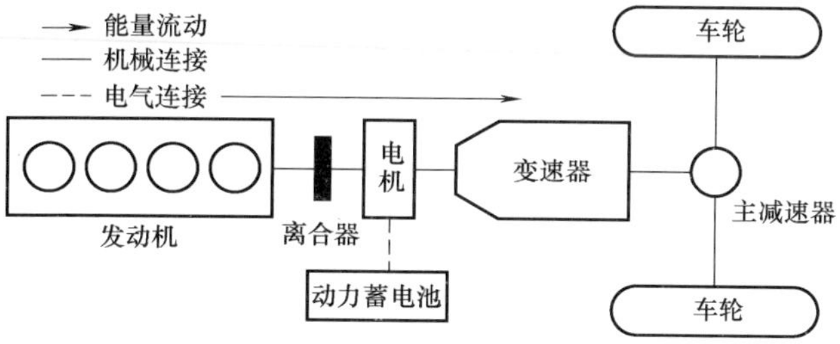

图 6-37　发动机单独驱动模式能量流

汽车处于混合驱动模式下的能量流如图 6-38 所示。当汽车遇到需要急加速或爬坡的情况时，若发动机在高效区输出的最大转矩不能满足需求转矩，且动力蓄电池电量充足，则由电机提供助力。

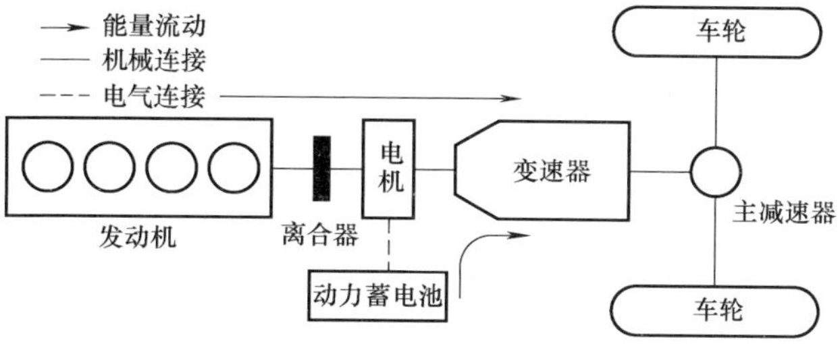

图 6-38　混合驱动模式能量流

汽车处于行车发电模式下的能量流如图 6-39 所示。当汽车的需求转矩小于发动机高效区下限且动力蓄电池 SOC 小于工作上限时，令发动机工作在高效区，由发动机驱动汽车，多余的发动机转矩驱动电机发电，进而给动力蓄电池充电。

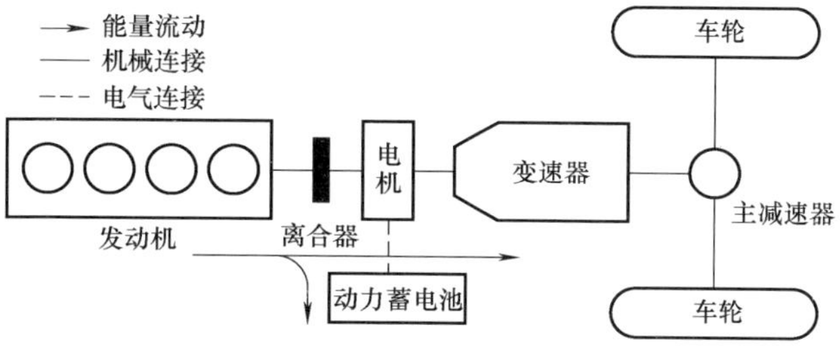

图 6-39　行车发电模式能量流

此外，典型 P2 构型并联混合动力电动汽车上有两套制动系统，一套是机械液压制动系统，另一套是再生制动系统，因此其制动工作模式可分为单独机械制动模式和再生制动模式。制动时，需要协调控制机械制动系统和再生制动系统，一方面保证制动力需求和制动安全性，另一方面回收多余动能，提高整车效率。

汽车处于再生制动模式下的能量流如图 6-40 所示。再生制动主要考虑电机的制动效率和动力蓄电池的电量。动力蓄电池在充电过程中进行的化学反应需要时间。当电机短时间内再生制动功率过大时，动力蓄电池不一定能完全回收，而且会导致电压上升过快，影响动力蓄电池寿命。因此，在电制动过程中，必须控制再生制动产生的电流强度，且再生制动力的引入和撤消应考虑制动效能和舒适性。

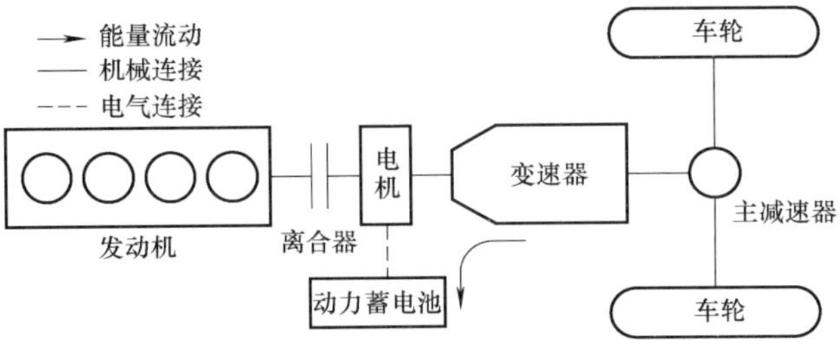

图 6-40　再生制动模式能量流

6.4.2.2　驱动转矩决策

驾驶人根据车辆状态操纵加速 / 制动踏板、转向盘等，以使车辆按其意图工作。驾驶人操纵加速踏板、制动踏板等使车辆加速、减速或匀速行驶，反映到动力系统上则为增大驱动转矩、增大制动转矩或使转矩保持不变。因此，需要找到踏板开度与驾驶人需求转矩之间的关系。

根据驾驶人期望车速和实际车速之间的差值，驾驶人会决策踏板开度 α，量化范围为 [-1，1]。正值表示加速踏板开度，负值表示制动踏板开度，绝对值越大表示踏板踩得越深。

驾驶人操纵加速踏板时，驱动需求转矩可用式（6-20）表示：

$$T_{req}=\alpha(T_{e\_max}+T_{m\_max}) \tag{6-20}$$

式中　T_{req}——驾驶人需求转矩（N・m）;

T_{e_max}——当前发动机转速 n_e 下发动机对应的最大转矩（N・m）;

T_{m_max}——当前电机转速 n_m 下电机对应的最大转矩（N・m）。

当驾驶人操纵制动踏板时，制动需求转矩可用式（6-21）表示：

$$T_{req}=\alpha(T_{g\_max}+T_{mech\_max}) \tag{6-21}$$

式中　T_{g_max}——处于发电机模式下电机的最大制动转矩（N・m）;

T_{mech_max}——最大机械制动转矩，需要根据当前档位状态转换到变速器输入轴端（N・m）。

根据发动机、电机外特性曲线，可得驱动转矩需求曲面，如图 6-41 所示。

6.4.2.3　工作模式决策与切换

基于规则的逻辑门限能量管理策略在驱动模式下一般的模式划分如图 6-42 所示，横坐标对应当前的动力蓄电池 SOC，纵坐标表示当前驾驶人需求转矩。

图中，SOC_{min} 和 SOC_{max} 为设定的 SOC 门限值，EMTorqPeak 为电机峰值转矩，EngTorqOpt 为发动机最优工作转矩，EngTorqMin 为发动机最小输出转矩，EngTorqMax 为发动机峰值转矩，Vel 为设定的车速阈值，Offset 为设定的偏移量。

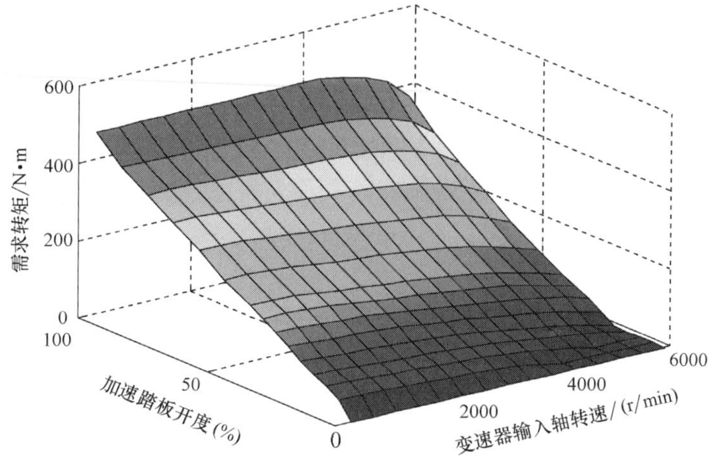

图 6-41 驱动转矩需求曲面

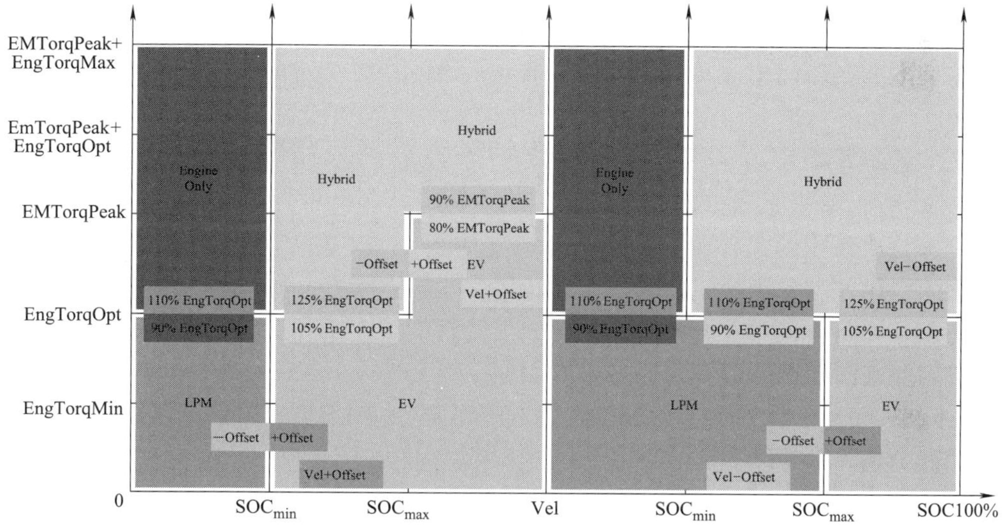

图 6-42 基于规则的逻辑门限能量管理策略

根据 6.4.1 节的工作模式分析可知，P2 构型混合动力电动汽车工作模式包括发动机单独驱动（EngineOnly）、纯电驱动（EV）、混合驱动（Hybrid）和行车发电（LPM）四种模式。在车辆行驶过程中的工作模式决策如下：

1）根据车速选择工作模式区，车速小于 Vel 时采用图 6-42 左半部分的工作模式划分，车速大于 Vel 时采用图 6-42 右半部分的模式划分。

2）在决策 1）的工作区中，根据动力蓄电池 SOC 值（图 6-42 中横坐标），选择图 6-42 中垂直方向上的工作模式区。当车速小于车速设定值 Vel 时，若 SOC 小于 SOC_{min}，则根据驾驶人转矩需求决定车辆工作在 EngineOnly 或 LPM。若 SOC 大于 SOC_{min}，则根据驾驶人转矩需求决定车辆工作在 EV 或 Hybrid 模式，同理可查出车速大于 Vel 时的车辆工作模式区。

3）在决策 3）的工作区中，根据驾驶人需求转矩（图 6-42 中纵坐标），决策出车辆的工作模式。若 SOC 小于 SOC_{min} 且驾驶人需求转矩大于发动机的最优工作转矩，则车辆工作在 EngineOnly 模式，其余情况通过类似的查表即可得到。

在混合动力电动汽车上，液压机械制动与电机的再生制动协调配合工作，使其能最大程度回收制动能量，同时保证制动稳定性。制动模式控制逻辑流程如图 6-43 所示。

当车速低于再生制动系统介入工作的最低车速，或制动踏板开度小于 5% 时，可回收的制动能量有限，为保证制动舒适性，由机械液压制动系统提供全部制动力。当制动踏板开度大于 90% 时，为保证可靠的制动性能，也由机械制动提供全部制动力。当动力蓄电池 SOC 大于 SOC_{high} 时，为防止动力蓄电池过充电，影响使用寿命，再生制动系统也不参与制动。除此之外的情况，均优先再生制动回收更多动能，不足部分由机械制动提供。

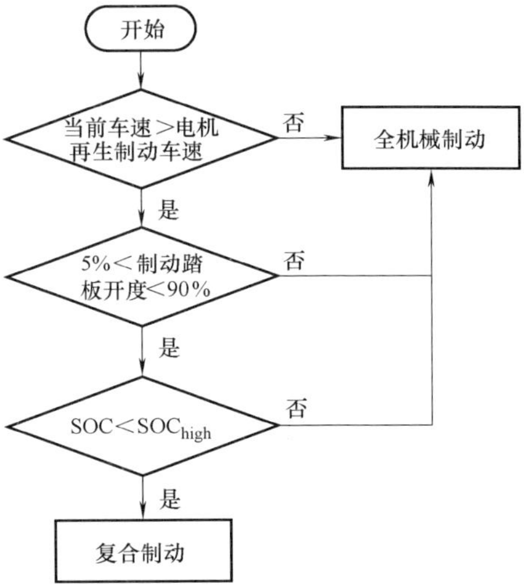

图 6-43　基于规则的逻辑门限能量管理策略

根据以上流程，便可确定在当前车辆运行情况下，基于规则的逻辑门限能量管理策略对应的车辆工作模式。

车辆的运行状态，例如驾驶人需求转矩、动力蓄电池 SOC 值、车速等随车辆的运行会发生变化，根据以上方法决策出的工作模式也会随车辆工作状态的变化而变化。若车辆的工作状态变化正好在边界点附近，则会导致查图所得的工作模式频繁变化。为防止模式间的频繁切换，能量管理策略在不同模式间设立了动态偏移，即两个模式之间来回切换的边界是动态的，例如车速大于 Vel，车辆工作在 LPM 模式；车速小于（Vel-Offset），车辆工作在 EV 模式。在不同模式之间切换时，需要各动力源、变速器执行器等通力协作，才能完成一个良好的工作模式切换过程。

6.4.2.4　动力源转矩分配策略

动力源转矩分配策略的主要功能是根据 P2 构型并联混合动力电动汽车当前所处工作模式，对各动力源进行转矩分配，以满足汽车的动力需求。目前，动力源转矩分配策略主要有基于规则和基于优化两大类。其中，基于规则的动力源转矩分配策略主要通过逻辑门限、模糊控制理论等方法进行开发。基于优化的动力源转矩分配策略主要通过瞬时优化、全局优化等方法来开发。由于基于逻辑门限的动力源转矩分配策略具有简单有效、实用性强等优点，在工程上已得到较广泛的应用。本节将对一种基于逻辑门限的动力源转矩分配策略在不同工作模式下的转矩分配方法进行详细叙述。

纯电驱动模式下，电机提供驾驶人需求转矩，发动机处于停机状态，离合器分离，转矩分配为

$$\begin{cases} T_m = \min(T_{req}, \text{EMTorqPeak}) \\ T_e = 0 \end{cases} \tag{6-22}$$

式中 T_m——分配给电机的转矩（N·m）；

T_e——分配给发动机的转矩（N·m）。

行车发电模式下，发动机尽量工作在高效区，电机工作在发电状态，转矩分配为

$$\begin{cases} T_e = \max(\text{EngTorqOpt}, T_{req}) \\ T_m = -\min(T_e - T_{req}, \text{EMTorqPeak}) \end{cases} \tag{6-23}$$

发动机单独驱动模式下，发动机提供驾驶人需求转矩，电机不工作，转矩分配为

$$\begin{cases} T_m = 0 \\ T_e = \min(T_{req}, \text{EngTorqMax}) \end{cases} \tag{6-24}$$

混合驱动模式下，有两种情况，当 T_{req} > EMTorqPeak+EngTorqOpt 时，转矩分配为

$$\begin{cases} T_m = \text{EMTorqPeak} \\ T_e = \min(T_{req} - T_m, \text{EngTorqMax}) \end{cases} \tag{6-25}$$

否则，转矩分配为

$$\begin{cases} T_e = \text{EngTorOpt} \\ T_m = T_{req} - T_e \end{cases} \tag{6-26}$$

再生制动模式下，电机提供全部或部分驾驶人需求制动转矩，电机工作在发电状态，转矩分配为

$$T_m = -\min(\beta T_{req}, \text{EMTorqPeak}) \tag{6-27}$$

式中 β——再生制动模式下的转矩分配系数，其具体取值可根据动力蓄电池 SOC、电机转速、驾驶人需求转矩等参数来确定。

6.4.2.5 换档决策

换档决策作为能量管理策略的一部分，对整车动力性、经济性及排放性能有较大影响。而换档策略又分为经济性换档策略和动力性换档策略。顾名思义，动力性换档策略就是满足车辆动力性最好的换档策略。经济性换档策略不仅要考虑发动机，还要考虑电机和动力蓄电池系统的影响。基于动力蓄电池电能的等效燃油概念，通过考虑动力蓄电池充、放电过程中的能量损失，将充、放电生成或消耗的电能折算为等效燃油，由此得到不同档位时整车的综合燃油消耗，进而选取燃油消耗较小时的档位，使整车经济性指标达到最优。

1. 动力性换档决策

最佳动力性换档策略是指在当前发动机和电机动力分配时，选取能提供最大加速能力的档位。根据其定义，一定发动机和电机动力分配状态下，相邻两档加速度的交点即为动力性换档车速。所有发动机和电机动力分配、换档车速的组合即为该档的最佳动力性换档策略。其中，车辆加速度计算如下：

$$\dot{v}_k = \frac{\dfrac{i_k i_0 \eta_k}{r_w}(T_e + T_m) - F_r}{\delta_k m} \tag{6-28}$$

式中 k——档位；

i_k——变速器传动比；

η_k——机械传动效率；

i_0——主减速器传动比；

v_k——车速（m/s）；

T_e——发动机输出转矩（N·m）；

T_m——电机输出转矩（N·m），发动机和电机输出转矩均为各自转速 n_e、n_m 和动力分配 α_e、α_m 的函数（图 6-44）；

r_W——轮胎滚动半径（m）；

m——整车质量（kg）；

δ_k——汽车旋转质量换算系数；

F_r——车辆行驶阻力（N）。

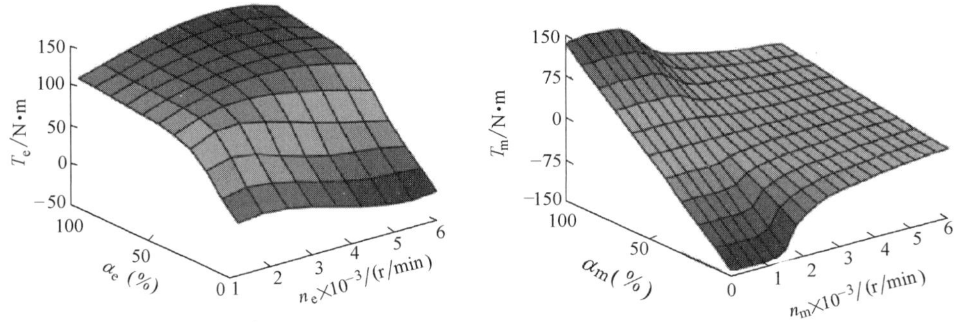

a）　　　　　　　　b）

图 6-44　发动机和电机输出特性

a）发动机　b）电机

α_e=15%、α_m=70% 时计算的最佳动力性换档点如图 6-45a 所示，由此计算得到的 k=1→2 最佳动力性换档策略如图 6-45b 所示，同样可计算其他档位的动力性换档决策。

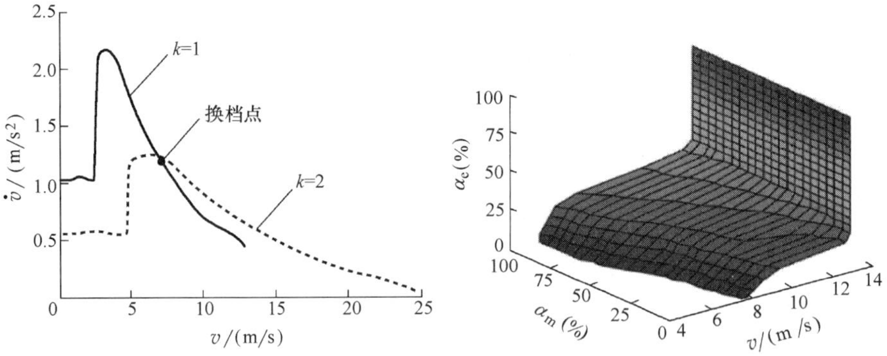

a）　　　　　　　　b）

图 6-45　动力性换档决策计算

a）动力性换档点　b）k=1→2 动力性换档决策

2. 经济性换档决策

最佳经济性换档策略是指选取整车燃油经济性最佳的档位。按其定义，计算一定驱动转矩时，换档前后发动机、电机的总能耗、油耗较小的档位即为最佳经济性档位。混合动力电动汽车的能量最终都来自燃油消耗，因此发动机和电机的能耗可用消耗的燃油量来表示。由于一部分能量以电能形式充、放于动力蓄电池中，计算整车总油耗需要考虑动力蓄电池电能的影响。

在发动机单独驱动的传统动力汽车中，多使用将发动机节气门开度 α_e 和车速 v 作为参数的两参数换档规律。在混合动力电动汽车中，电机转矩 T_m 和 SOC 是能量管理策略的首要控制量和基本依据，因此选择 α_e、T_m、v 和 SOC 作为换档规律参数。由于一定转速时，α_e 与 T_e 一一对应，换档参数中的 α_e 也可用 T_e 代替。

按最佳经济性换档规律的定义，制定步骤如下：

1）给定当前档位 k。

2）给定动力蓄电池 SOC，为简化换档策略，只考虑 SOC 高、中、低三种状态。

3）给定 T_e、T_m，并计算相邻高档所对应的发动机、电机转矩值。

4）计算不同车速时，相邻两档的发动机燃油消耗量。

5）计算不同车速时，相邻两档的电机等效燃油消耗量。

6）计算不同车速时，相邻两档车辆的总油耗，并选择两档油耗曲线的交点作为最佳经济性换档车速。

7）重复步骤 3）~ 6），计算所有发动机、电机转矩组合时的换档点即可得到该档换档规律。

8）按步骤 2）~ 7），计算其他 SOC 状态时混合动力电动汽车的最佳经济性换档规律。

9）按步骤 1）~ 8）计算其他档位的最佳经济性换档规律。

其中，步骤 3）~ 5）是经济性换档规律制定方法的关键。

（1）发动机油耗

发动机油耗 G_e 是关于转速 n_e 和转矩 T_e 的函数，该特性可由万有特性试验结果确定，如图 6-46 所示。

（2）电机当量油耗

电机驱动消耗或发电产生的动力蓄电池电能相当于一定的燃油量，其计算可参考 SAEJ1711 标准中的固定等效系数（8.834kW·h/L），该方法较简单直接。

该参数无法考虑车型和零部件差异以及车辆运行状态等的影响。如果采用动力蓄电池 SOC 变化计算等效燃油消耗的方法，计算出的动力蓄电池等效燃油消耗更加准确，但计算量较大，对实时性需求较高，也会导致换档策略过于复杂，此处不作详细介绍。

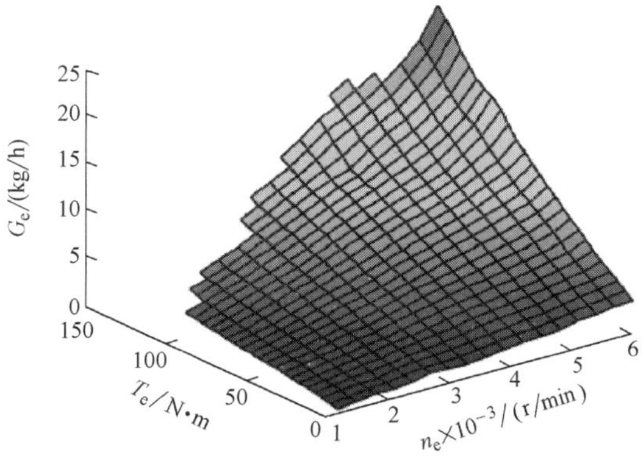

图 6-46 发动机油耗特性

同时也可将换档决策进一步分配到车辆工作模式中，决策在车辆不同工作模式下的换档策略，可进一步提高车辆的经济性。

由上述计算方法即可确定混合动力电动汽车经济性换档策略。车辆根据驾驶人的需求与运行工况，决策采用动力性或经济性换档策略。

本节仅介绍了简单的动力性换档策略和经济性换档策略。目前，可基于动态规划方法，在保证动力性的基础上，获得最佳的经济性换档策略。但其计算量较大，只能离线计算，针对特定工况运行车辆效果较好，但对于复杂多变工况实用性较差。此外，还有通过预测控制，实时决策档位，其适用性较好，但实时计算量较大，对控制器需求较高。

6.4.2.6 燃油经济性仿真

燃油经济性仿真是并联混合动力电动汽车能量管理策略设计的重要环节，通过仿真可对当前能量管理策略下车辆的燃油经济性进行有效估计，从而减少台架试验及实车试验，同时缩短能量管理策略的开发周期，降低开发成本。

目前，汽车仿真方法主要有前向仿真和后向仿真两种，流程分别如图 6-47 和图 6-48 所示。前向仿真模型包含驾驶人模型，它可模拟驾驶人感知的车速，并做出加速或制动操作，由此在动力系统中产生转矩，并沿动力系统向前传递到车轮。由于控制信号和能量流的传递路径与实车完全相同，前向仿真能有效提高开发、测试整车控制器的效率。

后向仿真方法是在假设车辆能满足道路循环工况行驶轨迹的前提下，计算汽车各部件性能的仿真方法。仿真模型中直接将目标车速作为输入，计算动力系统中需要产生多大的转矩、转速和功率，信息的流向沿着动力系统从车轮到驱动桥，再到变速器。以此向上，最后计算出满足行驶轨迹要求的燃油消耗和电能消耗。后向仿真模型不考虑驾驶人的意图及系统的动态过程，计算步长较大，计算速度快，适用于不同设计方案之间的比较和评价，但并不适合控制算法的开发。

因此，在进行能量管理策略的燃油经济性仿真时，往往采用前向仿真方法。仿真模型着重于各动力部件的能量消耗分析，通常采用基于各部件稳态试验数据，结合整车动力学动态模型的建模方法。同时，对于主要零部件模型，一方面考虑了其稳态特性在温度等参数改变时的修正，另一方面考虑了负载变化和惯量的动态影响。

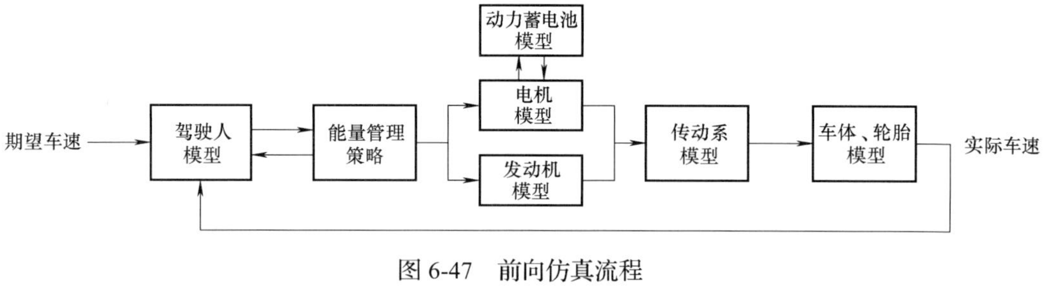

图 6-47　前向仿真流程

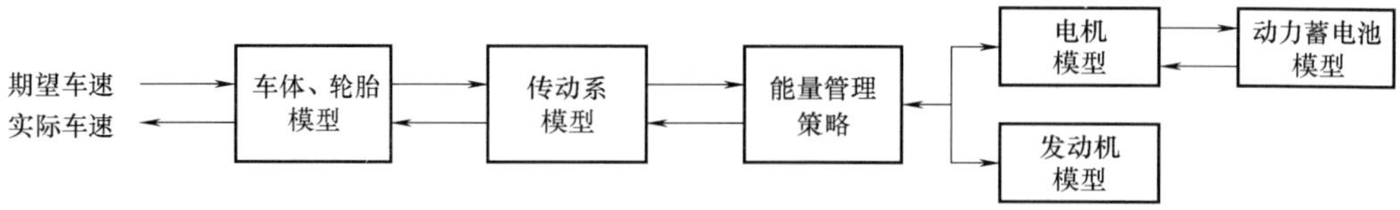

图 6-48　后向仿真流程

根据上述前向仿真方法，以某P2构型插电式并联混合动力电动汽车为例，在MATALB/Simulink仿真平台上搭建了图6-49所示的仿真模型，进行基于规则的逻辑门限能量管理策略在电量保持模式下的燃油经济性仿真。

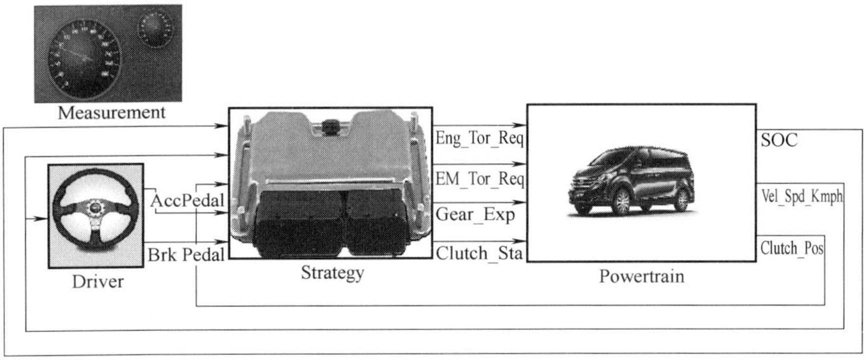

图6-49　燃油经济性仿真模型

在NEDC工况下仿真计算出的油耗曲线，如图6-50所示。

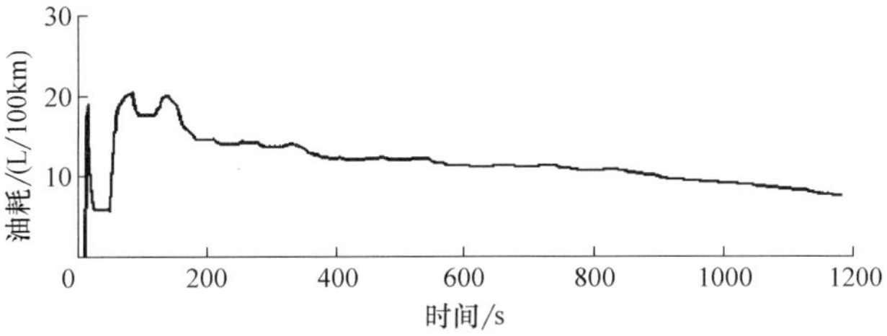

图6-50　油耗曲线

6.5 设计优化

6.5.1 优化途径及方法

对并联混合动力电动汽车的设计优化通常包括对动力系统部件参数的优化和对能量管理策略的优化。第6.3节中介绍的混合动力电动汽车系统参数匹配传统设计法主要依据理论计算和经验确定，虽然满足了整车的设计目标要求，但并不能保证整车其他性能最佳。同样，6.4节中基于规则的能量管理策略初步设定了逻辑门限参数，但并不能保证控制策略的优化效果。

发动机功率、动力蓄电池组容量、电机功率、主减速器传动比和变速器传动比等关键部件参数对并联混合动力车辆的动力性和经济性有显著影响。动力系统的部件参数优化是一个多目标优化问题，必须综合考虑车辆的动力性、经济性等性能，通过建立考虑某个或多个性能指标的目标函数，利用优化算法迭代出各项指标都最优的方案。常用的优化算法包括基于梯度的优化算法（拟牛顿法、共轭梯度法、变尺度算法、序列二次规划法、罚函数法等）和智能优化法（模拟退火算法、遗传算法、粒子群算法等）。

并联混合动力电动汽车由极复杂的非线性系统构成，能量管理策略参数的设定决定了车辆的模式切换、档位切换和转矩分配，从而合理地动态协调控制发动机与驱动电机的输出功率，以获得最优的经济性、动力性和排放水平等综合性能，因此能量管理策略的优化也十分重要。混合动力电动汽车能量管理策略的分类及优化方式如图 6-51 所示。能量管理策略的优化控制算法按控制策略是否在线优化，分为在线控制与离线控制策略。按策略的控制方式不同，分为基于规则的控制策略和基于优化的控制策略。

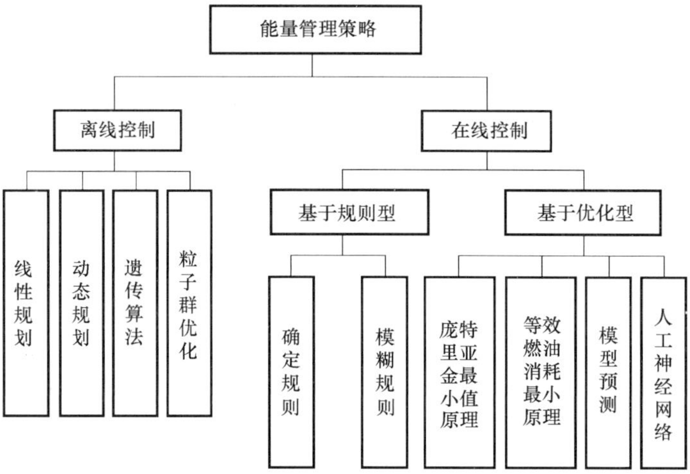

图 6-51　能量管理策略的分类及优化方式

6.5.2　优化实例及分析

本节以第 6.3 节中的 P2 构型混合动力电动汽车为例，对动力系统的部件参数：发动机和驱动电机的最大功率需求，以及基于规则的能量管理策略关键逻辑门限参数进行优化，以实现车辆能量经济性最优。待优化参数见表 6-9。

表 6-9　待优化参数

名称	含义
发动机最大功率	发动机可提供的最大功率
电机最大功率	电机可提供的最大功率
发动机最大转矩	发动机可提供的最大转矩
发动机高效率区转矩上限	发动机高效率区的最大转矩
发动机高效率区转矩下限	发动机高效率区的最小转矩
动力蓄电池主动充电区上限	动力蓄电池充电工作区 SOC 上限值
动力蓄电池主动充电区下限	动力蓄电池充电工作区 SOC 下限值
动力蓄电池主动放电区上限	动力蓄电池放电工作区 SOC 上限值
电机助力节气门 / 油门开度门限	电机助力时节气门 / 油门开度最小值
再生制动最低车速	再生制动最低车速
纯电动行驶最高车速	纯电动行驶最高车速

基于 MATLAB/Simulink 搭建了混合动力电动汽车的仿真模型和基于规则的能量管理策略后，采用优化算法对系统关键参数进行优化。

高文忠、米春亭对遗传算法、分割矩形算法（DIRECT）、模拟退火算法和粒子群优化算法等全局优化算法的应用效果进行了实例研究，发现采用 DIRECT 算法具有更好的全局优化效果。由于其他优化算法中，初始种群的选择是随机的，可能没有覆盖整个参数设计空间。此外，由于运算没有约束条件，由交叉或变异产生的大多数设计点是不可行点。而 DIRECT 算法不存在如何选择一个好的初始点问题，且能覆盖整个参数设计空间，不会错过任何全局最优点。

DIRECT 算法既不需要明确的目标函数表达式，也不需要导数信息，而是依据每次迭代中采样点的函数估计值和超矩形的细分情况来决定下一步搜索的区域。因此非常适合黑盒函数的仿真优化。但 DIRECT 算法需要采集大量样本以保证搜索到全局最优点，其迭代计算的次数远多于基于梯度的优化算法。在实际工程优化中，优化的元模型往往很复杂，仿真一次需要很长时间。利用 DIRECT 算法搜索迭代过程中的样本点构造近似模型替代复杂的元模型，能减少元模型的仿真次数，并能提高算法的收敛速度并缩短优化时间。而在本研究问题中，由于仿真模型简单，运算速度较快，不会对 DIRECT 算法的搜索迭代过程产生较大运算负担。又因为本研究待优化的参数较多，所以本文选择采用 DIRECT 算法来优化参数，以实现较好的全局优化效果。

6.5.2.1 DIRECT 算法的实现过程

DIRECT 算法是由 Jones 等人于 1993 年提出的一种确定性全局优化算法，适用于具有确定变量空间的多变量函数寻优。对于多维设计空间问题，DIRECT 算法采用相似的步骤去选择潜在最优空间。假设 c 为超立方中心点，计算函数 $f(x)$ 在点 $c\pm\delta e_i$ 的值，其中 δ 为超立方边长的 1/3，e_i 为单位向量。定义

$$w_i=\min[f(c+\delta e_i), f(c-\delta e_i)] \tag{6-29}$$

按照 w_i 大小顺序对超立方进行分割。首先沿垂直于 w_i 值最小的方向进行分割，然后沿垂直于 w_i 值次最小的方向进行分割，直至超立方所有方向都被分割。图 6-52 所示为一个超立方分割的例子。假设 $w_1=\min(5, 8)=5$，$w_2=\min(6, 2)=2$。对于超立方，首先沿垂直于 x_2 方向进行分割，接着将所得的超长方沿垂直于 x_1 方向进行分割。对于超长方，只需分割一次。这种对超长方最长边进行分割的方法，能保证超长方的最大边长不断减小。在 DIRECT 算法中，实际上每一次分割后，超长方的边长最多只有两种。图中一个中心点处函数值为 2 的超长方，即为两次分割后的潜在最优空间。

根据上述分割方法得到的结果，以函数值为纵坐标，中心点到顶点的距离为横坐标，如图 6-53 所示。其中，图 6-53a、图 6-53b 和图 6-53c 分别为第一次至第三次迭代后的潜在最优空间。在第一次迭代中，只有一列可选的点，其中函数值 2 最小，其所对应的超长方为潜在最优空间，并进一步对其进行分割。类似地，在第二次迭代中，得到两个具有最小值的超长方，进一步在第三次迭代中对其进行分割。这一过程一直持续到满足停止准则。

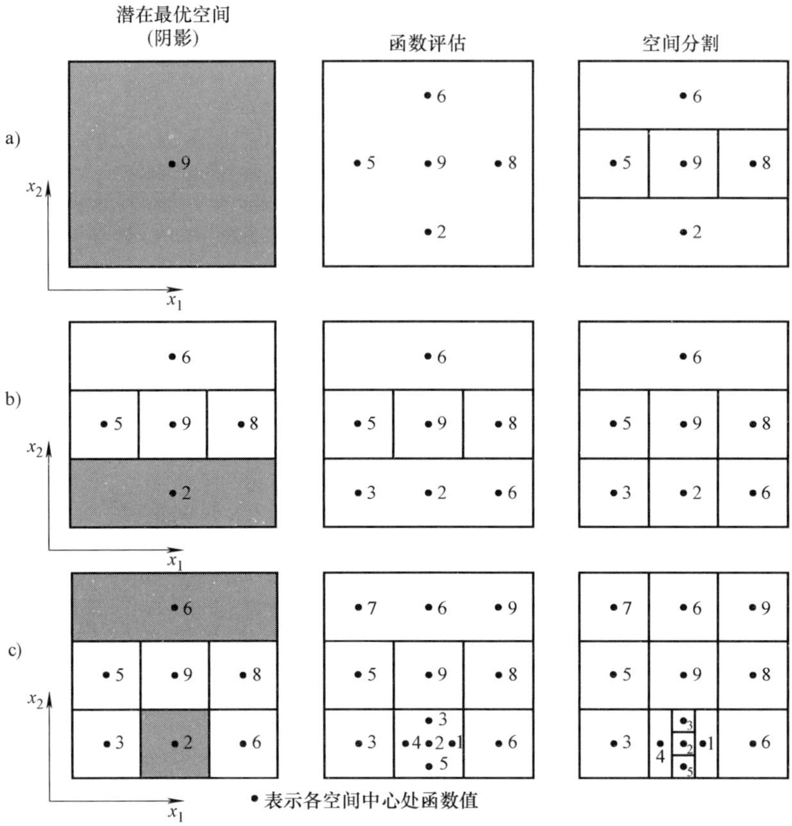

图 6-52　DIRECT 算法中潜在最优空间的选择和分割

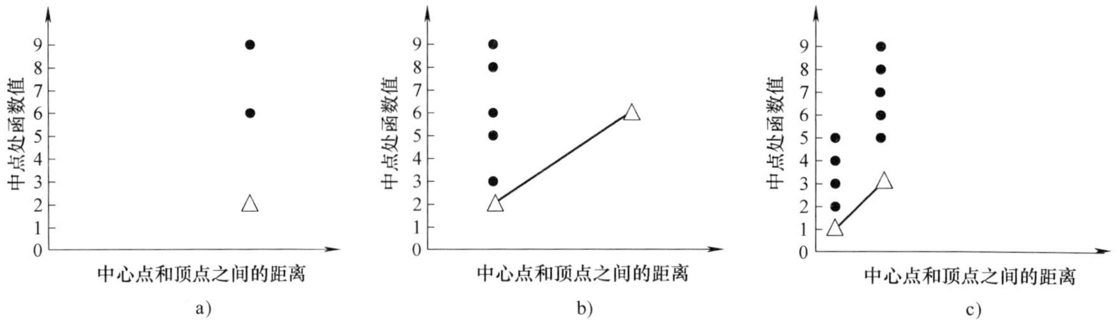

图 6-53　三次迭代后得到的潜在最优空间（图中△为潜在最优）

6.5.2.2　基于 DIRECT 算法的系统关键参数优化

对混合动力电动汽车而言，优化系统参数的目的是在既定工况下获得最好的燃油经济性。采用 DIRECT 算法对系统关键参数进行优化，优化目标如式（6-30）所示，即在给定工况下车辆的等效燃油消耗最小。

$$FC=\min f(x) \tag{6-30}$$

$$f(x)=100\frac{\frac{\int UI\mathrm{d}t}{q}}{\rho\int v\mathrm{d}t}+100\frac{\rho\int kf_{\mathrm{r}}(T_{\mathrm{e}},n_{\mathrm{e}})\frac{T_{\mathrm{e}}n_{\mathrm{e}}}{9550}\mathrm{d}t}{\rho\int v\mathrm{d}t} \tag{6-31}$$

式中 $f(x)$——等效百千米油耗（L）；

ρ——汽油密度（kg/L）；

$f_{\mathrm{r}}(T_{\mathrm{e}}, n_{\mathrm{e}})$——燃油消耗率，可根据发动机转矩和转速查找［g/(kW·h)］；

T_{e}——当前发动机的转矩（N·m）；

n_{e}——当前发动机的转速（r/min）；

k——油电转换系数；

U——当前动力蓄电池的电压（V）；

I——当前动力蓄电池的电流（A）；

q——汽油热值（J/kg）；

v——当前车速（m/s）。

采用 DIRECT 算法对表 6-9 所示的关键参数进行优化，优化流程如图 6-54 所示。首先将 n 维设计空间规范化为 n 维单位超立方，并计算超立方中心点处的等效百千米燃油消

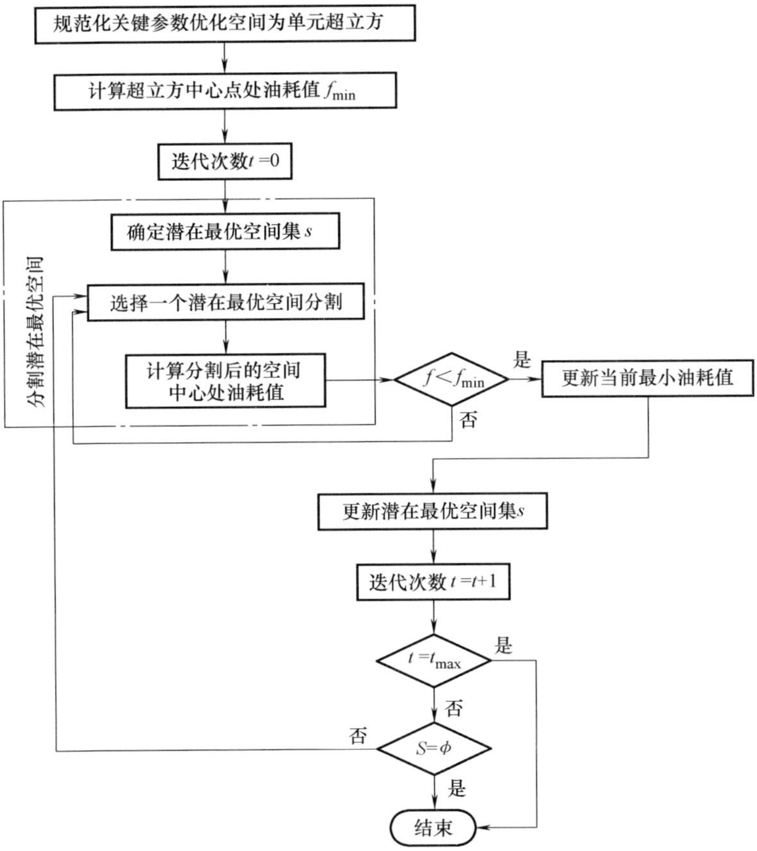

图 6-54 混合动力电动汽车关键参数 DIRECT 算法优化流程

耗量，将其作为初始最小油耗值。超立方为迭代初始时的潜在最优空间。选择一个潜在最优空间并进行分割，计算分割后各矩形中心点处的等效百千米燃油消耗量，将其与上一次迭代过程中记录的最小油耗值进行比较。若此次油耗值更小则对油耗值进行更新和存储，并对潜在最优空间进行更新。这样不断循环，直到迭代次数达到设定的最大值或潜在最优空间为空集时，DIRECT 算法的寻优过程停止。

结合前文建立的混合动力电动汽车闭环仿真模型，以等效百千米燃油消耗值最小为目标，并将 DIRECT 算法编写成代码，构建其关键参数优化模型，如图 6-55 所示，基于 MATLAB/Simulink 软件平台对参数优化模型进行求解。为使混合动力电动汽车能在较宽广的 SOC 范围内对关键参数进行优化，研究采用在 1 个 NEDC 工况下进行仿真，设初始 SOC 值为 40%，DIRECT 算法的重要参数设置见表 6-10。

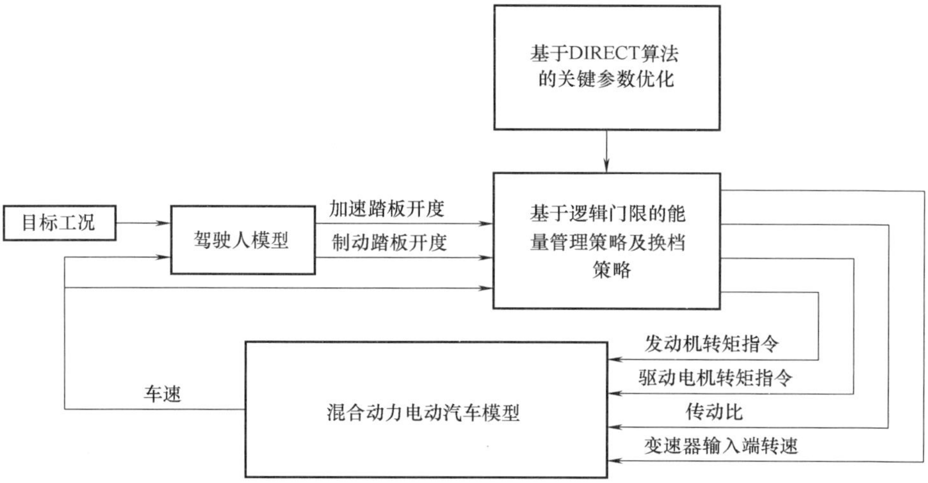

图 6-55　基于 DIRECT 算法的关键逻辑门限参数优化模型

表 6-10　DIRECT 算法重要参数设置

参数	数值
最大迭代次数	20
最大函数计算次数	1000
超矩形每边最大分割次数	100
全局 / 局部权重系数	0.0001
允许相对误差	0.01%

采用 DIRECT 算法对关键参数进行优化（表 6-10）的第一步是确定优化参数的取值范围。其中，根据发动机的油耗特性，为防止发动机工作在高油耗区，可设置发动机工作转矩的上、下限值。为防止动力蓄电池工作在低效区，可设置动力蓄电池工作 SOC 的上、下限。待优化参数的初值、取值范围和采用 DIRECT 算法得到等效百千米油耗值最小的参数优化结果见表 6-11。

在 1 个 NEDC 工况下，设初始 SOC 值为 40%，将优化前后的参数代入整车闭环仿真模型。优化前等效百千米油耗值为 9.86L/100km，优化后为 9.23L/100km，采用 DIRECT

表 6-11 基于 DIRECT 算法的参数优化结果

优化参数	初值	下限值	上限值	优化后数值
发动机最大功率	102	103	105	103.981
电机最大功率	100	100	105	102.343
发动机最大转矩	200	195	205	199.952
发动机高效率区转矩上限	160	155	165	161.783
发动机高效率区转矩下限	70	65	75	72.992
动力蓄电池主动充电区上限	0.5	0.47	0.53	0.513
动力蓄电池主动充电区下限	0.3	0.20	0.40	0.251
动力蓄电池主动放电区上限	0.8	0.7	0.9	0.893
电机助力节气门 / 油门开度门限	0.4	0.3	0.5	0.488
再生制动最低车速	50	40	60	41.231
纯电动行驶最高车速	15	10	20	10.891

算法优化后的逻辑门限能量管理策略，在 1 个 NEDC 工况下，所得等效百千米油耗比优化前降低了 6.39%。比较优化前后的发动机工作点，如图 6-56 所示。

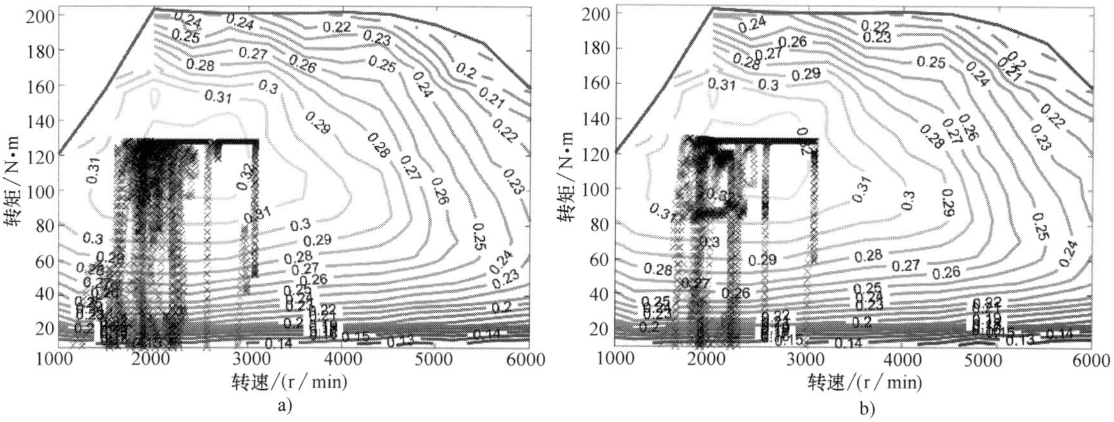

图 6-56 DIRECT 算法优化前后发动机工作点（见书末彩色插图）

a）优化前 b）优化后

从图 6-56 中对比优化前后的发动机工作点可知，经过 DIRECT 算法后，发动机工作点在低转矩（0 ~ 60N · m）、低效率区的分布减少了，在低转速（1000 ~ 1500r/min）、低效率区的分布也减少了。因此，采用优化后所得的参数，能量管理策略能使发动机更多地工作在中高转矩、高效率区。

综合优化前后的等效百千米油耗值和发动机工作点的分布，可得出结论：DIRECT 算法适用于混合动力电动汽车的系统优化，采用 DIRECT 算法的优化参数可为实车调试提供参考。

6.6 整车集成

并联混合动力电动汽车整车集成包括动力系统匹配、整车集成及性能调校技术。整车集成后必须满足 NVH 性能、安全性能等设计指标。第 6.1、6.2、6.3 节已经介绍了动力系统匹配，因此本节重点介绍并联混合动力电动汽车整车性能基础技术中的 NVH 性能和安全性能。

6.6.1 NVH 性能分析及调校

相比传统燃油车辆，并联混合动力电动汽车的动力系统除有发动机外，还包括电机和动力蓄电池系统。由于同样具有发动机，传统动力汽车的 NVH 问题也会出现在并联混合动力电动汽车中。纳入电机系统后，电机的电磁噪声、齿轮在高速运转过程中的啸叫噪声以及发动机起停振动冲击会成为新的 NVH 问题。此外，在混合动力电动汽车整车集成过程中，整车控制标定对 NVH 性能的影响会更大。例如在发动机、电机及动力蓄电池的控制过程中，在满足动力性及热平衡的基础上，也要兼顾其所带来的 NVH 问题。混合动力电动汽车的运行工况更为复杂，大致可分为静置工况及行驶工况。当汽车处于定置工况时，发动机熄火状态下的车辆电器附件噪声将是主要噪声源。发动机处于怠速状态下的振动噪声，电机处于充电状态下的运转噪声以及齿轮噪声尤为突出。当汽车处于行驶工况时，发动机的振动噪声、电机及齿轮啸叫的噪声，以及外界传递进车内的风噪、路噪、胎噪是混合动力电动汽车 NVH 性能的主要问题源。在车速 20 ~ 50km/h 范围内存在发动机低速轰鸣声、路面不平整时的冲击噪声、齿轮噪声及离合器抖动噪声等。当车速提高至 50 ~ 80km/h 时有路面冲击噪声、制动抖动声、排气噪声以及轮胎噪声等。当车速为 80 ~ 120km/h 时，高速风噪及胎噪、发动机振动噪声、路面噪声及电机齿轮系统的高频噪声将成为主要噪声问题。当汽车处于减速工况时，制动能量回收过程中的冲击噪声、抖动噪声、电机及齿轮的啸叫噪声均十分突出。可见，并联混合动力电动汽车噪声源主要包括发动机振动噪声、电机高频电磁噪声、变速器齿轮噪声、进排气流噪声，以及外界的风噪、路噪和胎噪等。因此，在并联式混合动力电动汽车整车集成过程中，需要对 NVH 性能进行分析与调校。

电机噪声是混合动力电动汽车 NVH 的主要分析对象。由于电机定子及转子间存在气隙磁场，电机交变磁场力在气隙作用下会因转子的振动而产生电磁噪声。针对电磁噪声，可通过仿真分析与实验验证相结合的方法进行模拟，流程如图 6-57 所示，包括结构模态计算及实验验证、强迫振动响应计算及实验验证、声辐射计算及实验验证三部分。电磁噪声的抑制手段通常包括以下方法；对电机结构进行模态分析，优化其结构以避开主要阶次频率的激励；基于有限元软件 Ansoft 在 Maxwell 仿真环境中搭建电机模型，进行磁场计算以分析径向电磁力对电机噪声的影响；通过声学包优化处理方法降低电磁噪声对车内乘客的影响。

混合动力电动汽车动力系统中的电机最高转速可达 10000r/min，因此与之相连的变速器齿轮转速也会很高，导致变速器齿轮的啸叫问题。深度分析噪声频谱，可发现明显的齿轮副啮合阶次特征。针对齿轮啸叫噪声，基于五电机 NVH 试验台分析其噪声阶次，以确定产生噪声的齿轮副，通过优化齿轮及相应的拟合轴外形，降低甚至消除齿轮的啸叫噪声。在混合动力模式下，由于发动机及电机的转矩波动传递给变速器其他空载齿轮，齿轮啮合间隙的存在会导致混合动力电动汽车产生特有的齿轮敲击噪声。可通过敲击能量法三维系统及敲击阈值预测一维系统解决方案进行敲齿噪声的仿真分析，或通过在传动轴加装相应扭转减振器衰减转矩波动以降低该噪声。

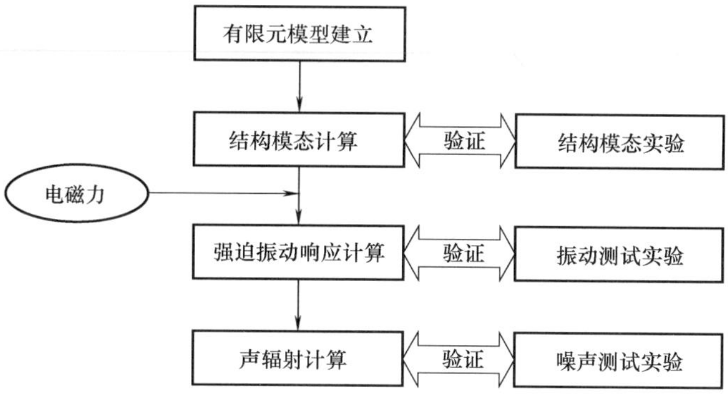

图 6-57　电机噪声分析流程

混合动力电动汽车因存在发动机和电机两个动力源，必然存在纯电动与混合动力模式的切换过程。因发动机起停所带来的振动冲击不仅影响驾乘舒适性，也带来了不可忽略的 NVH 问题。针对发动机起停振动冲击，存在以下解决方法：50Hz 以下低频模态解耦分析，包括动力系统刚体模态、传动系扭振模态和车身模态；50Hz 以下低频起停激励多体动力学强迫响应分析；发动机起停标定优化，主要针对发动机的停缸位置进行判断，并对喷油及点火时刻进行调试优化；电机反向转矩标定优化（主动抵消曲轴转矩波动），主要是对电机反拖发动机转矩及发动机点火后的补偿转矩进行优化调试。也可通过修改控制策略，从软件层面对该问题予以缓解，甚至彻底解决。

针对车辆电器附件正常工作所产生的噪声，以及外界传递来的风噪、路噪及胎噪，主要通过增加屏蔽件、调整车内饰件、改善整车密封性等方式切换振动噪声传递路径以降低噪声。采用隔声隔振材料、合理布置隔声、优化发动机悬置和避免共振等方式均可改善整车的 NVH 性能。

6.6.2　安全性能设计要求及保障措施

并联混合动力电动汽车因增加电力驱动系统及动力蓄电池系统，整车结构发生变化，因此其整车碰撞安全性能也有所改变。混合动力电动汽车的动力蓄电池电压在 300 ~ 800V 之间，远超人体所能承受的安全电压范围。一旦在碰撞过程中发生动力蓄电池短路，或因化学反应产生有害物质或电解液泄漏，均可能对乘客及驾驶人造成伤害。因此，混合动力电动汽车的安全性能除要满足传统燃油车的碰撞要求外，还需要满足 GB/T 18384.1—2015《电动汽车安全要求》和 GB/T 19751—2016《混合动力电动汽车安全要求》的要求，即要同时满足碰撞安全及高压安全设计需求。

并联混合动力电动汽车实际使用过程中难免出现部件间的碰撞、摩擦和挤压情况。对电力系统而言，可能导致原本绝缘良好的绝缘层出现破损，或接线端子与周围金属出现搭接的问题，这些都将导致漏电或短路。高压系统必须对底盘及其他暴露在外的零件进行绝缘，以防止短路情况的发生。混合动力电动汽车使用的动力蓄电池多为三元锂动力蓄电池或铁锂动力蓄电池。在动力蓄电池充电及车辆运行过程中，由于过充或过放使动力蓄电池温度迅速升高，剧烈电化学反应会导致动力蓄电池燃烧，甚至爆炸。混合动力电动汽车动力蓄电池中含有电解液，充当电路导电介质，参与内部化学反应。当动力蓄电池受到外界撞击而破裂时，泄漏出来的电解液会腐蚀人体及金属，造成安全问题。针对动力蓄电池可能存在的安全问题，最主要的是从软件及硬件层面进行安全防护。例如可在硬件电路中进行短路保护，采用电压隔离开关矩阵的集中式动力蓄电池管理系统结构，以及通过机械结构和材料强化的手段增强动力蓄电池所在舱体的防撞击性能等。软件层面，主要是在动力蓄电池管理系统中增加安全监测模块，实时检测动力蓄电池电压、电流和温度等相关量，若出现问题及时告警，甚至断开动力蓄电池的高压输出。

汽车的安全性可分为主动安全性和被动安全性两方面。常见的安全装置包括防抱死制动系统（ABS）、电子制动力分配系统（EBD）、驱动防滑转控制系统（ASR）、车身电子稳定系统（ESP）、电液制动控制系统（SBC）、电子控制制动辅助系统（EBA）和轮胎压力监测系统（TPMS）等。汽车的被动安全则通过安全设计实现，例如增设碰撞缓冲区、采用溃缩式转向柱以及悬浮发动机防撞保护装置。安全带和安全气囊是两种常用的被动安全装置。

在研究汽车碰撞安全性时，只有全面了解车辆碰撞特性，才能有针对性地设计安全改进对策。在汽车碰撞类交通事故中，汽车撞击刚性墙代表危害程度十分高的一种典型案例，是汽车被动安全性研究的主要内容之一。当车辆发生纵向碰撞时，应保证乘员有足够的生存空间，发动机、变速器等刚性部件不得侵入乘员舱。对于并联混合动力电动汽车，还特别要求动力蓄电池及其部件不能侵入乘员舱。因此可优化前后防撞结构，特别是前后保险杠及纵梁，通过受碰撞部位的合理变形吸收撞击能量，还可提高乘员舱的防撞强度。轿车的侧面是强度较为薄弱的部位，当发生侧向碰撞时，碰撞缓冲区较小，汽车的车门结构会凸入车内，对乘员造成伤害。提高汽车侧向碰撞强度的方法主要是通过合理的骨架及防撞梁设计加强车身的刚度，或将车身侧面所受的撞击力传递到车身骨架上。

6.6.3 动力系统结构集成

并联混合动力电动汽车动力系统的特点是变速器模块化集成，例如电机 + 变速器集成和电机 + 离合器集成等。由于系统集成度高，结构更为紧凑。例如奥迪 A3 e-tron 采用的电机 + 离合器集成形式，其传动系统包含三个离合器，除双离合变速器外还有一个分离离合器，如图 6-58 所示。当车辆以纯电动模式行驶时，可将发动机与变速器分离，以免电机带动发动机曲轴空转，造成能量损失。吉利的 P2.5 系统将驱动电机与变速器的一个输入轴相连，相当于在变速器内集成了电机，介于 P2 与 P3 之间，因此称 P2.5 系统，如图 6-59 所示。这套系统没有增加离合器组数，7DCT 变速器的两组离合器兼顾了动力耦合功能。此外，纯电驱动时，7DCT 变速器还能为驱动电机提供换档功能，使整车纯电模式下的最高车速达到 120km/h。但电机与一个输入轴（偶数档）连接，意味着这根偶数档齿轮轴无论在纯电、混动，还是充电工况下，都是时刻旋转啮合的，而奇数档齿轮轴只传递来自发动机的转矩。因此，需要额外对偶数档齿轮轴的寿命进行设计校核。

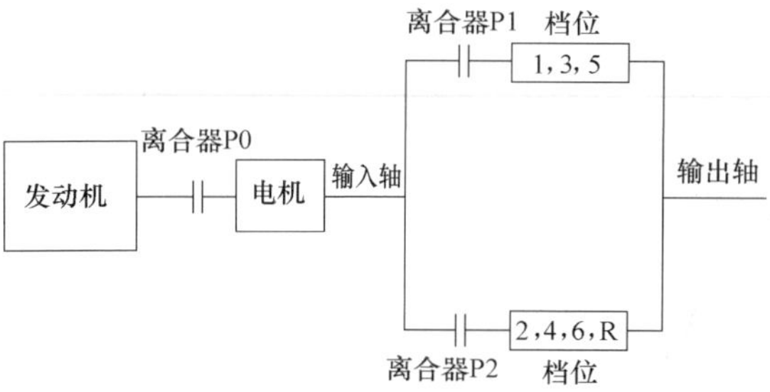

图 6-58　奥迪 A3 e-tron 的混合动力系统

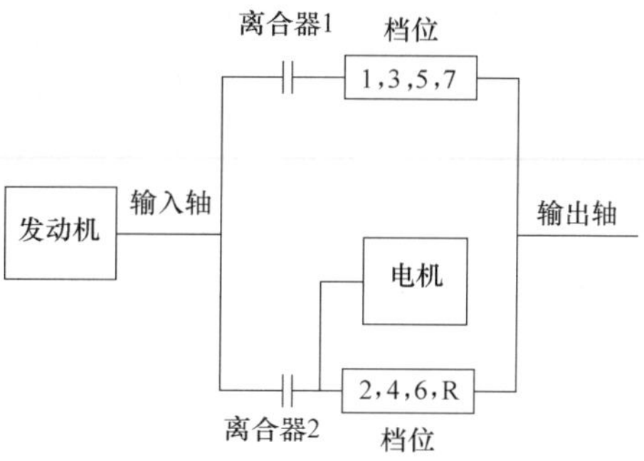

图 6-59　吉利 P2.5 混合动力系统

同样，并联混合动力电动汽车动力系统中，电机和发动机若在变速器的输出轴进行动力耦合，则此时输出轴齿轴强度、寿命会受到极大考验。通常在设计阶段采用传动软件，例如 Masta、Romax 进行建模分析，如图 6-60 所示，耐久工况的导入过程会出现双动力源耦合输出转速不一致的问题。为此，发动机和电机对应的耐久工况需要分别设计。实际应用中，通过大量用户数据实现耐久工况的设计和校准，确保动力系统设计可靠，且不产生过度冗余，如图 6-61 所示。

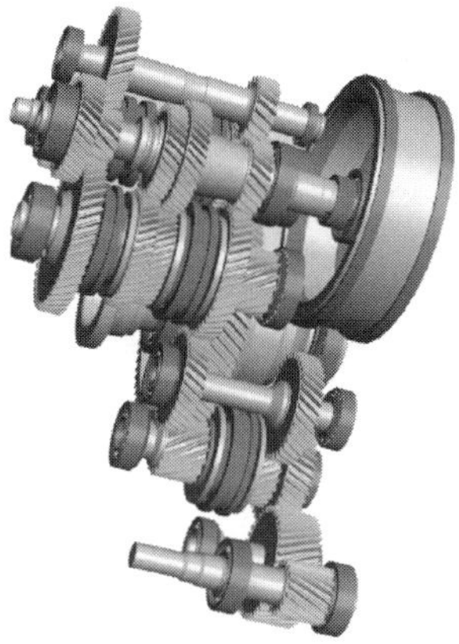

图 6-60　Masta 建模分析

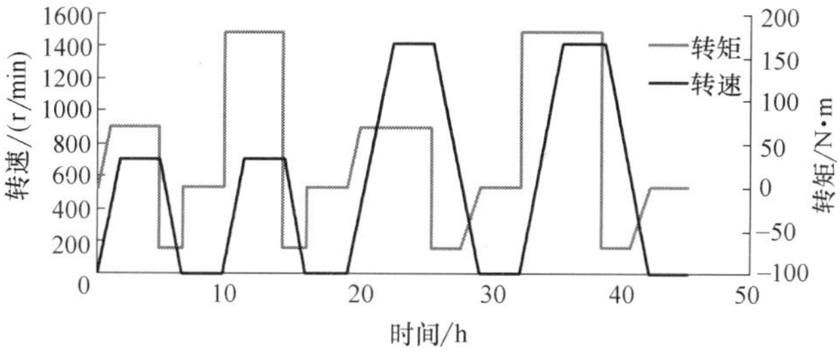

图 6-61　设计耐久工况

使用 DCT 变速器的并联混合动力电动汽车动力系统中，双离合器模块、齿轮和轴承均需良好的工作状态以提高传动效率。因此，润滑油路的设计至关重要。湿式离合器通常采用与变速器共用油路的方式，机械油泵与电动油泵交替工作来实现变速器内部齿轮、轴承的润滑，并通过油冷器与外部环境的热交换实现油路的冷却。通过润滑仿真分析与试验的结合，使润滑油路设计合理、传动系统高效可靠，如图 6-62 所示。

并联混合动力电动汽车中，电机也可与自动变速器（AT）集成为一个统一功能的电驱动系统，并通过与发动机结合形成混合动力驱动系统。在产量达到一定规模时，可将液力变矩器改为电控离合器，或减少变速器的档位数量。在实现节油目标的同时，还可对系统的成本及空间进行优化。同时，相关技术仍需向更高集成度方向发展，实现产品模块化。这也是并联式混合动力电动汽车动力系统集成技术的发展方向。

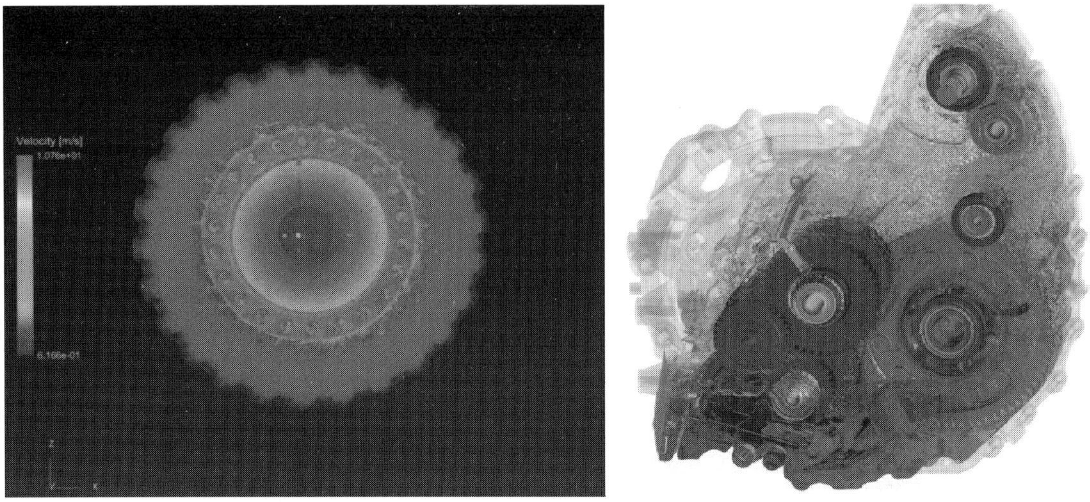

图 6-62　离合器与变速器润滑油路分析（见书末彩色插图）

参考文献

[1] 赵克刚，罗玉涛 . 并联 HEV 机电耦合方案对比研究 [J]. 机械传动，2007，31（5）：91-93.

[2] 高建平，何洪文，孙逢春 . 混合动力电动汽车机电耦合系统归类分析 [J]. 北京理工大学学报，2008，28（3）：197-201.

[3] 邱海兵，全力，朱孝勇，等 . 基于双转子磁通切换电机的混合动力系统分析 [J]. 微特电机，2013，41（11）：57-60.

[4] 曾小华，张旭鲜，王伟华，等 . 并联混合动力电动汽车混合度对整车成本的影响 [J]. 农业机械学报，2008，39（1）：15-19.

[5] 陈全世，杨宏亮，田光宇 . 混合动力电动汽车结构分析 [J]. 汽车技术，2001（9）：6-11.

[6] 胡宇辉，唐高强，席军强，等 . 单轴并联混合动力客车再生制动策略解析 [J]. 北京理工大学学报，2016，36（5）：480-486.

[7] 彭涛，陈全世，田光宇，等 . 并联混合动力电动汽车动力系统的参数匹配 [J]. 机械工程学报，2003，39（2）：69-73.

[8] 樊晓松，邵华，邢进进 . 新能源汽车动力总成测试系统平台 [J]. 汽车技术，2014（9）：39-43.

[9] 陈彦秋，宋鹏云，张继业 . 混合动力列车运行仿真平台的研究与开发 [J]. 计算机仿真，2014，31（2）：221-224.

[10] FRITZ M，HILLENBRAND T，PFUND T.48-V-Technologien im Fahrzeug[J].ATZ Extra，2017，22（1）：28-33.

[11] SCHMIDT D，BEIDL C，STEFFAN R，et al.Hybridisierung und 48V Eine Bestechend Effiziente Kombination[J].ATZ Extra，2017，22（1）：42-47.

[12] 余志生 . 汽车理论 [M].2 版 . 北京：机械工业出版社，2009.

[13] 李垚 . 并联混合动力客车动力源参数匹配和优化 [D]. 北京：北京理工大学，2016.

[14] KAMAL M A S，MUKAI M，MURATA J，et al.Ecological Vehicle Control on Roads with Up-Down Slopes[J].IEEE Transactions on Intelligent Transportation Systems，2011，12（3）：783-794.
[15] 樊娟娟 . 基于预测控制的并联混合动力电动汽车能量管理策略研究 [D]. 济南：山东大学，2012.
[16] 何仁，李军民 . 混合动力电动汽车动力耦合系统与能量管理策略研究综述 [J]. 重庆理工大学学报（自然科学），2018，32（10）：1-16.
[17] SCHOUTEN N J，SALMAN M A，KHEIR N A.Energy Management Strategies for Parallel Hybrid Vehicles Using Fuzzyl Lgic[J].Control Engineering Practice，2003，11（2）：171-177.
[18] 詹森，秦大同，曾育平 . 基于遗传优化 K 均值聚类算法工况识别的混合动力电动汽车能量管理策略 [J]. 中国公路学报，2016，29（4）：130-137，152.
[19] 张袅娜，郭孔辉，丁海涛 . 基于多源信息融合的行驶工况识别及其在整车转矩分配中的应用 [J]. 机械工程学报，2017，53（24）：135-143.
[20] 郝景贤，余卓平，赵治国，等 . 四驱 PHEV 能量管理策略开发及优化 [J]. 机电一体化，2018，24（2）：12-19，30.
[21] 王丽芳 . 自动变速器换档规律确定方法的研究 [J]. 汽车技术，1998（6）：7-9.
[22] 古艳春，殷承良，张建武 . 并联混合动力电动汽车机械式自动变速器换档策略 [J]. 上海交通大学学报，2007（2）：250-255.
[23] 赵治国，杜建，顾佳鼎，等 . 四轮驱动混合动力轿车经济性换挡规律研究 [J]. 中国机械工程，2012，23（15）：1877-1884.
[24] 周美 . 插电式混合动力轿车能量管理策略研究与仿真分析 [D]. 长沙：湖南大学，2014.
[25] 黄妙华，陈飚，陈胜金 . 电动汽车仿真结构比较 [J]. 武汉理工大学学报，2005，27（3）：66-69.
[26] 胡斐，赵治国 . 基于能量管理的混合动力城市客车建模及实车验证 [J]. 汽车工程，2013，35（1）：2-6.
[27] MI C，MASRUR M A.Hybrid Electric Vehicles：Principles and Applications with Practical Perspectives[M].Hoboken：John Wiky & Sons，2011.
[28] JONES D R，PERTTUNEN C D，STUCKMAN B E.Lipschitzian Optimisation Without the Lipschitz Constant[J].Journal of Optimization Theory and Applications，1993，79（1）：157-181.
[29] FINKEL D E，KELLEY C T.Convergence Analysis of the DIRECT Algorithm[J].Optimization Online，2004，14（2）：1-10.
[30] Gu L.A Comparison of Polynomial Based Regression Models in Vehicle Safety Analysis[J]. Proceedings of the ASME Design Engineering Technical Conference，2001，1（2）：509-514.
[31] ROUSSEAU A，PAGERIT S，GAO D W.Plug-in Hybrid Electric Vehicle Control Strategy Parameter Optimization[J].Journal of Asian Electric Vehicles，2008，6（2）：1125-1133.

第 7 章 混联式混合动力电动汽车整车设计

混联式混合动力构型使用行星轮机构或离合器对发动机、主电机和发电机进行动力耦合，整车在行驶过程中可通过控制策略实现多种工作模式的切换。混联式混合动力汽车综合了串联和并联混合动力构型的优点，在实现发动机功率与驱动轴功率需求解耦的同时，提高了能量转换效率。该构型可实现最佳动力性能和燃油经济性，是目前市场保有量最多的混合动力构型。本章主要从典型部件、动力系统构型设计、动力系统参数匹配、工作模式设计、整车控制器设计、能量管理和动力分配策略设计、系统优化设计和整车集成设计八个部分详细介绍混联式混合动力电动汽车的整车设计过程。

7.1 典型部件

7.1.1 行星排

行星轮系齿轮传动具有结构紧凑、体积小、质量小、承载能力大、传递功率范围及传动范围大、运行噪声小、效率高及寿命长等优点，在各种机械设备中得到广泛的应用。

行星轮系主要由行星轮、中心轮及行星架组成。其中行星轮通常有 2 ～ 6 个。但在计算传动比时，只考虑 1 个行星轮的转速，不用考虑其余行星轮的转速（它们的作用是均匀地分布在中心轮的四周，既可使几个行星轮共同承担载荷，以减小齿轮尺寸，同时又可使各啮合处的径向分力和行星轮公转所产生的离心力得以平衡，以减小主轴承内的作用力，提高运转平稳性）。行星架是用于支承行星轮并使其公转的构件。中心轮中，将外齿中心轮称为太阳轮，将内齿中心轮称为内齿圈。

行星轮系与定轴轮系的根本区别在于行星轮系中具有转动的行星架，从而使得行星轮系既有自转，又有公转。因此，行星轮系传动比的计算方法和定轴轮系的不同。按照相对运动原理（反转法），假设行星架 c 不动，即绕行星架转动中心给系统加一个 $-\omega_c$ 角速度，则可将行星轮系转化为假想的定轴轮系，这个假想的定轴轮系被称为行星轮系的转化轮系。根据转化后的定轴轮系和原周转轮系中各齿轮的转速关系，得到转化轮系传动比的计算公式，确定行星轮系中太阳轮 s 和齿圈 r 在转化轮系中各自的传动比；进而，在各轮齿数已知的情况下，给定 ω_r、ω_c、ω_s 中任意两项，即可求得第三项，从而可求出原行星轮系中任意两构件之间的传动比。

通常，在混联式混合动力电动汽车上，发动机、ISG 电机以及主驱动电机通过行星轮系相连。动力蓄电池组通过逆变器及变换器向 ISG 电机和主驱动电机供电，或者 ISG 电机和主驱动电机通过逆变器和变换器向动力蓄电池组充电。发动机与行星架连接，ISG 电机与太阳轮连接，主驱动电机与齿圈连接。行星轮机构的结构及转矩转速杠杆关系如图 7-1 所示。

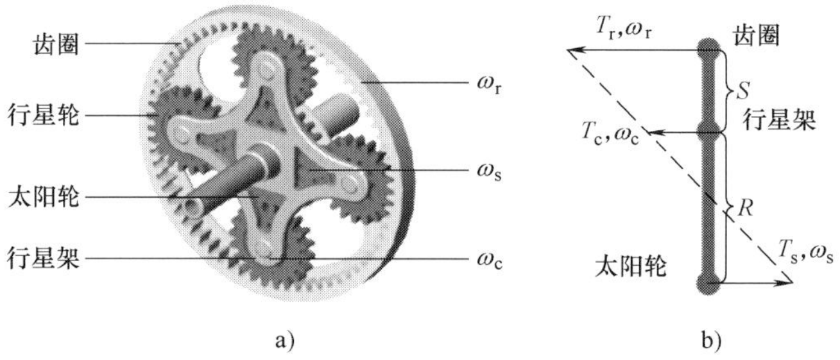

图 7-1 行星轮机构的结构及转矩转速杠杆关系

a）行星轮机构 b）转矩转速杠杆关系

T_r—齿圈转矩（N • m） T_c—行星架转矩（N • m） T_s—太阳轮转矩（N • m）

ω_r—齿圈的转速（r/min） ω_c—行星架的转速（r/min）

ω_s—太阳轮的转速（r/min） S—太阳轮半径（m） R—齿圈半径（m）

图 7-1b 中三个箭头矢量的长度和方向表示了其所代表部件的转速大小和方向，“行星架”节点根据太阳轮和齿圈半径的比例将转矩转速杠杆分成两部分。三个矢量的箭头连接成为一条虚线。

行星轮机构满足的运动学约束为

$$\omega_s S+\omega_r R=\omega_c(S+R) \tag{7-1}$$

其中

$$\begin{cases}\omega_c=\omega_{eng}\\ \omega_r=\omega_{mot}\\ \omega_s=\omega_{ISG}\end{cases} \tag{7-2}$$

式中 ω_{eng}——发动机的转速（r/min）;

ω_{mot}——主驱动电机的转速（r/min）；

ω_{ISG}——ISG 电机的转速（r/min）。

行星轮机构的转动惯量可以忽略且传动轴为刚性，则其动力传动系统模型为

$$\begin{cases} J_{ISG}(d\omega_{ISG}/dt)=T_{ISG}+FS \\ J_{eng}(d\omega_{eng}/dt)=T_{eng}-F(S+R) \\ J_{mot}(d\omega_{mot}/dt)=T_{mot}-T_{axle}/g_f+FR \end{cases} \tag{7-3}$$

式中 J_{eng}——发动机的转动惯量（$kg \cdot m^2$）；

J_{mot}——主驱动电机的转动惯量（$kg \cdot m^2$）；

J_{ISG}——ISG 电机的转动惯量（$kg \cdot m^2$）；

T_{ISG}——ISG 电机的转矩（N·m）；

T_{eng}——发动机的转矩（N·m）；

T_{mot}——主驱动电机的转矩（N·m）；

T_{axle}——传动轴转矩（N·m）；

g_f——传动系统总传动比；

S——太阳轮半径（m）；

R——齿圈半径（m）；

F——行星齿轮间的切向作用力（N）。

7.1.2 模式离合器

由于串联模式和并联模式都有各自的优缺点，因此，融合了二者优点的混联构型应运而生，其特点在于：很好地结合两者的优点，可以通过模式离合器在串联模式和并联模式间实现切换。模式离合器的应用场景如图 7-2 所示（比亚迪 F3DM），位于电机 M1 和电机 M2 之间作为机械耦合装置的离合器是实现并联模式和串联模式切换的关键。当离合器处于分离状态时，车辆处于串联模式；当离合器处于接合状态时，车辆处于并联模式。

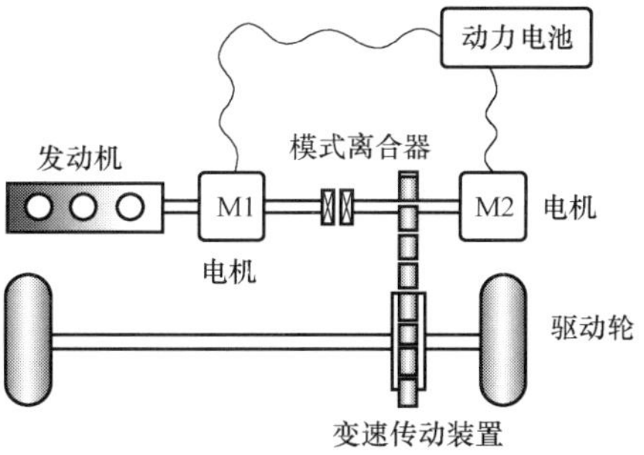

图 7-2 模式离合器的应用场景

模式离合器在开关混联式混合动力系统中起到重要作用。混合动力系统的工作模式通过模式离合器的接合与分离实现切换，并与整车工作状态密切相关。

1）当行驶车速经过与传动轴机械连接的主减速比放大后，对应的发动机转速也正好处于最佳工作区间范围内，并且当所需功率接近发动机最佳工作区间所对应的输出功率时，离合器接合，发动机直接驱动汽车行驶，M1 和 M2 都不工作。

2）当行驶车速对应的发动机转速合适，但所需功率低于最佳功率时（下坡），离合器接合，发动机保持在最佳区间工作，多余功率通过 M1 给电池充电，M2 不工作。

3）当行驶车速对应的发动机转速合适，但所需功率高于最佳功率时（加速或上坡），

离合器接合，发动机保持在最佳区间工作。若剩余的功率缺口较大，则由 M2 提供；若较小，则由 M1 作为电动机提供。

4）当行驶车速对应的发动机转速偏离最佳工作区间较大时（此时往往车速较高），离合器分离，车辆工作在串联模式。此时发动机保持在最佳区间工作，带动 M1 发电，同时 M2 驱动车辆前进。如果驱动功率小于发动机工作功率，则动力蓄电池组表现为充电，电量上升；否则，动力蓄电池组表现为放电，电量逐渐下降。

5）如果行驶速度较高，同时电机无法满足所需功率时（比如高速公路上坡同时加速超车），则切换回并联模式，由发动机和两个电机（M1 和 M2）同时以高转速和高功率共同驱动车辆。

6）当行驶速度较低时，M2 单独驱动汽车，发动机和 M1 不工作。

7.1.3 双转子电机

双转子电机（Double Rotor Motor，DRM）的组成如图 7-3 所示，由内转子、外转子和定子构成，是两个电机的高度集成。DRM 的内转子和外转子构成一个电机，被称为内电机；外转子和定子构成另一个电机，被称为外电机。为了便于工程化，在外转子上布置磁钢，在内转子和定子上设置绕组，内转子绕组通过集电环与外部电路连接。

双转子电机能够作为动力分配和动力耦合机构使用，形成混联式混合动力系统。内转子与发动机相连，外转子与汽车的传动轴相连。来自发动机的动力经内电机后分成两部分：一部分通过内电机磁场作用在外转子上，由外转子直接向传动轴输出机械动力；另一部分利用内转子和外转子之间的转速差由内电机发电，产生的电流经过电机控制器变频后，输送给外电机，由外电机对外转子提供附加转矩，参与对车辆的驱动。

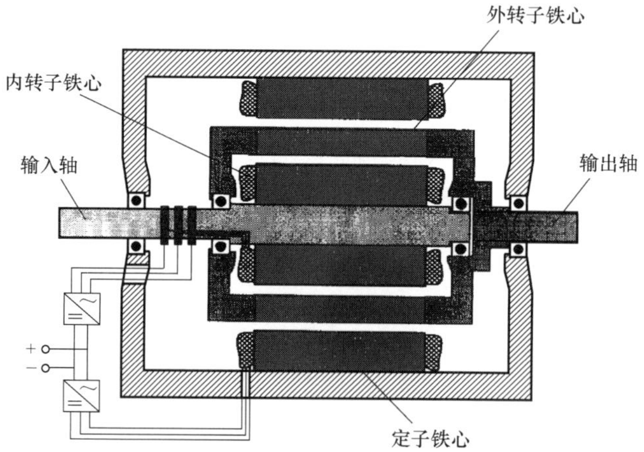

图 7-3 双转子电机的组成

双转子电机具有无级自动变速功能。当发动机转速高于传动轴转速时，内电机以发电机的形式工作，外电机以电动机的形式工作，双转子电机起到减速增矩的作用；当发动机转速低于传动轴转速时，内电机以电动机的形式工作，外电机以发电机的形式工作，双转子电机起到减矩增速的作用。

双转子电机能够实现发动机和车轮之间的转速解耦。因为发动机和传动轴之间解除了机械连接，所以可以通过控制内电机的转速和转矩来控制发动机转矩和转速，使发动机能够在高效区域运行。

双转子电机相当于把串联混合动力汽车中的发电机机壳和电动机的转子连成一体。在吸纳串联结构中发动机工作点控制灵活的优点的同时，可以获得两方面的益处：一是减小了机电系统能量转换率，从而提高了系统效率；二是所需的电机功率大幅度减小，从而提高了比功率。

7.2 动力系统构型设计

7.2.1 开关混联式

图 7-4 所示为开关混联式混合动力系统方案。该方案兼具串联式结构和并联式结构的优势，通过模式离合器的分离与接合来实现串联工作模式和并联工作模式的切换。这种结构不需要动力耦合装置，结构简单，容易控制，相比串联式结构和并联式结构能更好地发挥混合动力系统节能减排的潜能，同时又避开了复杂动力耦合装置的设计制造和控制难题。

如图 7-4 所示，当离合器分离时，车辆可实现纯电动和串联驱动工作模式（此时发动机和 ISG 电机组成辅助动力单元，即 APU）；当离合器接合时，车辆可实现并联驱动工作模式。在混合动力系统各部件（发动机、ISG 电机、离合器和主驱动电机）不同的工作状态下，车辆的工作模式和动力系统能量流分析如下。

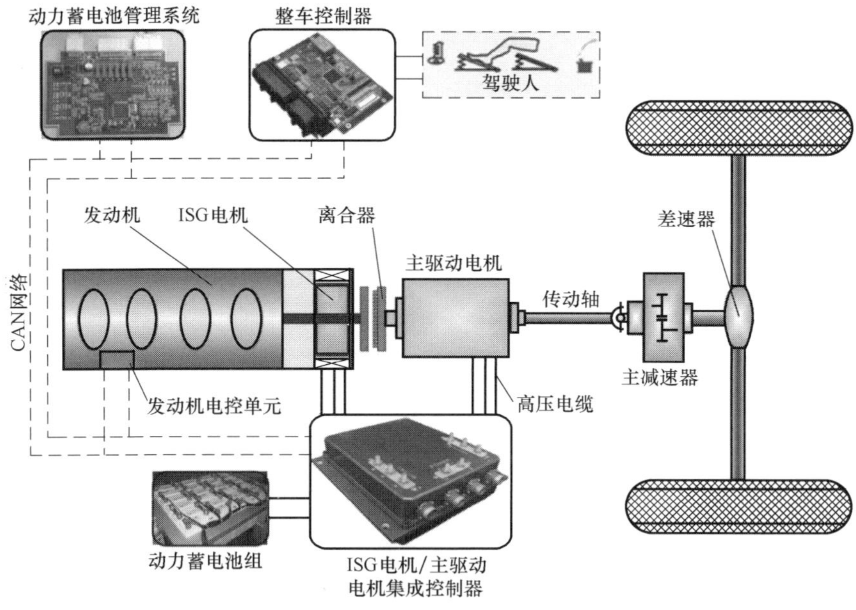

图 7-4 开关混联式混合动力系统方案

7.2.1.1 离合器分离状态

1. 纯电动模式

纯电动模式下混合动力系统的能量流如图 7-5 所示，发动机和 ISG 电机均处于关闭状态，车辆由主驱动电机单独驱动，动力蓄电池组作为唯一的能量源为车辆提供电能。该模式适用于动力蓄电池组荷电状态较高的情况。

2. 串联驱动模式（APU 单独驱动模式）

串联驱动模式下混合动力系统的能量流如图 7-6 所示。主驱动电机响应车辆的动力需求，发动机拖动 ISG 电机发电，APU 作为唯一能量源为主驱动电机提供电能。该模式适用于车辆低速、低负荷且动力蓄电池组荷电状态较低的情况。

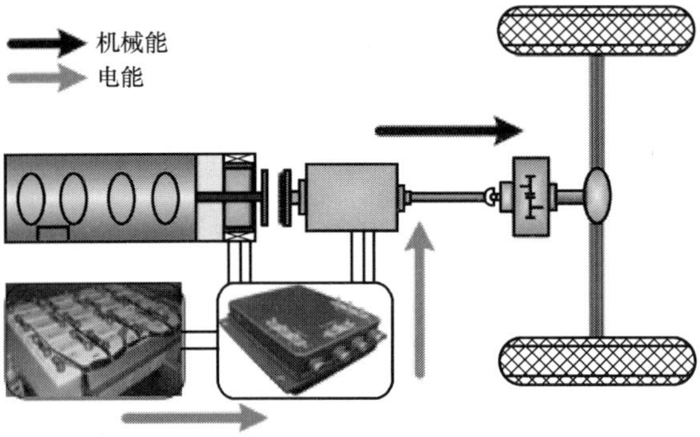

图 7-5 纯电动模式下混合动力系统的能量流

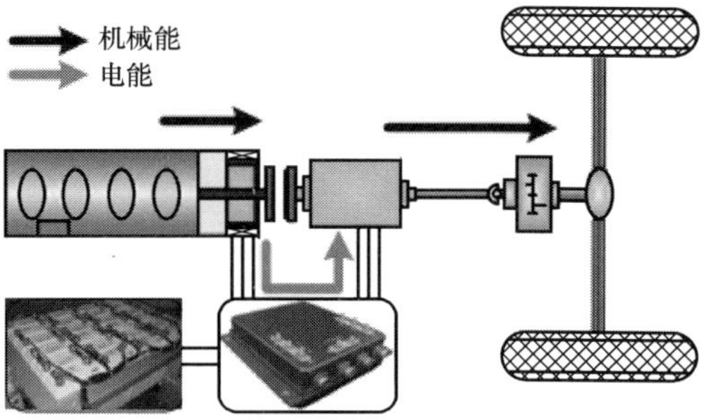

图 7-6 串联驱动模式下混合动力系统的能量流

3. APU 与动力蓄电池组共同驱动模式

APU 与动力蓄电池组共同驱动模式下混合动力系统的能量流如图 7-7 所示。主驱动电机响应车辆的动力需求，发动机拖动 ISG 电机发电，APU 和动力蓄电池组共同为主驱动电机提供电能。该模式适用于车辆低速、高负荷且动力蓄电池组剩余电量较高的情况。此时车辆动力需求较高，APU 提供的电功率无法满足主驱动电机的功率需求，需要动力蓄电池组来提供亏缺电功率。

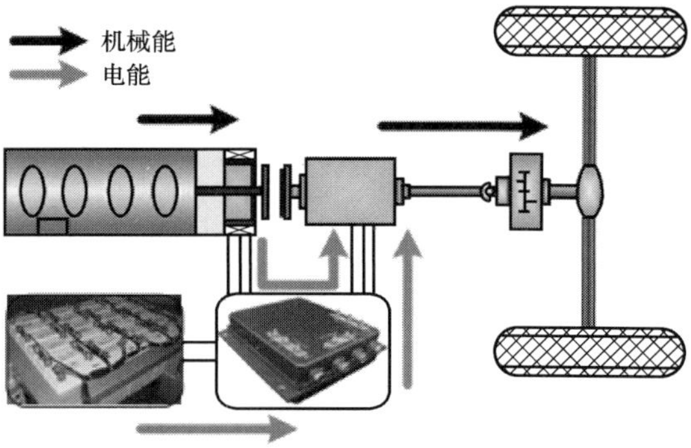

图 7-7 APU 与动力蓄电池组共同驱动模式下混合动力系统的能量流

4. APU 驱动充电模式

APU 驱动充电模式下混合动力系统的能量流如图 7-8 所示。主驱动电机响应车辆的动力需求，发动机拖动 ISG 电机发电，APU 为主驱动电机提供驱动车辆所需电能且同时为动力蓄电池组充电。该模式适用于车辆低速、低负荷且动力蓄电池组的剩余电量较低的情况。此时车辆动力需

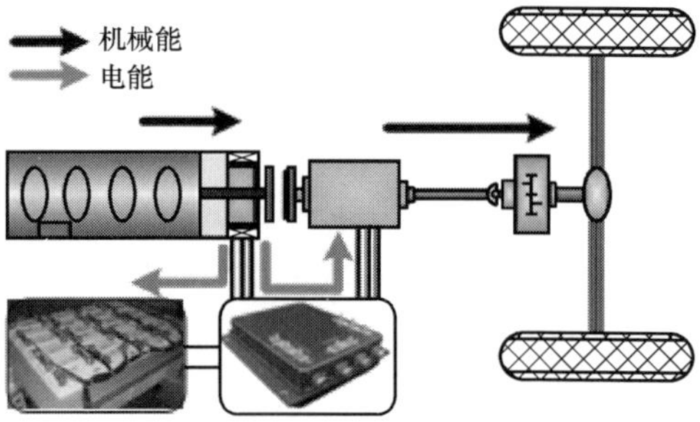

图 7-8 APU 驱动充电模式下混合动力系统的能量流

求低，APU提供的电功率先满足主驱动电机的功率需求，剩余部分为动力蓄电池组补电。

7.2.1.2 离合器接合状态

1. 发动机单独驱动模式

发动机单独驱动模式下混合动力系统的能量流如图7-9所示。ISG电机和主驱动电机均处于关闭状态，车辆的动力需求由发动机单独响应。该模式适用于车辆中高车速、中高负荷且动力蓄电池组电量未过低的情况。

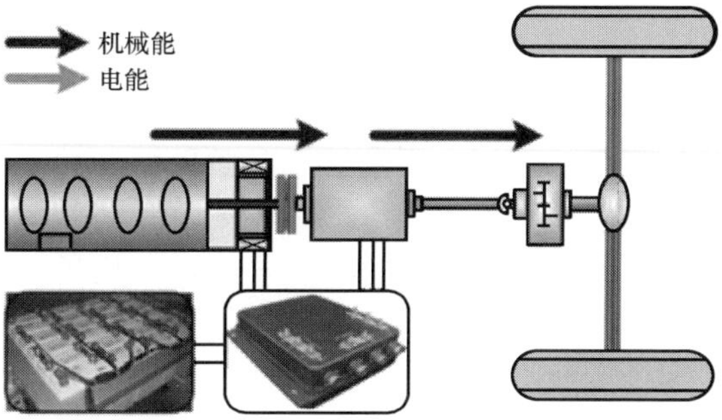

图7-9 发动机单独驱动模式下混合动力系统的能量流

2. 并联驱动模式

并联驱动模式下混合动力系统的能量流如图7-10所示。ISG电机关闭，发动机和主驱动电机协调工作，共同驱动车辆。该模式适用于车辆中高车速、高负荷且动力蓄电池组电量未过低的情况。

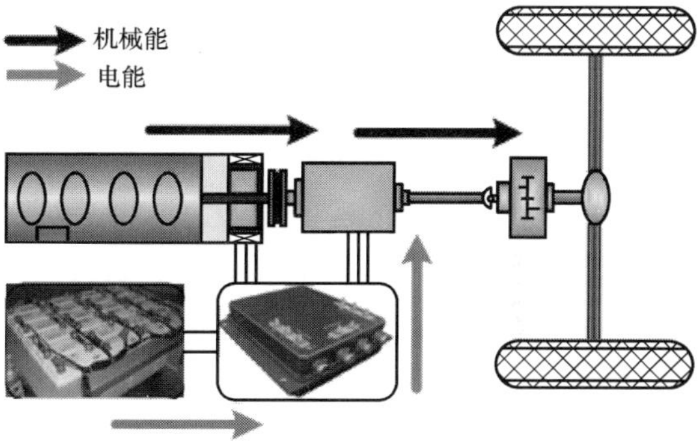

图7-10 并联驱动模式下混合动力系统的能量流

3. 并联驱动充电模式

并联驱动充电模式下混合动力系统的能量流如图7-11所示。主驱动电机关闭，发动机响应车辆动力需求同时拖动ISG电机发电为动力蓄电池组补电。该模式适用于车辆中高车速、中低负荷且动力蓄电池组电量较低的情况。

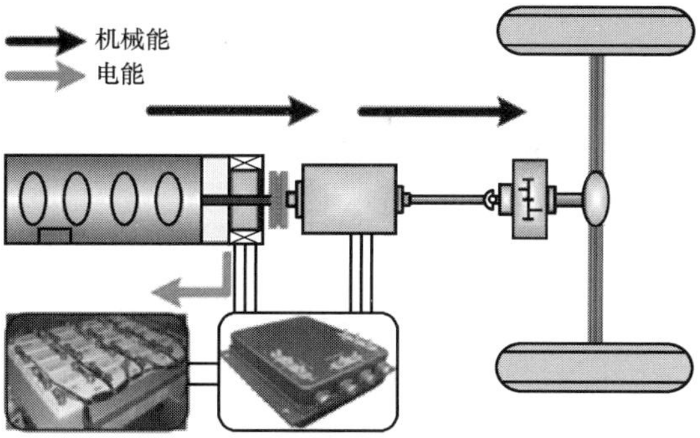

图7-11 并联驱动充电模式下混合动力系统的能量流

7.2.1.3 车辆制动减速状态

车辆制动减速过程与离合器状态无关，混合动力系统通过再生制动来协助传统制动系统为车辆提供制动力。再生制动模式下混合动力系统的能量流如图7-12所示。主驱动电机以发电机形式工作进行制动能量回收。该模式适用于车辆制动减速且动力蓄电池组电量未过高的情况。

开关混联式混合动力汽车的结构与串联结构、并联结构有相同之处，也有不同之处，亦被归类为一种典型的串并联混合动力电动汽车。与串联混动汽车类似，开关混联式混合动力汽车可以不装变速器，提高了传动效率，减轻了重量；不同的是，它能够让发动机和电机同时驱动车辆，实现较高的动力输出。因为开关混联式混合动力系统的驱动模式比较复杂，故针对该构型的控制策略也需要较高的优化设计水平。不仅如此，在无变速器的串并联混合动力汽车中，电机往往需要具有较高的峰值转速和较大的输出功率，因而成本也较高。

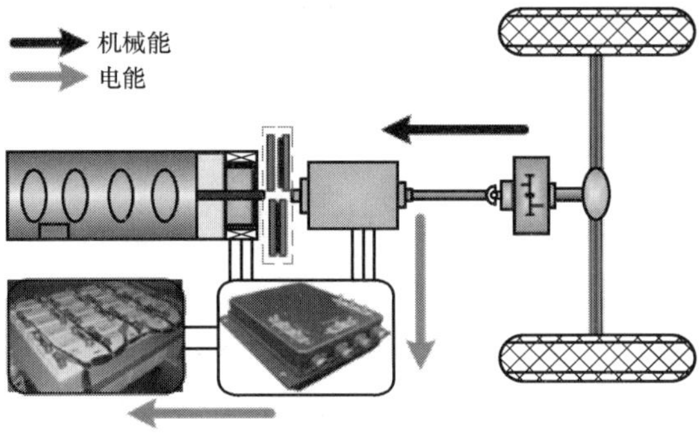

图 7-12　再生制动模式下混合动力系统的能量流

7.2.2　功率分流混联式

功率分流混联式混合动力构型包含驱动电机、发动机和 ISG 电机三个动力单元。相比双电机同轴开关混联式混合动力系统，行星轮排混合动力构型省去了模式离合器单元，结构更加紧凑灵活。

丰田普锐斯混合动力系统是功率分流混联式混合动力系统的典型代表。下面以普锐斯第四代混合动力系统结构为例说明系统方案。该混合动力系统的基本结构及具体构型如图 7-13 所示。

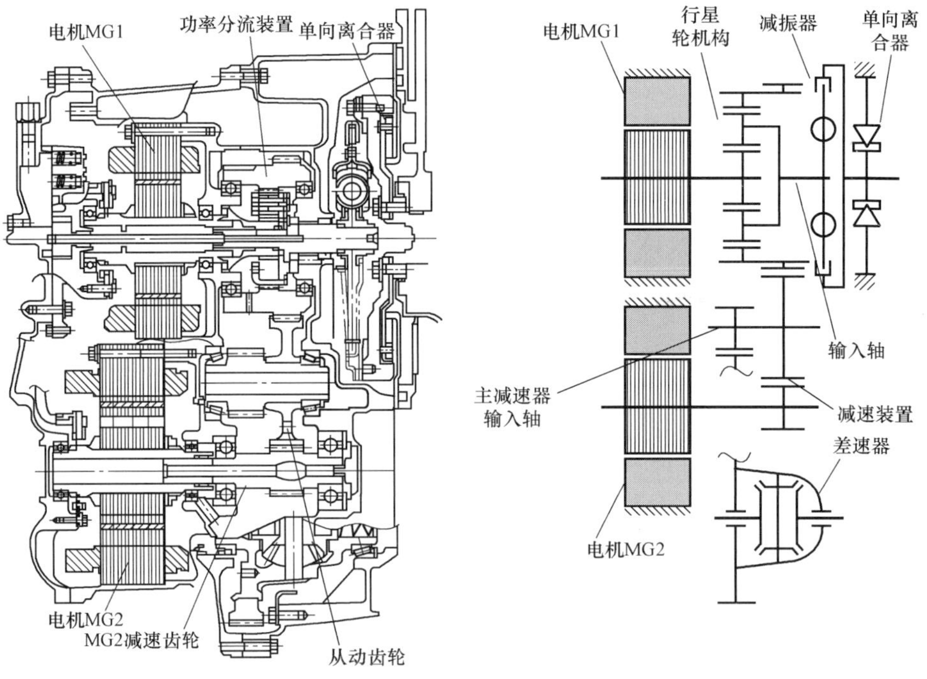

图 7-13　普锐斯第四代混合动力系统的结构图和构型图

a）结构图　b）构型图

该混合动力系统具有四轴结构，由单向离合器、输入轴、行星轮机构、电机 MG1、电机 MG2、减速装置和差速装置组成。电机 MG2 及其减速装置采用平行轴布局。输入轴向前连接发动机，向后通过一个单向离合器和一个扭转减振器与行星轮机构的行星架相连；电机 MG1 与行星轮机构的太阳轮相连；电机 MG2 和齿圈分别通过单级齿轮与主减速器输入轴相连。其中单向离合器内圈与发动机输出轴相连，外圈固定，用于防止发动机反转。

该系统有四种设定工作模式可供用户选择，分别为 EV 模式、EV Auto 模式、HV 模式和 CHG 模式。对应不同的设定工作模式，车辆可实现电动模式、混动模式、停车充电模式和再生制动模式四种工作模式。

7.2.2.1 电动模式

根据对动力的不同需求，电动模式可单独使用 MG2 进行驱动，也可由 MG1 与 MG2 共同驱动。MG1 输出负向转矩时可以使单向离合器锁止，行星架固定，齿圈处为正向转矩，与 MG2 转矩叠加，具有更强的动力。电动模式具有以下三种典型运行工况。

1. 单电机电动行驶

在设定模式为 EV、EV Auto 或 HV 时，动力需求较低，车辆实际工作模式可能为电动模式，并单独以 MG2 驱动。此时能量流如图 7-14 所示。

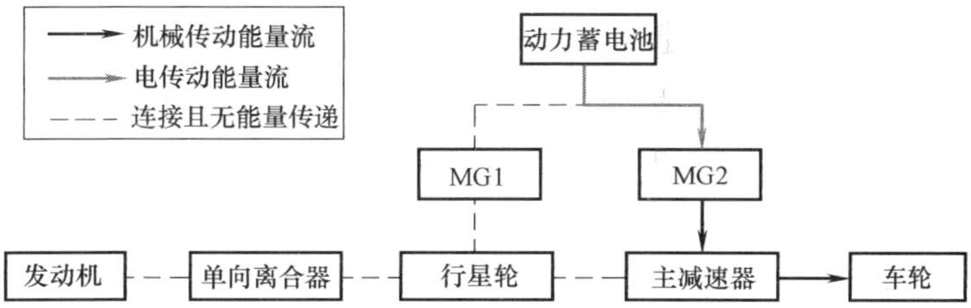

图 7-14 单电机电动行驶时的能量流

在该工况下，动力蓄电池组作为整车唯一能量源，将电能输送至 MG2 转化为机械能，并最终通过主减速器传递至车轮。其他部件保持连接，但不参与驱动，不传递能量。

2. 双电机电动行驶

在设定模式为 EV 或 EV Auto 时，动力需求较高，车辆实际工作模式可能为电动模式，并以 MG1 和 MG2 共同驱动，即双电机电动行驶工况。此时的能量流如图 7-15 所示。

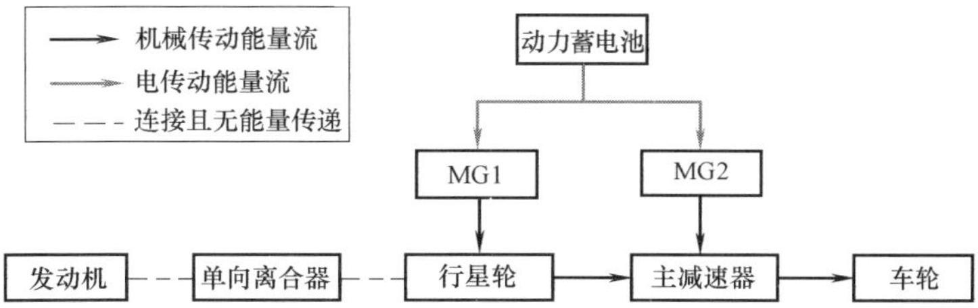

图 7-15 双电机电动行驶时的能量流

在该工况下，动力蓄电池组是唯一能量源，将电能分别输送至MG1和MG2。MG2输出正向转矩，驱动车辆前进，转速为正；MG1转速方向为负，同时转矩方向也为负，根据行星轮传动关系，传递至齿圈端的转矩方向为正，与MG2共同驱动车辆；发动机不工作，受MG1负转矩影响有负向转动趋势，触发单向离合器锁止，发动机转速保持为0。相比单电机电动模式，双电机电动模式的总转矩更大，动力性更好，多用在急加速和爬坡工况。

3. 电动倒车

在设定模式为EV、EV Auto或HV并进行倒车行驶时，车辆的实际工作模式可能为电动模式，以MG2单独驱动。此时的能量流如图7-16所示。

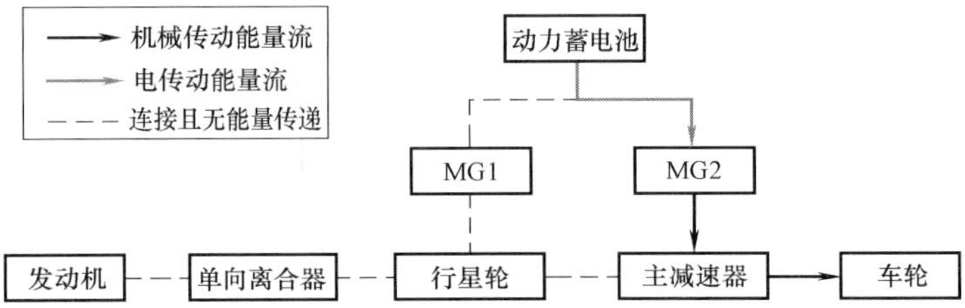

图7-16　电动倒车行驶时的能量流

在该工况下，动力蓄电池组是唯一能量源。倒档时，MG2以负转矩驱动车辆，转速为负；发动机不输出转矩，无转速；MG1不输出转矩，以正向转速随转。电动模式下，倒车时的最高车速被限制在约30km/h。

7.2.2.2　混动模式

一定工况下，电动模式将无法满足车辆动力需求，此时发动机介入，车辆工作于混动模式。

1. 低速混动模式

在设定模式为EV Auto或HV时，车速较低，车辆实际工作模式可能为混动模式，即发动机、MG1和MG2均参与驱动。此时的能量流如图7-17所示。

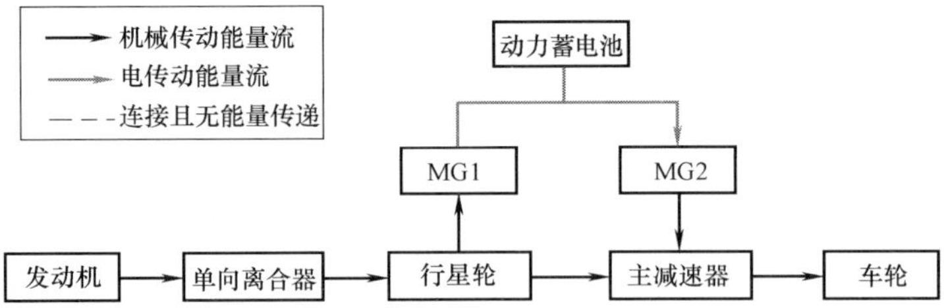

图7-17　低速混动行驶时的能量流

该工况下，发动机和动力蓄电池组共同作为整车能量源，发动机起动，输出正向转矩，并传递至太阳轮和齿圈；MG1输出功率为负，处于发电状态，主要用于平衡发动机传递到太阳轮处的转矩，并调节发动机转速；MG2 输出功率为正，为电动状态，用于补充发动机输出至齿圈处的功率与需求功率之差。由于 MG1 和 MG2 的功率随工况变化，动力蓄电池组的功率大小和流向不定。

2. 高速低负荷混动行驶

当车速较高时，车辆实际工作模式可能为混动模式。此时的能量流如图 7-18 所示。

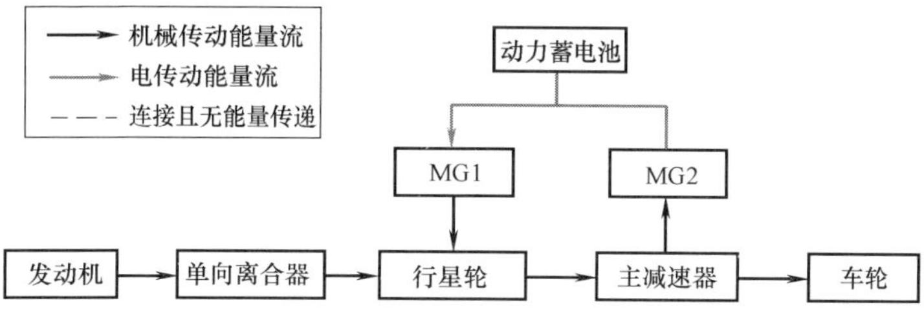

图 7-18　高速低负荷混动行驶时的能量流

在该工况下，发动机和动力蓄电池组共同作为整车能量源，发动机起动，输出正向转矩，并传递至太阳轮和齿圈；MG1 输出负转矩以平衡发动机传递到太阳轮处的转矩，同时由于车速较高，行星排运行超过机械点，MG1 转速变为负向，功率为正，处于电动状态；为维持动力蓄电池组的电量，MG2 输出负转矩，处于发电状态，与发动机传递至齿圈端的转矩耦合。由于 MG1 和 MG2 的功率随工况变化，动力蓄电池组的功率大小和流向不定。

3. 倒车混动模式

设定工作模式为 CHG，并且档位处于 R 位时，车辆实际工作模式为混动模式。其能量流如图 7-19 所示。

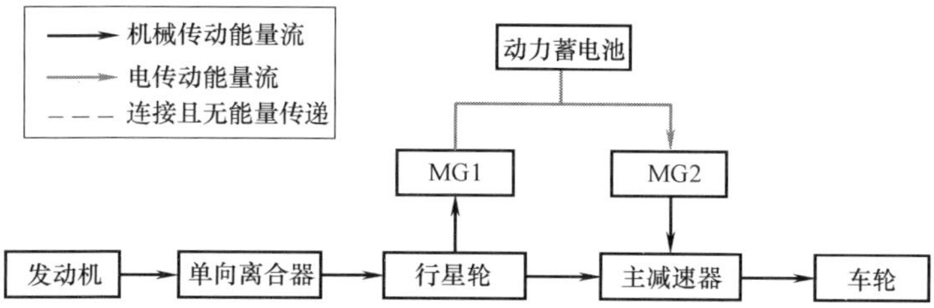

图 7-19　混动倒车行驶时的能量流

在该工况下，发动机和动力蓄电池组共同作为整车能量源，发动机保持起动状态。

发动机在需求功率较小时不输出转矩，由 MG2 单独提供倒车转矩，动力蓄电池组处于放电状态。

在需求功率较大时：发动机开始输出正向转矩；MG1 输出负转矩以平衡发动机传递到太阳轮的转矩，转速为正，为发电状态；MG2 输出较大负转矩驱动车辆，为电动状态；过程中 MG2 功率大于 MG1 功率，动力蓄电池组处于放电状态。

故设定工作模式为 CHG 时，倒车行驶不能为动力蓄电池组充电。该模式下最高车速被限定在 30km/h 左右。

7.2.2.3 停车充电模式

在设定工作模式为 CHG、保持档位为 P 档时，车辆进入停车发电模式。此时的能量流如图 7-20 所示。

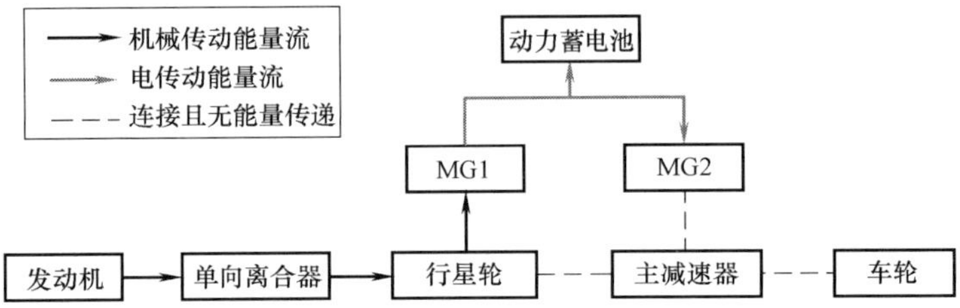

图 7-20　停车发电时的能量流

在该工况下，发动机是能量源，而动力蓄电池组则负责储存能量。此时发动机输出功率通过单向离合器输送至行星轮，由于齿圈被锁止，全部功率输送至太阳轮；MG1 利用发动机输送至太阳轮的功率进行发电；同时 MG2 输出负向转矩以平衡发动机传递到齿圈端的转矩，由于车辆静止，转速为 0，不产生机械功率，但需要消耗少量电功率；MG1 产生的电功率除被 MG2 消耗的以外，全部输送至动力蓄电池组储存。P 档行星轮输出轴锁止，MG2 即便不输出转矩也可以实现停车发电并保证车辆静止，此时 MG2 输出负向转矩是为了避免锁止机构的齿间间隙对车辆产生冲击，提高舒适性。停车发电时动力源的工作点是固定的，如果踩下加速踏板，则发动机转速上升的同时 MG1 和 MG2 会停止输出转矩，发动机进入空转状态。

7.2.2.4 再生制动模式

踩下制动踏板时，车辆进入再生制动模式。此时的能量流如图 7-21 所示。在该工况下，车辆动能通过 MG2 的制动作用转化为电能，并输送至动力蓄电池组储存；发动机和 MG1 停止工作，不输出功率。

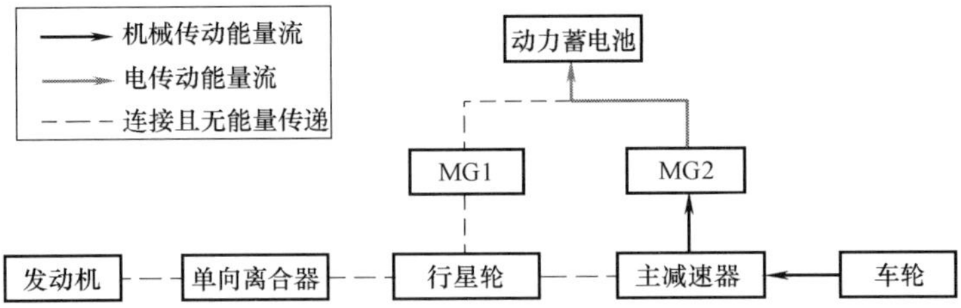

图 7-21　再生制动时的能量流

另外，功率分流式混合动力系统得到了多种应用，如通用公司于 2005 年成立了由戴姆勒、宝马公司参股的合资公司 GHC，开发出了双模的混合动力系统，在三家公司的多款车型中得到应用；福特公司于 2004 年推出了使用丰田公司 THSII 系统的 Escape Hybrid

SUV，此后又提出了不同于丰田公司 THS 结构的单行星排加固定齿轮的混合动力系统，此系统应用于其 Fusion 混合动力电动汽车上；此外，Timken 公司、雷诺公司也提出了行星双模混联式混合动力构型。上述这些车型的构型方案如图 7-22 所示。

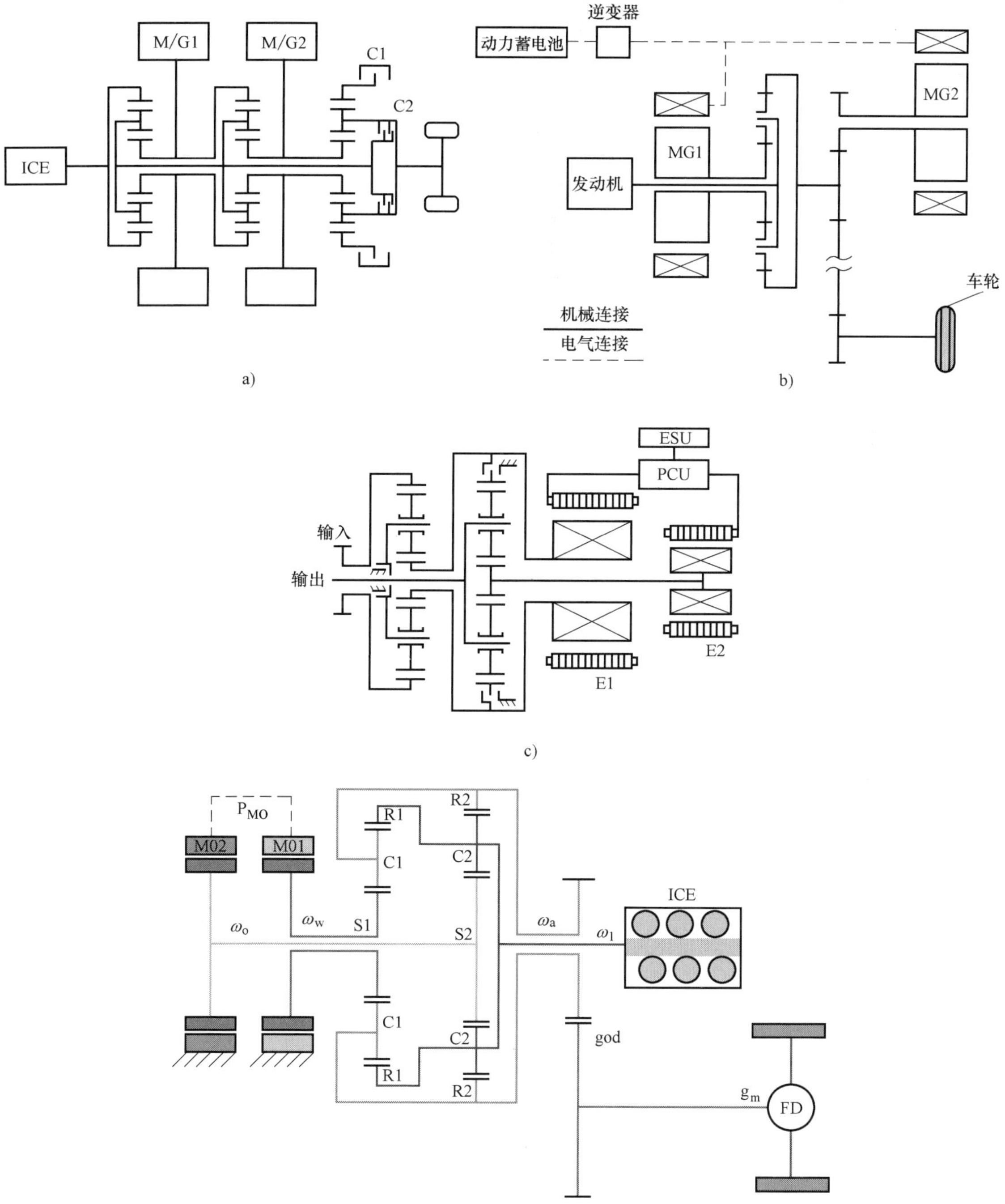

图 7-22 通用、福特、Timken、雷诺公司的行星排混联结构（见书末彩色插图）

a）通用双模结构 b）福特混合动力结构 c）Timken 行星双模混联结构 d）雷诺行星双模混联结构

同时，通用还开发了带多离合器的双模混合动力系统，如图 7-23 所示。行星排的行星架直接相连并作为输出轴，两个电机分别与第一、第三行星排的太阳轮相连，发动机与第一个行星排齿圈相连，第三个行星排的齿圈直接固定。这样，第一个行星排三个轴同时运转，起到功率分流的作用；第三个行星排齿圈固定，相当于一个减速传动机构。该种方案实际上为发动机与 MG1 组成的单行星排转速耦合、MG2 经过第三个行星排减速传动与第二个行星排输出轴组成的转矩耦合。

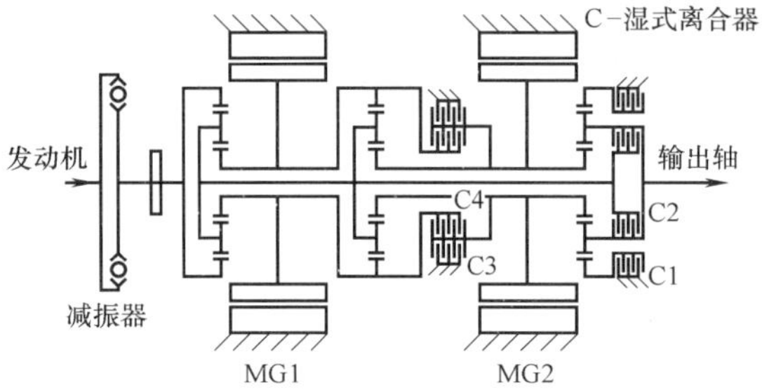

a)

b)

图 7-23　通用双模混合动力系统

a）结构图　b）实物图

在混联式混合动力汽车构型的研究方面，我国吉林大学、北京理工大学、同济大学、上海交通大学、重庆大学、中国汽车技术研究中心等单位都做了一定的研究，提出了一些 EVT 构型（行星排混联式可实现电动无级变速功能，有时称 EVT 或 ECVT 构型），图 7-24a、b 和 c 分别为中国汽车技术研究中心、上海交通大学的 EVT 构型和重庆大学的 EVT 系统。

中国汽车技术研究中心有限公司（以下简称中汽中心）于 2009 年提出了一种双行星排混合动力系统，它的机壳内还安装有后行星轮机构，如图 7-24a 所示。该系统中发动机的输出端穿过发电机的空心轴连接前排行星轮的行星架，前排行星轮的齿圈连接后排行星轮的行星架，前排行星轮的太阳轮连接空心轴发电机，空心轴发电机经逆变器连接动力蓄电池组，动力蓄电池组经逆变器连接电动机，电动机连接后排行星轮的太阳轮，后排行星轮的齿圈固定在机壳上，后排行星轮的行星架上设置有用于车辆动力输出的接口。

这一构型由于电动机与后排行星轮的太阳轮相连，使得电动机的转矩大大降低，从而有效地减轻了电动机的重量，降低了电动机的材料成本。此外，该系统采用两套行星轮机构，避免了现有技术中电动机驱动转速相对较小、转矩需求过大的弊病，即电动机不需要过大的转矩。

上海交通大学于 2008 年提出了一种混合动力车用双电机双行星排单离合器驱动装置，如图 7-24b 所示。该装置设置有两排行星轮，它们共用一个齿圈。发动机输出轴与起动发电机输入端相连，起动发电机输出端连接离合器主动盘，离合器从动盘经行星架与前排行星轮连接，前排太阳轮连接驱动电机，后排行星架固定在车架上，后排太阳轮也连接驱动电机，后排齿圈与动力输出端连接。这一构型可同时实现功率分流和无级变速，具有结构紧凑、传动比大、承载能力强、传动平稳、传动效率高的特点。

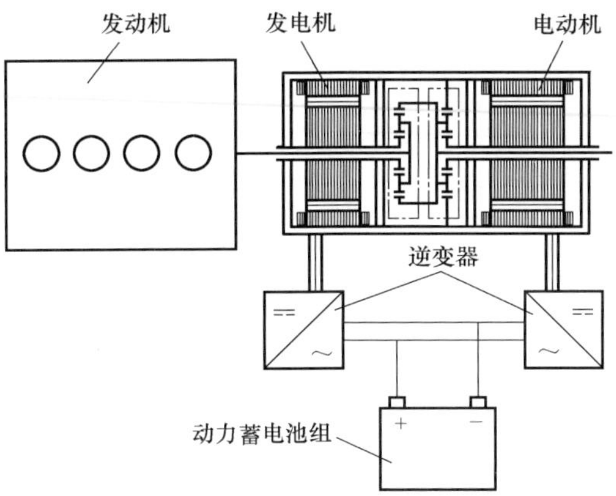

a)

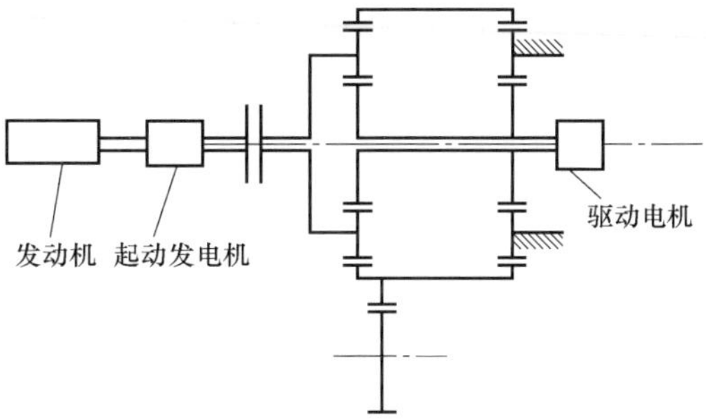

b)

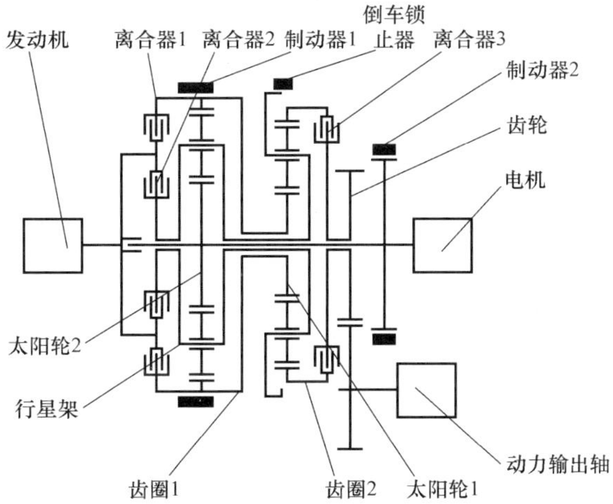

c)

图 7-24 国内行星排混联构型方案

a）中汽中心双排混合动力系统 b）上海交通大学双行星排单离合器方案

c）重庆大学双行星排多模式混合动力系统

重庆大学于 2007 年提出了一种双行星排多模式混合动力系统，如图 7-24c 所示，该装置由两排行星轮组成，配有发动机、离合器、制动器、倒车锁止器、电机和动力输出端。发动机经离合器 1、2 分别连接齿圈 1 和行星架，太阳轮 2 连接制动器 2 和电机；齿圈 2 经离合器 3 连接齿轮，两行星架相连在一起，齿圈 1 与太阳轮 1 连接。这一构型可以通过控制各离合器、各制动器以及倒车锁止器的状态，实现多种工作模式。其构型结构紧凑，可以满足各种不同工况的行驶需求。

7.2.3 基于双转子电机的混合动力系统构型

图 7-25 所示的双转子混合动力系统主要由发动机及其控制器、双转子电机、电机控制器、动力蓄电池组、动力蓄电池管理系统和整车控制器构成。整车控制器依据钥匙开

关、档位开关、加速踏板开度、制动踏板开度、动力蓄电池 SOC，以及内、外转子转速等信息，计算下一时刻发动机、内电机和外电机应该达到的运动状态，对发动机 ECU、电机控制器和动力蓄电池管理系统发出控制要求，协调各系统高效、安全地工作。

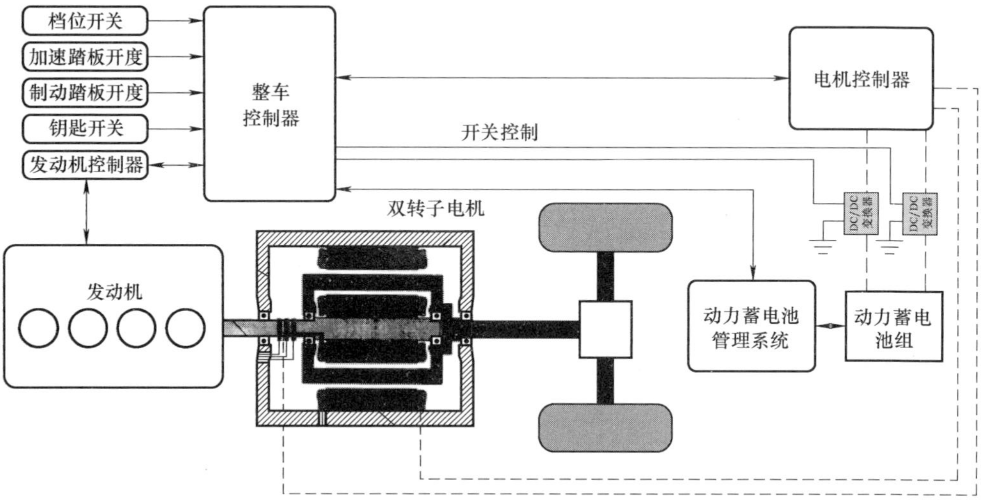

图 7-25　双转子混合动力系统技术方案

如图 7-26 所示，发动机与电机 1 组成定子浮动式转速耦合结构、电机 2 与电机 1 的定子轴组成同轴电机转矩耦合结构，应用实例如图 7-27 所示的 EVT 混合动力系统。

综上可知，功率耦合系统均集成了至少一种转矩耦合装置、一套转速耦合装置，具有至少两个电机(可实现驱动或发电功能)。

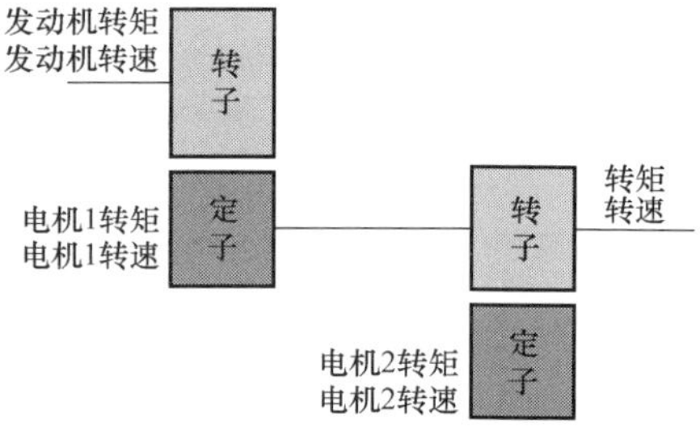

图 7-26　双转子电机功率耦合

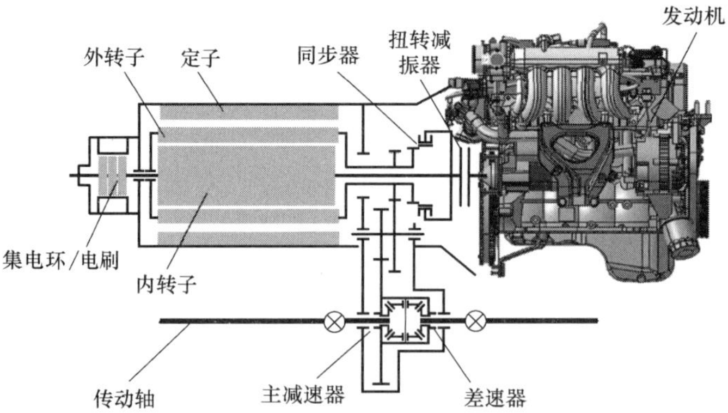

图 7-27　采用双转子电机的 EVT 混合动力系统

双转子混合动力系统在不同工作模式下的控制方法和工作过程如下所述。

7.2.3.1 发动机停车起动模式

停车时，外转子静止，动力蓄电池驱动内电机以电动机的形式工作，此时能量流如图7-28所示。内电机转矩大小依据其转速计算，把发动机拖动到怠速转速以上来起动发动机。

7.2.3.2 停车充电模式

停车时，如果动力蓄电池组的SOC高于设定值，则发动机关闭；如果动力蓄电池组的SOC低于设定值，则发动机带动内电机以发电机的形式工作，对动力蓄电池组充电。此时能量流如图7-29所示。内电机转矩和转速由动力蓄电池组SOC和发动机效率计算。

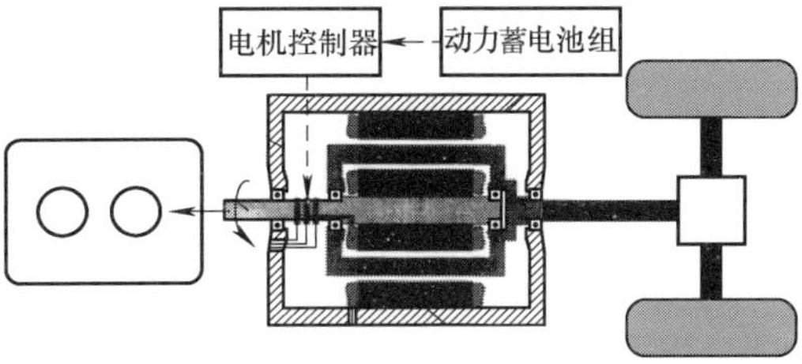

图7-28 发动机停车起动模式下的能量流

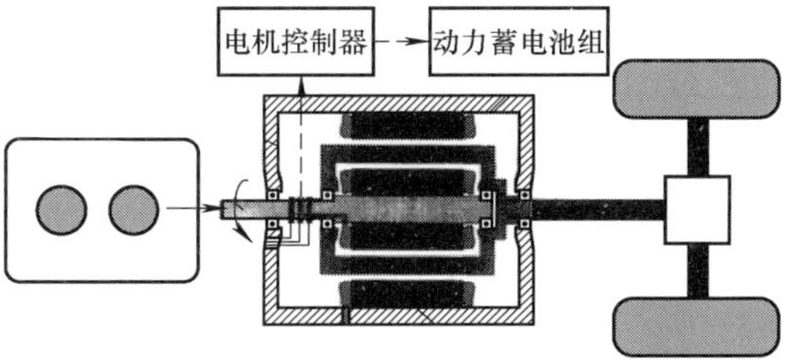

图7-29 停车充电模式下的能量流

7.2.3.3 起步和低负荷模式（SOC正常）

如果动力蓄电池组的SOC高于设定值，则发动机关闭，内电机不工作，由动力蓄电池组提供动力，通过外电机驱动车辆，此时能量流如图7-30所示。外电机转速取决于车速，转矩根据加速踏板开度和车速进行计算。

7.2.3.4 起步和低负荷模式（SOC低）

如果动力蓄电池组的SOC低于设定值，则发动机起动，带动内电机以发电机的形式工作，向外转子提供驱动转矩的同时还发电：一部分电能对动力蓄电池组充电；一部分经电机控制器变频后送给外电机参与驱动车辆。此时能量流如图7-31所示。内电机转矩和转速根据加速踏板开度、车速、动力蓄电池组的SOC和发动机效率计算，外电机转矩根据车速、发动机功率、动力蓄电池组充电功率和系统效率计算。

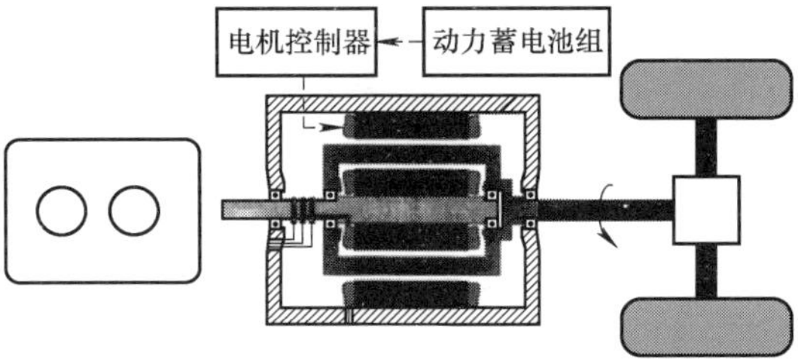

图7-30 起步和低负荷模式（SOC正常）下的能量流

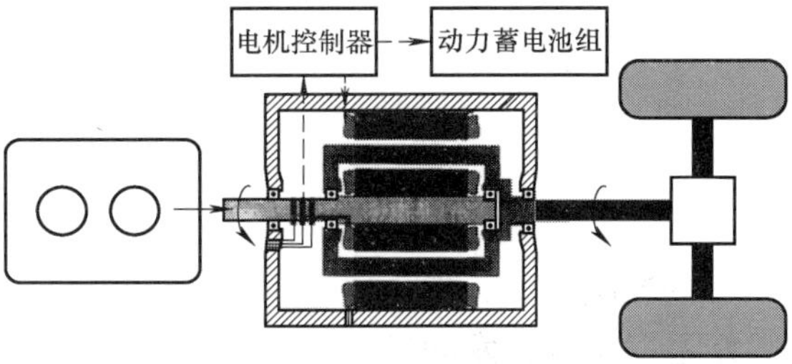

图7-31 起步和低负荷模式（SOC低）下的能量流

7.2.3.5 巡航运行模式

在巡航运行模式下，动力由发动机提供。当发动机转速高于传动轴转速时，内电机一边向传动轴传递发动机转矩，一边发电，电能经电机控制器输送给外电机，外电机也对传动轴施加转矩；当发动机的转速低于传动轴转速时，外电机发电（试图阻止传动轴运转），电能经电机控制器输送给内电机，内电机以反向电动的形式工作（试图阻止发动机运转，但驱动外转子运转）。若不计系统效率损失，在巡航运行模式下，发动机、内电机、外电机和传动轴四者之间应满足：

$$\begin{cases} T_d = T_1 + T_2 \\ P_m = T_1\omega_2 \\ P_e = T_1(\omega_1 - \omega_2) = T_2\omega_2 \\ P_d = P_m + P_e = (T_1 + T_2)\omega_2 \end{cases} \tag{7-4}$$

式中 T_1——内电机（发动机）的转矩（N·m）；

T_2——外电机的转矩（N·m）；

T_d——传动轴的转矩（N·m）；

ω_1——发动机（内转子）的角速度（rad/s）；

ω_2——传动轴（外转子）的角速度（rad/s）；

P_m——内外转子之间直接传递的机械功率（W）；

P_e——内外电机之间传递的电功率（W）；

P_d——传动轴的总输出功率（W）。

需要进一步说明的是，当发动机转速大于传动轴转速，即 $\omega_1 > \omega_2$ 时，$P_e > 0$，$T_2 > 0$，内电机处于发电状态，外电机处于用电状态，此时 $T_d > T_1$，双转子电机起到减速增矩的作用；当发动机转速小于传动轴转速，即 $\omega_1 < \omega_2$ 时，$P_e < 0$，$T_2 < 0$，内电机处于用电状态，外电机处于发电状态，此时 $T_d < T_1$，双转子电机起到减矩增速的作用。巡航运行模式下的能量流如图 7-32 所示。

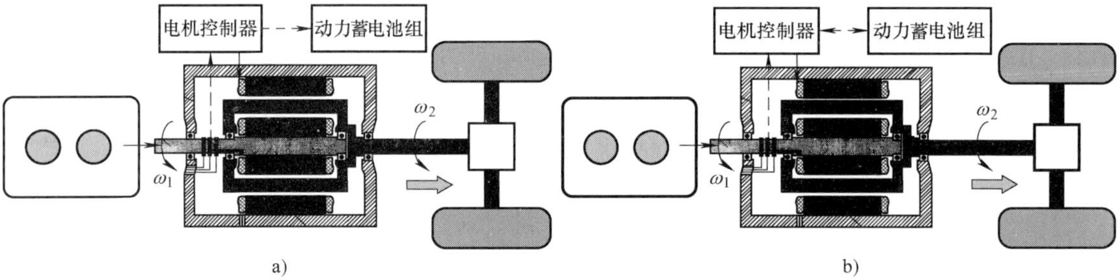

图 7-32 巡航运行模式下能量流

a）$\omega_1 > \omega_2$ b）$\omega_1 < \omega_2$

在控制方面，内电机转矩和转速根据加速踏板开度、车速和发动机效率计算，外电机转矩根据车速、发动机功率和系统效率计算。

7.2.3.6 加速模式

当汽车加速时，除提高发动机输出功率外，动力蓄电池组也对外电机提供额外动力，传动轴的总输出功率为

$$P_a=P_m+P_e+P_b \tag{7-5}$$

式中 P_b——动力蓄电池组对外电机提供的电功率（W）。

加速模式下的能量流如图 7-33 所示。内电机转矩和转速由加速踏板开度、车速、动力蓄电池组 SOC 和发动机效率计算，外电机转矩由车速、发动机功率、动力蓄电池组功率和系统效率计算。需要注意的是，车辆运行状态的瞬间变化主要靠动力蓄电池组完成，因此提高发动机的输出功率应缓慢进行，以免造成发动机转速波动。发动机工作点的过急变化会造成效率下降。

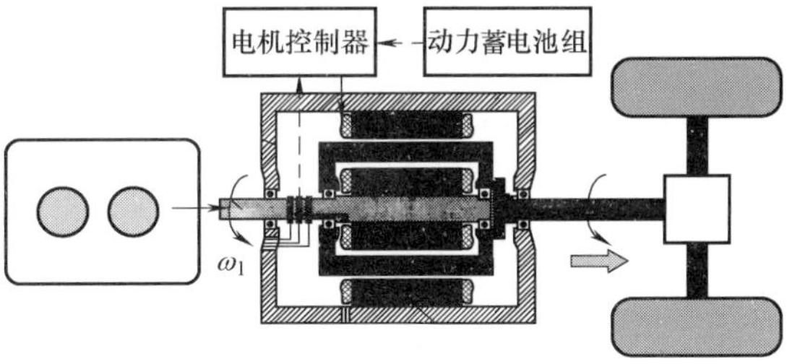

图 7-33 加速模式下的能量流

7.2.3.7 能量回馈模式

在能量回馈模式下，外电机以发电的形式工作，将汽车的动能转化为电能，储存在电池中。此时的能量流如图 7-34 所示。汽车减速时，发动机减速还是停机、内电机的转矩和转速，以及外电机的转矩都要依据车速、制动踏板开度和动力蓄电池组 SOC 计算。

7.2.3.8 倒车模式

如果动力蓄电池组 SOC 高于设定值，则发动机关闭，由动力蓄电池组驱动外电机反转驱动车辆，此时的能量流如图 7-35 所示；如果动力蓄电池组 SOC 低于设定值，则发动机起动，内电机发电，产生的电力驱动外电机反转工作来驱动车辆。

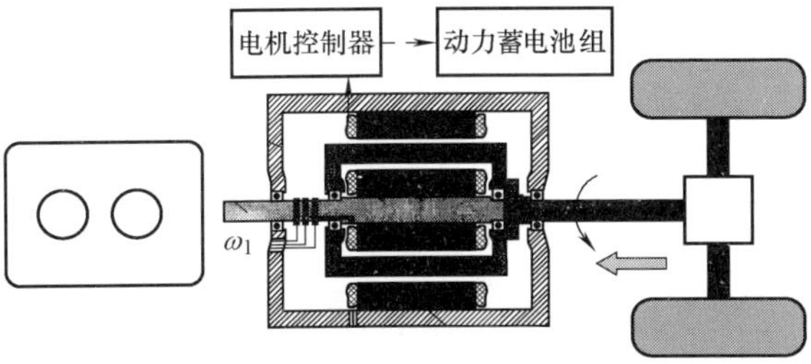

图 7-34 能量回馈模式（发动机停机）下的能量流

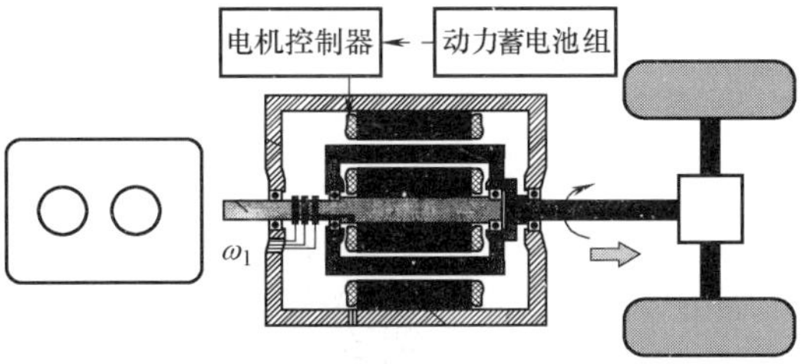

图 7-35 倒车模式下的能量流

7.3 动力系统参数匹配

混联式混合动力电动汽车因为具有多动力源和机电耦合关系复杂的特点，所以其动力元件参数之间的匹配关系十分重要，参数匹配的合理与否将会在很大程度上决定系统在动力性、经济性等方面的表现。目前，各类混联式混合动力车辆总体可以归为两种典型的构型方案：开关式和行星排功率分流式。其中行星排功率分流式构型最为常见，它采用行星排将发动机功率分流至发电机发电，并与电动机共同参与驱动。该构型可实现发动机转速和转矩同时调节，能够很好地提高整车燃油经济性。下面以行星排功率分流式混合动力系统为例说明参数匹配过程。

功率分流式混合动力系统以行星排为动力耦合机构。某双行星排的混合动力构型如图7-36所示。该系统包括两排行星轮机构PG1和PG2，前排PG1为输入式功率分流装置，后排PG2的齿圈固定连接在机壳上，其功能等效为固定速比减速器。其发动机输出轴连接前行星排的行星架，电机MG1连接PG1的太阳轮，电机MG2连接PG2的太阳轮，PG1的齿圈与PG2的行星架相连，并将整个系统的动力输出到主减速器。基于以上特点，该混联式混合动力系统的参数匹配将围绕行星机构的动力学关系展开。

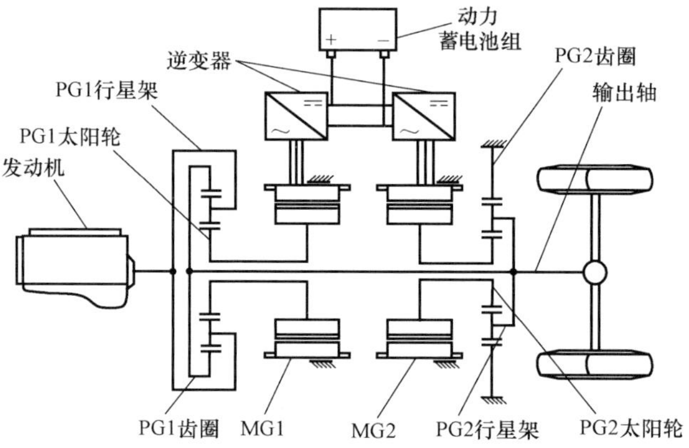

图7-36　某双行星排的混联式混合动力系统

7.3.1　行星排混联系统动力学分析

这里以某装备超级电容器的行星排混联式系统进行动力学分析（超级电容器具有功率密度大、充放电效率高等优异性能，在混动系统有良好的应用前景，有时可以取代混合动力系统中的动力蓄电池组），其功率分流框图如图7-37所示。在一般的运行工况中，发动机输出功率在前行星轮机构处分流，一部分流经电机MG1转化为电功率，再由电机MG2转化为机械功率，并经后行星排后传递到输出轴上；另一部分在前行星排处以机械功率的形式直接流经后行星排后传递到输出轴。可见，作为功率分流装置，该系统中的前行星排将决定系统的功率分流特性，而后行星排只影响电机的转矩等级和转速范围。

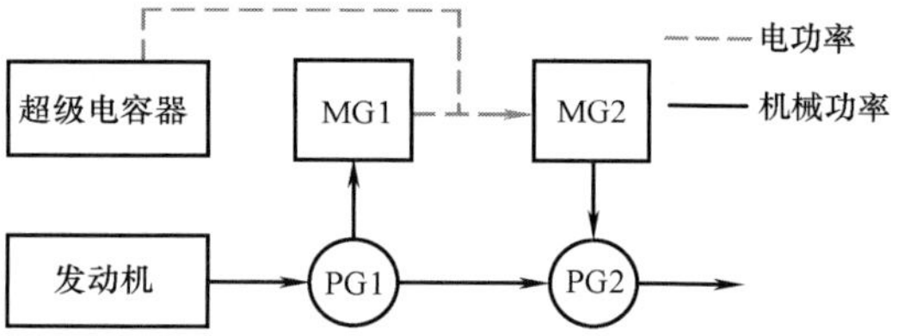

图7-37　功率分流框图

忽略系统内部的转动惯量和摩擦损失，结合前行星轮机构PG1的基本转速、转矩关系，有如下关系：

$$\begin{cases} T_{S1}:T_{R1}:T_{C1}=1:k_1:\left[-\left(1+k_1\right)\right] \\ \left(1+k_1\right)\omega_{C1}=k_1\omega_{R1}+\omega_{S1} \end{cases} \tag{7-6}$$

式中　T——转矩（N·m）；

ω_{C1}——前行星排行星架的转速（r/min）；

ω_{R1}——前行星排齿圈的转速（r/min）；

ω_{S1}——前行星排太阳轮的转速（r/min）；

k_1——前行星排的特征参数，为前行星排齿圈齿数与太阳轮齿数之比。

该基本转矩、转速关系也适用于后行星排。由于后排齿圈锁止，故转速恒为零，可得如下关系：

$$\begin{cases} T_{S2} = -T_{C2} / (1 + k_2) \\ (1 + k_2)\omega_{C2} = \omega_{S2} \end{cases} \tag{7-7}$$

式中　ω_{C2}——后行星排行星架的转速（r/min）；

ω_{S2}——后行星排太阳轮的转速（r/min）；

k_2——后行星排的特征参数。

进一步根据各动力源与行星轮的连接关系，可以得到系统输出转速、转矩的关系：

$$\begin{cases} T_{out} = T_e \dfrac{k_1}{1 + k_1} + T_m (1 + k_2) \\ \omega_{out} = \left[\omega_e (1 + k_1) - \omega_g\right] / k_1 = \omega_m / (1 + k_2) \end{cases} \tag{7-8}$$

式中　T_{out}——输出轴转矩（N·m）；

T_e——发动机转矩（N·m）；

ω_g——电机 MG1 转速（r/min）；

ω_m——电机 MG2 转速（r/min）。

7.3.2　行星排混联系统参数匹配设计

根据 7.3.1 节中的基本动力学分析可见，k_1 的大小决定了系统的功率分流特性；而在确定的工况需求条件下，根据机械连接关系，系统的输出即式（7-8）中的 T_{out} 和 ω_{out}，可以根据需求转矩和车轮转速分别计算得到；另外，在行星式混合动力系统中，由于发动机的工作状态与车辆行驶状态解耦，发动机的输出主要根据控制策略获得，电机辅助调节发动机到理想的工作点上，可描述如下：

1）功率分流装置决定混联式混合动力系统的传动特性。

2）核心动力源发动机的选型受到系统需求和基本控制策略的影响。

3）MG1 和 MG2 分别用于调节发动机的转速和转矩。

据此，可确定该系统的参数匹配流程，如图 7-38 所示：

① 选择合适的基本控制策略。

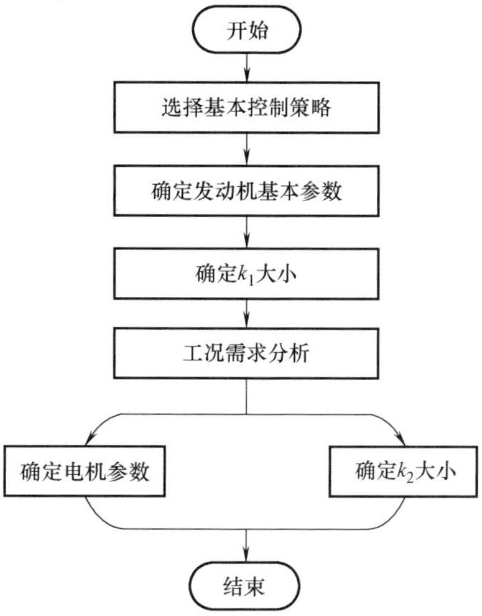

图 7-38　行星排混联系统的参数匹配流程

② 确定发动机和功率分流装置两个核心部件的基本参数。

③ 基于工况需求确定电机、动力蓄电池组和后行星轮机构的特征参数。

7.3.2.1 基本控制策略设计

不同的控制策略会将电机、发动机的工作点控制在不同的工作区间，因此，控制策略也会对参数匹配产生影响。

1. 发动机最优控制策略

发动机最优控制策略是行星排混联系统的典型控制策略之一。该控制策略将发动机控制在当前功率下燃油消耗率最小的工作点上，充分发挥行星排混联系统转速、转矩双解耦的优势，可显著提升发动机的平均工作效率，从而有效提高整车的燃油经济性。因为该策略始终将发动机控制在最优工作曲线上，而多数情况下，发动机最优工作曲线与外特性曲线并不重合，所以采用该策略时，发动机的输出能力会受到限制，这将直接影响发动机功率等级的选择和系统其他部件的匹配设计。

2. 传动效率最优控制策略

基于最优传动效率的控制策略考虑系统的综合传动效率，相比于发动机最优控制策略，发动机工作点的分布区间整体向中低速方向移动，更有利于系统燃油经济性的提升。相应地，发动机的选型也需根据该策略进行调整。

综上可知，在参数匹配之初，确定核心控制思想，是确定发动机功率等级的基础。这会影响整个系统的匹配设计和发动机效率分布。

绝大多数发动机最优工作曲线上的功率随转速的升高而单调增大，确定需求功率后便可唯一确定发动机工作点。最优工作曲线上的这种映射关系，有利于在不同工况条件下快速计算得到发动机工作点，进而完成其参数设计。同时，在参数设计之初，难以考虑综合传动效率，因此首先选取发动机最优控制策略作为参数匹配的基础。

7.3.2.2 基于稳态工况的发动机选型

该系统中的电力储能装置采用超级电容，具有功率密度大、能量密度小的特点。因此，要求发动机能够提供稳态工况下的全部能量需求，以保证系统的电量维持能力。基于动力性考虑，稳态工况主要包括最高车速巡航、最大持续爬坡。因此，发动机应该能提供最高车速巡航时所需的功率和最大爬坡性能所要求的功率 P_e：

$$P_e = \frac{u_a}{1000\eta_t}(mgf_r\cos\theta + \frac{1}{2}\rho C_D A u_a{}^2 + mg\sin\theta) \quad (7\text{-}9)$$

式中 P_e ——发动机输出功率（kW）；

u_a ——车速（m/s）；

η_t ——传动效率；

m ——整车总质量（kg）；

g ——重力加速度（m/s^2）；

f_r ——滚动阻力系数；

ρ ——空气密度（kg/m^3）；

C_D ——空气阻力系数；

A ——车辆迎风面积（m^2）；

θ ——坡度角（°）。

此外，还应验证发动机的功率等级能否满足车辆常用行驶工况中多数情况下的需求功率，这样才能保证超级电容不会过度放电。

根据 7.3.2.2 中选定的发动机最优控制策略，还需结合发动机万有特性曲线确定发动机的运行转速范围。结合以上分析，确定如下选取原则：

1）发动机最大工作转速应能保证发动机可输出最大功率，否则将造成发动机功率浪费。因此，选取发动机的最大工作转速不应过小。

2）考虑到在发动机最优工作曲线上，其输出功率随着转速的提高而增大，而在发动机起动前，混合动力汽车将进行纯电动行驶，因此，发动机最低工作转速不应过高，否则将增大对电机功率等级的要求，也容易造成超级电容过度放电。

7.3.2.3 基于效率特性的特征参数确定

行星机构作为本系统中的一个核心部件，其特征参数决定了系统的功率分流特性，也就决定了系统的传动效率特性。特征参数的匹配思路是：首先确定特征参数的上下边界值，再根据特征参数对效率特性的影响，在边界范围内对特征参数进行优化选择。其中，后行星轮机构仅作为一级减速器，对行星排混联系统的动力耦合特性并无影响。因此，在选取前行星轮机构特征参数时先忽略后行星排的影响，假定 MG2 直接与前排齿圈相连。

根据行星轮机构的装配条件和邻接条件可确定特征参数应满足条件：$k_1 \geqslant 1.5$；其次，根据行星机构的运动学方程，可以得到

$$\frac{\omega_g}{\omega_e}=\frac{\omega_{S1}}{\omega_{C1}}=1+k_1-k_1\frac{\omega_{R1}}{\omega_{C1}}=1+k_1-\frac{k_1}{SR} \tag{7-10}$$

式中　SR——系统传动比，$SR=\omega_{C1}/\omega_{R1}$。

根据上述关系，可做出不同 k_1 值下电机 MG1 转速与发动机转速的比值随传动比变化的曲线，如图 7-39 所示。

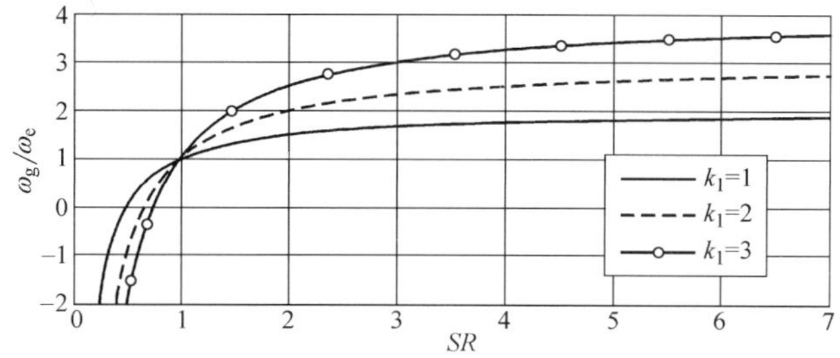

图 7-39　ω_g/ω_e 随 SR 变化关系

从图 7-39 可知，随着 k_1 的增大，在高速比区域，对 MG1 转速的要求也会增大。因此，为了避免 MG1 转速过高，通常限制 $k_1 \leqslant 3$。

确定了 k_1 的边界为［1.5，3］之后，需进一步优化 k_1。定义传动效率为系统输出功率 P_o 与输入功率 P_i 的比值 η_{tr}：

$$\eta_{tr}=P_o/P_i$$

由行星机构的运动学方程和动力学方程可得到：

$$\frac{\omega_{S1}}{\omega_{R1}}=(1+k_1)SR-k_1 \tag{7-11}$$

$$\frac{T_g}{T_e}=\frac{1}{(1+k_1)} \tag{7-12}$$

行星机构的输入功率为行星架上的发动机输出功率，即

$$P_i=T_e\omega_{C1}$$

输出功率由机械功率和电功率两部分组成，即

$$P_o=P_{mac}+P_{ele}$$

由于机械效率相对于电机效率较高，在该分析中先假设机械传动效率为100%，则机械功率可表示为

$$P_{mac}=T_ek_1/(1+k_1)\omega_{R1}$$

而在机械点前后，随着两电机的转速或转矩方向的变化，电功率的表达形式也会发生变化。

在机械点前，电功率可表达为

$$P_{ele}=T_g\omega_{S1}\eta_g\eta_m \tag{7-13}$$

式中　η_g——MG1的效率；

η_m——MG2的效率。

进而，在机械点前传动系统的效率可表达为

$$\begin{aligned}\eta_{tr}&=\frac{P_o}{P_i}=\frac{T_e\omega_{R1}k_1/(1+k_1)+T_g\omega_{S1}\eta_g\eta_m}{T_e\omega_{C1}}\\&=\frac{k_1/(1+k_1)+(T_g/T_e)(\omega_{S1}/\omega_{R1})\eta_g\eta_m}{\omega_{C1}/\omega_{R1}}\end{aligned} \tag{7-14}$$

根据式（7-11）～式（7-13），机械点前的传动系统效率可进一步改写为

$$\eta_{tr}=\frac{k_1+[(1+k_1)SR-k_1]\eta_g\eta_m}{SR(1+k_1)} \tag{7-15}$$

在机械点之后，电功率将改变为

$$p_{ele}=T_g\omega_{S1}/(\eta_g\eta_m)$$

用相同的方法，可获得系统传动效率表达式为

$$\eta_{tr}=\frac{k_1+[(1+k_1)SR-k_1]/(\eta_g\eta_m)}{SR(1+k_1)} \tag{7-16}$$

为了得到全工况下最优的综合效率对应的 k_1 值，采用的计算过程如图 7-40 所示。

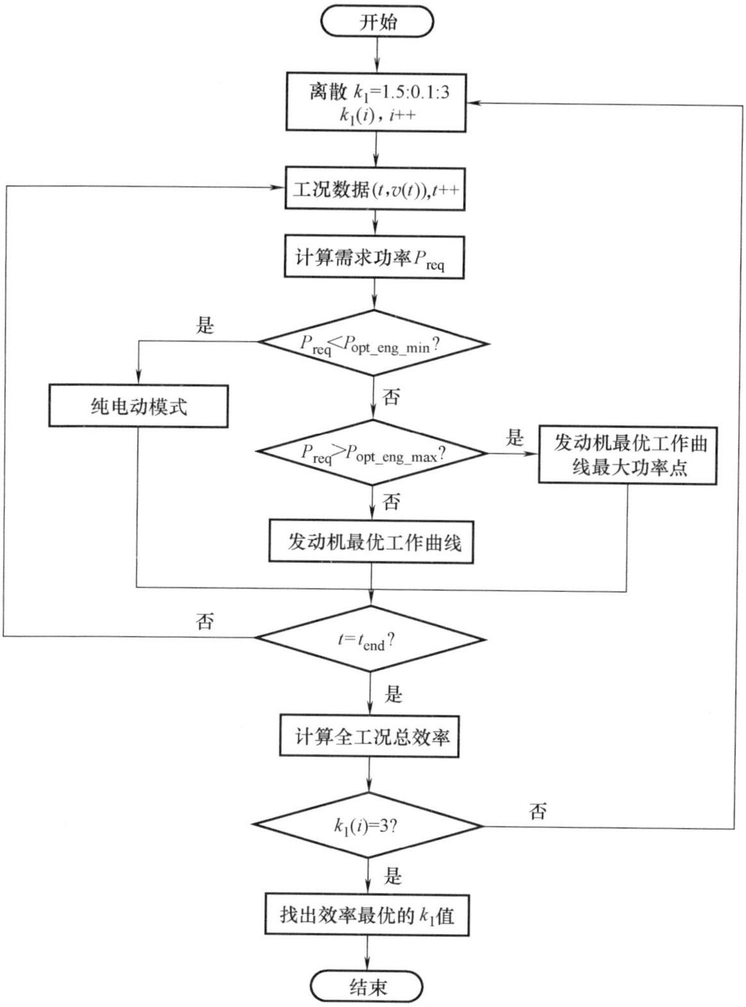

图 7-40 行星排特征参数计算过程

当需求功率小于发动机最优工作曲线上的最小功率 $P_{opt\_eng\_min}$ 时，采用纯电动模式，系统综合效率为电系统效率；当需求功率大于发动机最优工作曲线上的最大功率 $P_{opt\_eng\_max}$ 时，发动机工作在最优工作曲线的最大功率点上，需求功率不足的部分由电机补充；在其他情况下，发动机工作在最优工作曲线上。确定了全工况中的各个工作点后，即可根据系统传动特性和式（7-16）计算出传动系统效率和发动机效率，得到系统的综合工作效率。

7.3.2.4 基于功率分流特性的部件参数匹配

在核心部件的参数确定之后，根据汽车的动力性要求和工况特征，可以确定整车其他部件的参数。这里的动力性主要是指最高车速、加速性能和爬坡性能。

对于任何工况，都可以计算出对应的需求功率，在发动机和前行星排特征参数已经确定的前提下，根据基本控制思想，按照行星机构的功率分流特性，将需求功率分配给发动机和电机。基于发动机最优工作曲线上转速、转矩、功率的关系，根据需求功率便可以确定发动机当前的工作点，即行星架上的转矩、转速可以唯一确定。另外，根据车速需求可以确定当前的输出轴转速，即行星机构中齿圈上的转速。将以上确定的参数代入行星机构的运动学方程和动力学方程，便可以得到太阳轮上（MG1）的转速、转矩。基于分流特性确定匹配电机 MG1 的具体流程如图 7-41 所示。

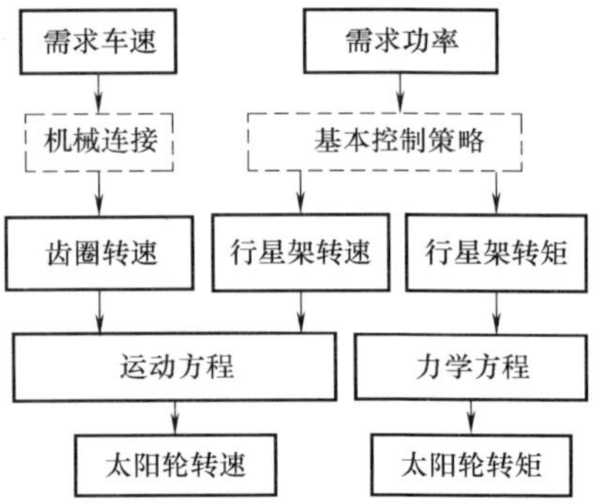

图 7-41　基于分流特性确定匹配电机 MG1 的具体流程

当太阳轮上的转速、转矩确定后，便可以确定当前的电路径功率。同理，也可以获得当前的机械路径功率。用需求功率减去机械路径功率便是当前电机 MG2 需要输出的功率。此部分 MG2 的需求功率包括两部分：一是通过电路径来自发动机的功率；另一部分是由超级电容提供的功率。综合以上可以看出，确定了需求功率和车速后，便可以获得电机 MG1、电机 MG2、超级电容等关键部件的基本运行状态。为限制超级电容的放电程度，还需在极限加速工况下对超级电容的需求功率积分，得到超级电容在该工况下的需求能量。MG2 和超级电容的匹配流程如图 7-42 所示。

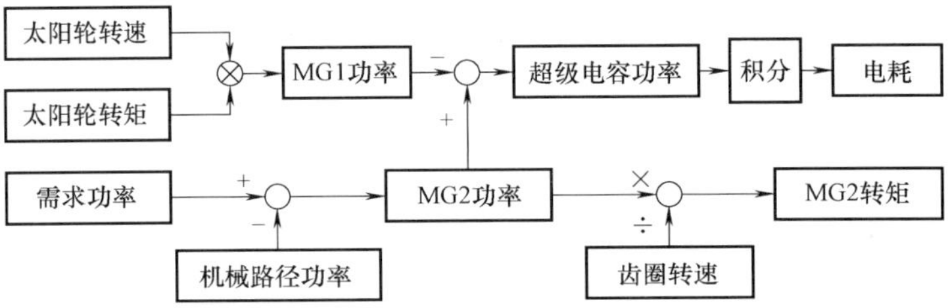

图 7-42　MG2 和超级电容的匹配流程

在上述的对混联式混合动力电动汽车的工作模式进行的分析中忽略了后行星轮机构，因此上述 MG2 实则是“假设的 MG2”，其转速、转矩还将受到后行星轮机构的调节。在确定了“假设的 MG2”后，根据式（7-7）便可确定后行星轮机构的特征参数。至此，动力系统所有部件参数匹配完成。

7.3.3　动力系统参数匹配举例

基于上述行星排混联系统的参数匹配设计方法，本节结合某城市公交客车的基本参数，详细介绍应用参数匹配方法设计行星混动城市公交客车具体参数的过程。

整车基本参数见表 7-1，所要求的动力性指标见表 7-2。

在本设计中，拟采用基于发动机最优工作曲线的功率跟随控制策略。系统的基本工作模式可分为驱动模式和制动模式。驱动模式包含纯电动行驶模式和电动无级变速模式（混合动力模式）；制动模式分为机械制动、再生制动和混合制动。

驱动时，若整车需求功率较低，并且超级电容的 SOC 较高，则采用纯电动行驶模式；若需求功率较大或者 SOC 低于某一门限值，则进入电动无级变速模式，起动发动机工作。

表 7-1 整车基本参数

项目		参数
整车参数	整车总质量	16500kg
	整备质量	14220kg
	风阻系数	0.55
	迎风面积	$6.6m^2$
	轴距	5875mm
	滚动阻力系数	0.0065
主减速比	6.17	
轮胎	滚动半径	510mm

表 7-2 动力性指标

项目	参数
最高车速	70km/h
最大爬坡度	20%
加速时间	0 ~ 50km/h 的加速时间≤ 21s

制动时，若超级电容的 SOC 低于某一门限值，则根据需求制动转矩的大小，由电机提供全部或部分制动力矩；若超级电容器的 SOC 过高，无法回收制动能量，则由机械制动器提供全部制动力矩。

7.3.3.1 发动机选型

根据稳态工况计算得到的发动机需求功率曲线如图 7-43 所示。根据动力性指标可分别得到 P_{max1}=42kW，P_{max2}=108kW，同时需考虑一定的功率裕量以满足附件需求，如空调、风扇、助力转向等约 10 ~ 20kW，发动机功率至少为 118 ~ 128kW。

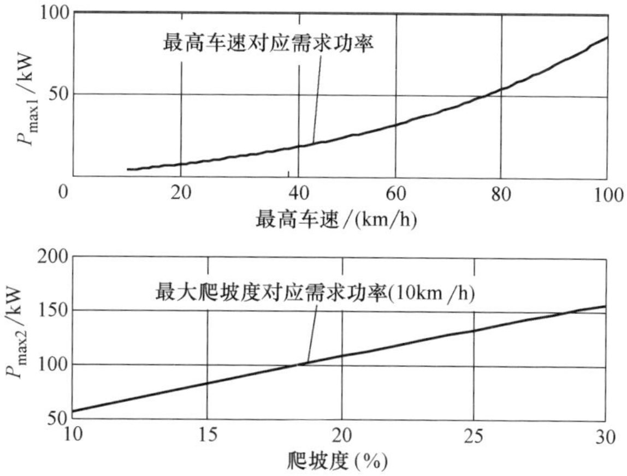

图 7-43 发动机需求功率曲线

结合现有产品，选择了最大功率为 146kW 的发动机，其万有特性（MAP）如图 7-44 所示，其中粗虚线为发动机最优工作曲线。图 7-45 为最优工作曲线上的功率。

由上述分析可知，需求的最大功率不超过 130kW，对应转速约为 1800r/min。从图 7-45 可以看出，当发动机转速小于 1100r/min 后，最优曲线上的燃油消耗率快速增大，热效率有所下降。但转速为 1100r/min 时，最优曲线上的功率已经接近 60kW。如果发动机最低转速设定过高，则会导致纯电动行驶要求的最大功率很大，整个行驶过程中消耗大量的电能，难以做到电量平衡。因此发动机的最低工作转速初定为900r/min。

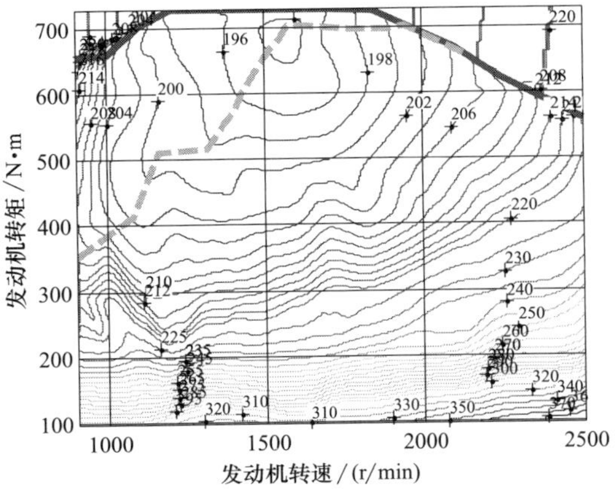

图 7-44　发动机的万有特性（见书末彩色插图）

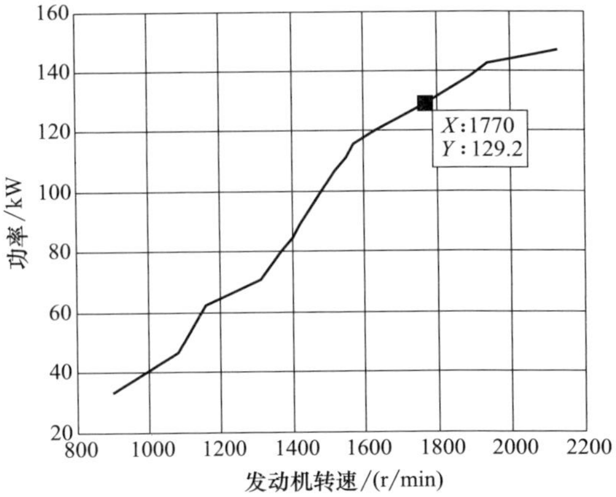

图 7-45　最优工作曲线上的功率

7.3.3.2　基于工况的各部件参数匹配

匹配得到的动力系统各部件参数应能满足汽车的动力性能要求。因此，基于工况的参数匹配思路是：

1）在极限加速、极限爬坡、最高车速等极限工况下计算对各动力源的最大需求。

2）在汽车经常行驶的典型工况下进行验证，以保证所匹配的动力源既能满足典型工况要求，又能符合极限工况下的动力性要求。

由于后行星排的作用主要是对MG2进行减速增矩，以降低MG2的最大转矩及空间尺寸，并不影响系统的功率分流特性，在设计之初，可先忽略后行星排的减速增矩功能，获得“假设的MG2”的功率、转速、转矩等相关参数，再选择合适的后行星排参数，来保证MG2的最大转速和最大转矩数值适中。

1. 极限加速工况

利用传统燃油汽车的极限加速曲线，可以拟合得到该混合动力电动汽车的极限加速曲线，如图7-46所示。

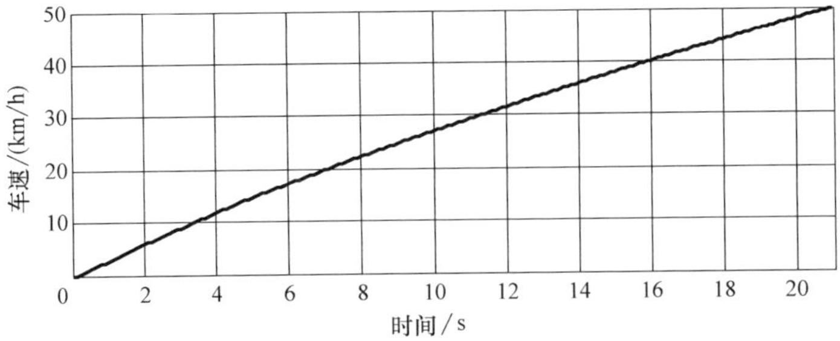

图 7-46　极限加速曲线

图7-47～图7-49所示为各部件的需求功率、转速和转矩的变化情况。在极限加速工况中：

1）当车辆刚起步时，由于车速较小，需求功率小，此时由 MG2 单独驱动，发动机不工作，如图中 *OA* 段。

2）当需求功率增大到发动机开启的最小功率后，发动机起动并工作，如图中 *AB* 段。

3）当需求功率超过发动机功率最大值后，其输出功率不再增大，如图中 *BC* 段。此时发动机不能提供极限加速工况下的全部需求功率，超级电容需放电。

根据两电机的功率计算得到超级电容的电能消耗情况，如图 7-50 所示。超级电容的容量等级应大于该工况下的总消耗值。

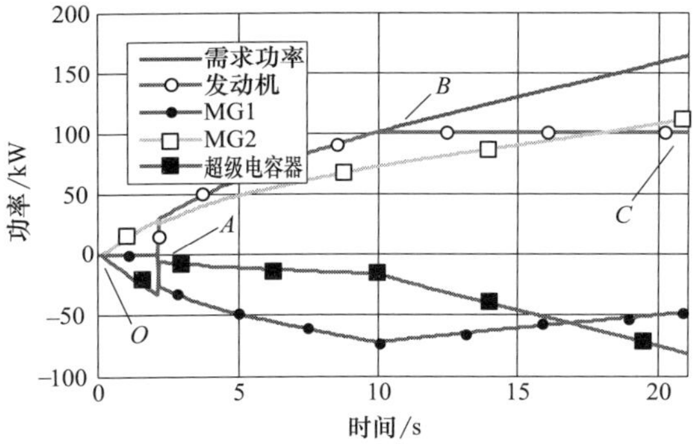

图 7-47　极限加速中各部件的功率（见书末彩色插图）

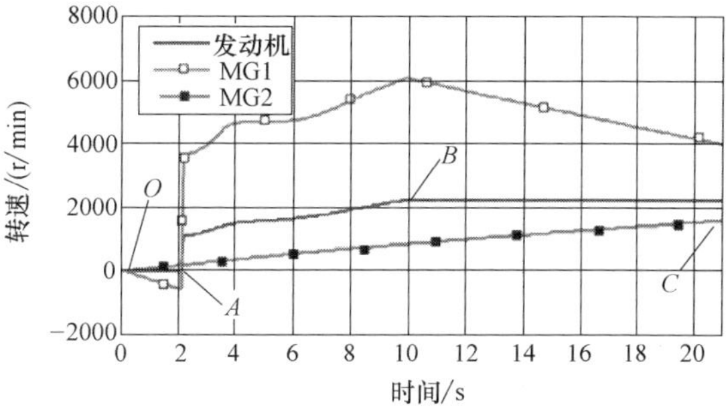

图 7-48　极限加速中各部件的转速（见书末彩色插图）

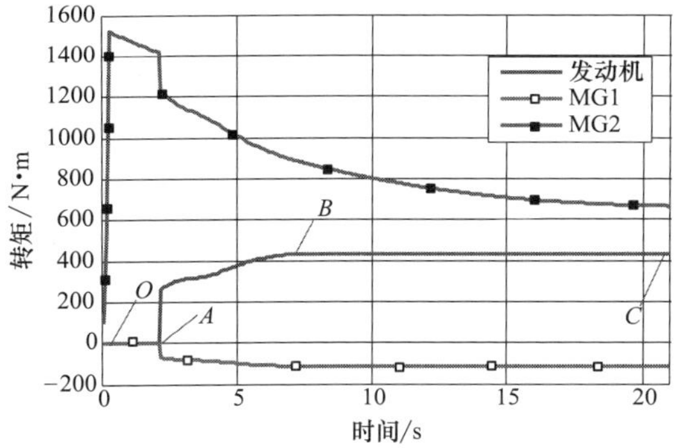

图 7-49　极限加速中各部件的转矩（见书末彩色插图）

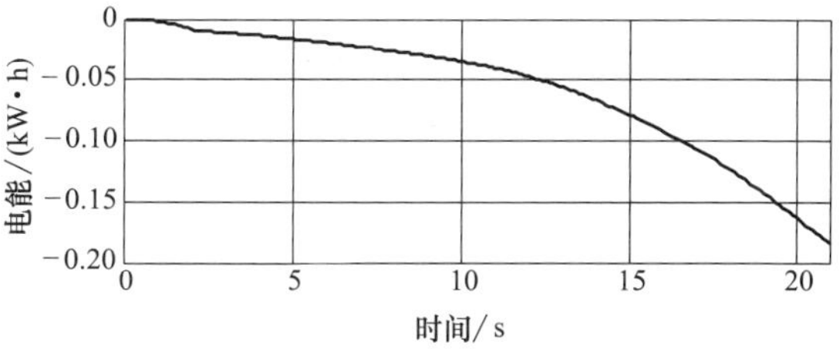

图 7-50　极限加速工况下超级电容的电能消耗情况

根据极限加速工况中各部件的转速、转矩、功率的变化情况，可以提取出各峰值点，见表 7-3。因为极限加速工况为瞬态工况，所以认为该工况下确定的是各部件的峰值参数。

表 7-3　极限加速工况数据提取

部件	最大转矩［对应转速］	最大转速［对应转矩］	最大功率［对应转速］
MG1	−113.2N・m/［6018r/min］	6018r/min/［−113.2 N・m］	71.3kW［6018r/min］
MG2	1489N・m/［13.7r/min］	1606r/min/［664.8N・m］	108.5kW［1606r/min］

2. 最大爬坡工况

在最大爬坡工况下，各部件的需求转矩、转速、功率见表 7-4。因为车辆可能遇到连续上坡的情况，所以认为该工况确定的是各部件的额定参数。

表 7-4　最大爬坡工况数据提取

部件	转矩 /N·m	转速 / (r/min)	功率 /kW
发动机	430	2005	90
MG1	-113.2	6270	-74
MG2	1489	482	75
超级电容	—	—	16

3. 最高行驶车速工况

最高行驶车速工况下各部件的转速、转矩和功率见表 7-5。

表 7-5　最高行驶车速工况下的转速、转矩和功率

部件	转矩 /N·m	转速 / (r/min)	功率 /kW
发动机	305	1226	39
MG1	-72	-1630	14
MG2	-81	2246	-17

因为极限加速工况、最大爬坡工况和最高行驶车速工况下的车速、加速度和需求功率都足以覆盖循环工况中的要求，所以在上述工况下提取的动力源峰值、额定参数作为两电机和超级电容选型的依据。

4. 典型行驶工况

我国典型行驶工况是指在我国城市客车运行的一般情况，以此为基准对极限工况下的匹配结果进行验证，具有较好的代表性。该工况的需求车速、加速度、功率如图 7-51 所示。

根据对工况的分析可以看出，极限工况下的匹配结果完全可以满足循环工况的要求。然而，在典型循环工况下，需额外要求超级电容能保持电量平衡，并且能够充分回收再生制动能量。

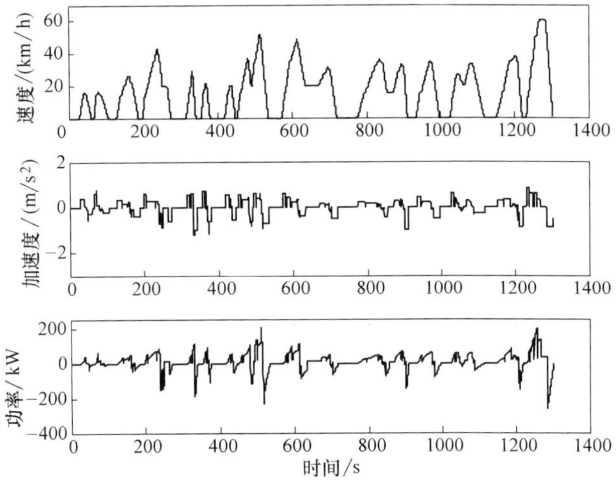

图 7-51　我国典型城市工况的基本需求

即使按照最理想的制动力分配策略，也不可能回收全部制动能量。在本文的设计中，主要是考虑当需要的制动力大于电机的最大制动力时，电机工作在峰值功率处。假设超级电容放电功率为负，充电功率为正，那么计算得到循环工况中的超级电容的能量变化情况如图 7-52 所示。

为进一步细化分析，将循环工况分为 14 个运动学片段（一次起步到下一次停车的过程），可以计算得到每个运动学片段内超级电容放出和回收的能量。图 7-53 反映了每个运动学片段结束时超级电容的能量

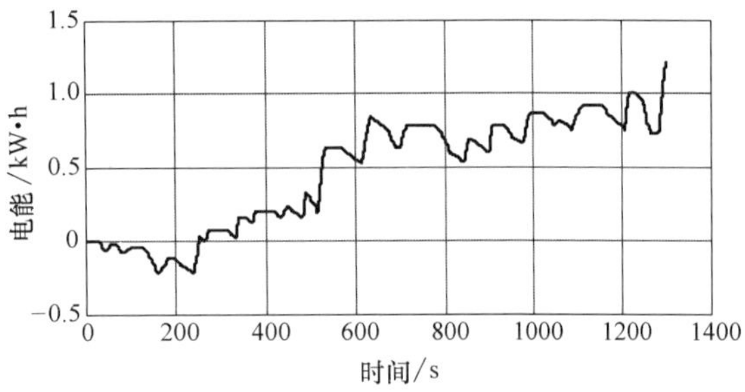

图 7-52　超级电容的能量变化情况

相对于开始时的变化情况。可以看出，在较理想的制动力分配策略下，超级电容器大多数时候都处于充电状态，少数放电状态下放电量也不足 0.1kW·h。根据图 7-53 可知，为了能尽可能多地回收再生制动能量，要求超级电容的能量应大于最大充电值 0.4kW·h。

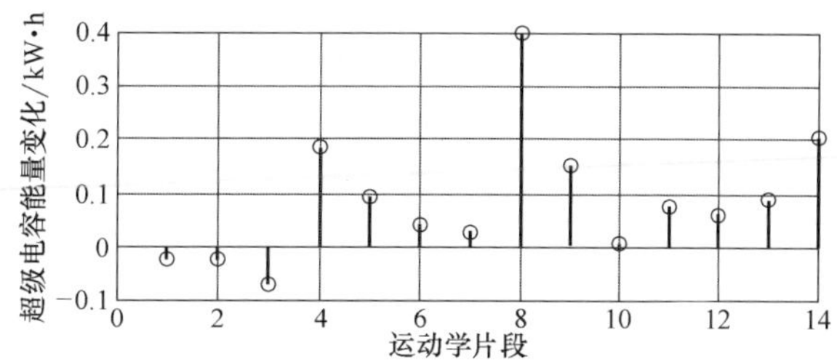

图 7-53 运动学片段内超级电容器的能量变化情况

为了满足系统的纯电动行驶要求，这里单独对行驶工况中的放电情况进行分析。图 7-54 反映了超级电容器在每个运动学片段内的最大放电能量。所选择的超级电容的能量必须要大于最大放电值 0.3kW·h，否则将难以保证工况要求的持续的动力性能。综合以上因素，并考虑一定的裕量，选择 0.5kW·h 的超级电容。

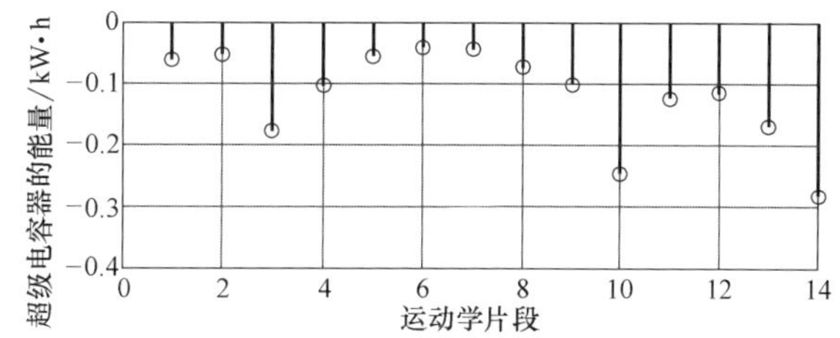

图 7-54 运动学片段内超级电容器的最大放电能量

7.3.3.3 后行星轮机构的特征参数

在上述分析中，已基于工况需求确定了“假设的 MG2”的最大转速和峰值转矩，结合后行星轮机构特征参数，便可以确定最终的 MG2 参数；同时，后行星轮机构特征参数的确定，会受到 MG2 峰值转速、转矩的限制。

如图 7-55 所示，随着后行星排特征参数的增大，MG2 的最大转矩减小，最高转速增大。权衡两者的关系，取后行星排特征参数为 2，则 MG2 的最大转速须大于 6738r/min，最大转矩须大于 496N·m。

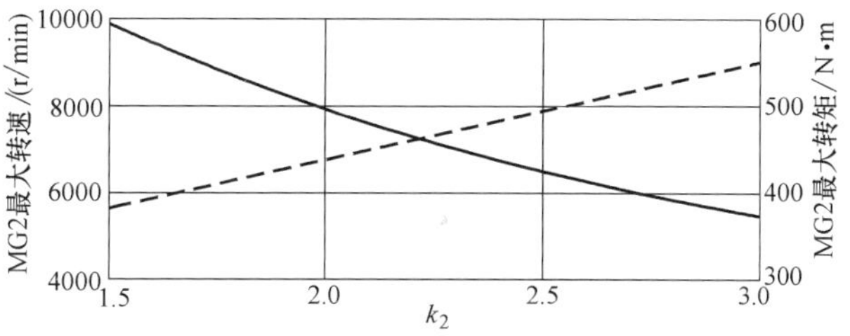

图 7-55 MG2 峰值转矩和转速随 k_2 的变化关系

7.3.3.4 确定参数匹配

在满足以上要求的前提下，考虑一定的裕量，两个电机和超级电容器的具体选型见表 7-6。图 7-56 和图 7-57 为所选电机 MG2 和 MG1 的效率特性图。同时，通过表 7-6 可知，MG1 最高转速处于可接受范围内，因此，k_1=3 也可被最终确定。

表 7-6 电机和超级电容器的参数

项目		参数
电机 MG2	额定功率	110kW
	额定转矩［对应转速］	500N·m/［2100r/min］
	最大转速	＞6750（7000）r/min
电机 MG1	额定功率	75kW
	最大转速时的转矩	117N·m
	最大转速	6400r/min
超级电容器	总容量	0.5kW·h

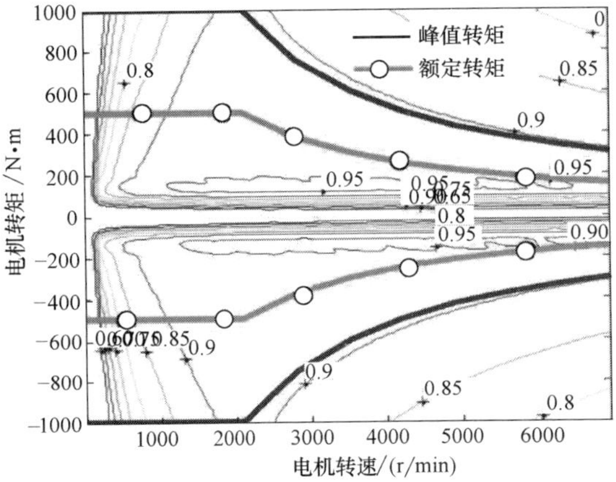

图 7-56　电机 MG2 MAP 图

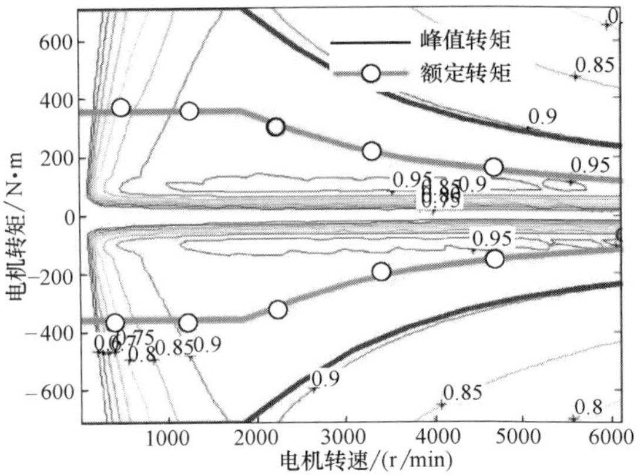

图 7-57　电机 MG1 MAP 图

7.4　工作模式设计

7.4.1　工作模式的划分

混联式混合动力汽车的工作模式较多，控制系统中一般采用分级划分的方法。顶层按照汽车行驶状态分为停车模式、驱动模式、制动模式、滑行模式。各顶层模式下又根据驾驶人需求和部件状态划分为各子模式。子模式的划分方法有很多，需要结合混联式混合动力电动汽车的结构形式、功能设定、开发需求等具体确定，图 7-58 给出一种常用的模式划分方法。

7.4.1.1　停车模式

汽车静止时，处于停车模式。根据发动机状态的不同，停车模式分为停车开机模式与停车关机模式。当系统初始上电完成后和发动机怠速停机时，汽车处于停车关机模式，发动机完全关闭。停车开机模式下，发动机正常工作，通常输出较小的功率以满足动力蓄电池组的充电需求和附件需求。

7.4.1.2　驱动模式

驱动模式是混合动力汽车控制系统中最重要也是最复杂的模式，其子模式的划分关系到汽车的动力性、经济性、舒适性和安全性。通常按照功能需要划分为纯电动模式、发动机直驱模式、发动机驱动并发电模式和联合驱动模式。

1. 纯电动模式

在该模式下，发动机关闭，动力蓄电池组作为唯一能量源、MG2 作为唯一动力源驱动汽车，MG1 处于非使能状态。

2. 发动机直驱模式

在该模式下，发动机的动力通过行星排、传动系统直接驱动车轮，两电机处于非使能状态，动力蓄电池组不提供能量。由于行星排是二自由度机构，通常在该状态下锁止与MG1 相连的太阳轮，可避免由能量二次转换带来的损失。

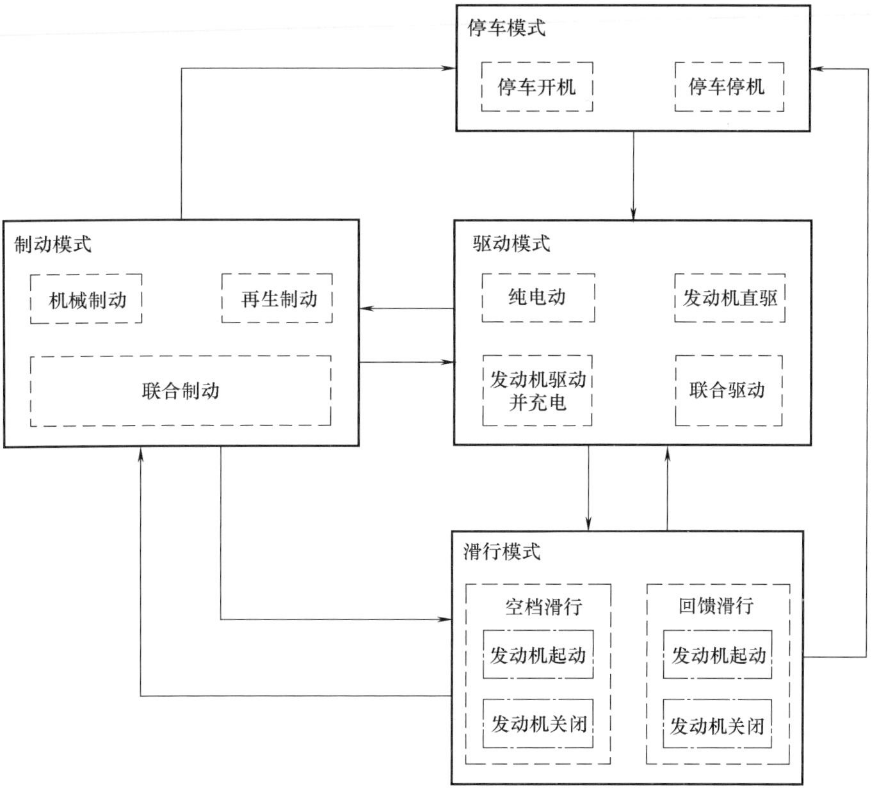

图 7-58 混联式混合动力电动汽车工作模式划分方法

3. 发动机驱动并发电模式

在该模式下，发动机除提供汽车驱动功率外，还有一部分功率驱动 MG1 发电给动力蓄电池组充电，以防止动力蓄电池组的电量不足。

4. 联合驱动模式

在该模式下，发动机难以提供驱动汽车的所有功率，动力蓄电池组须补充不足部分，发动机通过齿圈输出的转矩与 MG2 的转矩耦合后共同驱动汽车。

7.4.1.3 制动模式

为发挥混合动力系统回收制动能量的优势，混合动力汽车通常都有再生制动模式（电机单独产生制动力矩），同时有传统燃油汽车的机械制动模式。当机械制动和再生制动同时存在时，即为联合制动模式。联合制动模式又包括串联式和并联式两种。

7.4.1.4 滑行模式

在滑行模式下，如果汽车在档，即可使 MG2 产生一定的再生制动力矩，即反馈制动模式，与其对应的空档滑行模式中则不会产生发电功率。在两种滑行模式下，均存在发动机起动和发动机关闭两种子模式，即在滑行过程中，发动机有可能会怠速停机，或者保持工作以满足充电和附件功率需求。

7.4.2 工作模式的切换规则

逻辑门限控制策略基于确定性规则开发，具有较好的稳定性，目前在混合动力汽车的控制中应用广泛。

7.4.2.1 顶层模式切换

顶层模式切换的依据主要是驾驶人操作和车速，如图 7-59 所示。

图中序号为各模式间的切换条件：

1）挂入 D 档位，踩下加速踏板，制动踏板未被踩下。

2）松开加速踏板，踩下制动踏板。

3）松开制动踏板，踩下加速踏板。

4）车速降为零，挂入空档或踩下离合器。

5）车速不为零，松开制动踏板。

6）车速不为零，踩下制动踏板。

7）松开加速踏板，松开制动踏板。

8）踩下加速踏板。

9）车速降为零，挂入空档或踩下离合器。

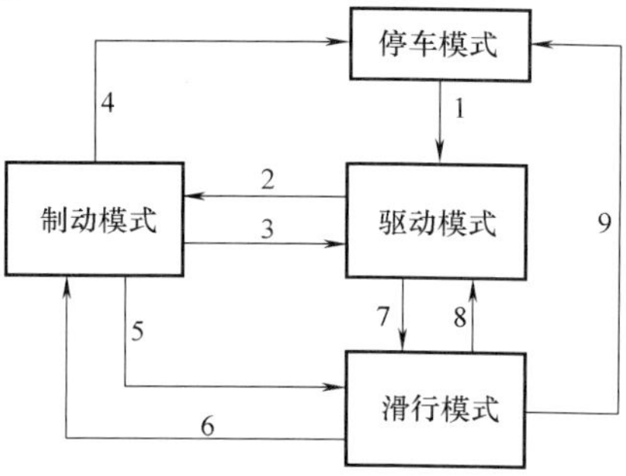

图 7-59 顶层模式切换

7.4.2.2 停车模式切换

动力蓄电池组需求充电功率和附件功率为零或小于设定阈值时，由停车开机模式切换为停车关机模式；当有驱动需求，或者动力蓄电池组需求充电功率与附件功率之和不为零或大于设定阈值时，由停车关机模式切换为停车开机模式。

7.4.2.3 驱动模式切换

1）当车速较低、需求驱动功率较小时，为避开发动机低效区，发动机关闭，进入纯电动模式。

2）当需求驱动功率在下限阈值与上限阈值（发动机最大功率）之间时，发动机提供全部的驱动功率，进入发动机直驱模式。

3）在发动机直驱模式的基础上，若动力蓄电池组有充电需求，则进入发动机驱动并充电模式。

4）当发动机当前转速下的最大转矩满足不了驱动需求时，MG2 补充不足部分，进入联合驱动模式。

7.4.2.4 制动模式切换

下面以并联式制动系统为例介绍制动模式切换。

1）当车速较低时，为了避开电机的低效区和转矩波动较大的区域，不允许再生制动；紧急制动或者动力蓄电池组 SOC 很高时，同样不允许再生制动启动，即进入机械制动模式。

2）当车速高于下限且非紧急制动、制动强度不大且动力蓄电池组允许充电时，进入再生制动模式。

3）在再生制动模式的基础上，当制动强度较大、电机的制动力矩难以满足制动需求时，机械制动系统介入，进入联合制动模式。

7.4.2.5 滑行模式切换

在滑行状态下挂入空档时进入空档滑行模式，未挂入空档且离合器未被踩下时进入再生制动滑行模式。与停车模式类似，当附件及动力蓄电池组有功率需求时，发动机起动；否则发动机停机。

7.5 整车控制器设计

混合动力电动汽车整车控制系统设计是系统开发的核心内容之一。混联式混合动力电动汽车的整车控制系统设计主要包括控制器硬件设计与控制器软件设计两个方面。

7.5.1 硬件设计

开发高精度、高速度、高可靠性的混合动力整车控制器（Hybrid Control Unit，HCU）是实现整车控制的基础。针对混合动力控制器硬件设计，应当满足混合动力系统的功能性需求，同时应兼顾系统工程化、标准化和平台化设计。混合动力整车控制器是一个多输入多输出的系统，需要处理信号较多，电路结构相对复杂，但是电路功能相对独立，可以清晰地划分为不同的单元，从而实现电路的模块化设计。

在功能分析的基础上，HCU 硬件电路可以划分为以下几个功能模块：电源管理模块、CAN 通信模块、模拟量信号调理电路模块、输入数字量信号调理电路模块、输出数字量信号隔离与驱动模块等。

下面以某款混联式混合动力电动汽车装备的整车控制器为例，对控制器硬件设计进行说明。

该控制器硬件外观结构图如图 7-60 和图 7-61 所示，基本参数见表 7-7。控制器硬件内部结构如图 7-62 所示，包括 15 路电压量输入、6 路电阻量输入、19 路开关量输入、8 路频率量输入、12 路 PWM 输出、4 路电源输出，以及 3 路 CAN 总线，其中部分端子可重复用。

7.5.2 软件设计

HCU 在汽车行驶过程中执行多项任务，是解析驾驶人操作和向动力源发出合理指令的处理单元，相当于混合动力汽车的中枢神经，具体功能包括：

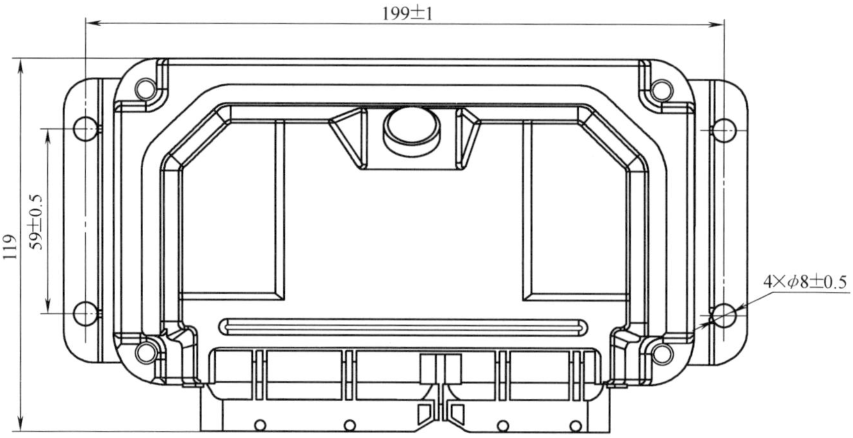

图 7-60　控制器外观结构图（一）

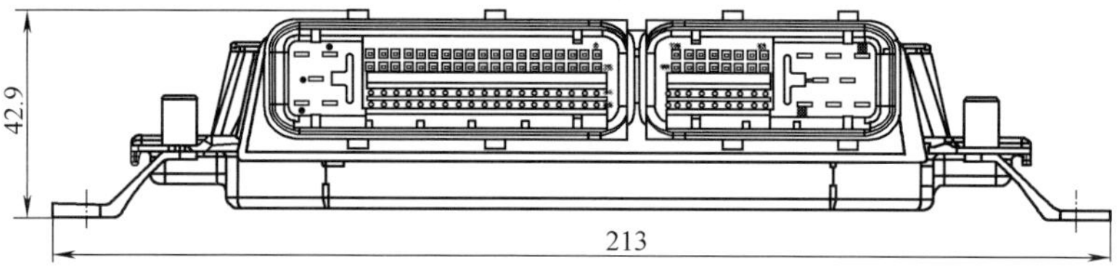

图 7-61　控制器外观结构图（二）

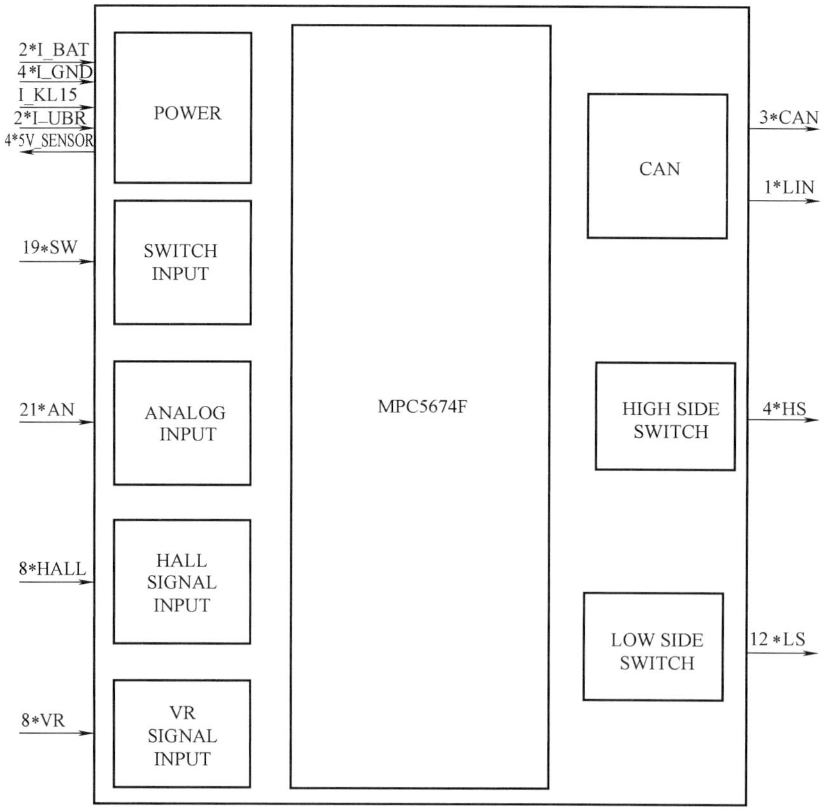

图 7-62　控制器硬件内部结构示意图

表 7-7 控制器基本参数

参数	具体情况
供电电压	正常工作电压 9 ～ 32V
工作温度	-40 ～ 85℃
防护等级	防尘防水等级 IP67，气候环境防护符合 ISO 16750-4，化学环境防护符合 ISO 16750-5
机械强度	振动、冲击、跌落试验符合 ISO 16750-3
外壳	材料铝，外部尺寸 200mm × 180mm × 40mm
插接器	121 针 AMP 插接器
重量	约 400g
主处理器	MPC5554，32 位，主频 80MHz，硬件浮点单元
存储器	Flash 2MB，SRAM 64kB
CAN	3 路，符合 CAN2.0B，ISO 11898

1）接收并解析驾驶人操作指令，使车辆按预期行驶。

2）监测车辆及各部件状态，为动力分配和能量管理提供参考。

3）与电机、DC/DC 变换器、动力蓄电池组、发动机等部件的控制器通信，进行状态采集和控制指令输出。

4）高低压上下电控制。

5）识别并仲裁部件故障，做出相应故障处理，保证行车安全。

6）对混合动力系统进行能量管理和转矩分配。

7）协调管理车上其他附件、仪表等电气设备。

控制系统的顶层模块分为四个部分，即输入模块、信号处理模块、功能模块和输出模块，如图 7-63 所示。

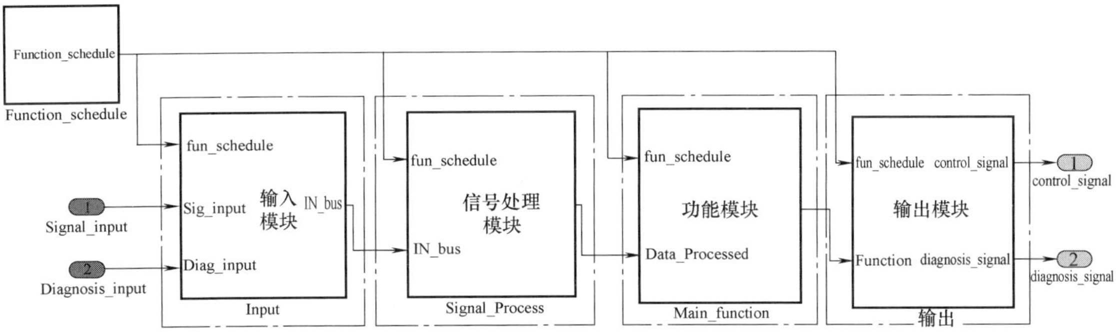

图 7-63 整车控制系统架构

混联式混合动力汽车的主体控制思想在功能模块中体现，较为重要的有上下电管理模块、驾驶意图识别模块、能量管理模块和故障诊断模块。

7.5.2.1 上下电管理模块

混联式混合动力系统引入了两个电机和一个储能元件（动力蓄电池组或超级电容器）等高压部件，同时增加了多个控制器等低压部件。因此除了需要进行控制器层面的低压上下电管理外，还要进行高压上下电管理。上下电管理的基本原则是上电过程中先低压再高压，下电过程中先高压再低压。

上下电策略需要结合具体的混合动力系统电气电子架构制订，通常高压系统中包括DC/DC 预充继电器、DC/DC 变换器主继电器、MCU 预充继电器、MCU 主继电器。低压系统中包括低压主继电器、散热器继电器、DCU（DC/DC 变换器控制器）继电器、MCU Power On（供电）继电器、MCU Enable（使能）继电器。

上下电分为正常模式和紧急模式，流程如图 7-64 所示。正常模式包括正常上电流程和下电流程，紧急模式仅包括紧急下电流程。

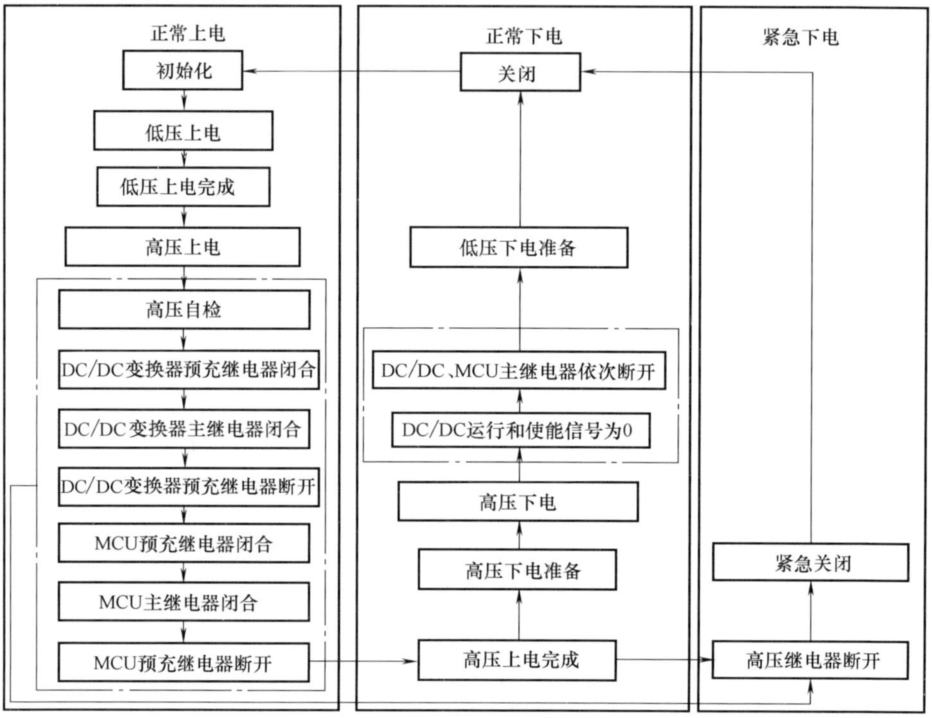

图 7-64　上下电流程

1. 正常上下电流程

1）当钥匙由 key_Off 转到 key_On 位置、无故障出现且高压系统各主继电器和预充继电器及其低压控制继电器皆断开时，由默认进入的关闭模式进入初始化模式。

2）进一步，若无故障出现并且高压系统各主继电器和预充继电器均断开，则由初始化模式进入低压上电模式：首先低压继电器和冷却器继电器闭合，等待一定时间后，DCU、MCU1、MCU2 的 Power On 继电器闭合，分别等待一定时间，DCU、MCU1、MCU2 的 Enable 继电器闭合；如果在低压上电模式运行过程中，启动有故障、高压系统主继电器或预充继电器闭合、key_On 信号为零，则会进入关闭模式。

3）等待一定时间后，若无故障出现且高压系统各主继电器及预充继电器均处于断开状态，则进入低压上电完成模式；若 key_On 信号为 0，则进入低压继电器准备断开模式；当关闭状态确认后，进入关闭模式。

4）进一步，若无故障出现且高压系统各主继电器及预充继电器均断开，则进入高压上电模式，高压上电模式由以下几个步骤组成。

① 首先进行高压自检，检验动力蓄电池组、DC/DC 变换器及各高压继电器状态是否正常。

② 若高压自检无故障、key_Off 信号为 0、高压系统各主继电器及预充继电器均断开，则发送 DC/DC 变换器预充继电器闭合指令，预充的目的是防止主继电器闭合时产生电火花。

③ 等待一定时间后，若无故障出现、key_Off 信号为 0、DC/DC 变换器预充继电器闭合成功，则发送 DC/DC 变换器主继电器闭合指令。

④ 等待一定时间后，若无故障出现、key_Off 信号为 0、DC/DC 变换器预充继电器及主继电器均闭合成功，则发送 DC/DC 变换器预充继电器断开指令，然后发送 DC/DC 变换器使能信号。

⑤ MCU 的自检、预充、主继电器闭合、预充继电器断开等步骤与上述 DC/DC 变换器继电器执行步骤类似，不再赘述。

在上述步骤中，若不满足向下运行的条件且钥匙信号开启，则会进入紧急下电模式；若钥匙信号关闭，则直接进入高压下电模式。

5）若 key_Off 信号为 0、无故障出现、DC/DC 变换器及 MCU 仅主继电器闭合，则由高压上电模式进入高压上电完成模式；若在高压上电完成模式中有故障出现或者不满足仅主继电器闭合条件，则会进入紧急下电模式。

6）进一步，若 key_Off 信号为 1，且车速小于设定值，则进入下电准备模式；若有故障出现或者不满足仅主继电器闭合条件，则会进入紧急下电模式。

7）等待一定时间后，若高压电流小于一定值，则进入高压下电模式。在该模式中，首先发送 DC/DC 变换器禁止运行及禁止使能信号，然后依次发送 MCU1、MCU2、DC/DC 变换器的主继电器断开指令，并留有足够的时间响应。

8）当主继电器均断开且 key_On 信号为 0 时，进入低压下电准备模式。

9）等待一定时间后，若 MCU、DC/DC 变换器的主继电器、预充继电器均断开并且 MCU 不过温，则由低压下电准备模式进入关闭模式。关闭模式中是将低压继电器按一定次序关闭，首先将 MCU、DC/DC 变换器的使能继电器关闭，再将其供电继电器关闭，最后将 ATS 继电器及低压继电器断开。

2. 紧急下电流程

当高压系统出现故障或者继电器异常时，工作模式由高压上电模式或高压上电完成模式进入紧急下电模式，高压继电器依次强制断开。

7.5.2.2 驾驶意图识别模块

驾驶意图识别模块为整车控制策略的核心模块之一，其主要功能是根据驾驶人对驾驶室内的各部件，包括钥匙开关、加速踏板、制动踏板、变速杆、驻车制动器等的操作，以及车辆当前所处的状态，准确判断驾驶人的驾驶意图和驱动转矩需求，以判定车辆需求工作模式，进行合理的能量管理。

1. 档位意图识别子模块

档位意图识别子模块的主要功能是确定档位信号的有效性，防止误操作。驾驶人档位意图识别模块根据变速杆位置、档位变动时长、制动踏板开度、加速踏板开度、车速有效性、高压上电状态、车速信号等判断是否允许换档以及换档信号的有效性。

2. 驾驶人需求转矩计算子模块

驾驶人需求转矩计算子模块的主要功能是根据加速踏板开度、制动踏板开度、车速、档位及上一时刻车轮处的实际转矩等信号解析驾驶人在车轮处的实时目标转矩。

驾驶人需求转矩计算子模块的具体实现原理如图 7-65 所示。

1）根据加速踏板开度、制动踏板开度、车速及档位等信号，采用查表的方式，解析出驾驶人原始需求转矩，包括驱动需求转矩、再生制动需求转矩及蠕行需求转矩，同时参考动力蓄电池组 SOC、动力源外特性等修正因子对原始需求转矩进行修正，得出驾驶人修正的需求转矩。

2）引入车速、需求转矩上下限等条件，对驾驶人需求转矩变化范围进行限制，同时引入上一时刻车轮处的实际转矩，对驾驶人需求转矩的变化速率进行限制。

3）经过滤波模块，得到最终的驾驶人目标转矩输出。

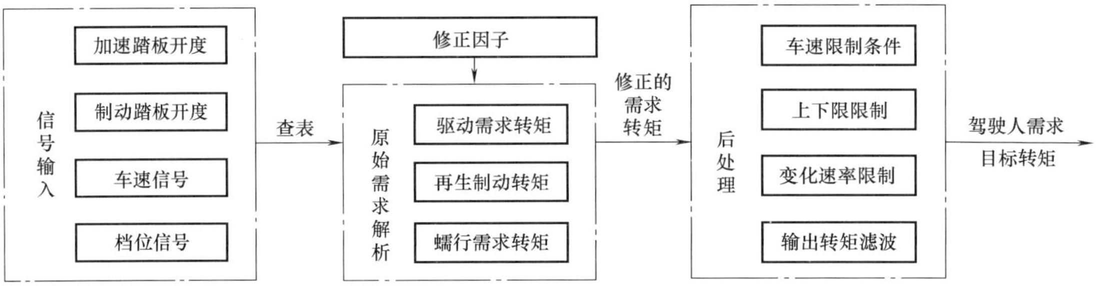

图 7-65　驾驶人需求转矩计算子模块的具体实现原理

7.5.2.3　能量管理模块

由于涉及两种不同的能量形式及多个动力源，混联式混合动力汽车的能量管理是影响汽车基本性能的关键环节。能量管理模块的作用是在车辆的行驶过程中，在满足车辆动力性和其他基本性能要求的前提下，根据动力总成及各部件的性能特征，控制和调节动力总成及各部件工作，使整车达到燃油经济性和排放等方面的目标性能。能量管理策略是混合动力系统控制算法中研究最多的内容之一，如何合理分配发动机和电机之间的动力，使其既能满足驾驶人对整车驱动力的需求，又能实现发动机、电机、动力蓄电池组以及整车效率的优化，是能量管理模块的核心问题。本部分具体内容将在 7.6 节中详细介绍，在此不再赘述。

7.5.2.4　故障诊断模块

混合动力系统结构复杂，潜在故障多，进行准确的故障诊断和容错控制是保证行车安全的必要举措。混合动力汽车的故障诊断模块主要由故障检测子模块、容错控制子模块及故障表征子模块组成，如图 7-66 所示。

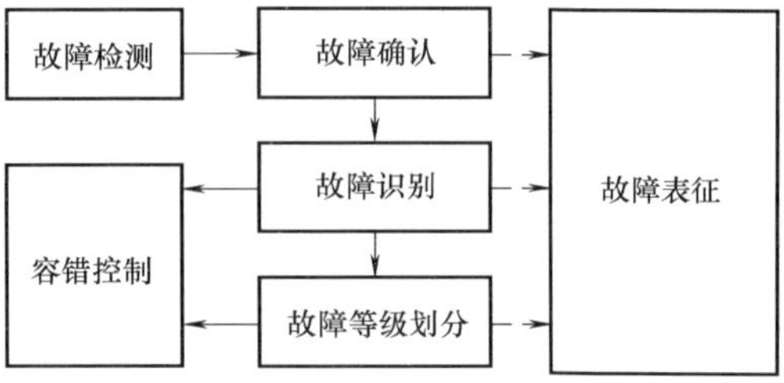

图 7-66　故障诊断模块的组成

1. 故障检测子模块

故障检测子模块包括主要部件输入信号检测、动力源转矩合理性检测、信号逻辑合理性检测、CAN 通信检测等。对检测到的故障信号，还需要进行基于计数的单一故障确认、单一故障到部件故障等级的识别、故障等级划分三个步骤的处理，最终由部件级故障映射到系统级故障。以 MCU 为例，MCU 故障等级到系统级故障等级的映射见表 7-8。

表 7-8　MCU 故障等级到系统级故障等级的映射

MCU 故障等级		系统故障等级	
0	无故障	0	—
1	仪表报警	1	警告
2	限功率	2	限制 ISG 功率
3	停止在线发电或能量回馈	3	发电转矩为 0，不允许进入再生制动模式
4	禁用	4	转矩限为 0，不允许进入电机使能的相关模式
5	高压下电	6	下电

2. 容错控制子模块

故障诊断系统根据故障等级进行相应的容错，确保车辆的安全。容错控制子模块分别在信号级、部件级和系统级根据故障的不同严重程度选择合理的处理方案。根据具体情况，在确保车辆安全的前提下尽可能不影响或者尽可能小地影响系统的性能。表 7-8 给出了 MCU 部件级不同等级的故障对应的容错方案以及映射到系统级后不同等级故障对应的方案。根据混合动力系统的特点，其对应的容错控制方案如图 7-67 所示。

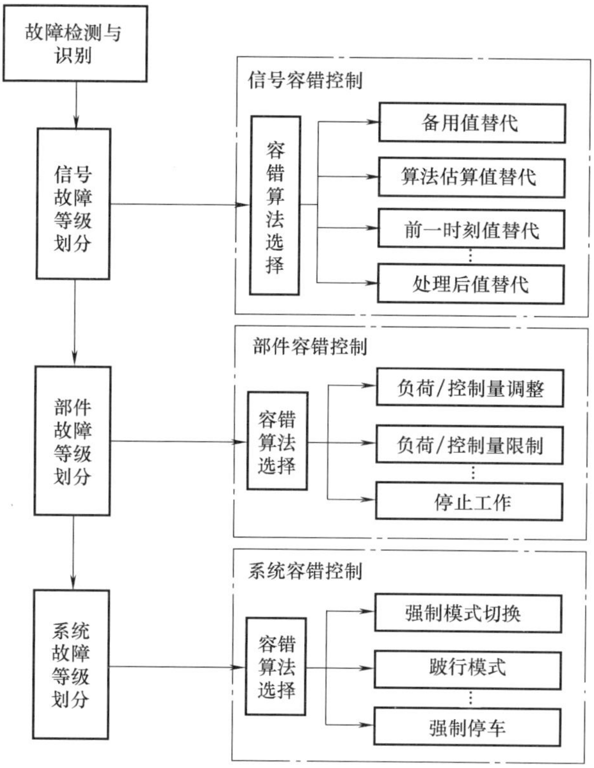

图 7-67　容错控制方案

3. 故障表征子模块

故障表征子模块的作用是检测到部件级和系统级故障后，以声音或仪表的形式传达给驾驶人，通常也将系统级容错方案予以告知。故障信号通常通过 CAN 总线或硬线传递到相应仪表等表征装置。故障表征与容错控制相互独立，仅起到对驾驶人提示的作用，不影响系统正常的容错处理，驾驶人介入后容错将退出。

7.6 能量管理和动力分配策略设计

由于混合动力汽车具有多个动力源，必须通过能量管理和动力分配策略实现不同模式下各动力源的能量分配。能量管理和动力分配策略是在满足整车动力性以及其他基本性能的条件下，针对不同的行驶工况、部件特性，合理分配发动机和电机的功率，并进行制动能量回收，使系统效率达到最佳、油耗和排放最低，是发挥混合动力系统节能潜力的重要保障。

发动机最优控制策略是混联式混合动力汽车目前最基本的控制策略。该策略充分利用了行星排混联系统转速、转矩双解耦的特性，将发动机控制在最优工作曲线上，保证发动机工作在最高效率。在大多数情况下，发动机最优工作曲线上的功率随转速的升高而单调增大，确定需求功率后便可唯一确定发动机工作点。

混合动力汽车的能量管理和动力分配需要结合参数估算和模式选择进行，能量管理架构如图 7-68 所示。因为在控制策略中定义了多个整车工作模式，所以首先应该根据输入参数进行状态参数的估计，确定各个主要控制量的状态并计算需求功率，再据此进行整车工作模式选择，最后便可以在能量管理模块中对各个模式下的动力源功率、转矩进行管理与分配。

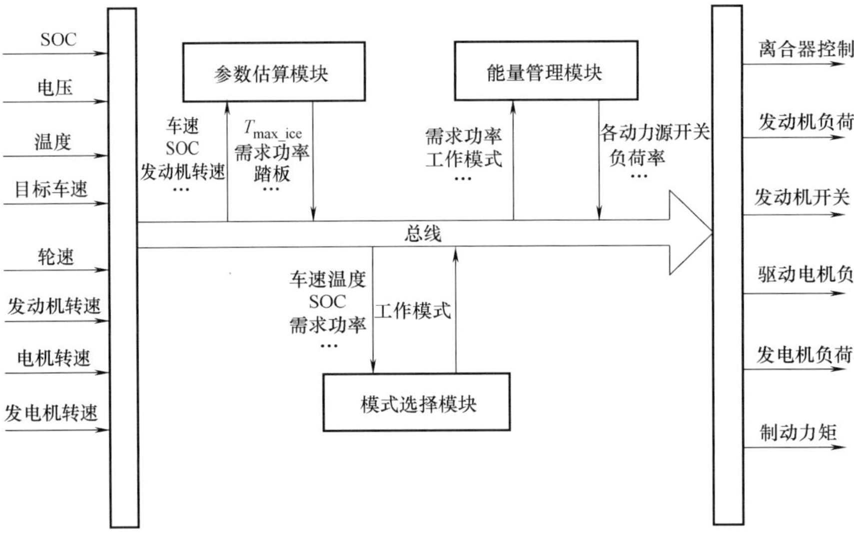

图 7-68　能量管理架构

7.6.1 参数估算

参数估算又包括各动力源的参数估计及需求功率计算两部分。

7.6.1.1 各动力源参数估计

各动力源的参数估计子模块是根据已知的转速等输入参数，利用查表等手段估计当前动力源的最大输出转矩、最大输出功率等参数。其中发动机的参数估计还包括对当前转速下最优功率的估计，同时需要利用行星机构的转速关系及 MG1 的最大转速计算当前发动机的最大允许转速，以实现动力源实际输出转速与转矩的约束。

在实际运行环境中，各动力源的输出能力还会受到较多环境因素及自身状态的影响。例如：发动机的输出转矩会受到环境温度和冷却液温度的影响，而电机的输出转矩会受到动力蓄电池组 SOC、电压状态、自身温度等因素的影响。在精细化建模过程中需要将这些因素考虑在内。

7.6.1.2 需求功率计算

需求功率计算子模块中包含驾驶人需求功率计算、充电功率计算、附件功率计算和整车总需求功率计算四部分。

1. 驾驶人需求功率计算

驾驶人需求功率计算体现为对加速踏板的解释，是驾驶人为了获得期望的动力性而通过加速踏板所要求的输出功率，其计算过程的 Simulink 模型如图 7-69 所示。

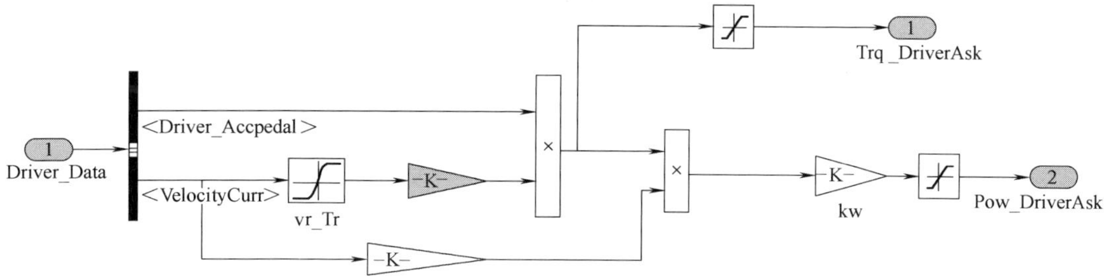

图 7-69 驾驶人需求功率计算过程的 Simulink 模型

需要说明的是，图 7-69 中的查表模块 vr_Tr 反映了混联式混合动力系统的最大转矩能力与车速的关系。如图 7-70 所示，该曲线在实际控制系统的开发中需要根据动力源实际工作特性进行标定。

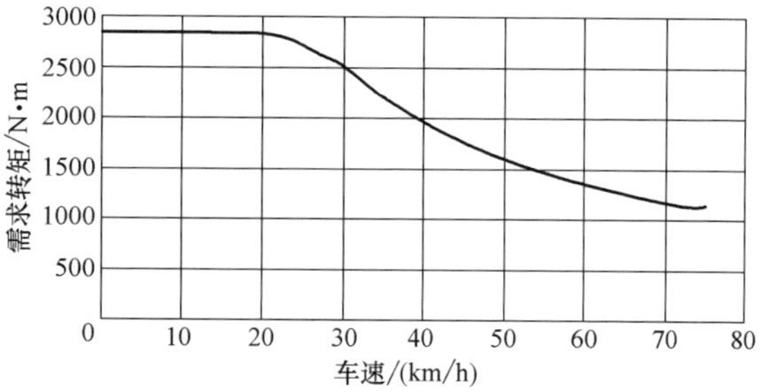

图 7-70 车速与需求转矩的关系曲线

2. 充电功率计算

充电功率是在发动机输出能力充足的情况下，为了维持动力蓄电池组电量平衡而额外发出的功率部分。

1）根据动力蓄电池组的亏电程度，计算得到一个基准充电功率值，该基准值是随充电过程逐渐减小的。

2）判断当前驾驶人期望功率与充电功率之和是否达到要求的发动机最小输出功率。

若达到，则充电功率按计算所得输出；若未达到，则让发动机工作在最小输出功率处，以避免发动机频繁起停使油耗升高，此时的充电功率便等于发动机最小输出功率与驾驶人期望功率的差值。其具体计算模型如图 7-71 所示。

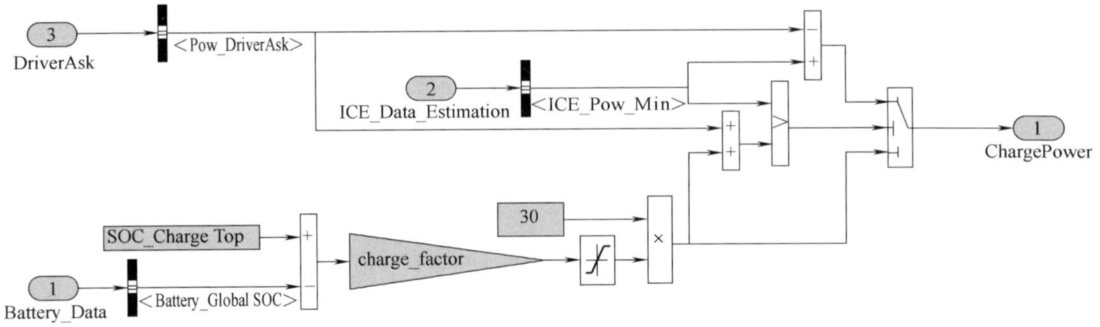

图 7-71　充电功率计算模型

需要说明的是，图中常数部分是可以标定的参数。在实际控制策略的开发中，应根据动力蓄电池组的效率特性和发动机的功率门限调整各个参数，以保证动力蓄电池组和发动机较高的效率。

7.6.2　规则型能量管理策略设计

能量管理模块是根据模式选择模块中的输出模式（mode）和函数调用信号（fc_mode_manage），进入当前的工作模式，在各工作模式内进行不同的能量分配，输出各个动力源的使能信号和负荷信号等。图 7-72 所示为部分模式，从上到下分别为纯电动（EV）模式、

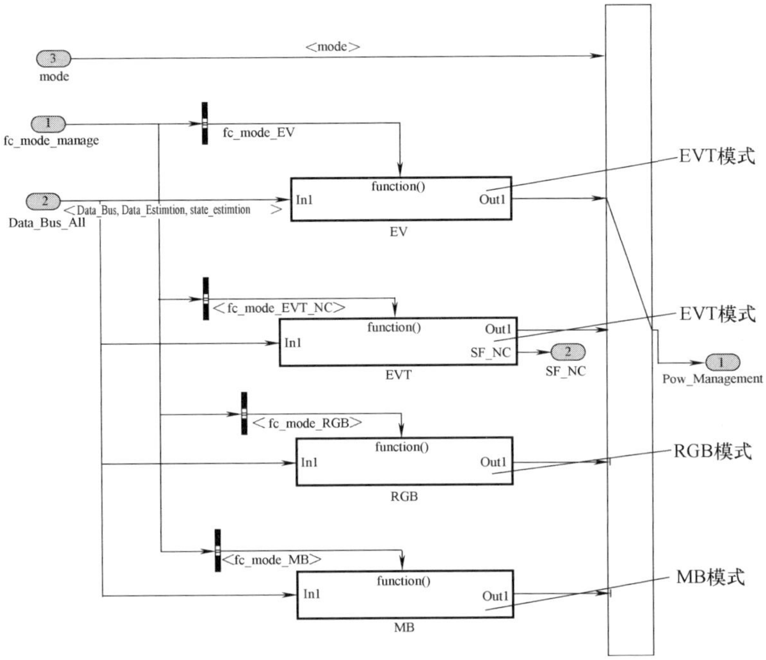

图 7-72　能量管理模块中的部分模式

联合驱动（EVT）模式、再生制动（RGB）模式、机械制动（MB）模式下的能量管理模块。

行星排混联式混合动力系统的核心工作模式为联合驱动模式。在该模式下，须合理调整三个动力源的转速、转矩，以实现发动机最优控制。一般的控制思想是，根据当前需求功率，基于发动机最优工作曲线选择发动机工作点，利用 MG1 将发动机转速调整到期望的转速点，再利用 MG2 调整发动机的转矩，利用两个电机的转速、转矩解耦功能将发动机控制在最优工作点。其控制流程如图 7-73 所示。

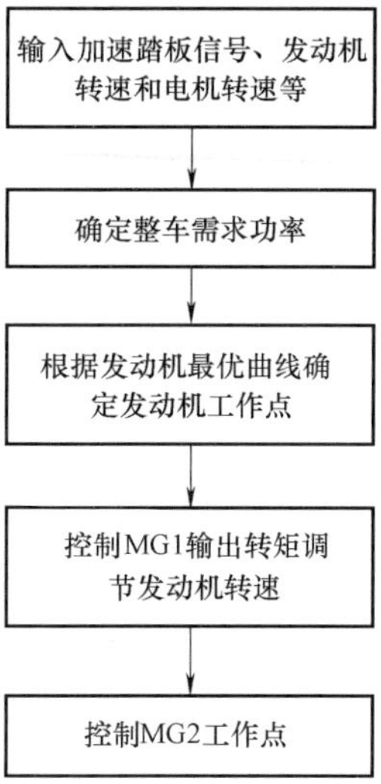

图 7-73　联合驱动模式的控制流程

由于发动机响应较慢，故使用响应较快的 MG1 对其调速。MG1 的负荷控制模块如图 7-74 所示。

1）根据计算得到需求功率，查最优工作曲线表获得当前期望的发动机转速，再对其进行限制，主要是发动机转速不能低于要求的最低转速，也不能高于参数估计中模块中得到的发动机当前允许最高转速。

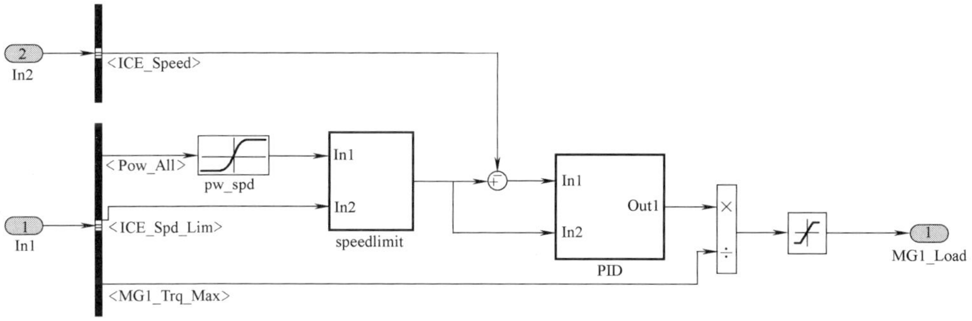

图 7-74　EVT 模式中 MG1 的负荷控制模块

2）将处理得到的发动机需求转速与实际转速做差，以该差值为 PID 调节的输入量，输出量为当前 MG1 的期望转矩。

3）利用 MG1 的期望转矩除以当前转速下的最大转矩即为 MG1 的负荷率。

发动机和 MG2 的负荷控制模块分别如图 7-75 和图 7-76 所示。利用 MG1 调速后，用发动机最优工作曲线上的转矩除以外特性的转矩即为发动机当前负荷率。驾驶人期望转矩减去发动机通过机械路径输出的转矩，再乘以后行星排的速比，即为当前 MG2 的需求转矩；用它除以 MG2 外特性上的转矩即为 MG2 当前的负荷率。

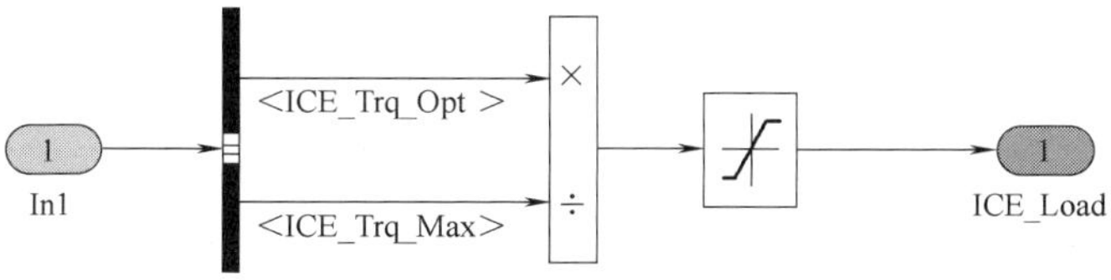

图 7-75　发动机负荷控制模块

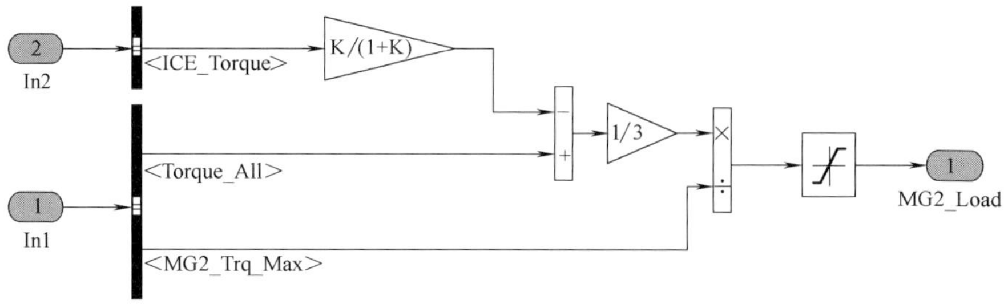

图 7-76　电机 MG2 的负荷控制模块

1）当驾驶人期望功率等于发动机输出功率时，在不考虑效率的情况下，MG2 的输出功率应该恰好等于 MG1 产生的电功率，从而使得整车需求能量全部来自发动机。

2）当总需求功率中加入了充电功率时，发动机输出功率大于驾驶人期望功率，MG1 产生的电功率大于 MG2 消耗的电功率，多出的功率向动力蓄电池组充电。

3）当发动机输出能力不足以满足整车需求功率时，电机 MG2 会自动补足。当然，在实际控制系统中，这还涉及是否允许动力蓄电池组放电或充电，以及对电机电流方向的控制。

7.6.3　瞬时最优能量管理策略设计

若系统采用发动机最优控制策略，那么系统仅获得了最优的发动机热效率，却忽略了传动路径的效率。因此，当路径功率较大时，系统将在传动部分造成较大的能量损失，而导致系统综合效率严重下降。可见，瞬时最优控制策略需要兼顾发动机的热效率和传动部分的效率。

7.6.3.1　系统效率特性分析

为了便于研究，将行星式混合动力系统分为发动机和传动系统两部分。传动系统是指从发动机输出端到主减速器输入端的电机、行星轮机构的总体。

发动机的工作效率通常根据其燃油消耗率定义：

$$\eta_e = \frac{3600 \times 1000}{b_e C} \tag{7-17}$$

式中　C——燃油热值（J/kg）；

b_e——发动机的燃油消耗率［g/(kW · h)］。

根据不同转速、转矩下发动机的喷油率 B_e（g/h），可以得到发动机的燃油消耗率：

$$b_e = \frac{1000 B_e \pi}{30 T_e \omega_e} \tag{7-18}$$

可见，发动机效率主要受发动机工作点的影响。发动机最优控制策略能有效发挥行星式混合动力系统转速、转矩双解耦的特性，实现发动机工作效率的最优化控制。然而，它忽略了传动系统工作效率对整车能耗的影响。

定义行星式混合动力系统的广义传动效率为传动系统输出功率 P_o 与输入功率 P_i 之比。

1）当动力蓄电池组充电时，传动系统有一个输入和两个输出，即发动机的输入功率用于供给动力蓄电池组充电和驱动车辆，定义此时动力蓄电池组的输出功率为 $P_{bat}>0$。

2）当动力蓄电池组放电时，传动系统具有两个输入和一个输出，即发动机和动力蓄电池组共同输出功率用于驱动车辆，定义此时动力蓄电池组的输出功率为 $P_{bat}<0$。

3）当动力蓄电池组功率为 0 时，系统为电功率平衡状态，传动系统为单输入、单输出。根据动力蓄电池组充电、放电的不同情况，得到系统的广义传动效率：

$$\eta_{tr}=\begin{cases}(P_o+P_{bat})/P_e, & P_{bat}>0\\ P_o/(P_e-P_{bat}), & P_{bat}\leqslant 0\end{cases} \tag{7-19}$$

行星式混合动力系统的传动系统随着电机工作状态的不同，被定义为不同的工作区间，常利用杠杆法进行分析。图 7-77 所示为该系统前行星排的杠杆图，其中横坐标上的三个节点 R1、C1、S1 分别代表前排齿圈、行星架和太阳轮。各节点的纵坐标代表其转速，处于横坐标上方时转速为正，反之为负。

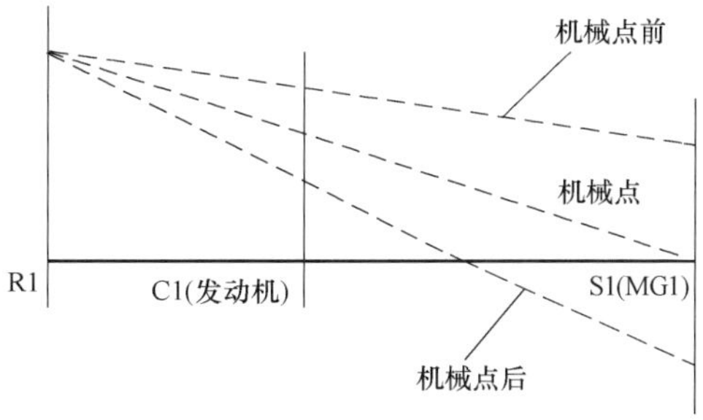

图 7-77 前行星排杠杆图

1）当 MG1 转速为正时，传动系统工作在机械点之前，此时 MG1 处于发电状态，将部分发动机输出功率转化为电功率。

2）当 MG1 转速为 0 时，其电功率也为 0，传动系统工作在机械点处，此时发动机输出功率全部由机械路径输出。

3）当 MG1 转速为负时，MG1 处于电动状态，传动系统处于机械点之后，若要维持系统内部电功率平衡，则需要 MG2 处于发电状态。

为了说明机械点对系统传动效率的影响，本节引入分离因子的概念，以辅助说明系统的传动效率特性。在忽略各部件工作效率的前提下，可以得到 MG1 的电功率与发动机输出功率之间的关系：

$$\begin{aligned}P_g&=\omega_g T_g\\&=[\omega_e(1+k_1)-\omega_{r1}k_1]T_e/(1+k_1)\\&=P_e-T_e\omega_e\frac{\omega_{r1}}{\omega_e}\times\frac{k_1}{1+k_1}\\&=P_e(1-\delta)\end{aligned} \tag{7-20}$$

式中 δ——系统的分离因子；

k_1——行星齿轮的特征参数。

$$\delta=\frac{\omega_{r1}}{\omega_e}\times\frac{k_1}{1+k_1} \tag{7-21}$$

由式（7-21）可知，δ 即为机械功率占发动机输出功率的比例，（$1-\delta$）则表示系统内电功率占发动机输出功率的比例。从分离因子的性质可知，当 $\delta=1$ 时，发动机输出功率全部经由机械路径输出，此时即为系统的机械点；而 $\delta<1$ 代表机械点前的工作状态，MG1

处于发电状态，MG2 处于电动状态；$\delta > 1$ 代表机械点后的工作状态，MG1 处于电动状态，MG2 处于发电状态。

由于系统中各部件都具有非线性的效率特性，很难保证动力蓄电池组功率为 0，另外，在动力蓄电池组 SOC 较低或者驾驶人需求功率较大时，动力蓄电池组也需要进行充电或者放电。因此，行星式混合动力系统的传动效率特性分析，需要对机械点前、后以及动力蓄电池组充、放电的情况分别考虑。不同状态下系统内部的能量流动情况如图 7-78 所示。

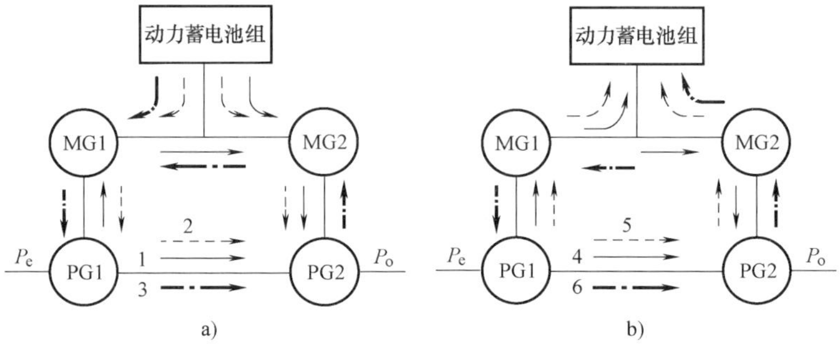

图 7-78　不同状态下系统功率分流情况

a）动力蓄电池组放电　b）动力蓄电池组充电

定义 MG1 和 MG2 的工作效率分别为 η_g 和 η_m，前、后行星排的机械效率分别为 η_{r1} 和 η_{r2}，下面分别分析各种情况下的系统能量流。

（1）动力蓄电池组放电

图 7-78a 中的 1、2、3 分别对应动力蓄电池组放电时三种能量的流动情况。

1）情况 1，系统工作在机械点之前，即 $\delta \leqslant 1$，MG1 的发电功率和动力蓄电池组的放电功率全部传输给 MG2，MG2 处于电动状态。

2）情况 2，系统工作在机械点之后，且 MG1 的需求功率小于动力蓄电池组的放电功率，即 $\delta > 1$，且 $P_e(\delta-1)/(\eta_{r1}\eta_g) < |P_{bat}|$，此时动力蓄电池组的输出功率一部分传输给 MG1，另一部分输出给 MG2，MG1 和 MG2 都处于电动状态。

3）情况 3，系统工作在机械点之后，且 MG1 的需求功率大于动力蓄电池组放电功率，即 $\delta > 1$，且 $P_e(\delta-1)/(\eta_{r1}\eta_g) > |P_{bat}|$，此时 MG2 发电，其发电功率和动力蓄电池组功率全部传输给 MG1。

（2）动力蓄电池组充电

图 7-78b 中的 4、5、6 分别对应动力蓄电池组充电时的三种功率流动情况。

1）情况 4，系统工作在机械点前，MG1 的发电功率大于动力蓄电池组的充电功率，即 $\delta \leqslant 1$，且 $P_e(1-\delta)\eta_{r1}\eta_g > P_{bat}$。此时，MG1 输出的电功率分配给动力蓄电池组和 MG2，MG2 处于电动状态。

2）情况 5，系统工作在机械点前，MG1 的发电功率小于动力蓄电池组的充电功率，即 $\delta < 1$，且 $P_e(1-\delta)\eta_{r1}\eta_g \leqslant P_{bat}$，此时，MG1 输出的电功率全部传递给动力蓄电池组，MG2 发电并用于动力蓄电池组充电。

3）情况 6，系统工作在机械点之后，MG1 处于电动状态，MG2 的发电功率分配给动力蓄电池组和 MG1。

基于以上分析，可以得到不同情况下的系统输出功率：

$$P_o=\begin{cases}[P_e\eta_{r1}(1-\delta)\eta_g-P_{bat}]\eta_m\eta_{r2}+P_e\eta_{r1}\delta, & \delta\leqslant 1,\ P_{bat}>0\\ [P_e(1-\delta)/(\eta_{r1}\eta_g)-P_{bat}]\eta_m\eta_{r2}+P_e\delta\eta_{r1}, & \delta>1,\ P_e(\delta-1)/(\eta_{r1}\eta_g)\leqslant -P_{bat}\\ [P_e(1-\delta)/(\eta_{r1}\eta_g)-P_{bat}]/(\eta_{r2}\eta_m)+P_e\delta\eta_{r1}, & \delta>1,\ P_e(\delta-1)/(\eta_{r1}\eta_g)>-P_{bat}\\ [P_e\eta_{r1}(1-\delta)\eta_g-P_{bat}]\eta_m\eta_{r2}+P_e\eta_{r1}\delta, & \delta\leqslant 1,\ P_e(1-\delta)\eta_{r1}\eta_g>P_{bat}\\ [P_e\eta_{r1}(1-\delta)\eta_g-P_{bat}]/\eta_m\eta_{r2}+P_e\delta\eta_{r1}, & \delta\leqslant 1,\ P_e(1-\delta)\eta_{r1}\eta_g\leqslant P_{bat}\\ [P_e(1-\delta)/(\eta_{r1}\eta_g)-P_{bat}]/(\eta_{r2}\eta_m)+P_e\delta\eta_{r1}, & \delta>1,\ P_{bart}<0\end{cases}\tag{7-22}$$

进而可以得到系统的广义传动效率：

$$\eta_{tr}=\begin{cases}\dfrac{(1-\delta)\eta_{r1}\eta_g\eta_m\eta_{r2}+\delta\eta_{r1}-\gamma\eta_m\eta_{r2}}{(1-\gamma)}, & \gamma\leqslant 0,\ \delta\leqslant 1\\ \dfrac{(1-\delta)\eta_m\eta_{r2}/(\eta_{r1}\eta_g)+\delta\eta_{r1}-\gamma\eta_m\eta_{r2}}{(1-\gamma)}, & \gamma\leqslant 0,\ \delta>1,\ \gamma\leqslant\dfrac{1-\delta}{\eta_{r1}\eta_g}\\ \dfrac{(1-\delta)/(\eta_{r1}\eta_{r2}\eta_m\eta_g)-\gamma/(\eta_{r2}\eta_m)+\delta\eta_{r1}}{(1-\gamma)}, & \gamma\leqslant 0,\ \delta>1,\ \gamma>\dfrac{1-\delta}{\eta_{r1}\eta_g}\\ (1-\delta)\eta_{r1}\eta_g\eta_m\eta_{r2}+\delta\eta_{r1}+\gamma(1-\eta_m\eta_{r2}), & \gamma\leqslant 0,\ \delta\leqslant 1,\ \gamma<(1-\delta)\eta_{r1}\eta_g\\ (1-\delta)\eta_{r1}\eta_g/(\eta_m\eta_{r2})+\delta\eta_{r1}+\gamma\left(1-\dfrac{1}{\eta_m\eta_{r2}}\right), & \gamma>0,\ \delta\leqslant 1,\ \gamma\geqslant(1-\delta)\eta_{r1}\eta_g\\ (1-\delta)/(\eta_{r1}\eta_{r2}\eta_m\eta_g)+\delta\eta_{r1}+\gamma\left(1-\dfrac{1}{\eta_m\eta_{r2}}\right), & \gamma>0,\ \delta>1\end{cases}\tag{7-23}$$

式中，$\gamma=P_{bat}/P_e$，表示动力蓄电池组功率与发动机功率之比。

本章得到的系统传动效率增加了动力蓄电池组充、放电功率及机械传动效率这两个因素。结合式（7-23）可知，系统传动效率除受两个电机工作效率和机械传动效率的影响外，还是分离因子 δ 和动力蓄电池组功率比例 γ 的函数。为了说明 δ 和 γ 对系统传动效率的影响，首先假设两电机效率和机械效率为定值，$\eta_g=\eta_m=0.9$，$\eta_{r1}=\eta_{r2}=0.98$，得到不同 γ 值下的系统传动效率变化情况，如图 7-79 所示。

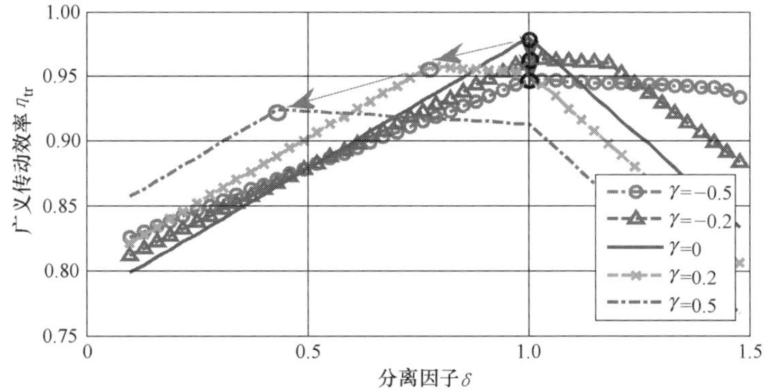

图 7-79 不同动力蓄电池组功率下的系统传动效率（见书末彩色插图）

从图 7-79 可见，在动力蓄电池组功率为 0 的情况下，当系统工作在机械点时，即 δ=1 时，传动效率达到峰值；而当系统工作点远离机械点时，传动效率将下降，尤其是在机械点后，传动效率将快速下降。在动力蓄电池组放电的情况下，随着放电功率的增大，峰值效率向着小分离因子方向移动，并且，动力蓄电池组功率越大，传动效率的峰值越小，如图 7-79 中左下方向箭头所示。在动力蓄电池组充电的情况下，传动效率的峰值点仍处于机械点处，但随着动力蓄电池组充电功率的增大，传动效率峰值逐渐减小，如图 7-79 中向下的箭头所示。

根据上述分析可知，由于系统的功率分流特性，在不同动力蓄电池组的充、放电功率下，系统传动效率将受到分离因子的显著影响。工程中常用的发动机最优控制策略忽视了系统传动效率对油耗的影响，必然难以充分发挥系统的节能潜力。

根据上述传动效率的定义可知，在确定系统输出功率和动力蓄电池组功率的前提下，传动效率将决定发动机输出功率，即 $P_e=f_{pe}(P_o, P_{bat}, \eta_{tr})$，且最优的传动效率对应确定状态下的最小发动机输出功率，而发动机效率与系统燃油消耗率呈反比，即最优的发动机效率对应最小的发动机燃油消耗率。结合式（7-18）可知，发动机喷油率为发动机功率与燃油消耗率的乘积，那么，最优的系统综合效率即对应最小的发动机喷油率，由此可得瞬时最优控制的目标函数，如式（7-24）所示。传动效率又是关于分离因子的函数，因此，发动机喷油率 B_e(g/h) 最终可以表示为车速、系统输出功率、动力蓄电池组功率和分离因子的关系式。

$$\begin{aligned} B_e &= f_B(v, P_o, P_{bat}, \eta_{tr}) \\ &= f_B(v, P_o, P_{bat}, \delta) \end{aligned} \tag{7-24}$$

由式（7-24）可知，针对确定的行驶工况点，如果系统输出功率 P_o 和车速 v 确定，那么在行星式混合动力系统的优化能量管理问题中，控制变量将包含动力蓄电池组功率 P_{bat} 和分离因子 δ 两个维度，再考虑优化问题中的系统状态变量，计算维度进一步增加，会导致优化算法的运算量十分庞大。基于此，将这两个控制维度拆分为两个控制层级。首先在确定的系统输出功率、车速和动力蓄电池组功率下，以分离因子 δ 为控制变量、以系统综合效率最优为控制目标开展瞬时最优控制。

7.6.3.2 瞬时最优工作点求解

瞬时最优控制策略是在确定的系统状态和给定的目标动力蓄电池组功率下实现系统综合效率最优，结合式（7-23）优化目标函数可以表示为

$$J_{ins}=\min[B_e] \tag{7-25}$$

设定 $x=[v, P_o, P_{bat}]$，为系统状态；$u=\delta$，为控制变量。可见，瞬时最优策略的优化计算结果为不同车速、系统输出功率和动力蓄电池组功率下的最优分离因子。若要在控制策略中应用最优分离因子，将涉及三维查表，不利于实际应用。同时，基于瞬时最优策略开展全局优化计算时，三维查表会增加优化过程中的数据传输量，影响算法整体运算速度。结合式（7-26）可知，系统输出功率 P_o 与动力蓄电池组功率 P_{bat} 之间仅有一个非线性因素，即 MG2 的工作效率。基于此，定义系统等效输出功率 P_o'：

$$P_o'=\begin{cases} P_o + P_{bat}\eta_m\eta_{r2} & T_m > 0 \\ P_o + P_{bat}/(\eta_{r2}\eta_m) & T_m \leqslant 0 \end{cases} \tag{7-26}$$

式中 T_m——电机 MG2 的转矩（N • m）。

基于式（7-26），最优分离因子即可表征为系统等效输出功率与车速的二维关系，能有效简化最优分离因子的求解形式。式中，MG2 的效率根据实车历史运行数据采用其平均工作效率。考虑到系统的非线性特性，采用遗传算法来求解系统在不同状态下的瞬时最优控制变量。定义发动机的瞬时喷油率 B_e 为遗传算法的适应度：

$$\begin{aligned}&fitness=f_f(v, X_i)\\&\text{S.t.}\\&v=[\omega_e, T_e]\\&X_i=[P'_o, v]\end{aligned} \tag{7-27}$$

式中 ω_e——发动机的转速（r/min）；

T_e——发动机的转矩（N • m）；

v——车速（m/s）。

在确定车速下，系统输出功率和输出转矩直接对应，考虑到需求转矩在实车控制中更为常用，计算得到不同系统输出转矩和车速下的系统瞬时最优分离因子。

7.6.4 智能优化能量管理策略设计

随着智能交通系统的不断发展，车联网技术率先在客车、货车等商用车领域得到应用。采用车联网技术解决混合动力汽车能量管理的实时优化控制已成为当前研究关注的焦点。相关研究表明，利用车联网信息、智能交通（Intelligent Traffic System，ITS）建立优化车辆节能能量管理策略，可进一步实现车辆 10% ～ 20% 的深度节能效果。为了给混合动力汽车的实时能量管理和优化问题提供新思路，本节从车联网信息应用的角度介绍当前融合车联网信息的工况预测智能优化能量管理策略研究工作。

7.6.4.1 车联网技术的发展与应用

车联网是以车内网、车际网和车载移动互联网为基础，如图 7-80 所示。按照约定的通信协议和数据交互标准，在 V2X（X：车、路、行人及互联网等）之间进行无线通信和信息交换的大系统网络，能实现智能交通管理、智能动态信息服务和车辆智能化控制的一体化网络。

V2X 智能网联技术是物联网在车辆驾驶情景中的重要应用，如图 7-81 所示。V2X 是自动驾驶和智慧交通的重要一环。V2X 是 V2V（Vehicle to Vehicle，车车通信）、V2I（Vehicle to Instruction，车路通信）、V2P（Vehicle to Pedestrian，车行人）、V2N（Vehicle to Network，车互联网通信）等的统称。通过 V2X 可以获得实时路况、道路信息、行人信息等一系列交通信息，从而带来远距离环境信号。通过整合定位系统导航技术、车对车交流技术、无线通信及远程感应技术，奠定了新的汽车技术发展方向，实现了手动驾驶和自动驾驶的兼容。

V2X 通信技术目前有 DSRC 与 LTE-V2X 两大路线。

1）DSRC（Dedicated Short Range Communication，专用短程通信）发展较早，目前已经非常成熟，基于 IEEE802.11p 标准。

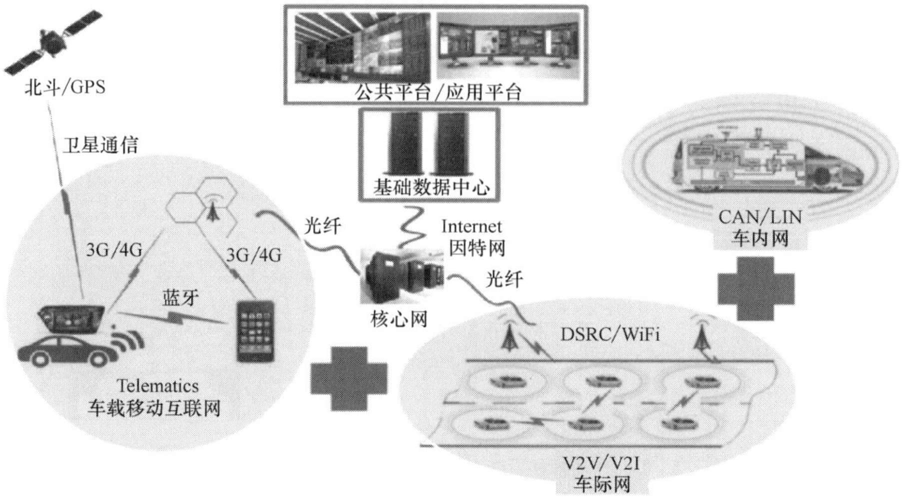

图 7-80　车联网概念示意图

图 7-81　V2X 的应用场景

2）LTE-V2X 技术以 LTE 蜂窝移动通信网络作为 V2X 通信的基础，主要解决交通实体之间的“共享传感”（Sensor Sharing）问题，可将车载探测系统（如雷达、摄像头）从数十米视距范围扩展到数百米以上非视距范围，成倍提高车载智能控制系统的效能，实现在相对简单的交通场景下的辅助驾驶。

LTE-V2X 包括蜂窝通信和直接通信两种工作模式。

1）蜂窝通信模式借助已有的 LTE 蜂窝网络，支持高带宽、广覆盖、长距离的通信连接，满足道路事故 / 施工提醒、信号灯提醒、车速引导、动态地图等信息服务、交通效率类车联网应用需求。

2）直接通信模式既可以在网络覆盖内工作，又可以在网络覆盖外工作，使用 5.9GHz 附近的 ITS 专用频谱进行终端设备之间的直接通信，实现车辆与周边车辆、路侧基础设施、行人等节点的低时延、高可靠的通信，重点满足前向碰撞预警、十字路口防碰撞预警、紧急车辆预警等行车安全类车联网应用需求。

当前车联网技术的应用包括以下三方面。

（1）提供信息服务及管理

为交通管理机构提供服务：极大地提高实时交通、通行、停车和道路条件信息的数量和质量，更高效地管理运输系统，为城市交通规划提供支持。为驾乘人员提供全面人性的服务：选择出行方式的实时信息支持、路径规划信息支持、充电站推荐等。

（2）提高行车安全

车联网能提高行驶安全性，它可以提前 300 ～ 500m 进行预判，而这要比摄像头能侦测的范围更广。如果前车开启了双闪警报，或者出现了紧急制动等危险情况，在车道后方的所有车辆都会收到通知，距离过近的话甚至会自动制动。此外，当相邻车道有车高速驶来时，驾驶人也会收到车内提示。

（3）促进车辆节能及环保行驶

车联网不仅可以减少交通事故、节省驾驶时间、减缓交通拥堵，还可以降低车辆燃油消耗量。智能网联车辆的安全系统，能够减少车辆间的碰撞，从而减少拥堵等情况，提高整体燃油经济性。通过车联网技术，车辆可以感知周边微观交通状况，进行车速辅助控制，减少不必要的操作。统计表明，低效的减速或对当前交通状况缺乏预期导致的燃油浪费占车辆整体能耗的22%。基于车联网技术提供的先验知识，按照Mandava等人设计的速度曲线生成算法，能够使车辆连续在绿灯时穿过数个十字路口的概率最大化。仿真结果显示，车辆按照优化的速度行驶比正常行驶的车辆节省12.14%的燃油。通过节能驾驶速度引导系统，能够在郊区环境下降低11.5%的油耗，在市区环境下降低5.3%的油耗。

7.6.4.2 基于智能优化算法的能量管理策略

在车辆的实际运行中，行驶工况不是事先确定的，而是根据实际情况随时变化的。如果可以获取前方道路及交通信息，就可有效地对混合动力汽车进行动力分配，并且根据这些信息调整车辆的行驶路径，从而进一步减少燃油消耗量。以下给出两种方法。

1. 基于行驶工况预测的混合动力汽车多模式能量管理策略

行驶工况的车速和道路坡度是影响混合动力汽车燃油经济性的两个重要因素。安装于混合动力汽车的全球定位系统（Global Position System，GPS）、通用分组无线服务（General Packet Radio Service，GPRS）技术等车载辅助设备为车辆与控制中心平台提供了交互的可能，通过前车与控制中心的数据交互实现对行驶工况预测。基于这个思路，利用行驶数据的聚类与分类，提出了多模式逻辑切换控制策略，如图7-82所示。

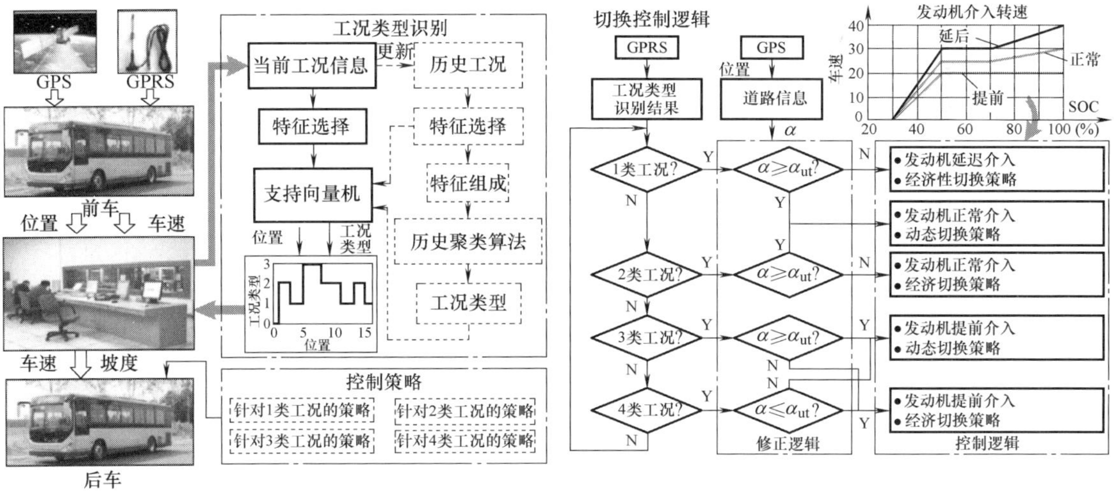

图7-82 基于行驶工况预测的混合动力汽车能量管理策略

1）对采样的历史数据进行特征参数的提取。

2）基于聚类结果，利用支持向量机方法对行驶工况进行预测。

3）基于现有行驶工况和坡度信息建立切换控制器。

仿真结果表明，与传统方法相比，这种策略改善效果明显，为工程应用提供了理论基础。试验证明，所提出的控制方法在实车上应用是可行的。

2. 基于动态交通数据反馈的混合动力汽车能量管理策略

随着远程通信技术及交通监控系统的不断发展，车辆可以随时随地访问实时交通速度数据，这为混合动力汽车能量管理的深度节能优化提供了新思路。基于动态交通数据反馈的混合动力汽车能量管理策略，可以利用实时反馈的动态交通数据，结合车辆自身位置信息和目的地信息，应用 SOC 规划算法实现对行驶任务动力蓄电池 SOC 的全局提前规划；而在实时控制时域中，通过预测当前控制时域下的车速工况，结合模型预测控制（Model Predictive Control，MPC）算法实现动力源转矩的最优分配控制。通过将所规划的 SOC 曲线以终值 SOC 约束的形式引入，为滚动时域层的反馈控制算法提供了很好的控制灵活性，从而可以在局部寻优的过程中对 SOC 规划误差进行补偿。如图 7-83 所示，这种策略成功地将动态交通流数据融入混合动力电动汽车能量管理算法中，进一步提升了混合动力电动汽车的燃油经济性。

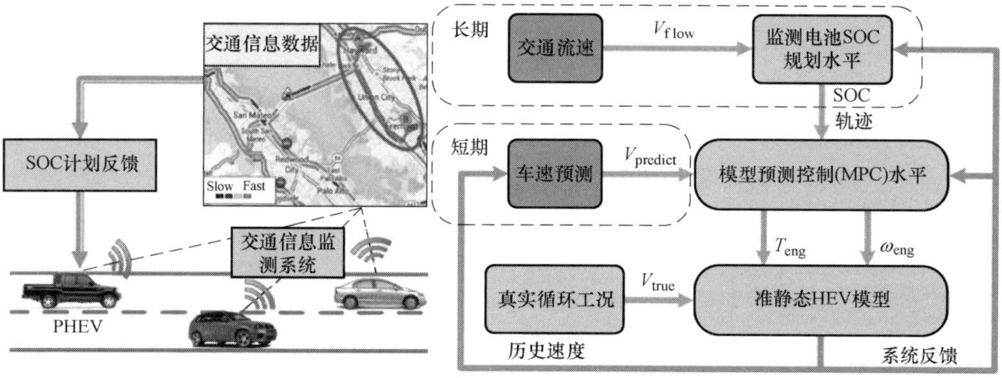

图 7-83 基于动态交通数据反馈的混合动力电动汽车能量管理策略

7.7 系统优化设计

混联式混合动力电动汽车的优化设计主要包括构型优化设计、参数优化设计和控制策略优化设计三个方面。

7.7.1 构型优化设计

作为混合动力系统开发的初期内容，构型拓扑设计是实现混合动力汽车性能的基础和关键环节。不同的传动方案除了具有不同的动力源、制动离合构件，还包括了复杂多变的行星耦合机构，它们之间不同的连接关系构成了各式各样的混合动力传动系统，自然也对整车性能有着多方面的影响。目前，围绕行星排混联式混合动力系统设计方面的研究，主要集中于应用穷举法或图论方法对行星排混联系统进行建模分析与构型拓扑设计。

7.7.1.1 穷举法

穷举法的基本思路是：以不同的动力源、行星耦合机构数目和制动离合构件为基础，利用系统配置搜索方法或自动化建模方法，对所有构型的动力性能和燃油经济性进行优化计算，最后基于性能要求实现最优行星构型方案快速设计。

7.7.1.2 图论法

图论法的基本原理是：研究能够被抽象成一组点和连接它们的表示某种特定关系的一组线所构成的图形，将图论理论应用到构型综合拓扑设计中，通过构建行星耦合机构邻接矩阵和构件邻接矩阵，经动力耦合器的多排行星轮机构的构型综合问题转化为行星轮机构邻接矩阵的运算问题，得到多排行星轮机构的拓扑图和构型综合方案，为后续构型方案的同构判断提供数学模型。随后，从输入输出构件特性、整车布置和动力性能等目标进行构型优选，并基于经济性能做进一步筛选，得到符合设计目标的最终构型。

7.7.2 参数优化设计

混合动力系统参数匹配的目的是在满足整车动力性要求的前提下，尽可能使动力传动系统在不同工况运行中，各个动力总成效率特性相互配合统一。这样，在合理的控制下，动力总成即可单独或协同高效工作，从而实现系统的高效运行。

相对于串联式和并联式混合动力车型，混联式混合动力汽车动力总成系统结构的多样性和多自由度的特点，使其更具优势和市场竞争力。也正是因为动力系统多自由度的特点，其动力总成参数匹配成了一个难度更大的、多变量多目标优化的最优求解问题。

优化匹配法因为其高效、精确的优点在国内外得到广泛应用，更加适用于求解多维非线性约束问题，并逐渐替代传统的约束匹配法。采用优化匹配法进行行星排混联式混合动力电动汽车动力系统参数匹配时，首先建立可以评价整车性能指标的模型，然后采用优化算法优选动力系统参数，使其满足性能约束的同时使某个或多个性能指标最优。

优化匹配法需要确定优化变量以及边界，满足系统的约束，构建目标函数并选择优化算法。优化变量即匹配的动力系统参数，通常选择能够代表动力部件特性的参数，如发动机功率、电机额定转矩、动力蓄电池组容量等，变量边界根据实际情况选择。系统的约束即整车性能指标约束和工况性能约束：整车性能指标约束通过仿真模型计算得到，优化算法通过选择合适的优化变量满足整车性能指标；工况性能约束通过工况与仿真车速误差来确定。目标函数为需要优化的某一个或多个性能指标，包括燃油消耗量、排放性、动力性、成本等。

相比于穷举法和正交实验法等优化效率较低的算法，当前更倾向于应用优化时间短、优化精度高的优化算法，如梯度算法（序列二次规划算法、凸优化算法等）或非梯度算法（模拟退火算法、遗传算法、粒子群算法等）。梯度算法需要函数的导数、梯度等数学特征，非梯度算法通常为启发式算法，不需要数学特征信息。因为梯度算法要求目标函数连续、可微，对于混合动力系统参数优化问题，这些条件很难满足，而且目标函数值也很难计算，并且得到的通常是局部最优解，所以不需要梯度信息且能自行跳出局部最优解的非梯度算法不断被应用于行星排混联式混合动力电动汽车。

7.7.3 控制策略优化设计

行星排混联式混合动力系统要实现最大的节能潜力，除了需要理想的参数匹配方案作为基础，还需要与参数匹配方案相配合的优化能量管理控制策略。

前述的控制策略属于基于规则的逻辑门限控制策略。该控制策略简单易行，鲁棒性强，但控制门限通常依据经验确定，无法获得最佳节油效果。本节主要介绍优化控制策略。根据优化控制策略能否满足在线应用的要求，混合动力系统的优化控制策略可以分为离线优化控制策略和在线优化控制策略两类。

7.7.3.1 离线优化控制策略

混合动力系统的优化能量管理问题是有限时域内受约束的优化问题，线性规划、遗传算法、粒子群算法、动态规划（Dynamic Programming，DP）等都可以用于混合动力系统控制策略的离线全局优化。全局优化能获得确定工况下目标函数的最优解，从而为探索混合动力系统的节油潜力、指导控制策略的优化改进以及系统的优化选型提供参考。在各类全局优化算法中，最具代表性的无疑是 DP 算法，然而，DP 算法要求行驶工况为先验知识，具有工况局限性。为解决该问题，结合随机数学方法和 DP 算法的随机动态规划算法（Stochastic Dynamic Programming，SDP）也有大量研究。该算法基于随机数学的优化方法，将优化能量管理问题视作无限时域内的随机优化问题，从而根据行驶工况的马尔可夫性，基于车辆当前状态及其状态转移概率实现车辆未来状态的预测，从统计学观点解决优化问题，无须基于确定的单一工况开展能量管理策略的优化。但动态规划算法的本质是贝尔曼最优理论，涉及多次迭代计算，具有“维度灾难”问题，无法避免庞大的运算负荷。除 DP 算法外，庞德里亚金最小原理（Pontryagin's Minimum Principle，PMP）在行星排混联式混合动力系统的能量优化控制中也有大量应用，能够实现与 DP 算法非常接近的控制效果。但其计算量较为庞大，且 PMP 方法中哈密尔顿函数最小值的求解也需要知道整个行驶工况的信息，具有工况局限性，导致无法在线应用。

总体来说，离线优化控制策略能够获得确定行驶工况下的全局最优解，但确定行驶工况所带来的工况局限性导致离线优化控制无法适应在线复杂多变的真实行驶工况，且庞大的运算负荷难以保证在线控制策略的实时性要求。

7.7.3.2 在线优化控制策略

当前各类在线优化控制策略中，等效燃油消耗最小策略（Equivalent Consumption Minimization Strategy，ECMS）利用等效油电转化系数实现油电转化并求解瞬时最小的综合油耗，具有良好的计算速度，易于保证在线应用的实时性。

但是，工况的变化会导致油电转换系数发生变化。为了进一步提高系统的燃油经济性或者排放水平，不少研究将自适应控制 A-ECMS（Adaptive-ECMS）应用于行星式混合动力系统的能量管理策略，使控制策略的等效油电转换系数能够根据实际的工况进行变换，且具有良好的鲁棒性。ECMS 与 DP 算法相比，不是最优解，但是被验证为次优解。

随着 GPS、智能交通系统（Intelligent Traffic System，ITS）、地理资讯系统（Geographic Information System，GIS）、汽车雷达系统等技术的发展，目前能够对车辆未来一些路况信息进行基本的预测。基于该前提，一些学者提出了基于模型预测的控制。模型预测控制是近年来广泛讨论的反馈控制理论，它具有前馈 - 反馈结构，能在优化的意义上显示主动处理时域硬约束以及在优化控制的框架下考虑系统的非线性特性等特点，因而逐渐应用到快速动态系统和嵌入式系统之中。

基于预测方法的不同，模型预测控制（Model Predictive Control，MPC）也可以分为两类：一类是通过结合导航系统、GPS、GIS 实现对未来行驶工况的预测，进而在有限时域内开展全局优化，以实现在真实行驶环境中更好地发挥混合动力系统的节能潜力；另一类方法是将驾驶人需求视作马尔可夫过程，基于随机数学方法实现未来需求的预测，得到基于随机 MPC 的能量管理策略。基于 MPC 的能量管理策略通过对工况信息或驾驶人需求的预测，有效解决了在线优化控制策略的工况局限性问题，而通过滚动时域内的优化求解，也能够保证在线能量管理策略的近似最优控制效果。

7.7.4 优化设计举例

除能量管理策略以外，混联式混合动力电动汽车的整车动力传动系统参数配置也会影响包括动力性、经济性在内的整车性能，并将决定燃油经济性的上限值。因此，优化设计整车动力传动系统参数是匹配参数后一个至关重要的问题。此类优化需要面对混联式混合动力汽车这一不连续、不可微、变量多维度且为有条件约束的高度非线性系统。针对此类问题，目前的解决方法主要有梯度算法和非梯度算法两种。

基于梯度的搜索方法，如序列二次规划（Non-Linear Programming by Quadratic Lagrangian，NLPQL）、多功能优化系统技术（Multifunction Optimization System Tool，MOST）要求目标函数连续、可微，并满足 Lipschitz 条件，其收敛速度快、算法稳定性好、边界搜索能力强。

非梯度算法，如多岛遗传算法（Multi-islands Genetic Algorithm，MIGA）、模拟退火（Simulated Annealing，SA）算法，该类算法不需要目标函数的梯度信息，且能自行跳出局部最优解，其搜索范围广，不易陷入局部最优解，适合于求解多变量、高度非线性问题的多目标函数优化问题。

针对图 7-4 所示的开关混联式混合动力系统，本节使用多岛遗传算法和序列二次规划算法结合的方法，拟定车辆优化目标和约束条件，并给出优化流程。

7.7.4.1 目标函数

通常参数匹配过程中可以有整车燃油经济性 $f_{\text{fuel}}(x)$ 和爬坡度 $f_{\text{climb}}(x)$、100km 加速时间 $f_{\text{acctime}}(x)$ 等多个目标，但由于设计优化主旨是在满足动力性指标约束条件的前提下寻找具有最佳燃油经济性的动力系统设计方案，因此选择整车燃油经济性 $f_{\text{fuel}}(x)$ 作为主要目标函数，将其他目标转化为响应约束条件：

$$\begin{cases} \min f_{\text{fuel}}(X_{\text{pt}}) \\ s.t.\ \ g_{j\text{pt}}(X_{\text{pt}}) \geqslant 0 \quad j_{\text{pt}} = 1,2,\ldots,m_{\text{pt}} \\ x_{i_{\text{pt}}}^{\text{low}} \leqslant x_{i_{\text{pt}}} \leqslant x_{i_{\text{pt}}}^{\text{high}} \quad i_{\text{pt}} = 1,2,\ldots,n_{\text{pt}} \end{cases} \tag{7-28}$$

式中　$f_{\text{fuel}}(X_{\text{pt}})$——选取的主要目标函数；

X_{pt}——优化变量；

$g_{j\text{pt}}(X_{\text{pt}})$——约束条件；

m_{pt}——约束条件个数；

$x_{i_{\text{pt}}}$——待优化参数；

n_{pt}——优化变量个数；

$x_{i_{\text{pt}}}^{\text{low}}$——第 i_{pt} 个待优化参数的下限；

$x_{i_{\text{pt}}}^{\text{high}}$——第 i_{pt} 个优化参数的上限。

其中，$f_{\text{fuel}}(X_{\text{pt}})$ 表达式如下：

$$f_{\text{fuel}}(X_{\text{pt}}) = V_{\text{fuel}}(X_{\text{pt}}) \tag{7-29}$$

式中　$V_{\text{fuel}}(X_{\text{pt}})$——仿真工况内开关混联式混合动力电动汽车的整车油耗（L/100km）。

7.7.4.2　优化变量

由于实际车辆中具有大量的设计参数，对所有动力系统参数和控制参数全部进行优化是难以实现的。作为示例，本节中使用基于动态规划的全局最优能量管理策略对动力系统的节能潜力进行评估，因此不需要选取控制参数。此外，仅选择对车辆能耗具有重大影响的动力系统参数进行优化。针对某一参数来说，需要设定其上下限等边界条件，并以区间中某一值为初始值进行优化。本节中选取的车辆动力传动系统优化参数见表 7-9。

表 7-9　选取的车辆动力传动系统优化参数

待优化参数	最小值	最大值	初始值
发动机峰值功率 /kW	$P_{\text{e\_p\_min}}$	$P_{\text{e\_p\_max}}$	$P_{\text{e\_p\_init}}$
电机峰值功率 /kW	$P_{\text{m\_p\_min}}$	$P_{\text{e\_p\_max}}$	$P_{\text{e\_p\_init}}$
主减速比	$i_{\text{o\_min}}$	$i_{\text{o\_max}}$	$i_{\text{o\_init}}$
动力蓄电池组容量 /A · h	Q_{min}	Q_{max}	Q_{init}

7.7.4.3　约束条件

为满足混合动力电动汽车的动力性要求，约束条件见表 7-10。

表 7-10　约束条件

约束项	最小值
最高车速 /（km/h）	u_{max}
100km 加速时间 /s	t
30km/h 车速下最大爬坡度（%）	i
动力蓄电池 SOC 终值	[SOC_{min}, SOC_{max}]

7.7.4.4 优化算法

针对混联式混合动力电动汽车动力系统的参数优化问题，将序列二次规划算法引入多岛遗传算法形成组合优化。多岛遗传算法的优势在于全局大范围寻优且能避免陷入局部最优，但它存在“过早收敛”的缺陷，而且在进化后期搜索效率较低，种群的进化缓慢。序列二次规划则拥有良好的局部寻优效率，收敛速度快，且边界搜索能力强。

1. 多岛遗传算法

多岛遗传算法提供了相应的迁移率，即一个岛上的个体将有多大的概率进行迁移；迁移过程中，被选中的个体将迁往其他岛。由于 MIGA 算法内的迁移机制，算法能有效保证解的多样性，提高了搜索到全局最优解的机会，避免提前收敛而不能获得全局最优解。整个算法能在大范围内进行快速搜索，适用于“多峰”“多谷”问题。

2. 序列二次规划算法

序列二次规划算法具有算法稳定性好、收敛速度快、边界搜索性好等优点，特别适用于求解有条件约束的非线性数学规划问题。作为 NLPQL 的核心算法，序列二次规划（Sequential Quadratic Programming，SQP）具有良好的收敛性。SQP 算法可以将非线性问题线性化，其方法是：

1）将目标函数以二阶泰勒级数展开，令优化问题转化为一个二次规划问题。

2）在相应的约束条件下求解该二次规划问题，并求解出下一个迭代点。

在本章的组合优化算法中，NLPQL 在多岛遗传算法完成初步搜索后进行再次寻优，从而能在局部进行高速有效的搜索，加快整个算法的求解速度。

3. 混合算法

将二者结合，组合算法的主要思路是：MIGA 被用来进行大范围粗精度的搜索，混合算法中充分利用它收敛速度快、搜索范围广的特点，进行全局大范围搜索；NLPQL 被用来进行小范围高精度的搜索，混合算法中利用 NLPQL 这一数值型的优化算法，对 MIGA 的优化结果进行局部优化，寻找到局部最优点。整个优化流程基于 Matlab 和 Isight 软件环境开发，如图 7-84 所示。

目标函数（燃油经济性）在组合算法迭代过程中的变化情况如图 7-85 所示，虚线左侧内容为多岛遗传算法（MIGA）优化过程，右侧为序列二次规划算法（NLPQL）优化过程。

本例中开关混联式混合动力电动汽车的燃油经济性（100km 油耗值）随着迭代次数的增加呈现出递减的趋势，并且逐渐呈收敛趋势。但具体来看，其收敛过程中仍然会出现反复震荡，并且来回波动。观察整个优化过程，组合算法体现了较强的全局搜索能力和一定的局部搜索能力。

图 7-86 中展示了四个优化参数：主减速比、发动机峰值功率、电机峰值功率和动力蓄电池组容量的变化趋势。由图可知四个参数均随着优化迭代次数的增加而呈现收敛趋势。

（1）主减速比

主减速比 i_0 基本在初始值附近波动，随着迭代次数的增加呈现上升趋势。主减速比优化幅度较小，这侧面说明了主减速比受到满足动力性和整车经济性需求的约束较强。

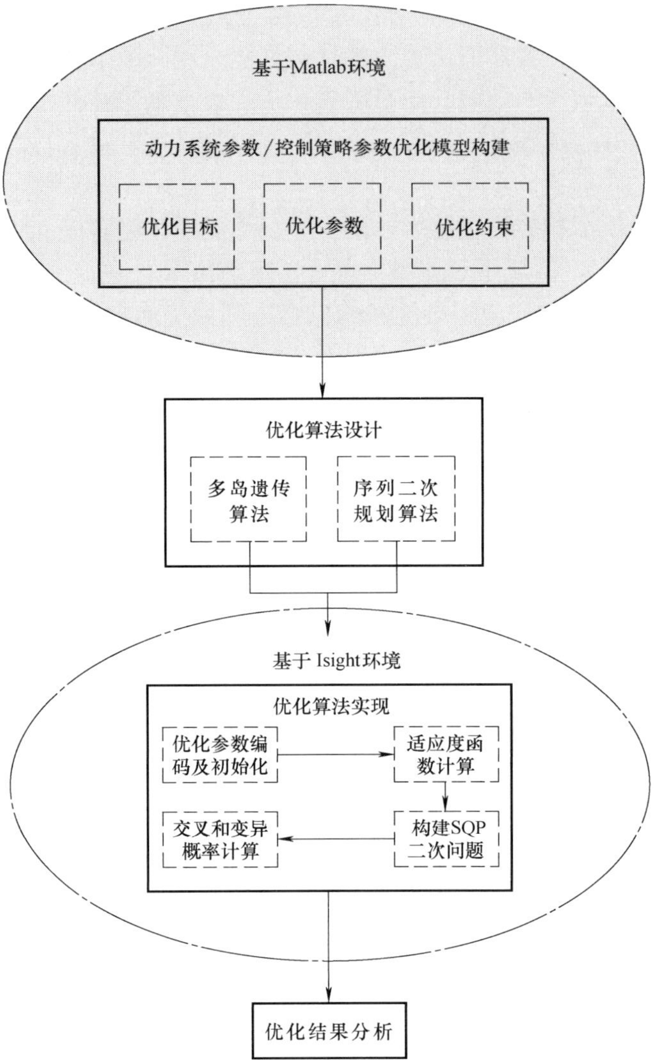

图 7-84 混联式混合动力系统设计优化流程

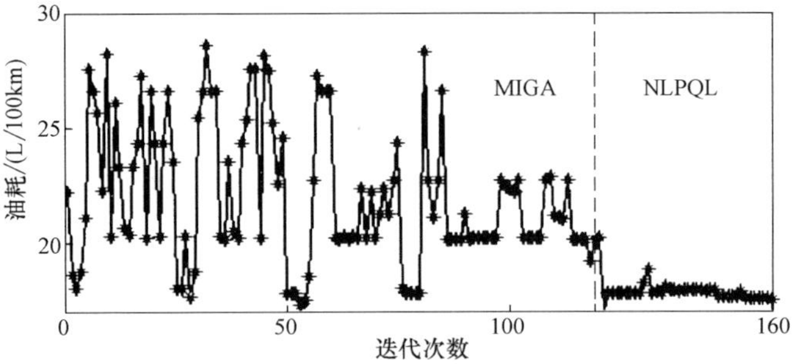

图 7-85 目标函数随迭代次数的变化情况

（2）发动机峰值功率和电机峰值功率

发动机峰值功率随迭代次数的增加呈现明显下降趋势，而电机峰值功率呈现上升趋势。这说明，在优化过程中，为实现整车燃油经济性的目标函数最优，发动机功率需要减小，而电机动力性能则需要提高。

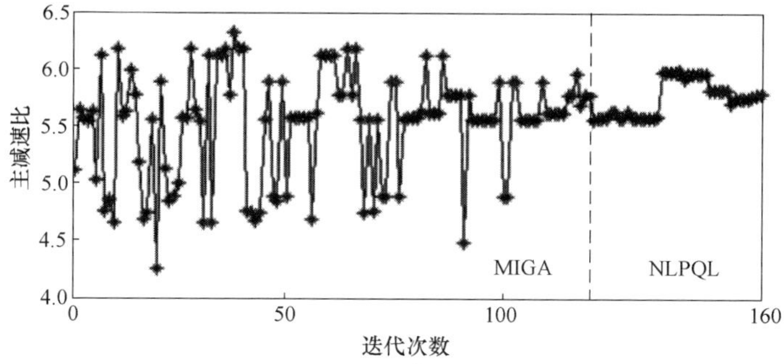

a)

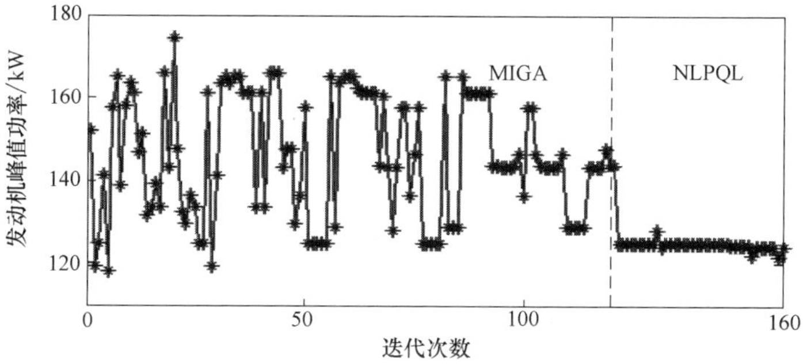

b)

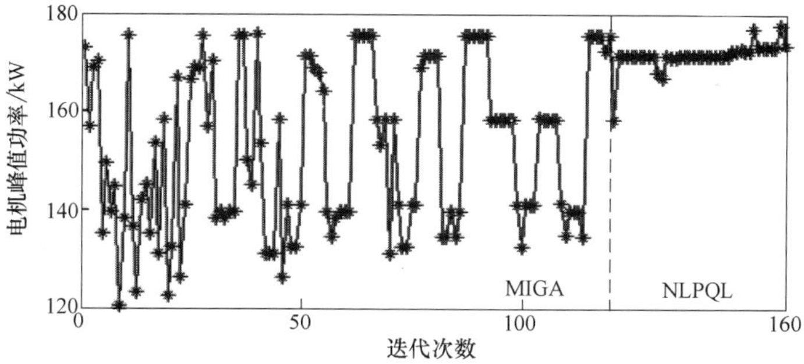

c)

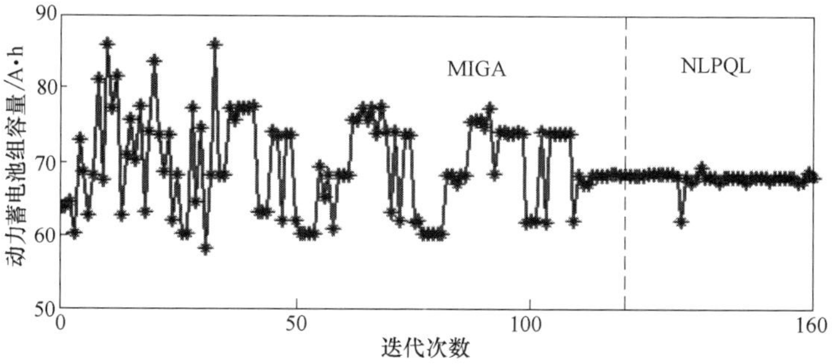

d)

图 7-86　四种优化参数随迭代次数的变化情况

（3）动力蓄电池组容量

随迭代次数的增加，动力蓄电池组容量呈下降趋势，即初始选取的整车动力蓄电池组容量过大。

在组合算法优化前后，四个优化参数、整车 100km 燃油消耗以及 SOC 终值的变化见表 7-11。由表 7-11 可知，该混联式动力系统参数经过组合算法优化后，其整车 100km 燃油消耗由 18.51L 降至 17.24L，同时 SOC 终值维持在一个相近的区间。

表 7-11　优化前后优化参数、车辆燃油经济性和 SOC 终值对比

比较项目		优化前	优化后	选取值
优化参数	发动机峰值功率 /kW	147	123.7	128
	电机峰值功率 /kW	148	171.5	166
	主减速比	5.33	5.78	5.71
	动力蓄电池组容量 /A·h	72	68	68
燃油经济性 /（L/100km）		18.51	17.24	17.41
SOC 终值		0.3024	0.2982	0.2931

最后，考虑到优化问题的实际性质，计算所得结果仍需要结合工程实际应用中的相关标准，同时优化参数所对应的实际值应该在考虑成本的前提下进行相关调整。

7.8　整车集成设计

7.8.1　混联式混合动力总成结构优化设计

7.8.1.1　问题描述

针对图 7-4 所示的开关混联式混合动力系统，当 ISG 电机拖起发动机的瞬间，动力系统的传动轴将会承受来自 ISG 电机和发动机共同作用的激励转矩。为了避免传动轴因转矩过大而发生“断轴”现象，通常会在发动机和 ISG 电机之间增加扭转减振器。

该扭转减振器具有如下两个作用。

1）针对 ISG 电机因激励频率和动力系统固有频率相同而导致的“共振”问题，扭转减振器充当的是“减振器”。

2）针对发动机在柴油压燃瞬间产生的“冲击转矩”，扭转减振器充当的是“隔振器”。

如果 ISG 电机与动力系统共振的时间和柴油压燃产生的瞬态冲击转矩时间相同或者相近，那么即使存在扭转减振器，传动轴依然可能会断裂。因此，从抑制扭转振动的角度出发，需要采取一定的办法来优化设计与该结构相关的参数，以解决发动机拖起工况中传动轴可能出现的“断裂”问题。

7.8.1.2　模型描述

为实现扭转抑制的目标，从优化角度讲，首先应构建出针对该问题的动力系统模型。

该系统包括柴油发动机、飞轮、扭转减振器、ISG 电机、离合器、主电机、主减速器、

差速器、车轮等。ISG 电机和主电机的充放电由动力蓄电池组、电机逆变器和整车控制器协同完成。发动机、ISG 电机和主电机的转矩相互耦合后通过主减速器以及差速器传递给车轮。

发动机拖起工况中存在如下描述：

1）城市客车处于低速运行状态，离合器处于分离状态，主电机驱动城市客车行驶，ISG 电机、发动机等动力源均不工作。

2）整车控制器通过 CAN 总线向 ISG 电机发出启动指令后，ISG 电机通过花键轴、扭转减振器向发动机输出转矩。

3）发动机、飞轮、扭转减振器随着 ISG 电机转子的转动而转动。当转速达到一定数值时，发动机气缸内柴油与空气混合物燃烧膨胀，并推动活塞向下运动。当发动机起动后，ISG 电机输出转矩骤降为 0。

4）离合器接合，发动机拖起工况结束，整个过程历时约 1.6s。

7.8.1.3 构建动力系统振动方程

发动机拖起工况开始之前，车辆离合器处于分离状态。因此，动力系统的力学模型可以简化为图 7-87 所示的结构。该模型对应一个非线性系统，其非线性特性主要来源于变刚度的扭转减振器。

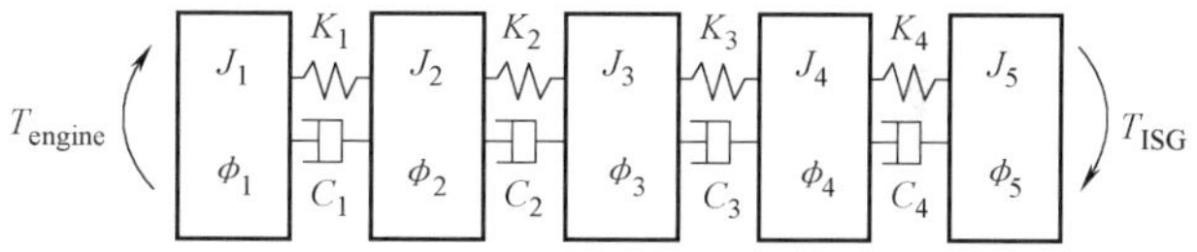

图 7-87 发动机拖起工况下动力系统力学简化模型

利用拉格朗日方程构建动力系统振动方程的过程如下。

1）系统的动能为

$$T=\sum_{i=1}^{5}\frac{1}{2}J_i\dot{\phi}_i^2 \tag{7-30}$$

式中 T——系统的动能（J）；

J——转动惯量（kg · m^2）；

ϕ——角位移（rad）。

2）系统的势能为

$$U=\sum_{j=1}^{4}\frac{1}{2}K_j(\phi_{j+1}-\phi_j)^2 \tag{7-31}$$

式中 U——系统的势能（J）；

K——扭转刚度（N · m/rad）。

3）系统的能量耗散为

$$F=\sum_{j=1}^{4}\frac{1}{2}C_j(\dot{\phi}_{j+1}-\dot{\phi}_j)^2 \tag{7-32}$$

式中 C——转动阻尼系数［N · m/(rad/s)］。

4）系统的广义力为

$$Q_1=-T_{engine},\ Q_2=Q_3=Q_4=0,\ Q_5=T_{ISG} \tag{7-33}$$

将上述四个公式代入含有耗散能的广义拉格朗日方程中，可以得到：

$$\frac{\mathrm{d}}{\mathrm{d}t}\left(\frac{\partial L}{\partial \dot{q}_i}\right)-\frac{\partial L}{\partial q_i}+\frac{\partial F}{\partial \dot{q}_i}=Q_i \tag{7-34}$$

其中 $L=T-U$。

动力系统的振动方程表述如下：

$$\begin{cases} J_1\ddot{\phi}_1+C_1\left(\dot{\phi}_1-\dot{\phi}_2\right)+K_1\left(\phi_1-\phi_2\right)+T_{\text{Engine}}=0 \\ J_2\ddot{\phi}_2+C_2\left(\dot{\phi}_2-\dot{\phi}_3\right)+K_2\left(\phi_2-\phi_3\right)-C_1\left(\dot{\phi}_1-\dot{\phi}_2\right)-K_1\left(\phi_1-\phi_2\right)=0 \\ J_3\ddot{\phi}_3+C_3\left(\dot{\phi}_3-\dot{\phi}_4\right)+K_3\left(\phi_3-\phi_4\right)-C_2\left(\dot{\phi}_2-\dot{\phi}_3\right)-K_2\left(\phi_2-\phi_3\right)=0 \\ J_4\ddot{\phi}_4+C_4\left(\dot{\phi}_4-\dot{\phi}_5\right)+K_4\left(\phi_4-\phi_5\right)-C_3\left(\dot{\phi}_3-\dot{\phi}_4\right)-K_3\left(\phi_3-\phi_4\right)=0 \\ J_5\ddot{\phi}_5-C_4\left(\dot{\phi}_4-\dot{\phi}_5\right)-K_4\left(\phi_4-\phi_5\right)=T_{\text{ISG}} \end{cases} \tag{7-35}$$

根据上述公式可以计算出各个部件在发动机拖起工况中的转矩数值，具体如下：

$$\begin{cases} \text{花键轴转矩绝对值：} \left|T_{\text{shaft}}\right|=\left|C_4(\dot{\phi}_4-\dot{\phi}_5)+K_4(\phi_4-\phi_5)\right| \\ \text{扭转减振器转矩绝对值：} \left|T_{\text{TVD}}\right|=\left|K_3(\phi_3-\phi_4)\right| \\ \text{飞轮转矩绝对值：} \left|T_{\text{flywheel}}\right|=\left|C_2(\dot{\phi}_2-\dot{\phi}_3)+K_2(\phi_2-\phi_3)\right| \\ \text{发动机转矩绝对值：} \left|T_{\text{engine}}\right| \\ \text{压燃柴油瞬间发动机转速：} \omega_{\text{engine}}=\dot{\phi}_1 \end{cases} \tag{7-36}$$

7.8.1.4 构建 ISG 电机与发动机转矩模型

发动机拖起工况为瞬态工况，在工程实践中可以通过 ISG 电机和发动机的转矩进行数值拟合。

ISG 电机输出的转矩与时间的函数表达式为

$$T_{\text{ISG}}=F(u,\ a,\ b,\ c)$$

式中 u——时间；

a、b、c——控制参数。

在发动机拖起工况中，ISG 电机输出转矩共分三个阶段。第 1 阶段（0 ～ 1.2s），输出转矩是时间 u 的 3 次函数；第 2 阶段（1.2 ～ 1.3s），输出转矩是 u 的 1 次函数；第 3 阶段（1.3 ～ 1.6s），输出转矩为 0。通过实验方法测得的 ISG 电机输出转矩与时间的关系数据见表 7-12。

利用最小二乘法拟合出的 ISG 电机输入转矩 T_{ISG} 的表达如式（7-37）所示。T_{ISG} 数值拟合和实验结果的时域对比如图 7-88 所示，可以看出，数值模拟结果和实验数据测试转矩数值基本吻合。

$$T_{\text{ISG}}=\begin{cases} au^3-bu^2+cu, & u\in[0,1.2] \\ 335-335(u-1.2), & u\in(1.2,1.3] \\ 0, & u\in(1.3,1.6] \end{cases} \tag{7-37}$$

其中，$a=256.3$，$b=769.1$，$c=833$。

表 7-12　ISG 电机输出转矩与时间的关系数据

时间 /s	转矩 /N·m	时间 /s	转矩 /N·m
0	0	0.75	303
0.05	44	0.80	309
0.1	82	0.85	314
0.25	171	1.00	326
0.35	213	1.05	329
0.45	245	1.10	331
0.50	258	1.15	334
0.55	270	1.20	336
0.60	280	1.30	0

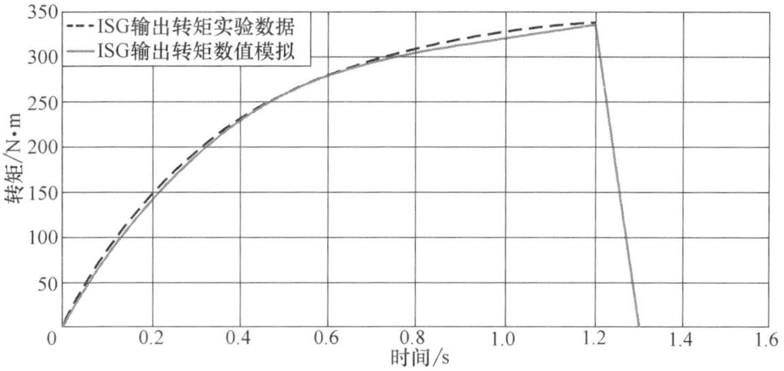

图 7-88　ISG 输出转矩实验数据与数值拟合的时域对比

柴油发动机起动之前，需要借助外力（这里指 ISG 电机的输入转矩 T_{ISG}）转动曲轴，发动机内部活塞做往复运动，气缸内的可燃混合气体燃烧膨胀做功，推动活塞向下运动使曲轴旋转，进行进气、压缩、喷油，直至燃油被压燃膨胀做功，发动机才能起动。

发动机在拖起工况中向传动轴作用的转矩 $T_{engine}=T_0+T_1$，其中 T_0 为最大静摩擦力。当发动机转速为 0 时，$T_0=T_{ISG}$；当发动机转速不为 0 时，$T_0=0$。T_1 为柴油被压燃瞬时发动机对传动轴的冲击转矩。通过试验测试得知，发动机转速、ISG 电机转速、ISG 电机输入转矩和时间的关系如图 7-89 所示。由发动机曲轴开始转动时刻的 ISG 电机的输入转矩数值可以确定最大静摩擦力 T_0 的大小，如图 7-89 所示。在本实例中，T_0=74N · m。

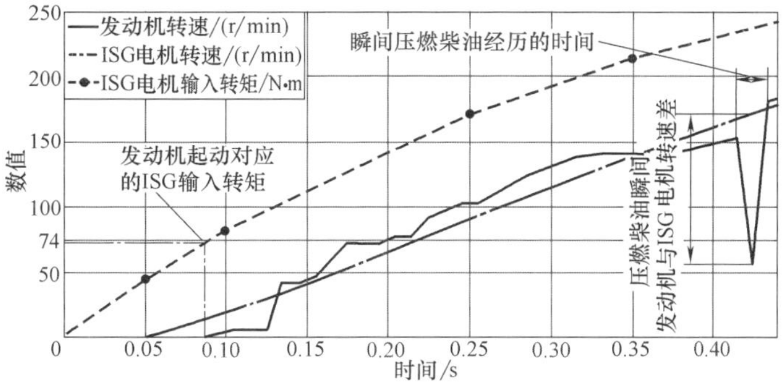

图 7-89　发动机 T_{engine} 试验数据图

T_1 是一个冲击力，其最大值 T_{1max} 可以表示为

$$T_{1\max} = K_1 \frac{\Delta n_{\text{engineISG}}}{60} \times 2\pi \quad (7\text{-}38)$$

式中　K_1——发动机曲轴角刚度（N·m/rad）；

$\Delta n_{\text{engineISG}}$——发动机气缸内活塞压燃柴油瞬间发动机与 ISG 电机的转速差（r/min）。

由试验数据得到 $\Delta n_{\text{engineISG}}$=120r/min。发动机气缸中活塞压燃柴油历时 t_0=0.02s，T_1 的表述为

$$T_1 = \begin{cases} 0, \quad \omega < \omega_{\text{压燃}} \\ \left.\begin{array}{l} 400\pi K_1 t_0, \quad t_0 \in [0, 0.01] \\ 4\pi K_1 - 400\pi K_1 (t_0 - 0.01), \quad t_0 \in [0.01, 0.02] \end{array}\right\} \omega \geqslant \omega_{\text{压燃}} \end{cases} \quad (7\text{-}39)$$

7.8.1.5　构建扭转减振器变刚度模型

这里以三级双质量飞轮作为扭转减振器的等效对象，其结构如图 7-90 所示。

减振弹簧 3 的刚度为 k_1，减振弹簧 5 的刚度为 k_2，减振弹簧 8 的刚度为 k_3，扭转减振器主动盘与从动盘的扭转角度差为 $\Delta\phi=\phi_3-\phi_4$。

因此，三级双质量飞轮的等效刚度曲线如图 7-91 所示，其中，θ_1=0.17（rad），θ_2=0.7（rad），θ_3=1.2（rad）。

当 $\Delta\phi\in(-\theta_1,\ \theta_1)$ 时，三个弹簧串联，第一级等效刚度为

$$s_1 = \frac{k_1 k_2 k_3}{k_1 k_2 + k_1 k_3 + k_2 k_3} \quad (7\text{-}40)$$

此时，扭转减振器的转矩 T_{TVD} 为

$$T_{\text{TVD}} = K_3(\phi_3 - \phi_4) = \frac{k_1 k_2 k_3}{k_1 k_2 + k_1 k_3 + k_2 k_3}\Delta\phi, \quad \Delta\phi \in (-\theta_1, \theta_1) \quad (7\text{-}41)$$

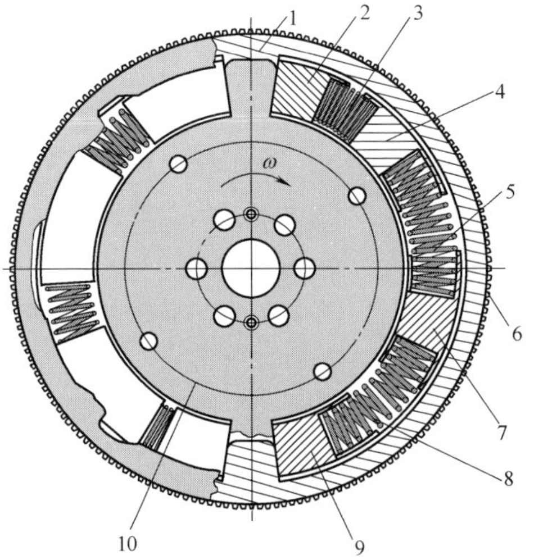

图 7-90　双质量飞轮的结构示意图

1—初级飞轮　2、4、7、9—弹簧座　3、5、8—减振弹簧　6—启动齿圈　10—从动盘

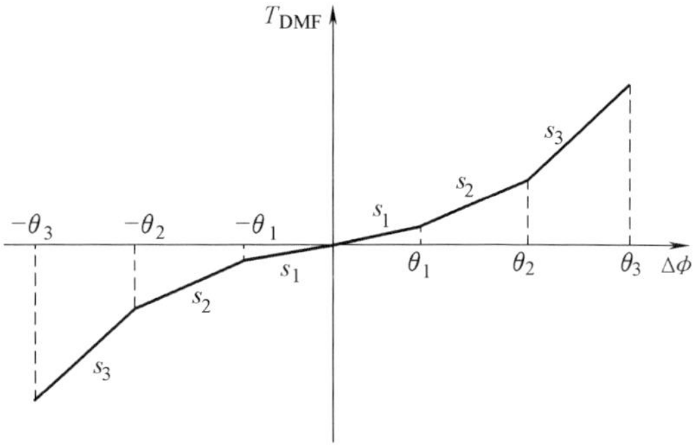

图 7-91　三级双质量飞轮刚度曲线

当 $\Delta\phi\in(-\theta_2, -\theta_1)\cup(\theta_1, \theta_2)$ 时，减振弹簧 3 被压缩完毕，弹簧座 2 与弹簧座 4 压紧，只有弹簧 5 与弹簧 8 串联工作，第二级等效刚度为

$$s_2=\frac{k_2k_3}{k_2+k_3} \tag{7-42}$$

此时，扭转减振器的转矩 T_{TVD} 为

$$T_{\mathrm{TVD}}=K_3\left(\phi_3-\phi_4\right)=\begin{cases}\dfrac{k_1k_2k_3}{k_1k_2+k_1k_3+k_2k_3}\theta_1+\dfrac{k_2k_3}{k_2+k_3}\left(\Delta\phi-\theta_1\right), & \Delta\phi\in\left(\theta_1,\theta_2\right)\\ -\dfrac{k_1k_2k_3}{k_1k_2+k_1k_3+k_2k_3}\theta_1+\dfrac{k_2k_3}{k_2+k_3}\left(\Delta\phi+\theta_1\right), & \Delta\phi\in\left(-\theta_2,-\theta_1\right)\end{cases} \tag{7-43}$$

当 $\Delta\phi\in(-\theta_3, -\theta_2)\cup(\theta_2, \theta_3)$ 时，减振弹簧 3 和减振弹簧 5 都被压缩完毕，弹簧座 2 与弹簧座 4 压紧，弹簧座 4 与弹簧座 7 也压紧，只有减振弹簧 8 独立工作，第三级等效刚度为 $s_3=k_3$。

此时，扭转减振器的转矩 T_{TVD} 为

$$\begin{aligned}T_{\mathrm{TVD}}&=K_3\left(\phi_3-\phi_4\right)\\&=\begin{cases}\dfrac{k_1k_2k_3}{k_1k_2+k_1k_3+k_2k_3}\theta_1+\dfrac{k_2k_3}{k_2+k_3}\left(\theta_2-\theta_1\right)+k_3\left(\Delta\phi-\theta_2\right), & \Delta\phi\in\left(\theta_2,\theta_3\right)\\ -\dfrac{k_1k_2k_3}{k_1k_2+k_1k_3+k_2k_3}\theta_1+\dfrac{k_2k_3}{k_2+k_3}\left(\theta_2-\theta_1\right)+k_3\left(\Delta\phi+\theta_2\right), & \Delta\phi\in\left(-\theta_3,-\theta_2\right)\end{cases}\end{aligned} \tag{7-44}$$

因此，式（7-35）可以变形为

$$\begin{cases}J_1\ddot{\phi}_1+C_1\left(\dot{\phi}_1-\dot{\phi}_2\right)+K_1\left(\phi_1-\phi_2\right)+T_{\mathrm{engine}}=0\\ J_2\ddot{\phi}_2+C_2\left(\dot{\phi}_2-\dot{\phi}_3\right)+K_2\left(\phi_2-\phi_3\right)-C_1\left(\dot{\phi}_1-\dot{\phi}_2\right)-K_1\left(\phi_1-\phi_2\right)=0\\ J_3\ddot{\phi}_3+C_3\left(\dot{\phi}_3-\dot{\phi}_4\right)+T_{\mathrm{TVD}}-C_2\left(\dot{\phi}_2-\dot{\phi}_3\right)-K_2\left(\phi_2-\phi_3\right)=0\\ J_4\ddot{\phi}_4+C_4\left(\dot{\phi}_4-\dot{\phi}_5\right)+K_4\left(\phi_4-\phi_5\right)-C_3\left(\dot{\phi}_3-\dot{\phi}_4\right)-T_{\mathrm{TVD}}=0\\ J_5\ddot{\phi}_5-C_4\left(\dot{\phi}_4-\dot{\phi}_5\right)-K_4\left(\phi_4-\phi_5\right)=T_{\mathrm{ISG}}\end{cases} \tag{7-45}$$

其中，

$$T_{\mathrm{TVD}}=\begin{cases}\dfrac{k_1k_2k_3}{k_1k_2+k_1k_3+k_2k_3}\Delta\phi, & \Delta\phi\in\left(-\theta_1,\theta_1\right)\\ \dfrac{k_1k_2k_3}{k_1k_2+k_1k_3+k_2k_3}\theta_1+\dfrac{k_2k_3}{k_2+k_3}\left(\Delta\phi-\theta_1\right), & \Delta\phi\in\left(\theta_1,\theta_2\right)\\ -\dfrac{k_1k_2k_3}{k_1k_2+k_1k_3+k_2k_3}\theta_1+\dfrac{k_2k_3}{k_2+k_3}\left(\Delta\phi+\theta_1\right), & \Delta\phi\in\left(-\theta_2,-\theta_1\right)\\ \dfrac{k_1k_2k_3}{k_1k_2+k_1k_3+k_2k_3}\theta_1+\dfrac{k_2k_3}{k_2+k_3}\left(\theta_2-\theta_1\right)+k_3\left(\Delta\phi-\theta_2\right), & \Delta\phi\in\left(\theta_2,\theta_3\right)\\ -\dfrac{k_1k_2k_3}{k_1k_2+k_1k_3+k_2k_3}\theta_1-\dfrac{k_2k_3}{k_2+k_3}\left(\theta_2-\theta_1\right)+k_3\left(\Delta\phi+\theta_2\right), & \Delta\phi\in\left(-\theta_3,-\theta_2\right)\end{cases} \tag{7-46}$$

7.8.1.6 优化问题构建

在发动机拖起工况中，ISG 电机的输出转矩 T_{ISG} 与动力系统的固有频率均在低频区域中，因此极易发生“扭转形式的共振”（简称“扭振”）现象。一旦发生共振，扭转减振器与 ISG 电机之间的花键轴承受的转矩可以超过 ISG 输入转矩的 2 倍以上，其后果对于轻型车来说会产生传动轴异响、整车抖动等问题，对于重型车则可能会产生传动轴断裂的严重后果。发动机的输出转矩在柴油压燃瞬间是一个作用时间短、转矩数值很大的冲击转矩。因此，基于上述模型公式，可以将扭转减振器的刚度参数 k_1、k_2、k_3 和 ISG 电机的控制参数 a、b、c 作为优化研究的设计变量。

ISG 电机的输出转矩 T_{ISG}、动力系统扭转减振器与 ISG 电机之间花键轴转矩的绝对值 $|T_{shaft}|$、发动机气缸中活塞压燃柴油瞬间所对应的转速 ω_{engine} 等数值会受到实际结构的限制，因此可以作为优化问题的约束条件。因为目标为降低扭转振动，所以可以将动力系统各部件的振幅绝对值的平均值作为优化目标。

因此，动力系统发动机拖起工况的优化模型可以表述如下：

$$\begin{cases} \text{求解：} & X=X_{\text{结构}} \cup X_{\text{控制}} \\ \text{约束：} & \begin{cases} Y_{\text{结构}}=CA_{\text{结构}}(X_{\text{结构}}) \\ Y_{\text{控制}}=CA_{\text{控制}}(X_{\text{控制}}) \end{cases} \\ \text{目标：} & \text{Obj}_{sys}=Y1 \end{cases} \tag{7-47}$$

式中 $X_{\text{结构}}$——扭转减振器的刚度参数 k_1、k_2 和 k_3；

$X_{\text{控制}}$——ISG 电机输出转矩的控制参数 a、b、c；

X——设计变量；

$Y_{\text{结构}}$——动力系统结构模型，这里指的是式（7-45）和式（7-46）；

$Y_{\text{控制}}$——ISG 电机的输出转矩模型，这里指的是式（7-37）；

Obj_{sys}——优化目标。

7.8.2 动力系统和整车集成设计

动力系统总成（包括发动机）采用六点悬置设计方案，如图 7-92 所示。

动力系统悬置设计时需要注意以下要点：

1）能在所有工况下承受动、静载荷，并使动力系统在所有方向上的位移处于可接受的范围内，不与底盘上的其他零部件发生干涉。

2）能充分地隔离由动力系统总成产生的振动向车架及驾驶室、车厢内传递。

3）能充分地隔离由于地面不平产生的通过悬置而传向动力总成的振动。

4）避免压缩机和动力总成产生共振，压缩机支架一阶振动频率应大于 1.3 倍的发动机额定转速的 90% 转速下对应的主要频率，或压缩机支架各阶振动频率避开发动机常用转速内的各阶振动频率。

悬置对动力总成的振动、噪声和安全性影响较大，在设计动力系统总成悬置时，其中的关键控制参数见表 7-13。

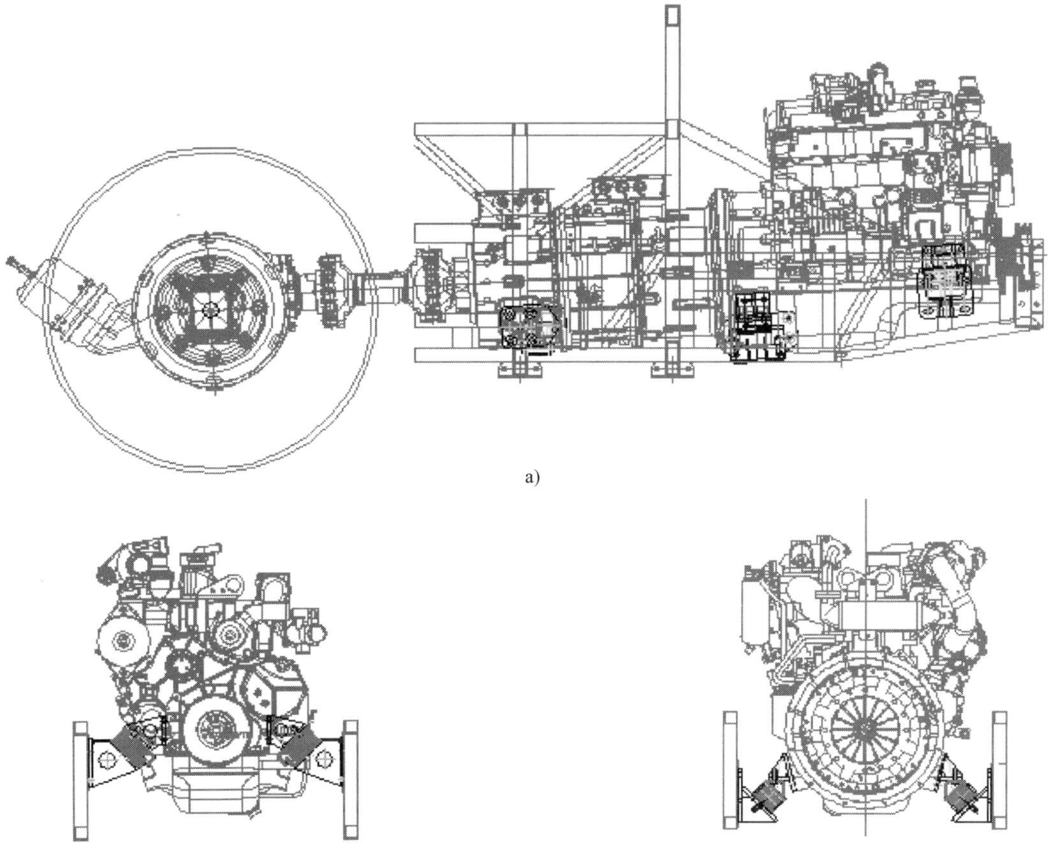

图 7-92 动力系统总成悬置设计方案（见书末彩色插图）

a）纵向布置图 b）前悬置布置图 c）后悬置布置图

表 7-13 关键控制参数

序号	关键控制参数	指标
1	前后悬置预压缩量	1 ~ 3mm
2	悬置支架的钢板厚度	≥ 8mm
3	悬置胶垫距离热源距离	≥ 200mm
4	动力系统与车梁间隙	≥ 10mm
5	安装悬置支架的螺栓等级	推荐 10.9
6	悬置软垫的螺栓等级	≥ 8.8 级

动力总成悬置工程设计时需注意以下几点：

1）动力系统和车梁之间的距离间隔要大于 10mm。

2）传动轴与周围零部件的间隙应大于 30mm。

3）动力总成的轴心和传动轴之间的夹角应小于 3°。

7.8.3 低压电源集成设计

在混合动力电动汽车低压系统中，车载 DC/DC 变换器是用于满足车辆纯电模式运行时整车低压需求的部件，其输入为车载能源系统，输出为整车低压负载电路及蓄电池。依据 DC/DC 变换器的应用环境情况，其选型需要综合考虑。

1）电气需求，包括输入端需求、负载需求、电气冲击、电磁兼容。

2）环境应力，包括高低温、振动、盐雾、海拔等因素。

3）智能控制方面，包括各类保护，控制、工作模式、能耗统计等。

4）整车应用方面，包括安装、维护等因素。

混合动力低压供电集成方案如图 7-93 所示。

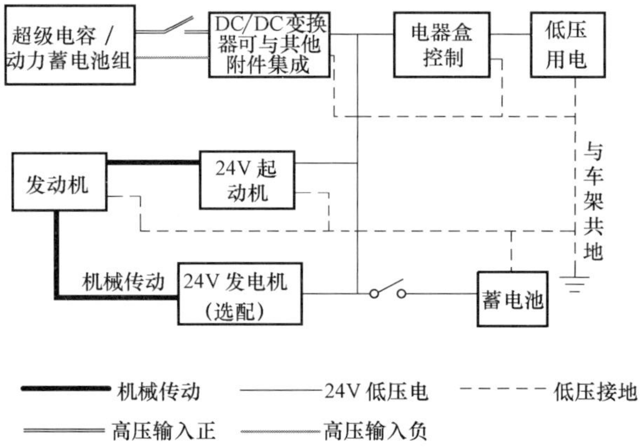

图 7-93 混合动力低压供电集成方案

7.8.4 低压供电匹配计算

7.8.4.1 整车用电量的计算

目的：根据 DC/DC 变换器的输出功率及控制策略，确定整车用电量的计算匹配方法。

基本原则：通常针对混合动力混合供电策略，在各个工况下整车输出的最大电流不小于相对应工况的整车用电需求。

$$I_F+I_{DC}=I_G \geqslant I_L+I_K+I_Q$$

式中 I_G ——某一工况下整车能够提供的电流，不同工况电流值不同。

I_F ——整车低压发电机在对应的转速下能够提供的电流。

I_{DC} ——DC/DC 变换器能够提供的最大输出电流。

I_L ——冷却系统（含电机冷却）所需要的最大额定电流。

I_K ——空调系统所需要的最大额定电流。

I_Q ——整车其他低压系统在不同工况下所需的额定电流。

空调用电包含蒸发风机和冷凝风机。制冷停止时，蒸发风机工作。注意两种状态下的用电量的不同。不同工况下的 I_Q，参照工况的运营特点进行计算；针对纯电动汽车，将 I_F 和 I_K 设置为 0 后，仍按照上述公式计算。

7.8.4.2 混合动力部分的低压（24V）配电

1）DC/DC 变换器的 24V 输出端配置熔断器，熔断器的大小由低压电器与混合动力电器附件根据功率共同确定，因 DC/DC 变换器的输出特性差异的除外。

2）新能源动力系统低压电源（包括但不限于整车控制器、电机控制器、BMS、CMS、双向斩波控制器、电机冷却系统、24V 打气泵等）根据相应总成原理图确定电源类型（总电源、ACC 电源或开关电源）及匹配熔断器。

7.8.4.3 发电机选型

对于同一规格型号的发动机，在满足车辆用电需求的前提下，应选用同一规格的发电机。平衡匹配整车用电时优先选取并联发电机。并联发电机（80A、120A、150A）的机械接口与电气接口相同，可实现不同厂家不同容量的发电机完全兼容，国 VI 发动机平台规划使用大规格并联发电机（180A、200A、240A）。并联发电机针对一种发动机结构只需要匹配一种发电机支架及传动带，尽量要求发电机支架、安装标准件与传动带由发动机厂家整体出厂。

7.8.4.4 蓄电池选型

蓄电池的选型应满足以下标准：

1）蓄电池的容量应满足发电机、起动机和全车用电设备匹配的需要。

2）蓄电池的冷起动电流应该满足起动机冷起动的需要。

3）发动机停机时，只有 DC/DC 变换器和蓄电池参与整车供电，输出电流应满足在发动机停机状态下车辆基本功能的用电需求。

4）发动机正常工作时，发电机输出电流应该满足车辆电器设备用电需求，不超过发电机热机状态下输出电路的 80%。

5）车辆停放 15 天后仍能正常起动。

同一产品簇的车型蓄电池规格型号要统一，蓄电池匹配时优先选取 70A·h、90A·h、120A·h、150A·h 等免维护蓄电池。

参考文献

［1］ 项昌乐，韩立金，刘辉，等. 混联混合动力车辆功率分流耦合机构特性分析［J］. 汽车工程，2010，32（3）：187-187.

［2］ 左义和，项昌乐，闫清东. 基于功率跟随的混联混合动力汽车控制策略［J］. 农业机械学报，2009，40（12）：27-29.

［3］ 梁红，李雪娇，陈泽宇，等. 基于 D2P 系统的混联混合动力汽车驾驶员在环仿真［J］. 计算机应用，2015（2）：185-188.

[4] 杨亚娟，赵韩，姜建满，等. 基于效率最优的混联式混合动力驱动系统转矩分配研究［J］. 中国机械工程，2013，24（17）：2408-2413.

[5] 张渊博，王伟达，项昌乐，等. 基于模型预测控制的混合动力汽车模式切换中的转矩协调控制策略［J］. 汽车工程，2018，40（9）.

[6] 熊伟威，舒杰，张勇，等. 一种混联式混合动力客车动力系统参数匹配［J］. 上海交通大学学报，2008，42（8）：1324-1328.

[7] 赵克刚，黄向东，罗玉涛. 混联式混合动力电动汽车动力总成的优化匹配与监控［J］. 汽车工程，2005，27（2）：146-150.

[8] 赵晓静，武一民，王海霞. 丰田 PRIUS 混合动力传动系统分析与建模［J］. 机械传动，2010，34（6）：31-35.

[9] 王家明，郭晋晟，冒晓建，等. 新型混联式混合动力客车动力系统分析［J］. 汽车技术，2008（9）：1-4.

[10] 高海鸥，王仲范，邓亚东. PRIUS 混合动力汽车驱动系统键合图建模仿真［J］. 武汉理工大学学报，2004，26（1）：67-65.

[11] 汪少华，姚勇，陈龙，等. 行星排式混合动力汽车发动机转速优化［J］. 汽车工程学报，2016，6（5）：325-331.

[12] 杜爱民，刘开圣，朱忠攀，等. 单模复合功率分流混合动力系统结构优化［J］. 中国机械工程，2015，26（21）：2976-2981.

[13] 于海生，张彤，马智涛，等. 行星排式混合动力汽车传动系扭转振动分析［J］. 农业工程学报，2013，29（15）：57-64.

[14] 罗玉涛，陈营生. 混合动力两级行星机构动力耦合系统动力学建模及分析［J］. 机械工程学报，2012，48（5）：70-75.

[15] 丁闯，张兵志，任国春，等. 行星轮系损伤动力学仿真与特征提取［J］. 计算机仿真，2018，35（4）：367-372.

[16] 倪成群，张幽彤，赵强，等. 混合动力离合器结合过程的动态转矩控制策略［J］. 机械工程学报，2013，49（4）：114-121.

[17] 杨阳，黄剑峰，秦大同，等. 双离合器式混合动力汽车模式切换控制策略［J］. 汽车工程，2013，35（8）：727-730.

[18] 余世明，孙超. 插电式混合动力汽车离合器控制方法及仿真研究［J］. 浙江工业大学学报，2017，45（3）：305-309.

[19] 何仁，杨祺. 基于双转子电机的混合动力系统方案的研究进展［J］. 汽车技术，2017，496（1）：12-19.

[20] 邱海兵，全力，朱孝勇，等. 基于双转子磁通切换电机的混合动力系统分析［J］. 微特电机，2013，41（11）：57-60.

[21] 陈云云. 混合动力汽车用双凸极式永磁双转子电机的研究［D］. 镇江：江苏大学，2014.

[22] 罗玉涛，陈营生. 混合动力两级行星机构动力耦合系统动力学建模及分析［J］. 机械工程学报，2012，48（5）：70-75.

[23] 杨坤，高松，王杰，等．双转子电机在并联混合动力构型中的应用研究［J］．机械设计与制造，2016（10）：27-31.

[24] 刘修福，全力，朱孝勇，等．混合动力汽车用新型磁通切换双转子电机性能分析［J］．微特电机，2013（1）：20-23.

[25] 陈全世，杨宏亮，田光宇．混合动力电动汽车结构分析［J］．汽车技术，2001（9）：6-11.

[26] 王庆年，段本明，王鹏宇，等．插电式混合动力汽车动力传动系参数优化［J］．吉林大学学报（工），2017，47（01）：1-7.

[27] 杜玖玉，王贺武，黄海燕．基于规则的混联式混合动力系统控制策略［J］．农业工程学报，2012，28（S1）：152-157.

[28] 石万凯，秦鹏飞，杨亚联，等．新型动力耦合系统工作模式分析与参数匹配研究［J］．机械设计，2016（10）：5-10.

[29] 李明圣，兰莹，李勇．基于杠杆法的三排行星齿轮机构的混联传动方案分析［J］．机械传动，2014（6）：136-138.

[30] 于海生，张彤，马智涛，等．行星排式混合动力汽车传动系扭转振动分析［J］．农业工程学报，2013，29（15）：57-64.

[31] 高建平，何洪文，孙逢春．混合动力电动汽车机电耦合系统归类分析［J］．北京理工大学学报，2008，28（3）：197-201.

[32] 项昌乐，韩立金，刘辉，等．混联混合动力车辆功率分流耦合机构特性分析［J］．汽车工程，2010，32（3）：187-187.

[33] MEISEL J. An analytic foundation for the Toyota Prius THS-II powertrain with a comparison to a strong parallel hybrid-electric powertrain［R］. SAE Technical Paper, 2006.

[34] AI X, MOHR T, ANDERSON S. An electro-mechanical infinitely variable speed transmission［C］. In Proceedind of the 2004 SAE World Congress. March 8-11 2004. Detroit MI United states.Detroit: SAE International.

[35] 王伟华，宋瑞芳，刘松山，等．双模功率分流式混合动力系统构型分析［J］．汽车工程，2015，37（6）：648-654.

[36] 利剑一．混联式混合动力汽车 EVT 构型分析［D］．长春：吉林大学，2014.

[37] DUOBA M, NG H, LARSEN R. In-situ mapping and analysis of the Toyota Prius HEV engine［C］. In Proceeding of the 2000 Future Transportation Technology Conference. Detroit: SAE International, 2000.

[38] DUOBA M, L B H, Carlson R, et al. Analysis of power-split HEV control strategies using data from several vehicles［C］. In Proceeding of the 2007 SAE World Congress. 4.16-19 2007,Detroit: SAE Internatiional, 2007.

[39] HOFMAN T, PURNOT T. A comparative study and analysis of an optimized control strategy for the Toyota hybrid system［J］. World Electric Vehicle Journal, 2009, 3（3）: 563-571.

[40] KANG J, CHOI W, KIM H. Development of a control strategy based on the transmission efficiency with mechanical loss for a dual mode power split-type hybrid electric vehicle［J］.

International Journal of Automotive Technology, 2012, 13（5）: 825-833.

[41] YU Y, GAO Y, PENG H, et al. Parametric design of power-split HEV drive train [C]. In Proceedings of the 2009 IEEE Vehicle Power and Propulsion Conference. Piscataway: IEEE Computer Society, 2009.

[42] LIU J. Modeling, configuration and control optimization of power-split hybrid vehicles [D]. Ann Arbor: The University of Michigan, 2007.

[43] 于永涛. 混联式混合动力车辆优化设计与控制 [D]. 长春：吉林大学，2010.

[44] 杨亚联，蒲斌，胡晓松，等. ISG 型速度耦合混合动力系统全局最优控制方法 [J]. 重庆大学学报，2013，36（9）：71-77.

[45] 邹渊，陈锐，侯仕杰，等 . 基于随机动态规划的混合动力履带车辆能量管理策略 [J]. 机械工程学报，2012，48（14）：91-96.

[46] SUN C, MOURA S J, HU X, et al. Dynamic traffic feedback data enabled energy management in plug-in hybrid electric vehicles [J]. IEEE Transactions on Control Systems Technology, 2014, 23（3）: 1075-1086.

[47] WANG X. Safety analyses at signalized intersections considering spatial,temporal and site correlation [D]. Orlando：University of Central Florida,2006.

[48] QI X, WU G, HAO P, et al. Integrated-Connected Eco-Driving System for PHEVs with co-optimization of vehicle dynamics and powertrain operations [J]. IEEE Transactions on Intelligent Vehicles, 2017, 2(1):2-13.

[49] VREESWIJK J D, MAHMOD M K M, VAN A B. Energy efficient traffic management and control-the eCoMove approach and expected benefits [C]. In Proceedings of the 13th International IEEE Conference on Intelligent Transportation Systems. Piscataway: Institute of Electrical and Electronics Engineers Inc. 2010.

[50] 谢伯元，李克强，王建强，等. “三网融合”的车联网概念及其在汽车工业中的应用 [J]. 汽车安全与节能学报，2013，4（4）：348-355.

[51] 易璐. 插电式混合动力校车动力系统参数多目标优化研究 [D]. 北京：北京理工大学，2016.

第8章 插电式混合动力电动汽车整车设计

插电式混合动力电动汽车（Plug-in Hybrid Electric Vehicle，PHEV）本身是一种混合动力电动汽车，区别在于其车载的动力蓄电池组可以利用电力网（包括家用电源插座）进行补充充电，具有较长的纯电动行驶里程，必要时仍然可以工作在混合动力模式。当车辆电池电量足够时，主要工作在纯电动模式下；当车辆电池电量不足时，适时切换到混合动力模式下工作，续驶里程取决于油箱的容量。插电式混合动力电动汽车比混合动力汽车节油率更高，比纯电动汽车具有更长的续驶里程。

8.1 总体设计

传统混合动力电动汽车动力蓄电池组的容量较小，因此不支持长距离纯电驱动行驶，并且没有充电插头，不能通过外接电网为车载动力蓄电池组快速充电。而插电式混合动力电动汽车具有较大容量的动力蓄电池组、较大功率的电机驱动系统以及较小排量的发动机。为满足纯电动行驶的需要，插电式混合动力电动汽车的辅助系统均为电动化的辅助系统。由于动力蓄电池组容量较大，插电式混合动力电动汽车支持长距离的纯电驱动行驶。此外，插电式混合动力汽车装备的充电插头可通过外接电网直接为动力蓄电池组充电，消除了充电时发动机工作所需的燃油消耗，更多地以纯电动模式工作，可进一步减少化石燃料的使用。

8.1.1 构型设计

按照插电式混合动力电动汽车的定义和工作模式需求，只有具有纯电动行驶模式的混合动力电动汽车才有可能升级为插电式混合动力电动汽车，比如串联式混合动力、混联式混合动力均可通过调整系统参数配置直接升级为插电式混合动力，而并联式混合动力受限于工作模式的差异，视具体情况决定插电式混合动力的升级方案。另外，在具体的构型设计上还应注意纯电动行驶的动力性指标和续驶里程要求。福特汽车公司于 2019 年下半年投产的一款插电式混合动力电动汽车的结构布置简图如图 8-1 所示。

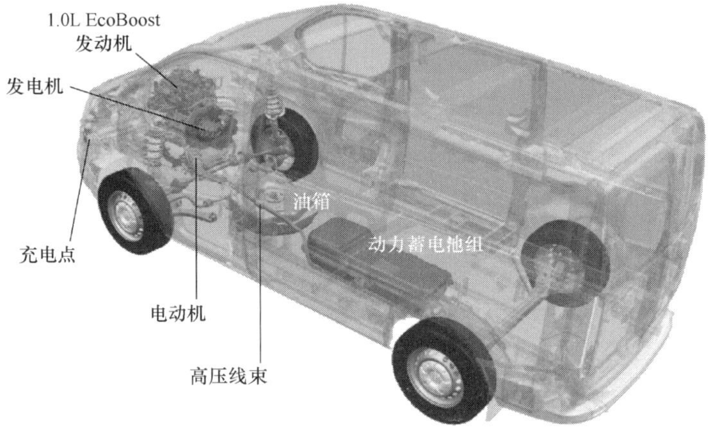

图 8-1 福特插电式混合动力电动汽车的结构布置简图

我国广汽研发的插电式混合动力电动汽车 GS4 如图 8-2 所示。它搭载了 1.5L 直列 4 缸自然吸气发动机，采用阿特金森循环、双顶置式凸轮轴（DOHC）配气结构，最大功率为 71kW，最大转矩为 120N·m，供油方式为多点电喷，匹配了 1 档固定传动比变速器。搭载的电机总功率为 130kW，电机总转矩为 300N·m，三元锂离子动力蓄电池组的容量为 12kW·h。它所搭载的 G-MC 机电耦合系统首次采用高效油冷电机技术，实现了机、电、液高度集成，结构紧凑，轴向空间小，如图 8-3 所示。

图 8-2 广汽插电式混合动力电动汽车 GS4

图 8-3 G-MC 机电耦合系统

8.1.2 纯电动行驶里程要求

具有较高的纯电动行驶里程是插电式混合动力汽车区别于常规混合动力汽车的重要特征之一。各国对插电式混合动力汽车纯电动续驶里程的规定不尽相同，但都应不低于一定限制，丰田公司早期的普锐斯 (Prius) 混合动力车型仅具有大约 3km 的纯电动行驶里程，这与后期的插电式混动版普锐斯具有明显区别。丰田公司生产的普锐斯混合动力插电版 / 非插电版与比亚迪公司的插电版秦 Pro/ 非插电版 F3 的性能参数对比见表 8-1。

表 8-1 丰田普锐斯、比亚迪插电版与非插电版参数对比

比较项目	普锐斯 Prime 2019（插电式混合动力）	普锐斯 2019（混合动力）	比亚迪秦 Pro（插电式混合动力）	比亚迪 F3（混合动力）
最高车速 /（km/h）	135（纯电模式）	135（纯电模式）	200	150
综合油耗 /（L/100km）	1.4	2.48	1.0	2.7
纯电续驶里程 /km	40	—	82	—
发动机	1.8L/L4	1.8L/L4	1.5T/L4	1.5L/L4
加速时间 /s	9.8（0—60mile/h）	10	5.9	10.5
电池容量 /kW・h	8.8	—	16.9	—

GB/T 18386—2017《电动汽车　能量消耗率和续驶里程试验方法》中对各类插电式混合动力电动汽车纯电动续驶里程的具体要求见表 8-2。

表 8-2 我国插电式混合动力电动汽车纯电动续驶里程设计要求

类别	乘用车	客车	货车	专用车	测试方法
插电式混合动力（含增程式）	≥ 50km	≥ 50km	≥ 50km	≥ 50km	M1、N1 类采用工况法或 60km/h 等速法，其他暂采用 40km/h 等速法

8.2 动力蓄电池系统设计

8.2.1 动力蓄电池组电量使用区间

为了最大限度地提高纯电动行驶里程，人们希望动力蓄电池组能够完全充满，并能放电至最低电量。但是，以锂离子动力蓄电池为例，将该电池完全充满会减少动力蓄电池的循环寿命次数、加速电池失效模式的发生；电池单体之间的不一致性在高电量区域会表现得比较明显；另外在电池高电量段，如果发生车辆制动能量回馈，则有可能会造成电池组过充电。因此，目前一般用 80% ~ 90% 的荷电状态（SOC）作为电池的使用上限。

同样，在电池低荷电状态区域使用也会带来问题：电池的内阻会增大，导致电池在混合动力模式工作时的能量利用效率有所降低；和高 SOC 段一样，电池组单体之间在低 SOC 段的不一致性也会放大，同时还存在着过放电的风险，目前一般使用 20% ~ 30%SOC 作为使用下限。这样使得整个 PHEV 电池组真正的可用能量大约只占其全部能量的 60% ~ 70%。

8.2.2 对动力蓄电池系统的要求

动力蓄电池系统作为整车的主要动力输出源之一，其功率特性和能量特性表现直接影响整车的动力性和经济性。同时，动力蓄电池系统作为高压系统部件，其安全性、可靠性及长寿命应用至关重要。通过对动力蓄电池系统的功率特性与整车功率需求进行合理匹配，以及对能量特性与纯电动续驶里程进行合理匹配，实现动力总成、系统性能优化并合理降低系统成本。通常对动力蓄电池系统的需求主要体现在以下几个方面：

1）动力蓄电池的使用环境温度。

2）动力蓄电池系统的可用容量。

3）动力蓄电池系统 SOC 工作点。

4）动力蓄电池系统不同环境温度下的最大充放电功率。

5）不同荷电状态下动力蓄电池系统的最大充放电功率。

6）动力蓄电池系统的能量密度以及功率密度。

7）动力蓄电池系统的循环寿命。

插电式混合动力电动汽车兼具纯电动和混合动力两种工作模式，对动力蓄电池系统功率密度的要求远远高于纯电动汽车，对动力蓄电池系统能量密度的要求远远高于非插电式混合动力电动汽车。结合当前动力蓄电池技术现状，以目前能量密度及功率密度都较高的三元锂离子动力蓄电池为例，根据插电式混合动力电动汽车动力性、经济性匹配结果，对动力蓄电池系统的功率需求总结如下：

1）持续放电功率：应在 SOC 值 15% ~ 95% 范围内输出持续放电功率。

2）峰值放电功率：在 SOC 值 50% ~ 90% 范围内，应能提供满足不同工况需求的峰值功率（10s），在 SOC 值 15% ~ 50% 范围内，峰值功率随 SOC 变化可线性递减。

3）不同温度段的放电功率：整个标称温度范围（10 ~ 50℃）内动力蓄电池系统应提供满功率输出；低于最低标称温度至最低工作温度范围内，放电功率可逐渐降低至最低放电功率。

4）持续充电功率：在 SOC 值 15%~95% 整个范围内，持续的放电功率应不低于 20kW。

5）峰值充电功率：10s 充电功率在 SOC 值 5% ~ 80% 的范围内为 50kW，功率预测算法应将 SOC 对电池老化的依赖考虑在内。

6）电池系统在 EV 模式下，SOC 工作窗口定义为 15% ~ 95%。

7）电池系统在混动模式下，SOC 工作窗口定义为 15% ~ 30%。

8）循环寿命：中国新能源汽车示范运营管理办法规定，电池系统作为新能源汽车核心零部件，其循环寿命须达到 5 年或 10 万 km。

9）纯电动模式下的续驶里程：中国新能源汽车示范运营管理办法规定，插电式混合动力汽车在纯电动模式下的续驶里程最低须达到 50km。

美国先进电池联盟（USABC）于 2008 年 3 月颁布了 PHEV 用动力蓄电池的开发目标和测试手册，设定的主要目标见表 8-3。其中目标值 1 假定的开发对象是一辆车重 2t 的 SUV 车，实现 10mile（约 16km）的纯电动行驶里程；目标值 2 假定的开发对象是在一辆车重 1.5t 的轿车，实现 40mile（64km）的纯电动行驶里程。

表 8-3 USABC 设定的 PHEV 动力蓄电池开发目标

目标参数	目标值 1（16km 纯电动里程）	目标值 2（64km 纯电动里程）
纯电动里程 /km	16	64
脉冲放电峰值功率（2s/10s）/kW	50/45	46/38
脉冲放电峰值功率（10s）/kW	30	25
动力蓄电池组荷电减少模式下的可用能量 /kW·h	3.4	11.6
动力蓄电池组荷电维持模式下的可用能量 /kW·h	0.5	0.3
电池组能量效率（%）	90	90
低温起动功率（－30℃，2s，3 个脉冲）/kW	7	7
动力蓄电池组在电量减少模式下的循环次数 / 累计输出能量 /MW·h	5000/17	5000/58
动力蓄电池组在电量维持模式下的循环次数（按 50W·h 的循环工况）	300000	300000
日历寿命 / 年	15	15
动力蓄电池系统的质量 /kg	60	120
动力蓄电池系统的体积 /L	40	80
最高电压 /V	≤ 400	≤ 400
最低电压 /V	＞ 0.5 倍最高电压	＞ 0.5 倍最高电压
运行和充电温度 /℃	－30 ~ 52	－30 ~ 52
搁置温度 /℃	－46 ~ 66	－46 ~ 66

8.2.3 动力蓄电池组参数匹配

插电式混合动力电动汽车的系统参数匹配与常规混合动力电动汽车的参数匹配过程基本类似，主要区别在于动力蓄电池组的容量参数和电机驱动系统的功率参数等，特别是动力蓄电池系统需要满足动力系统对其的功率要求和能量要求，以确保纯电动模式下车辆最大功率需求、行驶里程需求以及低电量混合动力模式下的功率需求。

1. 功率选取

动力蓄电池组的功率取决于主驱动电机的功率，应能够满足主驱动电机峰值功率的需求：

$$P_{b\_max} \geqslant \frac{P_{m\_peak}}{\eta_b \eta_{m\_peak}} \tag{8-1}$$

式中 P_{m_peak}——主驱动电机峰值功率（kW）；

P_{b_max}——动力蓄电池组最大功率（kW）；

η_b——动力蓄电池组的工作效率；

η_{m_peak}——电机最大功率点的工作效率。

主驱动电机最大功率点的效率包含控制系统的效率，而动力蓄电池组的最大功率值则取决于动力蓄电池组的工作电压和最大充放电电流。

$$P_{b\_max} = U_b I_{b\_max} / 1000 \tag{8-2}$$

式中 U_b——动力蓄电池组的工作电压（V）；

I_{b_max}——动力蓄电池组的最大允许工作电流（A），取决于动力蓄电池组的容量和最大充放电倍率。

2. 容量选取

动力蓄电池组的工作电压确定后，其容量与最大充放电电流、总能量成正比，即容量越大，其最大允许充放电电流就越大，能放出或存储的电能就越多。容量选得过小，动力蓄电池组就无法满足动力系统的功率需求，或是其工作电流过大，超过允许值导致电池组工作状态恶化，使用寿命降低；同时也无法满足动力系统对能量的需求，或是导致动力蓄电池组过充电、过放电。容量选得过大，会导致车辆总质量增加，从而使车辆动力性和经济性下降，使成本大幅增加。

对于特定的容量和工作电压，动力蓄电池组的充放电功率会随着其荷电状态的变化而变化，SOC 下降时，最大充电功率增大，而最大放电功率则减小。

动力蓄电池组的容量主要由车辆连续加速电能需求或以纯电动行驶的能量（C）需求决定：

$$C > \frac{Q_{max}}{(SOC_{max} - SOC_{min}) U_b \eta_b \eta_m} \tag{8-3}$$

式中 C——动力蓄电池组的容量（A·h）；

Q_{max}——车辆连续加速过程或车辆纯电动驱动过程的最大电能需求（kW）；

SOC_{max}——动力蓄电池组 SOC 允许工作的上限；

SOC_{min}——动力蓄电池组 SOC 允许工作的下限；

η_m——电机工作效率。

8.3 复合电源系统设计

在不影响电源系统寿命的前提下，以目前的技术现状，单一储能系统很难同时满足 PHEV 对于能量和功率的要求。因此，在充分发挥各储能系统优势的基础上，将两种或多种储能系统一起组成复合电源可以很好地解决上述问题。随之而来的问题是 PHEV 的电源系统相比混合动力电动汽车更为复杂，如何高效地协调多能量源协同工作以充分发挥各自的优势成为 PHEV 研究的重点和难点。

电动汽车用储能系统种类繁多，特色各异，其性能指标主要包括额定功率、充放电速率、功率密度、能量密度、自放电率、响应时间、储能效率、循环寿命等。可以根据不同的性能要求选择适宜的储能系统及其组合，常用的储能系统主要分为三类：机械储能系统、电气储能系统和化学储能系统，如图 8-4 所示。

一方面，不同种类的储能系统具有不同的性能表征，典型储能系统的参数见表 8-4。从表 8-4 可以观察到，压缩空气储能系统、燃料电池储能系统、锂离子蓄电池储能系统的响应时间相对较慢，典型放电时间相对较长，可以在较长时间内提供能量，因此在复合电

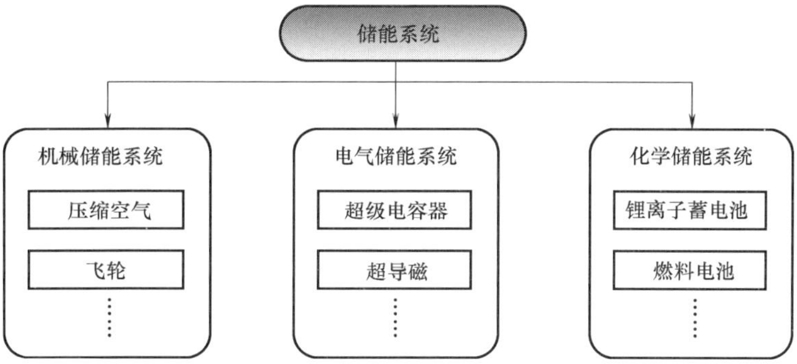

图 8-4 常用储能系统的分类

表 8-4 典型储能系统的参数

储能系统	压缩空气	飞轮	超级电容器	超导磁	锂离子畜电池	燃料电池
额定功率 /MW	100 ~ 300	0 ~ 0.25	0~0.3	0.1 ~ 10	0 ~ 0.1	0 ~ 50
典型放电时间	1 ~ 24h+	10s ~ 1h+	10ms~1h	1ms ~ 8s	1min ~ 10h+	60s ~ 24h+
功率密度 /（W/L）	0.2 ~ 0.6	5000	（4~12）× 10^4	2600	（1.3 ~ 10）× 10^4	0.2 ~ 20
能量密度 /（W • h/L）	2 ~ 6	20 ~ 80	10 ~ 20	6	200 ~ 400	600（200MPa）
每天自放电率（%）	小	100	20 ~ 40	10~15	0.1 ~ 0.3	0
响应时间	几分钟	几秒内	几秒内	几秒内	几秒内	几秒到几分钟
效率（%）	41 ~ 75	80 ~ 90	85 ~ 98	75~80	65 ~ 75	34 ~ 44
循环寿命 / 年	25 ~ 40	15 ~ 20	4 ~ 12	—	5 ~ 100	10 ~ 30
循环寿命 / 次	＞105	10^4 ~ 10^7	10^5 ~ 10^6	—	600 ~ 1200	10^3 ~ 10^4

源中可充分发挥它们在能量方面的优势。与此同时，飞轮储能系统、超级电容器储能系统、超导磁储能系统的响应时间很快，甚至达到了毫秒级，典型放电时间很短，可以在短时间内大倍率放电，因此在复合电源中可充分发挥它们在功率方面的优势。

另一方面，以各种储能系统功率和能量特性分析为基础，可以形成锂离子蓄电池 + 超级电容器、锂离子蓄电池 + 超级电容器 + 飞轮、锂离子蓄电池 + 超导储能、锂离子蓄电池 + 飞轮、压缩空气储能 + 超级电容器、压缩空气储能 + 飞轮、燃料电池 + 超级电容器、锂离子蓄电池 + 燃料电池 + 超级电容器等若干拓扑结构的复合电源。

由于复合电源是由两种或多种动力源组成的，随之而来的问题是需要适宜的能量管理策略，协调不同动力源之间的功率分配，以满足行驶工况的多变要求。在满足车辆驾驶性能要求的前提下，合理地将功率信息实现优化分配控制，是延长复合电源系统寿命、提高工作效率、增强能量经济性的有效途径。不过，因为各种动力源的性能不尽相同，不同拓扑结构的复合电源特性也有区别，所以能量管理策略也有较大区别。

8.3.1 常用构型

近年来，以锂离子动力蓄电池组、超级电容器和 DC/DC 变换器等相关部件构成的复合电源成为该领域的研究热点。如图 8-5 所示，PHEV 使用超级电容器既可以减轻重量，减小体积，还可以提高系统效率和整车的制动能量回收效率。更为重要的是，由于锂离子动力蓄电池在低温条件下性能表现不佳，可以利用超级电容器比功率高、低温性能好的特点进行大电流放电对动力蓄电池组进行加热，保证动力蓄电池组在高效温度区域运行，延长复合电源系统的使用寿命。基于此，研究人员提出了多种不同的锂电池 - 超级电容器复合电源拓扑结构。一般来说，这些拓扑结构主要分为三种类型：被动并联结构、全主动结构和半主动结构，如图 8-6 所示。不同的复合电源拓扑结构有不同的成本、控制方法、适应性、性能表现和能量转换效率等特征。

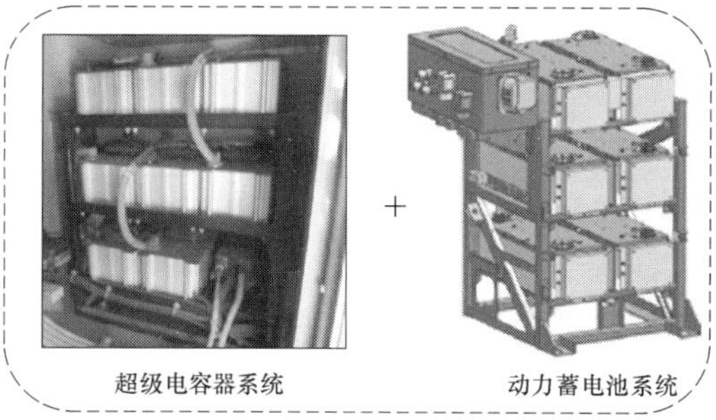

图 8-5　复合电源系统

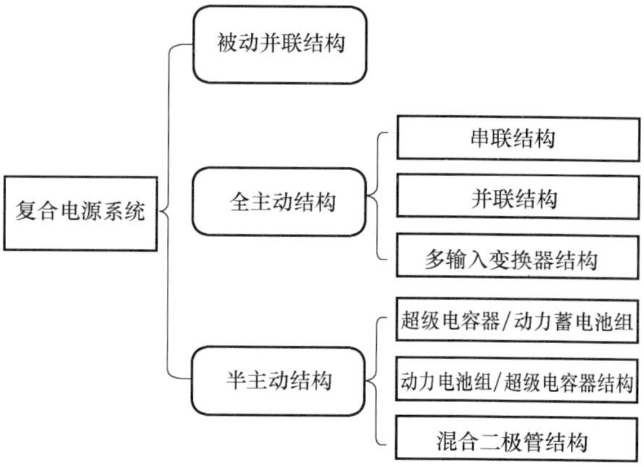

图 8-6　动力蓄电池组 + 超级电容器复合电源系统拓扑结构分类

8.3.1.1　被动并联结构

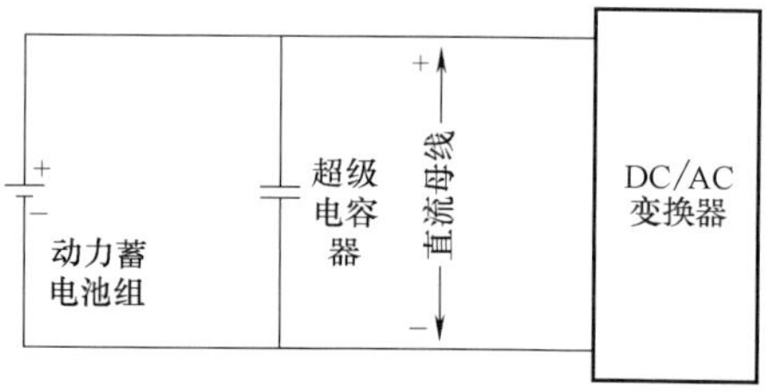

图 8-7　被动并联结构

被动并联结构如图 8-7 所示。在该结构中，动力蓄电池组和超级电容器直接并联在一起，然后与直流母线相连。因为该结构不包含 DC/DC 变换器，所以形式最为简单，成本也相对较低。超级电容器在该结构中主要扮演低通滤波器的角色。与其他拓扑结构相比，动力蓄电池组和超级电容器的功率分配很大程度上由它们各自的内阻值决定，而不是控制系统。由于复合电源系统不能被有效地控制和管理，导致动力蓄电池组也承担了加速和制动过程中的大电流与高频电流，这不利于动力蓄电池组高效、安全地使用。与此同时，因为超级电容器的电压与动力蓄电池组的电压需要始终保持一致，所以超级电容器电压的变化幅度、频率受到极大的限制，导致超级电容器的使用效率不高，不能充分发挥它在高功率方面的优势。

8.3.1.2　全主动结构

全主动结构是指采用一个或多个 DC/DC 变换器实现动力蓄电池组和超级电容器解耦的拓扑结构。它又分为串联结构、并联结构和多输入变换器结构。

1. 串联结构

如图 8-8a 所示，串联结构有两个参数不相同的 DC/DC 变换器。由于超级电容器的电压变化范围较大，将一个 DC/DC 变换器连接在动力蓄电池组与超级电容器之间，另一个 DC/DC 变换器连接在超级电容器与直流母线之间，这样的结构更容易稳定动力蓄电池组端和母线端的电压。串联结构的另一种形式如图 8-8b 所示，与图 8-8a 的区别在于将动力蓄电池组和超级电容器交换位置。串联结构存在的最大问题在于如何克服在恒流负载下单体间的均衡问题。

2. 并联结构

并联结构的示意图如图 8-8c 所示，动力蓄电池和超级电容分别与 DC/DC 变换器串联，然后再将这两条支路并联到一起。

3. 多输入变换器结构

多输入变换器结构如图 8-8d 所示，它包括一个多端口输入的 DC/DC 变换器。该结构下的动力蓄电池组和超级电容器的电压一般应低于母线电压，因此可能出现的均衡问题相对更少。总的来说，由于全主动结构通过增加 DC/DC 变换器实现动力蓄电池组和超级电容器的完全解耦，可完全控制动力蓄电池组和超级电容器的功率分配，直流母线电压值也更为稳定。然而整个系统的控制策略会更复杂，能量损耗、体积、重量和成本都会显著增加。

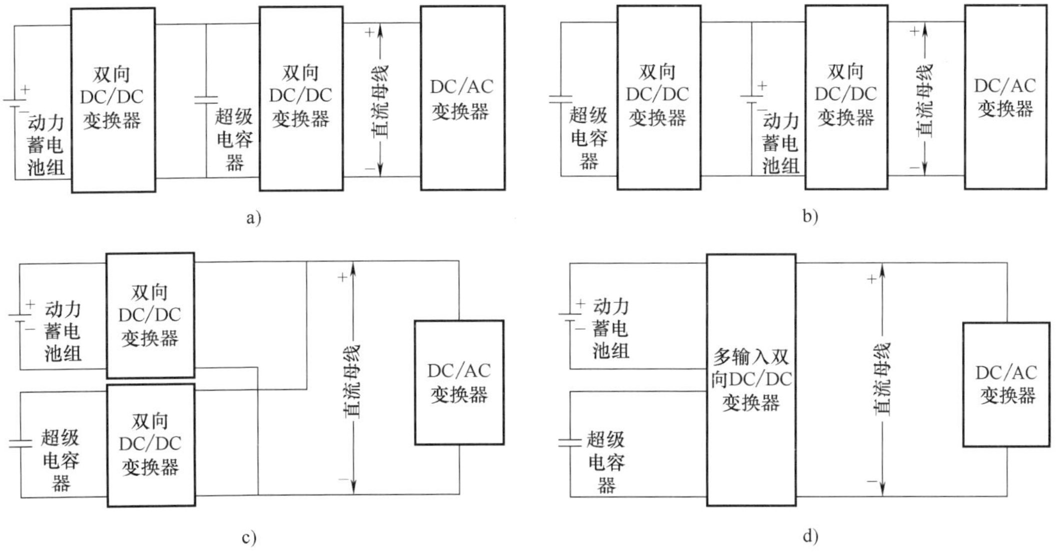

图 8-8 全主动结构

a）串联结构Ⅰ b）串联结构Ⅱ c）并联结构 d）多输入变换器结构

8.3.1.3 半主动结构

半主动结构主要是指动力蓄电池组或者超级电容器中的一个能量源通过 DC/DC 变换器与直流母线实现解耦。它主要包括三种类型：超级电容器 / 动力蓄电池组结构、动力蓄电池组 / 超级电容器结构和混合二极管结构。

1. 超级电容器动力蓄电池组结构

超级电容器 / 动力蓄电池组结构如图 8-9a 所示，它由动力蓄电池组、超级电容器和一个双向 DC/DC 变换器组成。其中 DC/DC 变换器与超级电容器串联，动力蓄电池组与直流母线直接相连。因此，这类结构的直流母线不能承受大范围的电压波动，一旦变化过于频繁，将会严重影响动力蓄电池的使用寿命，然而超级电容器却拥有很宽的电压范围。

2. 动力蓄电池组超级电容器结构

动力蓄电池组 / 超级电容器结构如图 8-9b 所示。在这种结构中，DC/DC 变换器与动力蓄电池组串联，超级电容器与直流母线直接连接。这类结构的直流母线电压可以在一定范围内波动，超级电容器充当着低通滤波器的角色，吸收由波动引起的高频电流和峰值电流，这有助于提升整个系统的效率。因为动力蓄电池与直流母线实现了解耦，所以动力蓄电池可以承受较大的充放电电流，但是这种结构对 DC/DC 变换器的要求会更高。

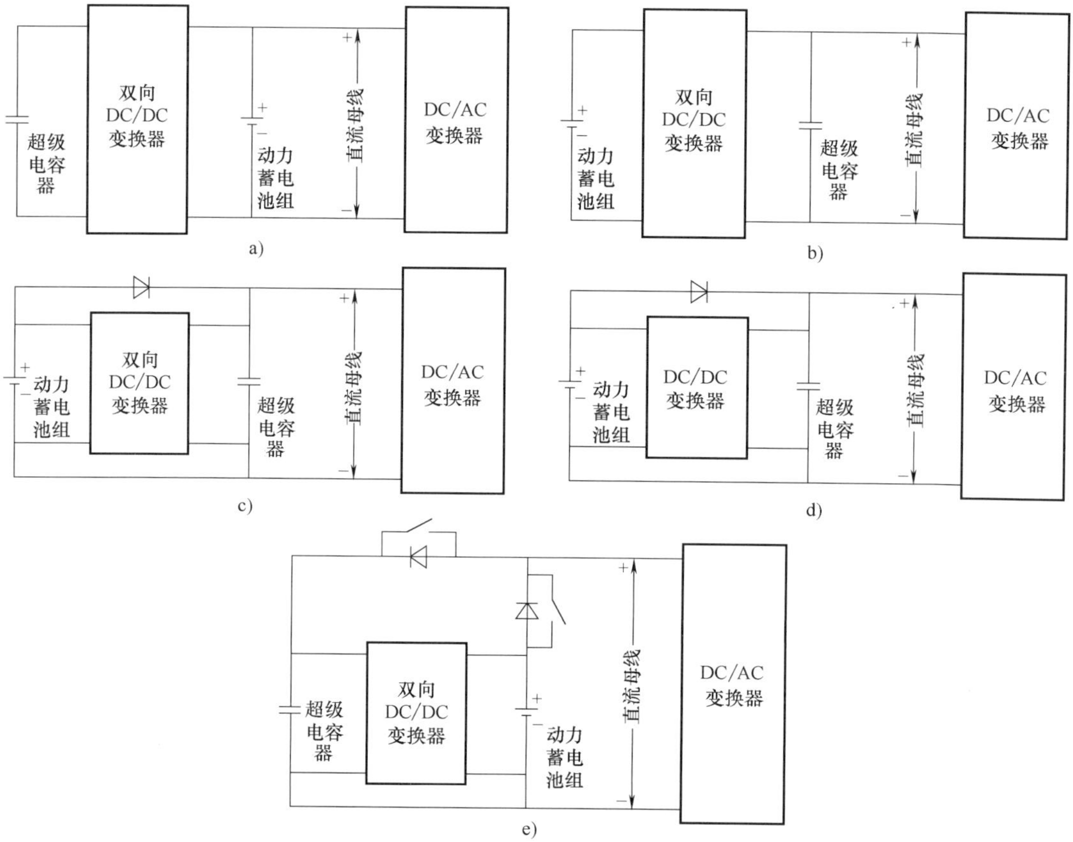

图 8-9　半主动结构

a）超级电容器 / 动力蓄电池组结构　b）动力蓄电池组 / 超级电容器结构
c）混合二极管结构Ⅰ　d）混合二极管结构Ⅱ　e）混合二极管结构Ⅲ

3. 混合二极管结构

混合二极管结构如图 8-9c、d 和 e 所示。图 8-9c 所示为一种由双向 DC/DC 变换器和二极管构建的新型混合二极管结构的复合电源。其最大特点是通过 DC/DC 变换器的控制使超级电容器的电压始终高于电池两端的电压。因此超级电容器可以在不需要与 DC/DC 变换器串联的情况下充分发挥其功率特性。同时，电池变换器的负载曲线更趋于平缓，这有利于延长电池的使用寿命。图 8-9d 所示的结构将双向 DC/DC 变换器变更为单向 DC/

DC 变换器以进一步减小 DC/DC 变换器的体积和质量，同时还有助于提升功率变换效率。图 8-9e 所示为一种基于双二极管和双开关（MOSFET 或 IGBT）的新型 DC/DC 变换器结构。该结构适用于超级电容器设计电压大于动力蓄电池组电压的情况，该结构能够以更高效率匹配直流母线的功率需求。

8.3.2 控制策略设计

插电式混合动力电动汽车复合电源能量管理策略的目的是在综合考虑系统动态性能的基础上完成当前需求功率的优化分配，并控制动力蓄电池组和超级电容器的输入 / 输出电流。基于复合电源控制策略的设计原则是在综合提高电源工作效率、优化动力蓄电池工况和降低动力蓄电池组充放电电流的前提下最大限度地提高动力蓄电池组和超级电容器的经济性。

复合电源系统控制策略制订的核心是如何在锂离子动力蓄电池组和超级电容器之间分配功率，现有控制策略的大部分都是基于逻辑门限而制订的，核心是依据两者的时间常数以及超级电容器峰值助力的时间（一般是 10s 或者 15s）来分配功率，达到让锂离子动力蓄电池组提供平均功率、超级电容器提供峰值功率补偿的目的。

8.3.2.1 基于规则的逻辑门限控制策略

复合电源控制的原则是共同承担电机控制器的功率需求、分级处理后的电机控制器的功率需求，由动力蓄电池组提供稳定的或者平均功率，由超级电容器提供余下的或者吸收额外的功率。这样，动力蓄电池组提供合适的功率以保证 SOC 在一个理想的范围内，超级电容器通过吸收和提供快速变化的功率来稳定负载电压。通过参数匹配，超级电容器可以满足电机的峰值功率需求，避免动力蓄电池组大电流充放电，优化电池的使用以提高其使用寿命。

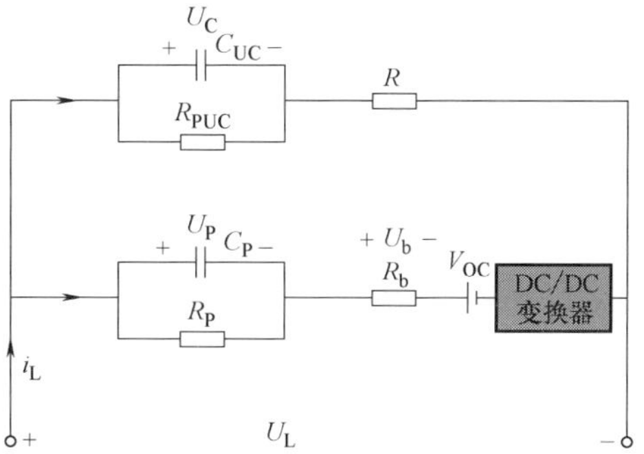

图 8-10 主动控制模式复合电源的电路拓扑结构

下面以图 8-10 所示的主动控制模式复合电源的电路拓扑结构为例来制订逻辑门限控制策略。复合电源系统的基本参数见表 8-5，控制逻辑如图 8-11 所示。

表 8-5 复合电源系统的基本参数

动力蓄电池组		超级电容器	
参数	锰酸锂离子蓄电池	参数	超级电容器
额定电压 /V	3.6	额定电压 /V	16
额定容量 /A · h	30	额定容量 /F	500
节数	88	节数	9

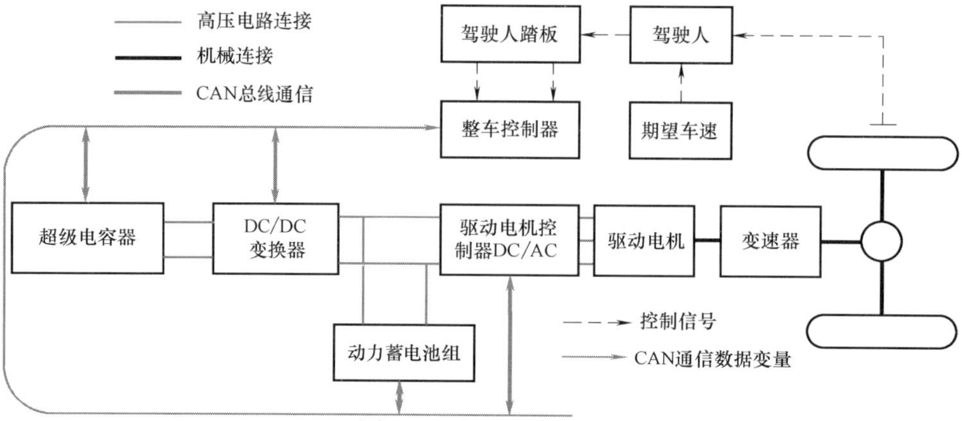

图 8-11　复合电源整车应用控制逻辑

超级电容器通过串联 DC/DC 变换器与动力蓄电池组并联，然后接入动力母线，依据驾驶人踏板信息实时计算驱动电机控制器的直流端功率需求 P_m^*，按照制订的控制策略得到 DC/DC 变换器的目标电流 / 电压值，从而主动控制超级电容器的充、放电功率 P_{UC}，发挥超级电容器的主动性，降低动力蓄电池组大电流充放电的冲击。考虑到动力蓄电池组、超级电容器充放电约束函数 $f(\bullet)$，得到的车用复合电源的控制策略示意如图 8-12 和式（8-4）所示。

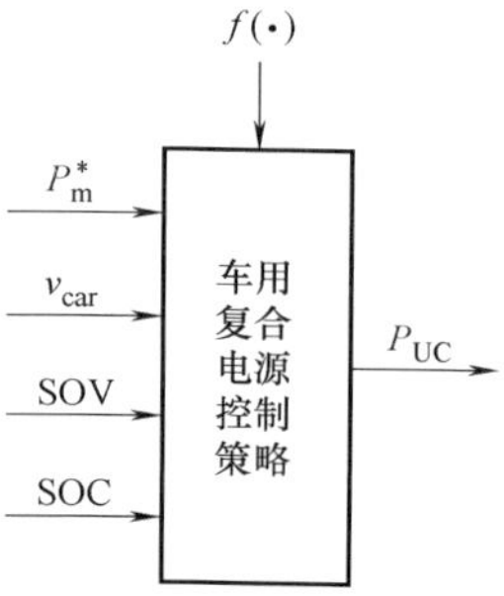

图 8-12　复合电源控制策略简图

$$
\begin{cases}
P_m = \dfrac{1}{1+\tau_{car}s}P_m^* \\
P_m = P_{DC} + P_{bat} = P_{UC}\eta_{DC}^{\lambda} + P_{bat}
\end{cases} \tag{8-4}
$$

式中　P_m——实际的驱动电机控制器直流输入功率（kW）；

τ_{car}——整车动力系统动态响应等效时间常数（s）；

P_{DC}——DC/DC 变换器的工作功率（kW）；

P_{bat}——动力蓄电池组的工作功率（kW）；

P_{UC}——超级电容器的充放电功率（kW）；

η_{DC}——DC/DC 变换器的工作效率；

λ——超级电容器充放电状态标志，充电取值为 1，放电取值为 -1。

逻辑门限控制策略是根据超级电容器和动力蓄电池组的状态来分配功率的，控制逻辑如图 8-13 所示。控制策略的决策输入变量为 P_m*、SOC，约束函数为

$$
f(*) = \begin{cases}
SOV_L \leqslant SOV \leqslant SOV_H \\
SOV \leqslant 100\% \\
P_{chg}(SOC) \leqslant P_{bat}^* \leqslant P_{bmax}(SOC)
\end{cases} \tag{8-5}
$$

式中　SOV_L、SOV_H——超级电容器电压状态的最小门限和最大门限；

$P_{bat}*$——动力蓄电池组的目标放电功率（kW）；

P_{bmax}（≥ 0）——动力蓄电池组的最大允许放电功率（kW），为 SOC 的函数；

P_{chg}（< 0）——动力蓄电池组的最大允许充电功率（kW），为 SOC 的函数。

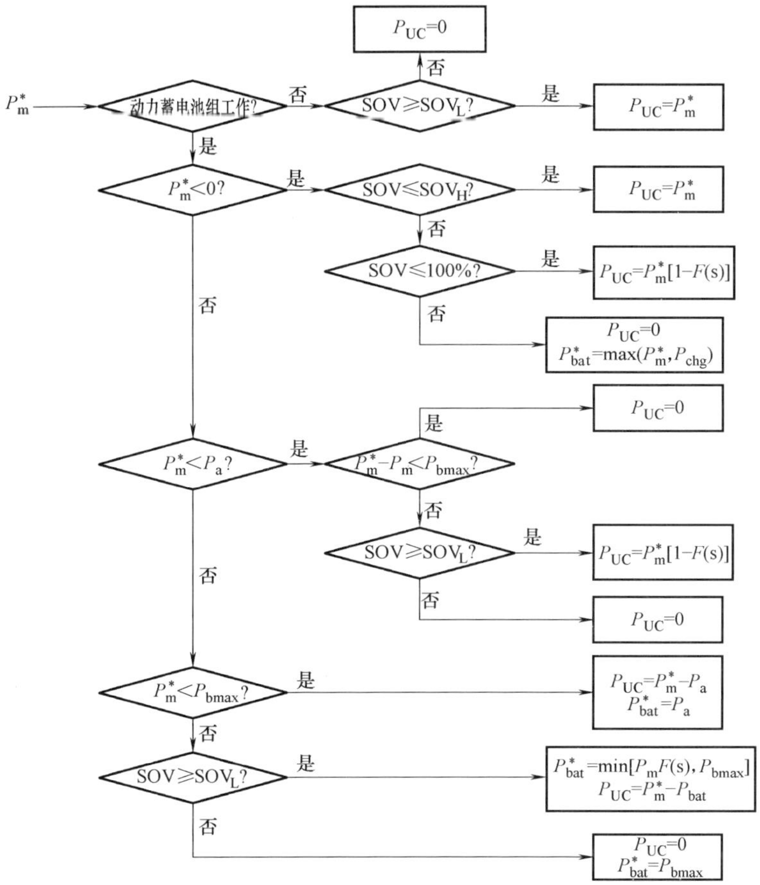

图 8-13 基于规则的复合电源逻辑门限控制策略

控制策略中 $F(s)$ 的表达式为

$$F(s)=\begin{cases}\dfrac{1}{\tau_{bat}s+1} & (P_m^*>0)\\ \dfrac{1}{\tau_{uc}s+1} & (P_m^*\leqslant 0)\end{cases} \tag{8-6}$$

相比传统的逻辑门限控制策略，该逻辑门限策略是将复合电源系统的主动性交给超级电容器，与传统的逻辑门限控制策略中通过时间常数让超级电容器被动地优先输出是不同的。因为复合电源的优势应该是在超级电容器的高比功率特性上，而并非用超级电容器配合动力蓄电池组的工作。超级电容器对大功率瞬间的吸收和吞吐是其高比功率特性的直接反映，这种优势是能量型动力蓄电池很难具备的。因此，通过超级电容器的负载均衡可以有效地减少负载大功率对动力蓄电池的损害。

8.3.2.2 模糊控制策略

本质上，模糊控制策略也是一种基于规则的控制策略，二者之间的主要区别是各种门限值的表示方式。与其他控制领域一样，门限值的模糊化更好地反映了各种控制模式之间存在过渡区这一客观事实。两种控制策略的控制思路大致相同，规则集也是基本类似的。复合电源控制策略制订的核心是如何在动力蓄电池组和超级电容器之间分配功率。在8.3.2.1 节的基础上，本节用模糊控制策略制订一个控制算法，将电机要求功率更合理地分配给动力蓄电池组和电容器，提高效率。

基于规则的逻辑门限控制策略虽然较单一电池电源系统在经济性上有所提高，但是逻辑门限对动力蓄电池组和超级电容器的限制比较大。两者只能够按照事先制订好的规则进行功率分配，致使某些时刻动力蓄电池组的放电电流仍然很大，电源效率提高不大，动力蓄电池组 SOC 消耗量的改善不是很明显。为更加合理地决策超级电容器的充放电功率，把超级电容器的充放电控制和驱动电机控制器需求功率、整车行驶车速、动力蓄电池组的 SOC 状态、超级电容器的 SOV 状态结合起来，设计的模糊控制策略如图 8-14 所示。增加超级电容优化模块，目标在于充分发挥超级电容“削峰填谷”的峰值功率补偿特性，进一步限制动力蓄电池组的充放电功率波动范围，优化动力蓄电池组的使用工况。

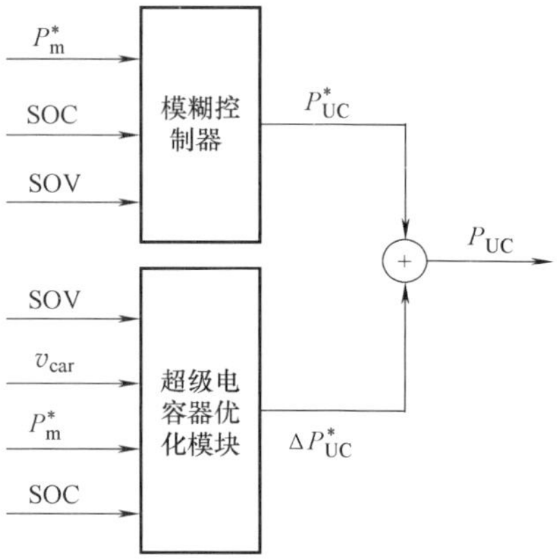

图 8-14　模糊控制策略

下面分两种情况分别设计模糊控制器的模糊规则。

1. 当驱动电机控制器需求功率大于零时

定义 P_m^*={minimum，small，big，high}，SOV={low，optimal，high}，SOC={low，optimal，high}，P_{UC}={small，optimal，high，max}，驱动电机控制器需求功率大于零时的模糊控制规则库见表 8-6。

表 8-6　驱动电机控制器需求功率大于零时的模糊控制规则库

序号	规则
1	(SOV=low) => (P_{UC}=small)
2	(SOC=low) & (SOV=optimal) & (P_m^*=minimum) => (P_{UC}=max)
3	(SOC=optimal) & (SOV=optimal) & (P_m^*=minimum) => (P_{UC}=optimal)
4	(SOC=high) & (SOV=optimal) & (P_m^*=minimum) => (P_{UC}=small)
5	(SOC=low) & (SOV=optimal) & (P_m^*=small) => (P_{UC}=max)
6	(SOC=optimal) & (SOV=optimal) & (P_m^*=small) => (P_{UC} =small)
7	(SOC=high) & (SOV=optimal) & (P_m^*=small) => (P_{UC}=small)
8	(SOC=low) & (SOV=optimal) & (P_m^*=big) => (P_{UC}=high)
9	(SOC=optimal) & (SOV=optimal) & (P_m^*=big) => (P_{UC}=optimal)
10	(SOC=high) & (SOV=optimal) & (P_m^*=big) => (P_{UC}=optimal)
11	(SOC=low) & (SOV=optimal) & (P_m^*=high) => (P_{UC}=max)
12	(SOC=optimal) & (SOV=optimal) & (P_m^*=high) => (P_{UC}=optimal)
13	(SOC=high) & (SOV=optimal) & (P_m^*=high) => (P_{UC}=optimal)
14	(SOC=low) & (SOV=high) & (P_m^*=minimum) => (P_{UC}=max)
15	(SOC=optimal) & (SOV=high) & (P_m^*=minimum) => (P_{UC}=small)
16	(SOC=high) & (SOV=high) & (P_m^*=minimum) => (P_{UC}=small)
17	(SOC=low) & (SOV=high) & (P_m^*=small) => (P_{UC}=max)

(续)

序号	规则
18	(SOC=optimal)&(SOV=high)&(P^*_m=small)=>(P_{UC}=optimal)
19	(SOC=high)&(SOV=high)&(P^*_m=small)=>(P_{UC}=small)
20	(SOC=low)&(SOV=high)&(P^*_m=big)=>(P_{UC}=max)
21	(SOC=optimal)&(SOV=high)&(P^*_m=big)=>(P_{UC}=high)
22	(SOC=high)&(SOV=high)&(P^*_m=big)=>(P_{UC}=optimal)
23	(SOC=ow)&(SOV=high)&(P^*_m=high)=>(P_{UC}=max)
24	(SOC=optimal)&(SOV=high)&(P^*_m=high)=>(P_{UC}=max)
25	(SOC=high)&(SOV=high)&(P^*_m=high)=>(P_{UC}=high)

规则说明如下。

1)若超级电容器 SOV < SOV_L 且持续保持减小趋势时，严格禁止超级电容器继续主动放电，驱动电机控制器需求功率完全由动力蓄电池组承担。

2)若驱动电机控制器需求功率非常小：

① 当动力蓄电池组的 SOC 较低时，驱动电机控制器需求功率完全由超级电容器承担，动力蓄电池组不主动放电。

② 当动力蓄电池组的 SOC 适度和较高时，驱动电机控制器需求功率完全由动力蓄电池组承担。超级电容器不主动放电。

3)若驱动电机控制器需求功率较小：

① 当动力蓄电池组的 SOC 较低时，驱动电机控制器需求功率完全由超级电容器承担。

② 当动力蓄电池组的 SOC 适度时，如果超级电容器的 SOV 适度，则电机控制器需求功率基本由动力蓄电池组承担；如果超级电容器的 SOV 较高，则超级电容器承担适度的部分。

③ 当动力蓄电池组的 SOC 较高时，驱动电机控制器需求功率基本由动力蓄电池组承担，超级电容器以允许的峰值功率进行功率补偿。

4)若驱动电机控制器需求功率偏高：

① 当超级电容器的 SOV 适中时，如果动力蓄电池组的 SOC 偏低，则驱动电机控制器需求功率基本由超级电容器承担；如果动力蓄电池组的 SOC 适中和较高，则动力蓄电池组为驱动电机控制器需求功率承担高效率工作时输出的功率。

② 当超级电容器的 SOV 较高时，如果动力蓄电池组的 SOC 较低，则驱动电机控制器需求功率基本由超级电容器承担；如果动力蓄电池组的 SOC 适度，则驱动电机控制器需求功率大部分由超级电容器承担；如果动力蓄电池的 SOC 较高，则超级电容器承担高效工作的输出功率给驱动电机控制器。

5)若驱动电机控制器需求功率很大：

① 当超级电容器的 SOV 适中时，如果动力蓄电池组的 SOC 偏低，则驱动电机控制器需求功率基本由超级电容器承担；如果动力蓄电池组的 SOC 适中和较高，则动力蓄电池组为驱动电机控制器需求功率承担高效率工作时输出的功率。

② 当超级电容器的 SOV 较高时，如果动力蓄电池组的 SOC 较低和适度，则驱动电机控制器需求功率基本由超级电容器承担；如果动力蓄电池组的 SOC 较高，为避免电池大电流放电，则超级电容器承担大部分功率。

6）若超级电容器的 SOV、动力蓄电池组的 SOC 均偏低，则动力蓄电池组在允许的输出功率范围内以尽可能大的功率输出，超级电容器以允许的峰值功率进行功率补偿。

驱动电机控制器需求功率大于 0（发电状态）时的模糊控制如图 8-15 所示。

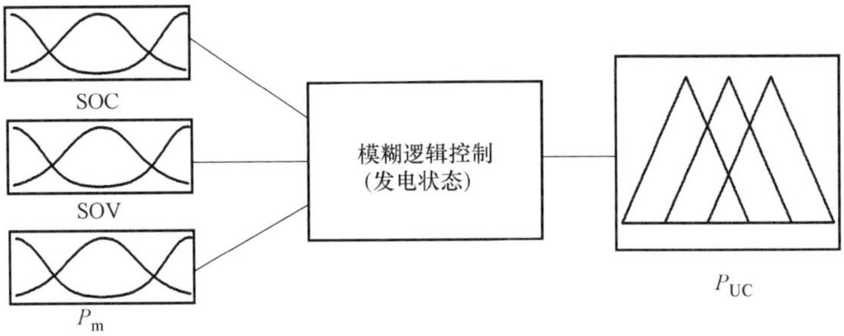

图 8-15　电机需求功率大于零时的模糊控制方案

2. 当驱动电机控制器需求功率小于等于零时

定义 $|P^*_m|$={minimum，small，big，high}，SOV={low，optimal，high}，SOC={low，optimal，high}；P_{UC}={small，optimal，high，max}，驱动电机控制器需求功率小于等于零时的模糊控制规则库见表 8-7。

表 8-7　驱动电机控制器需求功率小于等于零时的模糊控制规则库

序号	规则
1	(SOV=low) => (P_{UC}=max)
2	(SOV=optimal) => (P_{UC}=max)
4	(SOV==max) & ($|P_m|$=minimum) => (P_{UC}=small)
5	(SOV=max) & ($|P_m|$=small) => (P_{UC}=small)
6	(SOC=low) & (SOV=max) & ($|P^*_m|$=big)=> (P_{UC}=small)
7	(SOC=optimal) & (SOV=max) & ($|P^*_m|$=big)=> (P_{UC}=optimal)
8	(SOC=high) & (SOV=max) & ($|P^*_m|$==big)=> (P_{UC}=high)
9	(SOC=low) & (SOV=max) & ($|P^*_m|$=max)=> (P_{UC}=small)
10	(SOC=optimal) & (SOV=max) & ($|P^*_m|$=max)=> (P_{UC}=optimal)
11	(SOC=high) & (SOV=max) & ($|P^*_m|$=max)=> (P_{UC}=high)

规则说明如下。

1）若超级电容器 SOV 较低和适度，则无论驱动电机控制器需求功率多大，全部由超级电容器吸收。

2）若驱动电机控制器需求功率的绝对值非常小和较小，同时超级电容器的 SOV 较大，则驱动电机控制器所回收的能量大部分由动力蓄电池组吸收。

3）若驱动电机控制器需求功率的绝对值偏大和较大，则当动力蓄电池组的 SOC 偏低时，动力蓄电池组吸收大部分功率；当动力蓄电池组的 SOC 适度时，超级电容器吸收适度功率；当动力蓄电池组 SOC 较大时，超级电容器继续吸收大部分功率。

模糊控制器的控制方案如图 8-16 所示。

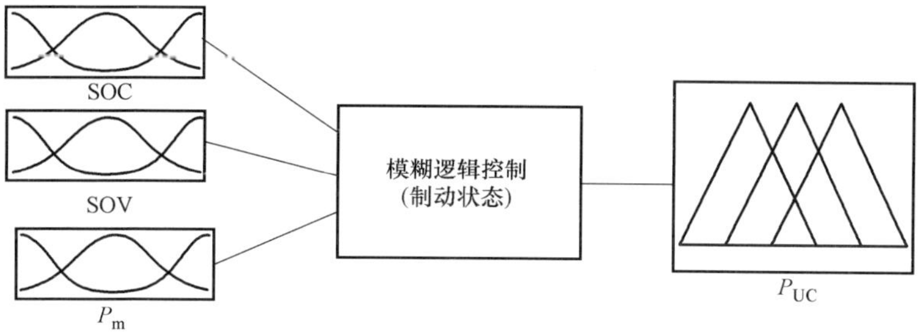

图 8-16 电机需求功率小于零时模糊控制方案

8.3.2.3 基于小波变换的能量管理策略研究

插电式混合动力汽车需求功率中存在的尖峰或瞬态变化部分在之前的研究中通常被忽略，这些需求功率中的高频成分会严重影响锂离子蓄电池的化学结构，甚至缩短其使用寿命。超级电容器的特性决定了可在不影响寿命的前提下吸收需求功率的高频率和高功率成分。小波变换可以有效地从类似汽车工况等时间序列信息中提取高频和低频成分，因此可将小波变换应用到复合电源能量管理领域。

1. 小波变换

小波变换是近年来发展起来的一种可以同时在时域和频域完成局部化的信号分析方法，是一种时间窗和频率窗都可以改变的方法。它可以窗口大小不变的基础上改变其窗口形状，小波基随着信号频率变化而伸缩和平移。这样既可以得到信号的频率成分，也可以得到该成分在时域上的位置，因此在时域和频域内都有很强的局部表征能力。

以 NEDC 标准工况作为行驶工况为例，进行基于小波变换的能量管理。将 NEDC 标准工况作为原始信号 $x(n)$，在三层 Haar 小波变换后，原始信号将分解为 $x_0(n)$、$x_1(n)$、$x_2(n)$ 和 $x_3(n)$ 四部分。低频部分信号变化相对平缓，更适于分配给动力蓄电池组承担，与此同时，高频信号变化更为剧烈，更适于分配给超级电容器承担。因此，小波能量管理策略可表示为

$$\begin{cases} P_{\text{bref}} = x_0(n) \\ P_{\text{cref}} = x_1(n) + x_2(n) + x_3(n) \end{cases} \tag{8-7}$$

式中 P_{bref}——经过三层 Haar 小波分解后的动力蓄电池组的参考功率（kW）;

P_{cref}——经过三层 Haar 小波分解后的超级电容参考功率（kW）。

以某公交客车工况为例，得到的 P_{bref} 和 P_{cref} 功率曲线如图 8-17 所示。

2. 小波规则能量管理策略

尽管小波变换可以避免动力蓄电池组承担需求高频功率部分，然而在此过程中没有考虑插电式混合动力汽车的能量经济性。因此，在小波变换的基础上融入基于规则的方法将更有利于提高能量经济性。除此之外，在研究过程中还应该重点考虑两方面的因素。首先，

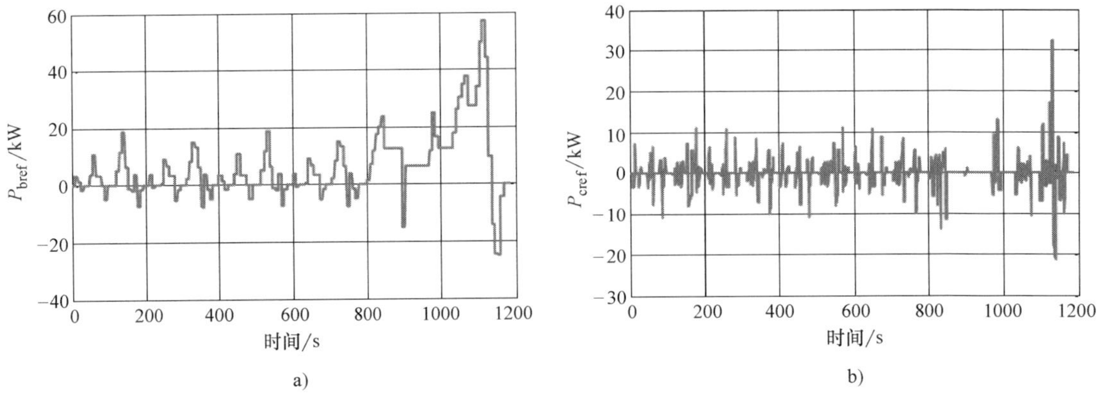

图 8-17　三层 Haar 小波分解下的电池和超级电容参考功率

a) P_{bref} 功率曲线　b) P_{cref} 功率曲线

传统的基于规则的方法一般只有一个参考功率，但是小波规则能量管理策略有两个参考功率 P_{bref} 和 P_{cref}。其次，为了提高复合电源的效率，延长其使用寿命，能量管理策略应考虑动力蓄电池组和超级电容器 SOV 的动态特性、动力蓄电池组的最大负载电流限制等。动力蓄电池组的 SOC 和超级电容的 SOV 范围最好控制在其高效范围之内，其中动力蓄电池组 SOC 范围为 0.3~1.0，超级电容器 SOV 范围为 0.5~1.0。负载电流应该控制在 2C 倍率电流之内以减少对动力蓄电池寿命的损害。因此，基于规则控制的小波能量管理策略如图 8-18 所示。

在图 8-18 中，SOC_{bL} 和 SOC_{cL} 分别代表动力蓄电池组和超级电容器 SOC 的低限。为了更高效地应用动力蓄电池组和超级电容器，SOC_{bL} 设置为 0.3，SOC_{cL} 设置为 0.5。P_{avg} 代表动力蓄电池组参考功率 P_{ref} 的平均值。η_b 和 η_c 分别代表与动力蓄电池组和超级电容器串联 DC/DC 变换器的效率值。值得注意的是，当复合电源放电时，输出功率为计算功率除以效率值；当复合电源充电时，输入功率为计算功率乘以效率值。

3. 小波模糊能量管理策略

为了评价和比较不同算法的性能表现，更加合理地决策动力蓄电池组和超级电容器需求功率，在小波变换的基础上融入模糊逻辑控制（FLC）分配动力蓄电池组和超级电容器的参考功率。模糊控制器由模糊化、知识库、模糊推理和清晰化构成。所设计的模糊控制器为三输入一输出模糊控制器，其中动力蓄电池组 SOC_b、超级电容器 SOC_c 和动力蓄电池组参考功率 P_{ref} 为输入变量，动力蓄电池组输出功率 P_b 为唯一输出信息。模糊子集 SOC_b 和 SOC_c 被分割为｛L，M，H｝，P_{ref} 和 P_b 被分割为｛NH，NM，NL，Z，PL，PM，PH｝，其中 L、M 和 H 分别代表低、中和高，NH、NM、NL、Z、PL、PM、PH 分别代表负大、负中、负小、零、正小、正中、正大。具体隶属函数分布如图 8-19 所示。

为了完成控制目标，该策略总共设置了 63 条模糊控制规则。模糊控制规则的形式为“if SOC_b is A，SOC_c is B and Pbref is C，then P_b is D”。与此同时，设计者的相关经验就成为模糊分割和模糊控制规则制定过程中最重要的影响因素。如前所述，模糊控制器得到的输出为电池输出功率 P_b，为了保持总功率的稳定，超级电容器输出功率 P_c 为

$$P_c=P_{bref}+P_{cref}-P_b \tag{8-8}$$

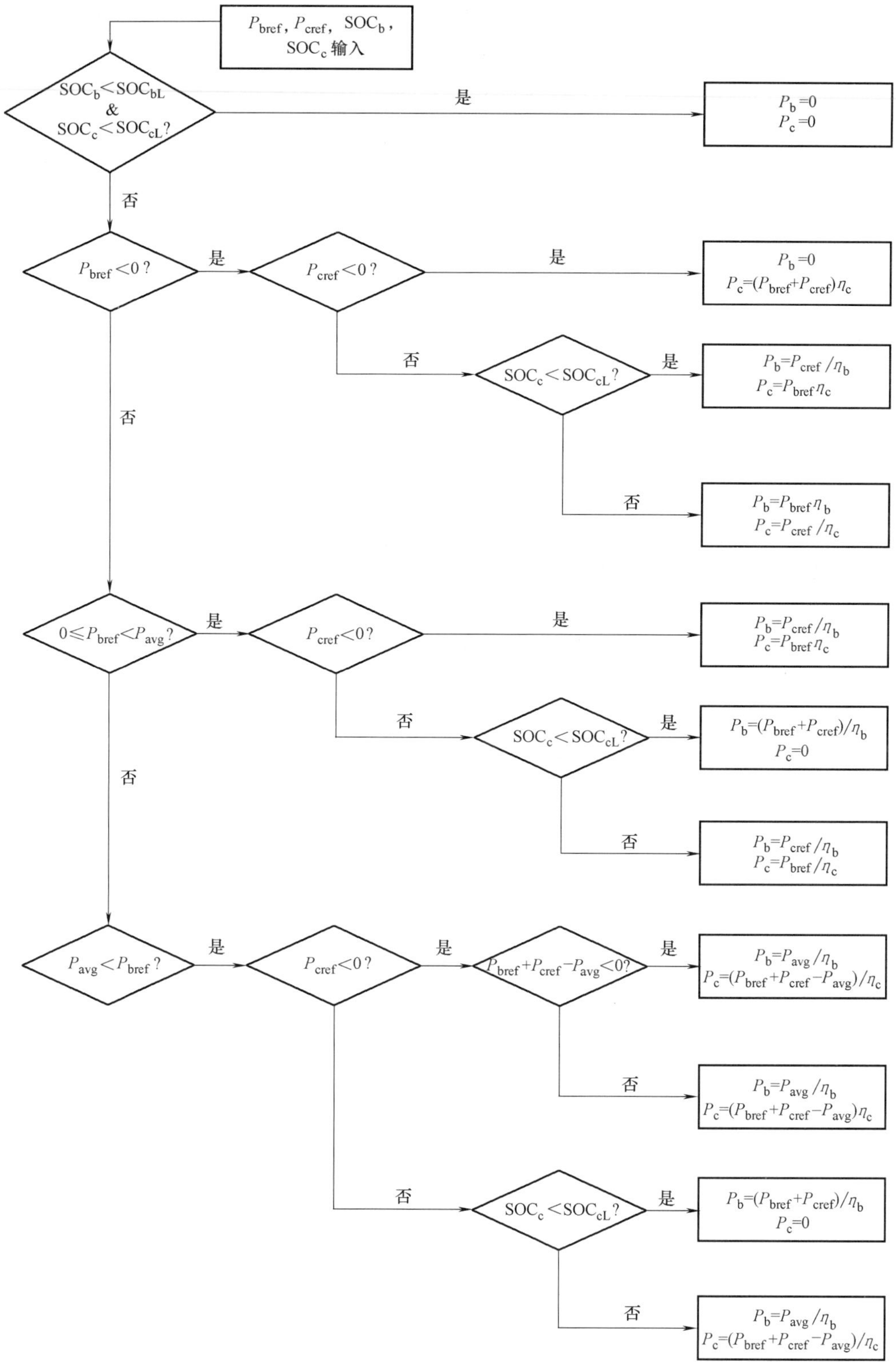

图 8-18 基于规则控制的小波能量管理策略

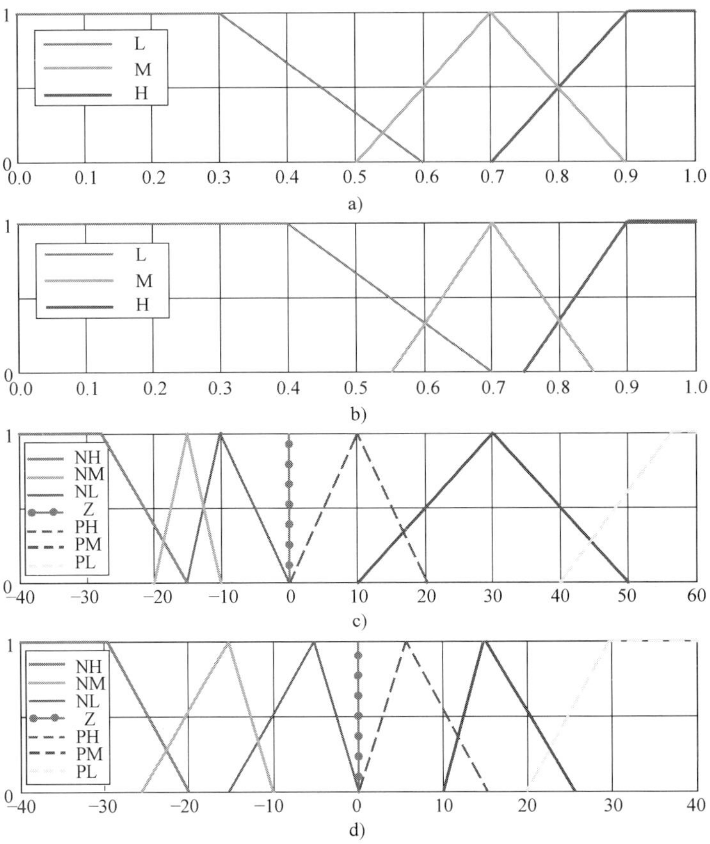

图 8-19　模糊控制隶属函数分布图（见书末彩色插图）

a）输入 1：SOC_b　b）输入 2：SOC_c

c）输入 3：P_{bref}/kW　d）输出：P_b/kW

8.4　车载充电器

PHEV 一般可选择单相交流充电器或单相 / 三相交流充电器，要求重量轻、体积小、可靠性好、便于在车辆上安装、使用方便等。充电器的基本参数有端电压、充电电流和充电时间等。端电压和充电电流是决定充电器的容量大小、电源输入相数和电路形式的主要因素。

8.4.1　车载充电器的功能需求

用于插电式混合电动汽车的车载充电器为容量不低于 10kW 的单相或单相 / 三相交流充电器，具有快速充电能力。充电器控制系统的控制电路应能够对动力蓄电池组的电流、电压实现闭环控制，并在此基础上根据控制需求对电流、电压进行实时调整。

充电系统通常由功率转换单元和执行充电过程控制的控制器组成。对充电系统的基本性能要求包括：对操作人员具有安全性，同时易于使用；充电快速，且能够保证动力蓄电池组的使用寿命；高效率，能够提高能量的利用率，降低成本。充电系统的主要设计指标包括以下九个。

1）输入电源：输入电压频率为50Hz，单相220V或三相380V。

2）输出直流电压：电压范围可调，电压指示。

3）输出直流电流：电流范围可调，电流指示。

4）自动检测动力蓄电池组的充电电压。

5）自动检测动力蓄电池组的充电电流。

6）自动控制充电过程。

7）动力蓄电池组充满电后，自动结束充电。

8）系统具有定时、计时功能和充电过程信息记录功能。

9）具有良好的自保护和自诊断功能。

8.4.2 充电技术

插电式混合动力电动汽车充电技术就是对动力蓄电池组的输入/输出进行合理的控制，达到节能、延长设备寿命的预期目标。

8.4.2.1 常规充电

常规充电方式多为静态的模式，充电电流无法随着动力蓄电池组充电状态的变化而变化。常规的充电方式主要包括恒流模式、恒压模式等，这种不受外界因素影响的充电模式不可能达到最优。

8.4.2.2 智能充电

智能充电就是在充电的过程中结合动力蓄电池组性能的变化而动态地改变充电的电流或电压，保证动力蓄电池组几乎在满足自身理论特性的状态下充电，从而达到一种最优的充电效果——节能、高效、快速、安全。要实现智能充电模式，就必须对动力蓄电池组进行实时监控。

8.5 能耗评价

依据GB/T 34598—2017《插电式混合动力电动商用车　技术条件》和GB/T 19753—2013《轻型混合动力电动汽车能量消耗量试验方法》，对无行驶模式手动选择功能的插电式混合动力电动汽车试验能耗经济性计算方法分两种条件：

条件1：储能装置处于充电终止的最高荷电状态。

条件2：储能装置处于运行放电结束的最低荷电状态。

8.5.1 储能装置处于充电终止的最高荷电状态

车辆按照GB/T 19753—2013中7.1.2.1的要求在试验跑道或底盘测功机上行驶，直至满足放电终止条件，并对车辆进行相应的处理，按照 GB/T 19233—2008《轻型汽车燃料消耗量试验方法》的计算方法，利用测量得到的 CO_2、CO 和 HC 排放量，用碳平衡法计算燃油消耗 c_1（L/100km）。

按照 GB/T 19753—2013 中 7.1.2.3.4a 规定的方法进行试验的结果就是一次试验的结果。

按照 GB/T 19753—2013 中 7.1.2.3.4b 规定的方法进行试验的结果是各个试验结果的和，再求平均值。

$$c_1 = \frac{1}{N}\sum_{1}^{N} c_i \tag{8-9}$$

式中 c_1——燃油消耗量结果（L/100km）；

c_i——N 个循环的总结果（L/100km）i=1，2，3，…，N；

N——试验进行的总循环数，不包括达到最低荷电状态的循环。

试验结束后 30min 内，按照 GB/T 19753—2013 附录 A 的规定对储能装置进行充电，测量并记录从电网获得的电能 e_1（W·h）。e_1 即为条件 A 下车辆的电能消耗。

8.5.2 储能装置处于运行放电结束的最低荷电状态

一个循环工况后燃料消耗量的加权平均值为

$$C = \frac{D_e c_1 + D_{av} c_2}{D_e + D_{av}} \tag{8-10}$$

式中 C——燃油消耗量（L/100km）；

c_1——储能装置处于充电终止的最高荷电状态的燃油消耗量（L/100km）；

c_2——储能装置处于运行放电结束的最低荷电状态的燃油消耗量（L/100km）；

D_e——纯电动续驶里程（km）；

D_{av}——储能装置两次充电之间的平均行驶里程（km）。

多个循环工况后储能设备达到最低荷电状态时的燃料消耗量的加权平均值为

$$C = \frac{D_{ovc} c_1 + D_{av} c_2}{D_{ovc} + D_{av}} \tag{8-11}$$

式中 D_{ovc}——可外接充电续驶里程（km）。

电能消耗量加权平均值为

$$E = \frac{D_e E_1 + D_{av} E_2}{D_e + D_{av}} \tag{8-12}$$

式中 E——电能消耗量（W·h/km）；

E_1——储能装置处于充电终止的最高荷电状态的电能消耗量（W·h/km），$E_1=e_1/D_{test1}$，e_1 为储能装置处于充电终止的最高荷电状态的电能消耗总量（W·h）；D_{test1} 是储能装置处于充电终止的最高荷电状态车辆实际行驶的距离（km）；

E_2——储能装置处于运行放电结束的最低荷电状态的电能消耗量（W·h /km），$E_2=e_2/D_{test2}$，e_2 为储能装置处于运行放电结束的最低荷电状态的电能消耗量（W·h），D_{test2} 是储能装置处于运行放电结束的最低荷电状态车辆实际行驶的距离（km）。

插电式混合动力电动汽车能耗应包括燃料消耗量和电能消耗量两部分。综合能耗应由上面两部分组成，不应只以燃料消耗量或电能消耗量来表示。燃料消耗量的加权平均值为

$$E = \frac{D_{ovc}E_1 + D_{av}E_2}{D_{ovc} + D_{av}} \quad (8\text{-}13)$$

8.6 能量管理策略设计

8.6.1 能量管理模式

按照动力蓄电池组电量的变化特点，可将插电式混合动力电动汽车的基本能量管理模式划分为电量消耗模式、电量保持模式和常规充电模式三种。

8.6.1.1 电量消耗模式

电量消耗模式可分为纯电动模式和混合动力模式。

1）纯电动模式主要用于汽车低速或低负荷时，由动力蓄电池组驱动汽车，发动机处于关闭状态，汽车的动力性相对较弱。

2）混合动力模式主要用于汽车高速或负荷较高时，电机和发动机同时处于工作状态，动力蓄电池组为汽车行驶提供主要动力，发动机则为车辆系统提供辅助动力。

这两种模式的选择取决于 PHEV 行驶时的动力需求。在电量消耗模式下，汽车将最大限度地使用动力蓄电池组的能量。

8.6.1.2 电量保持模式

为保证汽车和动力蓄电池组的安全性以及使用连续性，当动力蓄电池组的电量消耗到一定程度时，汽车将自动进入电量保持模式，由发动机提供汽车行驶的主要动力，且根据车辆实际能耗情况适时为动力蓄电池组补充能量，以确保在满足车辆动力性能要求的情况下还能确保动力蓄电池组 SOC 维持恒定。

8.6.1.3 常规充电模式

利用车载充电器通过外部充电设施给动力蓄电池组充电。

PHEV 整车控制策略的设计即依据整车行驶工况特点，以油耗最低为总目标，进行电量消耗模式、电量保持模式和常规充电模式的合理切换控制。

8.6.2 基于动态规划的全局能量管理策略

通常，在全局能量管理策略研究中，工况需要被输入以便寻求最优或次优的控制序

列。如果整个驾驶工况已知，则基于动态规划的控制策略就可以用来寻找全局最优的动力系统控制序列。

现结合某单轴混联式混合动力客车（PHEB）说明基于 DP 算法的全局能量管理策略设计方法。在该应用中，表征 PHEB 状态的有车速、动力蓄电池组的 SOC 等。因为仿真过程是以车辆目标工况已知为前提的，每一阶段的车速是确定的，所以这里选取动力蓄电池组的 SOC 为系统唯一状态量。在 PHEB 混合动力系统中，控制量有发动机的输出转矩和输出转速、主驱动电机的输出转矩和输出转速、ISG 电机的输出转矩和输出转速，以及传统制动器的制动力矩。

8.6.2.1 离散精度

汽车循环工况采样周期和车辆在该工况下运行的能量需求量存在相关性，因此时域空间的离散步长，也就是阶段步长，只能和目标工况的采用周期相一致，那么阶段数 N 便是目标工况的采样点数，故下文只对状态空间和控制变量的离散精度进行讨论。

1. 状态变量离散精度

系统的状态量 SOC 的离散步长 ΔSOC 反映着它的离散精度，ΔSOC 越小，对应的离散精度则越高。动力蓄电池组 SOC 的动态特性取决于数据的采样步长、电池组的容量和充放电电流的大小，其中动力蓄电池组的充放电流取决于电机的输出功率。然而，与 SOC 动态特性相关的量中，只有转矩离散步长 ΔT 是可调整量。不同 ΔT 值对应的动力蓄电池组的充放电电流绝对值分布情况如图 8-20 所示。

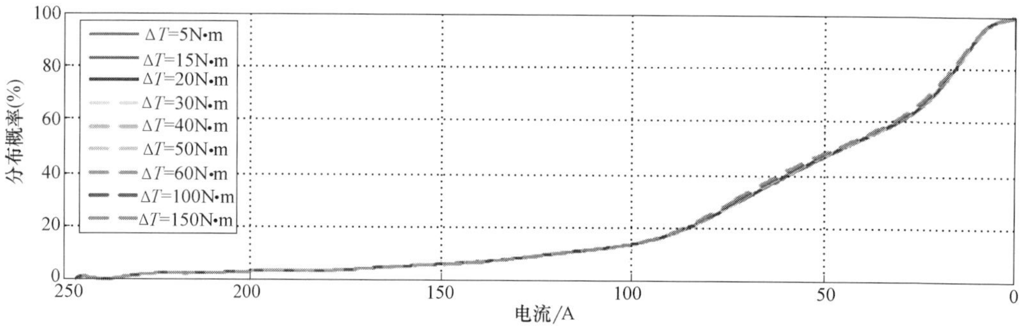

图 8-20 不同时间步长对结果不产生明显影响

如图 8-20 所示，在一定限度内 T 的增加对动力蓄电池组的工作电流没有明显影响，同时这会使 DP 求解的时间成本大幅降低。根据 DP 的数学原理可以知道，状态变量的离散精度与控制变量的离散精度对 DP 结果的影响是相互独立的。因此，在分析系统状态量 SOC 的离散精度对 DP 结果影响的过程中，ΔT 的差异对 DP 结果的收敛速度是没有影响的。这里取 ΔT 为 30N・m，ΔSOC 与基于不同动力蓄电池组容量求解结果的关系如图 8-21 所示。同时考察了不同 ΔSOC 与求解过程时间成本的关系，如图 8-22 所示。

从图 8-21 可以看出，燃油消耗量随着 ΔSOC 的减小（SOC 离散精度增高）呈下降趋势，但是下降幅度逐渐趋缓，最终稳定下来，且 SOC 终值具有相同的变化趋势。这说明可以通过提高状态量 SOC 的离散精度来获得准确度更高的计算结果及更趋近理论最优的

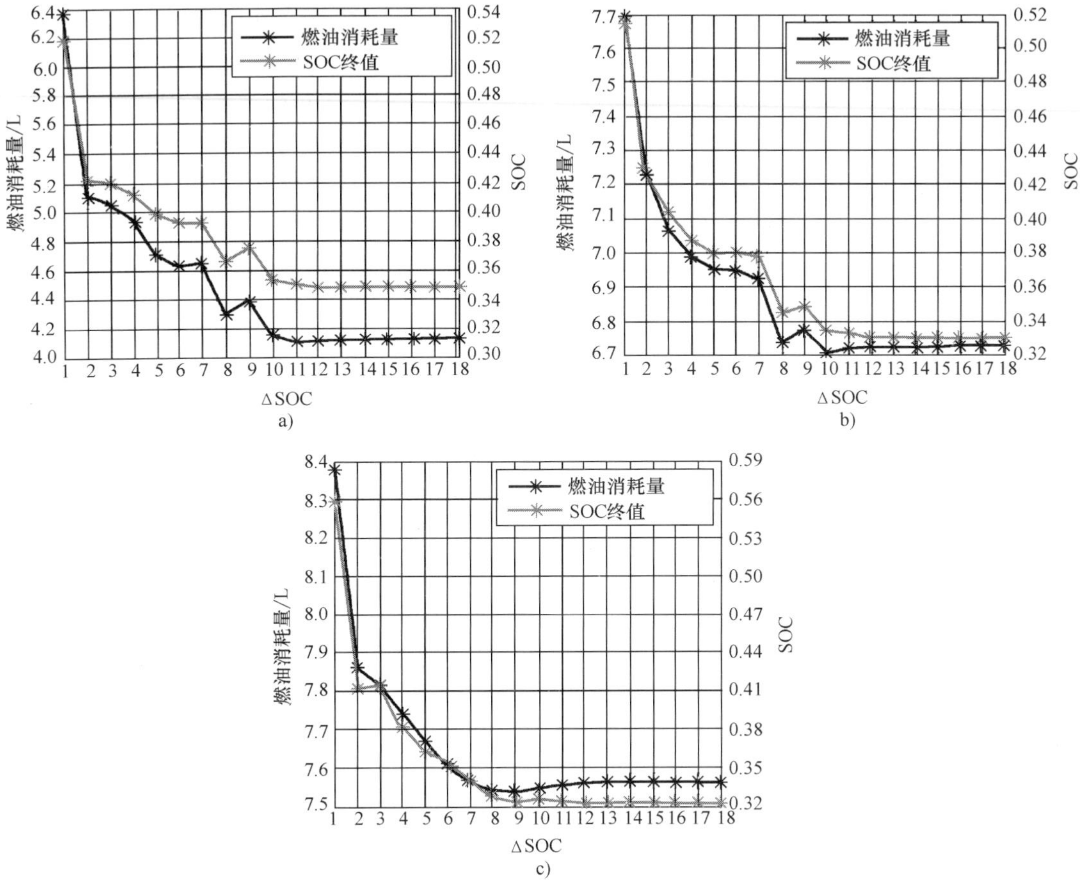

图 8-21 ΔSOC 与基于不同动力蓄电池组容量求解结果的关系

a）60A·h b）30A·h c）20A·h

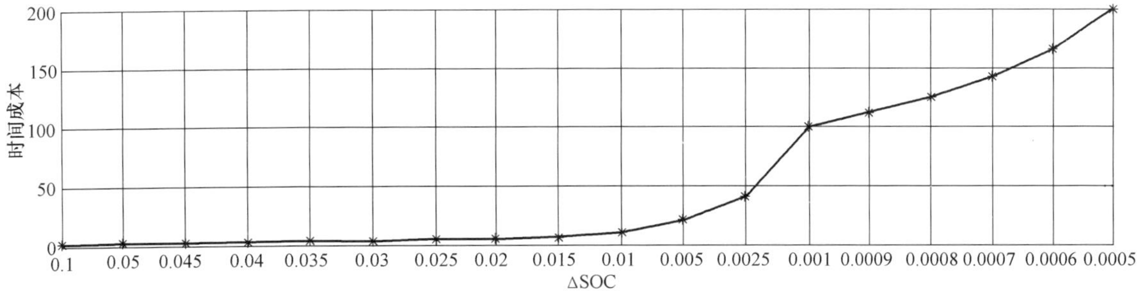

图 8-22 不同 ΔSOC 与求解过程时间成本的关系

控制序列。只是当 SOC 的离散精度达到一定程度时，更高的离散精度对结果准确度的改善会变得不再明显。图 8-22 表明相应求解过程的计算量会随着 SOC 离散精度的增高而加倍地增加。此外，通过对比图 8-21a、b 和 c 还可以发现，结果的收敛速度和动力蓄电池组的容量有关。动力蓄电池组的容量越大，相应的 DP 求解结果收敛速度越慢。也就是说，当动力蓄电池组的容量减小时，为保证结果的准确度，需要的最大 ΔSOC 是在增大的，即 SOC 离散精度在降低。因此，为降低 DP 求解过程的计算量，在保证结果准确的前提下，应根据动力蓄电池组容量选取尽可能大的 ΔSOC。

2. 控制变量离散精度

转矩离散步长 T 反映着控制变量的离散精度。T 越小，控制变量的离散精度就越高。当控制变量得离散精度选得低时，混合动力系统各动力装置的可行工作区不能被充分地利用，这势必会降低 DP 求解结果的最优性。但是，高的控制变量离散精度意味着高的求解计算量。鉴于状态空间的离散精度和控制变量的离散精度对 DP 结果影响的解耦关系，可以固定 ΔSOC 为 0.001 来考察 ΔT 和结果的关系。不同 ΔT 对应的 DP 结果如图 8-23a 所示，对应的相对计算量如图 8-23b 所示。

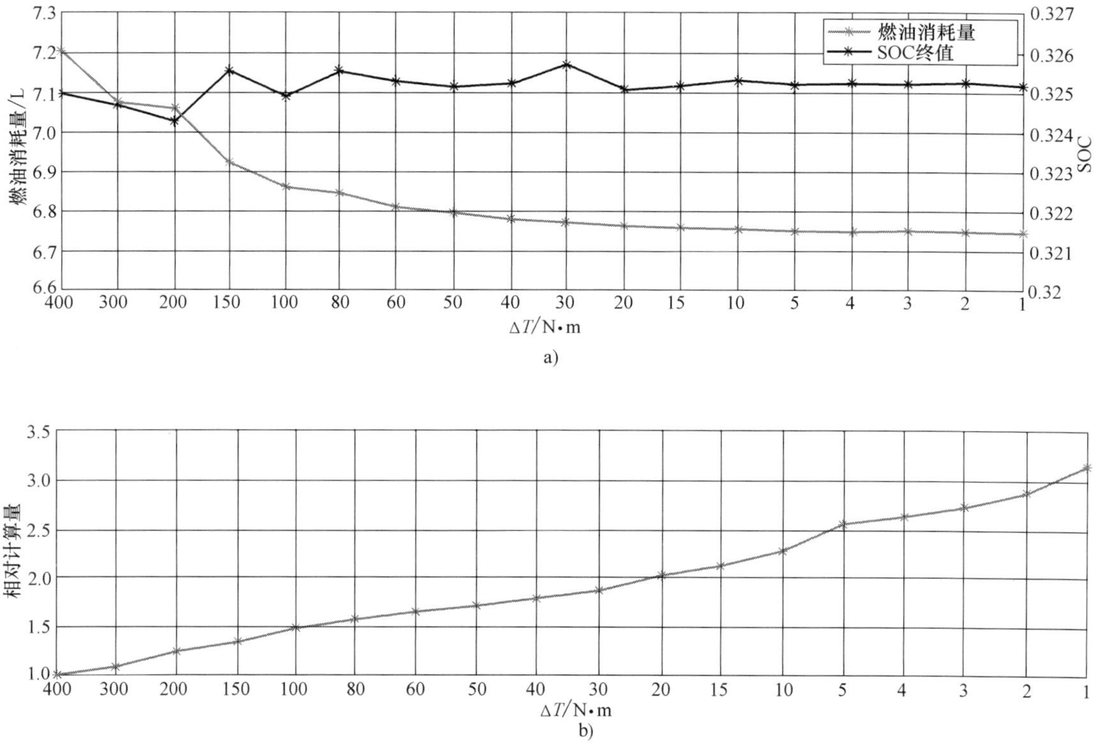

图 8-23　不同 ΔSOC 对应的 DP 结果和相对计算量

a）不同 ΔT 对应的 DP 结果　b）不同 ΔT 对应的相对计算量

图 8-23a 呈现的结果表明，SOC 终值对 ΔT 的变化不敏感，几乎不受 ΔT 的差异影响。燃油消耗量则随着 ΔT 的减小呈下降趋势，并逐渐趋缓，最终稳定下来。这说明，可以通过提高控制变量的离散精度来获得准确度更高的计算结果及更趋近理论最优的控制序列。只是当控制变量的离散精度达到一定程度时，更高的离散精度对结果准确度的改善会变得不再明显。对于 HEV 和 PHEV 来说，燃油经济性通常是优化的目标，发动机是唯一的燃油消耗装置。发动机的燃油消耗率和它的容量大小关系密切，因此当选取 T 时，须基于具体发动机的容量和万有特性进行。

对比图 8-21b 和图 8-23b，与 ΔSOC 相比，ΔT 对 DP 求解过程计算量的影响要小得多。图 8-23b 中，最大的 T 是其最小值的 400 倍，而它们对应求解计算量则仅仅相差还不到 4 倍。这是因为，在 DP 求解过程中控制量的离散化并不是每一次求解循环都进行的。因此，ΔT 对求解过程计算量的影响取决于控制变量离散化在求解计算过程中的执行频率。

8.6.2.2 边界问题

DP 数值求解过程中的边界问题包括两部分：系统状态空间的边界问题和控制变量可行域的边界问题。

对于 HEV 最优控制问题，状态量 SOC 通常是维持在特定范围内，SOC 轨迹整体持平；而 PHEV 的 SOC 轨迹则呈下降趋势，如图 8-24 所示。相应地，状态量的边界问题始终存在于 HEV 最优控制问题 DP 程序的数值求解过程中，而对于 PHEV 的最优控制问题，它仅存在于求解过程的初始时刻和终止时刻。因此，在用 DP 求解 PHEV 最优控制问题时，状态量的边界问题对结果准确性的影响是微乎其微的，可以忽略不计。

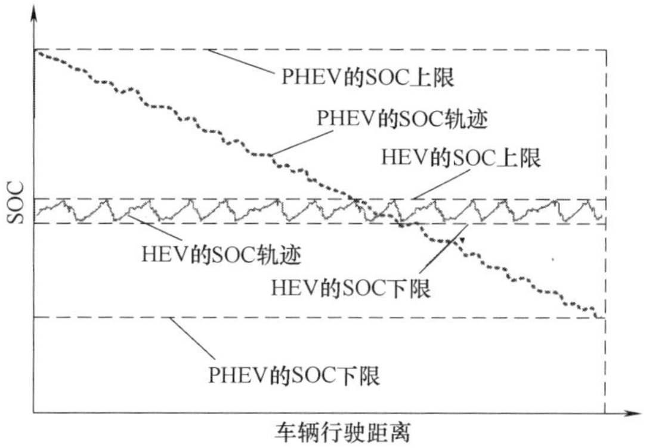

图 8-24 HEV 和 PHEV 最优化 SOC 轨迹示意图

控制变量可行域的边界问题是指边界线附近的可用控制点存在着被漏掉的风险，它本质上是由控制变量的离散化衍生的。因此，控制变量可行域的边界问题实际上是包含在控制变量离散精度问题中的。

综上所述，状态变量 SOC 的终值收敛特性和 SOC 离散精度关系密切，而基本不受 ΔT 影响。因此，对 PHEV 的最优控制问题来说，SOC 轨迹取决于状态变量 SOC 的离散精度。燃油经济性的最优程度同时与状态变量 SOC 离散精度和控制变量离散精度相关。

8.6.3 基于模型预测控制的实时能量管理策略

基于动态规划的能量管理策略在工况已知的情况下可以获得理论的最优解。然而，若没有任何预知信息，那么基于动态规划算法的能量管理策略将无法实时应用于 PHEV 的实际应用控制中。行驶工况是未知的，因此可以通过预测算法来预测一定时域内混合动力车辆的速度或加速度序列，并通过应用实时滚动优化方法进行在线寻优，寻找次优解，以解决 PHEV 的实时能量管理问题。

8.6.3.1 模型预测控制系统构架

模型预测控制又被称为滚动时域优化控制，是一种具有实时计算潜能的先进控制算法。模型预测控制以预测模型为基础，实施预测时域内的滚动优化和反馈自校正，克服受控对象的时变和不确定性扰动的影响，同时参照目标参考轨迹达到预期的优化控制效果，并使系统具有良好的稳健性。其详细的控制结构如图 8-25 所示。

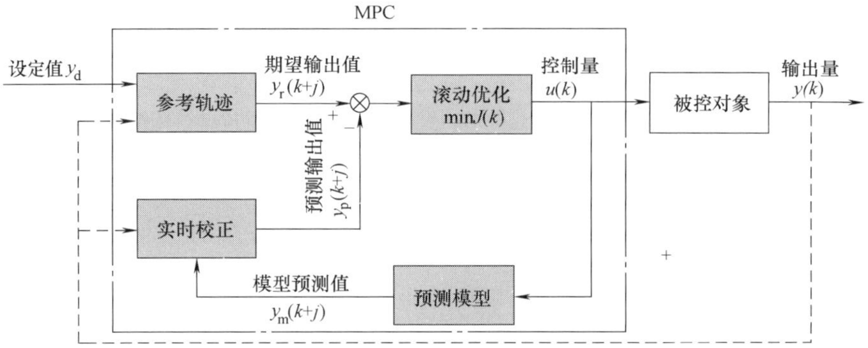

图 8-25　模型预测控制系统构架

在基于模型预测的能量管理策略构架中：

1）工况预测主要运用指数预测、随机过程理论、机器学习或数据驱动等方法对未来有限控制时域内的车速需求、功率需求及转矩需求等进行预测。

2）参考轨迹指的是控制系统的理想最优输出，即在一定时域范围内车辆动力蓄电池组 SOC 实际值更新至 SOC 限定值过程中的最优 SOC 变化轨迹。

3）滚动优化是在每个决策时刻基于 SOC 最优参考轨迹对控制量，也就是整车动力分配关系进行最优求解的过程。因为每一决策时刻都会进行优化计算，所以优化过程是实时更新的。

4）而反馈校正则是指在每一时刻的优化过程中都应用当前的系统参数进行优化计算，以弥补基于上一时刻计算结果不精准产生的控制误差。

基于模型预测的能量管理策略控制构架如图 8-26 所示。其中的预测模型采用的是基于马尔科夫·蒙特卡洛（Markov Chain Monte Car10，MCMC）方法构建的未来车速预测模型，实际应用中也可采用其他方法来构建。滚动优化问题采用动态规划求解，由于预测时域较短，即使是使用诸如动态规划之类的离线优化算法，也可以保证较低的优化求解时间成本。这一点也是基于模型预测控制的能量管理策略具有实时应用潜力的原因。

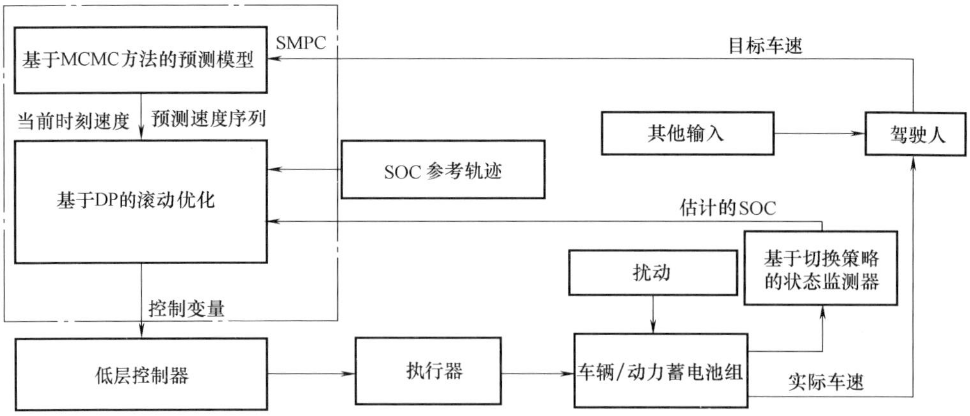

图 8-26　基于模型预测的能量管理策略设计

8.6.3.2 基于实际工况的模型预测能量管理策略效果分析

以某插电式混合动力电动汽车为例，将模型预测能量管理策略应用于实际工况时，其相关测试结果如图 8-27 所示。其中，固定预测时域的模型预测能量管理策略被记为 SMPC-FIXED，而预测时域随工况特征实时变化的模型预测能量管理策略被记为 SMPC-VARIA。

如图 8-27 所示，三条 SOC 变化曲线以相同的趋势下降，同样在预定的里程内充分利用了电能。仅考虑油耗，显然，DP 获得最低油耗，但基于模型预测的能量管理策略的油耗水平与 DP 相比也较为接近。因为变时域模型预测能量管理策略的车速预测时域随预测精度变化而实时调整，所以其经济性比基于固定预测时域的预测能量管理策略好一些。

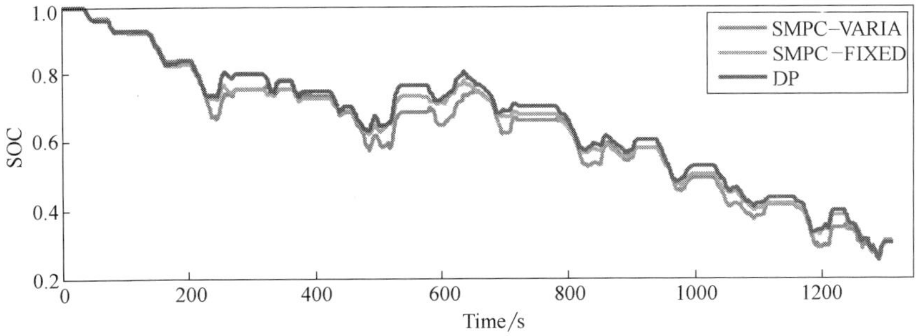

图 8-27 模型预测控制能量管理策略与动态规划能量管理策略效果对比（见书末彩色插图）

为了更清楚地展示燃油消耗，图 8-28 同时展示了基于 DP、SMPC-FIXED 和 SMPC-VARIA 三种策略的发动机的工作点分布。从分布区域可以看出，DP 的结果更倾向于集中在高效率区。图 8-29 则从统计角度展示了每一时刻发动机具体的燃油消耗率。可以看出，SMPC-FIXED 组在高低燃油消耗区域内分布得最为均匀，DP 则有较多的点集中于燃油消耗较低的区域。

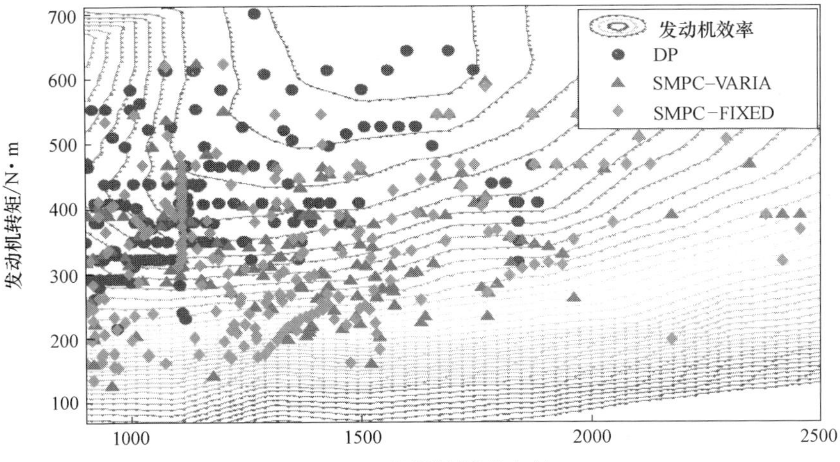

图 8-28 基于 DP、SMPC-FIXED 和 SMPC-VARIA 三种策略的发动机的工作点分布图（见书末彩色插图）

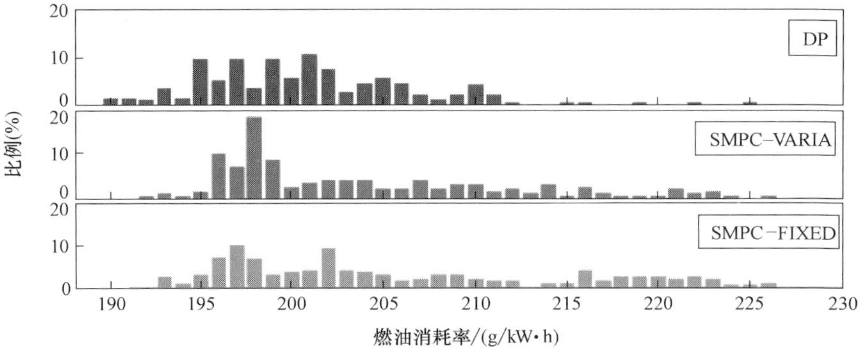

图 8-29　发动机具体的燃油消耗率统计图

图 8-30 统计了三种能量管理策略中发动机和 ISG 电机工作时间比例：

1）发动机工作时间越长，则总燃油消耗量越有可能更高；

2）如果 ISG 电机工作时间越少，则能量的二次转换（从发动机曲轴的动能经 ISG 发电到电池的电能，再经过主驱动电机耗电成为传动轴的动能）就越少。

对于这三种策略，这两个指标的排布趋势与燃油消耗量结果趋势具有相似的相对关系。

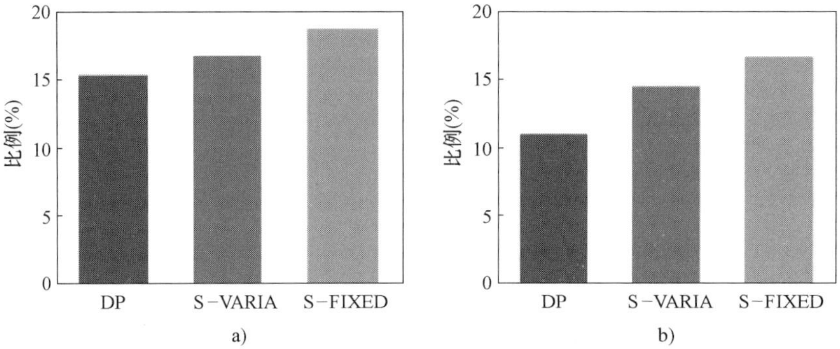

图 8-30　基于 DP 能量管理、固定和变化时域的 MPC 能量管理策略下工作点比例

a）发动机　b）ISG 电机

总体来说，基于模型预测的能量管理策略能够有效地改善能量管理的效果，其能耗水平与动态规划策略较为接近，是提升基于优化的能量管理策略实时应用潜力的有效方案。

8.6.4　基于动态工况构建的实时能量管理策略

插电式混合动力电动汽车的动力蓄电池组具有较大的容量，因此车辆应尽量工作在电量消耗模式下，从而实现对动力蓄电池组中存储电能的最大化利用，这也要求插电式混合动力电动汽车在下次通过电网对动力蓄电池组进行充电之前将动力蓄电池内所有可用的电量以最优的方式输出到驱动轴上。

基于模型预测的能量管理策略在近些年得到了广泛的研究，相较于基于“电量消耗-电量维持”的规则能量管理策略，模型预测能量管理策略实现了较好的节油率提升效果。该策略在实现能量优化分配的同时，还具有很好的实时性。然而基于模型预测控制的能量管理策略一直受到动力蓄电池组 SOC 约束条件缺失的制约，与真正的实时应用仍存在一定的距离。

如图 8-31 所示，一般情况下，针对插电式混合动力电动汽车的研究大都假设一次行程即进行一次电池循环。但是，由于插电式混合动力电动汽车动力蓄电池组的容量较大，城市短途通勤情况下并不能在一次行驶过程中就将动力蓄电池组的电量全部耗尽。因此，这种假设与实际使用过程差别较大。因此，在模型预测能量管理策略的研究基础上，可以通过基于实时交通信息构建的全局动态工况来开展实时能量管理策略设计。与常规的模型预测能量管理策略相比，该方法可以解决实时 SOC 约束条件缺失问题，能够在一次行驶过程中按照实际动力蓄电池组消耗电量对车辆进行能量管理，提升了模型预测能量管理策略的实时应用水平。

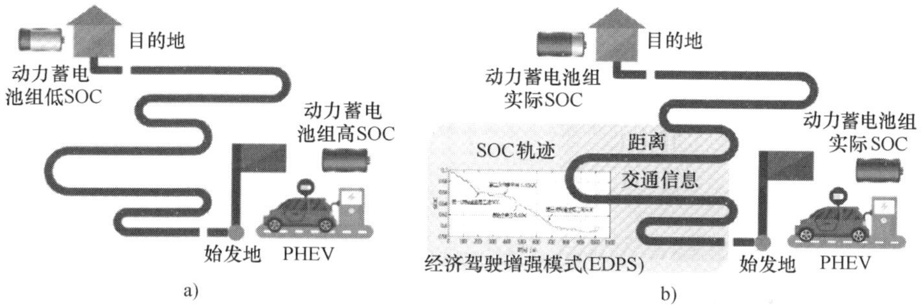

图 8-31　插电式混合动力电动汽车能量管理策略对比图

a）假设一次行程即进行一次电池循环　b）一次行程按照实际消耗电量进行能量管理

基于模型预测控制的实时动态智能能量管理策略原理如图 8-32 所示。

1）能量管理策略以融合模型预测控制架构的整车控制器为核心。

2）上半部分为 SOC 消耗约束条件计算模块。该模块通过一定的经济驾驶计算模型，依据道路实时交通信息张量模型，在动态构建全局工况的基础上通过云端服务器实时计算全局 SOC 变化轨迹，并依据模型预测控制的控制时域对状态变量 SOC 的约束条件进行精细化管理。当交通信息更新后，基于更新的全局 SOC 轨迹重复上述计算过程。

3）下半部分为速度预测模块，用以预测短期实时车速变化趋势。速度预测模块可采用深度神经网络等方法构建，基于历史工况信息来进行车速预测功能的学习。该学习过程也可以在云端服务器实时进行，并可通过车联网技术的支持将达到预测精度要求的预测模块实时下载至整车控制器中。整车控制器实时输出控制序列，最终实现基于模型预测控制的实时动态智能能量管理策略。

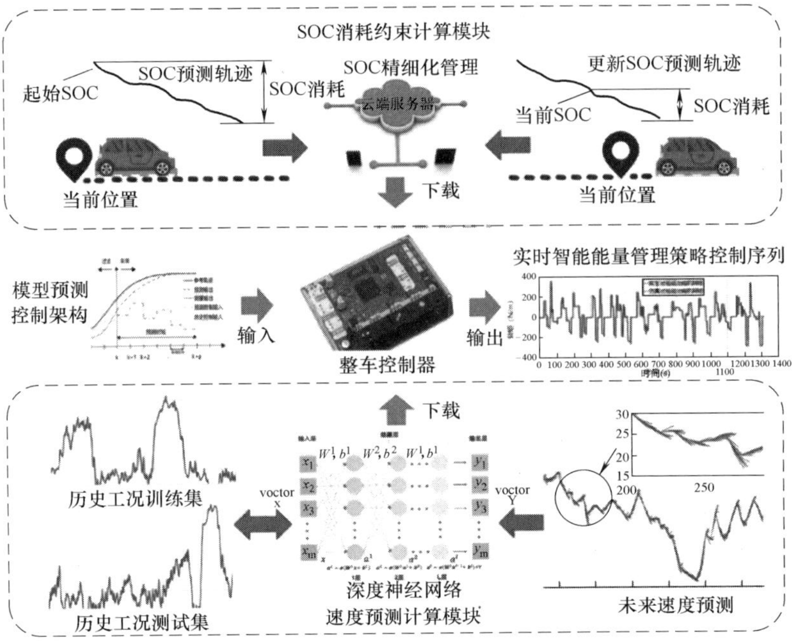

图 8-32　基于模型预测控制的实时动态智能能量管理策略原理

8.7　系统优化设计

目前，关于 PHEV 动力系统参数优化的研究大多集中在各种各样的优化方法上，并且是基于功能性的能量管理策略进行的。但是，对 PHEV 来说，动力系统参数、能量管理策略、目标工况对车辆性能的影响是相互耦合的。因此，基于同一功能性能量管理策略对不同动力系统组合方案进行性能评价是不公平的，也是不合理的。为保证对每一动力系统组合方案的性能评价的公平性，提出基于最优化能量管理策略的插电式混合动力系统参数优化方法。

以插电式混合动力电动客车（PHEB）为例，对于 PHEB，是希望用电网电能对化石燃料进行尽量多地替代。同时，PHEB 的关注点通常集中在车辆燃油经济性的优化上。因此，PHEB 动力系统的优化问题是在满足动力性指标约束条件的前提下，寻找具有最佳燃油经济性的动力系统方案，其数学模型如式（8-14）所示。

$$\begin{cases} \min f(X_{\mathrm{pt}}) \\ \text{s.t.}\quad g_{j_{\mathrm{pt}}}(X_{\mathrm{pt}}) \geqslant 0, \quad j_{\mathrm{pt}}=1,2,\cdots,m_{\mathrm{pt}} \\ x_{i_{\mathrm{pt}}}^{low} \leqslant x_{i_{\mathrm{pt}}} \leqslant x_{i_{\mathrm{pt}}}^{up}, \quad i_{\mathrm{pt}}=1,2,\cdots,n_{\mathrm{pt}} \end{cases} \tag{8-14}$$

8.7.1　优化算法

目前，对于单目标优化问题，通常采用数值型优化算法和探索型优化算法。数值型优化算法的优点在于能够快速找到局部最优点，但它的全局寻优能力较弱。探索型优化算法能够找到全局最优点，但其后期寻优效率较低，局部寻优效果不佳。若把这两种算法结合起来进行组合优化，充分发挥这两种算法的优点，则寻优效率得以提高，寻优质量得以改善。

1. 序列二次规划法

序列二次规划法（NLPQL）是局部搜索数值型优化算法，常用来求解带约束的非线性规划问题，其前提条件是假设约束条件和目标函数均是连续可微的。如不可微，则用差分法求梯度信息。作为 NLPQL 的核心算法，二次连续规划法是通过二阶泰勒级数将目标函数展开，并对约束条件进行线性化处理，以使原来的非线性问题转化成一个二次规划问题，并通过二次规划求得下一个设计点，继而依据两个可选择的优化函数执行线性搜索。SQP 算法有一个最大的优点：它能和一个非常稳健的算法一起运用，实现先全局后局部、先粗后精的寻优过程。

2. 多岛遗传算法

多岛遗传算法（Muti-Island Genetic Algorithm，MIGA）是在传统遗传算法（Genetic Algorithm，GA）的基础上发展起来的，它继承了 GA 的基本思想，并兼具“小生境”技术。两者的最大区别在于：MIGA 将众多种群分成若干个子种群（岛），一个岛相当于一个“小生境”，在子种群中执行 GA 的选择、交叉、变异等操作，并且周期性地在不同种群之间有针对性地进行移民操作。MIGA 相邻两代进化流程如图 8-33 所示。

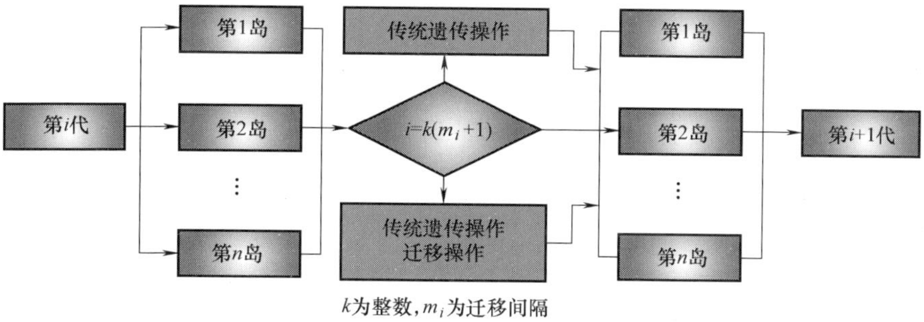

图 8-33 MIGA 相邻两代之间的进化流程

MIGA 中的迁移操作保持了优化解的多样性，提高了搜索到全局最优解的机会。在优化过程中，MIGA 首先利用优化变量给定初始值进行基本遗传操作；初步达到收敛后，由于变异和迁移作用，在一个新的初值点开始新的遗传操作；如此反复，尽可能避免局部最优解，以抑制早熟现象的发生。这使得 MIGA 在解决“多谷”或“多峰”等全局优化问题时具有很大的优势。

3. 组合优化算法

鉴于 MIGA 算法和 SQP 算法各有优点，同时又有各自的缺陷，为提高寻优的效率，改善优化寻优质量，将 MIGA 算法和 SQP 算法组合，以充分地发挥这两种算法的优点，并弥补彼此的不足。先通过 MIGA 对混合动力系统优化变量进行全局动态寻优，在初步全局寻优后，定位最优区域，继而用 NLPQL 对优化变量进行局部梯度寻优（该梯度信息采用差分法求得），以此确定最优解。

8.7.2 优化实例

PHEB 动力蓄电池组的容量因受车辆研发指标所限，所以不对其进行优化。此外，因 PHEB 单轴混联式的混合动力系统结构对 ISG 电机的特殊性要求，本文只对发动机额定功率 P_e、主驱动电机峰值功率 P_{TM_peak}（其额定功率随峰值功率同步同比例缩放）和主减速比 i_0 进行优化，如式（8-15）所示：

$$X_{pt}=[P_e,\ P_{TM\_peak},\ i_0] \tag{8-15}$$

随后设定相应待优化变量的上下限值和约束条件，分别见表 8-8 和表 8-9。

表 8-8 PHEB 动力系统待优化变量

优化变量	下限	上限
P_e/kW	113.6	170.4
P_{TM_peak}/kW	128	192
i_0	5.10	7.64

表 8-9 PHEB 动力系统优化约束条件

约束项	约束条件
最高车速 /（km/h）	≥ 70
0—50km/h 的加速时间 /s	≤ 20
15km/h 爬坡度指标（%）	≥ 12
动力蓄电池组 SOC 终值	[0.28，0.35]

PHEB 混合动力系统的优化目标是车辆燃油经济性，优化过程中目标函数值的分布如图 8-34 所示，其对应的迭代过程如图 8-35 所示。

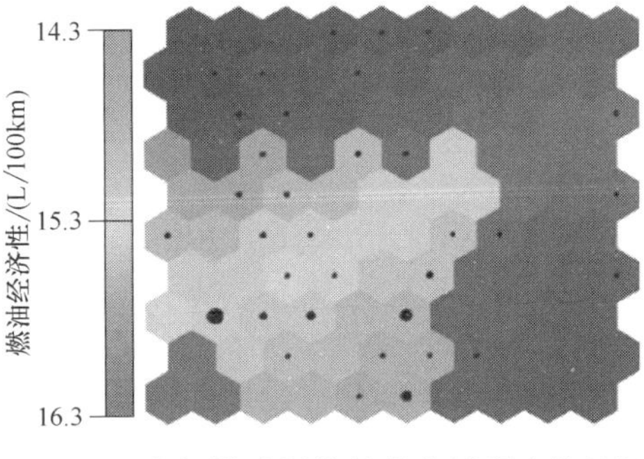

图 8-34 车辆燃油经济性优化过程中的目标函数值的分布图

从图 8-35 可以看出，PHEB 的燃油经济性随着迭代次数的增加整体呈下降趋势，并逐步收敛，但仍会不时地出现上下波动，这体现了组合优化算法很强的全局搜索、局部搜索能力。在迭代优化过程中，与目标函数值分布相对应的是采样点在搜索域中的分布，如图 8-36 所示。目标函数值分布图和优化变量在采样空间的分布图能更充分地体现组合优化算法同时兼顾全局和局部搜索的优势。

PHEB 混合动力系统的优化过程是基于全局最优能量管理策略进行的，这保证了对于所有采样点均能获得其对应的最佳燃油经济性、动力蓄电池组 SOC 轨迹和 SOC 终值。从采样点对应的约束变量值在约束空间的分布情况（图 8-37）来看，SOC 终值均能落在目标区域内。同时，图 8-37 也给出了其他约束变量采样点在约束空间的分布情况，从约束变量的迭代过程（图 8-38）还可以清楚地看出它们的收敛过程。

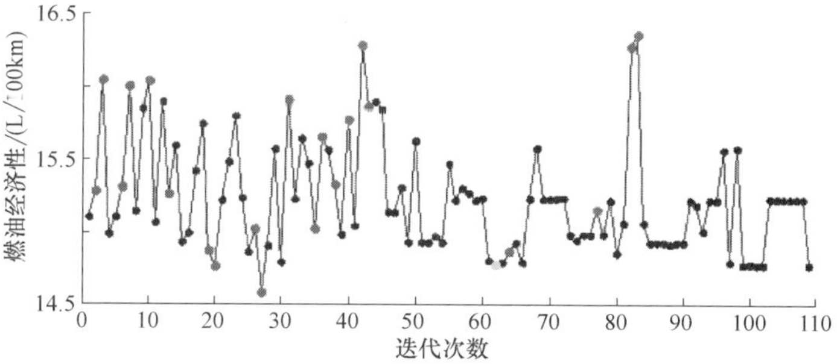

图 8-35　车辆燃油经济性优化过程中的迭代过程

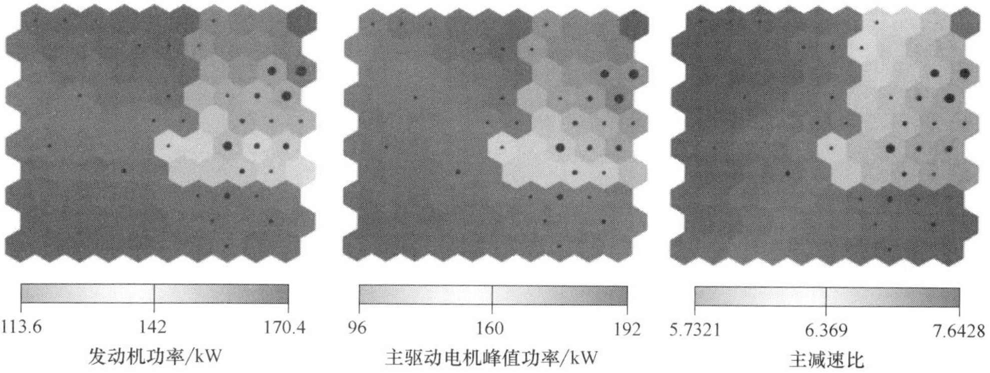

图 8-36　采样点在搜索域中的分布

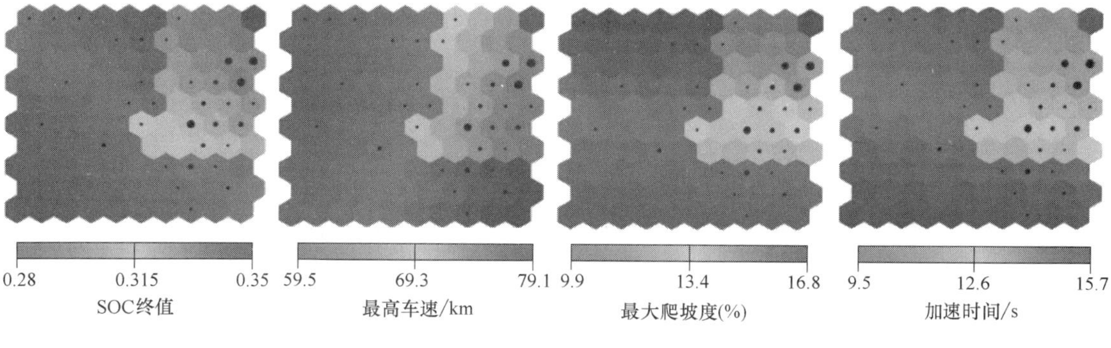

图 8-37　其他约束变量采样点在约束条件域中的分布

PHEB 动力系统优化前后的优化变量、燃油经济性和动力蓄电池组 SOC 终值对比情况见表 8-10。在实际应用中，由于受到零部件资源的限制，需考虑零部件资源获取的便捷性，最终选择与优化结果比较接近的参数组合。这势必会在一定程度上使得混合动力系统的优化成果不能完全得到应用，最终选定方案的车辆燃油经济性相比优化前提高了 $4.41\%\left(\dfrac{15.63-14.94}{15.63}\times 100\%=4.41\%\right)$，而优化结果对应的车辆燃油经济性相比优化前则提高了 $4.92\%\left(\dfrac{15.63-14.86}{15.63}\times 100\%=4.92\%\right)$。

第8章

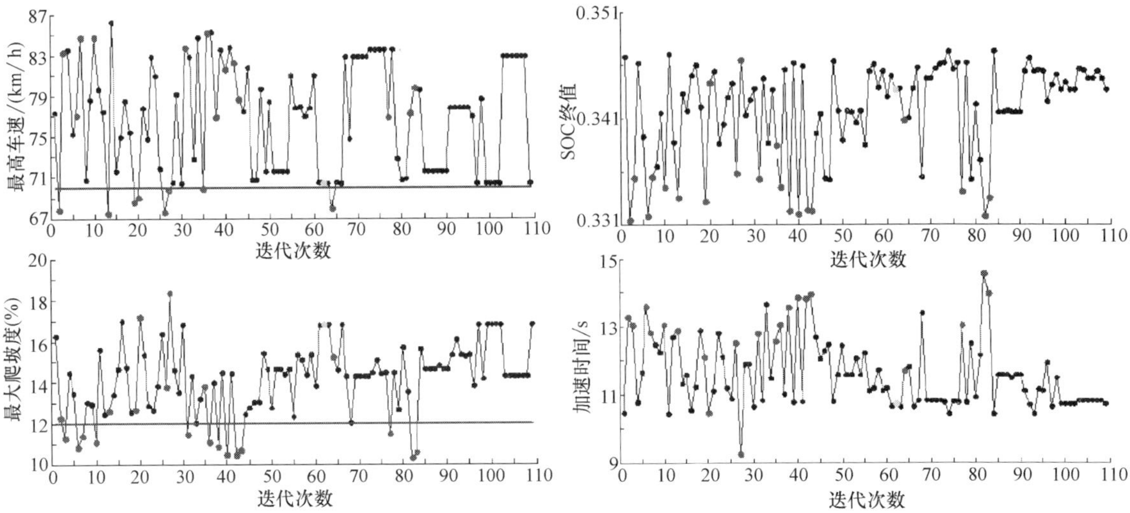

图 8-38　约束变量的迭代过程

表 8-10　优化前后指标对比

优化变量	优化前	优化后原始值	最终选定值
P_e/kW	142	146.26	147
P_{TM_peak}/kW	160	177.95	166
i_0	6.369	6.20	6.17
燃油经济性 /(L/100km)	15.63	14.86	14.94
动力蓄电池组 SOC 终值	0.34014	0.34359	0.34217

8.8　整车集成设计

8.8.1　复合电源集成设计

复合能源系统是动力蓄电池组和超级电容器的复合，其高压连接拓扑图如图 8-39 所示。超级电容器因比功率大的特点，需要提供车辆行驶的瞬时功率，并承担 90% 以上制动能量回收。超级电容器和动力蓄电池组的高压集成布置方案如图 8-40 所示。

动力蓄电池系统相关的布置及部分性能要求如下：

1）复合电源系统安装在客舱地板以下且距地面 500mm 以下或安装在整车顶部无防护装置时，动力蓄电池组的防护等级应不低于 IP67。

2）动力蓄电池组舱体与热源应做隔热处理，保证热源对舱体温度无影响；布置动力蓄电池组位置时应避开类似散热器、驱动电机、空气压缩机等热源。

3）动力蓄电池组和超级电容器应设计独立舱体，避免尖锐物划伤、硬物砸磕动力蓄电池箱体。箱体装配的下平面不应有尖锐凸起物，以免损坏箱体。

4）超级电容器使用的散热风扇经 20s 的堵转试验后，其性能应不发生变化；经 1h 堵转试验后，不得出现明火。

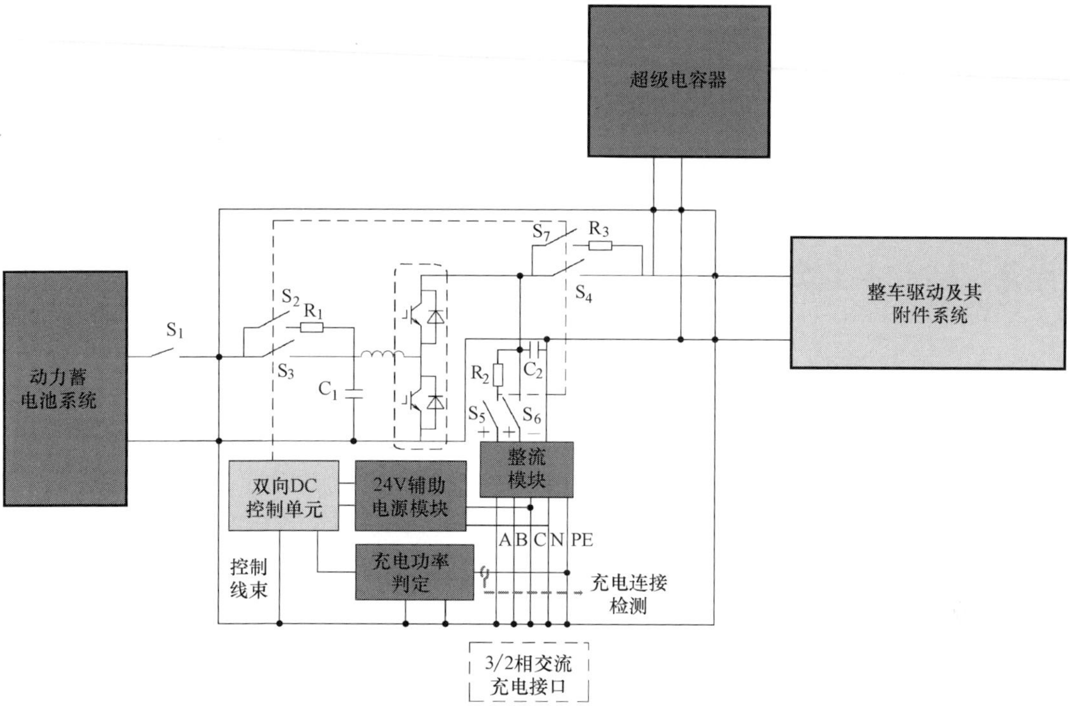

图 8-39　复合电源系统高压连接拓扑图

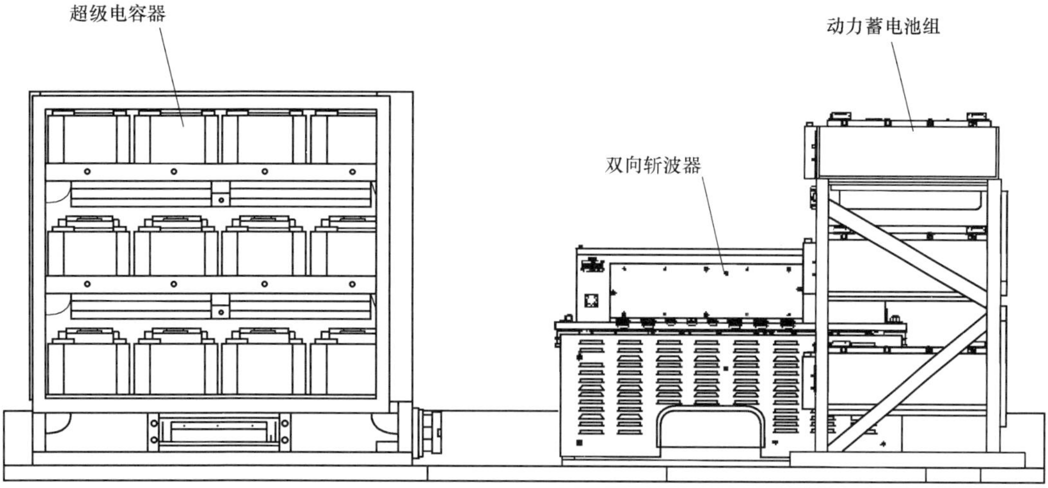

图 8-40　超级电容器和动力蓄电池组的高压集成布置方案

在超级电容器选型时应重点关注表 8-11 中的参数。

表 8-11　超级电容器重点关注参数

序号	关键控制参数	指标
1	超级电容器的静电容量	标称容量的 90% ~ 120%
2	超级电动模块的能量密度	≥ 4.0W · h/kg

（续）

序号	关键控制参数	指标
3	直流内阻	小于其标称内阻
4	电压保持能力（静置 72h 后）	≥额定电压的 80%
5	绝缘电阻	极柱与外壳的绝缘电阻大于 10MΩ
6	漏电流	≤ 30mA

8.8.2 制动系统集成设计

插电式混合动力客车制动系统集成方案多采用串联式电子控制制动系统（Electronically-controlled Braking System，EBS）。其工作原理如图 8-41 所示，红色实线和绿色实线代表气路，蓝色实线代表电路。EBS 模块集成了常规制动系统和 ABS 及车身电子稳定（Electronic Stability Program，ESP）系统所需要的除转向角度传感器和横摆角度传感器之外的其他零部件，其中压力传感器的作用是让 EBS 的控制更精确。每个模块集成了单独的 ECU，从而减少了线束的数量及更简单的系统安装。此外，行车制动控制模块集成了行程传感器和促动开关来获取驾驶人的要求，挂车控制模块同样具有电子控制功能来控制挂车，装备 EBS 的踏板特性曲线如图 8-42 所示。

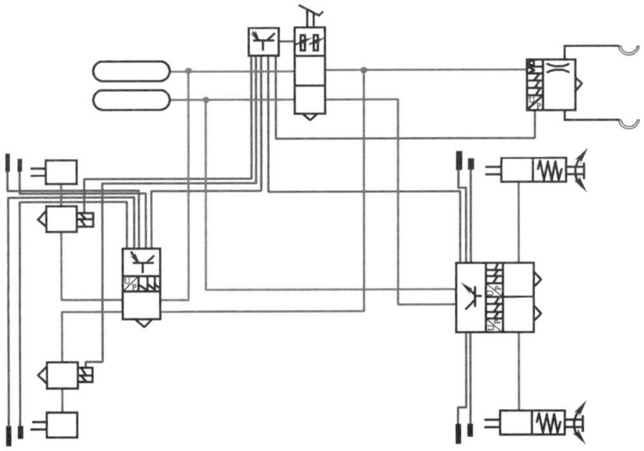

图 8-41　EBS 工作原理（见书末彩色插图）

插电式混合动力客车制动系统采用的 ABS 集成方案如图 8-43a 所示，其踏板特性曲线如图 8-43b 所示。它作为一种被动制动安全系统，保证在紧急制动时，ABS 使车辆保持可操纵性，绕开障碍物，避免交通事故发生；ABS 能防止因车轮抱死使轮胎与路面间产生完全滑动，减少轮胎磨损，起到保护轮胎的作用；对于货车或牵引车，增加电子制动力分配（Electronic Brakeforce Distribution，EBD）功能可代替感载阀。

插电式混合动力电动客车在 ABS 启动后应综合考虑整车制动稳定性、电机性能、动力蓄电池组 SOC 等方面因素，制订机电制动分配策略。在保证整车制动安全性和平顺性的前提下，如果电机性能和动力蓄电池组 SOC 满足要求，则应尽可能利用电机进行再生制动，提高车辆的经济性。ABS 工作时，依据传感器采集到的整车状态信号判断各车轮

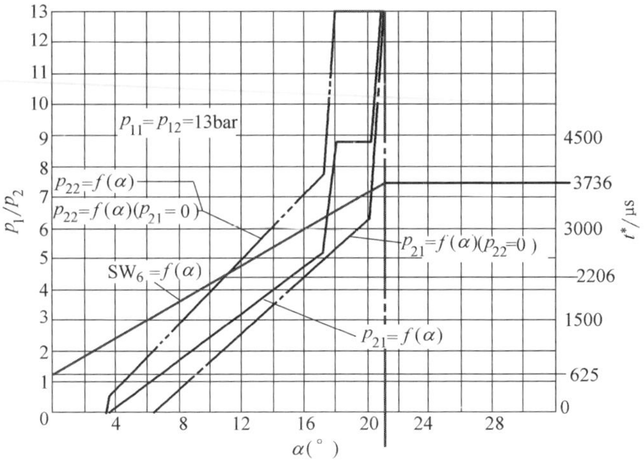

图 8-42　装备 EBS 的踏板特性曲线

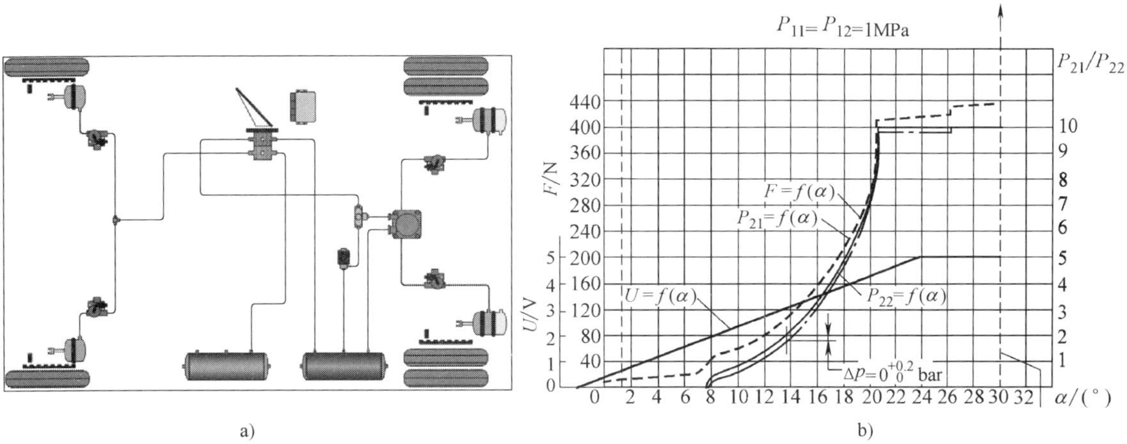

图 8-43　插电式混合动力电动客车采用的 ABS 集成方案和装有 ABS 制动系统的踏板特性曲线

a）集成方案　b）踏板特性曲线

制动控制器通过获取电机特性、蓄电池传感器采集到的整体状态判断各车轮制动力矩的变化需求，制动控制器通过获取电机特性、蓄电池 SOC 和目前电机力矩等实时状态，得到电机制动力矩的变化范围。若有降低制动力矩要求，传统制动力矩的降低不满足要求时，再降低电机制动力矩；若有增加制动力矩的要求，则尽可能增加电机制动力矩实现。当电机制动力矩的增加要求超出可行范围时，通过增加传统制动力矩进行补偿。

8.8.3　电磁兼容设计

8.8.3.1　关键干扰源分析

整车电磁兼容干扰源主要来源于：电机驱动器、DC/DC 变换器等功率及高压转换模块。插电式混合动力电动汽车集成化设计为发展趋势，干扰源之间的连接线简化，干扰源更加集中。一种典型的高低压连接及主要干扰源分析如图 8-44 所示。

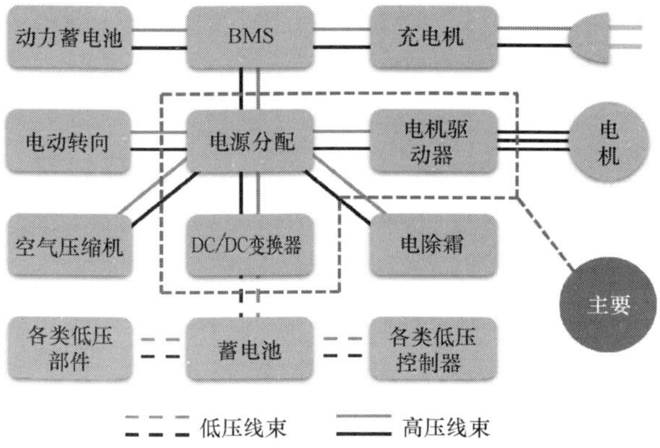

图 8-44　高低压连接及主要干扰源示意图（见书末彩色插图）

1. 辐射发射

主要通过功率线缆和信号线缆对外发射，车载敏感设备的接收天线接收到干扰信号后，可引起设备信号质量降低或误识别。整车上一般表现为收音机杂音、GPS 定位变差等。

2. 传导发射

主要由于高低压隔离欠缺导致功率器件如 IGBT 开关噪声耦合到低压侧，引起干扰。整车一般表现为 CAN 通信干扰、旋变故障等，涉及发动机 ECU、整车控制器、低压控制部件等。

8.8.3.2　电磁兼容设计方案

1. 屏蔽

高压系统作为主要车内干扰源，其干扰传输路径非常复杂，需要设计出低阻抗路径来约束干扰回流路径。因此，高压系统应进行如下设计：

1）作为主要干扰源的高压部件应尽量采用开模件。

2）高压系统内部互连的高压线束（包括高压转低压 DC/DC 变换器的输出线束）要使用屏蔽线。屏蔽线束采用裸铜丝或镀锡铜丝编织线，编织密度不低于 85%。

3）高压线束的两端屏蔽层和部件金属外壳进行 360° 连接。

一种高压系统的连接示意如图 8-45 所示。

2. 接地

高压系统采用多点接地设计，即每个高压部件都要对其外壳进行接地处理。接地应按照如下要求进行设计：

1）高压部件的接地应该和低压部件的接地分开设置。

2）接地后，高压部件外壳的可导电部分和其接地点的电阻值应小于 0.1Ω。

3）接地连接线采用编织线，长度应尽量短。

4）重要敏感部件需单独设置搭铁，如 ABS、收音机等。

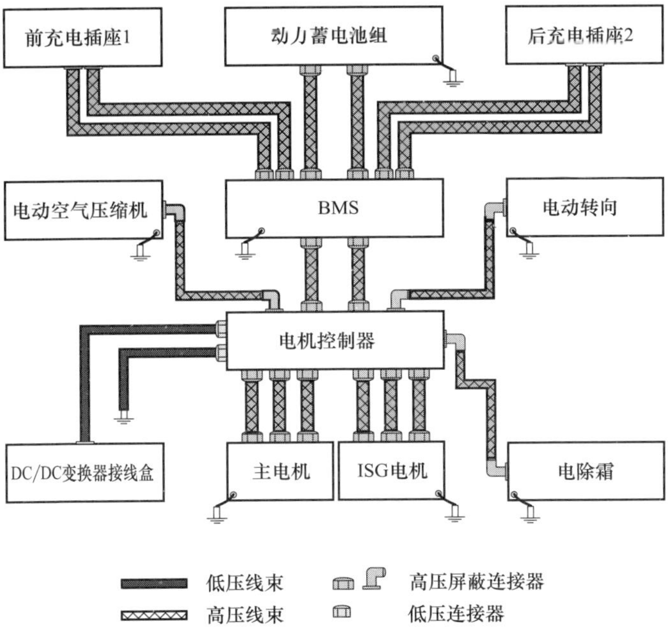

图 8-45　一种高压系统的连接示意

8.8.4　机电耦合系统集成设计

8.8.4.1　广汽 G-MC 插电式混合动力系统实例

广汽集团全新自主开发的 G-MC 机电耦合系统的结构如图 8-46 所示。

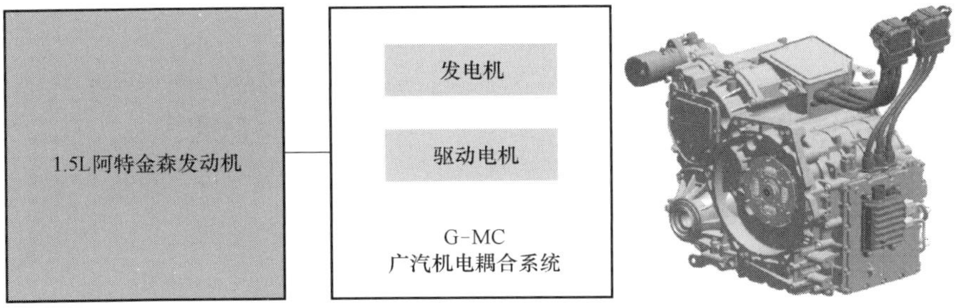

图 8-46　G-MC 机电耦合系统

G-MC 机电耦合系统的主要零部件包括：壳体及其附件、电机系统（驱动电机、发电机）、油管组件、离合器、液压系统（液压模块、电动泵、吸滤器、机械泵）、传动轴齿及 P 档机构。

G-MC 机电耦合系统高效地将发电机、驱动电机、离合器、传动系统以及差减速器集成于一体，通过合理控制三动力源（发动机、发电机和驱动电机）的动力耦合输出，实现纯电动、串联、并联及混联等多种驱动模式。装载 G-MC 系统的整车工作模式见表 8-12。

表 8-12　装载 G-MC 系统的整车工作模式

<table>
<tr><th rowspan="2">驱动模式</th><th colspan="4">执行部件</th><th rowspan="2">备注</th></tr>
<tr><th>发动机</th><th>发电机</th><th>驱动电机</th><th>离合器</th></tr>
<tr><td>纯电动模式</td><td>停</td><td>停</td><td>驱动</td><td>断开</td><td rowspan="4">还可实现制动能量回收等工作模式</td></tr>
<tr><td>增程模式</td><td>停</td><td>起</td><td>驱动</td><td>断开</td></tr>
<tr><td>混动模式 / 发动机直驱</td><td>起</td><td>起 / 停</td><td>辅助驱动 / 停</td><td>闭合</td></tr>
<tr><td>静置发电</td><td>起</td><td>起</td><td>停</td><td>断开</td></tr>
</table>

G-MC 集成了双电机和 P 档驻车功能，采用电机油冷技术，具备电子无级变速传动功能。可根据实际工况，通过控制发动机、发电机和驱动电机的动力输出，实现平顺、无动力中断的模式切换，保证良好的整车舒适性。

G-MC 机电耦合系统具有如下特点。

1. 集成化、一体化

该系统将电机、传动轴齿、换档执行机构以及差速器、减速器集成于一体，采用发电机与发动机同轴、驱动电机与发电机平行布置的方案，使轴向尺寸更加紧凑，从而提高了机电耦合系统的通用性，以满足在跨平台车型上的模块化应用。其装配关系如图 8-47 所示。

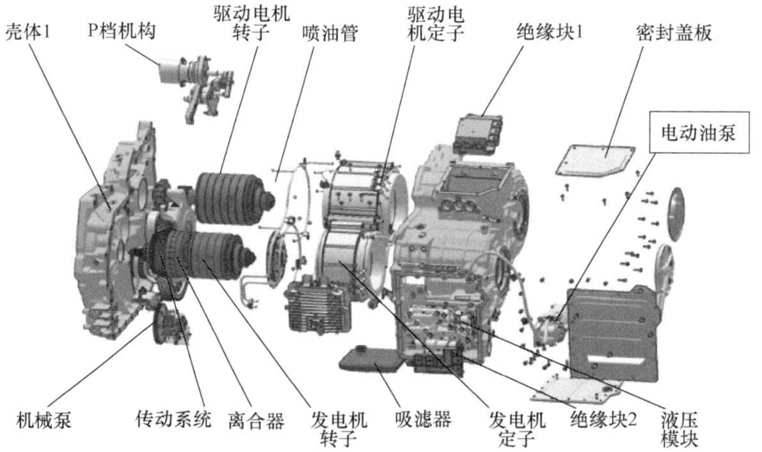

图 8-47　G-MC 装配关系

2. 多功能集成、结构简单

集成电驱动、动力耦合、P 档驻车和变速传动功能，相对于功率分流系统结构更为简单；利用电机的高转速实现调速，简化了变速机构。

3. 电机油冷等新技术应用

依靠液压系统实现强制喷淋来冷却电机，有效提高了电机的散热能力，同时也实现了系统功能的集成以降低损耗。G-MC 冷却功能示意图如图 8-48 所示。

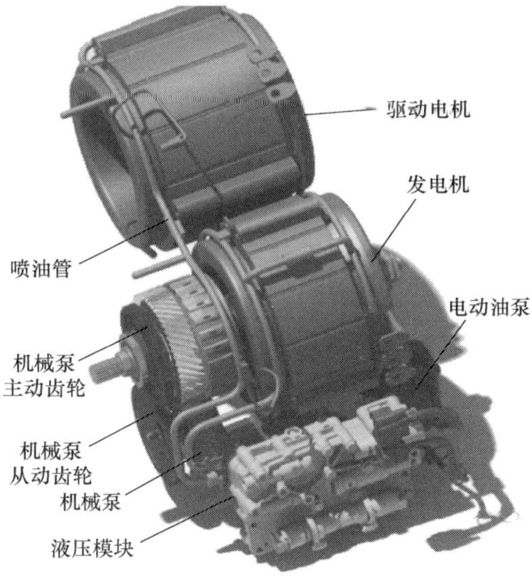

图 8-48 G-MC 冷却功能示意图

广汽机电耦合系统 G-MC 已在三款 PHEV 车型（GA3S、GA6、GS4）上搭载应用，所应用车型的动力性和经济性已处于国内领先水平，动力性能优于同类型的传统燃油汽车，见表 8-13。

表 8-13 应用 G-MC 系统的插电式混合动力电动汽车的基本性能指标

项目		GA3S	GA6	GS4
整车整备质量 /kg		1620	1792	1804
发动机类型		1.5ATK	1.5ATK	1.5ATK
动力性	最高车速 /（km/h）	180	≥ 180	≥ 180
	0—100km/h 加速时间 /s	8.9	10.13	10.3
	0—50km/h 加速时间 /s	4.0	4.27	4.9
经济性	电池电量 /kW・h	13	13	13
	纯电续驶里程 /km	70	65	60
	条件 A 电耗 /（kW・h /100km）	18.5	19.16	19.4
	加权平均电耗 /（kW・h /100km）	13.6	14.6	14.3
	条件 B 油耗 /（L/100km）	5.4	5.96	6.2
	加权平均油耗 /（L/100km）	1.4	1.66	1.9

8.8.4.2 上汽荣威插电式混合动力系统实例

上汽荣威 550 插电式混合动力整车的总布置如图 8-49 所示，所用的电驱动变速器（Electric Drive Gearbox，EDG）如图 8-50 所示。EDU 系统是一套双电机（ISG 电机、TM 电机）、双离合、双速比的电驱动自动变速器，集成了主驱动电机、与发动机直连的 ISG 电机、离合器系统、换档系统、液压驱动系统、齿轮传动系统和高低压安全部件等。EDU 系统通过高度集成的设计方案，实现了轴向总长 390mm，可匹配多款三缸、四缸发动机，应用到 A、A+、B、B+ 等多个整车平台。

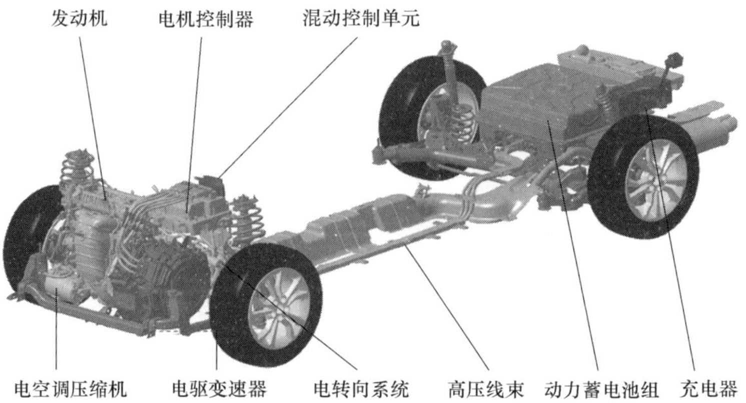

图 8-49　上汽荣威 550 插电式混合动力整车总布置

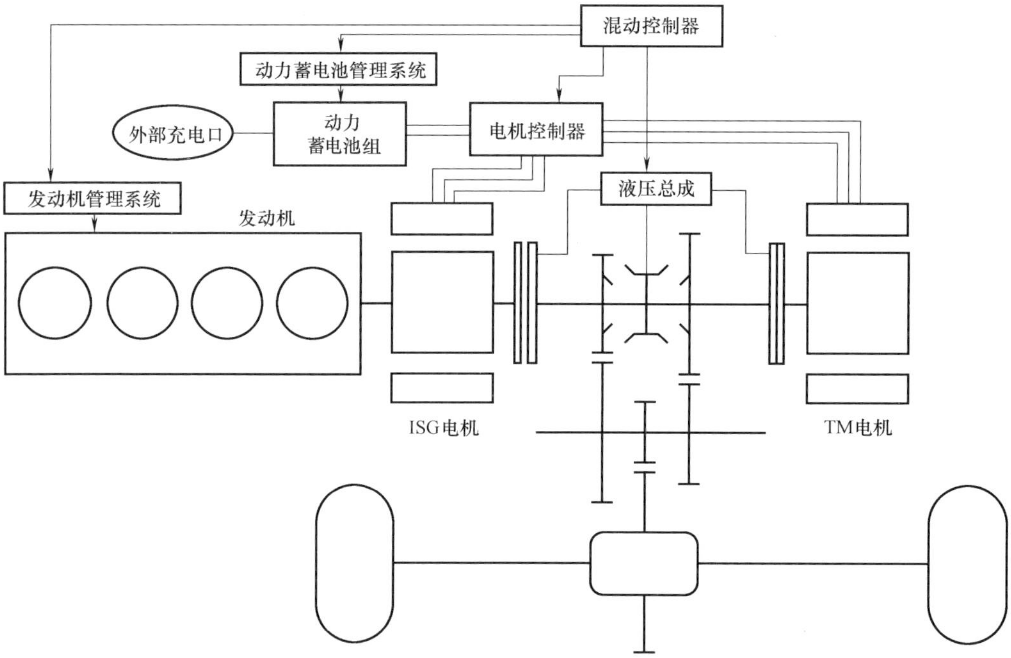

图 8-50　上汽荣威插电式混合动力总成 EDU 结构示意图

发动机侧设计常开离合器 C1、主驱动 TM 电机侧设计常闭离合器 C2，可实现发动机、TM 电机和 ISG 电机三个动力输出的任意组合，还可消除拖拽损失，大大提高了插电式混合动力系统的驱动效率。

图 8-51 所示为 EDU 的内部集成结构。EDU 的液压系统精确控制两个离合器的开闭与同步器的拨叉位置。EDU 基于量产的液压系统集成设计如图 8-52 所示。

图 8-53 所示为 EDU 总成实物。EDU 的换档结构类似于传统汽车的 AMT 变速器。换档动力中断问题限制了 AMT 变速器向中高端车型发展。EDU 采用同级别位置传感器等控制硬件资源，使用电机辅助的多动力源转速级联控制算法，控制动力源转速快速准确地

匹配至根据工况动态选择的转速控制目标，以实现速比切换中快速准确的动力源速度匹配；通过多阶段多方式的自适应同步器控制、离合器动态滑移率控制以及半闭环多动力源协调转矩控制，实现所有混合动力模式下快速、安静、平稳的档位切换。同时，EDU 系统结构相对简单，齿轮少，变速器油仅需 2.2L，因此传动损失小，系统传动效率可以高达 96% 以上。

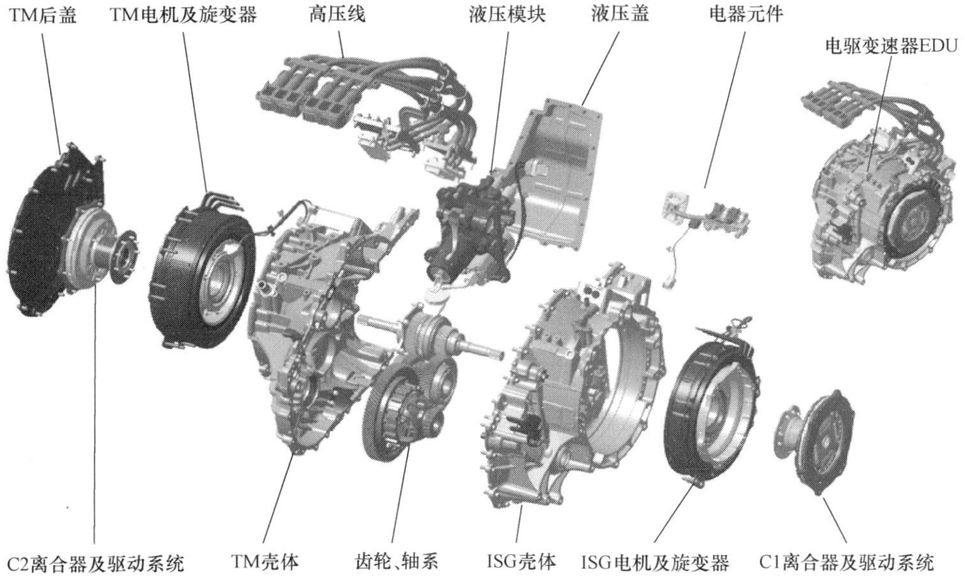

图 8-51　上汽荣威 EDU 内部结构集成设计

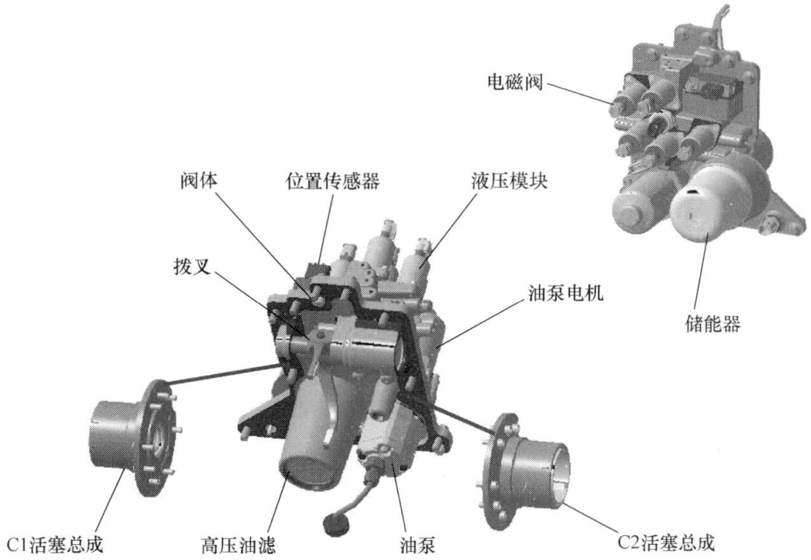

图 8-52　上汽荣威 EDU 液压系统集成设计

图 8-53　上汽荣威 EDU 总成实物

荣威 550 插电式混合动力系统以 EDU 为核心，配以传统汽油发动机、集成式高压控制器、能量 / 功率兼顾型磷酸铁锂蓄电池（总能量 11.8kW・h）。其中集成式高压控制器实物如图 8-54 所示，它有效集成了双电机控制器、双逆变器及一个 DC/DC 变换器。整个电机系统具有优秀的 NVH 性能，并具有高度集成化的优点，电机峰值功率密度达到 2kW/kg，5 倍调速范围，转矩谐波≤ 1%，具有高压绝缘在线监测功能、高压连接监测功能，同时具有先进的 IP67 防尘防水等级。动力蓄电池系统实物如图 8-55 所示，具备以下特点：高压互锁，过压、三重过流保护，器件耐高压 2500V，绝缘电阻值大于 10MΩ，并且具备系统绝缘阻抗动态随检功能，整体防护等级达到 IP67 等级。电池管理系统的均衡电路设计具备了充电均衡和静置（非充电状态下）主动唤醒均衡功能，均衡电流可达 300mA。

图 8-54　集成式高压控制器实物

图 8-55　动力蓄电池系统实物

EDU、动力蓄电池系统、集成式高压控制器、充电器、高压线束等高压零部件加上发动机构成了混合动力系统的主要硬件。该系统的混合动力控制器（Hybrid Control Unit，HCU）功能和变速器控制器（Transmission Control Unit，TCU）功能合并在一个控制器中。HCU/TCU、BMS、MCU 等控制器的应用层软件和底层软件，构成混合动力系统的软件系统。其中，HCU 是整个电控系统的“大脑”，指挥其他控制器及相应被控对象在各种路况和使用环境下满足驾驶人的驾驶需求，并维持整个动力系统和各零部件在高效、安全、平稳的状态下运行。图 8-56 所示为荣威 550PHEV 各种运行模式及各模式下的动力源状态和能量流。

工况/模式	纯电模式	串联模式	并联模式	制动能量回收	行车充电	怠速充电
示意图	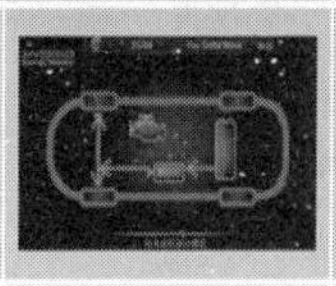	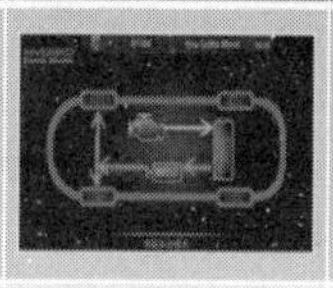	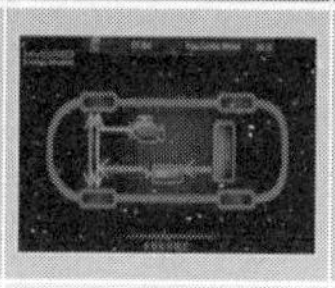	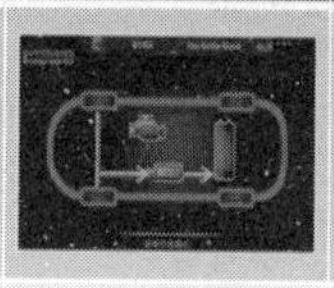	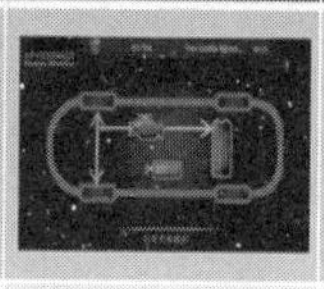	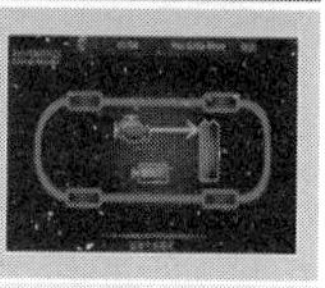
触发条件	动力蓄电池电量许可且车辆对转矩需求适中的情况	动力蓄电池电量较低，转矩需求低时	当有较大的转矩需求时	滑行制动和踏板制动中	行车中，动力蓄电池电量值低于规定值	车辆静止状态，动力蓄电池电量值低于规定值
工作状态	发动机不工作，ISG电机不工作，TM电机工作	发动机工作，ISG电机工作(充电)，TM电机工作(驱动)	发动机工作，ISG电机工作，TM电机工作	并联时ISG电机TM电机工作；纯电动模式下，仅TM电机工作	发动机工作，ISG电机工作(充电)，TM电机工作或不工作	发动机工作，ISG电机工作(充电)，TM电机不工作
能量流动	蓄电池供电给TM电机，TM电机再驱动车轮	发动机对动力蓄电池充电，TM电机驱动车轮	ISG电机发电TM电机驱动车轮	制动力矩经过ISG电机或TM电机给动力蓄电池充电	发动机对动力蓄电池充电，同时和TM电机一起驱动车辆	发动机只对动力蓄电池充电

图 8-56 荣威 550PHEV 动力系统各种运行模式及各模式下的动力源状态和能量流（见书末彩色插图）

参考文献

[1] 朱剑超 . 插电式混合动力汽车电池的试验和充电方法 [D]. 上海：上海交通大学，2011.

[2] JIAN C，EMADI A.A new battery/ultra capacitor hybrid energy storage system for electric，hybrid，and plug-ln hybrid electric vehicles [J]. IEEE Transactions on Power Electronics，2012，27 (1) :122-132.

[3] 陈无畏 . 汽车车身电子与控制技术 [M]. 北京 : 机械工业出版社，2008.

[4] 李兴虎 . 电动汽车概论 [M]. 北京 : 北京理工大学出版社，2005.

[5] 朱光欢 . 电动汽车车载充电机及其相关技术研究 [D]. 广州：华南理工大学，2011.

[6] 王源 . 电动汽车用动力铅酸电池快速充电技术研究 [D]. 哈尔滨：哈尔滨工业大学，2006.

[7] 刘有兵，齐铂金 . 电动汽车动力蓄电池均衡充电的研究 [J]. 电源技术，2004，28 (10) : 649-651.

[8] 李俄收，朱会田 . 电动汽车蓄电池的充电方法和充电设备 [J]. 电源技术，2010，133 (10) :910-913.

[9] 苏玉刚，夏永峰 . 电动汽车用铅蓄电池组的智能充电 [J]. 重庆工学院学报 (自然科学)，2008，22 (2)：6-9.

[10] LI S G，SHARKH S M，WALSH F C，et al.Eenergy and battery management of a plug-ln series hybrid electric vehicle using fuzzy logic [J]. IEEE Transactions on Vehicular Technology，

2011，60（8）:3571-3585

［11］王喜明 . 插电式混合动力城市客车动力系统匹配与控制优化研究［D］. 北京：北京理工大学，2015.

［12］易璐 . 插电式混合动力校车动力系统参数多目标优化研究［D］. 北京：北京理工大学，2016.

［13］GAO Y，EHSANI M.Design and control methodology of plug-in hybrid electric vehicles［J］. IEEE Transactions on Industrial Electronics，2010，57（2）: 633-640.

［14］NYBERG P，FRISK E，NIELSEN L.Driving cycle equivalence and transformation［J］. IEEE Transactions on Vehicular Technology，2017，3（99）:1963-1974.

［15］LIM C C，HAYES R B，AHN J，et al.Association between long-term exposure to ambient air pollution and diabetes mortality in the US.［J］. Environmental Research，2018，165:330-336.

［16］QIU X，ZHU Y，JANG C，et al.Development of an integrated policy making tool for assessing air quality and human health benefits of air pollution control［J］. Frontiers of Environmental Science & Engineering，2015，9（6）:1056-1065.

［17］ALLEN D T.Combining innovative science and policy to improve air quality in cities with refining and chemicals manufacturing: The case study of Houston，Texas，USA［J］. Frontiers of Chemical Science and Engineering，2017（3）:1-12.

［18］Momenimovahed A，Olfert J S，et al.Effect of fuel choice on nanoparticle emission factors in lpg-gasoline;bi-fuel vehicles［J］. International Journal of Automotive Technology，2013，14（1）:1-11.

［19］LUBICK N.Environment.Endosulfan ’ s exit: U.S.EPA pesticide review leads to a ban［J］. Science，2010，328（5985）:1466.

［20］WENZEL T.Evaluating the long-term effectiveness of the Phoenix IM240 program［J］. Environmental Science & Policy，2001，4（6）:377-389.

［21］ZHANG G .A review on hybrid vehicle powertrain matching and integrated control based on ECVT［J］. Advances in Intelligent Systems & Computing，2014（279）:1121-1128.

［22］李兴虎 . 混合动力汽车结构与原理［M］. 北京：人民交通出版社，2009.

［23］SUN C，MOURA S J，HU X，et al.Dynamic traffic feedback data enabled energy management in plug-in hybrid electric vehicles［J］. IEEE Transactions on Control Systems Technology，2015，23（3）:1075-1086.

［24］LIU J，PENG H.Modeling and control of a power-split hybrid vehicle［J］. IEEE Transactions on Control Systems Technology，2008，16（6）:1242-1251.

［25］GÖLLEI A，GÖRBE P，MAGYAR A.Modeling and optimization of electrical vehicle batteries in complex clean energy systems［J］. Journal of Cleaner Production，2012，34（5）:138-145.

［26］姚春德，危红缓，耿培林，等 .MMT 对 GDI、PFI 汽油机微粒排放的影响［J］环境科学学报，2015，35（9）: 2766-2772.

［27］ZHANG X，MI C C，MASRUR A，et al.Wavelet-transform-based power management of hybrid vehicles with multiple on-board energy sources including fuel cell，battery and ultracapacitor

[J]. Journal of Power Sources，2008，185（2）:1533-1543.
[28] ERDINC O，VURAL B，UZUNOGLU M.A wavelet-fuzzy logic based energy management strategy for a fuel cell/battery/ultra-capacitor hybrid vehicular power system [J]. Journal of Power Sources，2009，194（1）: 369-380.
[29] ATES Y，ERDINC O，UZUNOGLU M，et al.Energy management of an FC/UC hybrid vehicular power system using a combined neural network-wavelet transform based strategy [J]. International Journal of Hydrogen Energy，2010，35（2）:774-783.
[30] ZHANG Q，DENG W W.An adaptive energy management system for electric vehicles based on driving cycle identification and wavelet transform [J]. Energies，2016，9（5）:341.
[31] IBRAHIM M，JEMEI S，WIMMER G，et al.Nonlinear autoregressive neural network in an energy management strategy for battery/ultra-capacitor hybrid electrical vehicles [J]. Electric Power Systems Research，2016（136）:262-269.
[32] IBRAHIM M，JEMEI S，WIMMER G，et al.Selection of mother wavelet and decomposition level for energy management in electrical vehicles including a fuel cell [J]. International Journal of Hydrogen Energy，2015，40（45）:15823-15833.
[33] 高超 . 电动汽车复合电源能量管理策略与硬件在环实验研究 [D]. 长春：吉林大学，2017.
[34] 黄相 . 电动汽车复合电源的实时小波 - 模糊能量管理策略研究 [D]. 南京：南京农业大学，2016.
[35] 孙延奎 . 小波变换与图像、图形处理技术 [M]. 北京：清华大学出版社，2012.

第8章

第9章　增程式电动汽车设计

增程式电动汽车（Extended-Range Electric Vehicle，E-REV）可以看作是在纯电动汽车结构的基础上附加了一个车载增程器发电系统。在目标续驶里程较短的情况下，可在纯电动模式下行驶，此时增程式电动汽车的工作状态与纯电动汽车的工作状态相同。整车在纯电动模式下，可以达到车辆具有的所有动力性能；当车辆的动力蓄电池组无法满足续驶里程需求时，车辆可以适时起动车载增程器，为动力系统补充电能，延长续驶里程。

9.1　增程器

增程式电动汽车使用的车载发电装置，用于增加车辆的续驶里程，因此又被称为增程器（Ranger-Extender，RE）。增程器的形式通常有：由传统内燃机和发电机构成的发动机 - 发电机组，或燃料电池发动机系统等。目前在车辆上实际应用的增程器一般是指由发动机和发电机构成的发动机 - 发电机组，本章中的增程器均指发动机 - 发电机组。

9.1.1　增程器用发动机

增程器中的发动机仅通过连接器与发电机相连，发动机作为原动机带动发电机发电，为车辆或动力蓄电池组提供电能。发动机的工况变化较小，因此四冲程汽油机、两冲程汽油机、柴油机、转子发动机、微型燃气轮机、斯特林发动机等都可以作为增程器的发动机。

9.1.1.1 四冲程汽油机

在相同功率条件下，四冲程汽油机（图 9-1）转矩特性好，起动和加速性能较好，运转噪声较低，制造成本较低，热效率为 25% ~ 35%，部分四冲程汽油机通过米勒循环（Miller Cycle）/ 阿特金森循环（Atkinson Cycle）、稀薄燃烧、可变压缩比、均质压燃等技术将热效率提升至 40% 以上。四冲程汽油机技术相对成熟，产业化基础好。

9.1.1.2 二冲程汽油机

二冲程发动机的外观如图 9-2 所示，具有结构简单、重量轻、制造成本低、转速较高、布置灵活等优点。但是它的零部件损耗快，燃油利用率低，油耗较高，排放性能较差，难以满足日益严格的排放法规。

图 9-1 四冲程汽油机

图 9-2 二冲程汽油机

9.1.1.3 柴油机

柴油机（图 9-3）热效率高，最高可达 40% ~ 50%，将来有可能达到 60%，因此柴油机具有较好的经济性；另外，柴油机故障较少，工作可靠。但是柴油机起动阻力大，工作转速较低，体积较大，重量较重，工作粗暴，NVH 性能较差。虽然柴油机有害气体的排放较汽油机少，但是柴油固体颗粒物排放较多，制约了柴油机在乘用车增程器中的使用，但却是商用车增程器发动机的良好选择。

图 9-3 柴油机

9.1.1.4 转子发动机

转子发动机又被称为汪克尔发动机（Wankel Engine），如图 9-4 所示，具有比功率高、转速高、体积较小、重量轻、重心低、振动小等优点；但是其经济性和排放性能较差，成本较高，可靠性较低。

9.1.1.5 微型燃气轮机

微型燃气轮机又称为微燃机，如图 9-5 所示，一般指 400kW 以下的燃气轮机。与内燃机相比，它结构紧凑，比功率高，排放性能好，NVH 特性好，转速高；但是其工作范围窄、成本高，制约了它在车辆上的应用。

图 9-4 转子发动机

图 9-5 微型燃气轮机

9.1.1.6 斯特林发动机

斯特林发动机是一种外燃机，如图 9-6 所示，其能源适应性广，经济性好，热效率高，NVH 特性好；但斯特林发动机体积大，成本高，起动和工况变化响应慢。

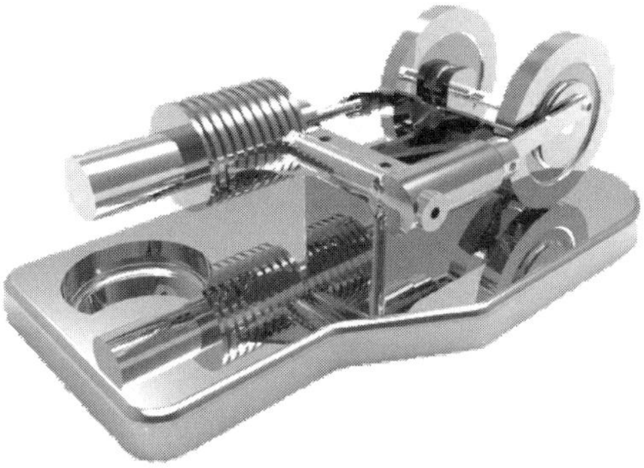

图 9-6 斯特林发动机

综上所述，各种发动机的特点见表 9-1。

根据增程器的工作方式及应用场合，增程器发动机应具有体积小、重量轻、比功率大、效率高、可靠性高、污染物排放少、技术成熟、稳定性好、成本低等特性。四冲程汽油发动机以其良好的综合性能，目前仍然是增程器用发动机的最佳选择。

表 9-1 各种发动机的特点

发动机类型	体积	重量	比功率	效率	排放性能	NVH 性能	成本	可靠性
四冲程汽油机	中	中	中	中	中	中	低	高
二冲程汽油机	小	轻	高	低	差	差	低	中
柴油机	大	重	中	中	差	差	低	高
转子发动机	小	轻	高	高	中	好	高	低
微型燃气轮机	小	轻	高	中	好	好	高	中
斯特林发动机	大	重	低	低	好	好	低	中

9.1.2 增程器用电机

增程器中的电机主要有两种工作模式：

1）作为电动机，在增程器发动机起动时用于拖动发动机，此时电机处于电动模式。

2）作为发电机，由发动机拖动用于发电，为驱动电机提供电能驱动车辆或给动力蓄电池充电，此时电机处于发电模式。

目前，增程器所使用的电机的类型主要有永磁同步电机、开关磁阻电机和异步电机三种类型。

9.1.2.1 永磁同步电机

永磁同步电机是由永磁体励磁产生同步旋转磁场的同步电机。永磁体作为转子产生旋转磁场，三相定子绕组在旋转磁场作用下通过电枢反应，感应三相正弦电流，转子将动能转化为电能，永磁同步电机作发电机用；此外，当定子侧通入三相正弦电流时，由于三相定子在空间位置上相差 120° ，所以三相定子电流在空间中产生旋转磁场，转子旋转磁场中受到电磁力作用运动，此时电能转化为动能，永磁同步电机作电动机用。永磁同步电机具有效率高、功率因数高、力矩惯量比大、定子电流和定子电阻损耗小以及控制性能好等特点。

9.1.2.2 开关磁阻电机

开关磁阻电机的转子采用简单的迭片结构，其结构简单、坚固，工艺简单，制造成本低，调速范围宽，调速性能优异，且在整个调速范围内都具有较高效率，系统可靠性高等。但是开关磁阻电机噪声大，转矩脉动较大，转子位置要求精确测量，对位置传感器的要求高于异步电机，电机设计较困难。

9.1.2.3 异步电机

异步电机是由气隙旋转磁场与转子绕组感应电流相互作用产生电磁转矩，从而实现将电能转换为机械能的一种交流电机。它具有结构简单、运行可靠、适合高速运行、成本低的优点，但是功率因数较低。

各种电机的特点见表 9-2。

表 9-2 增程器用各种电机的特点

类型	转子结构	体积	效率	比功率	可靠性	NVH 性能	可靠性	设计难度	制造工艺
永磁同步电机	简单	小	高	高	中	好	中	小	简单
开关磁阻电机	简单	大	低	中	中	差	中	大	简单
异步电机	简单	大	中	中	高	中	高	小	简单

增程式电动汽车运行环境复杂、工况变化频繁、振动和冲击较大，同时受整车布置局

限，增程器应具有体积小、重量轻、可靠性高等特点。作为增程器的电机，除应具备以上特点外，还应具备转矩性能好、控制性能佳等特点。结合表 9-2 各种电机的特点，永磁同步电机是当前增程器用电机的首选。

9.1.3 增程器的输出特性

增程器的输出特性是指在整车的实际工况中，根据不同的控制策略表现出的工作点或工作曲线特性，具体又分为单点工作模式、多点工作模式和功率跟随工作模式。

9.1.3.1 单 / 多点工作模式输出特性

根据整车使用工况，确定车辆对增程器的需求功率，结合发动机的万有特性在等功率曲线上选择经济性较好的一个工作点或多个工作点作为增程器的工作点，其输出特性如图 9-7 所示。

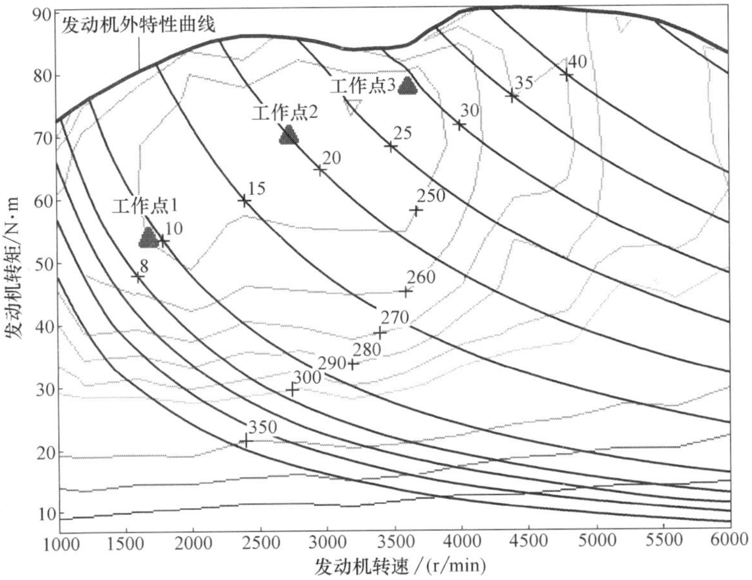

图 9-7 单 / 多点工作模式增程器的输出特性（见书末彩色插图）

9.1.3.2 功率跟随模式输出特性

根据发动机燃油消耗数据，可以找到每个功率对应的最低燃油消耗点，将这些点连起来即形成理论最优燃油消耗曲线。在实际应用中，考虑到增程器动态变化过程中功率点变化平缓，同时为了避免低速大负荷的状况发生，通过对增程器标定，选取处于发动机的非动力加浓区域、能够保证发动机良好燃油经济性的点构成最优燃油消耗曲线，即增程器的工作输出特性曲线，如图 9-8 所示。

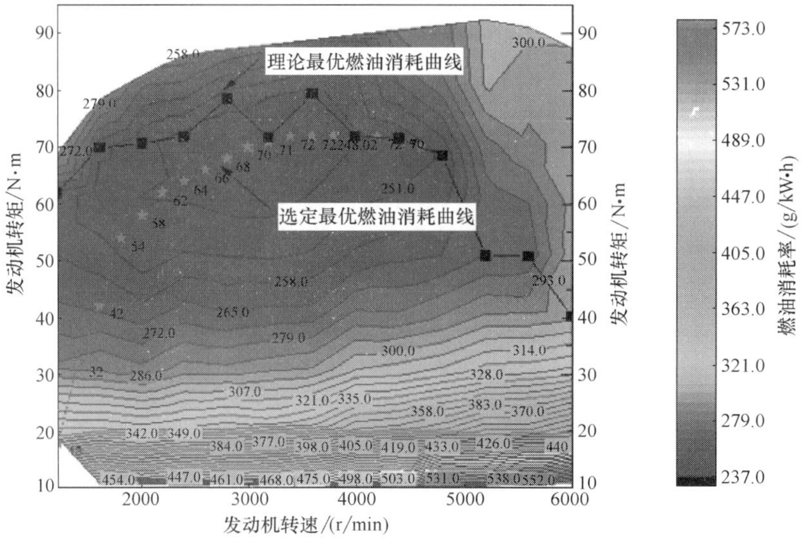

图 9-8 增程器在功率跟随模式下的输出特性曲线

9.2 动力系统方案设计

9.2.1 增程器的集成设计

由发动机和电机构成的增程器，发动机与电机的集成设计主要采用三种方式：

1）发动机和电机直接刚性连接。

2）发动机和电机之间通过弹性元件连接。

3）发动机和电机通过传动机构连接。

另外，为满足在空间有限的前机舱布置增程器和电驱动系统，电机、驱动电机和减速器也可进行集成化设计。

9.2.1.1 发动机和电机刚性连接设计

发动机和电机刚性连接多采用两种连接方式，即花键连接和法兰连接。

1. 花键连接

发动机曲轴后端加工成内花键，如图 9-9 所示。电机转子轴轴颈加工成外花键，如图 9-10 所示。发动机曲轴和电机转子轴通过花键连接，实现发动机与电机间的动力传递。

2. 法兰连接

发动机曲轴后端面加工成法兰面，如图 9-11 所示。电机转子取消转子轴，如图 9-12 所示。直接将转子通过转子支架的法兰面安装到发动机曲轴上，实现发动机与电机转子间的动力传递。

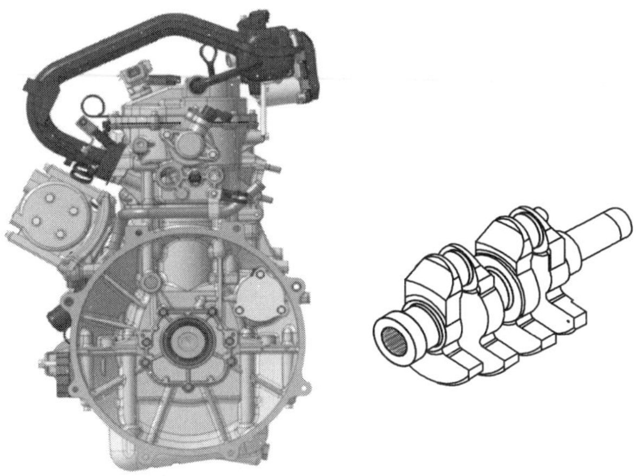

图 9-9　发动机曲轴后端加工为内花键（见书末彩色插图）

图 9-10　电机转子轴轴颈加工为外花键（见书末彩色插图）

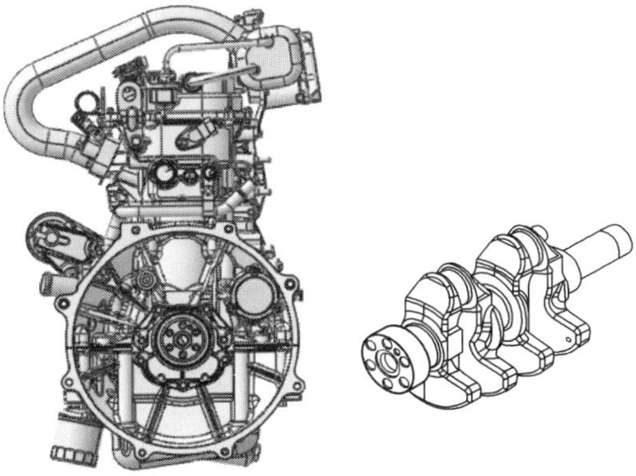

图 9-11　发动机曲轴后端面加工为法兰面

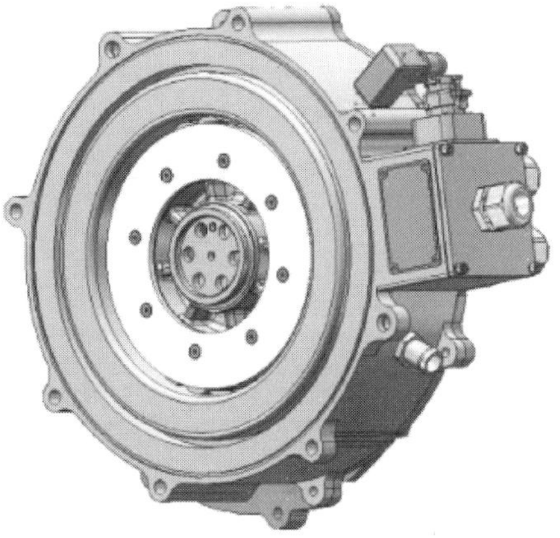

图 9-12　发电机转子支架端面加工为法兰面

这两种安装方式的优缺点对比见表 9-3。

表 9-3　两种刚性连接方式的优缺点对比

	花键连接的特点	法兰连接的特点
优点	①便于发动机与电机的拆装维护 ②电机冷却液道密封好 ③转子两点支撑稳定性好	①发动机与电机转子连接可靠 ②无转子轴，重量较轻 ③无花键啮合，机械噪声小
缺点	①花键为间隙配合工况，切换时，花键齿受力面变化易产生噪声 ② 同轴度不好时，花键直接承受工况切换冲击，易损坏	①转子单点支撑，运转稳定性差，导致电机转子与定子间气隙难以设计得较小，不利于电机性能的提升 ②发动机与电机必须采用工装装配，且不利于后期的拆装维护

9.2.1.2　发动机和电机通过弹性元件连接设计

如果发动机和电机采用刚性连接，则当发动机和电机发生工况切换时，系统抗击冲击载荷和交变载荷的能力较差；当发动机和电机同轴度不好或者承受较大冲击产生形变时，容易发生断轴。因此，增程器的发动机和电机之间多采用弹性元件连接方案。

弹性元件连接方案一般可分为两种：仅使用弹性元件连接；防过载装置与弹性元件共同使用。

1. 仅使用弹性元件连接

当发动机与电机仅使用弹性元件连接时，可在发动机端增加扭转减振器、梅花形弹性联轴器等弹性元件，电机通过花键与弹性元件连接，实现发动机与电机的动力传递。其中采用扭转减振器连接方案如图 9-13 所示，发动机曲轴后端安装有飞轮，扭转减振器通过螺栓固定到飞轮上，电机轴上的外花键与扭转减振器的内花键进行装配。

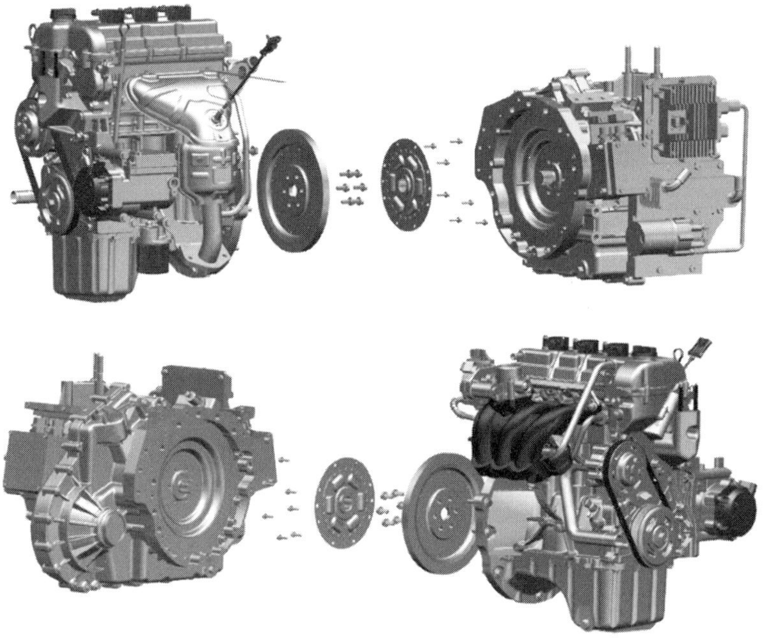

图 9-13　采用扭转减振器连接的增程器

2. 防过载装置与弹性元件共同使用

当发动机与电机仅使用弹性元件连接时，弹性元件仅能在很小的范围内对系统的同轴性进行调整。同时，在系统冲击大于弹性元件可承受的压溃力时，容易发生弹性元件压溃、断裂或断轴等失效现象。因此，离合器、滑动联轴器等防过载装置和弹性元件共同使用，可有效提高发动机与电机轴的对中性能，降低转矩过载造成部件失效的可能。

如图 9-14 所示，该方案采用了限扭器来传递发动机与电机的动力。限扭器主动盘（飞轮）通过法兰安装在发动机曲轴上，从动盘通过花键与电机相连，通过定压紧力的限扭器盖板将从动盘压紧在限扭器主动盘上。当发动机拖动电机（工作在发电状态）时，动力通过限扭器主动盘带动从动盘旋转，从而带动电机工作；增程器起动时，电机工作在电动状态，拖动发动机，动力通过从动盘带动主动盘旋转，从而带动发动机起动；当发动机与电机间的转矩超载时，限扭器从动盘产生打滑，来防止系统的过载冲击。

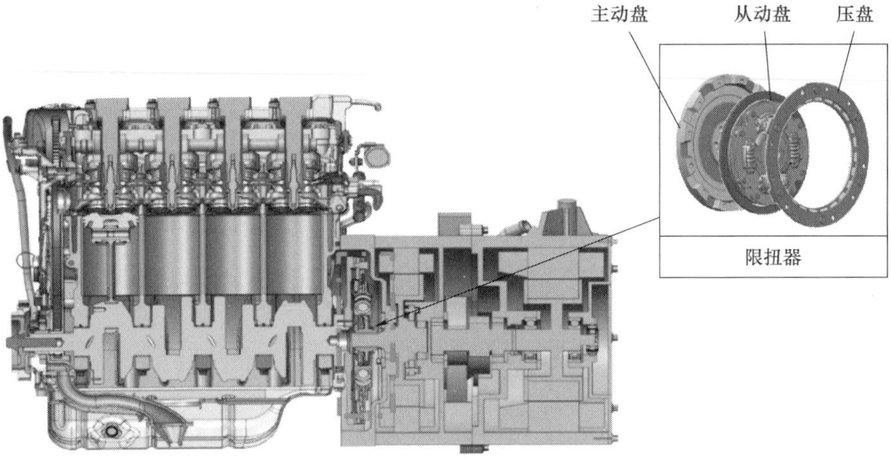

图 9-14　采用限扭器连接的增程器

9.2.1.3　发动机和电机通过传动机构连接设计

除了以上常见的刚性连接和弹性元件连接的方式外，部分国外的两缸增程器为平衡发动机的往复惯性力，在发动机与电机之间采用了传动机构连接。如图 9-15 所示，FEV 公司的增程器发动机与电机通过齿轮啮合来传递动力；又如图 9-16 所示，OBRIST 公司的增程器发动机与电机通过链传动来传递动力。

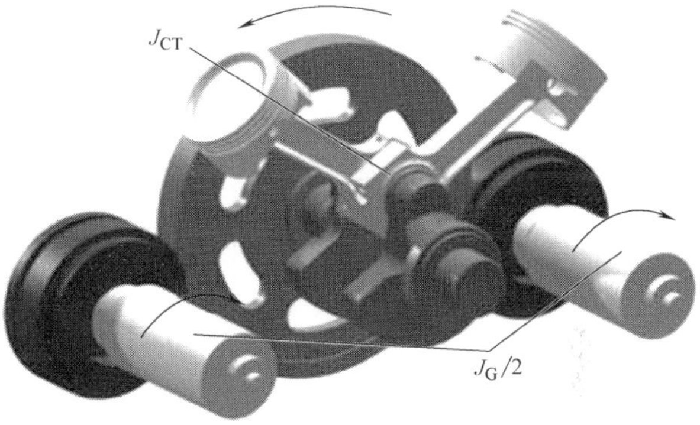

图 9-15　FEV 公司的增程器发动机与电机的传动机构

图 9-16　OBRIST 公司的增程器发动机与电机的传动机构

综上所述，在进行整车开发时，发动机与电机的集成设计可以参照表 9-4，结合整车的设计需求和增程器的集成连接特点选择适合的产品。

表 9-4　不同集成连接方案的特点

评价项目	刚性连接的情况	弹性元件连接的情况	传动机构连接的情况
结构复杂度	简单	中等	复杂
可靠性	低	高	较好
NVH 性能	低	较好	好
轻量化	好	较好	较好
开发难度	低	中等	高
成本	低	中等	高

9.2.2　应用实例

9.2.2.1　我国增程器产品举例

1. 柳州五菱柳机动力增程器

柳州五菱柳机动力增程器由专用发动机与永磁同步电机构成，如图 9-17 所示。可选择三缸、四缸不同的发动机，覆盖 40kW、50kW 两个功率等级，见表 9-5。

表 9-5　柳机动力系列化增程器参数

参　数	增程器型号		
	L3R12W35	L4R12W35	L4R15W40
发动机型号	LJ375QEB	LJ469Q-1AE9	LJ4A15
发动机排量 /L	1.2	1.25	1.5
经济功率 /kW［对应转速 /（r/min）］	18［2250］	25［2800］	32［2800］
额定功率 /kW［对应转速 /（r/min）］	35［3500］	35［3500］	40［3500］
峰值功率 /kW［对应转速 /（r/min）］	40［4000］	40［4000］	50［4000］
整机尺寸 / mm × mm × mm	463 × 484 × 636	576 × 674 × 522	619 × 627 × 611
整机重量 /kg	93.8	132.8	158

2. 北汽新能源增程器

北汽新能源增程器采用北汽动力总成 A151H 米勒循环发动机和永磁同步电机，如图 9-18 所示。整机参数见表 9-6。

9.2.2.2　国外增程器产品举例

1. KSPG 增程器

德国 KSPG 公司与 FEV 公司联合开发了采用 0.799L 排量 30kW 的 V 形两缸四冲程汽油机和两个额定功率为 15kW 的永磁同步电机组成的增程器，达到欧Ⅵ标准，如图 9-19 所示。该增程器采用了图 9-15 所示的发动机曲轴与电机的齿轮啮合传动，在拖动电机（工作于发电状态）的同时，有效平衡了发动机的振动。

图 9-17　柳机动力增程器

图 9-18　北汽新能源增程器

表 9-6　北汽新能源 A151H 增程器参数

部件	参数	数值
发动机	排量 / L	1.5
	最大功率 / kW	50
	燃烧循环	米勒循环
	最低油耗 / (g/kW · h)，效率（%）	229，37.4
	排放水平	国Ⅵ
ISG 电机	持续功率，峰值功率 /kW	40，50
	最高转速 /(r/min)	4000
	最高效率（%）	93

2. MAHLE 增程器

德国 MAHLE 公司采用 0.898L 排量的直列两缸四冲程汽油机开发出 30kW 的增程器，如图 9-20 所示。该增程器可在车辆上实现 0° ~180° 布置，其参数见表 9-7。

图 9-19　KSPG 增程器

3. OBRIST 增程器

奥地利 OBRIST 公司开发的增程器如图 9-21 所示。该增程器采用并列双缸四冲程动机，集成永磁同步电机，双曲轴通过齿轮啮合，与电机采用静音链传动，能有效平衡两缸发动机的一阶、二阶振动，提升增程器 NVH 性能。同时 OBRIST 增程器通过增加涡轮增压器，可实现 40kW、80kW 两种功率等级，具体参数见表 9-8。

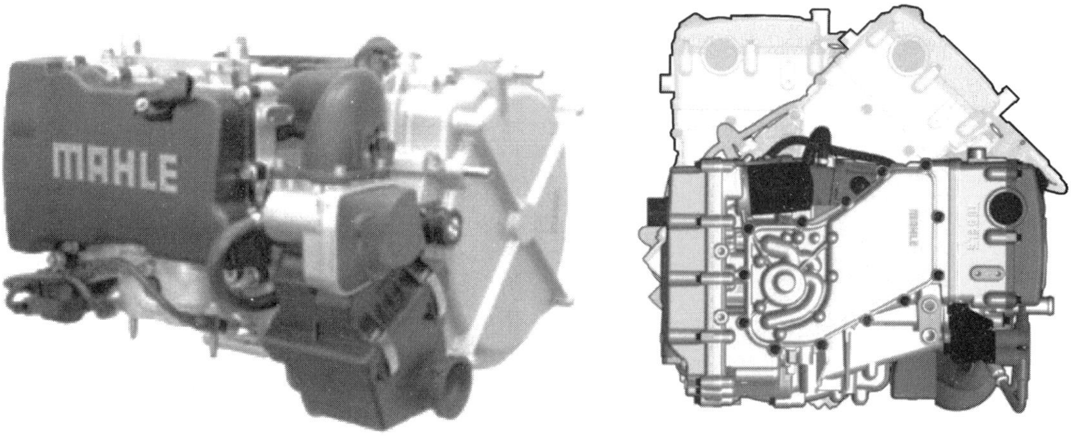

图 9-20 MAHLER 增程器

表 9-7 MAHLER 增程器参数

参数	数值	参数	数值
排量 /L	0.9	整机重量 /kg	65
最大功率 /kW	30	功率密度 /（kg/kW）	2.16
最大功率转速 /（r/min）	4000	缸体材质	铝
最大转矩转速 /（r/min）	4000	排放水平	欧Ⅵ
整机尺寸 /（mm × mm × mm）	416 × 327 × 481		

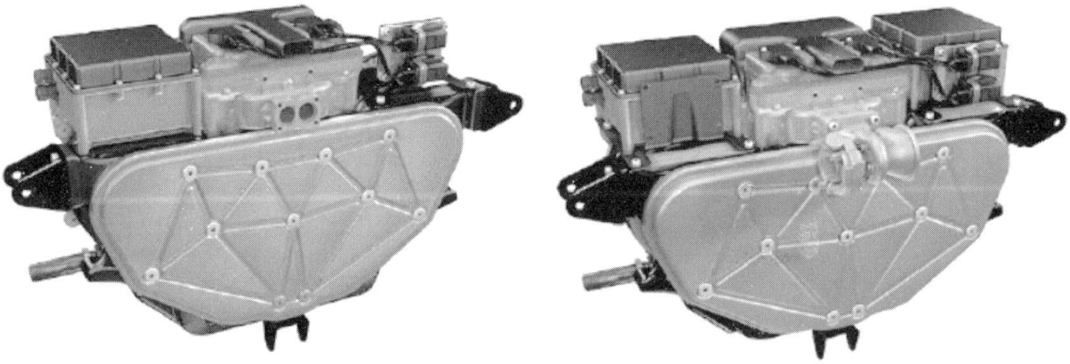

图 9-21 OBRIST 系列化增程器

表 9-8 OBRIST 系列化增程器参数表

项目	参 数	
发动机类型	2 缸 4 冲程阿特金森发动机	2 缸 4 冲程阿特金森发动机
进气形式	自然吸气	涡轮增压
排量 /L	0.999	0.999
活塞直径 /mm	86	86
活塞行程 /mm	86	86
电机形式	2 个电机 +1 个控制器	2 个电机 +2 个控制器

（续）

项目	参数	
峰值功率 /kW	40	80
燃油消耗率 /[g/（kW・h）]	250	250
重量 /kg	95	120
整机尺寸 /（mm×mm×mm）	677×498×188	677×498×258
排放水平	欧Ⅵ	欧Ⅵ

9.3 动力系统参数匹配设计

增程式电动汽车的动力系统参数包括驱动电机功率、转速和转矩，增程器功率以及发动机的型号、油箱容积、减速器参数、动力蓄电池组功率和容量等。在设计初期，从具体的设计要求出发进行理论和工程分析，对有些参数需要进行多次协调来确定。下面举例具体说明。

以北汽 A 级增程式电动汽车为例，分析增程式电动汽车开发过程中的性能匹配和增程器动力总成的布置结构。所设计增程式电动汽车的整车参数见表 9-9 和表 9-10。

表 9-9　整车参数

参数	参数值	参数	参数值
整备质量 m/kg	1500	迎风面积 A/m^2	2.7
满载质量 m'/kg	1940	空气阻力系数 C_D	0.34
车轮半径 r/m	0.299	滚动阻力系数 f	0.015
轴距 /m	2.65	旋转质量换算系数 δ	1.25
减速器速比 i	7.98	传动系统效率 η_T	0.92

表 9-10　整车动力性能参数

最高车速 u_{max}/(km/h)	最大爬坡度 α(%)	0—100km/h 加速时间 t_a/s
≥ 130	≥ 20	≤ 11

9.3.1 驱动电机参数设计

9.3.1.1 功率匹配

驱动电机作为增程式电动汽车的唯一驱动装置，其技术参数的选择与匹配必须要满足车辆行驶的最高车速、最大爬坡度、最大加速度时所需要的指标。而且电机的功率越大，其后备功率也就越大，加速性和爬坡性也就越好。驱动电机在选型匹配时功率要满足以下三个要求。

1. 最高行驶车速工况

汽车在不低于最高车速 u_{max} 的速度下匀速行驶所需要的功率 P_{umax}：

$$P_{u\max} = \frac{u_{\max}}{3600\eta_T}\left(mgf + \frac{C_D A u_{\max}^2}{21.15}\right) \tag{9-1}$$

式中　m——整备质量（kg）；

f——滚动阻力系数；

g——重力加速度（m/s^2）；

C_D——空气阻力系数；

A——整车迎风面积（m^2）；

η_T——机械传动效率。

2. 最大爬坡度工况

汽车能够以不低于最低要求车速 u_s、在最大坡度为 α_{max} 的坡面上行驶的功率 P_s：

$$P_s = \frac{u_s}{3600\eta_T}\left(m'gf\cos\alpha_{\max} + m'g\sin\alpha_{\max} + \frac{C_D A u_s^2}{21.15}\right) \tag{9-2}$$

式中　u_s——爬坡车速（km/h）。

3. 加速时间

满足汽车在时间 t_a 内由 0 加速到要求车速 V_r 所需要的电机功率 P_a：

$$P_a = \frac{1}{1000\eta_T}\left(\frac{\delta m}{2t_a}V_r^2 + \frac{1}{2}mgfV_r + \frac{C_D A V_r^3}{3.26}\right) \tag{9-3}$$

式中　δ——汽车旋转质量换算系数，δ=1.25；

V_r——车辆加速最终速度（m/s）。

根据表 9-9 整车参数计算，得：$P_{u_{max}}$=35kW，P_s=40kW，P_a=82kW。

根据式（9-1）~ 式（9-3）在不同行驶工况下计算出的功率需求结果可知，驱动系统的峰值功率 P_{Mmax}。P_{Mmax} 应不小于其中的最大值，即：

$$P_{Mmax} \geqslant \max(P_{u_{max}}, P_s, P_a) \tag{9-4}$$

因此，取峰值功率 P_{Mmax}=82kW。

电机的额定功率为

$$P_{Me} = \frac{P_{Mmax}}{\lambda} \tag{9-5}$$

式中　λ—— 过载系数，λ=1.5 ~ 2.5。

按过载系数为 2 进行匹配，其额定功率 P_{Me}=41kW。

9.3.1.2　转速匹配

在电机额定功率相同的情况下，电机的额定转速越高，体积和质量越小，制造成本也就越低。驱动电机的高效区一般处于额定转速附近，从经济性考虑，电机额定转速一般由车辆的常规车速决定。电机转速与车速的关系为

$$n_{Mmax} \geqslant \frac{u_{max} i}{0.377r} \tag{9-6}$$

式中 n_{Mmax}——驱动电机最大转速（r/min）；

$u_{\max}$——最大车速（km/h）；

i——减速器速比。

减速器的速比取值见表9-9，计算得电机转速 $n_{\text{Mmax}} \geqslant 9203\text{r/min}$，最高转速取 $n_{\text{Mmax}}=10000\text{r/min}$。

9.3.1.3 转矩匹配

驱动电机最大转矩 T_{Mmax} 的匹配要满足汽车的最大爬坡度要求：

$$T_{\text{Mmax1}} \geqslant \frac{r}{\eta_{\text{T}} i}\left(m'gf\cos\alpha + m'g\sin\alpha + \frac{C_{\text{D}} A u_{\text{s}}^2}{21.15}\right) \tag{9-7}$$

代入表 9-9 参数计算得：$T_{\text{Mmax1}} \geqslant 219\text{N}\cdot\text{m}$。

同时，当驱动电机的最大功率确定后，电机的最大转矩还应满足：

$$T_{\text{Mmax2}} \geqslant 9550\frac{P_{\text{Mmax}}}{n_{\text{Me}}} \tag{9-8}$$

式中 n_{Me}——电机的额定转速。

当 $n_{\text{Me}}=5000\text{r/min}$ 时，计算得 $T_{\text{Mmax2}} \geqslant 161\text{N}\cdot\text{m}$。

驱动电机的最大转矩应满足：

$$T_{\text{Mmax}} \geqslant \max(T_{\text{Mmax1}}, T_{\text{Mmax2}}) \tag{9-9}$$

因此，这里取驱动电机的最大转矩 $T_{\text{Mmax}}=240\text{N}\cdot\text{m}$。

驱动电机的额定转矩为

$$T_{\text{Me}} = \frac{T_{\text{Mmax}}}{\lambda} \tag{9-10}$$

计算得：$T_{\text{Me}}=120\text{N}\cdot\text{m}$。

通过对驱动电机匹配设计，最终确定的驱动电机特性参数见表 9-11。

表 9-11 驱动电机参数

参 数	数 值
额定功率 /kW, 峰值功率 /kW	41，82
额定转速 /(r/min)，最高转速 /(r/min)	5000，10000
额定转矩 /N·m，峰值转矩 /N·m	120，240

9.3.2 增程器发动机的选型匹配

增程器是由往复活塞式汽油发动机和永磁发电机组成的发动机 - 发电机组，其功用是当动力蓄电池 SOC 较低或出现故障不能工作时，为驱动电机提供能量。案例车型采用了全功率型增程器，其功率需要满足车辆以最高车速 120km/h 匀速行驶。

9.3.2.1 功率匹配

增程器输出功率：

$$P_{RE}=\frac{u_{max}}{3600\eta_T}\left(mgf+\frac{C_D A u_{max}^2}{21.15}\right) \quad (9\text{-}11)$$

式中 u_{max}——最大车速（km/h）;

m——整备质量（kg）;

f——滚动阻力系数；

g——重力加速度（m/s^2）;

C_D——空气阻力系数；

A——整车迎风面积（m^2）;

η_T——机械传动效率。

将数值代入，计算得：P_{RE}=31kW。

9.3.2.2 功率确定

发动机输出功率：

$$P_E \geqslant \frac{P_{RE}}{\eta_G} \quad (9\text{-}12)$$

式中 η_G——发电机的工作效率，取值 0.9。

计算得：$P_E \geqslant$ 35kW。

在匹配增程器发动机时，既要满足发动机的功率需求，又要综合考虑发动机的采购成本、整机重量、体积尺寸、开发周期、燃油经济性和 NVH 性能等问题。表 9-12 列出了 7 款发动机的参数。

表 9-12 增程器发动机选型参数

参数项目	7 款发动机的参数值						
	A	B	C	D	E	F	G
排量 /L	1.499	1.499	1.499	1.199	1.199	1.155	1.155
缸径 /mm	75	76	76	68.8	68.8	75.5	75.5
行程 /mm	84.8	82.6	82.6	80.6	80.6	86	86
S/D[①]	1.131	1.087	1.087	1.172	1.172	1.139	1.139
最大功率 /kW	50	50	50	50	50	50	50
最大功率转速 /（r/min）	4000	2180	3850	4500	3200	2280	4800
最大转矩 /N·m	119	119	119	119	119	119	119
最大转矩转速 /（r/min）	4000	2180	3850	4500	3200	2280	4800
长/mm × 宽/mm × 高/mm	562 × 617 × 598	631 × 565 × 681	619 × 583 × 692	577 × 555 × 636	519 × 561 × 647	594 × 562 × 710	594 × 450 × 463
整机重量 /kg	76	119.2	132.8	99	102	96	82
缸体材质	铝	铁	铁	铁	铁	铝	铝
排放水平	欧Ⅵ	欧Ⅵ	欧Ⅵ	欧Ⅵ	欧Ⅵ	欧Ⅵ	欧Ⅵ
燃油牌号	92#	92#	92#	92#	92#	92#	92#

① S 表示活塞行程（mm）；D 表示气缸直径（mm）。

参照以上发动机选型参数表，其中A发动机重量较轻，同时在X、Y、Z空间尺寸较均衡。

在对增程器发动机选型时，发动机的经济性是重点考察的标准之一。各型发动机的燃油消耗率对比如图9-22所示，可见A、B、F三款发动机的油耗较低，A型发动机在额定功率点的燃油清耗率为231g/(kW・h)。

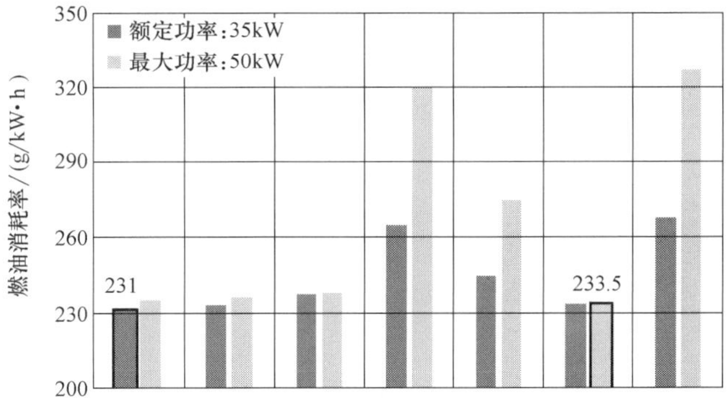

		A	B	C	D	E	F	G
额定转速 35kW	转速/(r/min)	2900	3000	3200	3600	3200	2400	3600
	转矩/N·m	115.3	111.4	104.5	92.8	104.5	139.3	92.8
	油耗/(g/kW·h)	231	233	237.7	265	245	233.5	268
最大转速 50kW	转速/(r/min)	4100	3800	3800	4500	4200	3400	4800
	转矩/N·m	116.5	125.7	125.7	106.1	113.7	140.4	99.5
	油耗/(g/kW·h)	235	236.5	238	320	275	233.5	327

图9-22　各型发动机燃油消耗率对比

结合增程器的实际工况，发动机的经济性除参考最低燃油消耗率之外，还应考虑增程器发动机万有特性曲线（图9-23）中低油耗区的覆盖面积。

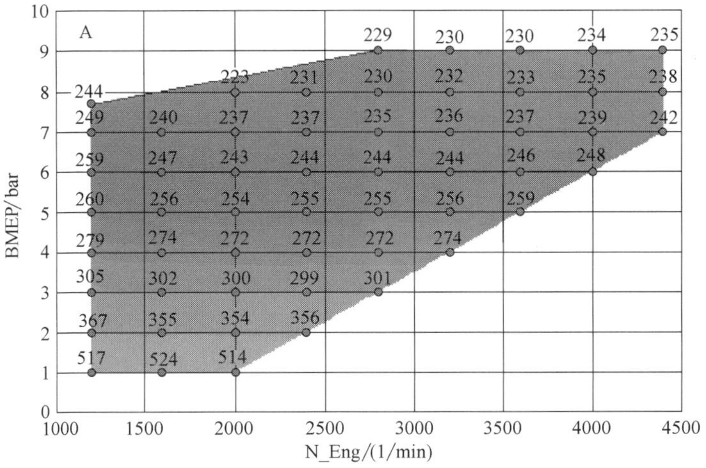

图9-23　增程器发动机万有特性曲线（见书末彩色插图）

增程式电动汽车作为电动汽车的一种，对NVH性能有较高的要求。上述增程器在额定功率点和峰值功率点，发动机对应的转速如图9-24所示。发动机1m声压级噪声在两个功率点下与转速的对应关系如图 9-25 所示。

机型	额定功率最低转速/(r/min)	峰值功率最低转速/(r/min)
A	2890	4060
B	1560	2180
C	2700	3850
D	3280	4500
E	2220	3200
F	1600	2280
G	3600	4800

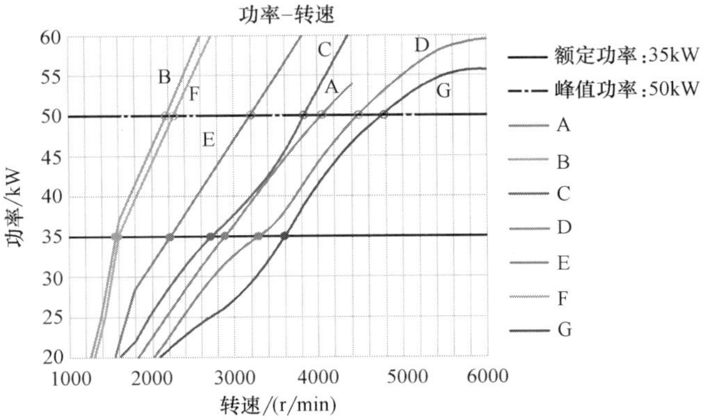

图 9-24 额定功率和峰值功率对应的发动机工作点（见书末彩色插图）

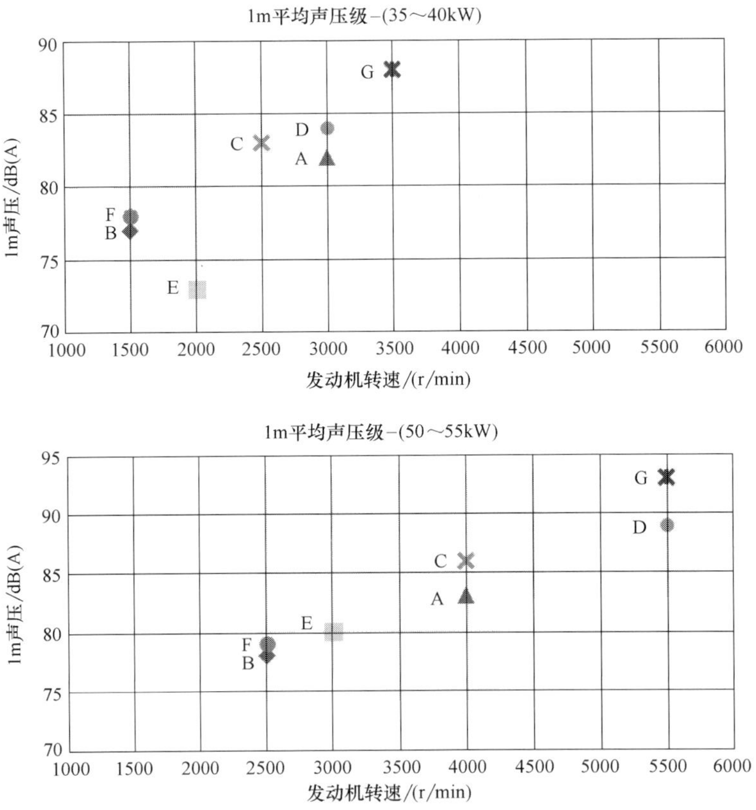

图 9-25 不同功率下的发动机噪声

如图 9-26 所示，综合评价成本、重量、尺寸、燃油效率、NVH 性能和开发周期六个指标，结合增程器的工程开发需求，即可确定增程器发动机的最终选型结果。从图中可以看出，A 型发动机综合指标较优，是此增程器发动机选型的最优结果。

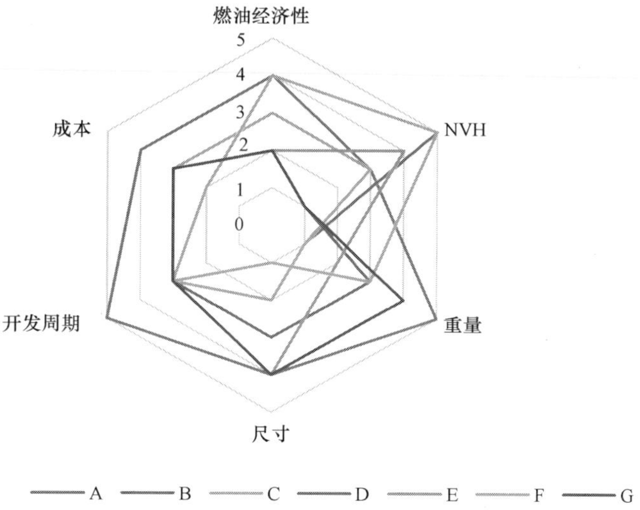

图 9-26　增程器发动机选型评价维度（见书末彩色插图）

9.3.2.3　油箱容积的设计

巡航车速为 80km/h 时，需求增程续驶里程为 400km，则油箱容积为

$$V=\frac{P_{80}S_{\mathrm{RE}}b_{\mathrm{e}}}{1000\rho v_{\mathrm{c}}} \tag{9-13}$$

式中　V——油箱容积（L）；

S_{RE}——增程续驶里程，S_{RE}=250km；

P_{80}——80km/h 车速时对应的发动机功率（kW）；

b_{e}——燃油消耗率，b_{e}=250g/kW・h；

ρ——汽油密度，ρ=0.752kg/L；

v_{c}——巡航车速，u_{c}=80km/h。

计算得：V=32L。

9.3.3　动力蓄电池组匹配设计

动力蓄电池组主要由单体蓄电池通过串、并联组合构成。动力蓄电池组作为主电源，总容量要满足车辆纯电动续驶里程的设计要求，且功率要覆盖驱动电机的功率需求。因此要对单体蓄电池的数量、动力蓄电池组的总容量以及动力蓄电池组的功率进行匹配。

动力蓄电池组完成一次充、放电需要的额定总能量为

$$W=\frac{P_{\mathrm{u}}S}{(\mathrm{SOC}_1-\mathrm{SOC}_2)\eta_{\mathrm{T}}\eta_{\mathrm{C}}v} \tag{9-14}$$

式中　W——额定总能量（kW・h）；

S——车辆的纯电续驶里程（km）；

SOC_1——动力蓄电池组 SOC 的初始值，取 100%；

SOC_2 ——动力蓄电池组 SOC 的末值，取 10%；

η_C ——驱动电机控制器效率，η_C=0.98；

P_u ——以匀速 v 行驶的功率，v=100km/h。

由以上参数计算得所需动力蓄电池组总能量 W=12. 96kW · h，动力蓄电池组的额定容量是：

$$Q_B \geqslant \frac{1000W}{U} \tag{9-15}$$

式中 Q_B ——额定容量（A · h）；

U —— 动力蓄电池组额定电压，与驱动电机额定电压一致，U=350.4V。

计算得额定容量为 $Q_B \geqslant$ 37A · h，取 Q_B=37A · h。

单体蓄电池的连接方式决定了动力蓄电池组的特性。在并联方式中增加单体蓄电池的数量主要是为了增加电池组的容量，以满足车辆纯电动续驶里程的要求。单体蓄电池并联数 n_P 为

$$n_p = \frac{Q_B}{C_r} \tag{9-16}$$

式中 C_r——单体蓄电池的容量，动力蓄电池选取三元锂离子蓄电池，单体蓄电池容量为 37A · h，计算得：n_p=1。

在串联方式中，单体蓄电池的数量既要保证电池组电压与电机电压匹配，又要保证电池组功率满足电机峰值功率需求，同时要有短时大电流放电的能力。单体蓄电池串联的数量 n_s 为

$$n_s \geqslant \frac{P_{Mmax}}{P_{bmax}\eta_T\eta_C} \tag{9-17}$$

式中 P_{Mmax} ——电机峰值功率（kW）；

P_{bmax} ——单体蓄电池允许的最大放电功率（kW）。

计算得：n_s=96。

动力蓄电池参数见表 9-13。

表 9-13 动力蓄电池参数

参 数	数 值
电池类型	三元锂离子蓄电池
额定电压 /V	350.4
单体蓄电池电压 /V	3.65
容量 /A · h	37
连接方式	1P96S

可以根据整车输入条件对增程式电动汽车的相关参数进行设计，对动力系统进行选型匹配。

9.4 整车控制系统设计

如图 9-27 所示，增程式电动汽车整车控制系统主要由发动机控制单元、电机控

制单元（Generator-Motor Control Unit，GCU）、具备增程器协调控制功能的整车控制单元（Vehicle Control Unit，VCU）和 CAN 网络通信系统构成。整车控制系统对增程器、驱动系统、动力蓄电池组等的工作进行统一协调，从而使整车达到良好的经济性和动力性。

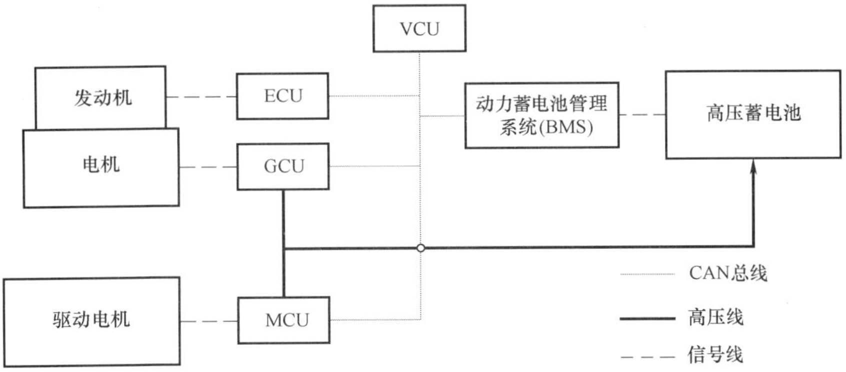

图 9-27　增程式电动汽车整车控制系统（见书末彩色插图）

9.4.1　功能需求

整车控制系统是车辆正确接收驾驶人指令并进行有效及时反馈处理的重要单元。控制系统必须满足表 9-14 的功能需求。

表 9-14　增程式电动汽车整车控制系统功能需求

功能需求	内　容
车辆行驶数据管理	负责根据驾驶人通过加速踏板和制动踏板输入的指令控制汽车起动加速、减速、制动等，控制动力系统或制动系统输出驱动或制动力矩
整车信息管理	搭建整车网络平台，整车控制器负责管理整个车载网络，实现控制器与器件、各控制器之间以及各器件之间的信息共享，从而对整车信息实现协调管理
整车能量管理	整车控制器负责监测所有能量消耗部件（驱动电机、增程器、空调等）的能量消耗及制动能量回收的能量，准确反馈剩余能量，并通过控制算法合理地进行能量分配
车辆监测和管理	实现整车运行过程中对驱动电机、增程器、动力蓄电池组等部件的实时监测
故障诊断	具备对整车部件的故障进行初步分析和解决的能力，并将诊断结果反馈给驾驶人

整车控制器为满足以上功能需求，必须满足以下要求：

1）信号采集要快速、准确。车辆在行驶过程中，必须准确及时地测量出相关信号，整车控制系统方能做出准确的反应。

2）控制系统处理数据和运算的速度要快。要求整车控制系统要尽可能提高运算速度，节省运算时间。

3）输出控制精度要高，这样才能满足所需要的高精度、高速度、控制灵活、稳定可靠的要求。

9.4.2 主要技术指标

在整车控制器的开发过程中，一般关注表 9-15 所列的技术指标，也可以根据开发要求适当地补充或删减。

表 9-15 整车控制器主要技术指标

内容		指标
控制器硬件		根据开发要求
可靠性	防护等级	GB/T 4208—2017《外壳防护等级（IP 代码）》
	防振	GB/T 2423.10—2008《电工电子产品环境试验 第 2 部分：试验方法 试验 Fc：振动（正弦）》
	平均无故障时间	大于开发要求的最低平均无故障时间
电磁兼容性		满足国家电磁兼容标准（GB 14023—2011《车辆、船和内燃机 无线电骚扰特性 用于保护车外接收机的限值和测量方法》、GB 18655—2018《车辆、船和内燃机 无线电骚扰特性 用于保护车载接收机的限值和测量方法》、GB/T 17619—1998）《机动车电子电器组件的电磁辐射 抗扰性限值和测量方法》和环境测试标准（GB/T 2423.37—2006《电工电子产品环境试验 第 2 部分：试验方法 试验 L：沙尘试验》、GB/T 2423.38—2008《电工电子产品环境试验 第 2 部分：试验方法 试验 R：水试验方法和导则》）
电气特性		根据开发要求
温度特性		根据开发要求
湿气灵敏度		符合 GB/T 2423.3—2016《环境试验 第 2 部分：试验方法 试验 C_{ab}：恒定湿热试验》
控制器软件		符合 AUTOSAR、IEC 61508、ISO 26262
故障诊断协议		满足 ISO 1576

9.4.3 控制信号

整车控制器要满足功能需求，须具备表 9-16 所列的信号的输入 / 输出功能。控制信号通路数量需要根据整车控制需求具体确定。

表 9-16 整车控制器的控制信号

序号	信号类型	序号	信号类型
1	开关量输入	5	模拟量输出
2	开关量输出	6	PWM 输出
3	脉冲输入	7	CAN 通信
4	模拟量输入		

9.4.4 能量管理策略设计

增程式电动汽车具有发动机发电机组和车载动力蓄电池组等两个能量源，需要制订相应的能量管理策略，合理分配各个能量源每一时刻所需要提供的动力，以改善整车动力性能和燃油经济性。增程式电动汽车的发动机与车辆行驶系统无机械连接，不直接参与车辆的驱动，因此不直接受行驶工况的影响，其能量管理策略的目标是根据驾驶人信号（包括车速、制动踏板以及加速踏板开度）和行驶工况，从全局角度协调动力系统中驱动电机、增程器以及动力蓄电池组等部件的工作状态，合理分配能量流动，既满足汽车在各行驶条件下不同工作模式的切换，又保障动力系统各部件工作在最佳效率区域，从而提高整车系统效率。

本章结合实际案例，着重对增程器最佳燃油消耗率单点起停控制和增程器功率跟随两种能量管理策略进行分析。

9.4.4.1 能量管理策略设计目标

能量管理控制策略的目标：在日常行驶过程中，对于不同的目标续驶里程要求，在保证车辆行驶动力性和电池耐久性的前提下，从全局的角度出发，协调控制汽车各部件的工作状态，优先使用清洁的电能代替燃油，从而达到节油减排的目的。

车辆在动力蓄电池组充满电、油箱加满油的初始条件下，以“多用电、少用油”的基本原则，依据实时监测得到的动力蓄电池组 SOC 值和对驾驶人意图解析得到的需求电功率 $P_{d,req}$、实施增程器发电功率 P_e 和动力蓄电池组充放电功率 P_b 之间的最优分配，如式 (9-18) 所示，使得车辆具有最长续驶里程。

$$P_{d,req}=P_e+P_b \tag{9-18}$$

式中 $P_{d,req}$——整车驱动需求电功率（kW）;

P_e——增程器输出电功率（kW）;

P_b——动力蓄电池组充放电功率（kW）。

当车辆的行驶里程小于或等于纯电动行驶里程时，车辆以纯电动模式运行。车辆行驶过程中，增程器关闭，由动力蓄电池组完全提供车辆运行所需动力，整车的需求功率完全由动力蓄电池组提供，即 $P_{d,req}=P_b$，直至动力蓄电池组 SOC 下降到预先设定的下限值。在该模式下，动力蓄电池组 SOC 下降得最快，SOC 曲线下降速率由整车需求功率大小决定。

当车辆的预期行驶里程大于纯电动行驶里程且小于等于总行驶里程时，车辆先以纯电动模式运行，依据控制策略适时起动增程器，切换为增程混合动力模式运行。

9.4.4.2 增程器最佳燃油消耗率工作点单点起停控制策略设计

在增程器最佳工作点单点起停控制策略下，发动机工作时，只有一个工作转速，$n_{e,opt}$，工作转矩尽量接近最佳燃油消耗点 $T_{e,opt}$，但同时受到动力蓄电池组峰值充放电功率［$P_{b,max}$，$P_{b,min}$］以及工况需求电功率 $P_{d,req}$ 的限制。限制增程器在最佳工作转速工作时的最大发电功率范围为［0，$P_{e,max}$］，其中 0 代表停机。当 SOC > SOC_H 时，增程器以停机模式为主，在需要补充驱动功率时，尽量以最佳工作转速点起动。当 SOC > SOC_L 时，增程器以最佳工作点转速工作为主，兼顾动力蓄电池组充电功率限制和工况功率需求，以最小发动机燃油消耗率工作点对应的功率为目标调整发电功率。为了减少发动机起停频次，在一定的 SOC 范围［SOC_L，SOC_H］内，使发动机尽量保持前一时刻的开关状态，在发动机起动模式下，尽量工作在最佳工作转速，同时满足动力蓄电池组充电功率限制和工况功率需求，维持最佳发电功率。

给定需求电功率 $P_{d,req}$，考虑动力蓄电池组充放电约束，在起动状态下，增程器发电功率允许范围为

$$\begin{cases} P_{e,min} = \max\{P_{d,req} - P_{b,max}, 0\} \\ P_{e,max} = \min\{P_{d,req} - P_{b,min}, P_{e,max}\} \end{cases} \tag{9-19}$$

功率需求的解析过程充分考虑了当前动力蓄电池组的 SOC 状态和驱动电机的实时转速，使得计算出来的功率需求不超过驱动电机外特性曲线所对应的最大功率。车辆行驶过程中的实时功率需求满足增程器系统设定的发电功率区间。

根据既定的驾驶人需求功率解析方法，解析得到的驱动电机需求电功率被限制在驱动电机电功率外特性以内，即 $P_{d,req} \in [P_{b,min}, P_{b,max}]$，功率需求可以得到满足。本章提出基于增程器最佳燃油消耗率工作点的单点起停控制策略，见表 9-17。

表 9-17　基于增程器最佳燃油消耗率工作点的单点起停控制策略

SOC	条件 1	条件 2	策略	备注
$(SOC_{H}, 1]$	无	$P_{d,req} \in [P_{b,min}, P_{b,max}]$	$P_e=0$ $P_b=P_{d,req}$	增程器停机优先
		$P_{d,req} > P_{b,max}$	$P_{e1}=\min\{P_{e,opt}, P_{e,max}\}$ $P_e=\max\{P_{e1}, P_{e,min}\}$ $P_b=P_{d,req}-P_e$	尽量最佳工作点起动
$[SOC_L, SOC_H]$	增程器停机状态	$P_{d,req} \in [P_{b,min}, P_{b,max}]$	$P_e=0$ $P_b=P_{d,req}$	增程器尽量保持停机
		$P_{d,req} > P_{b,max}$	$P_{e1}=\min\{P_{e,opt}, P_{e,max}\}$ $P_e=\max\{P_{e1}, P_{e,min}\}$ $P_b=P_{d,req}-P_e$	被迫起动，靠近最佳工作点起动
	增程器起动状态	无	$P_{e1}=\min\{P_{e,opt}, P_{e,max}\}$ $P_e=\max\{P_{e1}, P_{e,min}\}$ $P_b=P_{d,req}-P_e$	保持起动，靠近最佳工作点
$[0, SOC_L)$	无	无	$P_{e1}=\min\{P_{e,opt}, P_{e,max}\}$ $P_e=\max\{P_{e1}, P_{e,min}\}$ $P_b=P_{d,req}-P_e$	优先靠近最佳工作点起动

为了避免增程器在 SOC_L 或 SOC_H 处频繁起停，考虑对 SOC_L 的选取在 SOC_{L1} 和 SOC_{L2} 之间做滞环处理（$SOC_{L1} > SOC_{L2}$），对 SOC_H 的选取在 SOC_{H1} 和 SOC_{H2} 之间做滞环处理（$SOC_{H1} < SOC_{H2}$），方案见表 9-18。

表 9-18　单点控制策略下 SOC 滞环优化策略

SOC 范围及增程器状态	门限取值
$[SOC_{H1}, SOC_{H2}]$ 且增程器起动	$SOC_L=SOC_{L1}$ $SOC_H=SOC_{H2}$
$[SOC_{L2}, SOC_{L1}]$ 且增程器停机	$SOC_L=SOC_{L2}$ $SOC_H=SOC_{H1}$
其他	$SOC_L=SOC_{L1}$ $SOC_H=SOC_{H1}$

9.4.4.3 增程器功率跟随控制策略

增程器功率跟随控制的基本思想是：先根据当前的功率需求和动力蓄电池充放电功率约束，计算出增程器发电功率的可行范围，然后在增程器发电功率的可行范围内，根据最低燃油消耗率曲线 $b_{apu,\ opt}(P_e)$ 选择最优增程器发电功率 $P_{e,\ opt}$，再根据曲线 $n_{e,\ opt}(P_e)$ 确定发动机的工作转速。由此，增程器工作点由（$n_{e,\ opt}$，$P_{e,\ opt}$）唯一确定，此过程控制动力蓄电池组 SOC 在一定的范围内，在此 SOC 范围内增程器不停机。功率跟随控制策略见表 9-19。

表 9-19 增程器功率跟随控制策略

SOC	条件 2	策略	备注
$(SOC_{H,\ 1}]$	$P_{d,\ req}\in[P_{b,\ min},\ P_{b,\ max}]$	$P_b=0$ $P_b=P_{d,\ req}$	增程器停机优先
	$P_{d,\ req}>P_{b,\ max}$	$\min\limits_{P_e,P_b,n_e} b_e(P_e)$ $P_e\in[P_{e,\ min},\ P_{e,\ max}]$ $P_b=P_{d,\ req}-P_e$ $n_e=n_{e,\ opt}\ (P_e)$	最小化燃油消耗起动
$[SOC_L,\ SOC_H]$	无	$\min\limits_{P_e,P_b,n_e} b_e(P_e)$ $P_e\in[P_{e,\ min},\ P_{e,\ max}]$ $P_b=P_{d,\ req}-P_e$ $n_e=n_{e,\ opt}\ (P_e)$	最小化燃油消耗工作
$[0,\ SOC_L)$	无	$P_e=P_{e,\ max}$ $P_b=P_{d,\ req}-P_e$ $n_e=n_{e,\ opt}(P_e)$	最大化充电功率工作

同样，为了避免发动机在 SOC_H 附近频繁起停，避免在 SOC_L 附近增程器发电功率在最大化充电功率和最小化燃油消耗功率之间频繁变换，对 SOC_H 和 SOC_L 的取值做表 9-20 所示的滞环处理。

表 9-20 增程器功率跟随控制策略下 SOC 滞环处理

SOC 范围及增程器状态	门限取值
$[SOC_{H1},\ SOC_{H2}]$且增程器起动	$SOC_L=SOC_{L1}$ $SOC_H=SOC_{H2}$
$[SOC_{L2},\ SOC_{L1}]$且增程器处于最小化燃油消耗工作状态	$SOC_L=SOC_{L2}$ $SOC_H=SOC_{H1}$
其他	$SOC_L=SOC_{L1}$ $SOC_H=SOC_{H1}$

9.5 整车集成设计

增程式电动汽车是一个复杂的系统，其整车集成设计所包含的内容较传统燃油汽车、纯电动汽车更加复杂，涵盖如整车布置、动力总成的集成设计、热管理系统的集成设计、动力总成悬置的设计等。

9.5.1 整车布置

增程式电动汽车的整车布置，包含动力系统、动力附件、底盘、车身、电子电器等系统及下属部件的布置，见表 9-21。

表 9-21 增程式电动汽车总布置包含的系统及部件

系统名称	总成名称	部件
动力系统	增程器	发动机
		发动机管理系统
		发电机
		发电机控制装置（GCU）
	电驱动总成	驱动电机
		变速器
		微控制单元（MCU）
	高压系统	车载充电机（On-Board Charge，OBC）
		DC/DC 变换器
		高压盒
		高压线束
动力附件	冷却系统	散热器
		风扇
		电子水泵
		副水箱
		冷却液管
	进排气系统	空气滤清器
		进气管路
		消声器
		排气管路
		隔热罩
	燃油供给系统	油箱
		油泵
		炭罐
		供油管路
	悬置系统	悬置支架
		减振块

（续）

系统名称	总成名称	部件
底盘	悬架系统	前悬架
		后悬架
	转向系统	转向操纵机构
		转向机
	制动系统	制动器
		制动操纵机构
		真空制动泵
		制动管路
	传动系统	传动轴
	行驶系统	轮胎
		轮毂
车身	上车体	顶盖
		侧围
	下车体	机舱总成
		前地板总成
		后地板总成
	开闭件	前后车门
		翼子板
		前机舱盖总成
		行李舱盖总成
	内外饰	内饰件
		外饰件
电子电器	空调系统	空调压缩机
		热敏电阻（PTC）暖风
		控制面板
		空调管路
	低压电器系统	低压线束
		低压电源
	灯具及附件	灯具
		刮水器
	中控仪表	中控
		仪表

典型的增程式电动汽车总布置分为两种形式：一种是将增程器布置在后轴上，典型案例如宝马 i3 Range Extender（图 9-28）；另一种是布置在前机舱里，典型案例如菲斯科 Karma（图 9-29）。

9.5.2 动力总成的集成设计

动力总成作为整车的核心部件，其布置方案的合理性直接影响整车性能的实现和其他相关系统的设计方案。

图 9-28 宝马 i3 Range Extender

图 9-29 菲斯科 Karma

9.5.2.1 动力系统的布置形式

增程式电动汽车动力系统由增程器（RE）、电驱动单元（Electric Drive Unit，EDU）、动力蓄电池组（Battery）和相关控制系统构成。其中电驱动单元（EDU）由驱动电机（Motor）和减速器（Gearbox）构成，用来直接驱动车轮，而增程器仅用于为电驱动单元提供电能或为动力蓄电池组充电，不参与车辆的直接驱动，因此在结构形式上属于串联构型。增程器和电驱动单元布置的位置可分为以下三种布置结构。

第一种增程器和电驱动单元都布置在整车前轴上前轮驱动的方案，如图 9-30 所示。

第二种，增程器布置在前轴、电驱动单元（EDU）布置在后轴上的后轮驱动方案，如图 9-31 所示。

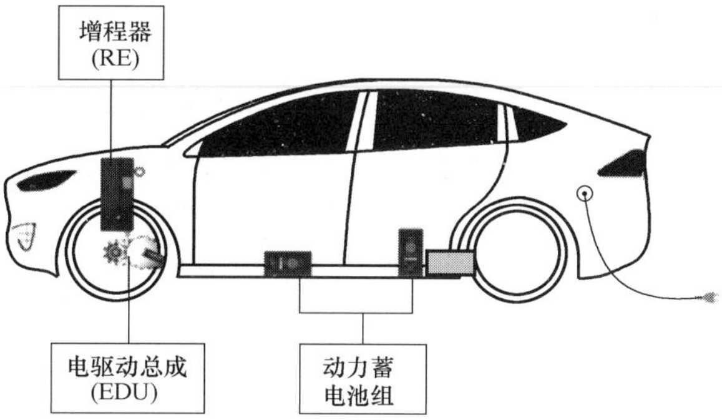

图 9-30 增程器与 EDU 都布置在前轴的前驱方案

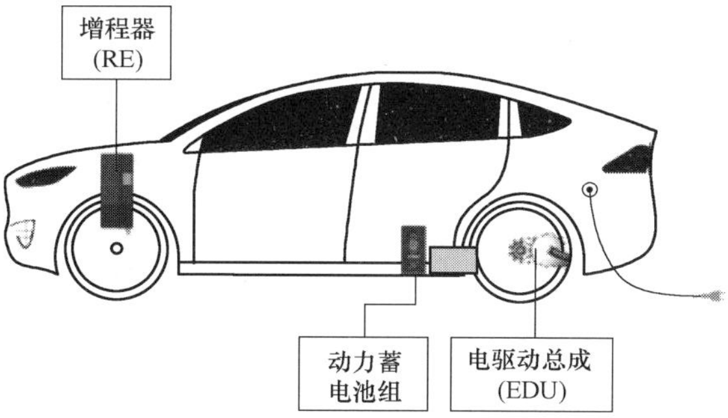

图 9-31 增程器布置在前轴、EDU 布置在后轴的后驱方案

第三种，增程器布置在前轴，而前轴、后轴各布置一套电驱动单元的四驱方案，如图 9-32 所示。

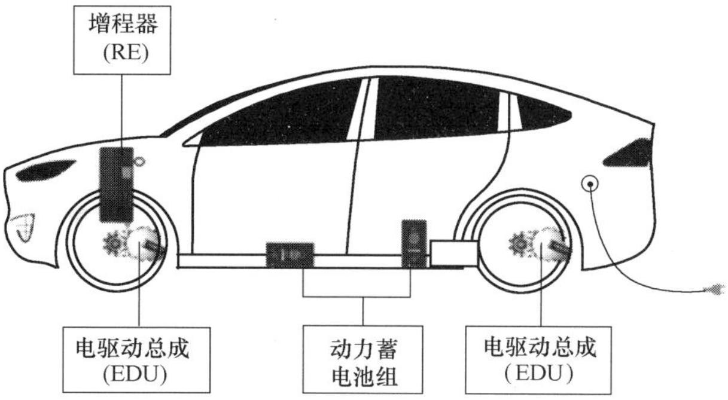

图 9-32 增程器布置在前轴、EDU 布置在前后轴的四驱方案

9.5.2.2 增程器与电驱动总成的集成及总布置设计

在北汽增程式电动汽车中，动力总成采用了增程器、电驱动单元轴向串联集成结构。其中发电机与驱动电机、减速器采用共壳体集成设计，发动机与发电机通过限扭器相连，如图 9-33 所示。

集成后的动力总成布置在整车前机舱中，如图 9-34 所示。

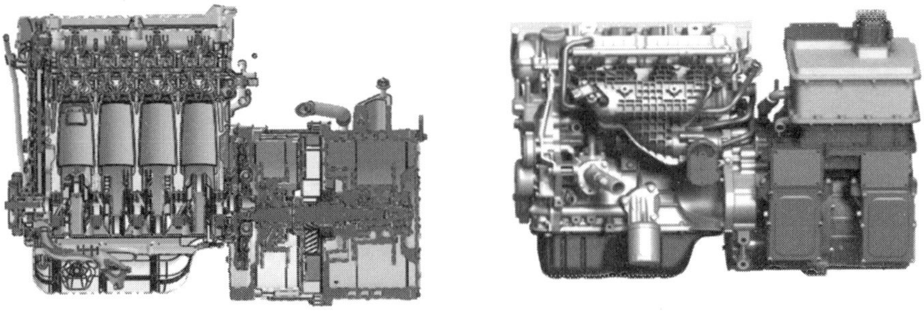

图 9-33　北汽增程器构型

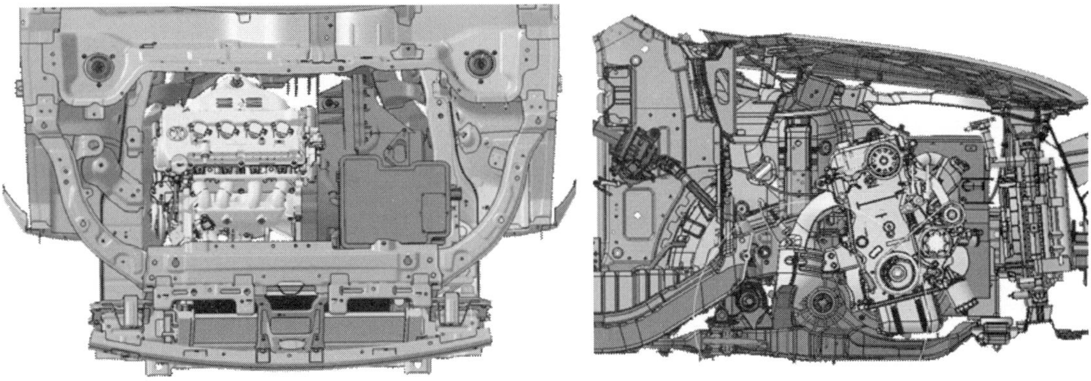

图 9-34　动力总成在前机舱的布置

需要校核动力总成在 *X*、*Y*、*Z* 方向上与周边部件的间隙，以及图 9-35 所示传动轴的夹角。具体评价要求见表 9-22。

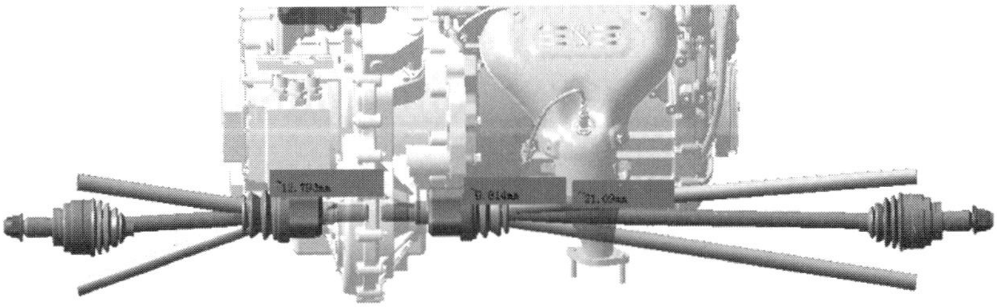

图 9-35　传动轴夹角

表 9-22　动力总成布置校核项目及指标

动力总成校核	测量项	目标值
Z 向	动力总成与整备地面距离 /mm	≥ 170
	动力总成与机盖外板距离 /mm	≥ 70
	增程器与副车架距离 /mm	≥ 20
Y 向	发动机与右纵梁距离 /mm	≥ 20
	增程器与左纵梁距离 /mm	≥ 20
	增程器与副车架距离 /mm	≥ 20

（续）

动力总成校核	测量项	目标值
X向	动力总成与冷却风扇的距离 /mm	≥ 25
	动力总成与前围板的距离 /mm	≥ 60
	动力总成与副车架后横梁的距离 /mm	≥ 25
传动轴	设计状态（半载）传动轴夹角	≤ 6.5°

9.5.2.3 动力蓄电池组的总布置设计

增程式电动汽车的动力蓄电池组一般可布置在车辆的行李舱里，如图 9-36 所示，或布置在车辆的底盘上，如图 9-37 所示。两种方式各有优劣，可根据车辆的实际需求进行选择。

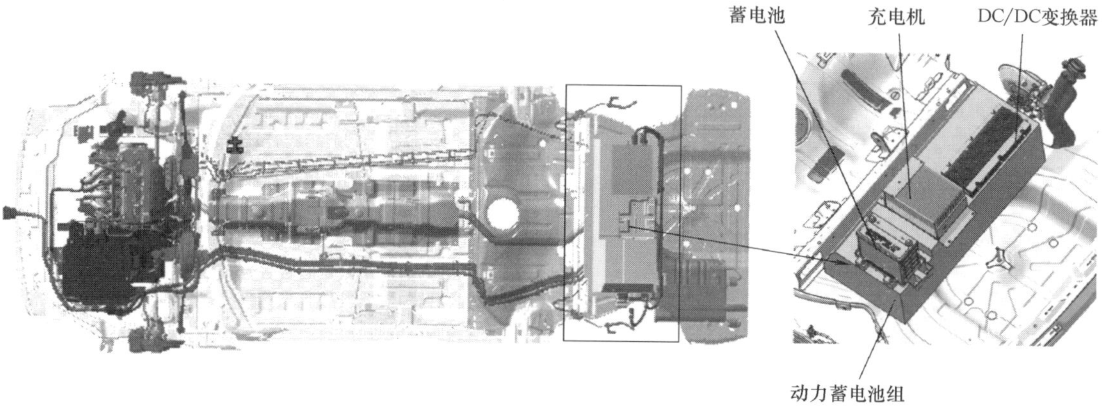

图 9-36 动力蓄电池组布置在行李舱的方案

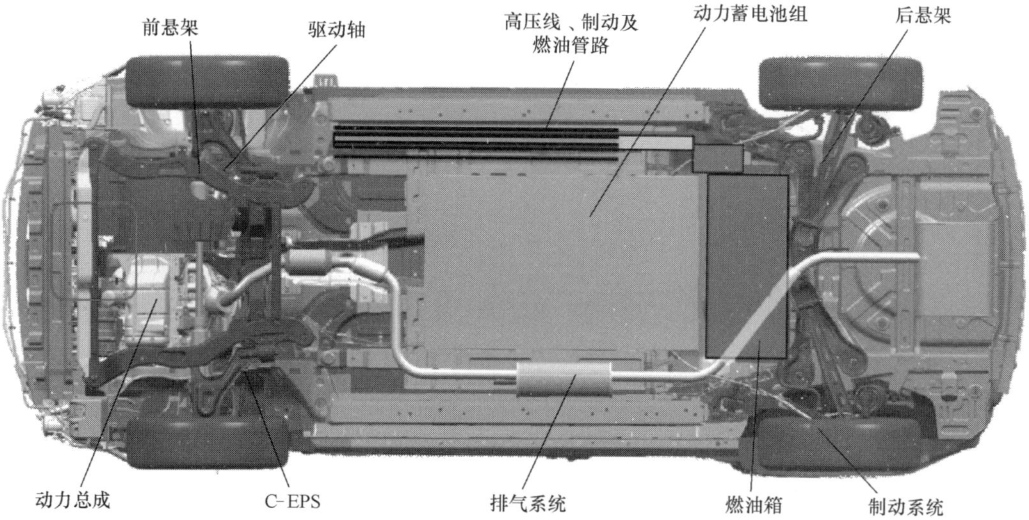

图 9-37 动力蓄电池布置在底盘的方案

当选择将动力蓄电池组布置在底盘时，要着重考虑动力蓄电池组与底盘各部件的间隙，以及对车辆离地间隙造成的影响。具体评价要求见表 9-23。

表 9-23　动力蓄电池布置校核项目及指标

动力总成与周边	测量项	目标值 /mm
Z 向	动力蓄电池组与车身地板间隙	≥ 10
	燃油箱离地间隙	≥ 170
	消声器离地间隙	≥ 170
	动力蓄电池组离地间隙	≥ 170
Y 向	动力蓄电池组与地板左侧纵梁间隙	≥ 70
	动力蓄电池组与地板右侧纵梁间隙	≥ 70
X 向	燃油箱与后悬架间隙	≥ 15
	动力蓄电池包与燃油箱间隙	≥ 15

9.5.3　热管理系统的集成设计

根据增程式电动汽车的构型特点和工作模式，可知增程器的发动机在增程模式下可以为空调暖风系统提供余热供暖，但在纯电动模式下，发动机不起动，则由动力蓄电池组供电满足空调暖风的需求。

因此，可将增程式电动汽车动力系统的冷却系统和空调暖风系统综合设计成一套完备的热管理系统。在增程模式下，由发动机为空调暖风供暖；在发动机起动前，可由正温度系数（Power Transmission Coefficient，PTC）加热系统内的循环冷却液为发动机暖机，提高发动机的起动性能，降低排放和油耗。在热管理系统中，动力冷却系统的原理和布置设计如图 9-38 所示。

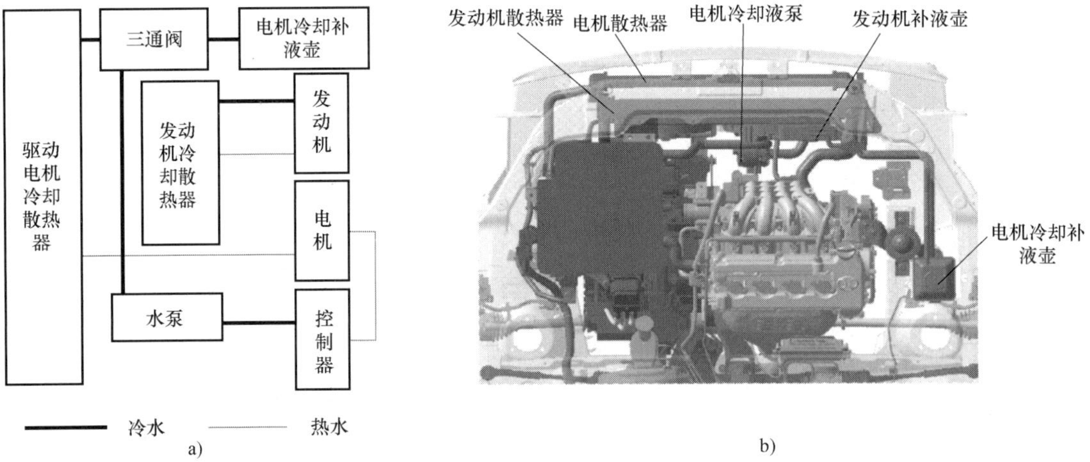

图 9-38　冷却系统的原理及布置

a）原理　b）布置

空调暖风系统的原理和布置设计如图 9-39 所示。

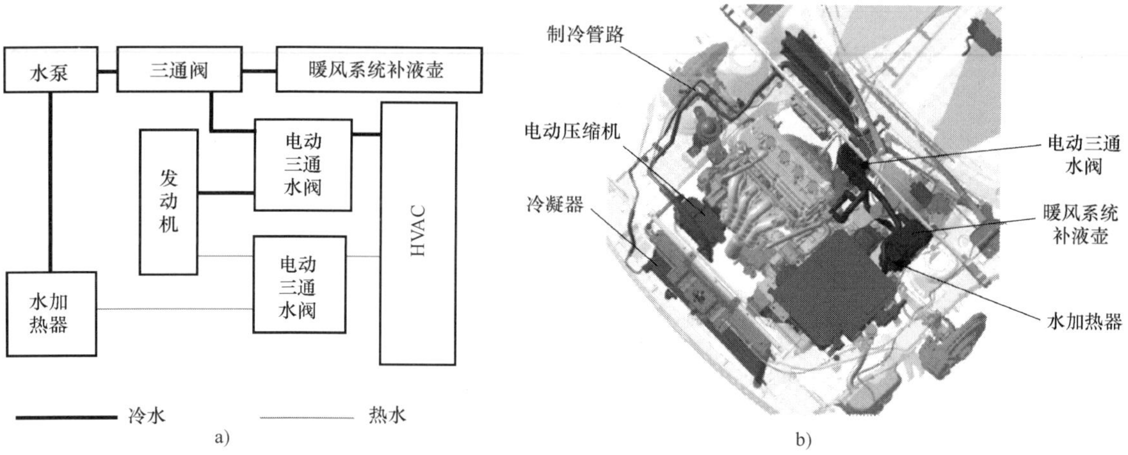

图 9-39 空调暖风系统的原理及布置

a）原理 b）布置

整车热管理系统的原理如图 9-40 所示。冷却系统和空调暖风系统可以通过可控电动阀体实现两套循环液路的协调工作，从而实现整车的热管理。在实际设计中，也可以根据整车的功能需求，将液冷动力蓄电池组接入整车热管理系统，形成一套结构更加复杂、功能更加完善的热管理系统。

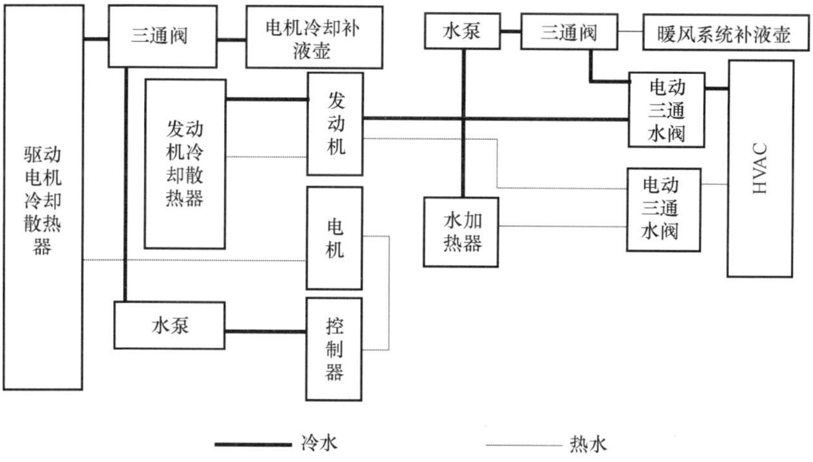

图 9-40 整车热管理系统的原理

9.5.4 动力总成悬置的设计

9.5.4.1 动力总成激励

增程式电动汽车、纯电动汽车与传统燃油汽车三者的动力总成系统的激励源特性存在较大差异。

1. 传统燃油汽车动力总成激励

在传统燃油汽车中，发动机是汽车振动噪声的主要来源之一。发动机振动来源有很多种，主要有内部构件的往复运动和旋转运动，加上气缸做功时的各种冲击和爆发力作用，再加上发动机内其他零部件在发动机工作时受到的各种力。发动机的振动来源如下：

1）不平衡的往复运动产生的惯性力及惯性力矩（一次、二次）。

2）不平衡的回转运动产生的离心力及离心力矩（均为一次）。

3）不平衡的反作用简谐转矩（其次数为气缸数的一半及其整数倍）。

4）个别气缸不发火或爆发压力不均匀（其次数为 1/2 次及其整数倍）。

5）由机身（曲柄箱）刚性不足导致内力矩输出（多数是一次机身弯曲振动）。

6）汽车行驶中加速或制动产生的惯性力（纵向振动）。

7）路面不平坦（低频随机振动）。

由上面所列的各种来源可以看出，发动机振动来源无论在方向、阶次还是强度上都很复杂。一般来说，这些激励来源主要取决于发动机的型号、气缸数目、转速、曲柄布置等因素。这些来源中强度最大的是前三项。发动机转速低时，不平衡简谐转矩所占比例较大，而高速时不平衡惯性力和力矩为主要振动来源。

2. 纯电动汽车动力总成激励

在纯电驱动汽车中，电机成为汽车振动噪声的主要来源之一。电机 + 减速器（减速器一般选用少档位设计）系统激励与发动机相比明显不同。其激励主要有电机转子的旋转运动加上磁力线切割的作用，以及减速器齿轮旋转受力。因此，纯电动汽车动力总成振动具有频率范围宽、阶次激励源多等特点。除本体重力激励外，其振动来源如下：

1）电机转子不平衡的回转运动产生的阶次激励（一阶）。

2）电机转子与定子不对中引起的气隙不均引起的气动激励（二阶）。

3）电机转子切割磁力线引起的阶次激励（转子极对数）。

4）电机定子切割磁力线引起的阶次激励（定子槽数）。

5）电机转子与定子同时切割磁力线引起的阶次激励（转子级数 × 相位数）。

6）电机与减速器中的轴承引起的振动频率。

7）减速器齿轮啮合引起的阶次激励。

8）传动轴左右不等长引起的振动激励。

9）传动轴动不平衡引起的阶次激励。

10）电机 + 减速器 + 传动轴系统的扭转振动。

11）电机控制因素引起的高频阶次激励频率。

由上面所列的各种来源可以看出，相比发动机振动来源，电机在随转速变化的阶次激励上更复杂；但由于消除了发动机中爆燃与往复运动这两个最大的激励源，所以电机振动激励一般小于发动机振动。在控制好电机的动平衡及转子、定子对中等机械因素后，电动汽车激励源强度较大的一般是切割磁力线引起的阶次激励、减速器齿轮啮合引起的阶次激励，以及电机控制因素引起的高频阶次激励。一般来说，这些激励来源主要取决于电机的转子极对数、定子槽数、减速器齿轮齿数、电机控制等因素。如果对转子动平衡等因素控制不好，则动不平衡引起的机械振动将成为振动的主要激励因素。

3. 增程式电动汽车动力总成激励

在增程式电动汽车中，电机为驱动动力源，发动机带动发电机发电，为动力蓄电池组提供充电之外的能量源。电机和发动机都成为汽车振动噪声的主要来源。因此，增程式电动汽车激励源兼有纯电动汽车和传统燃油汽车的特点；由于增程器一般工作在有限的数个工况点，其主要激励与传统燃油汽车发动机也存在差别。增程式电动汽车动力总成整体重量大于传统燃油汽车和纯电动汽车，激励源的特点也有所不同。除本体重力激励外，增程式电动汽车动力总成振动来源如下：

1）电机转子不平衡的回转运动产生的阶次激励（一阶）。

2）电机转子与定子不对中产生的气隙不均引起的气动激励（二阶）。

3）电机转子切割磁力线引起的阶次激励（转子极对数）。

4）电机定子切割磁力线引起的阶次激励（定子槽数）。

5）电机转子与定子同时切割磁力线引起的阶次激励（转子级数 × 相位数）。

6）电机与减速器中的轴承引起的振动频率。

7）增程器不平衡的往复运动产生的惯性力及惯性力矩（工况点）。

8）增程器不平衡的回转运动产生的离心力及离心力矩（工况点）。

9）增程器不平衡的反作用简谐转矩（工况点）。

10）增程器个别气缸不发火或爆发压力不均匀（工况点）。

11）减速器齿轮啮合引起的阶次激励。

12）传动轴左右不等长引起的振动激励。

13）传动轴动不平衡引起的阶次激励。

14）电机 + 减速器 + 传动轴系统的扭转振动。

15）电机控制因素引起的高频阶次激励频率。

由上面所列的各种来源可以看出，增程式电动汽车动力总成激励比传统燃油汽车和纯电动汽车更复杂。与纯电动汽车相比，增程式电动汽车动力总成重量大，相应地，惯性及激励响应特性改变较大；同时，增程式电动汽车增加了增程器，即发动机 - 发电机系统，发电机与驱动电机的振动需解耦；增程器中的发动机具有传统燃油汽车中发动机的特性，同时，由于其主要工作在燃油经济性较好的几个工况点，所以对工况点的振动噪声控制也需要解耦。

从激励频率上来看，增程式电动汽车动力总成激励频率主要有以下 11 种。

（1）增程器发动机点火脉冲

由于燃料在气缸内爆发而在缸体上产生平行于曲轴轴线的力矩，多缸发动机合成的转矩以及与它等值、反向的由发动机悬置点承受的翻转力矩，都是曲轴转角的周期函数。这种周期性的力矩脉动叫做点火脉冲。等点火间隔发动机的点火脉冲频率由下式给定：

$$f_1 = \frac{N_{ei} n}{30Z} \tag{9-20}$$

式中 N_{ei} ——第 i 个工况点发动机曲轴转速（r/min）；

n ——气缸数；

Z ——行程数。

（2）增程器发动机不平衡旋转质量和往复运动质量所引起的激励

其频率为
$$f_2 = \frac{QN_{ei}}{60} \tag{9-21}$$

式中　Q——激振力阶数，对于一阶不平衡力，Q=1；对于二阶不平衡力，Q=2。

（3）增程器发电机转子动不平衡引起的激励

$$f_3 = \frac{QN_{mi}}{60} \tag{9-22}$$

式中　Q——激振力阶数，对于一阶不平衡力，Q=1，对于二阶不平衡力，Q=2；

N_{mi}——增程器发电机转子转速（r/min）。

（4）增程器发电机转子与定子间气隙不均引起的气动激励

$$f_4 = \frac{pN_{mi}}{30} \tag{9-23}$$

式中　p——气隙阶数，对于转子、定子不对中的情况，p=1；对于定子三角变形，p=1.5。

（5）增程器发电机切割磁力线引起的电磁激励

$$f_5 = \frac{E_{me}N_{mi}}{60} \tag{9-24}$$

式中系数 E_{me} 按如下范围取值：

$$E_{me} = \begin{cases} R_{oe} \\ S_{te} \\ 2R_{oe}C_p \end{cases} \tag{9-25}$$

式中　R_{oe}——增程器发电机转子极对数；

S_{te}——增程器发电机定子槽数；

C_p——电流相位数。

（6）驱动电机转子动不平衡引起的激励

$$f_6 = \frac{QN}{60} \tag{9-26}$$

式中　Q——激振力阶数，对于一阶不平衡力，Q=1，对于二阶不平衡力，Q=2；

N——驱动电机转子转速（r/min）。

（7）驱动电机转子与定子间气隙不均引起的气动激励

$$f_7 = \frac{pN}{30} \tag{9-27}$$

式中　p——气隙阶数，对于转子、定子不对中的情况，p=1；对于定子三角变形，p=1.5。

（8）驱动电机切割磁力线引起的电磁激励

$$f_8 = \frac{E_{md}N}{60} \tag{9-28}$$

式中系数 E_{md} 按如下范围取值：

$$E_{md} = \begin{cases} R_{od} \\ S_{td} \\ 2R_{od}C_p \end{cases} \tag{9-29}$$

式中 R_{od} ——驱动电机转子极对数；

S_{td} ——驱动电机定子槽数；

C_p ——电流相位数。

（9）驱动电机控制因素引起的阶次激励

$$f_9 = hSF \pm \frac{E_{md}N}{60} \tag{9-30}$$

式中 SF ——PWM 频率；

h ——谐波倍数（h=0，1，2，3，…，n）。

（10）减速器啮合引起的阶次激励

$$f_{10} = \frac{\mu_0 N}{60} \tag{9-31}$$

式中 μ_0——减速器啮合系数，第一对为主动齿轮齿数，第二对、第三对需要根据速比进行实际计算。

（11）传动轴不平衡质量引起的激振，其频率为

$$f_{11} = \frac{N}{60i} \tag{9-32}$$

式中 i——传动系统总传动比。

根据增程器发动机工况点、驱动电机转速，可以由上述公式计算动力总成各种激振力的频率范围。设电机最大转速为 N_{max}，则各激振力频率范围见表 9-24。

表 9-24 增程式电动汽车动力总成各激振力频率

分类	激振力名称	激振力频率范围
增程器	发动机点火脉冲	$\frac{N_{ei}n}{30Z}$
	发动机不平衡惯性力	$\frac{QN_{ei}}{60}$
	发电机转子动不平衡	$\frac{QN_{mi}}{60}$
	发电机 p 阶气动力	$\frac{pN_{mi}}{30}$
	发电机电磁切割力	$\frac{E_{me}N_{mi}}{60}$

（续）

分类	激振力名称	激振力频率范围
驱动电机	Q 阶不平衡惯性力	$0 \sim \frac{QN_{\max}}{60}$
	电机 p 阶气动力	$0 \sim \frac{pN_{\max}}{30}$
	电磁切割力	$0 \sim \frac{E_{\mathrm{md}}N_{\max}}{60}$
	控制因素激振力	$(hSF - \frac{E_{\mathrm{md}}N_{\max}}{60}) \sim (hSF + \frac{E_{\mathrm{md}}N_{\max}}{60})$
传动系	减速器啮合激振力	$0 \sim \frac{\mu_0 N_{\max}}{60}$
	传动轴不平衡力	$0 \sim \frac{N_{\max}}{60i}$

4. 增程式电动汽车、纯电动汽车与传统燃油汽车激励对比

由以上对增程式电动汽车与传统燃油汽车、纯电动汽车的动力总成激励源的分析可以发现，增程式电动汽车动力总成激励存在如下不同：

1）动力总成总体重量较高。

2）动力总成兼有发动机及电机的特点，激励源特性更复杂。

3）存在发动机激励、发电机激励、驱动电机激励、动力总成弹性模态、动力总成悬置系统刚体模态等，需要进行匹配及解耦。

4）增程器振动噪声频率和驱动电机振动噪声频率结合，动力总成的振动噪声影响频带宽。

5）增程器发电机一般工作在有限的工况点，发动机和发电机的激励频率与车速都不是线性关系。

增程式电动汽车与传统燃油汽车、纯电动汽车的动力总成激振力的对比情况见表 9-25。

表 9-25　增程式电动汽车与传统燃油汽车、纯电动汽车的动力总成激振力的对比情况

序号	对比参数		纯电动汽车	燃油汽车	增程式电动汽车
1	重力		有	有	有
2	扭振		有	有	有
3	机械力	动不平衡	有	有	有
		往复惯性力	无	有	有
		爆燃	无	有	有
4	电磁力		有	无	有
5	气动力		有	无	有
6	减速器齿轮啮合		有	有	有
7	传动轴不平衡		有	有	有

传统燃油汽车、纯电动汽车、增程式电动汽车动力总成具有不同的动力总成激励源特点，其悬置系统设计需根据其激励源特点进行相应开发。图 9-41 ~ 图 9-43 分别为传统燃油汽车、纯电动汽车和增程式电动汽车动力总成典型悬置的设计案例。

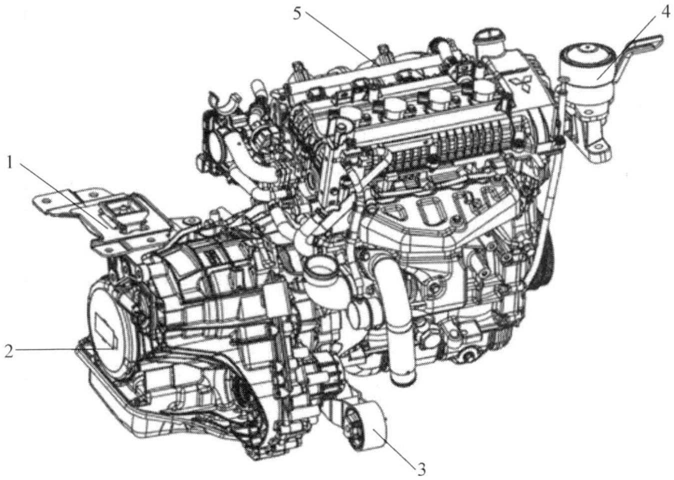

图 9-41　某传统燃油汽车动力总成典型悬置设计

1—左悬置　2—变速器　3—后悬置　4—右悬置　5—发动机

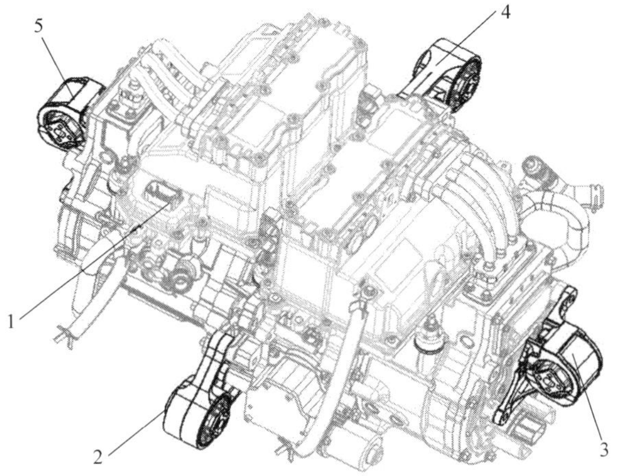

图 9-42　某纯电动汽车动力总成典型悬置设计

1—电驱动总成　2—前悬置　3—左悬置　4—后悬置　5—右悬置

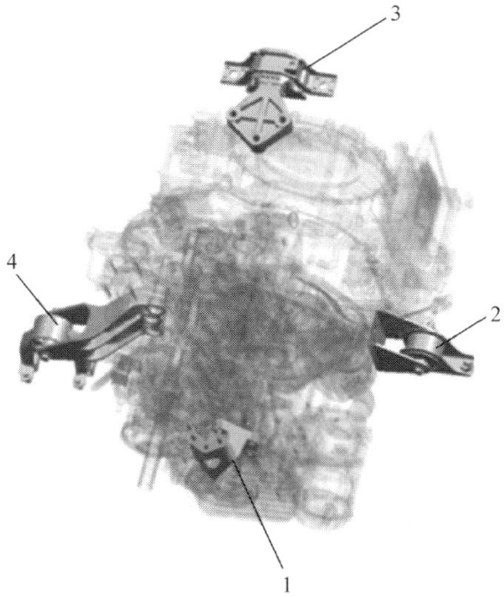

图 9-43　某增程式电动汽车动力总成典型悬置设计

1—右悬置　2—前悬置　3—左悬置　4—后悬置

9.5.4.2　动力系统及悬置解耦设计

无论是传统燃油汽车、纯电动汽车还是增程式电动汽车，动力总成都是其最重要的振动噪声激励源。为对其振动噪声进行隔离设计，获得整车更好的 NVH 性能，悬置系统及动力总成的设计匹配和解耦都非常重要。

1. 增程器 - 电驱动分开布置下的解耦设计

考虑到增程式电动汽车动力系统激励源的复杂度较高，仅从动力总成激励源及响应特性的角度出发，推荐增程器（发动机 + 发电机）系统与驱动系统（电机 + 减速器 + 传动轴）分开布置。其缺点有：需要占用更多布置空间，需要设计两套悬置减振系统，零部件数量、重量有可能增加，成本会提高等；其优点有：大大降低了动力系统整体设计匹配难度，易于获得更好的 NVH 性能，实现整车质量分布的均匀性等。

增程器 - 电驱动分开布置如图 9-44 所示，电驱动系统悬置解耦设计可根据纯电动汽车动力总成激励源特点进行匹配开发。而对于增程器的悬置匹配和解耦设计，主要考虑增程器本身主要工作工况点与动力总成刚体模态的避频，可根据传统燃油汽车悬置设计理论进行匹配开发。

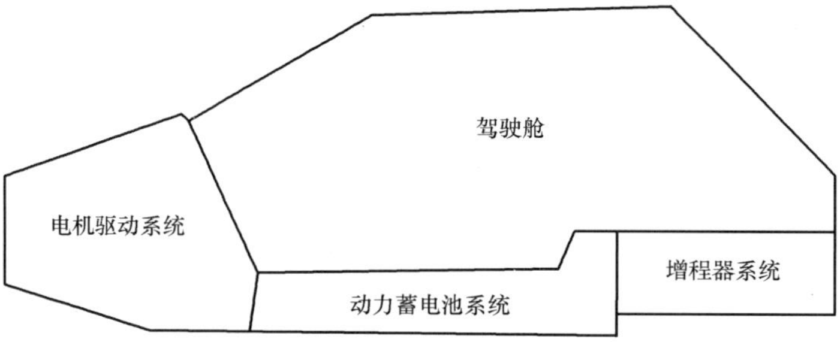

图 9-44　增程器 - 电驱动分开布置

2. 一体化增程器 - 电驱动系统的解耦设计

考虑到布置空间、重量、成本等因素，增程式电动汽车动力系统多采用一体化设计，即发动机 + 发电机 + 驱动电机 + 减速器 + 控制器一体化设计为一个动力系统，如图 9-45 所示，进行整体布置设计和优化，并共用一套悬置系统。其缺点是：集成度高带来激励频率复杂，设计难度高，不易获得较好的 NVH 性能。

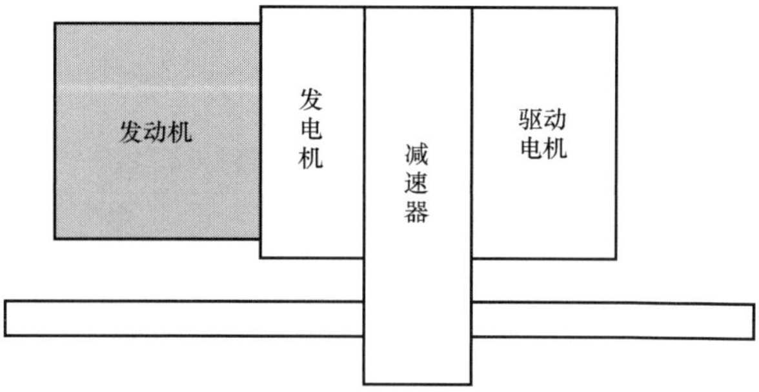

图 9-45　一体化增程器 - 电驱动系统集成示例

由于动力总成激励的复杂性，悬置系统的设计及解耦非常重要，对增程式电动汽车整车的 NVH 性能影响很大。作为解耦计算方法，悬置系统解耦计算可采用类似纯电动汽车或传统燃油汽车计算方法；增程式电动汽车相比纯电动汽车或传统燃油汽车不同之处在于：由于激励源特性，其解耦结果判断标准对需要避开的频率要进行特殊设计。其解耦模型如图 9-46 所示。

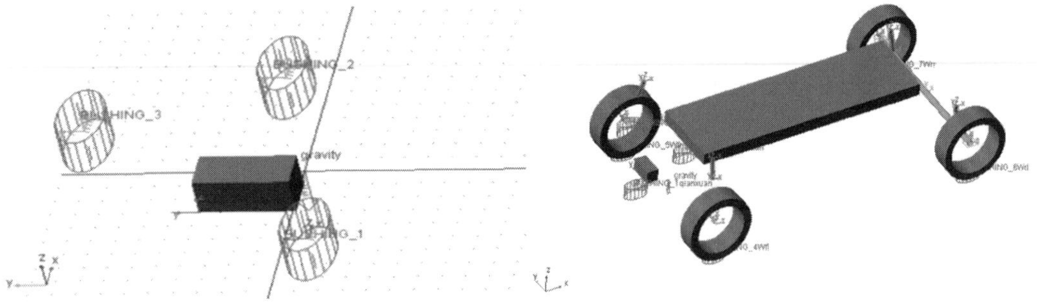

图 9-46 悬置 6 自由度和 13 自由度解耦模型示例

增程式电动汽车动力总成及悬置系统解耦结果的避频原则建议如下：

1）偏频（偏频的高低直接影响着驾驶感受）。

2）簧下固有频率。

3）人体前后方向敏感频率：4Hz（与人的乘坐舒适性有关）。

4）人体胃部上下固有频率：8Hz（与人的乘坐舒适性有关）。

5）刚体模态之间固有频率需隔离 1Hz 以上。

6）增程器发动机各工况点频率。

7）增程式发电机各工况点频率。

8）驱动电机 / 减速器阶次频率（无法完全隔开，但可避开常用或敏感频率）。

9）空气压缩机运行频率。

10）真空泵运行频率。

11）车身模态。

需要注意的是，基于驱动电机转矩响应快的特点，需合理设计悬置衬套刚度以达到控制动力总成位移量及瞬态响应，这可能造成解耦频率较高，从而增加与车身模态、增程器工作工况点共振的风险；而为满足增程器发动机的往复惯性力和爆燃的振动噪声隔离要求，需要对动力总成悬置的隔振性能进行优化，这可能造成需要解耦频率较低，从而与驱动电机对悬置系统的要求产生矛盾。

为了解决驱动电机与增程器发动机对悬置系统的不同要求，一般方法为设计一个较高的绕驱动轴方向模态和一个较低的 Z 向平动模态。具体到悬置系统布置和设计方面，较常推荐的是：增程器发动机侧布置液压悬置，减速器前后方向各布置一个橡胶悬置，驱动电机侧布置一个橡胶悬置。另外一种较为常见的布置型式为在常用的左、右、后悬置之外，布置一个拉杆悬置限制动力总成扭转冲击和位移，如图 9-47 所示。

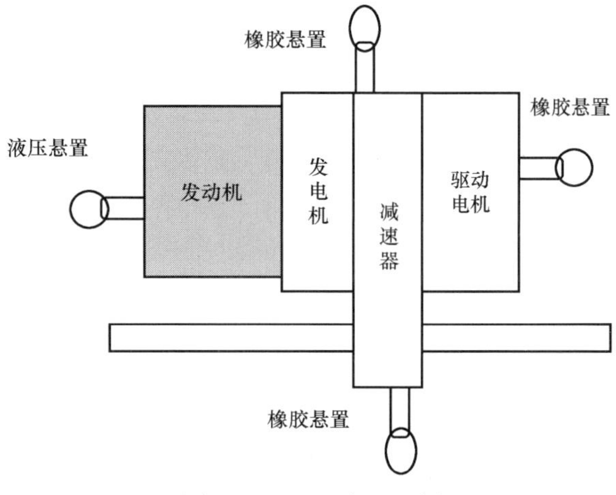

图 9-47 悬置布置示例

9.5.4.3 悬置解耦设计案例

在某增程式电动汽车开发过程中，出现动力总成在起步阶段抖动、增程器运行时整体振动噪声大等问题。对一体化增程器 - 电驱动系统进行了转动惯量测试，如图 9-48 所示，并根据转动惯量测试结果（表 9-26 ）对前期设计方案悬置系统进行了解耦验证。解耦结果发现解耦率差、刚体模态频率与增程器工况点激励频率近等问题。针对存在的问题进行优化后，进行了部分控制策略、声学包等优化后，该电动汽车整体 NVH 性能获得了较大改善。

图 9-48 增程式电动汽车动力总成转动惯量测试

表 9-26 某增程式电动汽车动力总成转动惯量测试结果

测试内容	测试结果					
转动惯量 / kg • m²	I_{xx}	I_{yy}	I_{zz}	I_{xy}	I_{yz}	I_{zx}
	10.117	3.826	9.171	0.065	1.99	−0.055
质心位置 / m	x		y		z	
	−0.213		0.0001		0.176	
质量 / kg	M					
	170.5					

通过对悬置解耦进行分析（表 9-27 ）发现该增程式电动汽车悬置解耦存在的问题主要有：

1 ）频率 R_{yy} 率相对偏低，导致起步阶段动力总成位移量大、瞬态响应差，在后续设计中增加了一个拉杆悬置进行限矩。

2 ）X 向和 R_{yy} 向解耦率差，两者之间存在振型耦合，后续设计中对悬置刚度进行了调整。

3 ）该增程器发动机为三缸机，工作工况点主要根据燃油经济性设定为 700r/min、1200r/min、2200r/min、3000r/min、4000r/min 五个转速点。其中 700r/min 的 1.5 阶频率为 17.5Hz，与 R_{yy} 刚体模态频率重合，是造成增程器工作时振动噪声大的原因之一。后期对刚体模态频率进行了调整，也根据增程器发动机的 NVH 特性对发动机工作工况点进行了调整。

表 9-27 某增程式电动汽车悬置解耦计算结果

频率 / Hz	振型								
	Y	Z	X	R_{zz}	R_{xy}	R_{yy}	R_{xy}	R_{xz}	R_{yz}
5.65	95.83	0.01	0.24	3.64	0.46	0.02	0	−0.02	−0.18
8.42	0.01	88.6	0.06	0.01	0	11.40	0	0	−0.16
11.85	2.11	1.69	60.79	28.82	0.14	1.71	0.01	0.02	4.71
14.48	0.92	2.31	38.49	39.53	1.23	6.60	0.05	0.09	10.78
16.07	0.84	0.02	0.27	2.51	96.55	0.70	0.14	−0.19	−0.84
17.61	0.30	7.52	0.38	37.55	1.51	92.4	−0.21	0.09	−39.54

该增程式电动汽车动力系统及悬置解耦要点在于：解耦时需考虑驱动电机和增程式发动机、增程式电机的特性，并与人体感受、悬架频率、增程式发动机 / 电机频率、驱动电机常用转速频率等频率隔离，以达到较好的整车舒适性能。

参考文献

[1] 徐忠四. 增程式电动汽车动力总成关键技术 [M]. 北京：机械工业出版社，2018.

[2] 崔胜民. 新能源汽车技术解析 [M]. 北京：化学工业出版社，2016.

[3] 龙克俊. 增程式电动汽车动力系统参数匹配与效率优化控制研究 [D]. 重庆：重庆理工大学，2018.

[4] HU X S，SUN F C，CHENG X M. Fuzzy model for estimation of the state-of-charge of lithiumion batteries for electric vehicles [J]. Journal of Beijing Institute of Technology，2010，19(4):416-421.

[5] 王斌，徐宏昌，许敏，等. 增程型电动汽车的增程器系统控制优化与实验研究 [J]. 汽车工程，2015，37(4):402-406.

[6] MASSIMO C，ANTONIO D，GIULIA F. A general approach to energy optimization of hybrid electric vehicles [J]. IEEE Transactions on Vehicular Technology，2008，57(3):1433-1441.

[7] 牛继高，司璐璐，周苏，等. 增程式电动汽车能量控制策略的仿真分析 [J]. 上海交通大学学报，2014，48(1):140-145.

[8] XI L H，ZHANG X，SUN C Y，et al. Intelligent energy management control for extended range electric vehicles based on dynamic programming and neural network [J]. Energies，2017，10(11):1871.

[9] RAHMAR K M，JURKOVIC S，STANCU C，et al. Design and performance of electrical propulsion system of extended range electric vehicle（EREV）Chevrolet Volt [J]. IEEE Transactions of Lndustry Applications，2014，51（3）：2479-2488.

[10] 席利贺，张欣，孙传扬，等. 增程式电动汽车自适应能量管理策略 [J]. 吉林大学学报（工学版），2018，48(6):1636-1644.

[11] LI J，WANG Y，CHEN J，et al. Study on energy management strategy and dynamic modeling for auxiliary power units in range-extended electric vehicles [J]. Applied Energy，2016：S0306261916313034.

[12] 王泽兴，伊然，魏跃远，等. 增程式电动汽车动力总成匹配及测试 [J]. 时代汽车，2017(14): 73-78.
[13] 张昕，吴建政，宋雯，等. 基于阿特金森发动机的增程式电动汽车控制策略匹配设计 [J]. 北京交通大学学报，2017，41(4):98-103.
[14] 席利贺. 增程式电动汽车能量管理策略优化及增程器控制系统研究 [D]. 北京：北京交通大学，2018.
[15] 刘钊，田文朋. 增程式电动汽车增程器用发动机的选择 [J]. 汽车技术，2018(3):21-24.
[16] 于蓬，陈霏霏，章桐，等. 集中驱动式纯电动汽车动力总成噪声特性分析 [J]. 机电一体化，2015 (1)：7-12.
[17] 辛雨，赵春艳，李玉军. 某纯电动汽车悬置减振性能优化研究 [J]. 道路交通与安全，2015，15(1):35-40.
[18] 赵堑. 纯电动汽车动力悬置系统仿真与优化设计 [D]. 武汉：武汉理工大学，2012.
[19] 徐中明，李晓，刘和平. 纯电动汽车动力总成悬置系统的优化 [J]. 汽车工程，2012，34(9):806-815.
[20] 庞剑，谌刚，何华. 汽车噪声与振动——理论与应用 [M]. 北京：北京理工大学出版社，2006.
[21] 杨利勇. 基于十三自由度模型的动力总成刚体模态分析 [J]. 公路与汽运，2013 (1)：5-8.

第10章 混合动力电动汽车总成及部件选型和设计

混合动力电动汽车（Hybrid Electric Vehicle，HEV）与传统汽车设计相比，具有更高的系统优化空间和良好的节能减排潜力，其动力总成及部件的选型设计会对HEV的关键性能产生重要影响。本章从机电耦合装置设计、电电耦合电源变换装置设计、混合动力专用发动机设计、车载动力蓄电池系统设计、电机驱动控制系统设计、电辅助系统设计及针对PHEV使用的混合动力专用充电系统选型及设计七个部分详细介绍混合动力电动汽车的动力总成、部件选型和设计过程。

10.1 机电耦合装置设计

在并联式及混联式混合动力电动汽车中，机电耦合装置负责将混合动力电动汽车的多个动力装置输出的机械动力组合在一起，实现多机械动力间的合理分配并传给驱动桥，实现各种工作模式，在并联及混联混合动力电动汽车开发中处于重要地位。

混合动力电动汽车机电耦合装置应能实现以下五个功能：

1）动力合成功能，机电耦合装置将来自不同动力装置的机械动力进行动力的合成，实现混合动力驱动工作模式。

2）动力分解，机电耦合装置应允许将发动机动力的全部或一部分传递给电机，电机以发电模式工作，为动力蓄电池组充电。

3）动力输出不干涉功能，机电耦合装置应保证来自不同动力装置的机械动力单独地输出，或让多个动力装置共同输出以驱动汽车行驶，彼此之间不发生运动干涉，不影响传动效率。

4）能量回馈功能，在整车制动时，实施再生制动，回收制动能量。

5）辅助功能，机电耦合装置最好能充分发挥电机低速大转矩的特点来实现整车起步，利用电机的反转实现取消倒档机构。从实现动力耦合的机理出发，机电耦合装置具体可分为转矩耦合、转速耦合和功率耦合三大类。

10.1.1 转矩耦合的机电耦合装置

转矩耦合装置定义为两个动力装置输出机械转矩的叠加，而工作转速之间为比例关系，数学表达式为

$$T=\eta_{e1}T_{e1}i_{e1}+\eta_{m1}T_{m1}i_{m1} \tag{10-1}$$

$$n=\frac{n_{e1}}{i_{e1}}=\frac{n_{m1}}{i_{m1}} \tag{10-2}$$

式中 T ——机电耦合装置的总输出转矩（N·m）；

T_{e1} ——发动机输出转矩（N·m）；

T_{m1} ——电机输出转矩（N·m）；

n ——机电耦合装置输出轴工作转速（r/min）；

n_{e1} ——发动机工作转速（r/min）；

n_{m1} ——电机工作转速（r/min）；

i_{e1} ——发动机与机电耦合装置之间的机械传动比；

i_{m1} ——电机与机电耦合装置之间的机械传动比；

η_{e1} ——发动机与机电耦合装置之间的机械传动效率；

η_{m1} ——电机与机电耦合装置之间的机械传动效率。

典型的转矩耦合装置有两大类，即多轴转矩耦合和同轴转矩耦合，如图 10-1 所示。

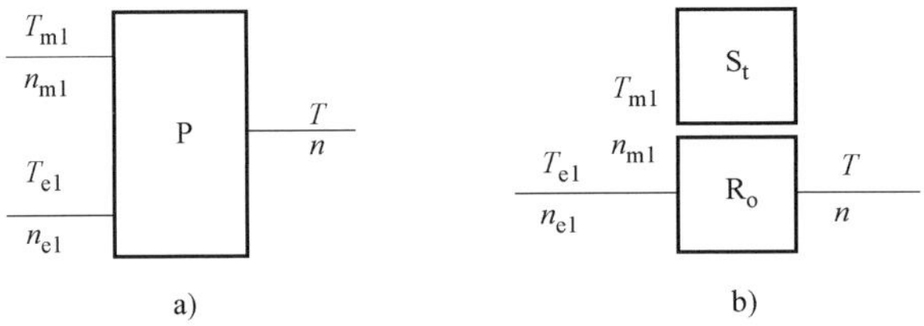

图 10-1 典型的转矩耦合装置

a) 传动系统耦合 b) 传动电机耦合

P—传动系统 S_t—定子 R_o—转子

多轴转矩耦合是并联混合动力电动汽车较普遍采用的一种耦合方式。例如：我国东风汽车公司 EQ7200 基于 AMT 的机电耦合装置（图 10-2）、日本五十铃公司基于辅助动力输出（Power Take off，PTO）的机电耦合装置（图 10-3）等，均采用了固定速比齿轮传动实现了转矩耦合。

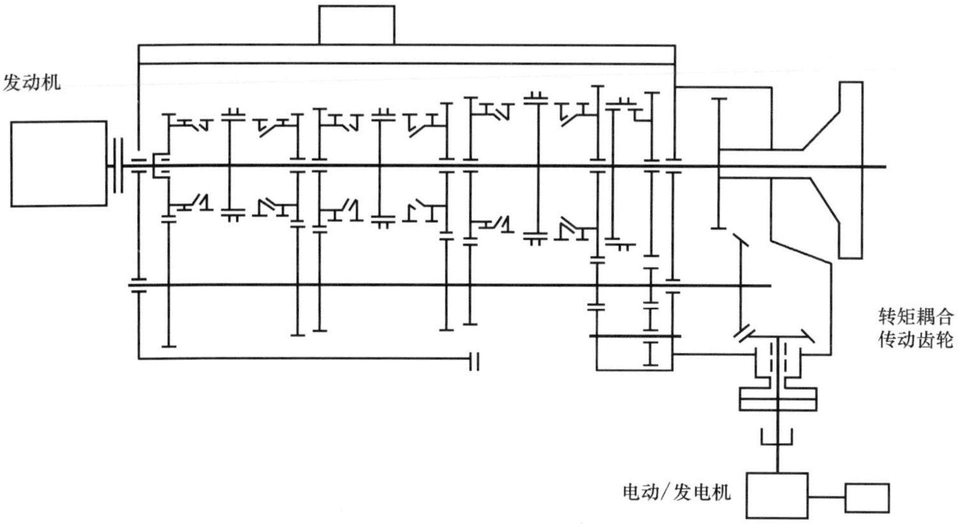

图 10-2　东风汽车公司 EQ7200 基于 AMT 的机电耦合装置

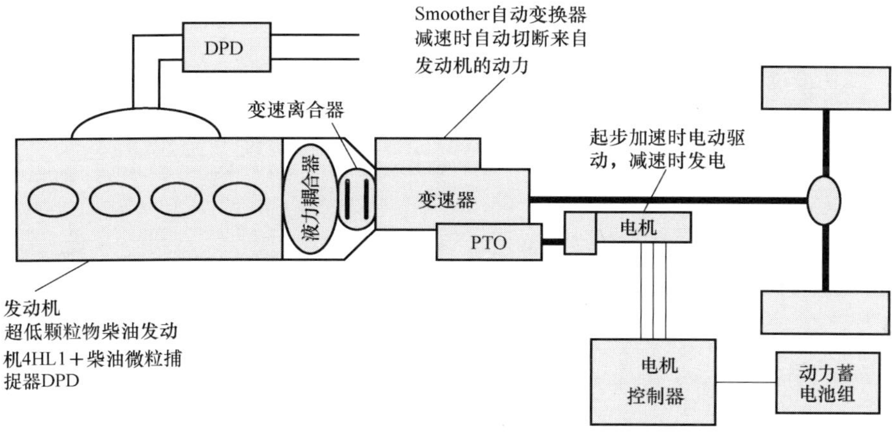

图 10-3　日本五十铃公司基于 PTO 的机电耦合装置

同轴转矩耦合也是目前采用较多的机电耦合方式，最为典型的是本田 Insight 采用的 IMA 系统、长安的 ISG 系统、沃尔沃的 I-SAM 混合动力系统及美国伊顿的混合动力系统等。同轴电机耦合，即单轴耦合并联混合动力系统中，发动机输出轴与电机的输出轴同轴，各种具体实施方案的差异在于发动机与电机之间是否增加了离合器。本田 Insight 采用的 IMA 系统和长安的 ISG 系统均为发动机与电机直接集成连接，中间无离合器。沃尔沃 I-SAM 和美国伊顿的混合动力系统均在发动机和电机之间增加了一个自动离合器，以实现更多的工作模式。为提高系统的集成度，同轴电机耦合均采用了盘式电机设计，特别是本田 Insight 采用的 IMA 系统和长安的 ISG 系统，直接用盘式电机替换了发动机的飞轮，因此该电机也被称为飞轮电机。

转矩耦合装置的特点：结构简单，传动效率高，便于在原车基础上改装。可实现的最低油耗曲线上的转矩与转速之间的关系如图 10-4 所示。

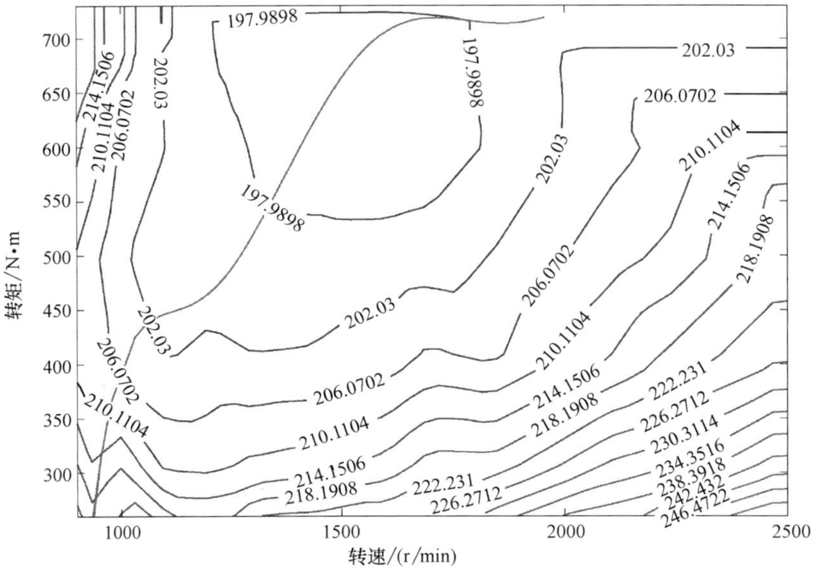

图 10-4 可实现的最低油耗曲线上的转矩与转速之间的关系

10.1.2 转速耦合的机电耦合装置

转速耦合装置定义为两个动力装置工作转速的叠加，而输出转矩之间为比例关系，数学表达式为

$$T=\eta_{e1}T_{e1}i_{e1}=\eta_{m1}T_{m1}i_{m1} \tag{10-3}$$

$$n=\frac{n_{e1}}{i_{e1}}=\frac{n_{m1}}{i_{m1}} \tag{10-4}$$

典型的转速耦合装置有两大类，即单行星排耦合和定子浮动式电机耦合，如图 10-5 所示。

行星排是混合动力电动汽车机电耦合装置中经常使用的机构，按照形式不同又可分为单行星排、双行星排和多行星排。北京理工大学与波兰华沙工业大学联合设计的单行星排耦合系统如图 10-6 所示。其中发动机与行星排太阳轮相连，电机经过一对齿轮减速后与行星排齿圈连接，经过行星排行星架输出到驱动桥。显然稳态下其输入输出之间存在如下关系：

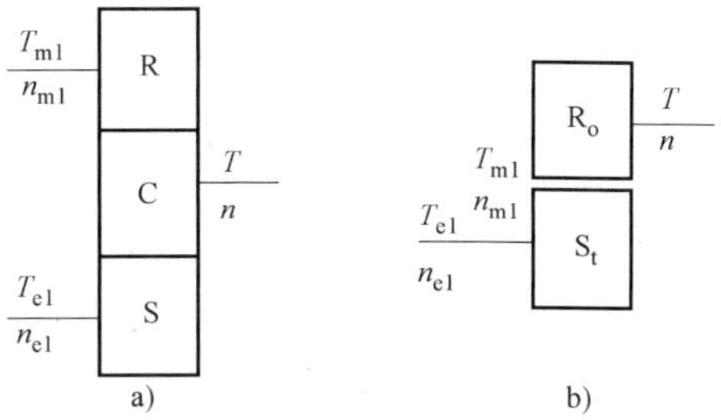

图 10-5 典型的转速耦合装置

a) 单行星排耦合 b) 定子浮动式电机耦合

R—齿圈 C—行星架 S—太阳轮

S_t—定子 R_o—转子

$$T=-\eta_e T_e\left(k+1\right)=-\eta_m T_m\frac{k+1}{k} \tag{10-5}$$

$$n=\frac{n_e}{k+1}+\frac{kn_m}{k+1} \tag{10-6}$$

式中 k——行星排齿圈与太阳轮的齿数比；

η_e——发动机传动效率；

T_e——发动机输出转矩（N·m）；

η_m——电机传动效率；

T_m——电机输出转矩（N·m）；

n_m——电机转速（r/min）；

n_e——发动机转速（r/min）。

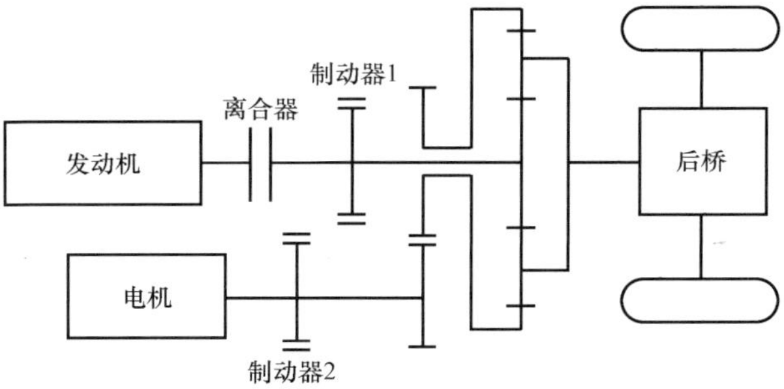

图 10-6 单行星排耦合系统

定子浮动式电机耦合系统输入与输出之间的关系为

$$T=\eta_e T_e=\eta_m T_m \tag{10-7}$$

$$n_e=n+n_m \tag{10-8}$$

转速耦合装置的输出转矩与发动机和电机的转矩成线性关系，工作转速是发动机和电机工作转速的线性和。因此，在汽车行驶过程中，发动机的转矩不可控，发动机的转速可以通过电机的转速调整而得到控制，从而实现发动机的无级调速。可实现的最低油耗曲线上的转速与转矩之间关系如图 10-7 所示。

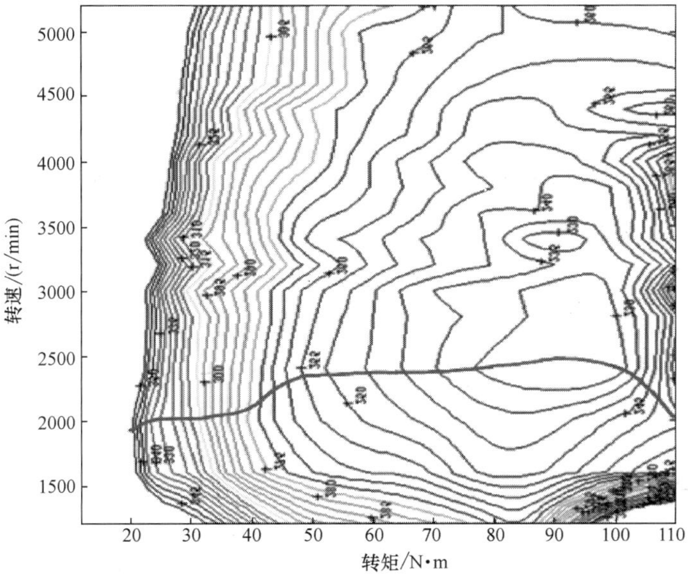

图 10-7 可实现的最低油耗曲线上转矩与转速之间的关系（见书末彩色插图）

10.1.3 功率耦合的机电耦合装置

功率耦合系统兼顾了转速耦合和转矩耦合的特点，集成了至少一种转矩耦合装置和一种转速耦合装置，具有至少两个电机。其输出转矩为两个动力装置输出转矩的线性叠加，其工作转速为两个动力装置工作转速的线性叠加，即以下两公式同时成立：

$$T=\eta_e T_e i_e+\eta_{m2} T_{m2} i_{m2} \tag{10-9}$$

$$n=\frac{n_{e1}}{i_{e1}}+\frac{n_{m1}}{i_{m1}} \tag{10-10}$$

典型的功率耦合装置实施方案如图 10-8 所示。

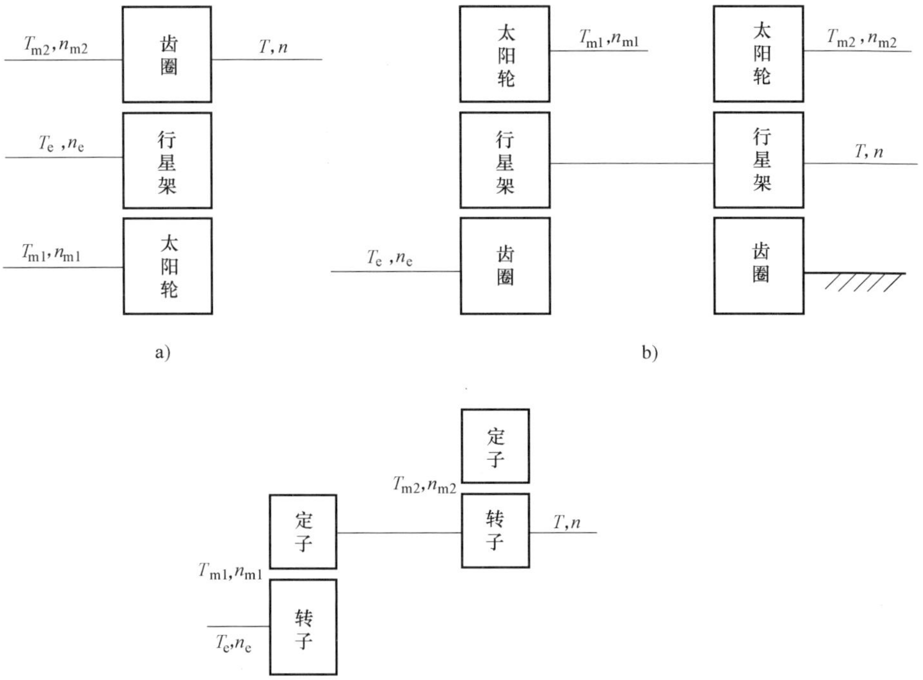

图 10-8 典型的功率耦合装置实施方案

a）单行星排功率耦合 b）双行星排功率耦合 c）双转子电机功率耦合

1. 单行星排功率耦合

图 10-8a 所示为丰田普锐斯混合动力汽车所采用的 THS 混合动力系统（单行星排功率耦合）。丰田 THS 混合动力系统是发动机与行星排行星架相连，发电机（图 10-8a 中的下角 m1）与太阳轮相连，齿圈输出并与电动机（对应图 10-8a 中的下角 m2）直接同轴连接，经过减速传动到驱动轮。实际上，这是单行星转速耦合与同轴电机转矩耦合集成的功率耦合系统。

2. 双行星排功率耦合

图 10-8b 所示为通用双模混合动力系统（双行星排功率耦合）。在通用双模混合动力系统中，双行星排的行星架直接相连并作为输出轴，两个电机分别与两个行星排的太阳轮

相连，发动机与第一个行星排齿圈相连，第二个行星排的齿圈直接固定。这样，第一个行星排三个轴同时运转，起到功率分流的作用；第二个行星排齿圈固定，相当于减速传动。该种方案实际上为发动机与电机 1 组成的单行星排转速耦合电机 2 经过第二个行星排减速传动与第行星排输出轴组成的转矩耦合。

3. 双转子电机功率耦合

北京汽车集团的 EVT 混合动力系统采用图 10-8c 所示的双转子电机功率耦合方案，发动机与电机 1 组成的定子浮动式转速耦合电机 2 与电机 1 定子轴组成的同机转矩耦合。

10.2 电电耦合电源变换装置设计

电电耦合装置一般应用于串联式混合动力汽车或燃料电池混合动力电动汽车。动力蓄电池系统（包括燃料电池、超级电容器、功率辅助单元等）的输出特性导致它不宜直接与电机驱动器匹配。在电池系统加负载的起始阶段，输出电压下降较快；但随着负载的增加，电流增大，电压下降，下降的斜率会呈现特定的曲线。这种特性使电池系统的输出功率波动，进而导致车辆整体效能下降。

在动力蓄电池系统与汽车驱动系统之间加入 DC/DC 变换器，使动力蓄电池和 DC/DC 变换器共同组成电源系统对驱动系统供电，从而提高驱动系统的稳定性。因此，合理的 DC/DC 变换器的设计对电动汽车电源系统也具有重要的意义。

混合动力汽车对 DC/DC 变换器有如下要求：

1）变换功率大。由于混合动力汽车驱动电机系统在起动、爬坡、加速时要求的功率较大，为保证车辆的动力性能，DC/DC 变换器一般功率较大，采用大电流电力电子器件，进行双路或多路设计。

2）输出响应快捷。混合动力汽车在行驶过程中对驱动系统的动力响应提出了很高的要求，这也对 DC/DC 变换器提出了很高的要求。DC/DC 变换器的输出响应必须满足车辆路况等因素对驱动电机输出功率变化的要求，否则会影响整车性能。

3）工作稳定，抗电磁干扰。混合动力汽车行驶的安全性要求 DC/DC 变换器要具有很强的稳定性。特别是在较为恶劣的电磁环境下，抗电磁干扰性能尤为重要。

4）控制方便、准确。从整体上看，混合动力汽车的 DC/DC 变换器不仅是一个功率变换的过程，实际上也是一个动力系统能量输出的控制过程。因此，要使 DC/DC 变换器有好的可控制性，在设计 DC/DC 变换器时，明确其控制策略是很重要的环节。

5）具有能量回馈功能。混合动力汽车能量回收系统是其有限能量高效率使用的一个重要措施。作为动力系统和电源系统的桥梁，DC/DC 变换器还必须具有能量回馈功能，以满足能量回收的需要。因此，混合动力汽车的 DC/DC 变换器一般为双向设计。

10.2.1 升压 DC/DC 变换器

升压 DC/DC 变换器一般有两种结构：并联开关（Boost 型）变换器和全桥逆变式。其中 Boost 型变换器在车辆上使用较多。

10.2.1.1 Boost 型变换器的工作原理

Boost 型变换器的电路原理如图 10-9 所示，由开关型功率管 VT_1、二极管 VD、储能电感 L 和输出滤波电容 C 组成。当 VT_1 导通时，能量从输入端 AO 流入并储存于电感 L 中。由于 VT_1 导通期间正向饱和管压降很小，二极管 VD 反偏，变换器输出由滤波电容 C 提供能量。当 VT_1 截止时，电感 L 中电流不能突变，它所产生的感应电动势阻止电流减小。感应电势的极性为右正左负，二极管 VD 导通，电感中储存的能量经过二极管 VD 流入电容 C，并供给输出端 BO。如果 VT_1 周期性地导通和截止，开关周期为 T，其中导通时间为 t_{on}，截止时间为 $T-t_{on}$，则 Boost 型变换器输出 U_o 和输入 U_i 之间的关系为

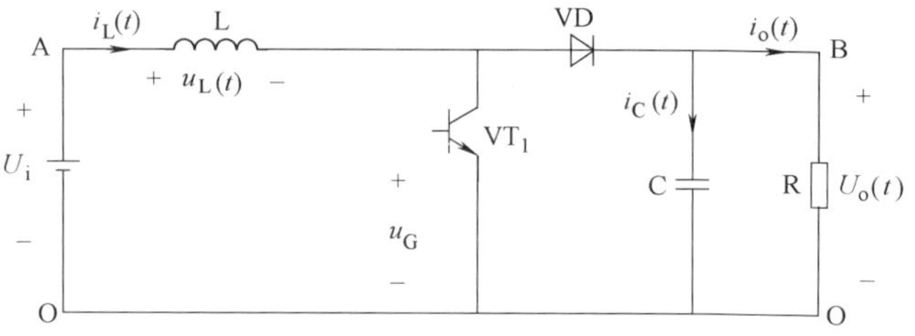

图 10-9 Boost 型变换器的电路原理

$$U_o = U_i \frac{T}{T-t_{on}} \tag{10-11}$$

由式（10-11）可知，当开关周期 T 不变而改变导通时间 t_{on} 时，就能获得所需要的上升的电压值。

当 VT_1 导通时，其饱和压降只有 2 ~ 3V。在 VT_1 截止期间，二极管 VD 的压降为 1V 左右，因此，Boost 型变换器的效率可以高达 90% 甚至更高。而且其电路结构简单、器件少，作为车载 DC/DC 变换器还具有重量轻、体积小的特点。

图 10-9 所示的电路简单，所需元件较少，其中较重的元件只有斩波器。如果能将斩波器设计得较轻，就能减轻整个装置的重量，提高系统的质量功率密度。从电路形式来看，它是通过电感的储能原理来升压的，其能量转换环节较少，输出的能量一部分来自斩波器中储存的能量，一部分直接来自输入端，所以整个装置的效率可能较高。但是，因为该电路是非隔离的，所以输入、输出端会相互影响。例如：当输出端短路时，就会造成输入端短路；当输出隔离二极管出现短路时，就会将输出端的能量传送到输入端。

10.2.1.2 全桥逆变式变换器工作原理

全桥逆变式变换器的电路原理如图 10-10 所示：主要由开关功率管 VT_1 ~ VT_4、中频升压变压器 TR 和输出整流二极管 VD_1、VD_2 组成。开关功率管 VT_1 ~ VT_4 构成全桥逆变电路，需要两组相位相反的驱动脉冲进行控制：当 VT_1 和 VT_4 同时导通、VT_2 和 VT_3 同时截止时，输入电压 U_i 通过 VT_1 和 VT_4 加到中频变压器 TR 的一次侧绕组上，一次侧电压 $U_{TR}=U_1$；当 VT_1 和 VT_4 同时截止、VT_2 和 VT_3 同时导通时，输入电压通过 VT_2 和 VT_3 反方向地加到中频变压器 TR 的一次侧绕组上，一次侧电压 $U_{TR}=-U_1$；当开关型功率管 VT_1 ~ VT_4 同时截止时，$U_{TR}=0$。这样，通过开关功率管 VT_1 ~ VT_4 的交替导通和关断，将输入的直流电压转换成交流电压加到变压器上，其二次侧电压通过 VD_1 和 VD_2 整流，输出直流电压。如果 VT_1 ~ VT_4 的开关周期为 $2T$，其中导通时间为 t_{on}，变压器二次侧、

一次侧变压比为 n，则全桥逆变式变换器输出电压 U_o 和输入电压 U_i 之间的关系为

$$U_o = U_i n \frac{t_{on}}{T} \tag{10-12}$$

由式（10-12）可知，当采用升压变压器时，$n>1$，可获得变换器的升压特性；当开关周期 T 不变、改变导通时间 t_{on} 时，就能调节输出的电压值。

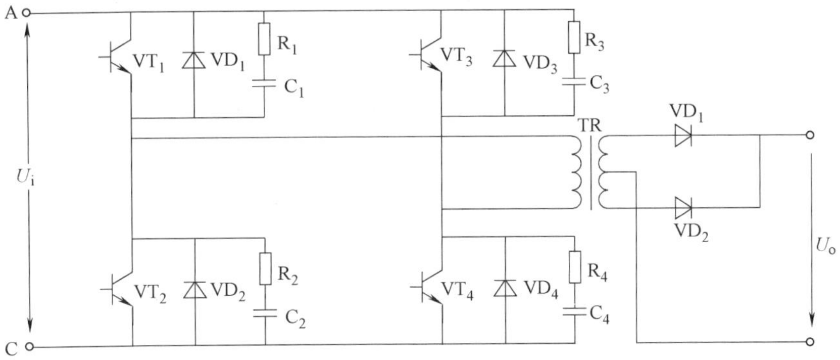

图 10-10　全桥逆变式变换器的电路原理

该电路较复杂，控制难度较大，所需元器件较多，其中包括较重的隔离变压器，因此在减小体积、减轻重量、提高功率密度方面有一定的困难。而从效率的角度来看，该电路先将直流电转变为高频变化的交流电，通过变压器隔离后，由整流电路把交流电转变成直流电，再通过滤波电抗器输出。这其中包括了四次能量转变过程，能量损耗较大，效率不会太高；效率不高，损耗较大，所需的散热面积就更大，整个装置的体积更大，重量也就更重，所需的冷却功率也会更大，效率就会更低。但该电路也有其优越性，它实现了输入端与输出端的电气隔离，增强了输出端接线灵活性，同时当输出端短路时，能很好地保护输入端，将输入端隔离，同时当输入端发生故障时，也不会对输出造成影响。这对于燃料电池电动汽车非常重要，能很好地保护燃料电池。

与 Boost 电路相比较，全桥逆变式变换器的输入和输出是通过中频变压器隔离的。由于变压器具有一定的频率响应带宽，在变换器输入端和变压器一次侧电路产生的部分高频干扰信号不能传输到变换器的输出端。因此，作为车载变换器，全桥逆变式结构具有较好的电磁兼容性能。

10.2.1.3　升压 DC/DC 变换器设计

Boost 型变换器在电动汽车中使用较多，故此处主要介绍 Boost 型升压变换器的设计。下面主要介绍对开关功率管 VT_1、二极管 VD、储能电感 L 和输出滤波电容 C 的计算和选择。

1. 开关功率管 VT_1 的选择

（1）集电极电压 U_{ceo} 的计算和选择

从图 10-9 可以看出：开关功率管 VT_1 上所承受的最大电压也就是开关功率管 VT_1 截止时所承受的电压为 U_i。又从输入电压和输出电压的关系式（10-11）可以得到

$$U_i=U_o(1-D)$$

式中　D——占空比。

考虑到输入电压具有 10% 的波动，储能电感 L 上的峰 - 峰尖刺电压为稳定值的 20%。因此开关功率管 VT_1 上所承受的电压实际上为

$$1.1\times1.2U_i=1.32U_i$$

通常选择开关功率管 VT_1 时要留有一定的裕量，因此取其工作电压为 80% 的额定电压值，则有

$$1.32U_i=0.8U_{ceo}$$

这样就可以得到所要选择的开关功率管 VT_1 集电极的额定电压值为

$$U_{ceo}=\frac{1.32}{0.8}U_i=1.65U_i=1.65(1-D)U_o \tag{10-13}$$

式（10-13）就是设计 Boost 型变换器时，选择开关功率管 VT_1 集电极电压额定值 U_{ceo} 应遵循的原则和计算公式。

（2）集电极电流 I_c 的计算

从升压型开关电源的工作原理分析可以看出：在开关功率管 VT_1 导通期间，流过开关功率管 VT_1 的电流也就是在此期间内流过储能电感 L 中的电流，同时也是输入电流 I_i。如果不考虑电路中的其他电流损耗，那么有：

$$I_i=I_o\frac{U_o}{U_i}=\frac{1}{1-D}I_o \tag{10-14}$$

选择开关功率管 VT_1 的集电极电流 I_c 和选择集电极电压 U_{ceo} 一样，也要留有一定的裕量。因此应把工作电流取为 80% 的额定电流值，这样式（10-14）就可以改为

$$0.8I_c=I_i=I_o\frac{U_o}{U_i}=\frac{1}{1-D}I_o \tag{10-15}$$

所以就有：

$$I_c=1.25I_o\frac{U_o}{U_i}=1.25I_o\frac{1}{1-D} \tag{10-16}$$

式（10-16）就是设计 Boost 型变换器时，选择开关功率管 VT_1 集电极电流额定值 I_c 应遵循的原则和计算公式。

（3）集电极功率损耗 P_c 的计算

开关功率管 VT_1 在导通期间平均损耗功率 P_{on} 为

$$P_{on}=\frac{I_oU_oU_{ces}t_{on}}{U_iT} \tag{10-17}$$

在截止期间，因为集电极与发射极之间流过的电流很小，所以近似可以认为该期间的功率损耗为 0。在导通与截止的转换过程中，各种重叠功率损耗实际上就是直流平均损耗，由此可以得到开关功率管 VT_1 的集电极功率损耗为

$$P_c = 2P_{on} \approx \frac{2I_o U_o U_{ces} t_{on}}{U_i T} = \frac{2I_o U_o U_{ces} D}{U_i} \tag{10-18}$$

式（10-18）就是设计 Boost 型变换器时，选择开关功率管 VT_1 集电极功率损耗额定值 P_c 应遵循的原则和计算公式。

2. 二极管 VD 的选择

（1）反向耐压 U_d 的计算

在开关功率管 VT_1 导通期间，二极管 VD 因反向偏置而截止，此时二极管 VD 上所承受的电压为输出电压 U_o（开关功率管 VT_1 的正向饱和电压被忽略）。此外，在选择二极管 VD 时，应设有 20% 的裕量，因此二极管 VD 的反向耐压应为

$$U_d = \frac{1}{1-0.2}U_o = 1.25U_o \tag{10-19}$$

（2）正向导通电流 I_d 的计算

在开关功率管 VT_1 截止期间，二极管 VD 因正向偏置而导通，此时流过二极管 VD 上的电流 I_d 正好就是 I_i，也就是此期间流过储能电感 L 上的电流 I_L，因而有：

$$I_i = I_o \frac{U_o}{U_i} \tag{10-20}$$

考虑到二极管 VD 为发热器件，同时二极管 VD 的发热和温度与流过电流的大小关系较大，因此在选择二极管 VD 得到正向工作电流时应留有较大的裕量，通常为 50%，因而有：

$$0.5I_d = I_i = I_o \frac{U_o}{U_i} = \frac{I_o}{1-D} \tag{10-21}$$

由式（10-21）可得二极管 VD 正向导通电流 I_d 为

$$I_d = 2\frac{I_o U_o}{U_i} = \frac{2I_o}{1-D} \tag{10-22}$$

（3）正向导通功率损耗 P_d 的计算

式（10-22）计算出了在开关功率管 VT_1 截止期间，二极管 VD 因正向偏置而导通的电流 I_d。设 VD 的正向导通压降为 U_s，那么 VD 正向导通功率损耗 P_d 为

$$P_d = I_d U_s = \frac{2I_o}{1-D}U_s \tag{10-23}$$

从式（10-23）可以看出，要想降低 VD 正常工作时的热量或温升，除上述在选择正向导通电流 I_d 时要留有足够大的裕量以外，减小 VD 正向导通压降也是一个非常有效的方法。因此，具有非常低的正向导通管压降的肖特基二极管是首选对象。

3. 输出滤波电容的选择

（1）电容容量的计算

升压型开关电源达到动态平衡后，输出电压稳定在所设计的恒定电压值 U_o 上，这时的输出电流为 I_o。因为在开关功率管 VT_1 导通期间负载电阻 R_L 上所需的全部电流 I_o 都是由滤波电容提供的，所以这时滤波电容上的电流就等于稳压电源的输出电流 I_o。并且在这

期间滤波电容上电压的变化量为输出电压的波纹电压值 ΔU_o，因此有

$$\Delta U_o = \frac{I_o t_{on}}{C} = \frac{I_o DT}{C} \tag{10-24}$$

从式（10-24）可以计算出所选择的滤波电容的容量为

$$C = \frac{I_o t_{on}}{\Delta U_o} = \frac{I_o DT}{\Delta U_o} \tag{10-25}$$

把 $D=(U_o-U_i)/U_o$ 代入式（10-25）可以得到：

$$C = \frac{I_o(U_o - U_i)}{\Delta U_o f U_o} \tag{10-26}$$

式（10-26）就是输出滤波电容容量的计算公式。从该公式中可以看出，输出滤波电容的容量除了与其他因素有关以外，最主要的是与工作开关的工作频率 f 成反比。因此，要想减小输出滤波电容的容量，减小其体积，减轻其重量，提高开关电源的工作频率 f 是最有效的方法。

（2）耐压值 U_c 的计算

在开关功率管 VT_1 截止期间，加在滤波电容 C 两端的电压为输入电压 U_i；在开关功率管 VT_1 导通期间，加在滤波电容器 C 两端的电压为输出电压 U_o（储能电感器 L 上的电压降和二极管 VD 的正向导通管电压降 U_s 在这里均被忽略）。另外，对于升压型开关电源电路来说，它的主要特性就是输出电压 U_o 比输入电压 U_i 高，这里就取输出电压 U_o。在确定输出电容器 C 的标称值时应留有 50% 的裕量，因此输出滤波电容器 C 的耐压标称值应由下式确定：

$$0.5U_c=U_o \tag{10-27}$$

所以有：

$$U_c=2U_o \tag{10-28}$$

（3）电容温度范围的选择

稳压电源的工作可靠性和无故障工作寿命也是一个非常重要的衡量指标。电路中的输入滤波电容和输出滤波电容是影响开关电源工作可靠性和无故障工作寿命的元件，其寿命与温度的升高成指数关系下降。因此，在成本允许的条件下，选用高温电解电容来充当输出滤波电容器 C（高温电解电容的温度标称值一般为 125℃，电解电容的温度标称值一般为 85℃）。

4. 储能电感器 L 的选择

在开关功率管 VT_1 导通的 t_{on} 期间内储能电感器 L 上电流的增加量（$\Delta I_{L(+)}$）应与开关功率管 VT_1 截止的 t_{off} 期间内储能电感器 L 上电流的减少量（$\Delta I_{L(-)}$）相等，因此有：

$$\Delta I_{L(+)} = \Delta I_{L(-)} \tag{10-29}$$

其中，(+) 表示增加量，(–) 表示减少量，即在两种工作状态下储能电感器 L 上电流的变化量相等。

由 $\Delta I_{L(+)}=\dfrac{U_i}{L}t_{on}$，$\Delta I_{(-)}=\dfrac{U_i-U_o-U_d}{L}t_{off}$ 储能电感 L 上的电流在一个转换周期内变化的峰 - 峰值为（忽略二极管的正向压降，即 $U_d=0$）

$$\begin{aligned}\Delta I_L &= \Delta I_{L(+)} - \Delta I_{L(-)} \\ &= \frac{U_i}{L}t_{on} - \frac{U_i-U_o}{L}t_{off}\end{aligned} \tag{10-30}$$

在实际设计和应用中，储能电感器 L 上电流的峰 - 峰值（$I_i+\Delta I_L/2$）不应大于最大平均电流的 20%，这样就可以避免储能电感器 L 的磁饱和，也起到限制开关功率管 VT_1 的峰值电流、峰值电压和功率损耗等目的。这里选择 $\Delta I_L=1.4I_i$ 代入式（10-30），就可以计算储能电感器的电感量为

$$L=\frac{U_i t_{on}-(U_i-U_o)\,t_{off}}{1.4I_i} \tag{10-31}$$

为求得与电源转换效率 η、输出电流 I_o、占空比 D 和工作频率 f 有关的、比较实用的计算储能电感器 L 的实际公式，现做如下推导。

已知电源转换效率 η 与输入功率 U_iI_i 和输出功率 U_oI_o 之间的关系式为

$$U_oI_o=\eta U_i I_i$$

因此有：

$$I_i=\frac{U_oI_o}{\eta U_i} \tag{10-32}$$

将式（10-32）代入式（10-31），并将 $t_{on}=TD$、$t_{off}=T(1-D)$ 和 $U_i=U_o(1-D)$ 一并代入可得：

$$L=\frac{10\eta DU_i^2}{7I_oU_of} \tag{10-33}$$

$$L=\frac{10\eta DU_o(1-D)^2}{7I_of} \tag{10-34}$$

式（10-33）和式（10-34）即为计算 Boost 型变换器储能电感的较为实用的计算公式。

10.2.2 降压型 DC/DC 变换器

降压型 DC/DC 变换器一般用于主储能式电源（动力蓄电池组）向辅助储能式电源（蓄电池）输送直流电。降压型 DC/DC 变换器常用的有斩波式（Buck 式）DC/DC 变换器、单端正激式 DC/DC 变换器等。

10.2.2.1 常用降压型 DC/DC 变换器工作原理

1. Buck 式降压型 DC/DC 变换器

Buck 式降压型 DC/DC 变换器又称为斩波器式 DC/DC 变换器，由开关型功率管 VT、续流二极管 VD_1 和 VD_2、储能电感器 L、滤波电容器 C 和电阻 R 组成，基本电路如

图 10-11 所示。

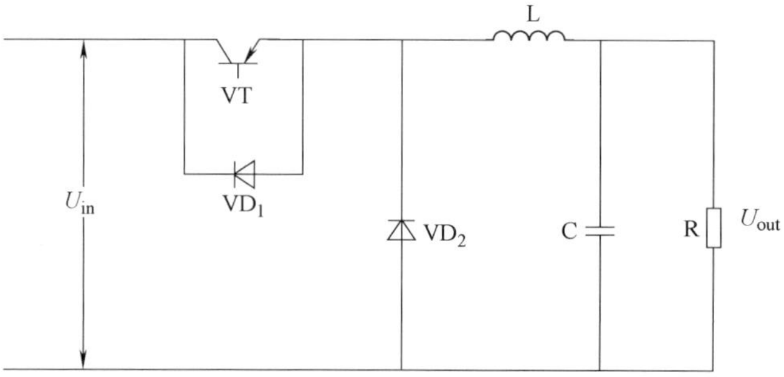

图 10-11　Buck 降压型 DC/DC 变换器的电路

① 当开关功率管 VT 导通时，输出的电压 U_{out} 等于输入电压 U_{in}。

② 当开关功率管 VT 截止时，输出的电压 U_{out} 等于 0。

开关功率管 VT 间断地导通和截止的周期为 T，开关功率管 VT 的导通时间为 t_{on}，占空比 $D=t_{on}/T$，$0 < D < 1$，产生占空比的可调脉冲电压为

$$U_{out}=DU_{in} \quad (U_{out} \leqslant U_{in}) \tag{10-35}$$

式中　D——占空比；

t_{on}——开关功率管 VT 的导通时间；

T——开关型功率管 VT 间断地导通和截止的周期。

因此，当开关功率管 VT 间断地导通和截止的周期 T 不变时，只需改变开关型功率管 VT 的导通时间 t_{on}，就可获得下降的电压。

2. 单端正激式降压型 DC/DC 变换器

单端正激式降压型 DC/DC 变换器，是从直流斩波式降压型 DC/DC 变换器衍生出来的高性能降压型 DC/DC 变换器。二者的主要区别在于：输入电路和输出电路之间增加了一个变压装置 T_r，在一次侧（输入边）电路上并联了续流二极管 VD_1 与电感 L_1 串联电路，以及在一次绕组匝数为 N_1 的变压器 T_r 的一次侧电路上串联了开关功率管。

在二次侧（输入边）变压装置二级绕组匝数为 N_2 的变压器 T_r 的二次侧电路上，串联了续流二极管 VD_2 和电感 L_2，在续流二极管 VD_2 与电感 L_2 之间并联了续流二极管 VD_3、电感 L_3 之后，还并联了滤波电容 C 和电阻 R。

在单端正激式 DC/DC 变换器一次侧（输入边）的电路上，按照 Buck 式降压型 DC/DC 变换器的原理，用开关功率管 VT 间断地导通和截止的周期变化，在一次绕组匝数为 N_1 的变压器 T_r 的一次侧电路上产生占空比可调的电压脉冲。通过变压电磁耦合作用，在二次绕组匝数为 N_2 的变压器 T_r 的二次侧电路上，输出的电流经过滤波的直流电压 U_{out} 为

$$U_{out}=DU_{in}N_2/N_1 \tag{10-36}$$

式中　D——占空比；

N_1——变压器 T_r 的一次绕组匝数；

N_2——变压器 T_r 的二次绕组匝数。

只要选择合适的变压装置 T_r 的 N_2/N_1 匝数比，单端正激式 DC/DC 变换器就可以获得

平稳的低压 U_{out}。因为单端正激式 DC/DC 变换器有变压装置隔离，输入和输出的电压具有隔离性，所以广泛地被用作低压蓄电池充电的 DC/DC 变换器，如图 10-12 所示。

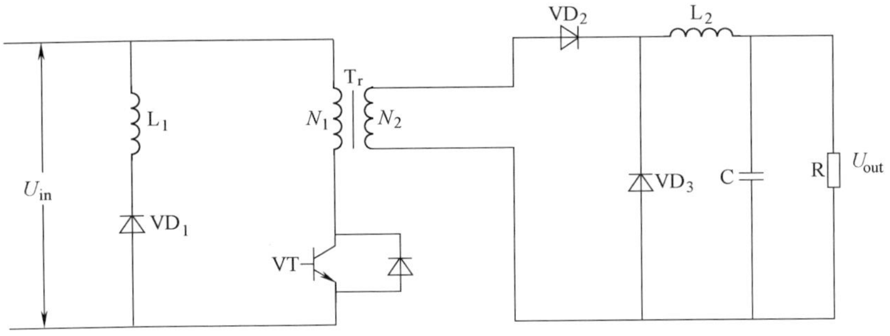

图 10-12 单端正激式降压型 DC/DC 变换器的电路

10.2.2.2 常用降压型 DC/DC 变换器设计

常用的降压型 DC/DC 变换器主要是 Buck 型 DC/DC 变换器，下面介绍 Buck 型 DC/DC 变换器电路中主要元件的设计或选型方法。单端正激式降压型 DC/DC 变换器元件的选型原理与 Buck 型大致相同，故只给出其功率开关变压器的设计方法。

1. 开关功率管的选择

首先应该根据输入条件和输出电压、输出电流、工作场合、负载特性等要求来确定是使用绝缘栅双极型晶体管（Insulated Gate Bipolar Transistor，IGBT）、金属 - 氧化物半导体场效晶体管（Metal-Oxide-Semiconductor Field-Effect Transistor，MOSFET）还是电力晶体管（Giant Transistor，GTR）。一般的原则是，输出功率在数十千瓦或更高时，应该选择 IGBT；输出功率在数千瓦与数十千瓦之间时，应该选择 MOSFET；输出功率在数千瓦以下时，应该选择 GTR。车用 DC/DC 变换器的功率一般在数千瓦到数十千瓦之间，可根据情况选用 IGBT 或 MOSFET。

选定开关功率管的类型后，具体型号的确定大体依据以下原则：

1）开关功率管的导通饱和压降 U_{ces} 越小越好。

2）开关功率管截止时的反向漏极电流 I_{co} 越小越好。

3）开关功率管的高频特性要好。

4）开关功率管的开关时间越短越好。

5）开关功率管的基极驱动功率要小。

6）从降压型开关电源的管理电路中可以看出，开关功率管输出端连接的是储能电感，因此在开关功率管截止期间，集 - 射极的反向耐压就等于储能电感上的反向电动势与输出电压 U_{out} 之和，近似于 $2U_{out}$。因此，所选择的开关功率管的反向击穿电压（U_c）应满足

$$U_c=2\times1.3U_i=2.6U_i \tag{10-37}$$

式中 U_i——输入电压（V）。

2. 续流二极管的选择

由对降压开关型电源工作原理的分析可知，当开关功率管 VT 截止时，储能电感 L 所

储存的磁能是通过续流二极管 VD_2 传输给负载电阻 R 的；当开关功率管 VT 导通时，集射极之间的压降接近于 0，这时输入电压 U_{in} 就全部加在续流二极管 VD_2 的两端。因此，续流二极管 VD_2 的选择一定要符合下列条件：

1）续流二极管 VD_2 的正向额定电流必须大于或等于开关功率管 VT 的最大集电极电流，即应该大于负载电阻 R 上的电流。

2）续流二极管 VD_2 的反向耐压值必须大于输入电压 U_{in} 的值。

3）为了减小由于开关转换所引起的输出纹波电压，续流二极管 VD_2 应选择反向恢复速度和导通速度都非常快的二极管。

4）为了提高整机的转换率、减少内部损耗，一定要选择正向导通压降低的二极管。

3. 储能电感的选择

流过储能电感的电流不能突变，这是稳压电源所要满足的基本条件。该电流只能近似线性地上升和下降，而且电感量越大，电流的变化越平滑；电感量越小，则电流变化越陡峭。当电感量小到一定值时，就会发生这样的情况：开关功率管 VT 截止的瞬间，电感中储存的能量也刚好释放完毕。此时储能电感的电感量就称为临界电感值 L_c。当电感值小于临界电感值时，开关功率管 VT 仍处于截止状态，储能电感上的能量已释放完毕，电流 I_{Lmin}=0，电压也为 0。开关功率管 VT 及储能电感 L 上的电压波形就会发生台阶式突变，在示波器上极易观察到。

作为一种稳压电源，在有负载时绝不允许出现电压突变，否则会导致负载电路间断性停电，引起负载电路工作不正常。因此，在设计降压式开关电源电路时，储能电感的电感量应大于临界电感值 L_c。

由临界电感量的定义，可知开关功率管 VT 截止的瞬间，使电感电流 I_{Lmin}=0 的电感量即为所求。将 I_{Lmin}=0 代入得：

$$I_{Lmax}=\frac{U_{in}}{L_c}t_{off} \tag{10-38}$$

式中 U_{in}——输入电压（V）；

I_{Lmax}——电感电流最大值（A）；

L_c——临界电感值；

t_{off}——开关功率管截止时间。

又由 $I_{out}=(I_{Lmin}+I_{Lmax})/2$ 得

$$I_{Lmax}=2I_{out} \tag{10-39}$$

式中 I_{out}——输出电流。

将式（10-38）和式（10-39）联立，解得：

$$L_c=\frac{U_{out}}{2I_{out}}t_{off} \tag{10-40}$$

式中 U_{out}——输出电压。

$U_{out}/I_{out}=R$，$t_{off}=T(1-D)=(1-D)/f$，因而式（10-40）可变为

$$L_c=\frac{R(1-D)}{2f} \tag{10-41}$$

式中 f——工作开关的开关频率。

在设计降压式开关电源的电路时，应该遵循储能电感的电感值必须大于临界电感量的原则。

4. 输出滤波电容器的选择

根据对降压型开关电源的工作原理分析可知，输出滤波电容器C的选择直接关系到开关电源输出电压中纹波电压分量ΔU_{out}的大小。在设计降压型开关电源时，输出滤波电容器C的容量应根据稳压电源输出纹波电压ΔU_{out}的要求来确定。若给定了输出电压中的纹波分量ΔU_{out}和其他输出、输入工作条件，就可以确定滤波电容器C的容量值：

$$C=\frac{U_{out}}{8Lf^2\Delta U_{out}}\left(1-\frac{U_{out}}{U_{in}}\right) \tag{10-42}$$

此外，在实际应用中，为了消除输出电压中的开关转换纹波电压分量ΔU_{out}，除了给稳压电源输出端并接一个无极性的计算出来的滤波电容器C以外，还应在这个容量较大的滤波电容器C的两端并接一个无极性的容量范围在0.01 ~ 0.47μF的小电容，用以滤除频率较高的开关转换纹波电压分量。

5. 单端正激式DC/DC变换器的功率开关变压器的设计

功率开关变压器的设计是开关电源电路设计的关键，主要为初级绕组匝数的计算。初级绕组的匝数确定后，即可根据使用电压和输出电压之比，再结合磁耦合效率计算出次级绕组的匝数。下面介绍初级绕组匝数的计算方法。

功率开关变压器服从电磁感应定理，即

$$U_1=N_1\frac{\mathrm{d}\Phi}{\mathrm{d}t}=N_1S_c\frac{\mathrm{d}B}{\mathrm{d}t}\times10^{-4} \tag{10-43}$$

式中 Φ——磁通量（Wb）；

B——磁感应强度（T）。

即

$$N_1=\frac{U_1t_{on}}{S_c\Delta B}\times10^{-4}=\frac{U_1D}{fS_c(B_m-B_r)}\times10^{-4} \tag{10-44}$$

式中 f——DC/DC变换器的工作频率（Hz）；

D——DC/DC变换器的占空比；

S_c——所选用的变压器铁心的横截面积（cm^2）；

B_m——所选用变压器铁心的最大磁感应强度（T）；

B_r——所选用的变压器铁心的剩余磁感应强度（T）；

U_1——变压器初级绕组上的电压峰值（V）；

N_1——变压器初级绕组的匝数。

10.2.3 双向DC/DC变换器

双向DC/DC变换器是不同的电源与动力总线之间的电能流通和组合的重要环节，要求有良好的升降压功能和动态特性。一方面，要控制电源（包括动力蓄电池组、超级电容器、燃料电池等）放电时彼此之间的“电 - 电”电力耦合系统的电力匹配，以满足电机在不同行驶工况下的电能需求；另一方面，能够利用不同发电电源和回馈电源（包括发动机 - 发电机发电的电源、燃料电池的电源、滑行或下坡转换的电源）高效地为动力蓄电池组、超级电容器等进行充电，并控制不发生过充电或过放电。

一般情况下，当车载储能式电源与车载发电式电源共同组成“电 - 电”电力耦合模式工作时，DC/DC 变换器起升压作用。当车载发电式电源有富裕的电能时，或有制动回馈电能向车载储能式电源充电时，DC/DC 变换器起降压作用。通常在电力总线与车载储能式电源之间用双向升降压型 DC/DC 变换器，双向控制和调配车载电能输入的电流和输出的电流。

最简单的双向升降压 DC/DC 变换器的一次侧（输入边）为电容器 C，电容器 C 后面串联两个开关功率管 VT_1、VT_2 和两个二极管 VD_1、VD_2，在一次侧电路上串联电感器 L_1，二次侧（输入边）电路上装有电感器 L_2。双向升降压 DC/DC 变换器的电路如图 10-13 所示。

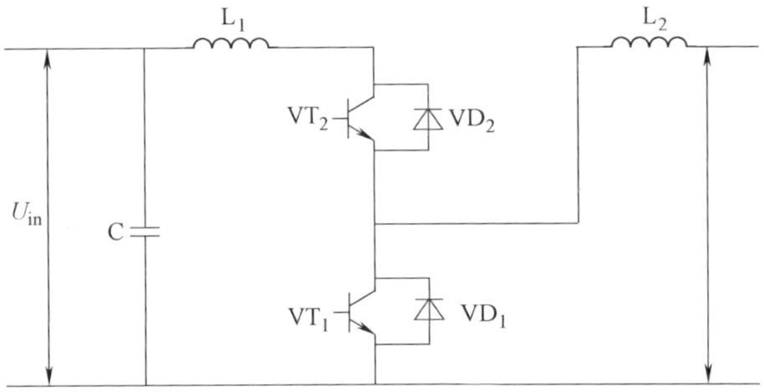

图 10-13　双向 DC/DC 变换器的电路

开关功率管 VT_1 导通、VT_2 截断，一次侧（输入边）的电容器处于放电状态，电流经 VT_1 通向电力总线，双向 DC/DC 变换器处于升压状态。在二次侧（输出边）一侧装置电感器 L_2，可以减少进入动力总线的电流脉冲。升压时，一次侧电容器的电压 U_{BUS} 与二次侧动力总线的电压 U_{SCAP} 的关系为

$$U_{BUS}=[1/(1-n_1)]U_{SCAP},\ U_{BUS}\geqslant U_{SCAP} \tag{10-45}$$

式中　U_{BUS}——车载储能器端的电压（V）；

n_1——开关功率管 VT_1 的占空比，$n_1=t_1/T_1$；

t_1——开关功率管 VT_1 的导通时间（s）；

T_1——开关功率管 VT_1 的导通周期（s）；

U_{SCAP}——总线端电压（V）。

开关功率管 VT_2 导通，VT_1 截断，二次侧（输入边）动力总线的电流脉冲经 VT_2 输入一次侧（输入边）的电容器中，电容器处于充电状态。双向 DC/DC 变换器处于降压状态。在一次侧（输入边）一侧装置电感器 L_1，可以减少进入电容器的电流脉冲。升压时一次侧电容器的电压 U_{BUS} 与二次侧动力总线的电压 U_{SCAP} 的关系为

$$U_{BUS}=n_2U_{SCAP} \tag{10-46}$$

式中 U_{BUS} ——车载储能器端的电压（V）；

n_2 ——开关功率管 VT_2 的占空比，$n_2=t_2/T_2$；

t_2 ——开关功率管 VT_2 的导通时间（s）；

T_2 ——开关功率管 VT_2 的导通周期（s）；

U_{SCAP} ——总线端电压（V）。

双向 DC/DC 变换器的主要元器件选型原则与前文中 DC/DC 变换器的选型原则基本一致，这里不再赘述。双向 DC/DC 变换器的效率受开关功率管导通和截止的时间以及各种辅助电器（包括电阻、电容器和电感器等）功率损耗的影响。因此，选用高质量的元器件能够有效地提高双向 DC/DC 变换器的效率。

丰田普锐斯 PHEV 采用的 DC/DC 变换器如图 10-14 所示，包括增压集成功率模块（IPM），其中内置的 IGBT 进行转换控制，而反应器（电感线圈）储存能量。DC/DC 变换器能将高压蓄电池输出的额定 DC201.6V 增压至 DC500V 的最高压，提供给变频器驱动电机工作。当电机工作于发电模式时，变频器将其产生的交流电转化为直流电，通过 DC/DC 变换器，将其降低至 DC201.6V 为蓄电池充电。

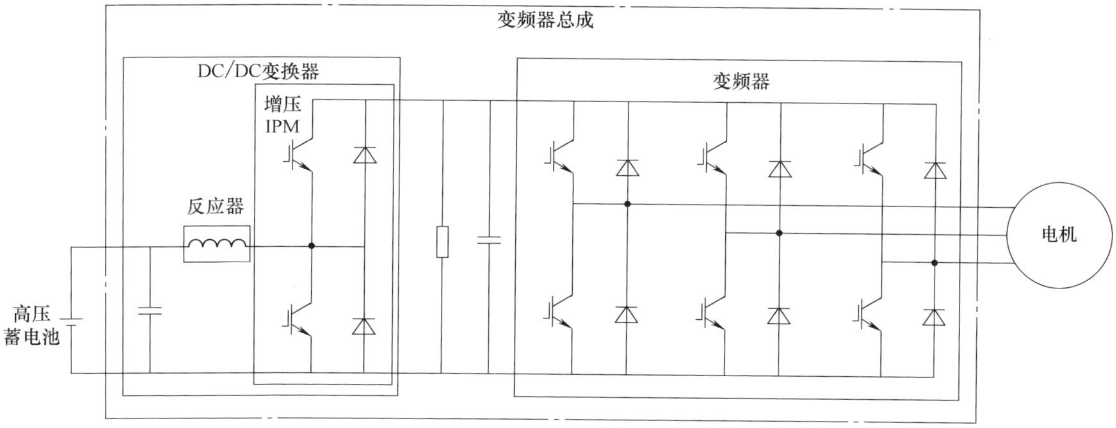

图 10-14 丰田普锐斯 PHEV 采用的 DC/DC 变换器

车上的辅助设备，如车灯、音响系统、空调系统（除压缩机）和 ECU 等，均由 DC12V 供电系统供电。因为丰田普锐斯 PHEV 所用的发电机输出的额定电压为 DC201.6V，所以需要 DC/DC 变换器将这个电压降低至 DC12V 为备用蓄电池充电。该变换器装在变频器下部，如图 10-15 所示。

雷克萨斯 GS450h 装配的风冷式 DC/DC 变换器，转换效率较高，可将混合动力汽车的 288V 的高电压变换为低电压，向 12V 的蓄电池充电，可替代传统燃油汽车的发电机，其主要参数见表 10-1，其电路如图 10-16 所示。由于该变换器采用风冷方式，需要提高 DC/DC 变换器的效率，因此，主回路采用的是复合磁力变压器与有源钳位组合方式，可以降低二次整流元器件 MOSFET 承受的电压，可以同步整流，减少整流损耗，实现高效率。且该变换器为了实现输入 / 输出的绝缘，采用变压器变压方式，可排除由漏电所导致的触电危险。

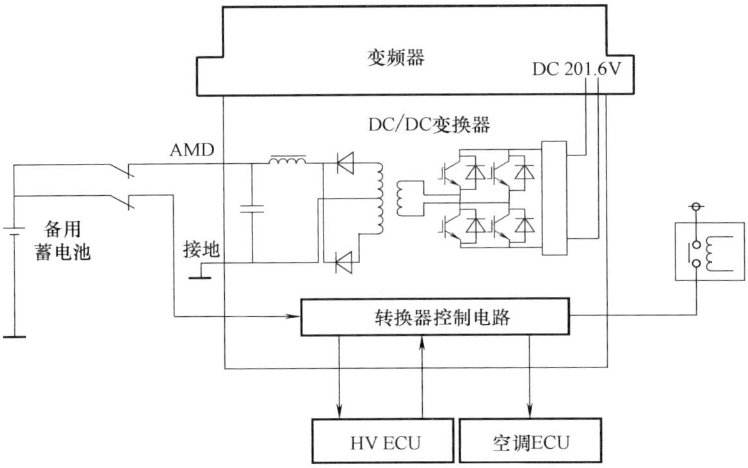

图 10-15 丰田普锐斯 PHEV DC/DC 降压变换器

表 10-1 雷克萨斯 GS450h DC/DC 降压变换器的主要性能参数

项目	参数
输入电压 /V	240 ~ 400
输出电压 /V	13 ~ 15 可变
最大电流 /A	120
工作温度范围 /℃	-30 ~ 85

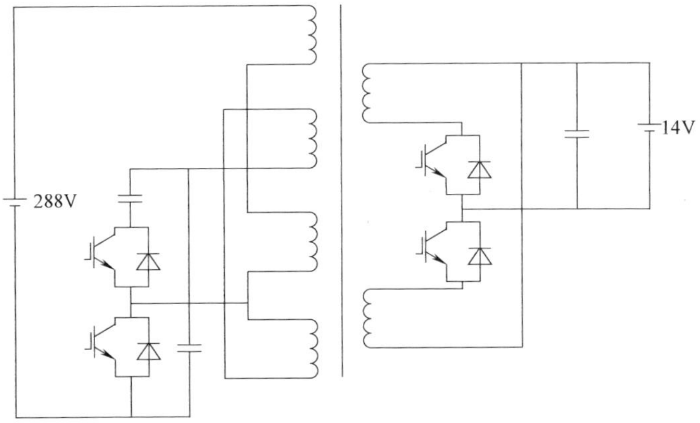

图 10-16 雷克萨斯 GS450hDC/DC 降压变换器

图 10-17 所示为 2009 年款本田 Insight 车型所用 DC/DC 变换器的外观。该 DC/DC 变换器的最大输出电流为 85A，输出电压为 12V，风冷，降温装置上配置了场效应晶体管（Field Effect Transistor，FET）、二极管、变压器、扼流圈等部件，顶部搭

图 10-17 本田 Insight 车型所用 DC/DC 变换器的外观

载控制电路板。

图 10-18 所示为 DC/DC 变换器的电路构成。一次侧采用了 4 个 MOSFET 全电桥回路。变压器的圈数比为 5 ∶ 1，转换电压后，由二次侧二极管进行整流。输出 40A 电流时最大效率约为 90%。

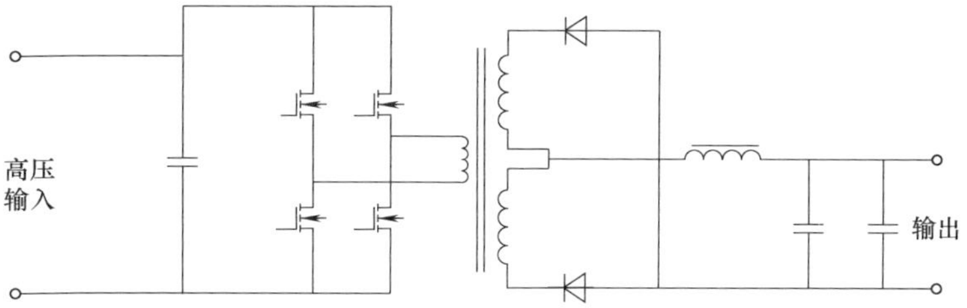

图 10-18　本田 Insight 车型所用 DC/DC 变换器的电路

随着混合动力汽车、电动汽车的发展，DC/DC 变换器将朝着小型、高效率、低成本的方向不断迈进。今后，转换频率提高、低损耗半导体与低损耗芯体等技术将会在 DC/DC 变换器上不断应用。

10.2.4　客车用低压电源变换器 DC/DC 设计实例分析

1. DC/DC 变换器功能概述

DC/DC 变换器在混合动力客车中，主要将车载能源的高压电转化为车辆低压电器使用的低压电，供车辆的仪表、照明、显示、娱乐等低压部件使用。

2. DC/DC 变换器的应用环境

混合动力汽车的低压电器系统中，车载 DC/DC 变换器可用于满足低压电器附件的功率需求：主要用于发动机起停控制系统、电动转向助力系统、电动制动助力系统等核心行驶功能；还应用于电动车窗、内饰灯光系统、影音娱乐系统、车载导航系统等辅助功能。总体而言，这类器件的功率等级较小，成本要求较为苛刻，相关技术需要及时更新提高。DC/DC 变换器的应用环境如图 10-19 所示。

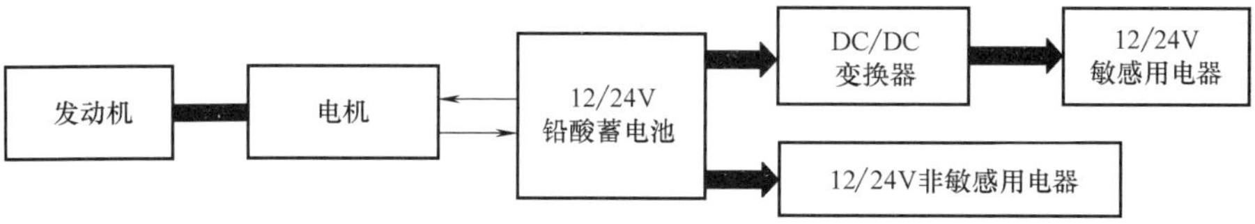

图 10-19　DC/DC 变换器的应用环境

3. 混合动力汽车 DC/DC 变换器的要求

（1）输入电压范围

无论是纯电动汽车还是混合动力汽车，其车载能源系统电压平台都比较多。在车辆运行过程中，车载能源系统输出电压范围较广，通常要求 DC/DC 变换器输入端应满足宽电压范围内正常的输出需求。

（2）负载需求

在对混合动力汽车低压系统 DC/DC 变换器选型时，需要考虑整车低压系统功率需求，还需要考虑蓄电池、低压发电机匹配工作间的相互关系，满足混合动力汽车纯电行驶时的低压供电需求，避免因低压供电不足引起发动机工作而无法实现纯电动模式行驶。

（3）效率

混合动力汽车车载能源系统电量有限，提高 DC/DC 变换器的效率是提高混合动力汽车纯电续驶里程和经济性的重要手段。

（4）电磁兼容性

随着新能源汽车的推广，对汽车电磁兼容性能的要求也越来越严格。对 DC/DC 变换器进行选型及布置时需要充分考虑电磁兼容性和高低压线束屏蔽，尽量减少或避免对其他高低压电气系统产生影响。

（5）环境适应性

混合动力汽车运营环境差异较大，要求 DC/DC 变换器环境适应性强，在对 DC/DC 变换器进行选型时应充分考虑高低温工作、高低温存储、防水、防尘、防振、海拔、湿热等多方面因素，以满足电动汽车不同应用环境下的需求。

（6）智能控制

在智能控制方面，DC/DC 变换器应具备过压、过流、过温、短路等保护功能，同时也要考虑控制方式、工作模式、能耗统计等多方面的需求，以满足混合动力汽车智能化方向的需求。

（7）结构要求

混合动力汽车的安装空间非常有限，通常要求在很小的空间上考虑安装方便性与维修方便性，在对外接口方面尽可能地减少高压节点，考虑高压线束布置方便、高压配电电路设计安全等多方面要求，合理确定风冷、水冷、集成式、分体式等具体方案。

10.3 混合动力专用发动机设计

10.3.1 基本设计要求

针对混合动力专用发动机起动时润滑不良、频繁起停、负荷率高等特殊工况，结合混合动力客车设计实践，其设计的基本要求如下：

1）结构上满足频繁、快速起停的要求：发动机止推瓦、连杆轴瓦、正时惰轮等要能满足整车生命周期内约 160 万次的起停。

2）配置上满足快速响应目标转矩、转速的要求：使用小惯量涡轮增压器，加快中低转速区域转矩、转速响应时间。

3）CAN 通信满足 EEC1、EEC2、IC1、LFE 等报文信息准确性的要求：反馈的转矩、转速、油耗精度≤ 5%。

4）电控功能上满足发动机 CAN 控制的要求：发动机优先响应后熄火、后起动指令，屏蔽节气门控制的超高限、超低限故障，优先采用 CAN 报文控制，在未收到 CAN 报文时，不报故障改为采样节气门电压信号控制动力输出。

5）混合动力客车对发动机响应要求很高，要求快速、精确地满足整车功率需求，因此混合动力专用发动机一般采用低惯量增压器，在发动机转速低时能满足进气需求。

6）由于燃油限值和排放法规日益严格，针对混合动力专用发动机工作特点，其进气系统和排气系统关键技术要求见表 10-2。

表 10-2 混合动力专用发动机进排气关键技术要求

序号	关键技术要求
1	空气滤清器距离热源应≥ 200mm，如果小于 200mm，则应增加隔热防护
2	整车进气系统压力控制在 2.5kPa 以下
3	从大气到增压器进气口最大温升应不大于 10℃
4	排气系统需要经受 500 ~ 800℃的高温排气
5	发动机在额定负荷和转速工况下，排气系统产生的排气背压不得大于发动机技术参数表所规定的限值
6	消声器容积和发动机排量比应大于 8

10.3.2 发动机工作循环优化设计

10.3.2.1 阿特金森循环

传统汽油机常采用奥托（Otto）循环工作，由于其热效率低、泵气损失大、膨胀比小、具有怠速工况、部分负荷燃油消耗率高、后备功率大，不利于提高混合动力汽车的燃油经济性。具体原因包括：

1）泵气损失：节气门在部分开度时造成的节流，以及曲轴箱和进气管的压差对活塞下行造成的阻力，都会导致能量损失。采用节气门控制负荷的发动机即使在高速路行驶时也存在泵气损失，只有在全力加速或爬坡时节气门全开才不存在额外的进气管节流损失。

2）膨胀比：膨胀比为排气门打开时气缸容积与混合气被点燃时气缸容积的比值。膨胀比越高，转化为机械功的热能越多。对于给定燃油辛烷值的汽油机来说，要避免爆燃就不能有大的膨胀比。

3）浓混合气：传统奥托循环发动机通过加浓混合气满足输出功率增加的需要。浓混合气在发动机内并不能完全被利用，而是作为 HC 排放物被排到大气中或者在催化转化器中被氧化掉，降低了燃油利用率。

针对传统汽油机的以上缺点，阿特金森循环发动机在混合动力发动机的设计和选择过程中显现出优势。阿特金森循环发动机在奥托循环发动机四个循环步骤的基础上增加回流过程，即进气、回流、压缩、膨胀和排气五个过程，如图 10-20 所示。阿特金森循环利用进气门晚关而不是节气门来控制负荷。进气门晚关时刻是由气缸内充量的多少来决定的，即由负荷大小来确定进气门的关闭时刻。进气门关闭时刻是压缩行程的实际开始点，而膨胀行程相比奥托循环相似或稍长，因此减少了进气过程的泵气损失和压缩行程的压缩功；膨胀比较压缩比大能够更大程度地将热能转换为机械能，提高发动机的指示热效率，降低燃油消耗。另外，因为进气门晚关使实际压缩比降低，所以缸内燃烧温度降低，有利于改善氮氧化物的排放。

图 10-21 所示为一款奥托循环发动机改装为阿特金森循环发动机前后，外特性曲线和有效燃油消耗率变化情况。由图可知，阿特金森循环发动机的外特性转矩曲线在 1000 ~ 5000r/min 范围内整体低于原机，在 5000 ~ 6000r/min 范围内与原机转矩相当。在 1000 ~ 2000r/min 范围内转矩相对下降最多，约为 10%；在 2000 ~ 4500r/min 范围内转矩下降 5%；在 4500 ~ 6000r/min 范围内转矩相对下降减少，基本上与原机相当。

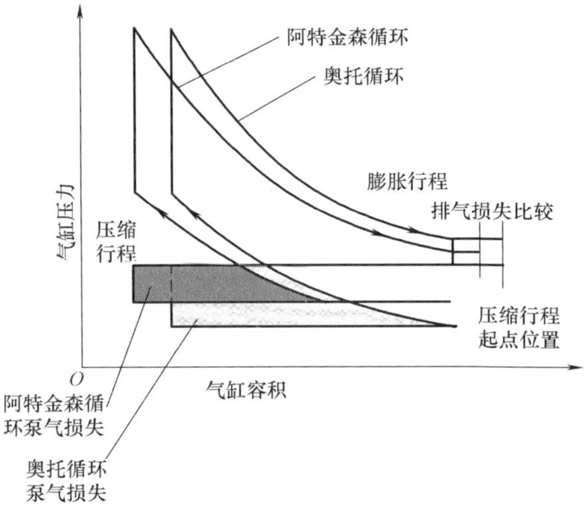

图 10-20　阿特金森循环

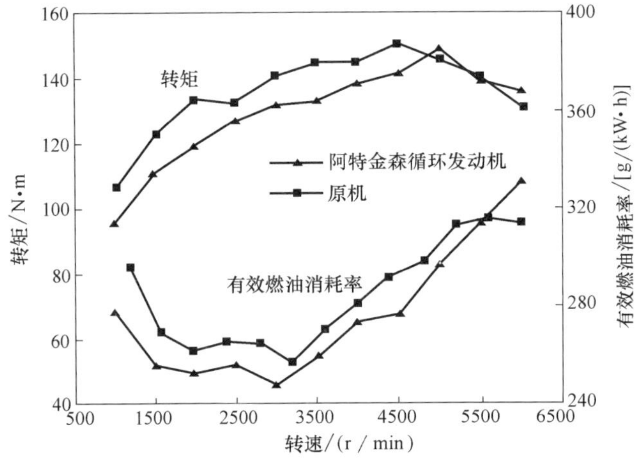

图 10-21　阿特金森循环发动机外特性曲线和有效燃油消耗率

如图 10-21 所示，在外特性工况下，不同转速下阿特金森循环发动机的有效燃油消耗率都低于原机。在中低转速下，有效燃油消耗率降低 5% 左右。这表明，采用阿特金森循环后，虽然发动机转矩部分降低，但有效燃油消耗率得到明显改善。

综上所述，阿特金森循环发动机具有更高的燃油效率，但在低转速时，输出转矩低于传统奥托循环发动机。在混合动力电动汽车中，得益于电机低速时提供的高转矩，该缺点可以避免，故该技术对提高混合动力电动汽车的燃油经济性有重要意义。

10.3.2.2　米勒循环发动机

米勒循环发动机通过更改凸轮轴进排气，实现发动机膨胀功的增加，从而提升发动机效率。米勒循环实现方案如图 10-22 所示。传统的发动机循环从 5 直接到 2，而米勒循环增加了排气行程，实现了从 5 到 1，然后 1 到 2，增加了膨胀功。

- 奥托循环：

5 →2：压缩行程

3 →4：膨胀行程

膨胀行程 = 压缩行程

- 米勒循环：

5 →1：进气门开

1 →2：压缩行程

3 →4：膨胀行程

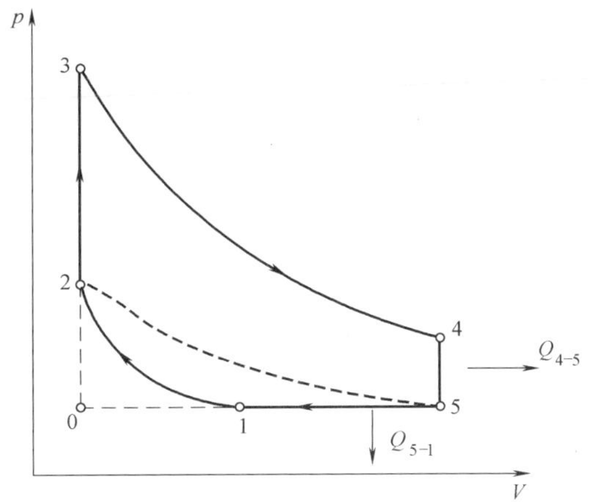

图 10-22　米勒循环实现方案

在 1500r/min、100% 负荷下进行工况模拟，进气门关闭角度对燃油经济性的影响如图 10-23 所示。仿真表明，关闭角度为 620°较为合适。因此进行了关闭角度为 610° ~ 630° 两种凸轮轴的设计。

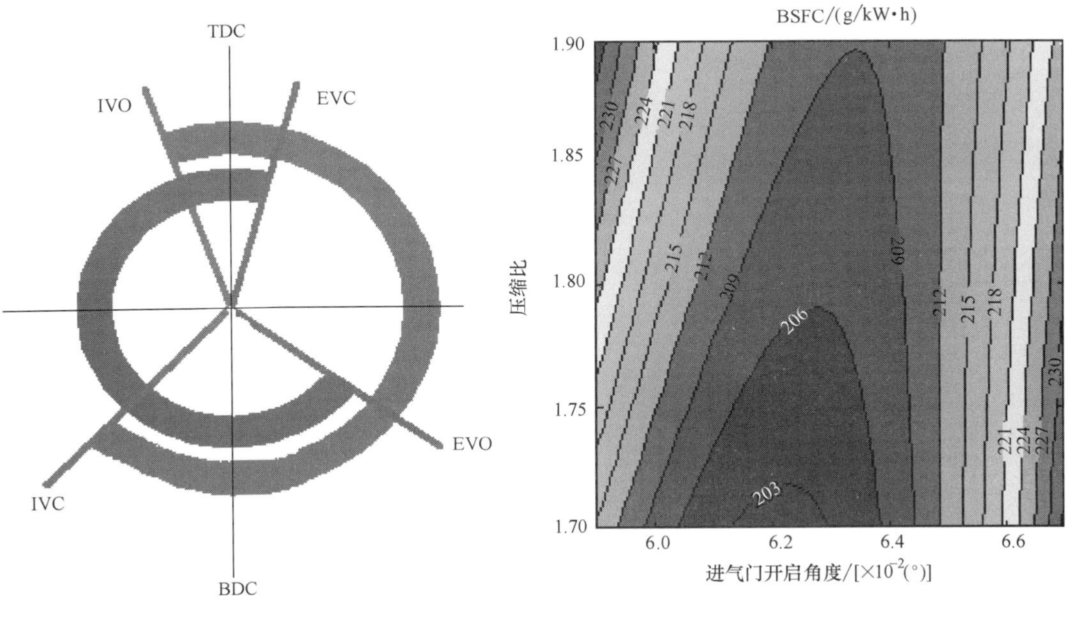

图 10-23　进气门关闭角度对燃油经济性的影响（1500r/min、100% 负荷）

TDC—Top Dead Center，上止点　BDC—Bottom Dead Center，下止点　IVO—Intake Valve Open，进气阀打开
IVC—Intake Valve Close，进气阀关闭　EVO—Exhaust Valve Open，排气阀打开
EVC—Exhaust Valve Close，排气阀关闭　BSFC：Brake Specific Fuel Consumption，比燃油消耗率

同时，为了和同轮轴匹配，配置了两种活塞进行测试。实验测试结果如图 10-24 所示。结果表明，满负荷时，在相同的排放情况下比能耗能够降低 3 ~ 5g/（kW·h)，但在低转速负荷 50% 的情况下，性能比原机有所下降。因此要根据目前的混合动力构型，优

化发动机工作点，实现发动机在高负荷下工作，提升整车的经济性。

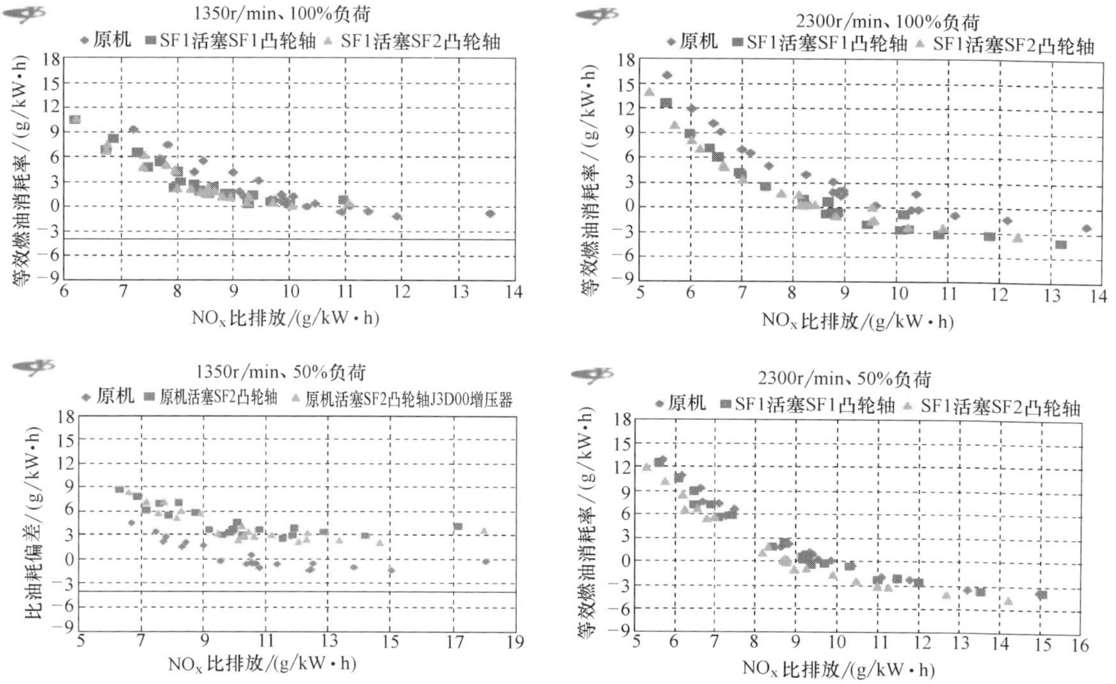

图 10-24　实验测试结果（见书末彩色插图）

10.3.3　发动机快速起停系统设计

发动机快速起停系统主要包含快速响应目标转矩、转速，以及为满足快速起停工况需要保证发动机相关部件有效润滑、散热等技术要求，如图 10-25 所示。

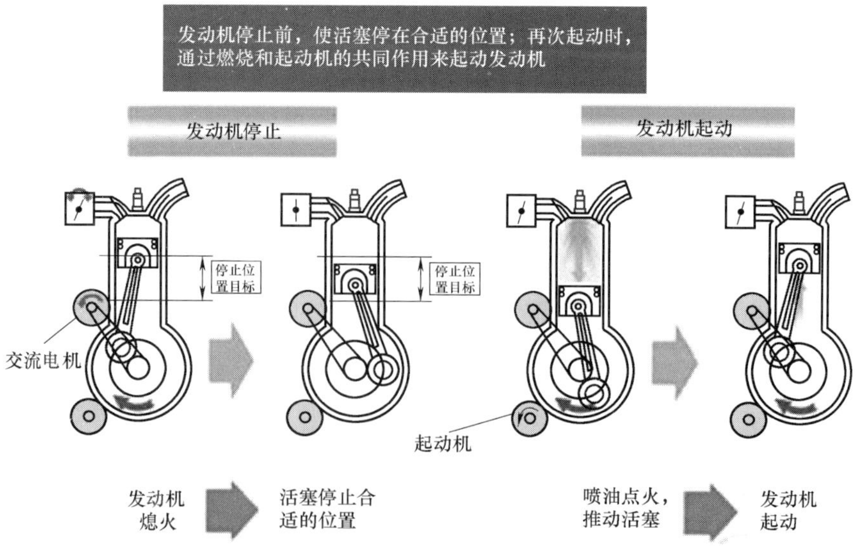

图 10-25　发动机快速起停系统

1）发动机停机时曲轴位置：发动机停机位置影响发动机判缸时间、判缸成功率和起机拖动转矩。混合动力专用发动机控制系统通过曲轴位置计算配合起动机，可以实现发动机停机时均处于理想位置。

2）发动机采用低惯量增压器、高燃油喷射压力，提高发动机中低转速时的响应性和发动机转矩影响精度。低惯量增压器在发动机转速较低时能达到较高转速，能增加发动机低速段时空气进气量，提高发动机在中低速段范围内的转矩输出能力，且转矩输出响应更迅速、更准确。

3）混合动力专用发动机内部结构上采用带自润滑功能的主轴瓦、带单向阀的活塞冷却喷嘴，在快速起停机过程中，油道内能迅速建立起油压，且已建立的油膜不易被破坏，能起到良好的润滑效果。混合动力专用发动机的润滑系统如图 10-26 所示。

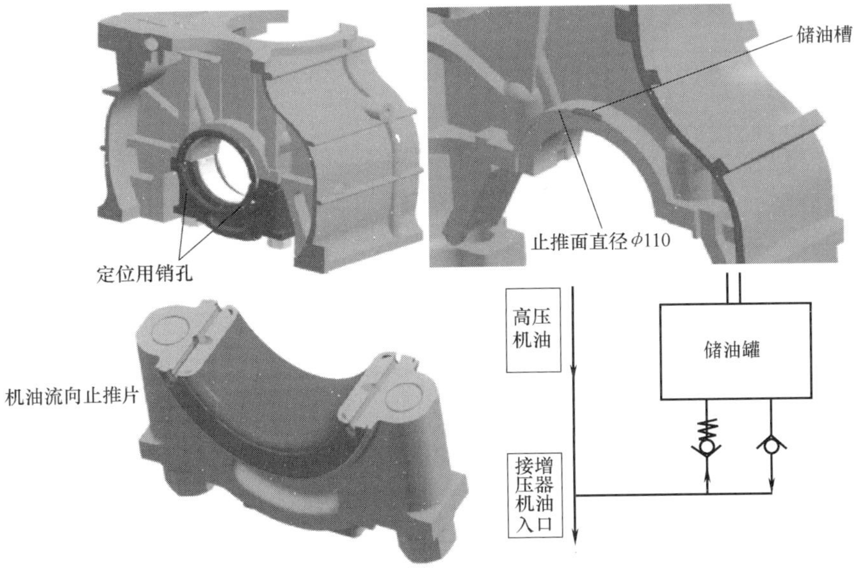

图 10-26　混合动力专用发动机的润滑系统

10.3.4 发动机节能技术

1. 优化发动机起停过程喷油消耗

混合动力系统通过 ISG 电机起动发动机以实现快速起动的目的。发动机在起动过程中排放恶劣，因此通过 ISG 电机将发动机起动到某一个高转速时再控制发动机喷油，可以降低排放，同时也可以减少起动过程中的油耗损失。

2. 发动机灭缸技术

发动机灭缸技术主要是先将多缸发动机的气缸分为正常工作和间歇工作两部分。通过对进排气系统以及电子模块的优化，在低负荷时使间歇工作的气缸停止气门运动，供油系统停止向这些缸体喷油，同时加大正常工作气缸的负荷率，使之保持在中、大负荷经济油耗区运转，从而达到节油的目的，如图 10-27 所示。同时，发动机灭缸技术可以和三元催化转化器正常匹配，尾气排放也更容易控制。

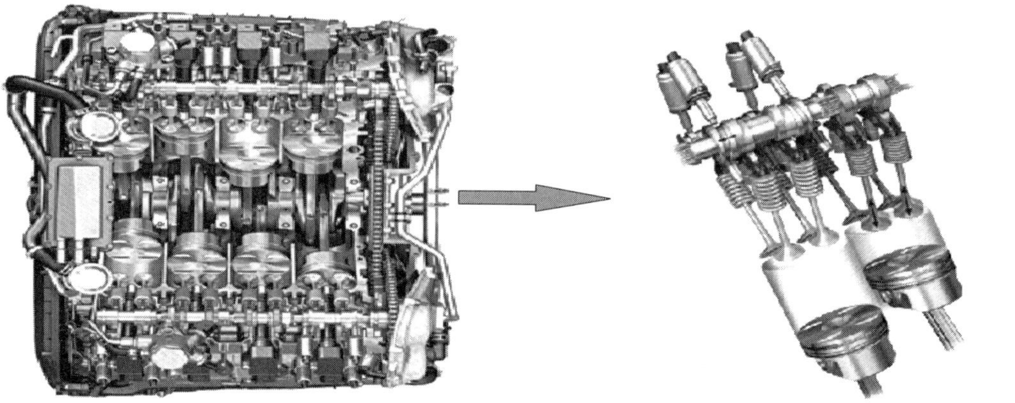

图 10-27　发动机灭缸技术（见书末彩色插图）

3. 发动机过程优化技术

发动机和整车的交互采用 CAN 网络通信技术，对 CAN 报文中发动机反馈的变量值的精度有较高要求。发动机控制过程优化技术主要指的是在标定阶段，对发动机参考转矩、摩擦力矩、实际转矩百分比、当前转速下的负荷率、增压压力、中冷后进气温度、瞬时喷油量等关键参数的精确计算和标定，提高发动机和整车控制间交互的精确度。

4. 优化发动机万有特性曲线

传统客车的发动机工作点很散，几乎覆盖了整个 MAP 区域。而混合动力客车由于对发动机进行了功率解耦，其工作点可以限制在某一固定区域（D 区域），这为发动机效率优化提供了基础，如图 10-28 所示。

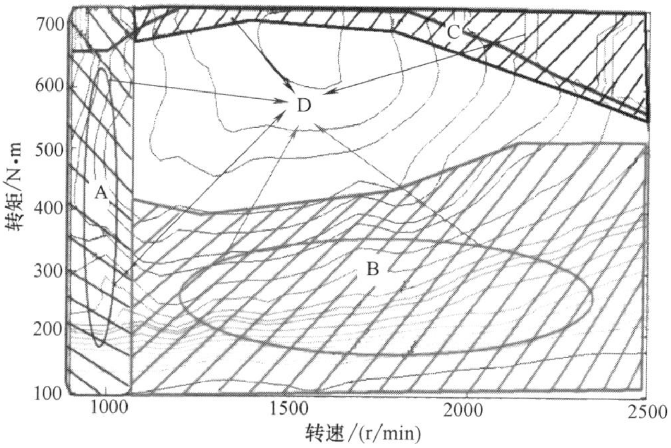

图 10-28　发动机万有特性优化（见书末彩色插图）

5. 优化发动机增压器类型

混合动力客车对发动机响应的要求很高，要求快速、精确地满足整车功率需求，因此混合动力专用发动机一般采用低惯量增压器，在发动机转速低时能满足进气需求，如图 10-29 所示。

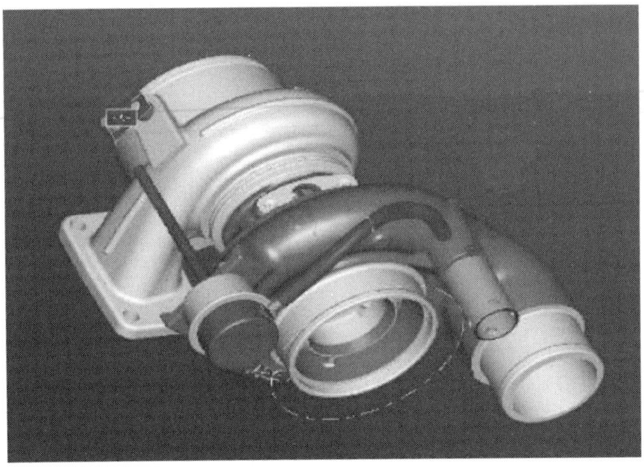

图 10-29 低惯量涡轮增压器

10.3.5 其他

1）发动机热管理技术：冷却液和机油循环系统使用电子节温器，根据实际温度控制冷却液泵、机油泵工作的负荷，合理控制发动机油温、冷却液温度，提高机械效率，如图 10-30 所示。

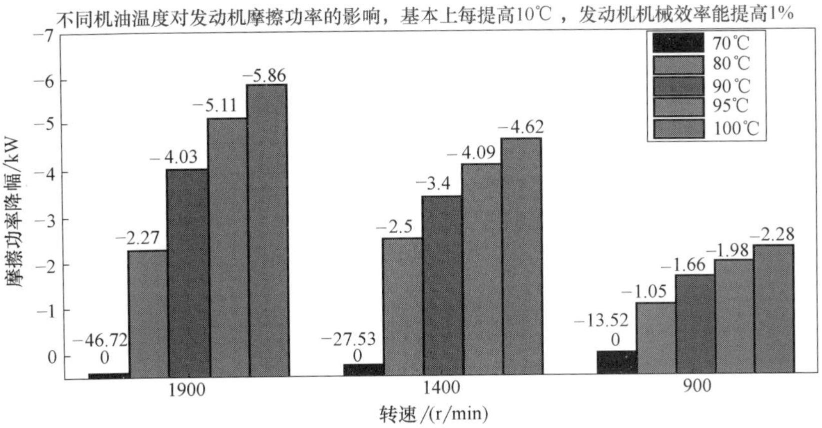

图 10-30 发动机热管理技术对摩擦功率的影响

2）进气卸荷空压机：当整车所需制动气压达到要求值时，空气压缩机卸掉负载，不再消耗发动机功率，如图 10-31 所示。

3）后处理系统：混合动力专用发动机后处理系统如图 10-32 所示。其中选择性催化还原（Selective Catalytic Reduction，SCR）系统采用压缩空气辅助喷射，计量喷射泵内置控制装置，可控制内部计量泵和压缩空气电磁阀按既定的程序工作。尿素喷射控制单元（Dosing Control Unit，DCU）通过 CAN 总线与发动机 ECU 通信，获得发动机的运行参数，再加上 SCR 催化器前后温度信号、氧化催化器（Diesel Oxidant Catalyst，DOC）前 NO_x 传感器信号，计算出尿素喷射量，然后通过 CAN 总线控制计量喷射泵喷射适量的尿素到 SCR 催化剂之前。压缩空气的作用是携带计量后的尿素到喷嘴，使尿素经喷嘴后尽可能雾化。

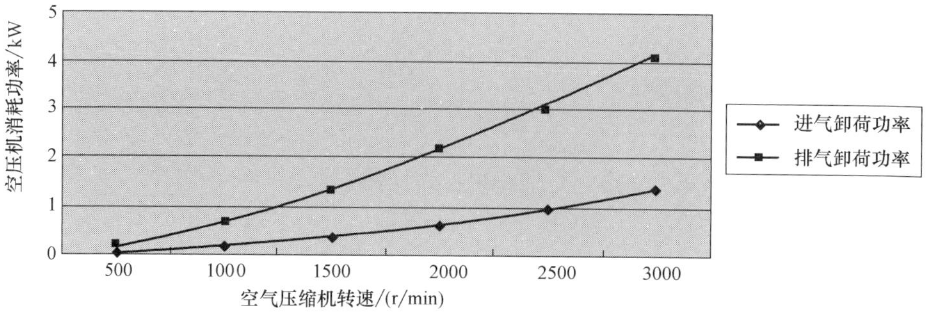

图 10-31　进排气空压机卸荷功率对比

尿素在排气管混合区遇高温分解成氨气（NH_3），与排气充分混合后进入 SCR 催化器。在催化消声器里，NH_3 和 NO_x 反应生成氮气和水，排到大气中。

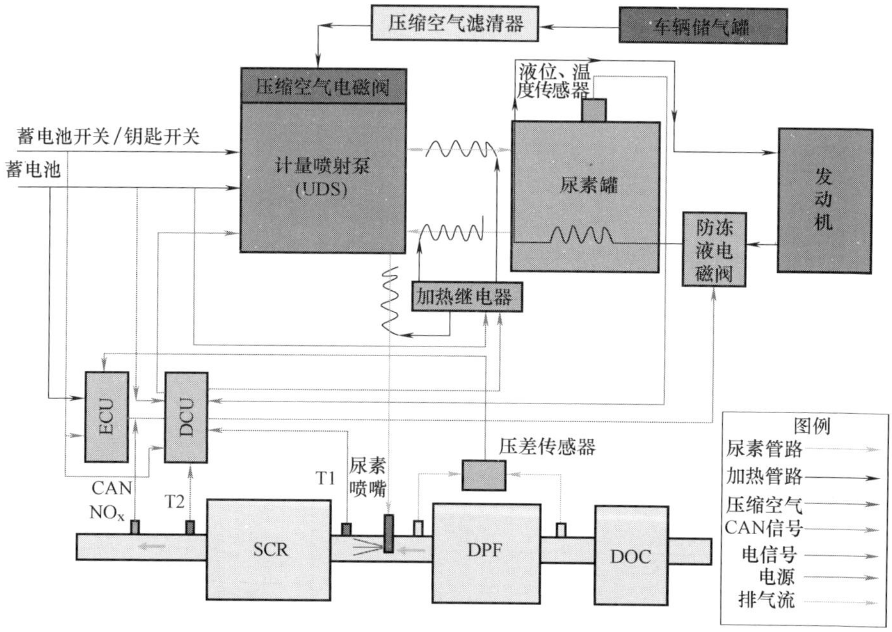

图 10-32　混合动力专用发动机后处理系统示意图

DPF—Diesel Particle Filter，柴油颗粒过滤器

10.4　车载动力蓄电池系统设计

10.4.1　基本要求

混合动力汽车的工作模式决定了车载能源系统进行的是频繁、浅度的充放电循环，大部分充放电是以大电流进行的，能量消耗较少，但电压、电流可能有较大的变化。因此要

求车载能源系统除了具备安全性和环境适应性等性能以外，还必须具备一定功率的输入/输出特性。

混合动力汽车对动力蓄电池系统的基本要求有：

1）动力蓄电池要有较高的质量比功率（W/kg），动力蓄电池组瞬时提供的功率要能够满足电动汽车加速或爬坡的要求。

2）充放电效率高：动力蓄电池组中能量的循环必须经过充电—放电—充电的循环，高的充放电效率对保证整车效率具有至关重要的作用。

3）循环寿命长：动力蓄电池组要与整车同寿命。

4）环境适应性强，在高低温（–40 ~ 55℃）的状态下均能实现大功率的输入和输出，满足整车功率需求。

按GB/T 31486—2015《电动汽车用动力蓄电池电性能要求及试验方法》中的定义方法，可将动力蓄电池分为高功率型和高能量型两种，而快速充电型纯电动汽车已经具备3C充放电能力，因此高能量型动力蓄电池可以进一步细分为功率能量兼顾型和能量型，具体划分见表10-3。

表10-3 高能量型动力蓄电池划分

电池类型	高功率型	高能量型	
		功率能量兼顾型	能量型
放电倍率	≥ 10C	3C ＜电池＜ 10C	≤ 3C

目前车用动力蓄电池体系通过优化单体电池结构设计均可实现高功率的输出，混合动力汽车常用的动力蓄电池类型有：镍氢蓄电池、磷酸铁锂蓄电池、锰酸锂蓄电池、钛酸锂蓄电池等。各类型动力蓄电池的对比见表10-4。

由于使用石墨负极的锂离子蓄电池，在低温状态下石墨嵌锂困难，易在负极表面形成锂枝晶而影响蓄电池的寿命和安全性，所以磷酸铁锂蓄电池和锰酸锂蓄电池在低于0℃时

表10-4 各类型动力蓄电池的对比

类型	镍氢蓄电池	磷酸铁锂蓄电池	锰酸锂蓄电池	钛酸锂蓄电池
标称电压/V	1.2	3.2	3.7	2.3
正极材料	氢氧化镍	磷酸铁锂	锰酸锂	三元材料
负极材料	贮轻合金	石墨	石墨	钛酸锂
循环寿命/次	＞ 2000	＞ 3000	＞ 3000	＞ 10000
使用温度	–20 ~ 60℃	–25 ~ 60℃	–25 ~ 55℃	–40 ~ 60℃
安全性	好	较好	较好	好
成本	较高	低	低	高
优点	①安全性好 ②耐过充过放 ③回收价值高	①安全性较好 ②铁资源丰富，材料成本较低 ③循环寿命长	①材料成本较低 ②倍率性能好 ③安全性能较好 ④放电曲线线性好，SOC易估算	①循环寿命长 ②倍率性能好 ③低温性能好
缺点	①电池比能量偏低 ②材料成本高，价格较高 ③自放电较大	①管理系统SOC估算难度大 ②能量密度相对较低 ③低温充电性能差	①高温性能较差 ②能量密度相对较低	①电池比能量低 ②易产生气胀，影响寿命和安全
代表企业	丰田PEVE、科力远	比亚迪、CATL、力神、国轩、SAFT	盟固利、惠州亿鹏、AESC	微宏动力、银隆、四川兴能、日本东芝

不能持续充电。根据温度不同，允许有时间＜ 10s 的短时回馈电流，需在电池管理系统中根据其温度特性进行充电电流的限制。以某款混合动力车用锰酸锂蓄电池为例，其持续充电上限电压和倍率限制见表 10-5。

表 10-5　某款混合动力车用锰酸锂蓄电池在不同温度下的持续充电上限电压和倍率限制

电压和倍率		温度 /℃								
		<0	[0，5）	[5，10）	[10，15）	[15，20）	[20，35）	[35，45）	[45，55]	>55
上限电压（电芯）/V		—	4.1	4.1	4.1	4.1	4.1	4.1	4.1	—
倍率	70% ＜ SOC ≤ 85%		0.1C	0.1C	0.25C	0.5C	0.75C	0.5C	0.25C	
	40% ＜ SOC ≤ 70%		0.15C	0.25C	0.5C	0.8C	1C	1C	0.75C	
	SOC ≤ 40%		0.25C	0.5C	0.75C	1C	1C	1C	1C	

混合动力汽车动力蓄电池管理系统（BMS）主要实现对动力蓄电池电压、温度、电流等信息的采集，通过检测动力蓄电池的外特性参数，进一步通过逻辑控制与逻辑计算功能，实现动力蓄电池内部状态（如 SOC 等）的估算和监控。正确获取动力蓄电池的状态后，进行热管理、均衡管理、充放电管理、故障报警及处理等。时时通过 CAN 总线将电源系统主要技术参数与整车通信，从而实现对动力蓄电池系统的有效管理。动力蓄电池管理系统的主要作用如下：

1）保护单体蓄电池与电池包，避免因过充电、过放电导致动力蓄电池损坏。

2）准确预测动力蓄电池当前状态，限制充放电电流，最大限度地延长动力蓄电池的寿命。

3）准确预测动力蓄电池充放电能力，最大限度地保持动力蓄电池处于满足整车用电设备需求的最佳状态。

4）完善故障检测、诊断处理机制，确保人员及整车资源高压电安全。

混合动力汽车对动力蓄电池管理系统的设计要求：

1）动力蓄电池管理系统的主要设计指标见表 10-6。

表 10-6　动力蓄电池管理系统的主要设计指标

项目	技术要求
可测量总电压范围（直流）	0 ~ 750V
最大可测量电流	± 500A
SOC 估算误差	≤ 8%
单体蓄电池电压测量精度	≤ 0.2%
电流测量精度	≤ 1%
温度测量精度	≤ 1℃
工作温度范围	-40 ~ 85℃
CAN 通信	满足整车控制要求
故障诊断	对动力蓄电池故障进行诊断报警
故障记忆功能	统计记录次数，记录最后一次故障时动力蓄电池状态信息
在线监测与调试功能	满足整车要求

2）动力蓄电池管理系统应具备如下基本功能：

① 检测功能：检测单体蓄电池电压、温度、工作电流，动力蓄电池组总电压、绝缘

电阻，低压供电电源等。

② 状态评估和估算功能：具备蓄电池 /BMS/ 动力蓄电池系统的状态分析、故障报警功能，动力蓄电池的 SOC/ 功率承受能力（SOP）/ 剩余寿命（SOH）估算功能等。

③ 管理功能：供电电源管理、充放电管理、高低压上下电管理、主被动均衡管理、热管理、安全管理、历史故障数据管理等。

④ 辅助功能：诊断标定功能、程序升级功能、软件版本管理等功能。

3）动力蓄电池管理系统应满足的标准要求见表 10-7。

表 10-7 动力蓄电池管理系统要求

序号	标准法规编号	标准法规名称	具体要求（适用于综合性的标准法规）
1	GB/T 18655—2018	车辆、船和内燃机 无线电骚扰特性 用于保护车载接收机的限值和测量方法	部件射频、传导骚扰限值要求
2	ISO 10605—2008	道路车辆静电放电产生的电干扰试验方法（中文译名）	静电放电产生的干扰
3	ISO 11452-2—2004	道路车辆 窄带辐射的电磁能量产生的电干扰的部件试验方法 第 2 部分：吸收电磁室（中文译名）	满足电磁干扰要求
4	ISO 11452-4—2005	道路车辆 窄带辐射电磁能量产生的电干扰的部件试验方法 第 4 部分：大容量电流注入（BCI)（中文译名）	满足电磁干扰要求
5	ISO 16750-2—2010	道路车辆 电气和电子设备的环境条件和试验 第 2 部分：电力负载（中文译名）	满足电气性能测试
6	GB/T 2423. 1—2008	电工电子产品环境试验 第 2 部分：试验方法 试验 A：低温	环境可靠性测试
	GB/T 2423.2—2008	电工电子产品环境试验 第 2 部分：试验方法 试验 B：高温	
	GB/T 2423.17—2008	电工电子产品环境试验 第 2 部分：试验方法 试验 Ka：盐雾	
	GB/T 2423.22—2012	环境试验 第 2 部分：试验方法 试验 N：温度变化	
	GB/T 2423.34—2012	环境试验 第 2 部分：试验方法 试验 Z/AD：温度 / 湿度组合循环试验	
7	QC/T 897—2011	电动汽车电池管理系统技术条件	满足技术条件要求
8	GB/T 20234.3—2015	电动汽车传导充电用连接装置 第 3 部分：直流充电接口	满足国标直流充电要求
9	GB/T 20234.1—2015	电动汽车传导充电用连接装置 第 1 部分：通用要求	满足国标直流充电要求
10	GB/T 27930—2015	电动汽车非车载传导式充电机与电池管理系统之间的通信协议	满足国标直流充电要求
11	ISO 7637-2—2004	道路车辆 传导和耦合引起的电干扰 第 2 部分：仅沿电源线瞬间电导（中文译名）	满足 EMC 设计要求
12	ISO 7637-3—2007	道路车辆 传导和耦合引起的电干扰 第 3 部分：通过电容耦合和电感耦合经由非电源线路的瞬间电传输（中文译名）	满足 EMC 设计要求
13	GB/T 28046.3—2011	道路车辆 电气及电子设备的环境条件和试验 第 3 部分：机械负荷	满足环境适应性要求
14	GB/T 28046.4—2011	道路车辆 电气及电子设备的环境条件和试验 第 4 部分：气候负荷	满足环境适应性要求
15	GB/T 2408—2008	塑料 燃烧性能测定 水平法和垂直法	满足材料阻燃要求
16	GB/T 191—2008	包装储运图示标志	满足包装储运要求
17	GB 4208—2008	外壳防护等级（IP 代码）	满足外壳防护要求
18	GB/T 31467.3—2015	电动汽车用锂离子动力蓄电池包和系统 第 3 部分：安全性要求与测试方法	—
19	QC/T 413—2002	汽车电气设备基本技术条件	—

10.4.2 功率型动力蓄电池组

功率型动力蓄电池组主要提供车辆瞬时高功率的输入输出，因此电池组的容量一般较小，通常在20A·h以下，但电池组可以提供20 ~ 30C的瞬间倍率输出。电池组SOC通常工作在30% ~ 60%区间，功率型动力蓄电池组的结构分解图如图10-33所示。由于动力蓄电池组有频繁的高倍率输入输出，所以一般配有热管理系统。为了控制系统成本和系统可靠性，多数采用的是风冷热管理系统，即在动力蓄电池组内部设计合理的风道，使内部风场分布合理，使单体蓄电池间的温差在合理范围内。但风冷系统的防护等级低，进风口需增加灰尘过滤装置并需定期维护和更换。动力蓄电池组在整车上的布置位置需高于整车的涉水深度，避免动力蓄电池组进水引起失效等问题。

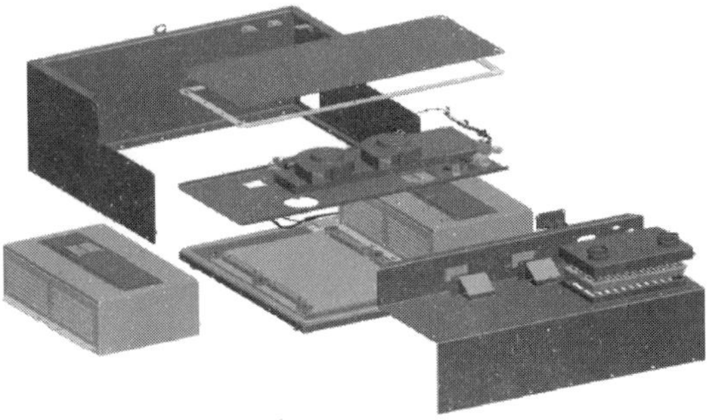

图10-33 功率型电池组的结构分解图
（见书末彩色插图）

10.4.3 功率能量兼顾型动力蓄电池组

具有纯电行驶功能的混合动力客车，一般使用功率能量兼顾型动力蓄电池组。动力蓄电池系统电量通常小于50kW·h。动力蓄电池组仍需配备热管理系统，有风冷和水冷两种模式。如使用风冷模式，则对动力蓄电池组的要求与功率型动力蓄电池组的要求相同；如使用水冷模式，则动力蓄电池组防护等级可以达到IP68，动力蓄电池组的布置位置可以不受涉水深度的影响。

图10-34 功率能量兼顾型动力蓄电池组标准箱体实物

功率能量兼顾型动力蓄电池组，由于装载电量较多，一辆车会装多个动力蓄电池箱体。目前动力蓄电池箱体尺寸已趋于标准化，典型的动力蓄电池箱体尺寸为长820 ~ 1100mm，宽630mm，高240mm，其实物如图10-34所示。

10.4.4 超级电容器及管理系统

超级电容器因其超高的比功率和超长的循环寿命，在混合动力电动客车中得到广泛应用。超级电容器按电解质不同可以分为水系和非水系两大类，其中应用较为广泛的是非水系中的有机电解液体系。水系超级电容器与非水系超级电容器对比具体对比见表 10-8。

表 10-8 水系超级电容器与非水系超级电容器对比

序号	特性	水系电解液体系	有机电解液体系
1	电解液主要成分	电解质：KOH 或者 H_2SO_4 溶剂：水	电解质：季铵盐等 溶剂：乙腈等
2	额定电压	电压低（< 1.6V）	电压高（2.7 ~ 3.0V）
3	电解液特性	强酸或者强碱，腐蚀性强，易泄漏	易燃，对环境和装配工艺要求高
4	正负极材料	正极为金属氧化物， 负极为活性炭	正负极均为活性炭
5	内阻	高	低
6	低温性能	差（-20℃）	好（-40℃）
7	质量能量密度	15W·h/kg	5W·h/kg
8	循环寿命	10 万次	100 万次

超级电容器分为单体和模组。根据车辆的不同要求，可以将超级电容单体串并联构成系统，也可以将超级电容器模组串并联构成系统。混合动力电动客车一般以 48V/165F 超级电容器模组串并联构成系统，如图 10-35 所示。超级电容器模组的技术要求见表 10-9。

图 10-35 超级电容器单体和超级电容器模组

表 10-9 超级电容器模组的技术要求

参数		规格	说明
电气	标称容量 /F	165	25℃，100A 恒流，50% ~ 80% 额定电压
	容量偏差 /F	± 5%	—
	最大直流内阻 /mΩ	6.3	25℃
	额定电压 /V	48	—
	最高电压 /V	51	—
	最大持续电流 /A	77	ΔT < 15℃
	峰值电流（1s）/A	1900	峰值电流 =1/2CV/（C·ESR+1）
	漏电流 /mA	5.2	25℃，充电至额定电压，保持电压 72h 后的电流
温度	工作温度 /℃	-40 ～ 65	—
	存储温度 /℃	-40 ～ 70	—

（续）

参数		规格	说明
机械特性	模组质量 /kg	＜ 14	—
	输出端子螺纹规格	M8/M10	三合一组合防腐螺栓，8.8 级，螺栓头配合 13/16 号套筒工具
	输出端子安装转矩 /N・m	20/30	± 0.5
	振动及冲击标准	符合车用振动标准	满足整车振动要求
	防护等级	IP65	—
	散热方式	自然风冷	—
监控和管理	内部温度传感器	NTC	—
	温度信号	模拟	—
	单体电压监控	过电压报警	单体过电压报警整定值 2.8V（± 0.06V）
	通信端子	DTM	—
	均衡电路	VMS2.0	单体均衡整定值 2.8V（± 0.06V）
功率与能量	可用功率密度 /（W/kg）	3300	有效功率密度 $=0.12U_2/\mathrm{Rm}$ ①
	最大功率密度 /（W/kg）	6800	最大功率密度 $=U_2/4\mathrm{Rm}$ ①
	能量密度 /（W・h/kg）	3.9	能量密度 $=1/2CU_2/3600\mathrm{m}$ ②
	可用能量 /（W・h）	53	能量存储 $=1/2CU_2/3600$
寿命	高温 /h	＞ 1500	48.6V、65℃保压，电容量衰减小于最小初始值 20%，内阻上升小于最大初始值 100%
	室温 / 年	10	48.6V、25℃保压，电容量衰减小于最小初始值 20%，内阻上升小于最大初始值 100%
	循环寿命 / 次	1000000	25℃下，充放电电压范围：额定电压至 1/2 额定电压，电容量衰减小于最小初始值 20%，内阻上升小于最大初始值 100%
	存储寿命 / 年	4	25℃不带电荷存储，电容量衰减小于最小初始值 10%，内阻上升小于最大初始值 50%
安全	短路电流 /A	7600	不能作为工作电流使用
	耐压等级	2500V（DC）	—

① U_2—电容模组电压（V）；R—电容模组的直流内阻（mΩ）；m—电容模组的质量（kg）。

② C—电容模组的容量（F）。

超级电容器的寿命受温度和电压的影响较大。一般超级电容器模组均配有均衡板，负责对超级电容器单体进行电压均衡，避免超级电容器单体过充电。同时均衡板具有超级电容器单体温度检测功能，混合电动汽车需配备超级电容器管理系统采集超级电容器模组电压和温度信息，对超级电容器模组电压和系统温度进行有效管理。

对超级电容器管理系统的通用要求如下：

1）模块温度采样功能，记录管理系统采集温度并满足采样精度≤ 2℃，达到报警值时能正常报警。

2）电容模组单体过电压报警检测功能。

3）满足 ISO 16750-2—2012 相关要求。

4）塑料阻燃性能：按照 GB/T 2408—2008 要求试验，防火安全性能满足水平燃烧达到 HB 级，垂直燃烧达到 V-0 级的要求。

5）线束阻燃性能：自带线束各原材料的阻燃特性应满足 GB/T 2408—2008 的要求，

其中水平燃烧达到 HB 级，垂直燃烧达到 V-0 级。

6）在 −40 ~ 70℃环境温度下，超级电容器管理系统应能按规定要求正常工作。

7）超级电容器管理系统具有抗盐雾、潮湿的能力，并满足 GB/T 2423.17—2008 相关规范中 48h 试验周期的有关规定。

8）温度、振动、耐久等性能符合 QC/T 413—2002。

9）具备故障模块定位功能。

10.4.5 复合电源系统

由于超级电容器系统比能量低，48V/165F 超级电容器模组 12 块串联储存能量仅有 0.6kW · h，不能支持车辆纯电行驶。为了使车辆有一定的纯电续驶里程能力，通常采用超级电容系统与动力蓄电池系统复合的方式构成复合电源系统，如图 10-36 所示。复合电源系统保持了超级电容系统的所有优点，如低温适应性强、峰值输入输出功率大、寿命长等，同时降低了整车对动力蓄电池系统的要求。复合电源系统中的超级电容系统承担车辆起步、加速、制动、低温等恶劣工况下瞬时功率的输入输出，动力蓄电池系统则可以使用价格较低的高能量型电池，在混合动力汽车平稳运行时提供稳定的能量来源。动力蓄电池系统工作的 SOC 区间在 30% ~ 80%，可以有效保证动力蓄电池组的使用寿命和安全性。复合电源系统的防护等级低于 IP67 的，在车辆布置时要充分考虑布置高度，避免车辆涉水时引起系统失效等问题发生。

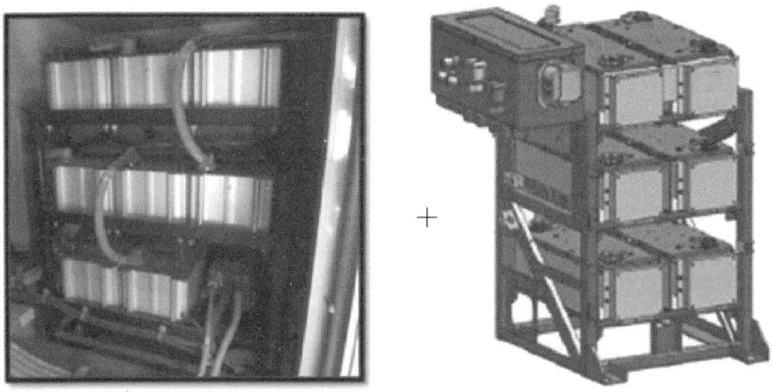

a)　　b)

图 10-36　复合电源系统

a) 超级电容系统　b) 电池系统

10.5　电机驱动控制系统设计

10.5.1 电机驱动控制系统简介

混合动力汽车电机驱动控制系统是车辆行驶的主要执行机构，一般由电机、控制器、功率变换器及传感器、电源等构成，其拓扑结构如图 10-37 所示。

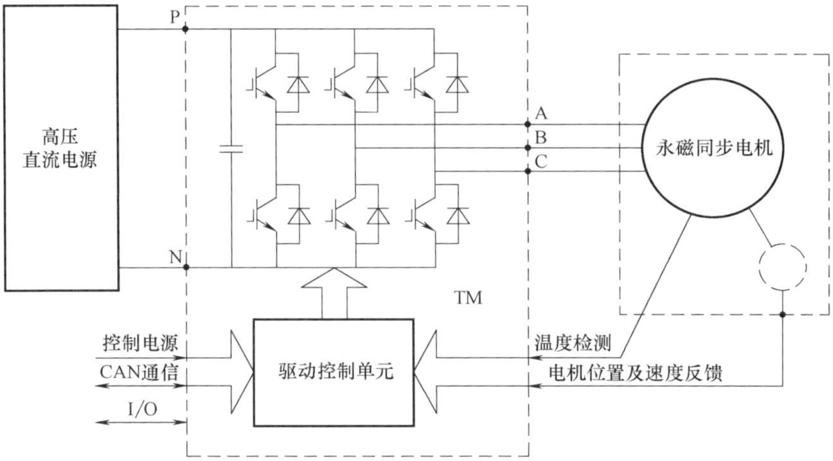

图 10-37　电驱动系统的结构拓扑图

10.5.1.1　设计要求

（1）转矩、功率密度大

无论是纯电动汽车还是混合动力汽车，动力总成结构都非常紧凑，留给电机驱动系统的空间非常小。因此，在减小电机体积的同时，还要求电机具有足够的转矩和功率。

（2）电机工作速域宽

在电机和输出到轮毂的轴之间设有主减速齿轮，要达到车辆的最高转速，驱动电机的理想机械特性是：基速以下输出大转矩，以适应车辆的起动、加速、负荷爬坡、频繁起停等复杂工况；基速以上为恒功率运行，以适应最高车速、超车等要求。

（3）电驱动系统效率高

电动汽车供电电源能量有限，提高电驱动系统的效率是提高汽车续驶里程和经济性的重要手段。

10.5.1.2　应具有的优点

（1）系统适应环境能力强

电机及其驱动器要防水、防尘、防振，具有很强的环境适应能力。电机结构要坚固，体积尽可能小，重量尽可能轻，具有良好的环境适应性和高可靠性。

（2）电磁兼容性好

电机驱动系统在汽车上是比较大的干扰源，在电机和驱动器设计及整车布置上要充分考虑电磁兼容和屏蔽，尽量避免和减小驱动系统对其他电器的影响。另外也要避免和减少点火系统等干扰源对电机驱动系统的影响。

（3）性价比高

电机驱动系统作为整车的一个部件，在保证性能的前提下，成本不能太高，尤其是在当前世界汽车行业竞争激烈的环境下，提高驱动电机的性价比才能推动电动汽车的产品化发展。

10.5.1.3 发展趋势

（1）电机永磁化

永磁电机因其效率高、比功率大、功率因数高、可靠性高、便于维护，逐渐成为行业应用的主流。

（2）电机高速化

高速电机可以提高电机的功率密度，减小电机的体积，通过合适的变速器满足整车动力性及经济性要求。

（3）系统集成化

在电动汽车中，系统集成化是降低成本的需要。电机驱动系统的集成化包括两个方面：一是机电集成，即电机与发动机集成、电机与变速器集成、电机与车桥集成；二是控制元件集成，即电机驱动系统所有控制元件集成。

（4）扁线电机研发

扁线电机的核心优势在于能量密度的提升。扁线电机里的扁线是针对定子的绕组，传统的为多根细圆线，现在变成几根粗的矩形导线。其优点很多，核心优点在于高能量密度，通过槽满率的提升来提升铜含量，可提高 20% ~ 30% 的功率。“十三五”规划提出新能源汽车驱动电机的峰值功率密度要达到 4kW/kg，从整个行业看，国内目前产品级在 3.2 ~ 3.3kW/kg，因此还有 30% 的提升空间。

10.5.2 电机驱动控制系统设计实例

10.5.2.1 整体结构

电机驱动平台主要包括永磁同步电机（IPMSM）、功率变换电路、DSP 及其外围电路、采样电路、IGBT 驱动及保护电路、开关电源等硬件部分。功率变换电路主要包括直流电源、母线滤波电容、逆变电路以及吸收电路等；采样电路主要包括母线电压采样电路、电流采样电路以及转子位置角采样电路等；DSP 及其外围电路为由 TI 公司 DSP 芯片 TMS320F28335 构成的最小控制系统，主要用来完成相关控制算法的实现、PWM 脉冲波的产生、电压变换、D/A 转换、IGBT 驱动及保护电路控制、故障检测以及数据通信等功能。

图 10-38 所示为 IPMSM 驱动控制系统平台结构框图，由 84kW 起 / 发电机经过 PWM 整流后为逆变器提供直流母线电压，经由逆变器通过 SVPWM 调制产生的三相交流电压来驱动 IPMSM。通过电压传感器可得到直流母线电压的值，通过电流传感器可以实时检测 IPMSM 三相定子绕组中电流的大小，然后利用位置传感器（旋转变压器）可得到电机转子位置的实时值。将所测得的变量经过相关处理后输入 DSP 进行相应的运算，可产生相应 PWM 脉冲控制信号，将 PWM 脉冲控制信号经驱动放大电路后输入 IGBT 功率模块，即可产生相应的电压脉冲，从而实现对电机的矢量控制。

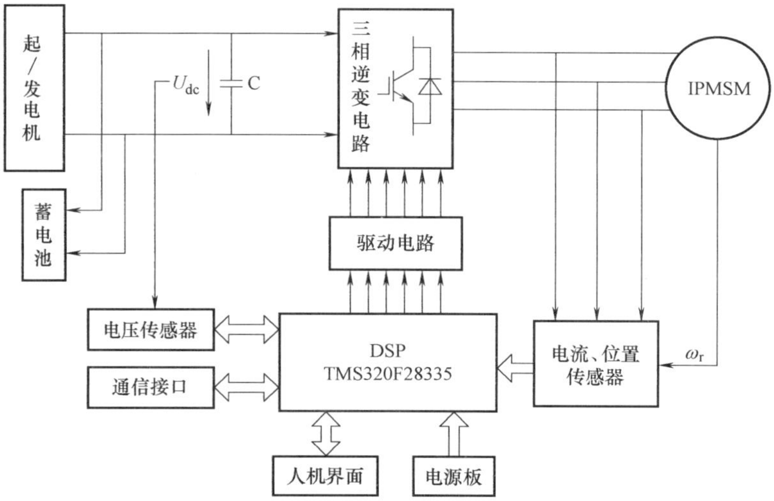

图 10-38　IPMSM 驱动控制系统平台框图

10.5.2.2　硬件电路设计

1. 主电路设计

根据直流侧供电电源的特性，逆变器常分为电流型逆变器和电压型逆变器。本文中的控制系统设计成电压型逆变器结构，即在直流侧输入端并联大电容器。选用 IGBT 作为功率开关器件，每个桥臂上的单管又采用三管并联的方式，然后通过 IGBT 驱动及保护电路按一定的开关顺序来控制 IGBT 的导通与关断，从而输出三相对称的交流电压来驱动电机运行。

在对 IGBT 进行选型时，首先考虑的是系统的容量及电压等级。在本系统中，额定电压为 900V，额定电流为 533A。同时在选型时，必须得考虑开关管的电压裕量，一般取两倍的工作电压。根据实际情况，选择 1700V 电压等级的开关管。系统的额定电流为 533A，故考虑两倍的裕量，综合其开关管的损耗和散热条件等因素，本系统功率器件选取英飞凌（Infineon）公司 FS450R17KE4（峰值电流 450A、耐压 1700V）IGBT 模块，每个桥臂采用三个并联的方案，最大工作电流为 1350A。对于 IGBT 的吸收缓冲电路，直接将无感吸收电容并接在每个 IGBT 桥臂上，如图 10-39 所示的 C1、C2、C3。这种方式对于抑制瞬变电压非常有效且成本较低。本系统采用创格电子 MKPH-S 系列 1μF 无感吸收电容器，考虑到系统每个桥臂采用“三并”的方式，每个 IGBT 并联一个无感吸收电容器，三个桥臂，共九个。

2. DSP 控制系统的组成

对驱动器状态的实时监测和电机控制算法的实现都是通过 DSP 控制芯片来完成的。TMS320F28335 是 TI 公司推出的 32 位浮点 DSP 控制芯片，与以往的定点 DSP 相比，该器件的精度高，成本低，功耗小，性能高，外设集成度高，数据以及程序存储量大，A/D 转换更精确快速，因此被广泛应用于工业控制。同时其内部集成了 ADC、ePWM、SCI、eCAN 等模块，所以只需要配置所需要的外围电路就可以组成相应 DSP 控制系统，如图 10-40 所示。

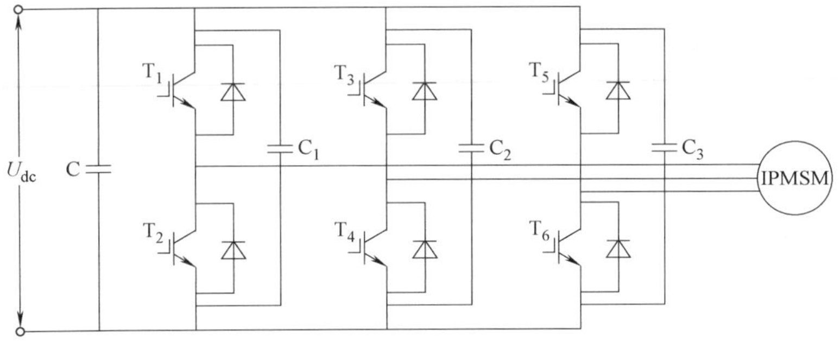

图 10-39 主电路拓扑图

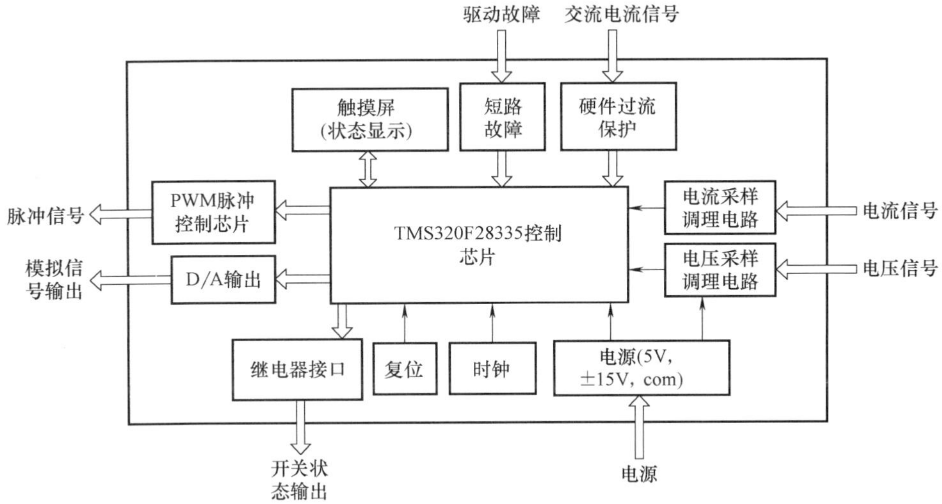

图 10-40 DSP 控制板硬件的组成

DSP 控制板由 TMS320F28335 控制芯片、DSP 时钟信号、复位信号、电源转换电路、电平转换电路、采样调理电路、保护电路、D/A 输出电路、485 通信电路、CAN 通信电路等组成。

① 电源转换电路为 DSP 芯片和通信模块（SCI、CAN）提供 +5V 电源，为采样电路提供 ±15V 电源（com 表示通信模块供电电源地）。

② 电平转换电路通过转换芯片在 3V 与 5V 之间相互转换。

③ 采样调理电路将电压、电流传感器采集到的电压或电流信号转换成 0 ~ 3V 的信号后送入 DSP 芯片中。

④ 当三相交流电流超过设定的安全电流范围时，硬件过流立即响应保护，IOC 端子迅速由高电平跳变到低电平，传输到 DSP 芯片的 TZ5 端子，通过故障捕获子模块来封锁 ePWM 模块的脉冲。为了更可靠地保护，另一路信号同时输送到 PWM 脉冲电平转换芯片的使能端子上，从而通过电平转换芯片封锁脉冲，达到双重保护的效果。

⑤ 短路故障通过检测驱动板上反馈回来的故障信号，送入 DSP 的 TZ1 端子来封锁 PWM 脉冲。

⑥ D/A 输出将 DSP 计算出来的各个变量的数值经过 D/A 电路转换成 0 ~ 10V 的模拟信号，然后输出，送入上位机。

⑦ DSP 通过开关量的输出来控制继电器的吸合从而控制断路器导通和关断。

⑧ 触摸屏和 DSP 芯片之间通过 Modbus485 进行通信，将指令传输给 DSP 芯片，同时从 DSP 芯片读取相关实时数据和状态信息。

3. 采样电路设计

采样电路是整个控制系统关键模块之一。采样是否准确关系到整个控制算法的精度和响应速度，对控制系统至关重要。电压、电流的采集通过 DSP 芯片内部集成的 ADC 转换子模块进行处理。DSP 内部集成了 16 路 12 位的片内采样通道，能处理电压为 0 ~ 3V 的模拟量。而直流母线电压为直流量，定子电流为交流量。采样电路需要做的就是把所采集到的这些变量转换成 0 ~ 3V 的模拟量，并输送到 DSP 中，实现对电压电流数据的实时采集。

本文中采用的电机的定子绕组采用的是星形联结方式，因此根据基尔霍夫定律，只需要采集定子的任意两相电流即可，剩下的一相电流通过代数和为零可以计算出来。

对直流母线电压采样时，因为直流母线电压始终为正值，所以只需要将直流母线电压的采样值进行一定比例的放大或缩小，使其在工作区间内输送到 DSP 芯片中的电压在 0 ~ 3V 范围内即可。由于驱动器本身的额定工作电压为 900V，最大能承受的电压为 1700V（IGBT 选择的型号为 1700V）。因此，理论上采样电路的设计范围是：实际电压值为 0 ~ 1700V 时，对应输送到 DSP 芯片中的电压为 0 ~ 3V。同时考虑到电子元器件自身存在零漂，在设计时需要留一定的裕量，因此直流母线电压 0 ~ 1700V 对应到采样电路输送到 DSP 芯片中的电压应取 0.3 ~ 2.7V。电压传感器采用 LEM 公司型号为 LV25-1000 的霍尔电压传感器，对应于 1000V 电压输出 25mA 电流。电压采样调理电路如 10-36 所示。

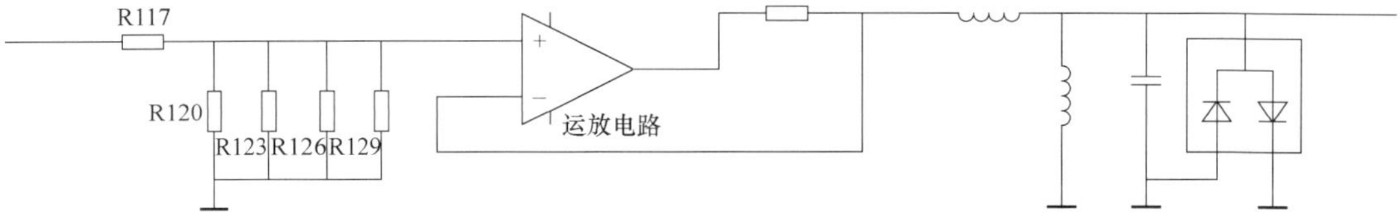

图 10-41　电压采样调理电路

其中，R117、R120、R123、R126、R129 为采样匹配电阻，因为电压传感器输出为电流信号，所以 R117 为 0，通过 R117 的电流幅值为 25mA。因此，1700V 对应电压传感器输出的电流为 25 × 1.7=42.5mA，因此采样电阻为 2.7/0.0425=63.5Ω（即使 R120、R123、R126、R129 并联后的阻值为 63.5Ω）。同时在输送到 DSP 芯片前经过 RC 滤波电路，这样可以有效提高采样调理电路的抗干扰能力。对于电机定子电流的检测，则和直流母线电压的检测有所区别。定子电流是正弦交流电，因此通过电流传感器产生的信号有正也有负。而前文说过，输送到 DSP 芯片的只能是 0 ~ 3V 的电压信号，因此，需要将输送到 DSP 芯片的电压信号进行相应的变换。通过上拉使电压值抬升 1.5V，便可有效地测量到交流电流值。

① 当电压跟随器输出的电压为 0V 时，输送到 DSP 芯片的电压为 1.5V。

② 当电压跟随器输出的电压为 3V 时，输送到 DSP 芯片的电压为 3V。

③ 当电压跟随器输出的电压为 -1.5V 时，输送到 DSP 芯片的电压为 0。

电压信号经过采样电路抬升后的值，为了区分其正负，最高位变成了符号位，因此采集交流电流信号时，采样调理电路的精度实际降低了一位，变成 11 位精度。电流采样传感器采用 LEM 公司型号为 HAT1500-S 的霍尔电压传感器，对应于 1500A 电流输出 4V 电压。电流采样调理电路如图 10-42 所示。

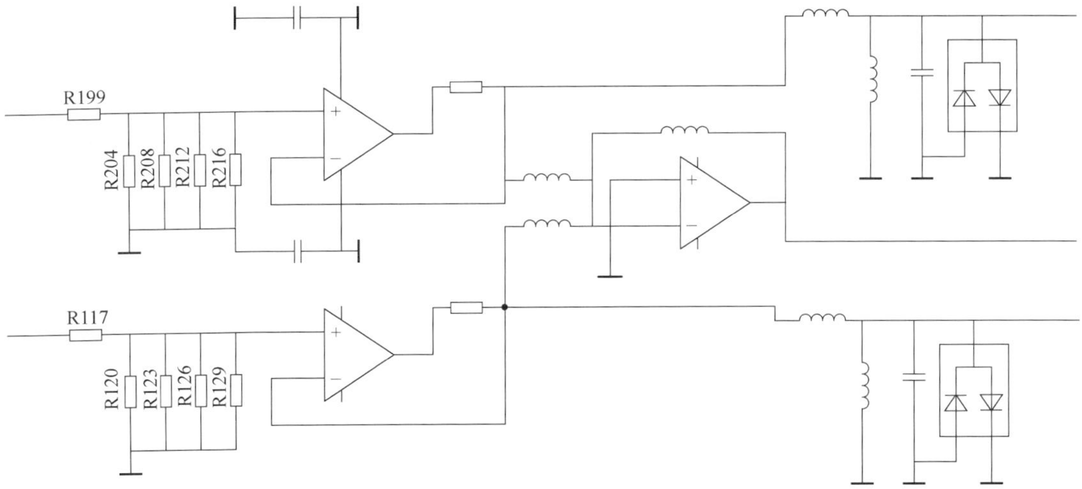

图 10-42 电流采样调理电路

其中，采样范围为 0 ~ 1350A（IGBT 选择的型号为 1350A），因此 1350A 对应的传感器输出电压为 3.6V，同样对应采样电路输入到 DSP 中的电压取 0.3 ~ 2.7V，则应该使采样电阻 R199 与 R204、R208、R212、R216 四个并联后的阻值比例为 2.7/3.6=0.75。

4. 保护电路设计

当驱动系统出现故障时，控制器需要及时采取保护措施，以免发生炸管等危险。对于驱动器，若出现过压、过流、短路、过载等故障，则控制器首先需要做的是封锁 PWM 脉冲信号，让 IGBT 全部关断，从而阻止能量的流通。

通常来说，故障保护分为软件保护和硬件保护两部分。对于任一控制器，都存在着其能承受的最大电压、最大电流以及最大功率等限定条件。软件保护的作用是将检测到的电压和电流信号经过采样调理电路处理，输送到 DSP 芯片后与程序中设定的保护值进行比较，得出系统的实时运行状态并进行判断与动作，从而起到软件识别、保护的作用。但是软件运行往往是需要一定的时间周期的，因此当软件保护的速度不足以满足系统要求时，便需要反应速度更快的硬件电路来处理相应的故障信息。

系统对过流分别采取了软件保护和硬件保护，对于母线电压则采取软件过压保护。过电流硬件保护电路如图 10-43 所示。交流电流的正负通过双开关二极管予以区分。采样调理电路处理后的电压信号，经过电阻分压与比较器的同相输入端的参考电位进行比较：如果小于设定的参考值，则比较器输出高电平；如果大于设定的参考值，则比较器输出低电平。因此只需要配置好比较器同相输入端的参考电压，即可实现硬件过流保护。比较器的同相输入端的参考电平为 2.6V，根据数学关系可计算到保护电路对应的限制电流，只要确保 IGBT 最大可承受电流大于限制电流，即可实现对 IGBT 的保护作用。

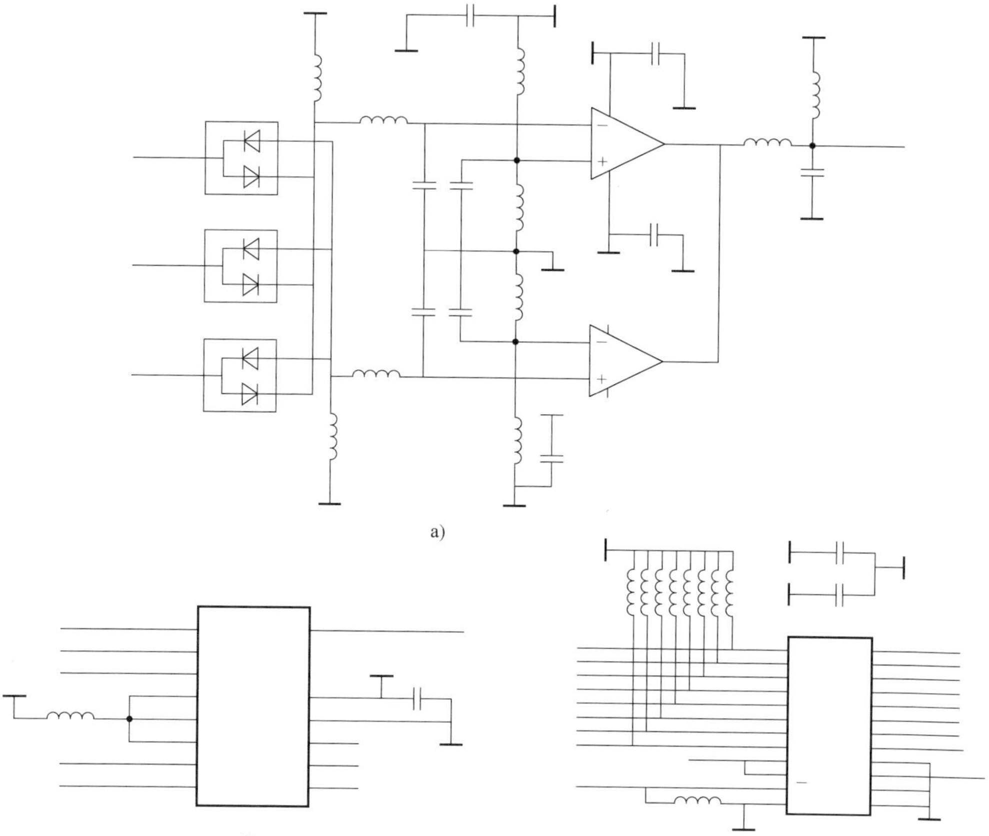

a)　b)　c)

图 10-43　过电流硬件保护电路

5. 位置信号检测电路

在永磁同步电机的矢量控制系统中，需要实时获得电机的转子位置信号，因此需要高速、高精度的传感器和相应的处理电路。由于电动汽车实际工况复杂，干扰强，所以本文选用了旋转变压器作为位置信号检测传感器，同时采用多摩川公司的 R/D 转换芯片 AU6802N1 将旋转变压器的正余弦模拟输出信号转换为 DSP 芯片所需要的数字信号。AU6802N1 芯片能选择位置信号的输出模式，同时具有转换精度高、转换速度快等优点。旋转变压器通过解码芯片的对应端子提供所需要的励磁电压，其中励磁电压的频率可设定为 10/20kHz。旋转变压器的二次绕组输出的正、余弦位置信号通过对应端子输入到 AU6802N1 芯片中，通过解码芯片将模拟信号转换为数字信号后输入到 DSP 芯片。AU6802N1 芯片输出的信号模式分为：脉冲输出、并行 I/O 接口输出和并行总线输出三种，可以通过外部端子的设置进行选择。本文的控制系统选用并行总线的输出模式，这样能减少对 DSP 中 I/O 接口的占用，同时也能有效提高转换速度。AU6802N1 芯片及其外部电路设计如图 10-44 所示。

驱动控制系统软件平台是基于 TI 公司 DSP 开发软件 CCS3.3 开发的。从结构上来看，控制算法主要包括两部分：主程序和中断子程序。

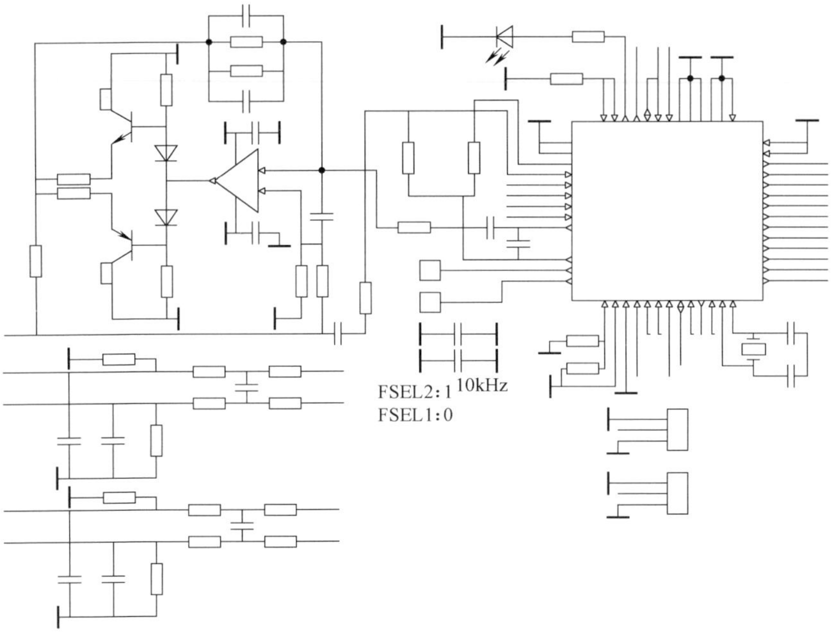

图 10-44　AU6802N1 解码芯片及外部电路

① 主程序主要实现对 DSP 各个端子功能的复用和系统变量以及外围电路的初始化配置。

② 中断子程序是整个控制程序的关键部分，过程控制部分主要在中断程序中完成，包括数据的实时采集、运算，产生 PWM 脉冲，与人机交互界面进行数据交换，过电流、过电压及短路保护等故障信号的实时判断等工作。在中断子程序中运行这些控制算法具有良好实时性和逻辑性。其流程如图 10-45 所示。

主程序主要用于完成系统的初始化、通信状态的实时监测等工作，之后就可以开启中断，等待循环结束。初始化主要包括 CMD 文件的配置、控制系统寄存器的初始化、CPU 时钟的配置、I/O 接口的初始化、旋转变压器信号解码芯片的初始化以及上位机软件通信变量的初始化等。在本系统中，根据用到的外设及所需要实现的功能，程序初始化流程如图 10-46 所示。

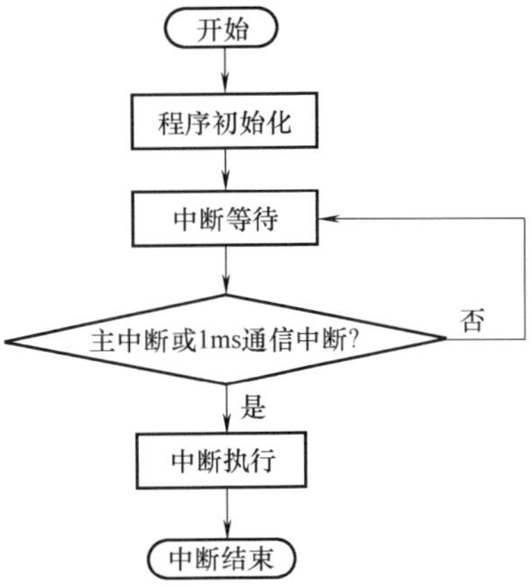

图 10-45　系统程序流程

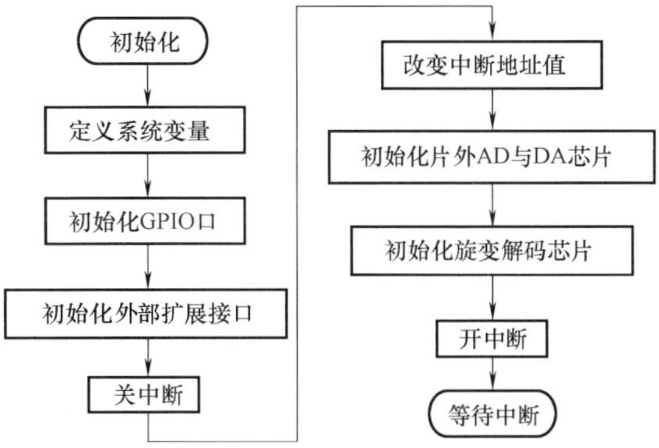

图 10-46　程序初始化流程

控制系统中包含的中断子程序主要有 PWM 中断子程序、1ms 定时中断子程序和 ADC 采样中断子程序。

① PWM 中断作为整个控制系统的核心，主要负责数据的处理以及整个矢量控制算法的执行。

② 1ms 定时中断主要为了 DSP 芯片与人机交互界面之间实时进行数据的交换，从而判断系统的运行状况等。

③ ADC 采样中断则负责把芯片内 A/D 转换芯片所采集到的电压、电流等数据保存到程序的全局变量中，以供 DSP 进行相关算法的运算。

主中断程序流程如图 10-47 所示。其中矢量控制系统程序流程如图 10-48 所示。

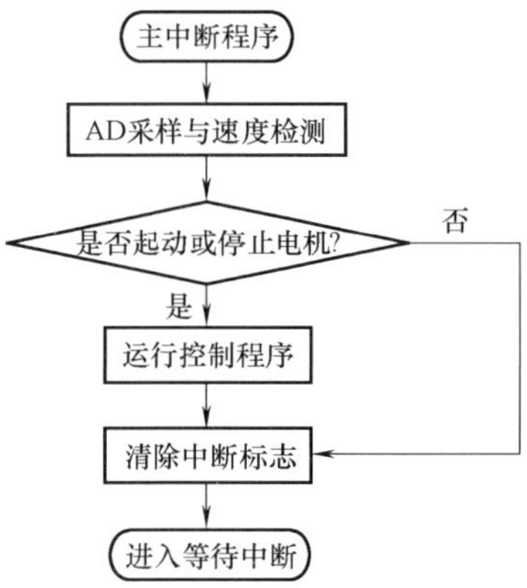

图 10-47　主中断程序流程

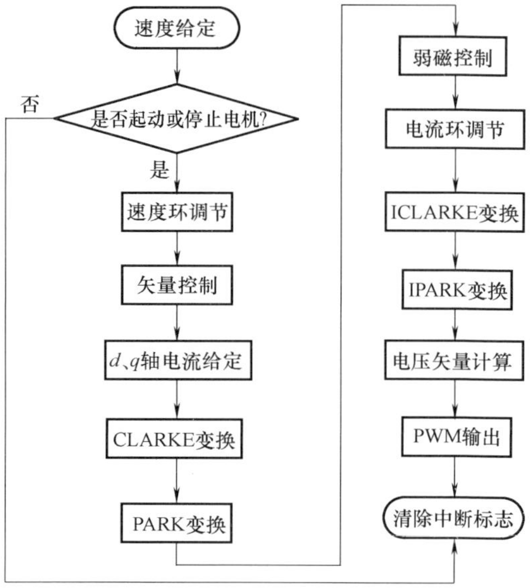

图 10-48　矢量控制系统程序流程

10.6　电辅助系统设计

10.6.1　电动转向助力系统

10.6.1.1　设计要求

转向系统是用来保持或者改变汽车行驶方向的机构。在汽车转向行驶时，要保证各转向轮之间有协调的转角关系。

机械转向系统依靠驾驶人的人力转动转向盘，经转向器和转向传动机构使转向轮偏转。动力转向系统采用助力装置，以此来减轻驾驶人的人力。

通常用转向时驾驶人作用在转向盘上的切向力和转向盘转动圈数两项指标来评价操纵轻便性。没有装备动力转向系统的汽车，在行驶中转向，转向力应为 50 ~ 100N；有动力转向系统时，此力为 20 ~ 50N。

转向轴荷大于 4000kg 时，应采用转向助力装置。装有转向助力装置的汽车，转向时其转向助力功能不得出现时有时无的现象，且转向助力装置失效时仍应具有用转向盘控制汽车的能力。

10.6.1.2 转向助力的类型

汽车转向系统按转向动力来源的不同，可分为机械式转向系统和助力式转向系统两大类。机械式转向系统只由驾驶人人力提供转向动力；助力式转向系统在机械式转向系统的基础上加设一套转向助力装置，兼用驾驶人人力和转向助力作为转向能源，减轻驾驶人转向工作强度并实现转向轻便、灵敏，得到了广泛应用。助力式转向系统又细分为液压助力转向（Hydraulic Power Steering，HPS）系统、电动助力转向系统（Electric Power Steering，EPS）、电控液压助力转向系统（Electric Hydraulic Power Steering，EHPS）。

混合动力电动汽车采用的发动机分无怠速停机功能和有怠速停机功能。

1）采用无怠速停机功能发动机的混合动力电动汽车，由于发动机一直处于工作状态，转向系统可沿用传统燃油汽车的液压助力转向系统或电动助力转向系统。

2）采用有怠速停机功能发动机的混合动力电动汽车，因为发动机驱动转向油泵提供液压转向助力的功能出现中断，所以采用电动液压助力转向系统或电动助力转向系统。

根据汽车类型、前桥载荷、使用条件和技术发展，不同汽车的转向助力类型有所不同。中、小型轿车以及前桥载荷小于 1200kg 的客车、货车，多采用齿轮齿条式电动助力转向系统；高级轿车和轻型及以上的客车、货车，多采用齿轮齿条式或循环球式电动液压助力转向系统。

10.6.1.3 电动液压转向助力系统设计

1. 电动液压助力转向系统的组成和工作原理

（1）系统组成

电动液压助力转向系统通常由机械转向装置、电动液压供给与电控单元三部分组成。电动液压助力转向系统的组成如图 10-49 所示。

机械转向系统包括转向盘、转向柱、转向拉杆以及减速传动机构，其功能是将驾驶人的转向人力与运动传到转向桥两侧的转向节，使转向轮偏转，并使两转向轮偏转角按一定关系变化，以保证汽车转向时车轮与地面的相对滑动尽可能小。其中转向传动机构的组成和布置，因转向器位置和转向轮悬架类型不同而异。当助力转向部分发生故障失效时，驾驶人只能依靠手力进行转向操作，一般小型车都有助力失效时转向操作力矩的设计要求；大型车辆的载荷非常大，仅凭人力无法克服转向阻力，因而客车的助力转向系统更注重可靠性。

液压助力系统部分主要组成为动力转向器和电动泵，通常可分为流量控制式、动力缸分流控制式与阀特性控制式。动力转向器根据其中的减速传动副结构形式的不同，可以分为很多种类。目前汽车上广泛采用的有齿轮齿条式和循环球式。

循环球式整体转向器广泛应用在客车上。此转向器有两级传动副：第一级是螺杆螺母

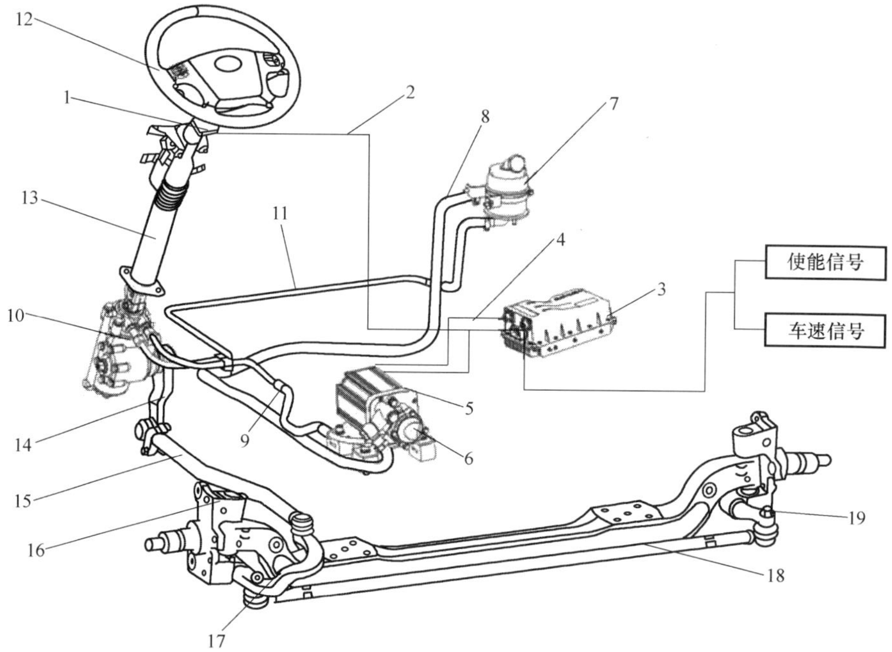

图 10-49 电动液压助力转向系统的组成

1—转角和转矩传感器 2—低压线束 3—转向电机控制器 4—转向高压线束 5—转向电机
6—转向油泵 7—转向油罐 8—转向吸油管 9—转向高压油管 10—动力转向器
11—转向回油管 12—转向盘 13—转向管柱 14—转向摇臂 15—转向直拉杆
16—转向节 17—转向节臂（与梯形臂一体结构）
18—转向横拉杆 19—转向梯形臂

传动副；第二级是齿条齿扇传动副。循环球式转向器的正效率很高（可达 90% ~ 95%），故操纵轻便，使用寿命长，工作平稳、可靠。但其逆效率也很高，容易将路面冲击力传到转向盘。循环球式转向器内部结构包含转向拉杆、转阀、循环球动力缸与齿扇摇臂。传统液压助力转向系统油泵由发动机带动，电动液压助力转向系统的助力由电动泵提供。电动泵由助力电机与油泵直连而成，结构更加紧凑，效率更高，其将电机输出的部分机械能转化为压力能，并在驾驶人的控制下，根据转阀的偏角将油压传递至动力缸活塞，从而形成转向助力通过减速传动机构传递至转向节臂，再通过转向纵拉杆使转向轮偏转以实现汽车转向。电动泵的助力电动机通常为直流无刷电动机和异步电动机。

传统客车的转向助力源由发动机带动，不能主动控制转向助力。而新能源客车转向助力由单独的转向电动机提供，可以结合车速、转向盘转角等信号主动调节转向助力，提升转向综合性能。对于电控液压助力转向系统而言，电控单元根据实时车速、转向盘转角等信号输入，根据助力特性曲线控制电机转速值，从而改变液压系统液压油流量，调节系统供油压力。助力特性曲线需要结合具体车型、转向系统参数、运行车速与载荷等众多因素综合考虑设计。电控单元还需要设置故障诊断与安全保护程序。

（2）工作原理

如图 10-49 所示，转向电机控制器 3 通过低压线束 2 从转角和转矩传感器 1 采集转向角度、转向转矩信号，同时通过低压线束 2 从整车 CAN 网络采集使能信号、车速信号。转向电机控制器 3 通过转向高压线束 4 驱动转向电机 5，转向电机 5 与转向油泵 6 通过联轴器连接，带动转向油泵 6 运转，转向电机 5 通过低压线束 2 将转速信号反馈回转向电机控制器 3。

转向油罐 7 中的液压油经转向吸油管 8 吸入转向油泵 6 中，转向油泵 6 利用容积压缩的方式将液压油泵出，经转向高压油管 9 进入动力转向器 10 中。驾驶人在转动转向盘 12 时，对转向盘 12 施加转向力矩，并通过转向管柱 13 将转向力矩传递给动力转向器 10，转向力矩对动力转向器 10 的转向控制阀（转阀或滑阀）进行控制，使动力转向器 10 的高压油缸和低压油缸产生对应方向的压力差以提供助力，进而带动转向摇臂 14 沿与转向盘 12 转动的对应方向旋转，转向摇臂 14 带动转向直拉杆 15 和转向节臂 17，通过转向节 16、转向横拉杆 18 和转向梯形臂 19 协调左、右车轮的不同转角，实现合理转向。动力转向器 10 的低压油缸中的液压油经低压转向回油管 11 流回转向油罐 7，并进行冷却、过滤，然后循环流动提供助力。

2. 电动液压转向助力系统的结构选型

1）根据液流方式的不同，电动液压助力转向系统分为常压式和常流式。

常压式液压助力系统的特点是，无论转向盘处于正中位置还是转向位置、转向盘保持静止还是在转动，系统管路中的油液总是保持高压状态；而常流式液压助力的转向油泵虽然始终工作，但液压助力系统不工作时，转向油泵处于空转状态，管路的负荷要比常压式小。现在大多数电动液压转向助力系统都采用常流式。常压式和常流式的结构分别如图 10-50 和图 10-51 所示。

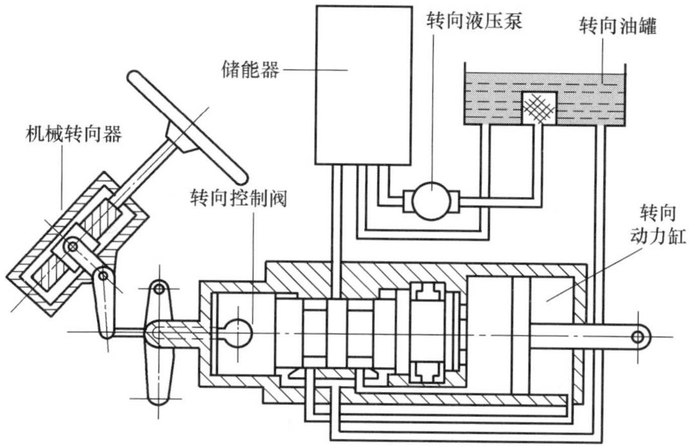

图 10-50　常压式滑阀液压助力结构

2）动力转向器一般采用集成机械转向器、转向控制阀、助力缸的整体结构。根据机械转向器结构的不同，常用动力转向器有齿轮齿条式（图 10-52）和循环球式（图 10-53）。根据控制阀结构的不同，动力转向器有滑阀式和转阀式，现多采用转阀式结构。

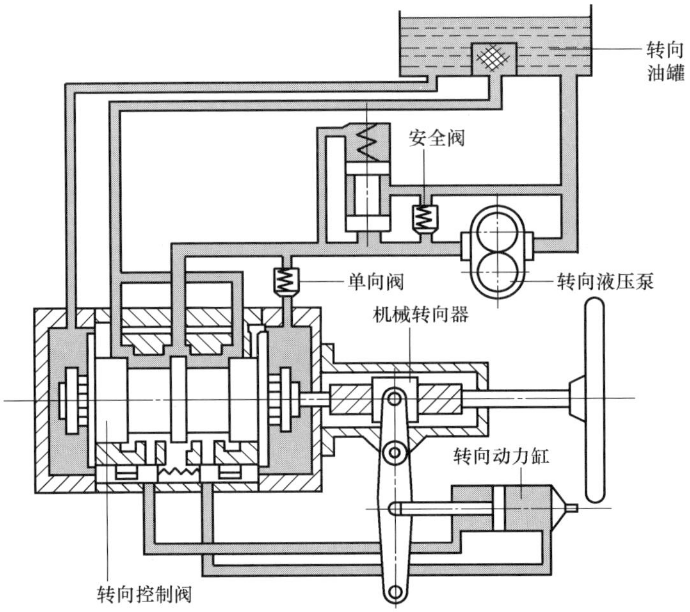

图 10-51 常流式滑阀液压助力结构

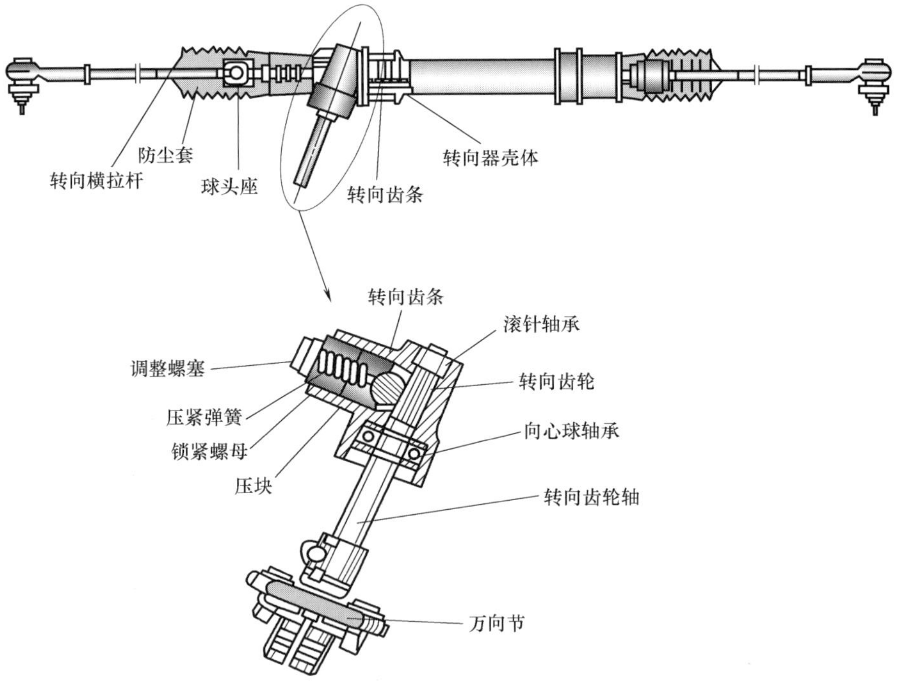

图 10-52 齿轮齿条式动力转向器的结构

3）转向油泵有叶片泵、齿轮泵、柱塞泵等类型。由于叶片泵具有工作压力大、径向力平衡、流量均匀、冲击和噪声小等优点，在汽车上得到了广泛应用。

4）转向电动机主要采用交流三相异步电动机、交流永磁同步电动机、直流无刷电动机。

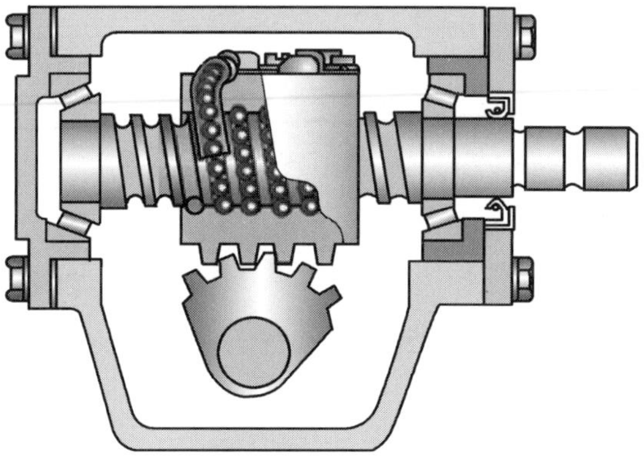

图 10-53 循环球式动力转向器的结构

5）根据电路电压等级，转向电动机分为 A 级电压（DC 0 ~ 60V，AC 0 ~ 25V）、B 级电压（DC 60 ~ 1000V，AC 25 ~ 660V）。采用的 A 级电压（直流 12V、24V）的转向电动机，一般与转向电动机控制器、转向油泵、转向油罐集成，如图 10-54 所示。

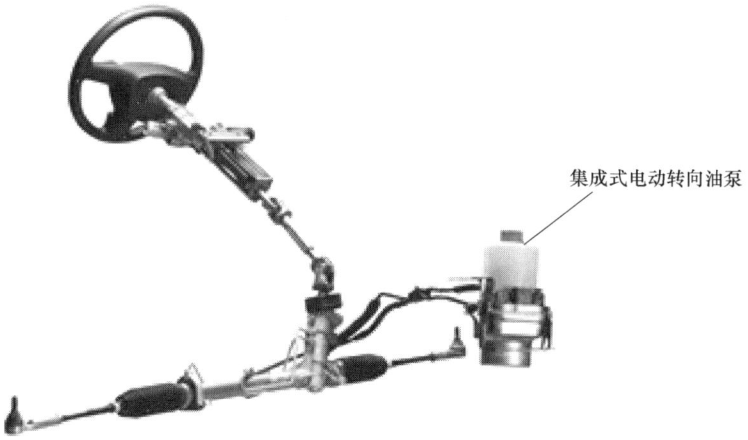

图 10-54 轿车采用大的 A 级电压电动液压助力转向系统

3. 电动液压转向助力系统参数计算

（1）转向阻力矩 M_r

转向阻力矩 M_r 可按下式计算：

$$M_r=[f(G_1^3/p)^{1/2}]/3 \qquad (10\text{-}47)$$

式中 M_r——在沥青或混凝土路面上的车轮原地转向阻力矩（N·m）；

f——轮胎与地面间的滑动摩擦系数，取 0.7；

G_1——转向轴满载负荷（N）；

p——轮胎气压（Pa）。

（2）循环球式动力转向器最大工作压力 p_D 的计算

循环球式动力转向器最大工作压力 p_D 可按下式计算：

$$p_D=1000M_r/[R_F(S_0-S_1)] \qquad (10\text{-}48)$$

式中 p_D——动力转向器最大工作压力（MPa）；

R_F——循环球齿条 - 齿扇动力转向器的扇形齿分度圆半径（mm）；

S_0——动力转向器油缸工作面积（mm^2）；

S_1——螺杆外径所占面积（mm^2）。

（3）齿轮齿条式动力转向器最大工作压力 p_R 的计算

齿轮齿条式动力转向器最大工作压力 p_R 可按下式计算：

$$p_R=1000M_r/[L\sin\beta(S_0-S_1)] \tag{10-49}$$

式中 p_R——动力转向器最大工作压力（MPa）；

L——转向节臂长度（mm）；

β——前轮最大转角下转向节臂与转向拉杆的夹角（°）；

S_0——动力转向器油缸工作面积（mm^2）；

S_1——齿条活塞外径所占面积（mm^2）。

（4）转向油泵最大压力 p_{max} 计算

由于转向油泵的安全阀具有安全保护功能，必须保证动力转向器最大工作压力 p_D 不得大于转向油泵最大压力 p_{max}。一般设计动力转向器的最大工作压力 p_D 不大于 0.85 倍的最大压力 p_{max}，即：

$$p_{max}\geqslant p_D/0.85 \tag{10-50}$$

式中 p_{max}——转向油泵最大压力（MPa），转向油泵常用的公称压力有 8MPa、10MPa、12.5MPa、16MPa、20MPa 等；

p_D——动力转向器最大工作压力（MPa），计算过程见式（10-48）或式（10-49）。

（5）循环球式动力转向器转向需求流量 Q 的计算

转向液压油流量根据转向盘最大瞬时转速计按式（10-51）和式（10-52）计算：

$$Q_0=60n_0tS/10^6 \tag{10-51}$$

$$Q=\lambda Q_0+\Delta Q \tag{10-52}$$

式中 Q_0——转向器所需理论流量（L/min）；

n_0——转向盘最大瞬时转速（r/s），轿车取 1.5r/s，其他车辆取 1.25r/s；

t——动力转向器螺杆螺距（mm）；

S——动力转向器油缸实际工作面积（mm^2），根据转向器螺杆的结构类型，贯通式螺杆对应的 $S=S_0-S_1$，非贯通式螺杆对应的 $S=S_0$；

Q——转向需求流量（L/min）；

λ——考虑转向油泵容积效率和内泄漏的系数，取 λ=1.5 ~ 2；

ΔQ——转向器内泄漏量（L/min）。

（6）齿轮齿条式动力转向器转向需求流量 Q 的计算

转向液压油流量根据转向盘最大瞬时转速计按式（10-53）和式（10-54）计算：

$$Q_0=120n_0\pi RS\cos\gamma/10^6 \tag{10-53}$$

$$Q=\lambda Q_0+\Delta Q \tag{10-54}$$

式中 Q_0——转向器所需理论流量（L/min）；

n_0——转向盘最大瞬时转速（r/s），轿车取 1.5r/s，其他车辆取 1.25r/s；

R ——动力转向器输入小齿轮分度圆半径（mm）；

γ ——动力转向器齿条的斜齿角度（°）；

S ——动力转向器油缸实际工作面积（mm^2），$S=S_0-S_1$；

Q ——转向需求流量（L/min）；

λ ——考虑转向油泵容积效率和内泄漏的系数，取 $\lambda=1.5 \sim 2$；

ΔQ ——转向器内泄漏量（L/min）。

（7）转向油泵排量 q_t 的计算

转向油泵的排量可按下式计算：

$$q_t=1000Q/n \tag{10-55}$$

式中 q_t ——转向油泵排量（mL/r）；

Q ——转向需求流量（L/min）；

n ——转向电动机额定转速（r/min）。

设计时，首先根据转向需求流量 Q，选择合适排量 q_t 的转向油泵，再确定转向电动机的额定转速 n。因此，设计转向电动机时，根据电动机类型等技术参数，合理设计转向电动机的转速范围，进一步确定额定转速。转向油泵常用的公称排量有 12.5mL/r、14mL/r、16mL/r、18mL/r、20mL/r 和 22.4mL/r 等。

（8）转向电动机额定功率 P_e 的计算

转向电动机额定功率 P_e 可按式（10-56）和式（10-57）计算：

$$G_{max} \geqslant P_{max}Q/60 \tag{10-56}$$

$$P_e \geqslant G_{max}/\alpha \tag{10-57}$$

式中 G_{max} ——转向电动机最大功率（kW）；

P_e ——转向电动机额定功率（kW）；

P_{max} ——转向油泵的最大工作压力（MPa）；

Q ——转向需求流量（L/min）；

α ——转向电动机过载系数，一般取 2 ~ 2.5。

（9）转向电动机额定转矩 T_e 的计算

转向电动机转矩 T_e 可按下式计算：

$$T_e=9550P_e/n \tag{10-58}$$

式中 T_e ——转向电动机额定转矩（N·m）；

P_e ——转向电动机额定功率（kW）；

N ——转向电动机额定转速（r/min）。

4. 电动液压转向助力系统控制方法

电动液压转向助力系统通过控制转向电动机的转速调节转向油泵的流量，从而实现转向助力的变化，其控制流程如图 10-55 所示。控制器的输入信号是转向盘转矩和角速度、车速及使能信号（如发动机转速）等。为了获得最佳的转向感觉，转向电动机的转速由车速和转向盘的转角及速度决定。为了使转向电动机转速与控制器运算后确定的转速值相匹配，转向电动机装有传感器测量转速，并将测量值反馈给控制系统，实现闭环控制。电动机中配有温度传感器和电流检测电路，如果电动机温度过高或电流过大，则实施自我保护。

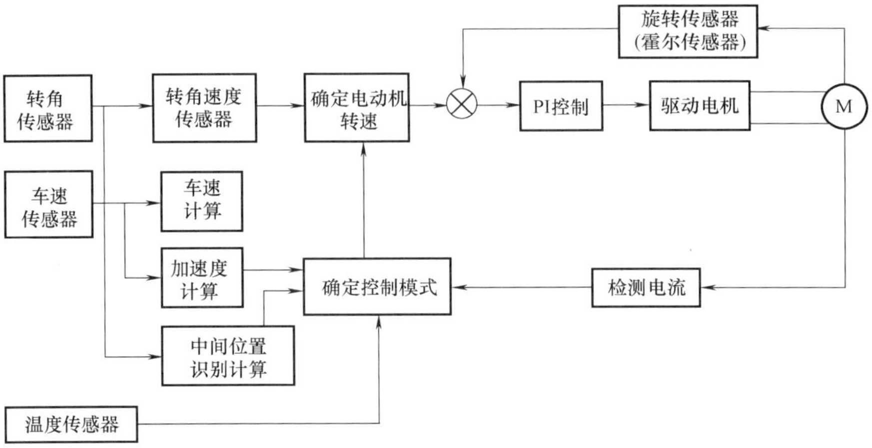

图 10-55 电动液压转向助力系统的控制流程

电动液压转向助力系统一般采用三种控制模式，分别为变频控制、怠速停机控制和低怠速控制。

（1）变频控制

不使用外部传感器而有效地控制电动转向油泵助力单元，通常用于转动惯量较大的 B 级电压转向电机。控制方法分为怠速模式和助力模式两种工况：

1）在非转向工况下，转向电动机转速维持在较低的水平，为怠速模式。

2）在转向工况下，转向电动机转速升高，进入助力模式。

转向电动机控制器根据转向电动机转速信号和电流的变化，控制转向电动机在两种模式之间进行切换，转速通过改变转向电动机驱动电压来控制。这种方法的缺点是效率低、响应较差、转向感觉不好。

（2）怠速停机控制

为提高能量利用效率，采用起动性能更好的低惯量无刷电动机，并且增加转向角传感器。控制方法与变频控制基本一致，区别在于非转向工况下，电动机停止运转，一旦开始转向，转向电动机就能够迅速地从停止上升到目标转速。这种方法具有转向感觉好、节能效果明显的优点。

（3）低怠速控制

这种方法与怠速停机控制策略的算法基本相同，区别在于非转向工况下，并没有完全停止转向电动机，而是让转向电动机以极低的速度保持运转，以提高响应速度。当采用分辨率较低的转向角传感器时，这种控制策略能更好地改善转向感觉。

提高助力转向系统性能、降低系统能耗，是 EPS 的关键问题。EPS 的主要研究方向是：

1）电动汽车电机与液压泵的匹配研究，进一步提高系统效率。

2）改进控制算法以适应系统的非线性，提高系统的动态性能，节约能量。

3）开发适宜中重型车辆使用的大功率、高响应电动液压助力转向系统。

4）采用车速和转向速度、横向加速度、前轴重力等多种信号进行系统综合控制，进一步提高转向时的路感，减轻驾驶负担，实现精确转向等。与此同时，液压泵也在朝着高性能低噪声、体积小、轻量化方向发展。

10.6.1.4 电动转向助力系统设计

1. 电动转向助力系统的组成和工作原理

（1）电动转向助力系统的组成

电动转向助力系统的组成如图 10-56 所示。

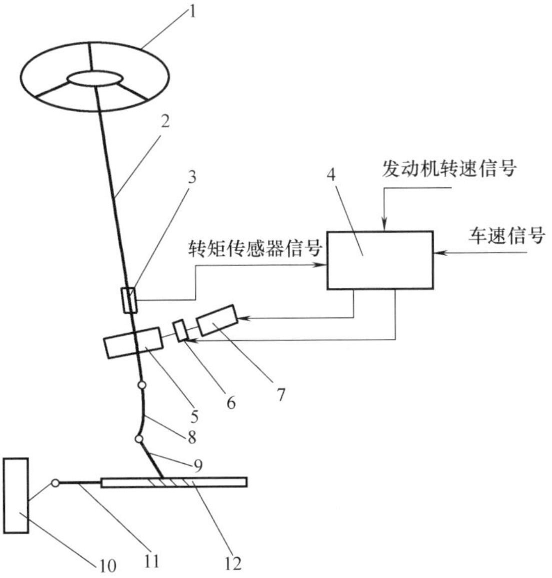

图 10-56 电动转向助力系统组成

1—转向盘 2—转向轴 3—转矩传感器 4—转向电动机控制器 5—减速机构 6—电磁离合器 7—转向电动机 8—转向传动轴 9—转向器输入齿轮 10—车轮 11—转向横拉杆 12—转向器齿条

（2）电动转向助力系统的工作原理

汽车处于起动或者低速行驶状态时，操纵转向盘 1 转向，装在转向管柱上的转矩传感器 3 不断检测作用于转向轴上的转矩，并将此信号与车速信号、使能信号（如发动机转速信号）同时输入转向电动机控制器 4；转向电动机控制器 4 对输入信号进行运算处理，确定助力转矩的大小和方向，从而控制转向电动机 7 的电流和转向；转向电动机 7 经电磁离合器 6 及减速机构 5 将转矩传递给牵引前轮转向的横拉杆 11，最终起到助力作用。

随着车速的增加，转向阻力矩逐渐减小，转向电动机提供的助力转矩也逐渐减小。当车速超过一定的临界值或者出现故障时，为保持汽车高速时的操控稳定性，电动转向助力系统退出助力工作模式，转向系统转入机械转向模式，这样便做到兼顾车辆低速时的操纵轻便性和高速时的操纵稳定性。在不转向的情况下，转向电动机不工作。

2. 电动转向助力系统的结构选型

1）根据位置的不同，电动转向助力系统可分为转向轴助力式（C-EPS）、齿轮助力式（P-EPS、DP-EPS）、齿条助力式（R-EPS）和直接助力式（D-EPS），如图 10-57a ~ d 所示。

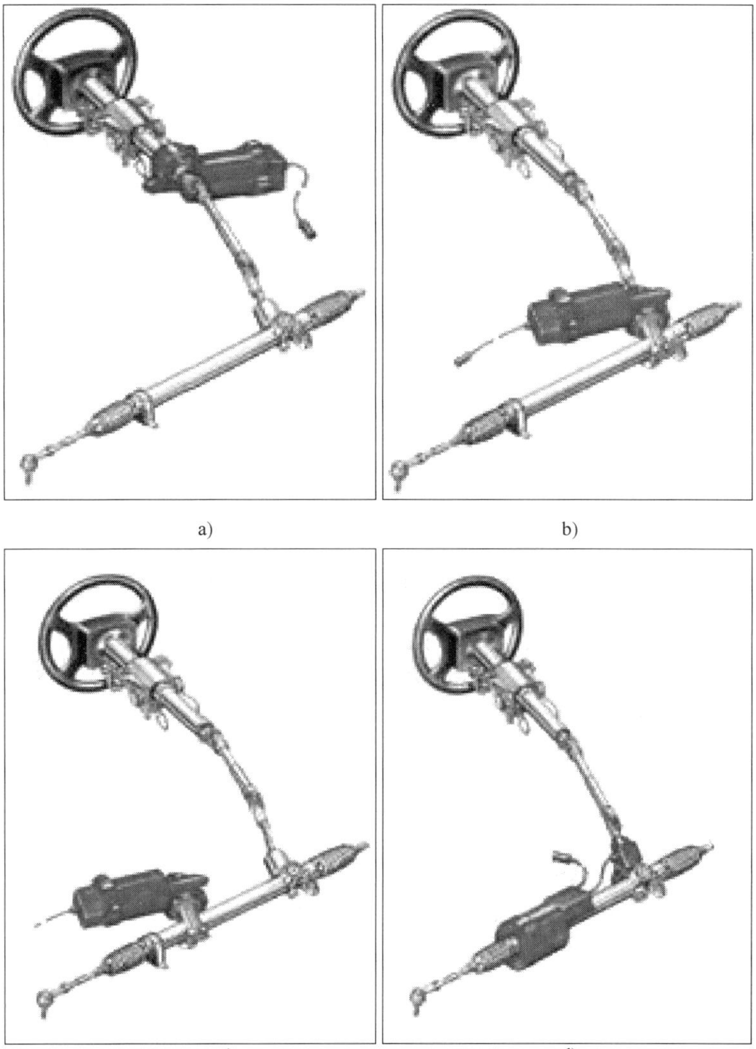
a)　b)　c)　d)

图 10-57　电动转向助力系统结构

a) C-EPS 结构　b) P-EPS 结构　c) D-EPS 结构　d) R-EPS 结构

① C-EPS 系统的助力电动机及减速机构配置在转向柱上。这类 EPS 系统的开发是最早的，应用最为广泛。

② P-EPS 的助力电动机及减速机构配置在小齿轮上，又可分为普通单小齿轮助力型和双小齿轮布置助力型（DP-EPS）。双小齿轮布置与普通 P-EPS 相比，其空间布置具有更多的灵活性，方便转向系统在不同车辆上通用。

③ D-EPS 的助力电动机与齿条同轴布置，电动机的助力转矩通过齿条箱内的滚珠丝杠直接驱动齿条，助力反应最为迅速。

④ R-EPS 的助力电动机及减速机构配置在齿条上，助力电动机通过减速机构将助力转矩加载到齿条上。

2）电动转向助力系统特点。

① 助力性方面：在 C-EPS 和 P-EPS 中，由于转向盘输入转矩与电动机助力转矩需要

同时通过转向器的小齿轮向齿条传递，受到小齿轮的刚度与强度限制，助力转矩值不能很大，所以多用于小型汽车中。R-EPS 可通过减速机构直接向齿条提供助力转矩，小齿轮只传递转向盘输入的转矩，因此 R-EPS 提供的助力转矩比 C-EPS、P-EPS 大，这使其在中大型车辆上的应用成为可能。

② 响应和舒适性方面：在转向系统中，从转向盘到转向轮的各零部件之间存在间隙，且在传递转矩时会出现一定变形，因此助力转矩输入位置到转向轮的距离，会影响助力系统的响应速度。C-EPS 的助力作用在转向轴，离转向轮最远；P-EPS 的助力作用在小齿轮，离转向轮较近；R-EPS 的助力转矩直接作用于转向齿条，助力反应最为迅速准确，使电动汽车电动助力转向系统具有更优异的操纵感。另外，与 C-EPS 相比，P-EPS 和 R-EPS 的助力电动机、控制器及传感器等电气电子器件都安装在发动机舱内，可以有效屏蔽转向系统噪声。

③ 安全性方面：因为 C-EPS 的助力减速机构和传感器等都安装在转向轴上，减少了车辆发生碰撞时的能量吸收空间，不利于转向轴吸能结构的设计。P-EPS 和 R-EPS 的转向轴设计与传统液压转向系统（HPS）一样，具有更多的空间用于安全吸能结构，因此 P-EPS 和 R-EPS 比 C-EPS 具有更好的安全性。

④ 安装空间方面：C-EPS 结构紧凑，其助力电动机、减速机构、传感器及控制器等常采用一体化设计，安装到中小型车辆上最为简便。另外，双小齿轮布置的 P-EPS 及采用两级减速机构的 R-EPS，其动力辅助单元可在齿条上灵活设计，增加了配置自由度。

⑤ 成本方面：C-EPS 开发早，成本低，一般应用于小型和微型车辆中。P-EPS 和 R-EPS 成本较高，多用于中高级车辆中。其电动机、控制器及传感器等电器件大都安装在发动机舱内，耐热、防水等要求比 C-EPS 高，会增加成本。

3）电动转向助力系统适用范围。不同类型的电动转向助力系统适用的车辆信息见表 10-10。

表 10-10 不同类型电动转向助力系统适用范围

类型	C-EPS	P-EPS	R-EPS
电机额定电流 /A	25 ~ 65	35 ~ 65	60 ~ 80
适应的前桥载荷 /kN	≤ 9	≤ 10	10 ~ 15
输出力 /kN	<6.5	<7	7 ~ 8.5（12V） 7 ~ 11（42V）

商用车上的 24V 蓄电池不足以提供克服较大前轴载荷的功率，若将电压提升到 42V，EPS 便可应用于大型车辆甚至中型货车上，前提是现有的汽车电力系统需要做大幅度的改变。

3. 电动转向助力系统参数计算

（1）转向阻力矩 M_r

转向阻力矩 M_r 可按下式计算：

$$M_r=\left[\, f(G_1^3/p)^{1/2}\,\right]/3 \qquad (10\text{-}59)$$

式中 M_r ——在沥青或混凝土路面上的车轮原地转向阻力矩（N • m）；

f ——轮胎与地面间的滑动摩擦系数，取 f=0.7；

G_1 ——转向轴满载负荷（N）；

p ——轮胎气压（Pa）。

（2）转向器需要的输入转矩

转向器需要的输入转矩可按下式计算：

$$M_i=\frac{M_r}{i\eta} \tag{10-60}$$

式中 M_i ——转向器需要的输入转矩（N·m）；

i ——转向器或转向机构的传动比；

η ——转向器或转向机构的传动效率。

（3）驾驶人提供的转向器输入转矩

当电动转向助力系统正常工作时，根据标准转向力计算驾驶人提供的转向器输入转矩，具体见式（10-61）：

$$M_h=FR \tag{10-61}$$

式中 M_h ——驾驶人提供的转向器输入转矩（N·m）；

F ——驾驶人的转向力（N），按照设定的转向力取值；

R ——转向盘半径（m）。

（4）电动助力提供的转向器输入转矩

电动转向助力系统正常工作时，根据式（10-62）计算电动助力提供的转向器输入转矩：

$$M_a=M_i-M_h \tag{10-62}$$

式中 M_a ——电动助力提供的转向器输入转矩（N·m）；

M_i ——转向器需要的输入转矩（N·m）；

M_h ——驾驶人提供的转向器输入转矩（N·m）；

（5）转向电动机转矩和功率

电动助力转向的电动机应布置在转向器的输入端，这样可有效利用转向器的降速增矩功能，同时降低转向电动机的设计功率。

转向电动机的额定转矩和功率按照式（10-63）和式（10-64）计算：

$$T_e=\frac{M_a}{i_g} \tag{10-63}$$

$$P_e=\frac{T_e n_1}{9550} \tag{10-64}$$

式中 T_e ——转向电动机的转矩（N·m）；

M_a ——电动助力提供的转向器输入转矩（N·m）；

i_g ——转向电动机与转向器输入端之间减速机构的传动比；

n_1 ——转向电动机转速（r/min）；

P_e ——转向电动机功率（kW）。

根据计算结果，综合考虑转矩和转速参数进行转向电动机的设计。若转向电动机转矩比较大，则转向电动机绕组线束和传动结构的尺寸同样较大。在现有材料和制造技术条件下，转子的转动惯量较大，不利于电动转向助力系统的快速响应。

4. 电动转向助力系统的控制方法

在不同车速下转向时，EPS 的核心部件 ECU 能够通过对助力电动机电流的控制，提供恰当的转向助力。控制算法是系统控制性能的关键，根据汽车转向行驶的不同情况要求，系统控制策略主要分为以下四种。

（1）助力控制

助力控制协助驾驶人转向，减轻人力转向力。助力控制是整个电动助力转向的基本控制算法。合理的基本助力控制算法可以使驾驶人获得良好的路感和手感。在基本助力控制模式下，汽车在低速范围内行驶，转向盘进行转向时转向电动机控制器对转向电动机进行常规控制，通过计算确定助力电流，以获得合适的助力转矩，使转向操纵轻便灵敏。汽车在行驶过程中有以下几种转向情况：行驶时的高速、中等速度和低速转向，以及点火起动后的原地转向，其对应的转向助力依次增加，高速行驶时助力最小，原地转向时助力最大。助力转矩 T_a 与转向盘转矩 T_h 及车速的关系曲线如图 10-58 所示。

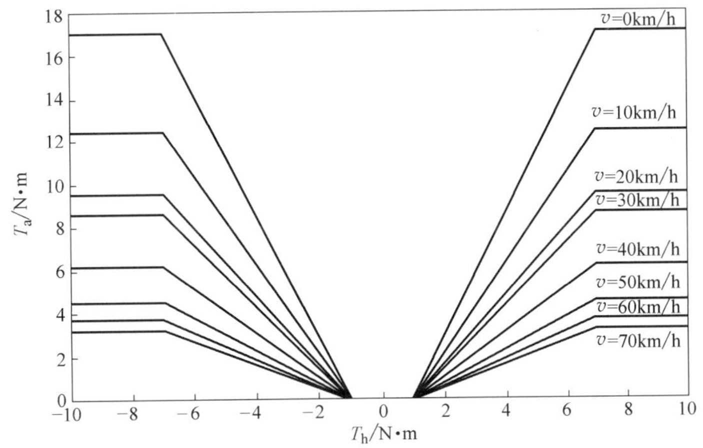

图 10-58 助力转矩 T_a 与转向盘转矩 T_h 及车速的关系曲线

（2）阻尼控制

阻尼控制在汽车高速行驶时适当增加转向阻力，实现高速驾驶时的“稳重手感”。阻尼控制可以衰减汽车高速行驶时出现的转向盘抖动现象，消除转向轮因路面输入而引起的摆振，可以保证转向盘中间位置的稳定性，不受路面扰动的影响。另外，助力系统的惯性比机械式转向系统的惯性大，转向回正时不容易收敛，此时也需要采用阻尼控制。

（3）回正控制

回正控制协助汽车转向盘在转向后自动回正或在驾驶人操作下轻便地回正。在转向车轮进行回正过程中通过补偿助力来改善回正不足，通过施加阻尼控制来改善回正超调。

回正控制有两种方法可以实现：

1）一种是和助力转向一样，根据回正的转向手力，提供定比例的回正助力转矩，回正助力可以不管车辆速度的变化。这种模式比较简单，容易实现，但是存在的问题是响应速度滞后。

2）第二种方法是根据转动转向盘的转角和转速提供助力。在第二种方法中，转向盘回正到中位的控制策略由两部分组成：一是回正助力控制，主要功能是提供必要的助力使转向盘能容易地回到中间位置；二是阻尼控制，它能够使车辆在有阻尼的情况下回到中间位置而避免摆振，因此，回正控制和阻尼控制以两者结合的方式应用。

（4）电动机的补偿控制

由于转向系统增加了电动机和减速机构，所以增加了转向系统的惯性、阻尼和摩擦。为了获得良好的动态转向效果，需要针对上述因素进行惯性补偿控制、阻尼补偿控制和摩擦补偿控制。

10.6.2 电动空调系统设计

10.6.2.1 客车车舱舒适性环境

汽车内的舒适性是指为乘员提供舒适、愉快、便利的乘坐环境与条件，包括良好的平顺性、低噪声、适宜的空气环境、良好的乘坐性能和良好的驾驶操作性能等。

空调系统是在车内营造适宜空气环境的系统。空调系统的舒适度是一个模糊量，不同的年龄、性别、种族、生活习惯、健康状况、动作状况、心理及情绪，对舒适性的感觉都不一样。

由于受车辆的空间尺寸、动力、质量等限制，空调系统的尺寸、功率不允许选择得过大；又由于受车速、粉尘污垢等影响，空调系统的能力往往不能得到充分发挥。因此设计车身时，应做好整车隔热处理，尽量减少整车的热负荷；同时需设计合理的送风通道，减小空调送风阻力。

减少车身热负荷及提高空调效果的途径主要有以下六个：

1）车内外温差（设计参数）的合理定位。

2）良好的车身绝热措施。

3）浅而光亮的车内、车外颜色及平整光洁的外表面。

4）采用隔热性能好的玻璃材料及遮阳措施。

5）提高车身密封性，减小门窗及车厢内各种维修孔盖的缝隙，提高发动机舱的隔热与密封性能。

6）增大送风管路的弯曲半径及加强导流、分流措施，合理布置空调送风口及回风口，加强车外空调送风管的隔热保温措施。

10.6.2.2 空调系统的组成及功能要求

顶置式空调是近年来大客车空调常见的结构型式。一般是将蒸发器箱体与冷凝器箱体前后或左右排列于车顶上部。与底置分体式相比，它的最大优点是地面尘土污染少、冷凝效果好；少占用车底行李舱位置，基本不占用乘客舱空间。

空调制冷系统由压缩机、冷凝器、节流元件、蒸发器、风机及必要的控制部件构成，用于调节汽车室内的温度、湿度、空气流速，提高空气洁净度，给乘员提供舒适环境的空气调节系统。其功能要求见表 10-11。

独立式制冷装置是由单独的动力（发动机）驱动的制冷装置，有独立顶置式、内置式和整体式等多种型式（注：封闭式压缩机电动空调属于独立式制冷装置）。

非独立式制冷装置是由汽车发动机或电动机提供动力的制冷装置，有非独立顶置式、内置式和背置式等多种型式。

表 10-11 空调功能要求

序号	功能分类	功能描述
1	基本功能	①温度调节；②湿度调节；③净化空气；④空气流速调节
2	其他功能	①自动温控、智能节能；②客户操作习惯记忆；③自清洁功能；④冷凝水排放；⑤需求维护信息提示

目前客车顶置式结构的空调系统是将蒸发器与冷凝器合并在一个箱体中，使结构进一步紧凑，大大缩短长度方向的尺寸，而且使出风口直接对着车内送风道，不需要设置车内过渡风道，节省了车内空间，如图 10-59 所示。这种结构的空调系统不仅能送出冷、暖风，且具备新风、换气、通风功能。空调系统的安装如图 10-60 所示。

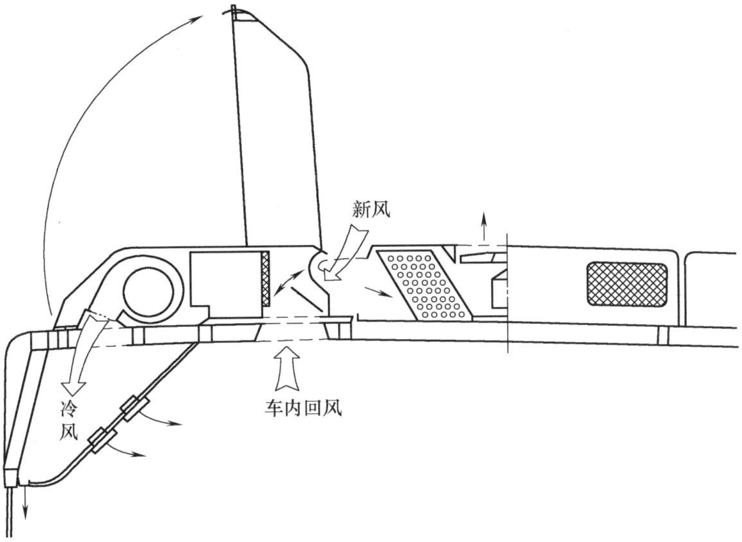

图 10-59 客车顶置式空调系统结构示意图

10.6.2.3 客车空调系统的制冷量计算

乘员舱外的热环境将热量传入车内主要通过两种方式：热传导和热辐射。图 10-61 展示了车辆在夏季工况下受到的全部热负荷来源，其中热传导引起的热负荷是由于乘员舱内、外热环境温度差异所致，通过车身外围结构传入车内；热辐射所引起的热负荷来源包括太阳直射、大气散射、天空云层辐射和周围环境热辐射等。在本研究案例中只考虑来自太阳光照射所引起的热负荷，忽略车辆在某些特定环境下周围建筑物及其他车辆通过热辐射的形式向本车辆传来的热负荷。除此之外，总体热负荷还包括车上乘员自身产热所引起的热负荷，以及空调换气从室外带进室内的空气所包含的热负荷。因此，乘员舱总体热负荷包括：传导热负荷、辐射热负荷、乘员热负荷以及换气热负荷。下面对各部分热负荷进行详细介绍。

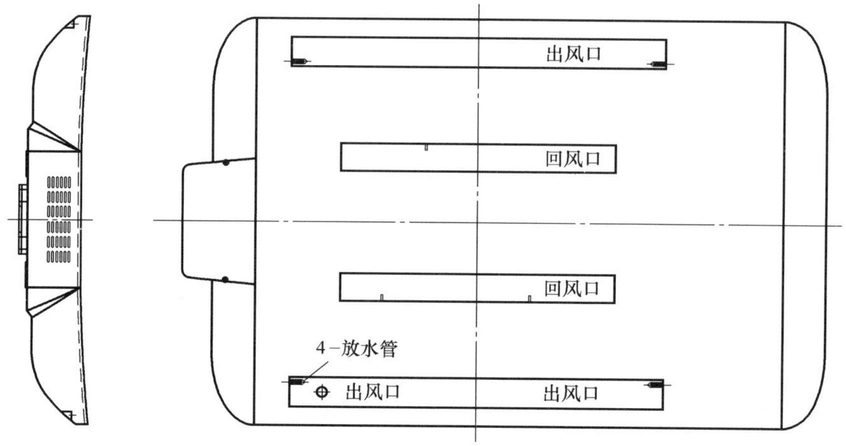

图 10-60　客车顶置式空调系统安装示意图

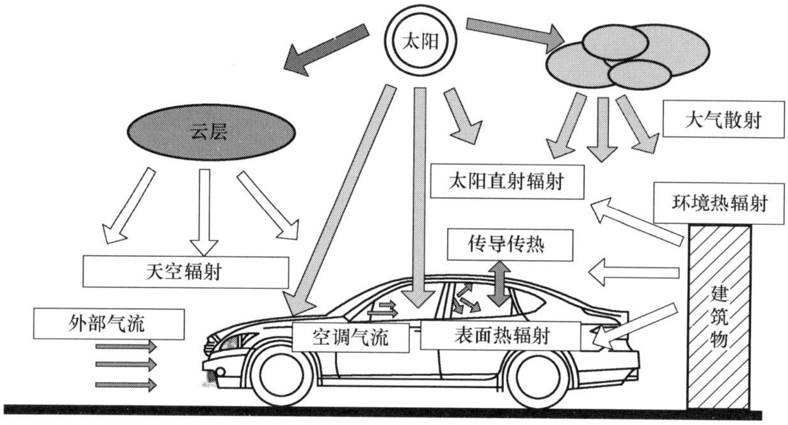

图 10-61　夏季工况下乘员舱热负荷来源

1. 传导热负荷

传导热负荷包括通过车身不透明结构和玻璃传入车内的热量。车身不透明结构包括：车顶、前围、后围、侧围、车门和地板等。为了简化模型，不透明车身结构在本研究案例中都近似等效为多层壁结构。多层壁结构模型假设传热材料表面可以均衡地分为多层组织，且只考虑最外层吸收到的热负荷，各层结构间接触良好且每层结构只与相邻层进行热传导。因此多层壁结构模型下车身的传热系数（K）能够通过下式计算得出：

$$K=\frac{1}{\sum\frac{\delta_i}{\lambda_i}+\frac{1}{\alpha_{\mathrm{w}}}+\frac{1}{\alpha_{\mathrm{n}}}} \tag{10-65}$$

式中　δ_i、λ_i——传热部位第 i 层结构的厚度和导热率，车身结构参数见表 10-12；

α_{w}、α_{n}——乘员舱外部和内部的对流换热系数。

表 10-12 车身结构参数

车身结构	总面积 /m²	多层壁结构材料	厚度 /mm	导热率 /［W/（m·K）］
车顶	1.346	钢板	1.0	48.0
		隔声棉	5.6	0.03
		顶棚内饰	5.0	0.04
前壁	1.186	钢板	1.2	48.0
		隔热垫	6.1	0.25
		地毯	3.5	0.035
后壁	1.347	钢板	1.0	48.0
		空气间隙	78.2	6.39
		钢板	2.0	48.0
		内饰	3.0	0.23
地板	1.895	地毯	3.0	0.035
		钢板	1.2	48.0
		地板隔声垫	3.0	0.03
车门	1.197	钢板（外侧）	1.2	48.0
		空气	118.0	6.39
		钢板（内侧）	1.2	48.0
		内饰	6.0	0.23

乘员舱外的对流换热系数 α_w 是由车速、空气流速和流向决定的。车速变化范围广，因此车身所在的流场是不稳定的。乘员舱外和乘员舱内的对流换热系数 α_w、α_n 分别通过经验公式（10-66）和式（10-67）计算得到：

$$\alpha_w = 1.163(4+12\sqrt{v}) \tag{10-66}$$

$$\alpha_n = \begin{cases} \begin{cases} 3.49+0.093\Delta t_b\,,\ \Delta t_b \leqslant 5℃ \\ b\Delta t_b^{0.25},\ \Delta t_b > 5℃ \end{cases} & 0.25\text{m/s} < v_{air} < 0.5\text{m/s} \\ (8.7\sim 29)v_{air} & 0.5\text{m/s} \leqslant v_{air} < 3\text{m/s} \end{cases} \tag{10-67}$$

式中 v ——车辆相对空气流速（m/s），本研究案例中假设室外空气流速为 0，则 v 等于行驶车速；

b ——拟合参数，取值范围为 2.67 ~ 3.26，同乘员舱内空气流速以及温差有关；

Δt_b ——乘员舱内表面与车内空气的温差（K）；

v_{air} ——车内人体呼吸点空气流速（m/s）。

为保证舒适性，人体呼吸点处空气流速一般大于 0.5m/s。在热沉浸试验中，测得稳态情况下，车门处内表面温度与人体呼吸点温度差值近似为 5℃，因此得出 $\alpha_n=3.49+0.093\times 5=3.955$。车辆行驶过程中，鼓风机保持稳定功率工作，车内流场稳定，因此可认为 α_n 为恒值。

根据热力学公式，传导热负荷可由式（10-68）计算得出：

$$Q_c = \sum KF\left[\left(T_{out}+\frac{\rho I}{\alpha_w}\right)-T_{in}\right] \tag{10-68}$$

式中 Q_c ——传导热负荷；

K ——多层壁结构的传热系数；
F ——多层壁结构的传热面积（m^2）；
T_{in} ——乘员舱内空气温度（K），由于驾驶人头部对热环境较为敏感，此处选择头部附近呼吸点温度作为车内温度；
T_{out} ——乘员舱外空气温度（K）；
ρ ——传热表面平均热吸收率，传热表面平均吸收率的取值与车身表面颜色及新旧程度相关，见表 10-13；
I ——单位面积上太阳辐射强度；
α_w ——乘员舱外部对流传热系数。

表 10-13 汽车外表面对太阳辐射吸收率 ρ 取值表

表面颜色	黑色	深红、深绿	浅蓝	淡黄	白色
新	0.90	0.85	0.50	0.45	0.40
旧	0.98	0.97	0.92	0.91	0.90

2. 辐射热负荷

乘员舱辐射热负荷是由经过车窗进入乘员舱的太阳辐射产生的。辐射热负荷 Q_r 可由下式计算得到：

$$Q_r = \left(\tau J + \rho \frac{\alpha_B}{\alpha_H} J\right) C \tag{10-69}$$

式中 τ ——太阳辐射通过玻璃的透射比；
ρ ——玻璃对太阳辐射的吸收比；
C ——遮阳修正系数，取值见表 10-14；
α_B ——客车内表面放热系数；
α_H ——客车外表面放热系数；
J ——车窗的太阳辐射量。

车窗的太阳辐射量 J 可通过下式计算：

$$J=F_1 I+(F_t-F_1) I_s \tag{10-70}$$

式中 F_t ——车辆车窗总面积；
F_1 ——车辆阳光车窗面积；
I ——车窗外表面的太阳辐射强度；
I_s ——车窗外表面的散射辐射强度。

表 10-14 汽车玻璃遮阳修正系数 C 的取值

玻璃类型	C 值	玻璃类型	C 值
3mm 普通玻璃	1.0	6mm 吸热玻璃	0.83
5mm 普通玻璃	0.93	双层 3mm 普通玻璃	0.86
5mm 普通玻璃	0.89	双层 5mm 普通玻璃	0.78
3mm 吸热玻璃	0.96	双层 6mm 普通玻璃	0.74
5mm 吸热玻璃	0.88		

3. 乘员热负荷

首先引入车上乘员的产热量 Q_m 的概念。Q_m 由乘客性别、年龄、运动强度等诸多因素共同决定。例如，驾驶人要比乘客消耗更多的精力。通过过往的实验数据发现，驾驶人产热的功率约为 145W，而成年男性乘客的产热功率约为 116W。考虑到车上驾驶人与乘客的比例，车上乘员产热的计算公式如下：

$$Q_m=1.16n_p\beta+145 \tag{10-71}$$

式中 n_p ——车上的乘客数量，乘客数量与车内空间有关，可根据车内空间进行取值；

β ——集群修正系数，假设车上乘客均为成年男性时 β 取为 1。

4. 换气热负荷

空调系统工作时，为了保证室内空气的清新程度，出风口吹出的冷风中有部分空气来源于室外空气。这些室外空气进入室内所带来的热负荷被称为换气热负荷，其计算公式如下：

$$Q_n=m_e(1-\xi)C_{p_{air}}(T_{out}-T_{in}) \tag{10-72}$$

式中 m_e ——流经空调蒸发器的空气质量流率；

ξ ——空气再循环的系数，采用外循环时空调吹出的冷空气中有部分来自车室外，再循环系数与车辆实际使用工况有关；

$C_{p_{air}}$ ——乘员舱内空气的比热容（J/(kg・K)），取值为 1005。

求得以上全部热负荷后，采用集总参数法，乘员舱内热环境动态热平衡方程如下：

$$\rho_{air}V_{air}C_{p_{air}}\frac{dT_{in}}{dt}=Q_c+Q_r+Q_m+Q_n-Q_{cool} \tag{10-73}$$

式中 ρ_{air} ——乘员仓内空气密度（kg/m^3）；

V_{air} ——乘员舱内空气体积（m^3）；

$C_{p_{air}}$ ——乘员舱内空气的比热容 [J/(kg・K]；

T_{in} ——乘员舱内空气温度（K）；

Q_c ——传导热负荷；

Q_r ——辐射热负荷；

Q_m ——传导热负荷；

Q_n ——换气热负荷；

Q_{cool} ——空调系统制冷量（J）。

基于空调系统制冷量 Q_{cool} 和当前时刻的车内空气温度，通过式（10-73）便可计算出下一时刻的乘员舱内空气温度 T_{in}。

10.6.3 复合制动系统

汽车在制动过程中，其机械能大部分通过制动器的摩擦转化为热能消耗掉。制动能量回馈技术是指汽车减速或制动时将其中一部分机械能转化为其他形式的能量，并加以再利用的技术。因此，研究制动能量回馈技术对于降低汽车能耗、缓解能源危机和环境压力具有重要意义。

制动能量回馈控制策略主要分为两类：叠加式和协调式控制策略。前者对原有摩擦制动力不做调节，回馈制动力附加在原有摩擦制动力上共同实现制动的功能；后者对摩擦制动力进行调节，使摩擦制动力与回馈制动力之和满足制动踏板对应的制动力需求。衡量制动能量回馈效果的重要指标是制动能量回收率，即充入储能装置的能量与可回收能量的比值。

研究表明，在城市工况下大约有 1/3 ~ 1/2 的能量被消耗在制动过程中。因此制动能量回馈技术对于车辆节能减排，尤其在城市工况下，有很大的潜力。许多科研单位研究不同种类的制动能量回馈技术，并得到各自的优缺点：叠加式控制策略实现简单，对原有制动系统不做改造，制动能量回收率低，制动感觉较差；协调式控制策略制动能量回收率较大，制动感觉较好，需要对原有制动系统进行改造，其控制相对复杂。

10.6.3.1 协调式制动能量回馈方案

协调式制动能量回馈系统的整体方案如图 10-62 所示，前桥制动系统保持不变，通过继动阀和 ABS 阀组合控制实现车辆制动减速和防抱死功能。后桥用比例继动阀代替继动阀和 ABS 阀，通过制动控制器 ECU 协调控制回馈制动力和摩擦制动力作用比例。

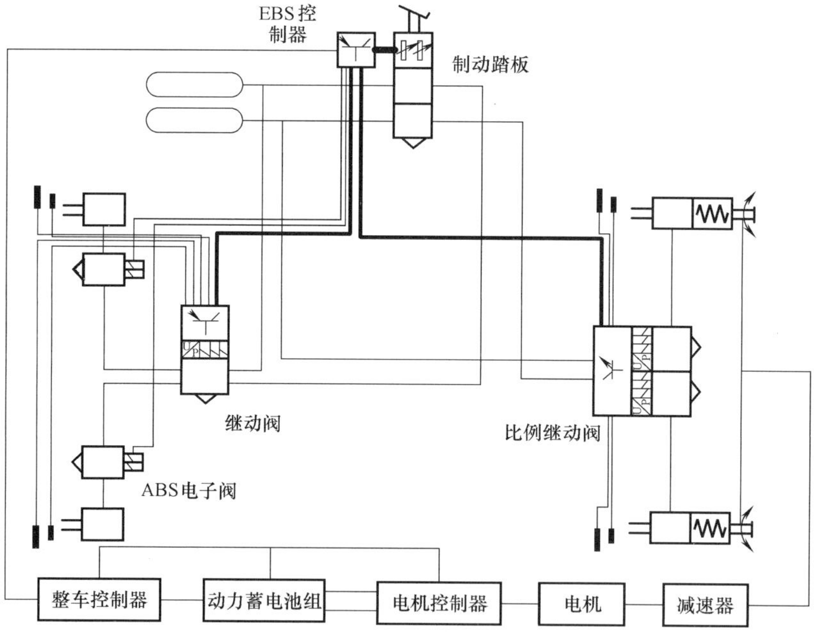

图 10-62 协调式制动能量回馈系统的整体方案（见书末彩色插图）

比例继动阀是整个协调式制动能量回馈系统的核心部件。该阀采用了机电一体化设计，集成了 ECU 控制模块，具有响应迅速、噪声低、气压控制精确的特点。如图 10-63 所示，该阀气路接口有 4 个，图中端口 1 连接供气回路，端口 2 连接气压输出回路（直接与制动气室连接），端口 3 为排气口，端口 4 连接行车制动回路的备用控制回路。

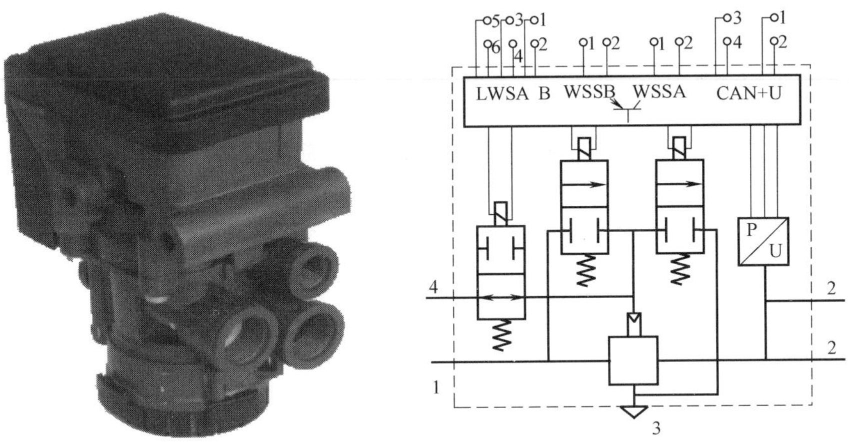

图 10-63　比例继动阀原理图

踩下制动踏板后，EBS 控制器首先计算出车辆减速度需求，通过和整车控制器 CAN 通信获得电驱动系统回馈制动能力，在满足制动减速度需求、保证行车安全的前提下优先响应回馈制动，在回馈制动能力不足时摩擦制动即时介入。系统控制效果如图 10-64 所示。

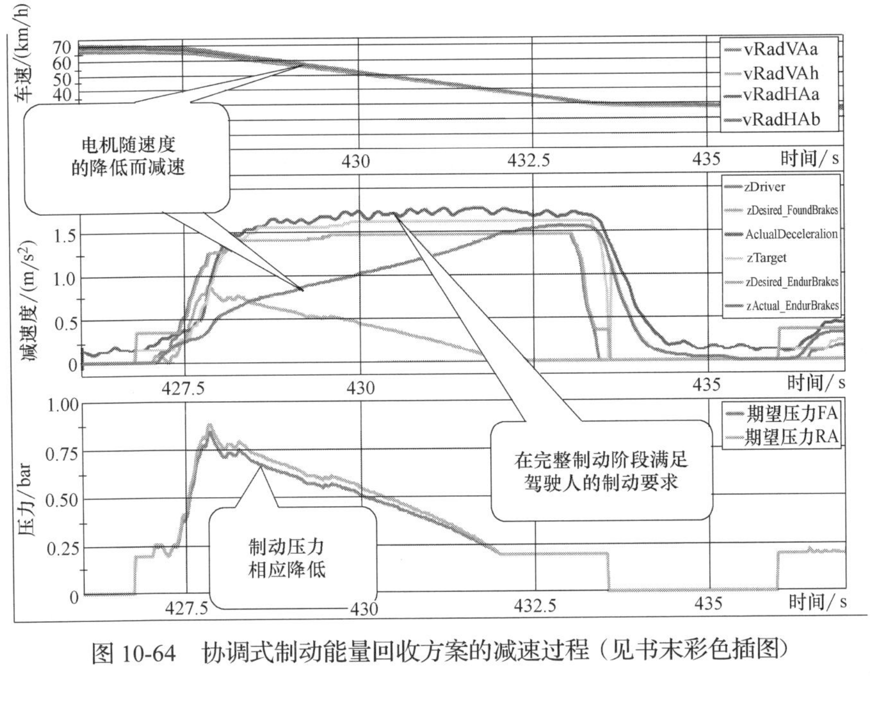

图 10-64　协调式制动能量回收方案的减速过程（见书末彩色插图）

10.6.3.2　叠加式制动能量回馈方案

以新能源客车为例说明叠加式制动能量回馈技术方案。该车采用双电机直驱系统，驱动电机通过传动轴和主减速器连接在一起实现制动能量回馈。制动主缸是叠加式制动系统的核心部件，在制动踏板开度达到 24° 之前，踏板行程输出 0 ~ 5V 电压信号且和踏板行程线性相关，而摩擦制动只有当踏板开度超过 7.8°之后才介入。当驾驶人操作制动踏板时输出踏板开度信号，整车控制器依据踏板开度信号、车速和动力蓄电池组 SOC 输出制动能量回馈转矩，踏板开度超过 7.8°之后，气制动逐步增加，从而实现车辆制动能量回馈和安全制动功能。叠加式制动能量回馈方案结构简单，成本低，在原制动系统基础上改动量小，但存在制动舒适性差、制动能量回收效率不高的问题。

目标车型所选用的 ABS 控制器可以发出缓速器控制信号（DBR），正常情况下该信号为高电平，当后轮抱死时该信号会由 1 变成 0 以禁止缓速器工作。本研究案例的制动系统的回馈制动力作用在后轮，与缓速器功能类似，当 ABS 信号激活后，整车控制电制动力以一个合适的变化过程撤销以防止后轮抱死。

10.6.4 气压制动系统

制动系统的主要功用是使行驶中的汽车减速甚至停车、使下坡行驶的汽车速度保持稳定、使已停驶的汽车保持不动。大中型公共汽车与重型货车制动系统一般采用气压制动系统。气压制动以压缩空气作为制动器制动的主要能源，驾驶人的体力仅作为控制能源，具有操作轻便、制动力矩大的特点。传统车辆依靠发动机集成的活塞式空气压缩机为气压制动系统提供压缩空气。在新能源车辆设计阶段，就需要采用电动空气压缩机为纯电动状态或处于怠速停机状态下的混合动力汽车提供制动所需要的压缩空气。电动空气压缩机是以电机作为动力源，为汽车提供一定压力和体积的压缩气体，满足汽车制动、空气悬架、气缸推动等需求的压缩气体装置。制动系统的组成如图 10-65 所示。

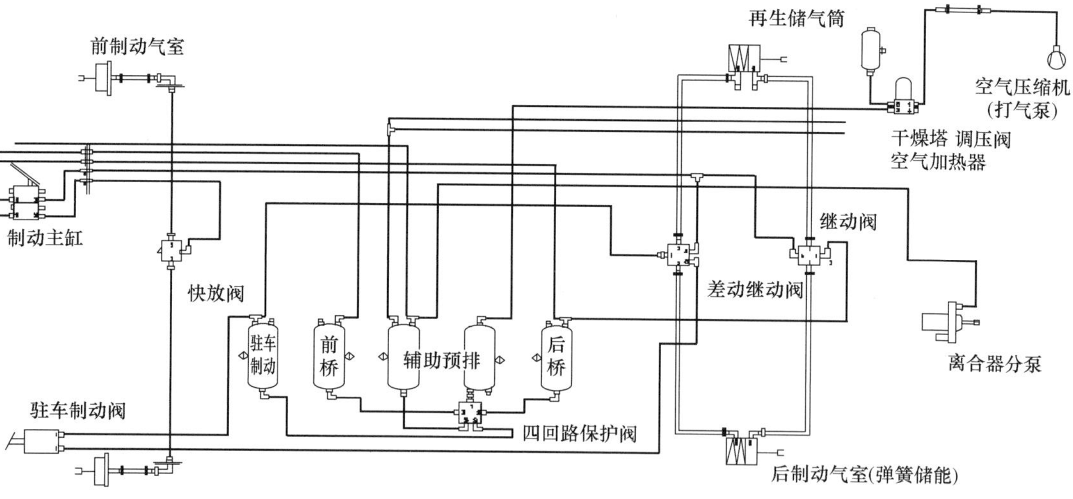

图 10-65 制动系统的组成

10.6.4.1 电动空气压缩机选型

根据工作形式的不同，电动空气压缩机分为电动活塞式空气压缩机、电动螺杆式空气压缩机、电动滑片式空气压缩机和电动涡旋式空气压缩机。

1. 电动活塞式空气压缩机

电动活塞式空气压缩机主要由活塞泵头、驱动电机组成，如图 10-66 所示。

活塞泵头主要由活塞缸组件、活塞组件、气阀组件、曲轴、连杆等组成，其工作原理如图 10-67 所示。在气缸内下降的行程中，空气通过进气阀吸入气缸，排气阀保持关闭。在活塞上升的行程中，空气被压缩至一定的压力后进气阀关闭，排气阀打开，进入制动系统。

图 10-66 电动活塞式空气压缩机

图 10-67 活塞泵头工作原理示意图

2. 电动螺杆式空气压缩机

电动螺杆式空气压缩机主要由螺杆泵头、驱动电机、机油过滤器、空气滤清器、油细分离器、压力维持阀、温控阀、冷却器等组成，其外形如图 10-68 所示。

螺杆泵头主要由一对阴阳转子组成，如图 10-69 所示，其中两个带有螺旋形齿轮的转子相互啮合，使两个转子啮合处的体积由大变小，从而将气体压缩并排出。

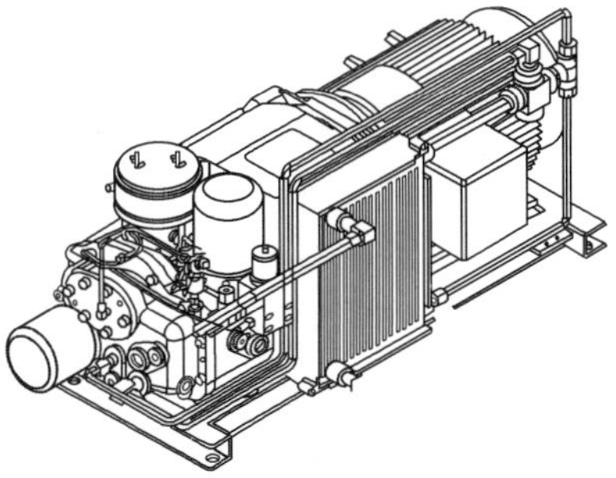
图 10-68 电动螺杆式空气压缩机

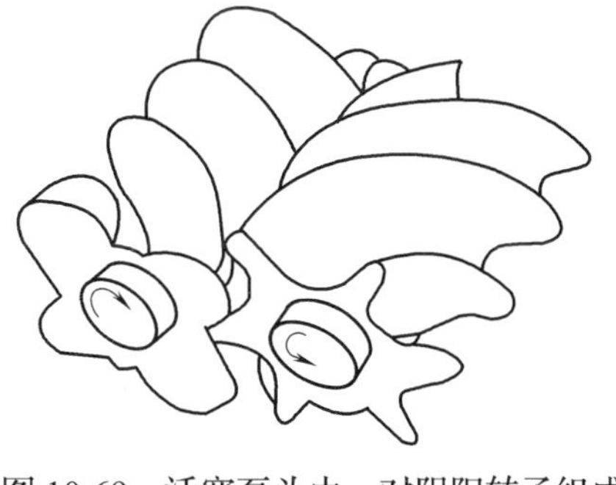
图 10-69 活塞泵头由一对阴阳转子组成

3. 电动滑片式空气压缩机

电动滑片式空气压缩机主要由滑片泵头、驱动电机、空滤、油细分离器、油滤组成，如图 10-70 所示。

滑片式压缩机的泵头主要由转子和定子组成，其工作原理如图 10-71 所示。其中转子上开有纵向的滑槽，滑片在其中自由滑动。当转子旋转时，截留于滑片之间的空气被压缩后排出。

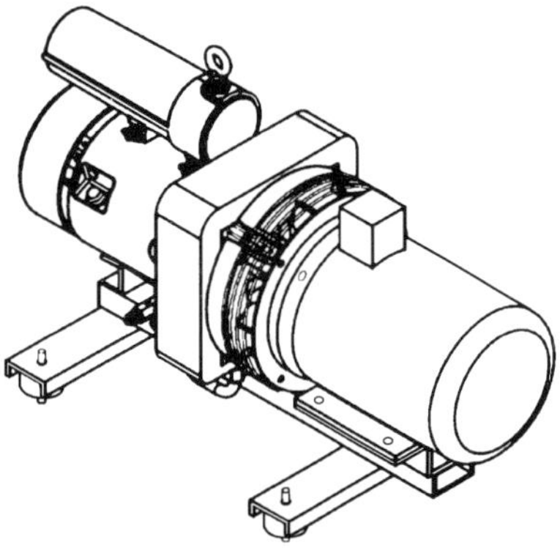
图 10-70 电动滑片式空气压缩机

4. 电动涡旋式空气压缩机

电动涡旋式空气压缩机主要由涡旋泵头、冷却风扇、驱动电机组成，如图 10-72 所示。

图 10-71 滑片泵头工作原理示意图

图 10-72 电动涡旋式空气压缩机

涡旋式压缩机的泵头主要由动涡盘和静涡盘构成，其工作原理如图 10-73 所示，静涡盘与动涡盘在一定的相位内保持小半径的平面运动，动、静涡盘啮合时会形成若干对月牙形封闭的压缩腔，吸入工作腔的气体被随后形成的月牙形的压缩腔逐渐压缩，并从静盘中心部位排气口排出。

图 10-73 涡旋式泵头工作原理示意图

10.6.4.2 电动空气压缩机的设计要求

电动空气压缩机设计受车辆使用环境（海拔、温度等）、车辆储气筒容积、气动部件工作气压范围以及布置位置等诸多因素的影响。电动空气压缩机的选型和设计应满足下列各项要求：

1）电动空气压缩机机型及匹配的电机、润滑油、轴承等满足环境使用。

2）电动空气压缩机的额定排气压力应不低于制动管路中干燥器的卸荷压力。

3）电动空气压缩机的额定容积流量应满足实车需求，电动空气压缩机的负荷率应低于 30%。

4）电动空气压缩机的起动策略应在保证制动、气动部件（空气悬架、气动门泵、集电杆等）工作正常的前提下，尽可能减少电动空气压缩机负荷率以达到节能的目的。

5）电动空气压缩机的停机控制策略应在保证干燥器卸荷的前提下，尽可能缩短空气压缩机的空载工作时间。

6）电动空气压缩机的布置应充分考虑安装、维护操作的方便性。

7）电动空气压缩机的安装位置应满足其散热、防水及防尘要求。

8）电动空气压缩机的防护等级应不低于 IP67。

9）电动空气压缩机的输入比功率应不低于 GB 19153—2009《容积式空气压缩机能效限定值及能效等级》中二级能效要求。

10）使用可靠，寿命长，制造成本低。

10.7 插电式混合动力电动汽车充电系统选型及设计

新能源汽车充电系统有许多分类方法。按照充电系统与公共电网是否直接接触，分为接触式充电系统和感应式充电系统。接触式充电系统具有结构简单、成本较低、电能传输效率高等特点，是目前主流的充电系统。按照充电系统是否安装在车上，分为车载充电系统和非车载充电系统。车载充电系统安装在车辆内部，具有体积小、冷却和封闭性好、重量轻等优点，但功率普遍较小，充电所耗时间长；非车载充电系统安装在新能源汽车外部，具有规模大、使用范围广、功率大等优点，但体积大、重量大、不易移动，主要适用于新能源汽车的快速充电。

10.7.1 充电系统

10.7.1.1 车载充电系统

车载充电系统是电动汽车的核心组成部件，在电动汽车的推广应用中发挥着重要作用。充电系统从电网获取电能，通过适当的变流方式将电能传递给动力蓄电池组。电动汽车车载充电系统的总体结构如图 10-74 所示，主要由电网、充电机、动力蓄电池管理系统和通信系统组成。车载充电系统主要由功率单元、控制单元和各类传感器组成的辅助单元组成。

1）功率单元在控制单元和辅助单元的配合下完成将电网电能转换成动力蓄电池组所需要存储的电能。

2）控制单元通过所制订的控制策略完成对功率单元中功率开关器件的精确控制。

3）辅助单元主要为控制单元提供实现闭环控制所需要的状态信号。

依据充电机功率变换级数的不同，电动汽车车载系统可分为单级式变换结构和两级式变换结构。图 10-75 是单级式电动汽车车载充电系统的结构框图。如图中线框所示，通过 AC/DC 变换器将电网的交流电整流为直流电传递至动力蓄电池组。单级式变换结构电路简单，所需要的功率开关器件数量较少，成本低，但无法实现输出电压范围可调。

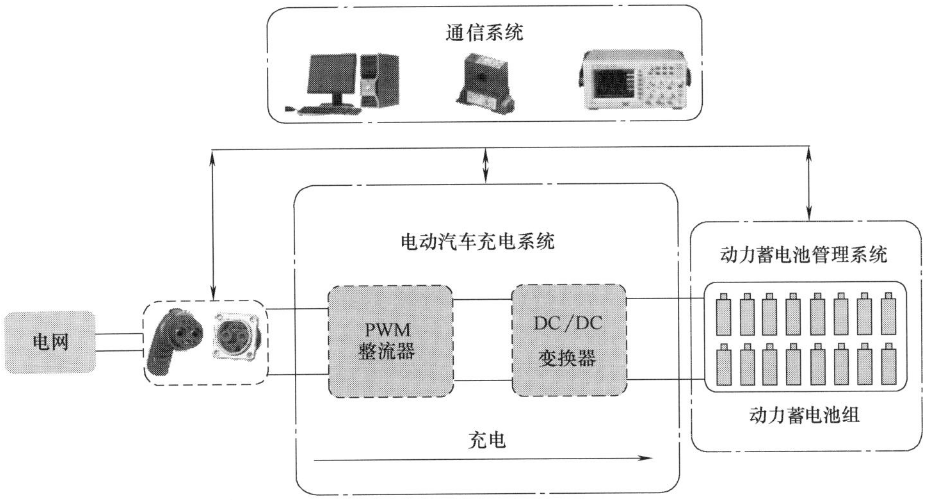

图 10-74 电动汽车车载充电系统的总体结构

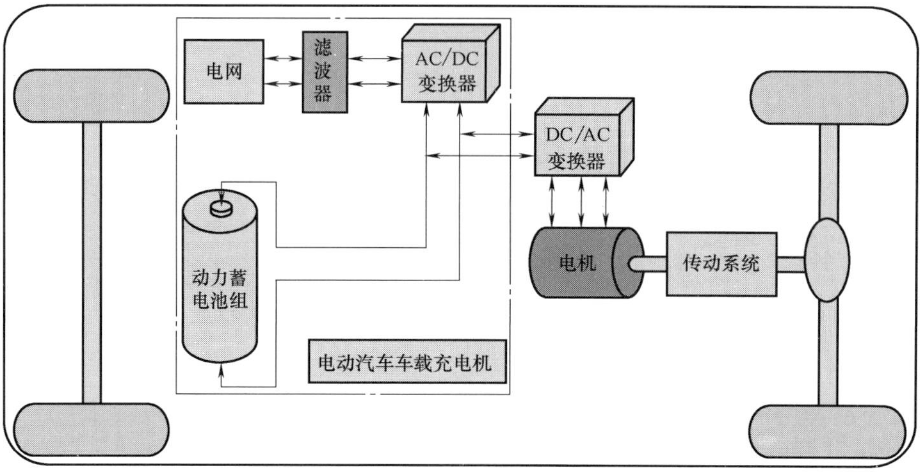

图 10-75 单级式电动汽车车载充电系统的结构框图

图 10-76 所示为两级式电动汽车车载充电系统的结构框图。如图中线框所示，与单级式结构相比，两级式车载充电系统由前级 AC/DC 变换器和后级 DC/DC 变换器两部分组成。其中，前级 AC/DC 变换器主要将电网侧的交流电整流为直流，稳定直流侧电压输出，同时能够合理抑制电网侧谐波电流。前级 AC/DC 变换器用以输出稳定的直流电，后级 DC/DC 变换器依据动力蓄电池组的充电特性，为动力蓄电池组提供宽电压范围的充电电压，以精确控制车载充电机输出的充电电压或充电电流。两级式变换结构所需要的功率开关管数量较多，且控制策略相对复杂，因此成本较高。但两级式变换结构能够按照不同的充电策略控制动力蓄电池组的充电电压或充电电流。为了满足动力蓄电池组的充电特性、控制充电倍率、提高动力蓄电池组的循环使用寿命，通常采用两级变换结构的车载充电机。

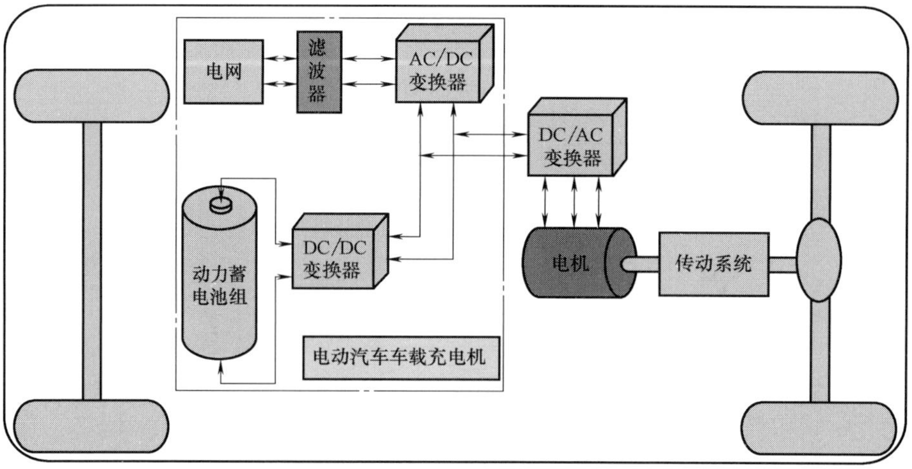

图 10-76 两级式电动汽车车载充电系统的结构框图

本研究案例基于两级式变换结构作为车载充电系统的结构形式。针对电动汽车车载充电机的研究实质是对功率变换器的研究。需要说明的是，车载充电机在保证正常为动力蓄电池组充电的条件下，需要对车载充电机所产生的谐波电流进行有效抑制，并尽可能提高充电系统的功率密度和效率，实现单位功率因数运行。前级 AC/DC 变换器对谐波电流的抑制起着关键作用，因此将电动汽车车载充电系统的前级单相 PWM 整流器作为研究对象，研究其谐波电流抑制方法，这对突破电动汽车车载充电机关键技术有着一定的理论和实用价值。

传统的不可控二极管整流技术会给电网带来大量的无功功率和电流谐波，不但会造成对电网的污染，而且会降低电能利用的效率。因此本研究案例选择基于全控型器件的单相 PWM 整流器电路作为研究对象。如图 10-77 所示，基于全控型功率器件的单相 PWM 整流器电路根据拓扑结构的不同可以分为全桥整流电路（图 10-77a）、半桥整流电路（图 10-76b）、Boost 升压斩波电路（图 10-76c）、Cuk 斩波电路（图 10-76d）和多电平电压型整流电路（图 10-76e）。

其中，Cuk 驱动电路效率较低，因此很少使用。多电平结构的整流电路能够有效减少电网侧电流谐波的含量，但是所需的功率开关管数量较多，会造成较大的功率损耗和成本的增加。同时电路控制更为复杂，需要进行直流侧中性点平衡。需要说明的是，多电平结构可以大大降低功率开关器件的耐压等级，因而更适用于大功率场合。半桥整流电路的电容为串联放电，因此纹波较大。与半桥整流电路相比较，全桥整流电路的纹波小很多，因此本研究案例选择全桥整流电路作为车载充电机的拓扑结构。

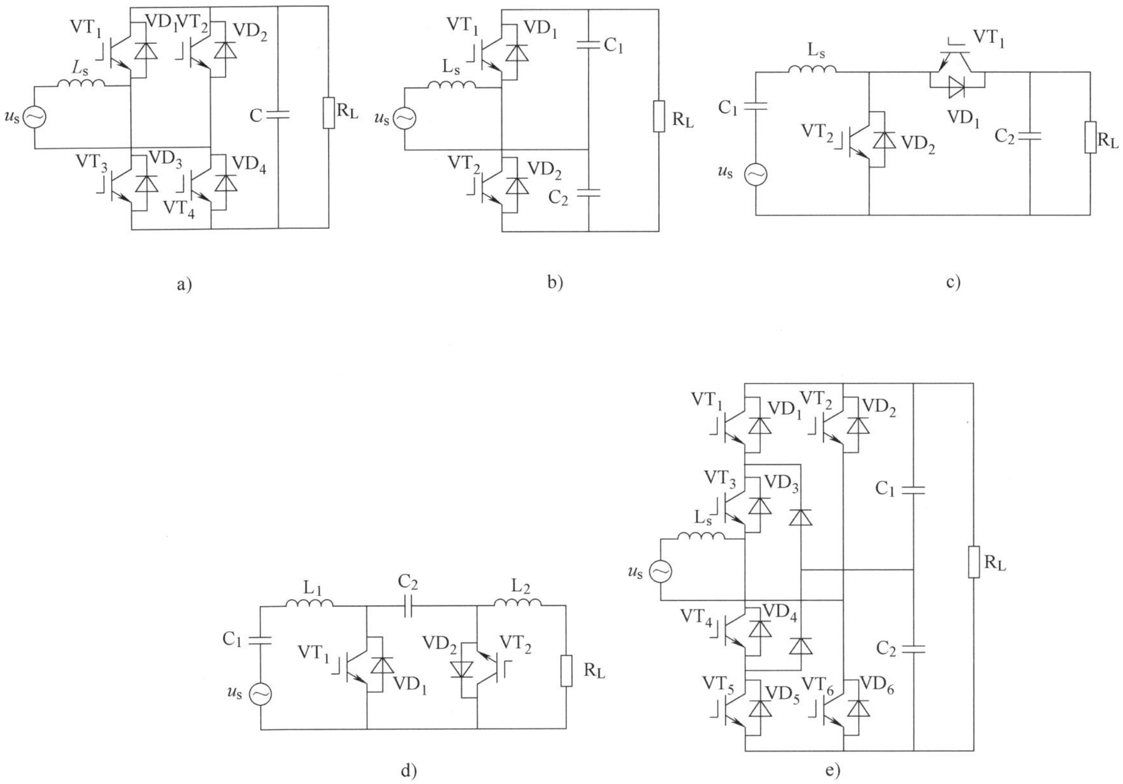

图 10-77　AC/DC 变换器基本拓扑结构

a）全桥整流电路　b）半桥整流电路　c）Boost 升压斩波电路　d）Cuk 斩波电路　e）多电平电压型整流电路

10.7.1.2 车载充电机

车载充电机是一种直流充电装置，固定安装在电动汽车上，将公共电网的电能变换为车载储能装置所要求的直流电，并给车载储能装置充电，如图 10-78 所示。其电压与原车搭配的动力蓄电池组相同，依据动力蓄电池管理系统的管控命令动态调节充电电流与电压参数，完成电动汽车充电过程。

图 10-78 车载充电机外观

10.7.1.3 车载充电机的工作原理

车载充电机由 PFC 电路和 DC/DC 变换器两个功率部分组成。在两个功率部分之外还有辅助电源以及输入输出检测保护电路，其原理框图如图 10-79 所示。

1）PFC 电路：用以实现交流输入的整流滤波和输入电流的校正。

2）DC/DC 变换器：用以实现将整流电压转换成电动汽车充电要求的稳定的直流电压输出。

3）辅助电源：利用 PFC 电路的直流输出，产生控制电路所需的各路电源。

4）输入检测电路：实现输入过欠压、缺相等检测。DC/DC 变换器的检测保护电路包括输出电压电流的检测、散热器温度的检测、蓄电池反接保护等，所有这些信号用以 DC/DC 变换器的控制和保护。

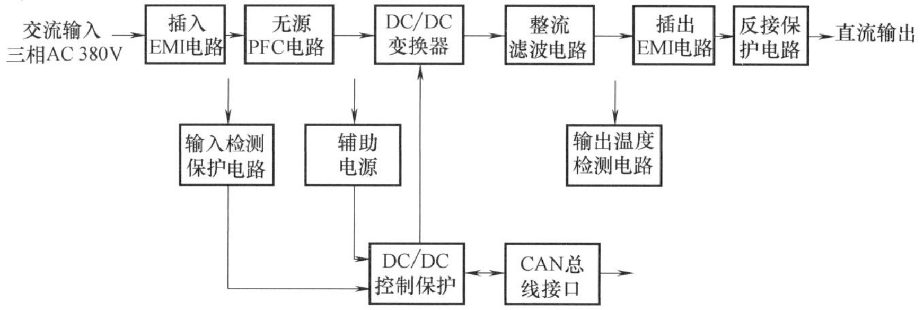

图 10-79 车载充电机原理框图

10.7.1.4 车载充电机的选型与应用

车载充电机的主要参数有输入电压范围、输出电压范围、充电功率和变换效率。根据功能需求可分为单向和双向，前者仅电网对电动汽车单向充电；后者可以通过电动汽车给外部接口放电，作为应急或者 V2G 电网功率调节使用。作为一种汽车电子部件，要保证在整个汽车生命周期内可靠稳定运行，还需要考虑工作温度、防护等级、振动和防腐等要求。

车载充电机的发展方向是小型化和轻量化，功率等级也开始向大功率转变，尽管目前市场上绝大多数车载充电机产品的功率以 3.3kW、6.6kW 为主，但其实 11kW 的车载充电机在国内也开始成为主流。随着相关技术的不断突破，以及新能源汽车对车载充电机充电便捷性、充电速度、维护成本的要求不断提升，未来还有望朝着更高功率方向发展。

10.7.2 充电插头

充电插头是将充电机和电动车辆连接在一起且可以移动的一种装置，通过充电插座和车辆相连。根据充电模式的不同，可分为交流充电插头和直流充电插头。图10-80所示为充电插头整体外形。图10-81所示为交流充电插头触头布置图。图10-82所示为交流充电接口电气连接界面。

图10-80　充电插头整体外形

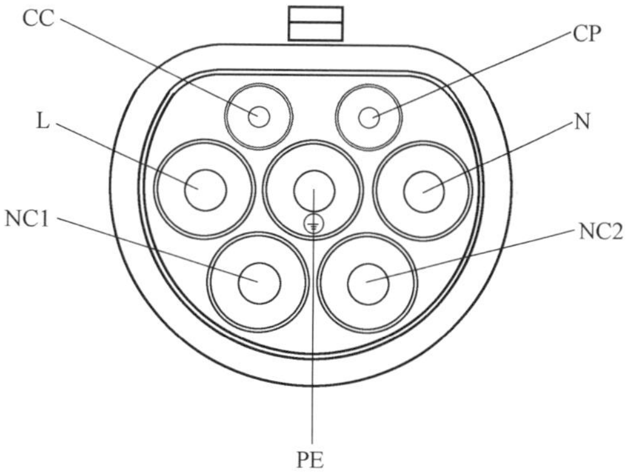

图10-81　交流充电插头触头布置图

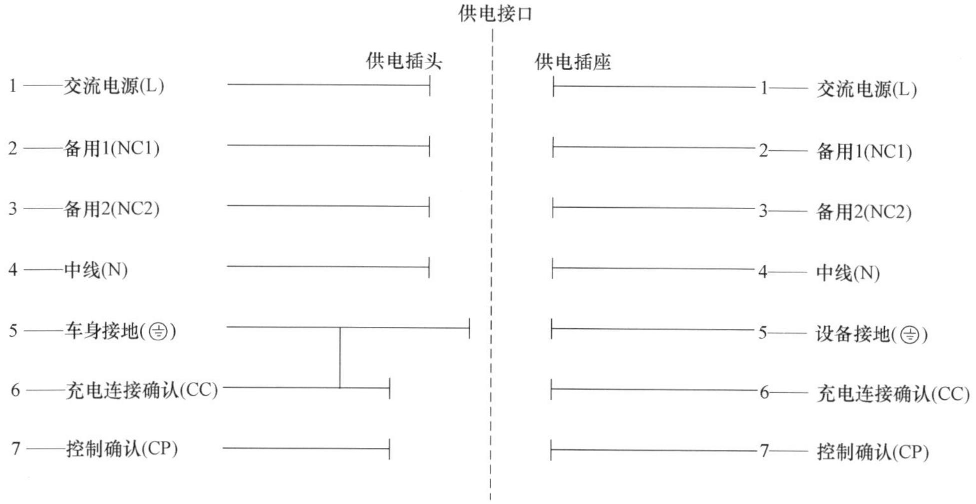

图10-82　交流充电接口电气连接界面

直流充电插头触头布置如图10-83所示。直流充电接口电气连接界面如图10-84所示。

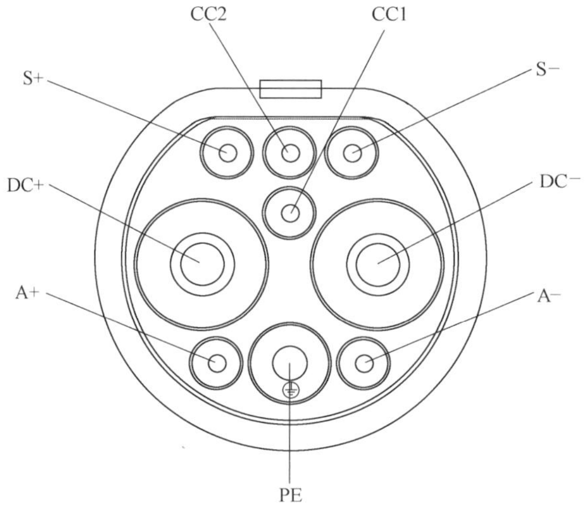

图 10-83　直流充电插头触头布置

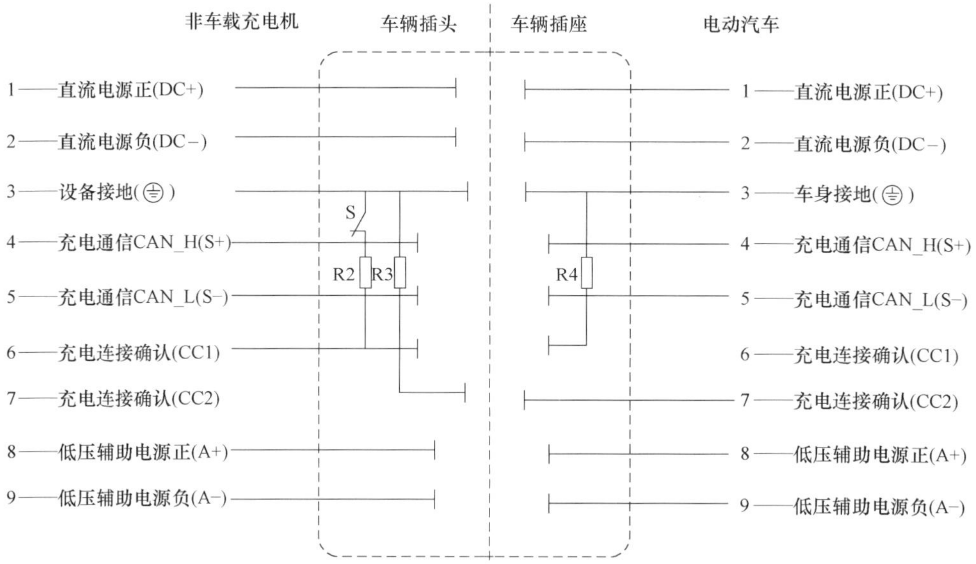

图 10-84　直流充电接口电气连接界面

10.7.3　直流快充系统

10.7.3.1　基本工作原理

电动汽车充电是将电网交流电能转变为车辆动力蓄电池所需直流电能的过程。充电系统基本原理如图 10-85 所示。

电动汽车充电系统的基本原理是：充电设备接入交流电网，电能经过有源功率因数校正（Active Power Factor Correction，APFC）变换器变换后，通过隔离变压器传输至整流电路，最终在 BMS 控制下输出直流电能至动力蓄电池，满足车辆充电需求。直流充电系统的 APFC 变换器、隔离变压器和整流电路均集成在充电机内，车上仅安装 BMS 和动力蓄电池系统。图 10-86 所示为双枪直流充电系统示意图。

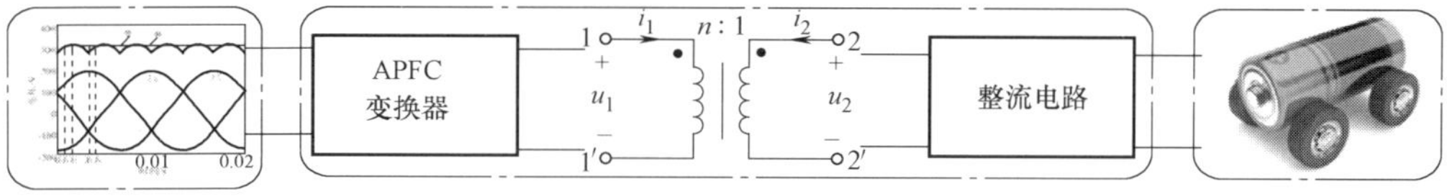

图 10-85 充电系统基本原理

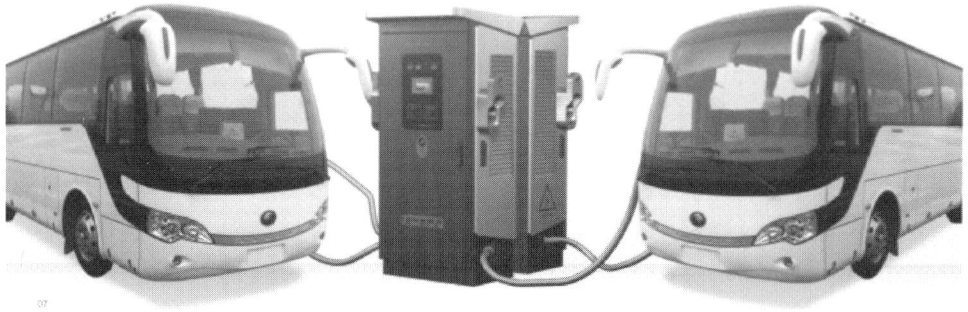

图 10-86 双枪直流充电系统示意图

交流慢充与直流快充系统基本特性对比见表 10-15。

表 10-15 交流慢充与直流快充系统基本特性对比

特性	交流充电	直流充电
输出电压	AC380V	DC200 ～ 750V
最大输出电流	63A	250A
故障影响	车载充电机故障，车辆将无法充电、运营	单台充电机故障不影响车辆充电、运营
经济性	车桩比 1 ∶ 1，且需要 1 ∶ 1 配置车载充电设备，充电桩成本低	桩车比（1 ∶ 2）～（1 ∶ 4），充电桩成本高

10.7.3.2 应用场景

客车通常运营强度较大，且日均运营时长，里程及运营线路均较固定，以国内某一线城市公交系统为例，长度 20km 以内公交线路占比为 85%（图 10-87），车日运营里程 200km 以内的公交车辆占比 70.6%，250km 以内的占比为 91%（图 10-88）。公交车辆夜间停驶时长约 6h，以纯电动公交车平均 1kW·h/km 电耗测算，需在 6h 内为单台车辆补充 250kW·h 电量，且公交场站用地通常较为紧张，部分公交停车场为高架桥下或道路辅路等临时场地，不具备大规模建设充电站的条件。因此，纯电动客车及插电式混合动力客车相比乘用车对充电功率要求更高。

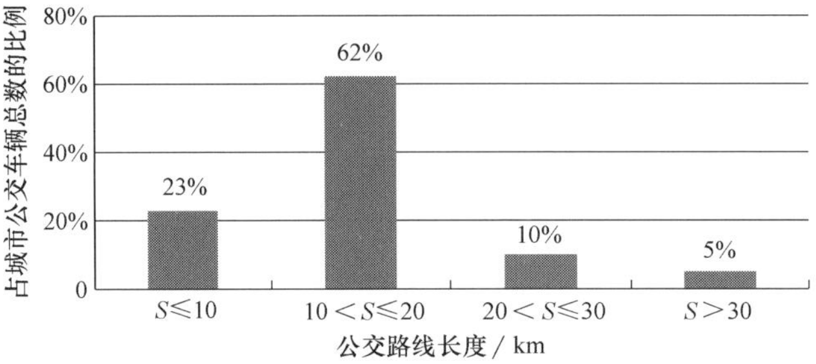

图 10-87　国内某一线城市公交系统长度 20km 以内公交线路长度占比

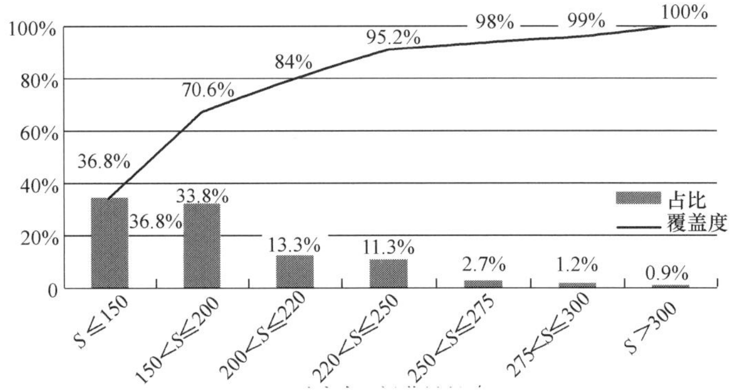

图 10-88　国内某城市公交车日运营里程情况

10.7.3.3　优势及其应用前景

目前纯电动客车及插电式混合动力客车主要采用直流充电方式，其显著优点有：

1）相比交流充电单枪功率最大 40kW，直流充电可以实现单枪 150kW 大功率快速充电，可在车辆发班间隙短时补电，也可利用夜间波谷电小功率慢充，调峰调谷，充电调度较灵活。

2）与交流充电相比，直流充电不需要车载充电机，有利于降低整车成本，同时可降低整车重量，有利于降低车辆电耗，经济性较好。

由于电池容量随着使用时间的增加会衰减，而且驾驶人驾驶习惯差异、气候环境差异等都会导致车辆续驶里程变化，导致使用效率大大降低。因此，既满足公交实际运营需求，又能降低运营成本和整车购置成本，还能减少充电站土地占用、提高充电站使用效率的直流充电模式为客车主流充电方式。现阶段直流快充模式是较适合纯电动公交汽车大规模推广的运营模式。

10.7.4　非接触式充电

非接触式充电不需要电缆连接，能量通过电磁场或电磁波等方式传递到车载侧。新能源汽车非接触式（无线）充电通过驱动地面初级线圈，将电能转化为电磁场传递给车载次级线圈，然后经过变换器给车辆电池充电，更智能、安全、便捷。目前非接触式充电技术的实现方式主要分为六类：感应耦合式、磁耦合谐振式、微波方式、激光方式、超声波方式和电场耦合式。下面介绍这六种实现方式的工作原理及其优缺点。

10.7.4.1 感应耦合式（ICWPT）无线电能传输技术

感应耦合式无线电能传输技术是基于变压器感应原理实现的无线能量传输技术。它应用分离变压器原理，利用磁场的感应耦合将能量从分离变压器的初级绕组感应耦合到次级绕组。其工作原理是将工频交流电经过高频电源后在分离变压器的初级绕组中产生高频正弦波电流。该电流在初级绕组中产生高频交变功率磁场，并通过高频电磁场的感应耦合作用，在分离变压器的次级端产生感应电流，再经整流稳压电路转换后产生直流电为负载进行供电。电磁感应耦合式无线电能传输系统结构示意图如图10-89所示。

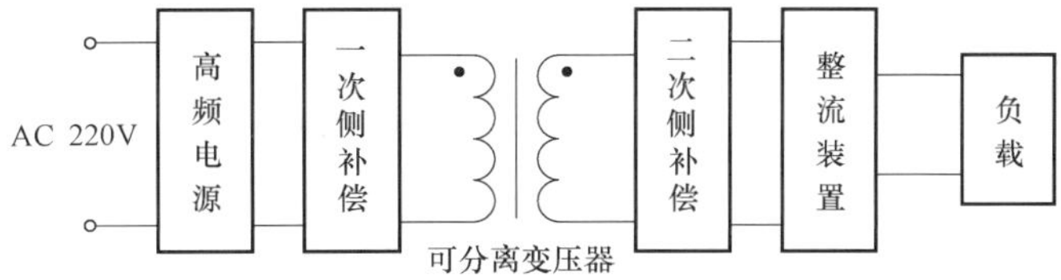

图10-89 感应耦合式无线电能传输系统结构图

电磁感应耦合式无线电能传输系统的优点是工作效率高且能实现较大功率传输。尽管目前市场上已经出现多种采用该方式实现无线充电的家用电子产品，但该技术存在传输距离短（毫米级或厘米级）、高频时变压器损耗大、二次绕组与接收电路间须进行屏蔽、周围金属会产生涡流发热现象等诸多缺点。

10.7.4.2 磁耦合谐振式（MCRWPT）无线电能传输技术

该技术通过磁场的弱耦合，利用电谐振原理实现能量的无线传输。高频电源向发射线圈注入与LC振荡回路自谐振频率相同的能量信号，线圈和电容构成的谐振体便将能量转化成时变磁场，以线圈为中心、以空气为介质发射出去。同时接收线圈与电容器构成的谐振体接收到特定频率的时变磁场后便在电场与磁场之间进行自由振荡。两个谐振体不断进行磁场交换和能量交换，共同组成了MCRWPT系统。该技术主要利用磁场的谐振耦合，将电能从磁场的一端转到另一端，适用于中远距离传输，且由于磁场谐振，系统传输效率较高，能量在传输过程中不受非磁性障碍物的影响，对谐振线圈的容偏率要求也较小，能量传输效果与系统频率及谐振线圈的制作密切相关。但其缺点也很明显，即高频的谐振状态使得系统对参数的变化较为敏感，导致系统缺乏稳定性。

10.7.4.3 微波式无线电能传输技术

微波式无线电能传输系统结构示意图如图10-90所示，该系统主要包括微波发生装置（功率源）、微波发射与接收天线、整流变换装置及负载。该技术是利用微波功率发生装置将直流电能转换成微波能量，并由发射天线聚焦后定向向接收天线高效发射；微波能量经自由空间传播到接收天线，并经过整流变换装置为负载供电。该系统电能以微波的形式传输，空间损耗较大，能量传输效率较低，同时会产生大量的电磁辐射。

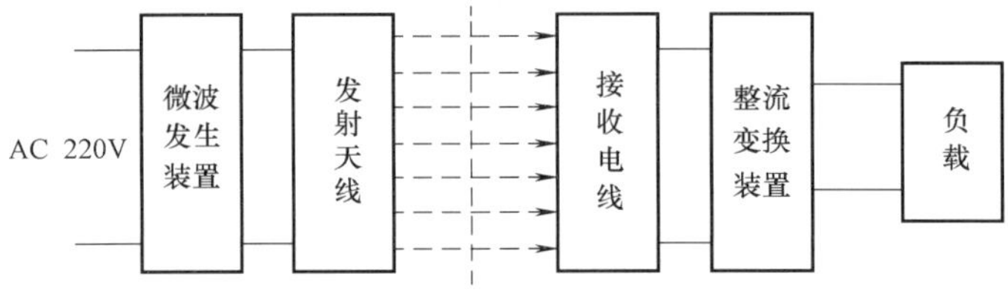

图 10-90　微波式无线电能传输系统结构示意图

10.7.4.4　激光式无线电能传输技术

激光式无线电能传输系统主要包含电源、激光发生器、激光接收装置、光电转换装置等。其工作原理是激光发生器产生包含大量能量的激光，然后定向传输到激光接收装置；接收装置将激光传送到光电转换装置，并变换成普通的电能供负载使用。但激光的强能量会对生物造成致命伤害，且光电转换装置的效率和散热问题一直未能解决，因此该技术尚未能得到广泛使用。

10.7.4.5　电场耦合式无线电能传输技术

该传输方式是利用电场的耦合传递能量，系统原理如图 10-91 所示。该系统通过设置在能量发射端与接收端的极板产生的高频交变电场实现能量的无线传输，具有能够在金属环境中进行能量的不间断传输、低电磁干扰、传输效率高、位置随意性强等特点。

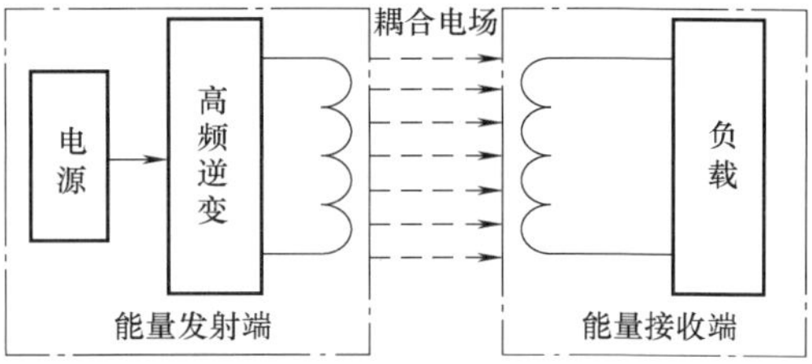

图 10-91　电场耦合式无线电能传输系统结构示意图

10.7.4.6　超声波式无线电能传输技术

该技术通过将电能转换为机械能以及将机械能转换为电能，实现了能量的传输。工作原理是将交流电源由正弦波形式变换成脉冲形式，然后通过放大器对脉冲信号源进行放大；放大后的脉冲源作为输入源送给超声波变换器，实现电能到超声波能的转换并将超声波能发送出去；然后由超声波变换器将接收到的超声波能转化为电能；最后经过整流稳压等措施获得稳定的直流电，再向负载电路供电。该技术不存在电磁辐射与电磁兼容问题，但其能量转换效率较低。

10.7.4.7　磁耦合谐振式无线充电系统

非接触式充电技术的六种实现方式各有优缺点，磁耦合谐振式（MCRWPT）无线电能传输技术具有传输距离远、传输功率大等特点，因此适用于插电式混合动力汽车。

该系统结构如图 10-92 所示，主要包括四部分：AC/DC 变换器（PFC）、高频 DC/AC

变换器、非接触式谐振变压器、二次侧整流器。

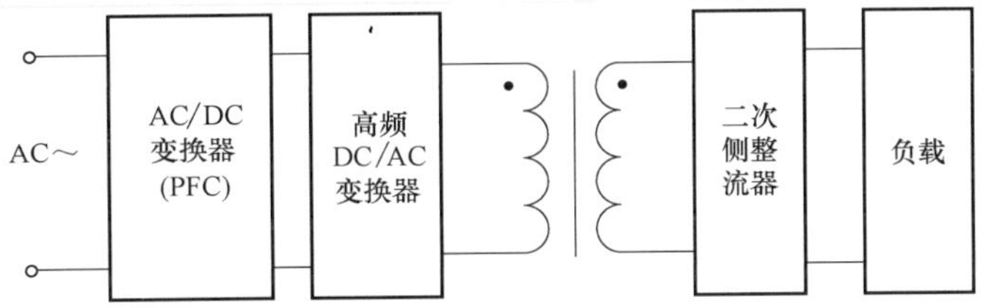

图 10-92　磁耦合谐振式充电系统结构示意图

三相交流电经 AC/DC 变换器，转换为直流电压。高频 DC/AC 变换器将直流电压转换为高频的交流方波来驱动非接触式谐振变压器的初级线圈。根据变压器的基本原理，二次侧线圈在交变磁场中感应生成感生电动势，再经二次侧整流器，给电池充电。

非接触式谐振变压器是非接触式充电系统最重要的部分，变压器的耦合系数 k 和变压器线圈的品质因数 Q 是电能传输的关键参数。变压器的耦合系数 k 越大，效率越高。品质因数 Q 越大，效率越高。

非接触式谐振变压器的模型如图 10-93 所示。

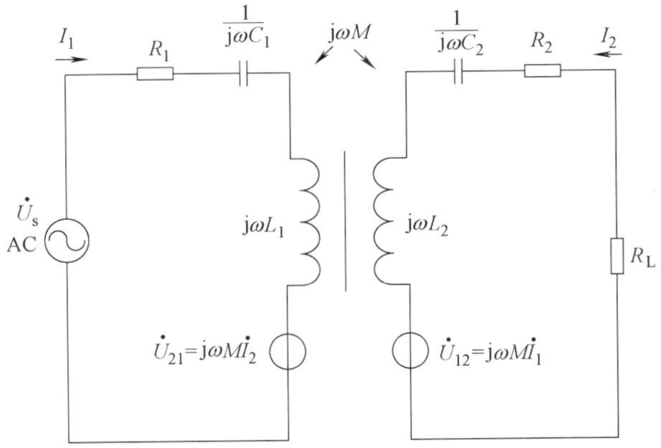

图 10-93　非接触式谐振变压器电路模型

U_s—高频电源　R_1、R_2—一次侧和二次侧线圈的电阻　L_1、L_2—一次绕组、二次绕组的电感　C_1、C_2—一次侧、二次侧补偿电容　I_1、I_2—一次侧、二次侧电流　M—互感　R_L—等效负载

10.7.4.8　非接触式充电应用场景

1. 驻停式无线充电

驻停式无线充电主要面向公交停车场、居住区、商业住宅、写字楼、医院、政务中心等建设无线充电立体停车库，能够解决停车和充电难题。

2. 动态无线充电

动态无线充电可实现车辆行驶过程中间歇性或持续性充电，消除里程焦虑，适用于城市公交、机场摆渡车、园区通勤、港口 AGV 等多种场景应用需求。图 10-94 所示为城市公交线路，图 10-95 所示为机场摆渡车。

图 10-94　城市公交线路

图 10-95　机场摆渡车

10.8　混合动力车载飞轮动力和储能系统

现代车载飞轮混合动力系统（Flywheel Hybrid Power Systems，FHPS）简称飞轮混动系统，是一种绿色、高效、低成本的汽车动力技术。飞轮混动系统利用飞轮以机械能形式储存能量，将车辆制动的动能吸收转化为飞轮动能，并在车辆加速时释放、提供辅助动力，达到增强动力和降低能耗的效果。

飞轮混动系统结合先进的变速器控制技术，如无级变速（CVT）、电动无级变速（E–CVT）等，充分发挥飞轮高比功率的特点，不但可有效地解决现有电动汽车中普遍存在的因电驱动系统功率限制而造成的动力与节能效果不足问题，而且飞轮的机械功率可直接耦合到传动系统，提高再生制动的效率及车辆的加速性能。

10.8.1　储能式

储能式飞轮混动系统的结构与飞轮电池类似，都是通过电机和电力电子转换装置来实现能量的转换和传输。其再生制动能量的吸收和飞轮能量的释放都要通过动能与电能的相互转化才能实现，其功率大小取决于电力传动系统的容量。它的优点是对系统集成度要求不高，应用在像 F1 赛车这样对车辆的配重十分敏感的领域就十分适合；另外一个优点是能量释放值相对更大。其典型代表为英国威廉姆斯混合动力有限公司的储能式飞轮系统（图 10-96），该系统使用了独特的飞轮结构，将控制电机放置于飞轮内部，电机的转子与飞轮转子做成一个整体。储能式飞轮混动系统的原理和拓扑结构如图 10-97 所示，整车应用如图 10-98 所示。

图 10-96　英国威廉姆斯混合动力有限公司的储能式飞轮系统

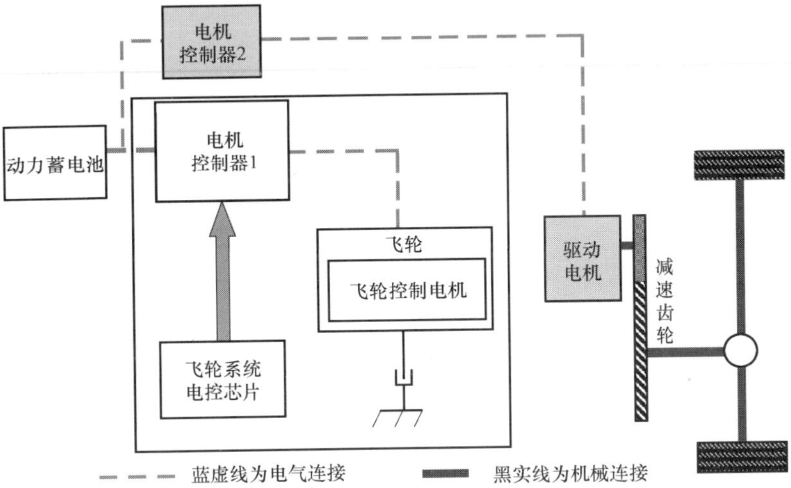

图 10-97 储能式飞轮混动系统的原理和拓扑结构

图 10-98 车载 370kW 发动机和 163kW 的储能式飞轮混动系统

1—控制单元 2—双电机输入轴 3—高压电缆 4—飞轮模块 5—动力控制器

10.8.2 机械式

飞轮与汽车传动结构间通过机械无极变速器和减速行星轮相连接，可以实现不同速度间的耦合与可调节的飞轮功率输入输出。飞轮混动系统的功率（也可认为是其能量的吸收和释放能力）主要取决于其系统中传动系统的功率负荷能力，而机械式飞轮混动系统因为采用了高效且紧凑的 CVT 作为传动装置，所以其功率密度是现有系统中最高的，但其局限在于昂贵且复杂的 CVT 系统。其典型代表如英国 Flybrid 公司的机械式飞轮混动系统（图 10–99）。

用于机械式飞轮混动系统的飞轮动能回收系统布局如图 10-100 所示。

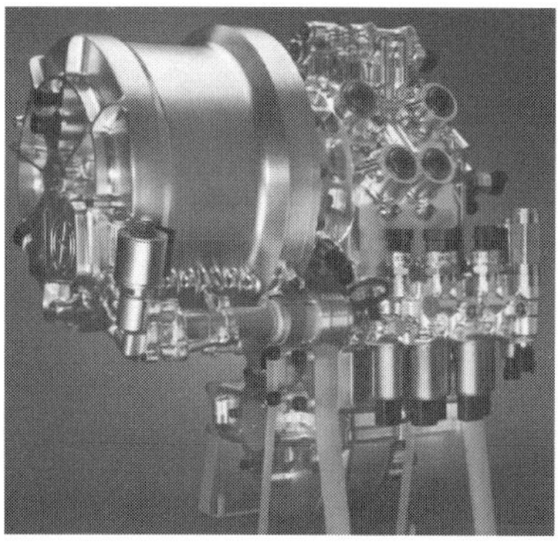

图 10-99 英国 Flybrid 公司的机械式飞轮混动系统

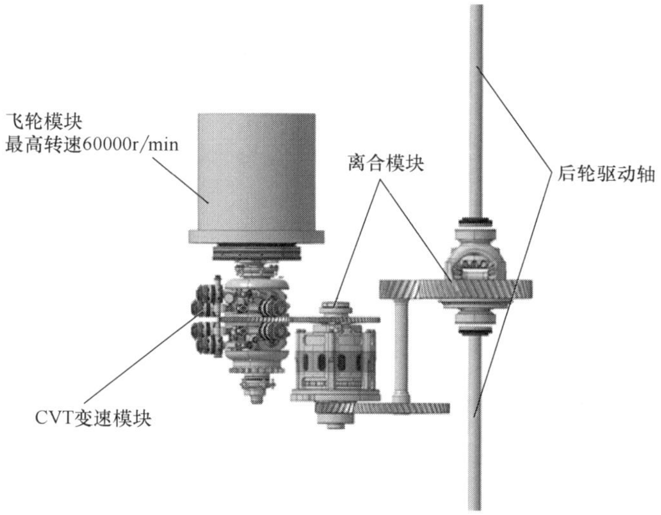

图 10-100 飞轮动能回收系统布局

10.8.3 机电式

机电式飞轮混动系统融合了电驱动系统及飞轮储能两大技术特征，其结构组成如图 10-101 所示。该系统将飞轮控制电机与汽车传动系统通过行星轮连接，实质上实现了新颖的机电混合无级变速系统，将飞轮功率以控制电机额定功率的 2~3 倍输入或输出，实现了飞轮与汽车传动系统之间大于 50% 的直接机械功率传递，将昂贵的飞轮控制电机及其控制器的额定功率、重量、体积和成本至少减半，使能量转化效率也大大提高。这项技术从 2009 年赛季起在世界汽车技术的最高展台——一级方程式赛车中，由威廉姆斯车队成功应用并大获成功，随后装备到保时捷、美洲豹等高端跑车。

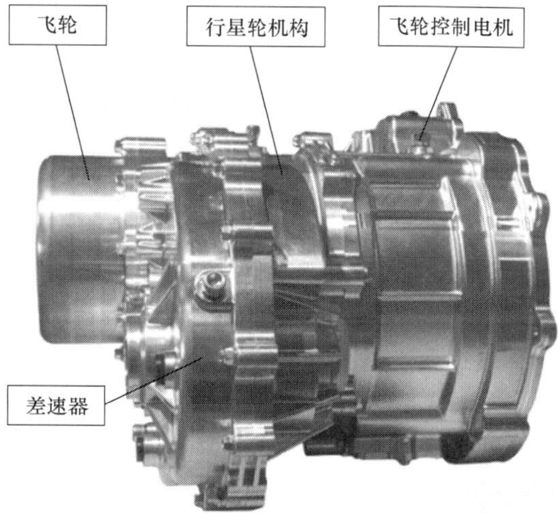

图 10-101 机电式飞轮混动系统的结构组成

图 10-102 所示为一种机电式飞轮混动系统原理，主驱动力和飞轮动力可以在动力系统和安全上进行更好的转矩分配控制和功率分流，从而实现节能效果。在车辆减速过程中，飞轮直接以动能的形式进行制动能量回收储存，效率远高于电机－动力蓄电池动能量回收方案。在车辆起步加速时，再以动能的形式直接传递动力驱动车轮，同时也降低了主驱动电机的动力需求。在加减速过程中，对主驱动力和飞轮动力进行更优的转矩分配控制，最大效率地利用飞轮回收的动能减少主驱动（驱动电机）和动力蓄电池的功率输出，可获得更好的节能效果。

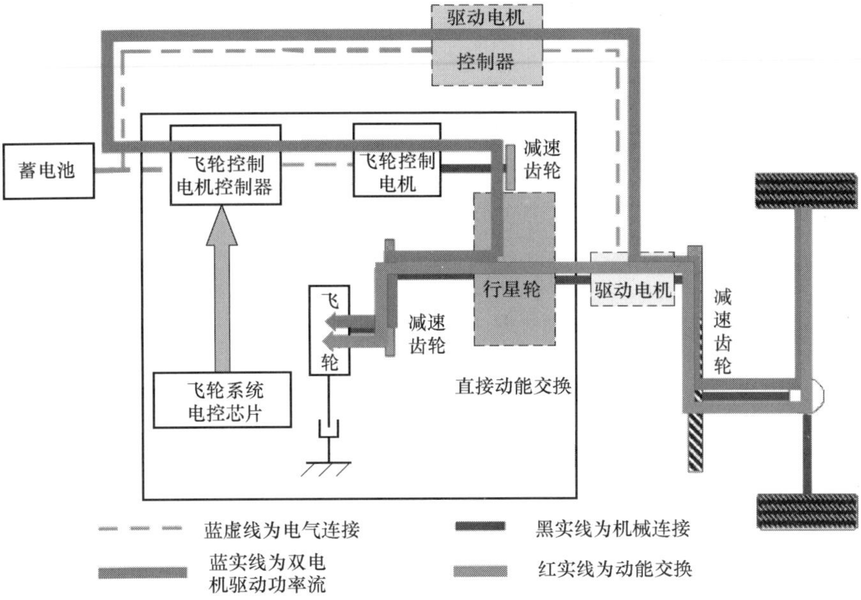

图 10-102 机电式飞轮混动系统原理

三种飞轮混动系统技术方案简要对比见表 10-16。

表 10-16 飞轮混动系统技术方案对比

飞轮混动系统的形式	机械式	储能式	机电式
飞轮的能量输入、输出途径	CVT	电力传动系统	大部分能量通过机械传递，小部分通过双电机功率流传递
能量转换效率	机械传递的转换效率较高，但 CVT 昂贵且笨重	能量需要双重转换，效率较低	保留了机械式转换效率高的特点
对飞轮控制电机和控制器的要求	低	需要大容量的电力传动系统	相比储能式，要求大大降低
飞轮的密封条件	需要密封	需要密封	大气环境
飞轮最高转速 /（r/min）	64500	40000~45000	25000
飞轮制造材料	轮缘为碳纤维复合材料	使用磁负载复合技术的复合材料	金属
对轴承的要求	陶瓷轴承	陶瓷轴承	钢制轴承
对飞轮保护装置的要求	很高	较高	相对降低
系统集成度	相对较高	不高	相对较低，主要靠软件实现
动力实现形式	单一并联动力形式	单一串联动力形式	多模式动力控制

参考文献

[1] 王文伟，毕荣华. 电动汽车技术基础［M］. 北京：机械工业出版社，2010.
[2] 赵航，史广奎. 混合电动汽车技术［M］. 北京：机械工业出版社，2012.
[3] 何洪文，熊瑞. 电动汽车原理与构造［M］. 北京：机械工业出版社，2018.

[4] 程夕明. 功率电子学原理及其应用 [M]. 北京：电子工业出版社，2011.
[5] 陈全世. 先进电动汽车技术 [M]. 北京：化学工业出版社，2017.
[6] 王水平，孙柯，王禾. 开关电源原理与应用设计 [M]. 北京：人民邮电出版社，2012.
[7] 胡骅，宋慧. 电动汽车 [M]. 北京：人民教育出版社，2012.
[8] 赵振宁，柴茂荣. 新能源汽车技术 [M]. 北京：人民交通出版社，2017.
[9] 张占松，蔡宣三. 开关电源的原理与设计 [M]. 北京：电子工业出版社，2004.
[10] 张斌，张彦会，史维玮，等. 基于纯电动汽车的双输入双向 DC/DC 变换器设计 [J]. 广西科技大学学报，2014，25（4）：67-71.
[11] 孙文. 用于电动汽车的交错并联双向 DC/DC 变换器设计 [D]. 杭州：浙江大学，2012.
[12] 日本自动车技术会. 汽车工程手册 10 新能源车辆设计篇 [M]. 中国汽车工程学会，组译. 北京：北京理工大学出版社，2014.
[13] 李兴虎. 混合动力汽车结构与原理 [M]. 北京：人民交通出版社，2009.
[14] 罗斌. 电动汽车用永磁同步电机驱动控制系统的设计与实现 [D]. 长沙：湖南大学，2017.
[15] 李珍国. 交流电机控制基础 [M]. 北京：化学工业出版社，2009.
[16] 王成元. 电机现代控制技术 [M]. 北京：机械工业出版社，2006.
[17] 牛庚森. 电动液压助力转向系统的特性分析与仿真 [D]. 镇江：江苏大学，2012.
[18] 陈志刚. 电动液压转向助力系统仿真试验平台研究 [D]. 长沙：湖南大学，2013.
[19] 易锃. 新能源公交车电控液压助力转向仿真研究 [D]. 成都：西南交通大学，2015.
[20] 邓华. 混合动力专用发动机搭载及控制策略研究 [D]. 长沙：湖南大学，2016.
[21] 王静源. 混合动力汽车专用发动机高效区的研究 [D]. 长春：吉林大学，2012.
[22] 朱国辉，夏孝朗，刘敬平，等. 传统汽油机改进成混合动力 Atkinson 循环专用发动机的节油效果 [J]. 中南大学学报（自然科学版），2014，45（4）：1302-1311.
[23] 石垒，李连豹，韦虹，等. 增程式混合动力汽车专用高热效率发动机试验研究 [J]. 小型内燃机与车辆技术，2018，47（5）：72-76.
[24] 王祥. 混合动力车用复合电源参数匹配与能量管理研究 [D]. 镇江：江苏大学，2015.
[25] 孙小龙. 电动汽车混合电源控制方法的研究 [D]. 阜新：辽宁工程技术大学，2014.
[26] 杨海涛. 车载辅助电源 DC/DC 变换器的研制 [D]. 杭州：浙江大学，2014.
[27] 王鹏飞. 混合动力汽车复合电源系统及其能量管理研究 [D]. 镇江：江苏大学，2013.
[28] 汪江卫. HEV 车载复合电源系统的控制策略优化研究 [D]. 武汉：武汉理工大学，2011.
[29] SALPAKARI J，RASKU T，LINDGREN J，et al. Flexibility of electric vehicles and space heating in net zero energy houses : an optimal control model with thermal dynamics and battery degradation [J]. Applied Energy，2017（190）：800-812.
[30] MEI J，XIA X. Energy-efficient predictive control of indoor thermal comfort and air quality in a direct expansion air conditioning system [J]. Applied Energy，2017（195）：439-452.
[31] CHEN W，LU X，XIONG T. Real time performance optimization of frequency-conversion air-cooled screw chiller under partial load [J]. Refrigeration and Air-Conditioning，2018.
[32] YE J，YANG K，YE H，et al. A fast electro-thermal model of traction inverters for electrified

vehicles [J]. IEEE Transactions on Power Electronics，2017，32（5）：3920-3934.

[33] GRANDJEAN T，BARAI A，HOSSEINZADEH E，et al. Large format lithium ion pouch cell full thermal characterisation for improved electric vehicle thermal management [J]. Journal of Power Sources，2017（359）：215-225.

[34] DIMITROVA Z，MARéCHAL F. Energy integration on multi-periods for vehicle thermal powertrains [J]. Canadian Journal of Chemical Engineering，2017.

[35] STEINER A，MLADEK A. " Reducing the energy consumption for comfort and thermal conditioning in EVs " [C] // Twelfth International Conference on Ecological Vehicles & Renewable Energies. IEEE，2017.

[36] REHLAENDER P，KEMPER P，SCHWUNG A，et al. Control of a fuel cell vehicle thermal management system [C] // IEEE International Energy Conference. IEEE，2018：1-6.

[37] 潘丽雯. 电动汽车车载充电机谐波电流抑制方法研究 [D]. 北京：北京理工大学，2016.

[38] 赵东. 电动汽车车载充电器设计 [D]. 北京：北京交通大学，2015.

[39] 潘军. 蓄电池充电系统的研究与设计 [D]. 南京：南京航空航天大学，2009.

[40] 贾紫蕊. 基于 V2G 技术的双向 AC/DC 变换器及其关键技术研究 [D]. 杭州：浙江大学，2014.

[41] 李维汉. Model-based analysis and control for wireless charger in EVs/PHEVs application [D]. 合肥：合肥工业大学，2016.

[42] 万春雨. 电动汽车无线充电最优控制系统研究及设计 [D]. 沈阳：东北大学，2013.

[43] 何仁. 汽车制动能量再生方法的探讨 [J]. 江苏大学学报（自然科学版），2003，24（6）：1-4.

[44] EHSANIM，GAO Y M，BUTLER K L. Application of electrically peaking hybrid（ELPH）propulsion system to a full-size passenger car with simulated design verification [J]. IEEE Transaction on Vehicular Technology，1 999，48（6）：1779-1787.

[45] MOTOMU K，TOSHIO T. Brake system of " Eco-vehicle " [C/CD] //HaydenRTed. The 14th International Electric Vehicle Symposium（EVS 14），1997，Orlando. USA.

[46] PANAGI0TIDIS M，DELAGRAMMATIKAS G J，ASSANIS D N. Development and use of a regenerative braking model for a parallel hybrid electric vehicle [R]. SAE Paper，2000-01-0995.

[47] 王权. 基于 AMESim 的纯电动汽车复合制动系统仿真研究 [D]. 西安：长安大学，2014.

[48] CHRIS E. Kinetic Energy Storage System: US 5931249 [P]. 1999-08-03.

[49] 廖越峰，杨敏，等. 新能源汽车的驱动装置 : ZL201310112569.2 [P]. 2017-07-07.

[50] 廖越峰，杨敏，等. 新能源汽车的节能驱动装置 : ZL201310112572.4 [P]. 2016-04-27.

[51] 廖越峰，杨敏，等. 可应用于混合动力汽车的储能及驱动装置 :ZL201310116366.0 [P]. 2017-07-07.

[52] 廖越峰，杨敏，等. 一种可应用于混合动力汽车的储能及驱动装置 :ZL201310117160.X [P]. 2016-09-28.

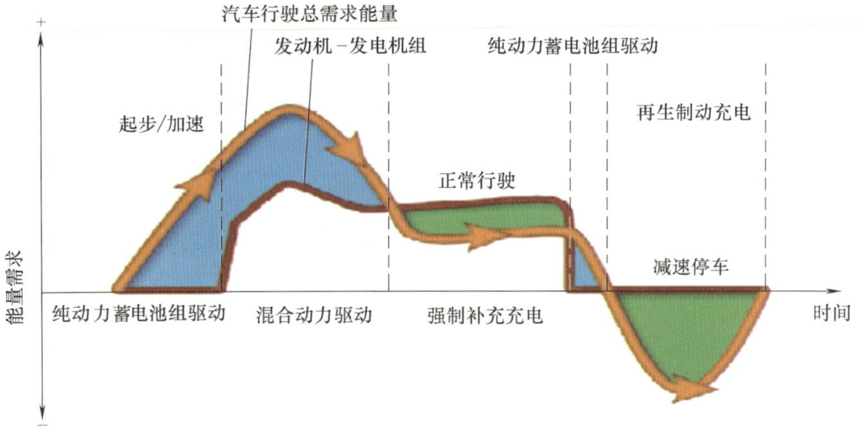

图 2-21　某串联混合动力电动汽车的一个典型工作过程

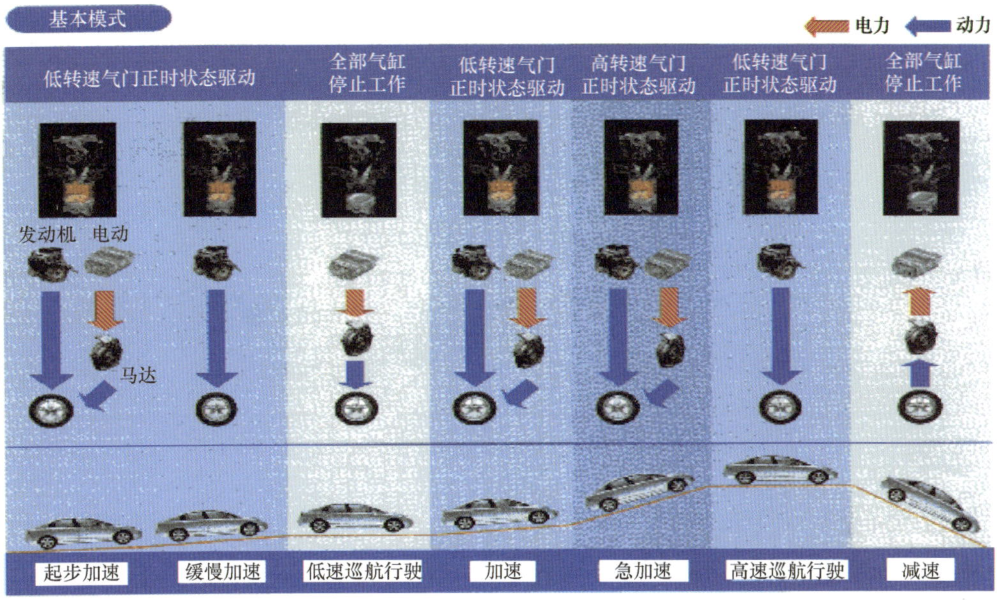

图 2-23　某并联混合动力电动汽车的一个典型工作过程

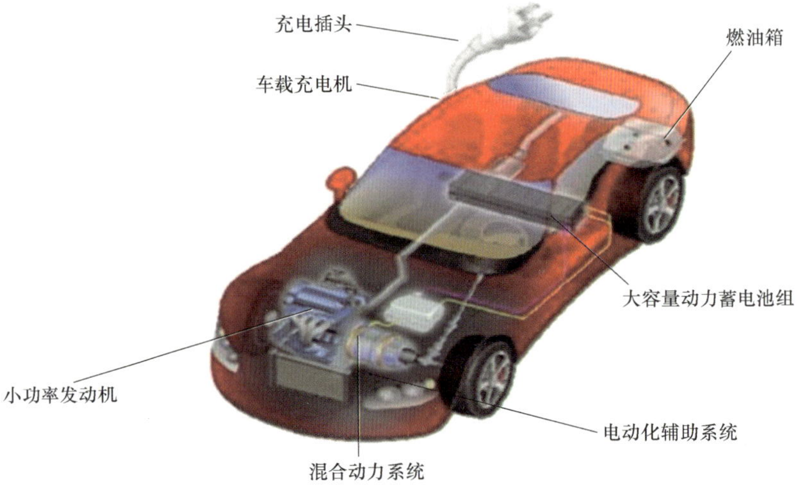

图 2-26　插电式混合动力电动汽车结构

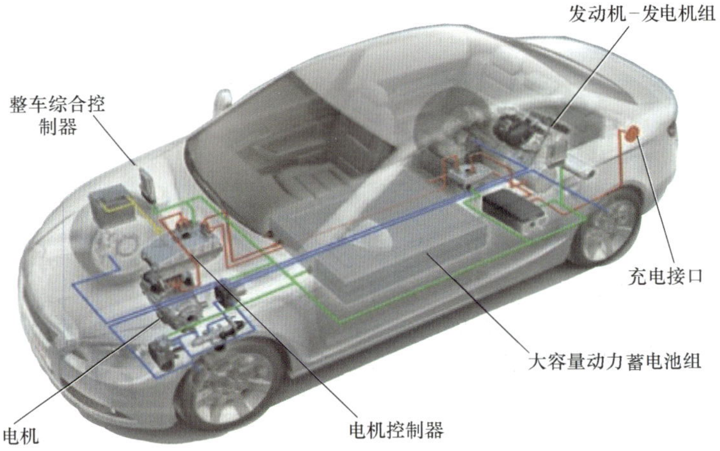

图 2-27　增程式电动汽车结构

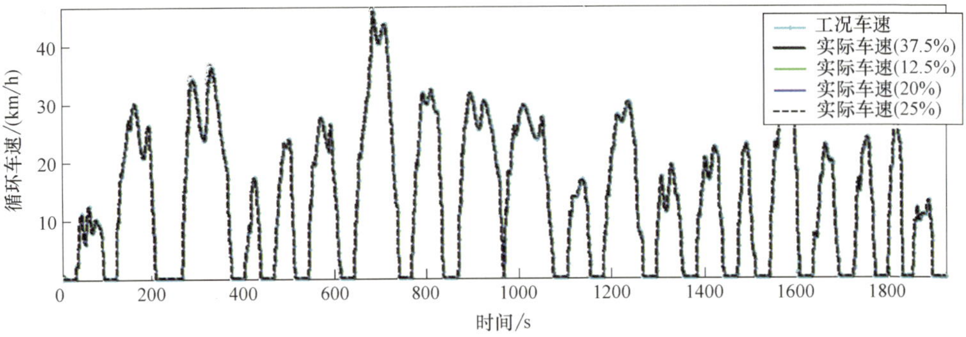

图 3-31　不同混合度车速跟随和动力蓄电池 SOC 变化情况

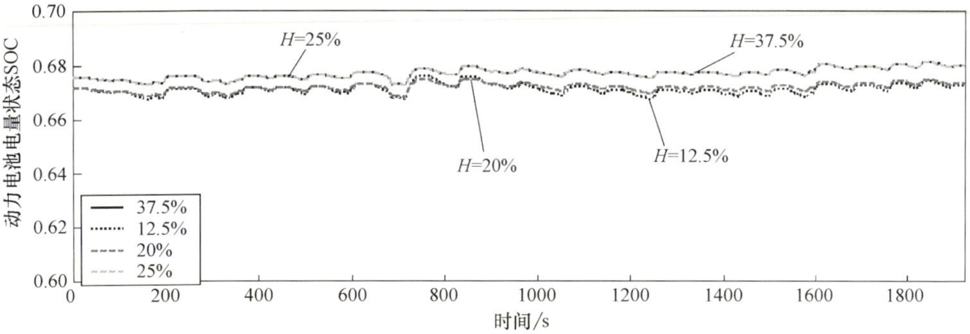

图 3-31 不同混合度车速跟随和动力蓄电池 SOC 变化情况（续）

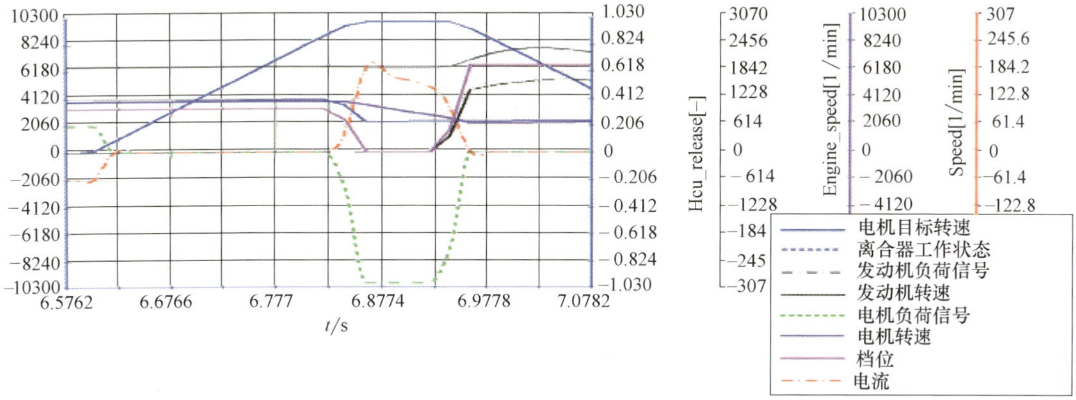

图 3-43 升档时换档过程与主要动力部件的仿真

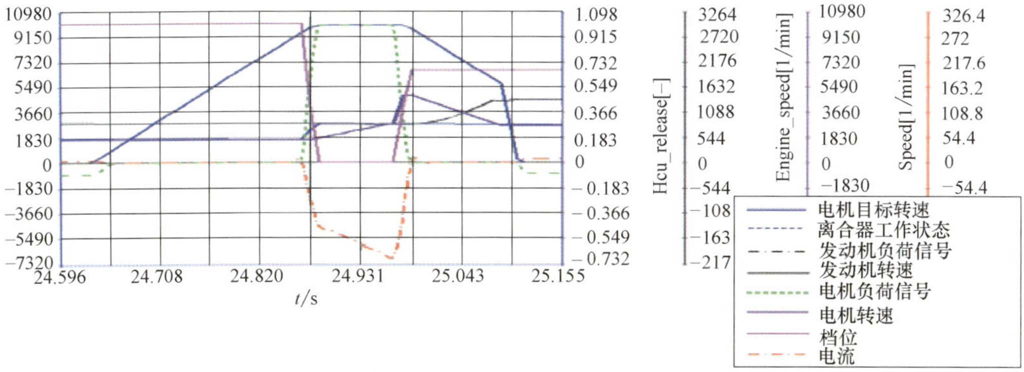

图 3-44 降档时换档过程与主要动力部件的仿真

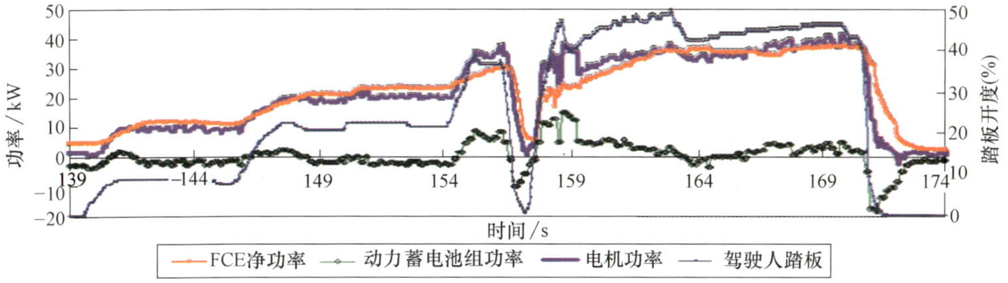

图 4-17 各动力元件功率变化

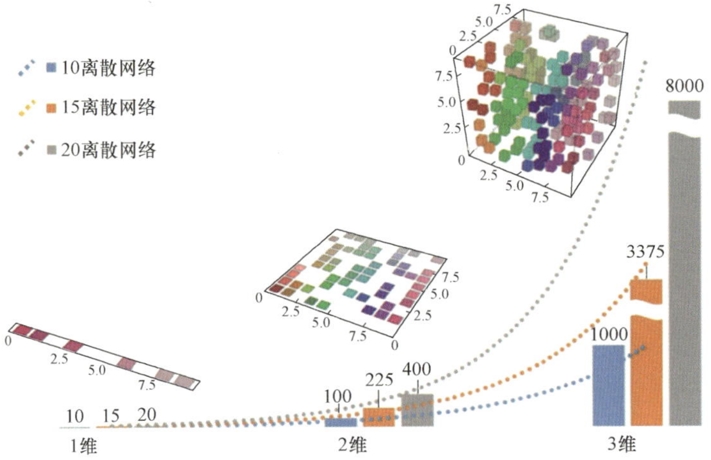

图 4-50 维度灾变示意

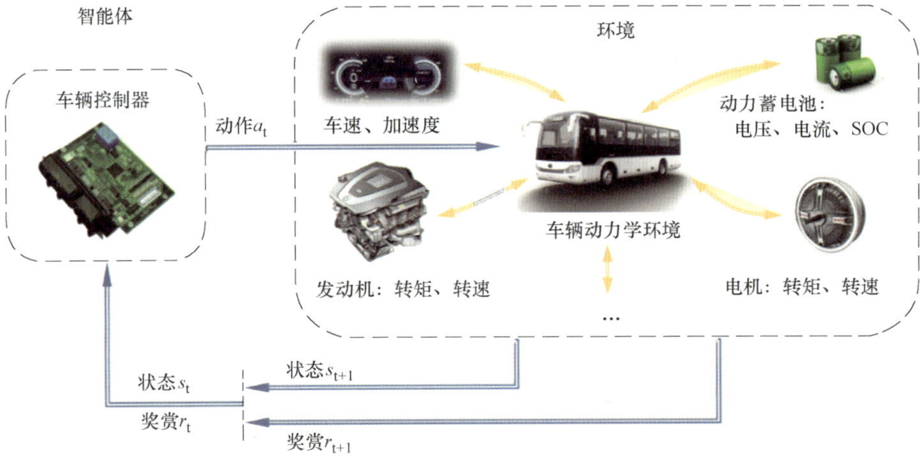

图 4-51 车辆控制中智能体与环境的交互关系示意

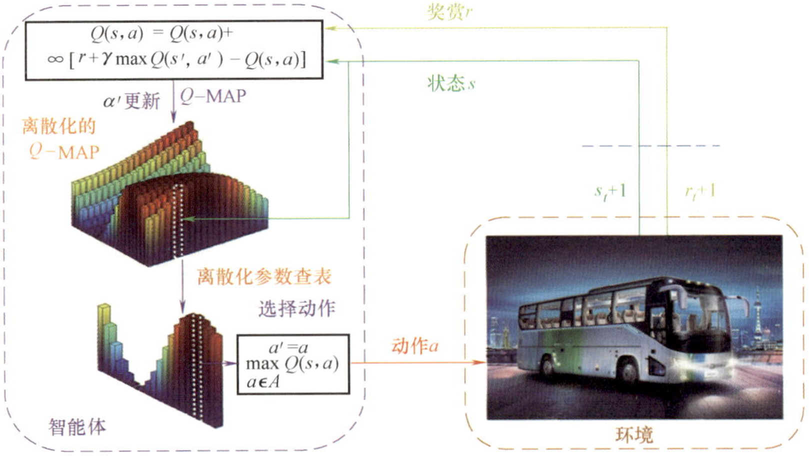

图 4-52 基于 Q-learning 算法的能量管理策略原理

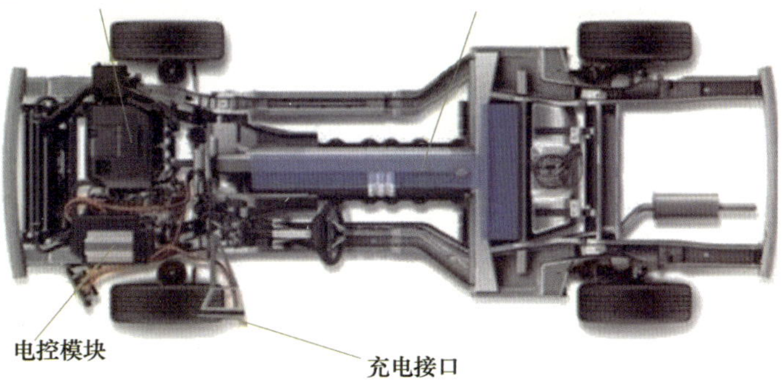

图 5-43 沃蓝达（Voltec）混合动力系统构成 1

图 5-44 沃蓝达（Voltec）混合动力系统构成 2

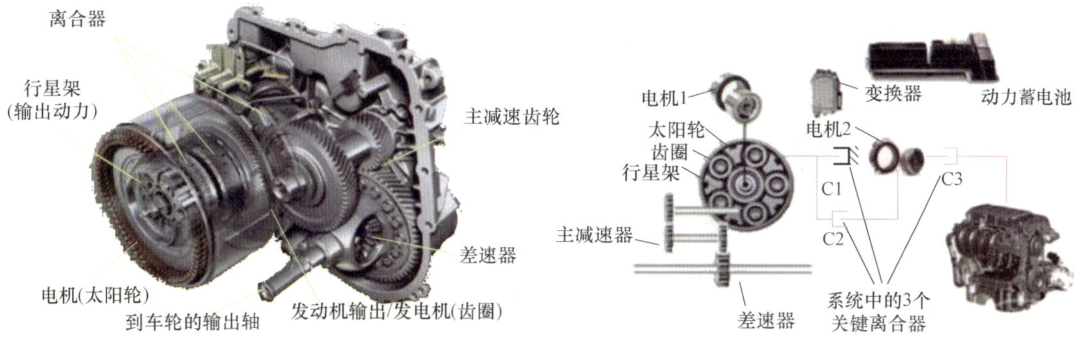

图 5-45 沃蓝达（Voltec）混合动力分配系统结构

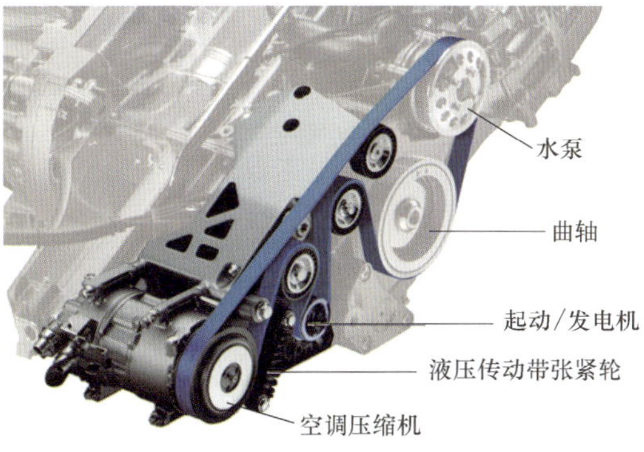

图 6-9 奔驰 A 级和 B 级车的 P0 混动方案

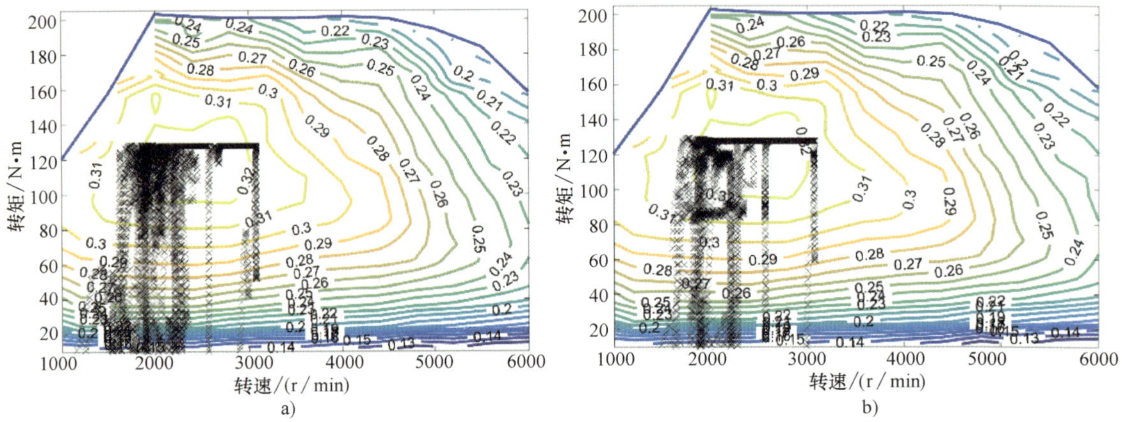

图 6-56 DIRECT 算法优化前后发动机工作点

a）优化前 b）优化后

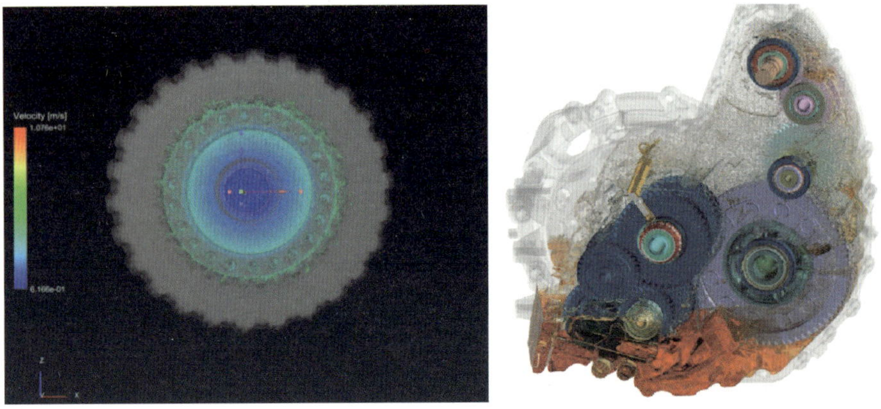

图 6-62 离合器与变速器润滑油路分析

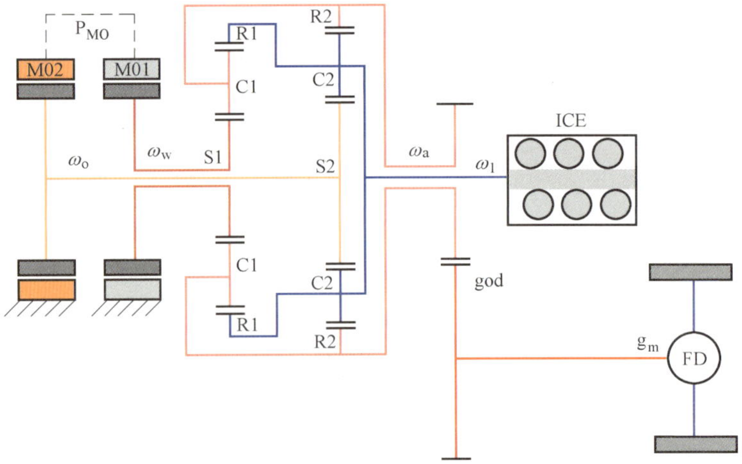

d)

图 7-22 通用、福特、Timken、雷诺公司的行星排混联结构

d）雷诺行星双模混联结构

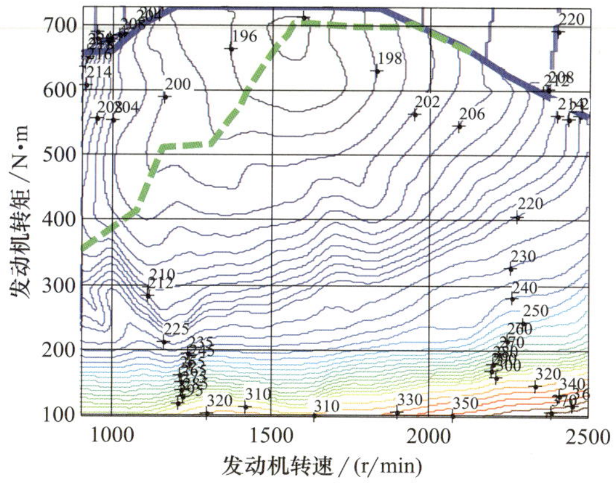

图 7-44 发动机的万有特性

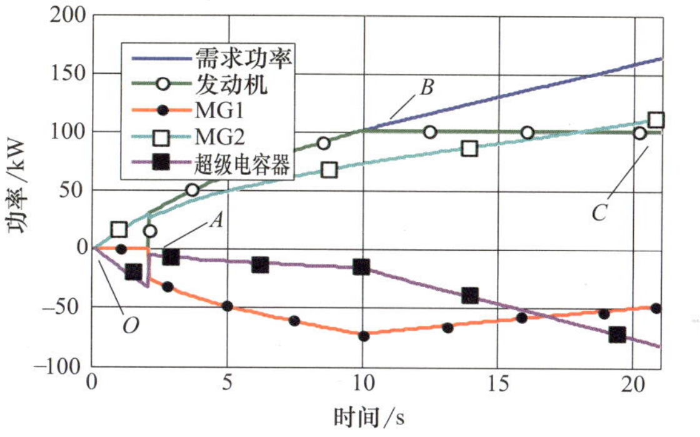

图 7-47 极限加速中各部件的功率

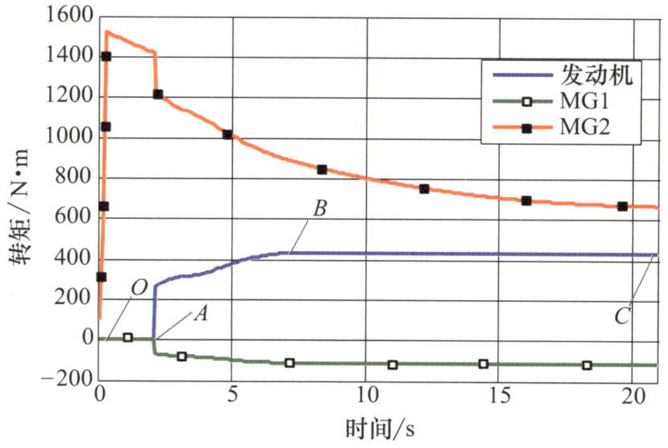

图 7-49 极限加速中各部件的转矩

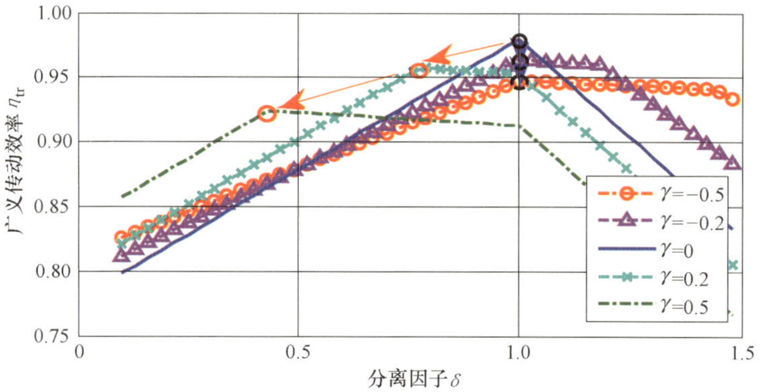

图 7-79　不同动力蓄电池组功率下的系统传动效率

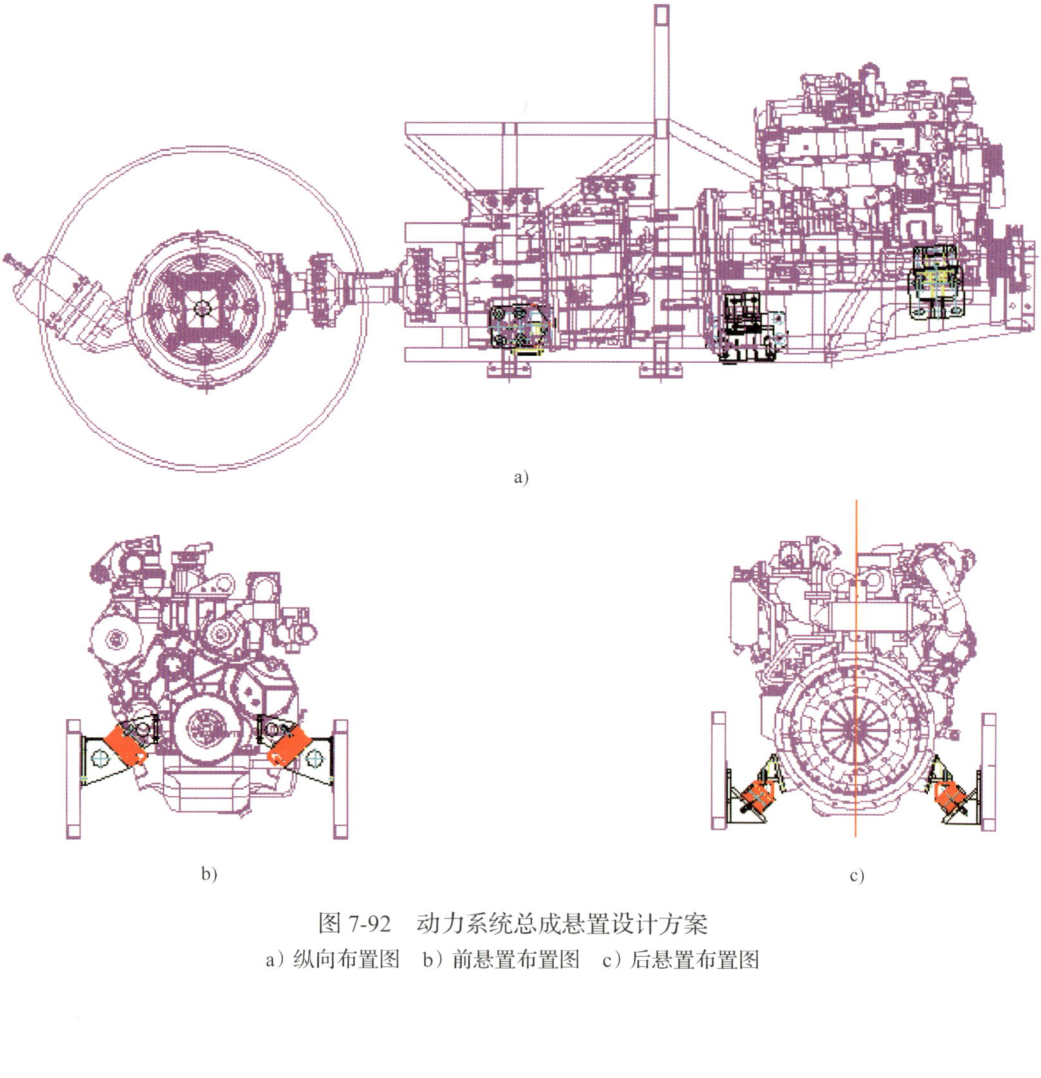

a)

b)　　　　c)

图 7-92　动力系统总成悬置设计方案

a）纵向布置图　b）前悬置布置图　c）后悬置布置图

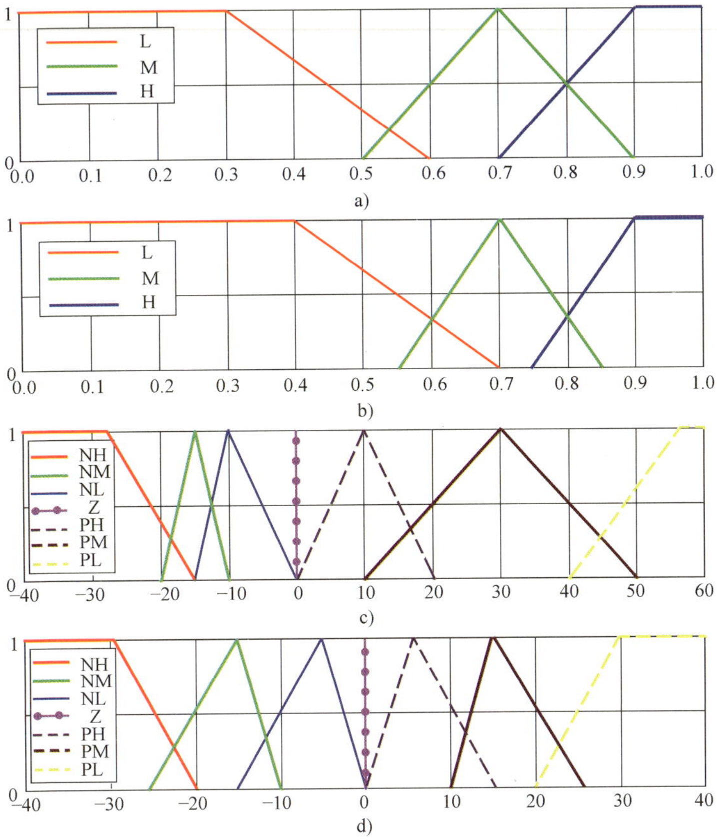

图 8-19　模糊控制隶属函数分布图

a）输入 1：SOC_b　b）输入 2：SOC_c

c）输入 3：P_{bref}/kW　d）输出：P_b/kW

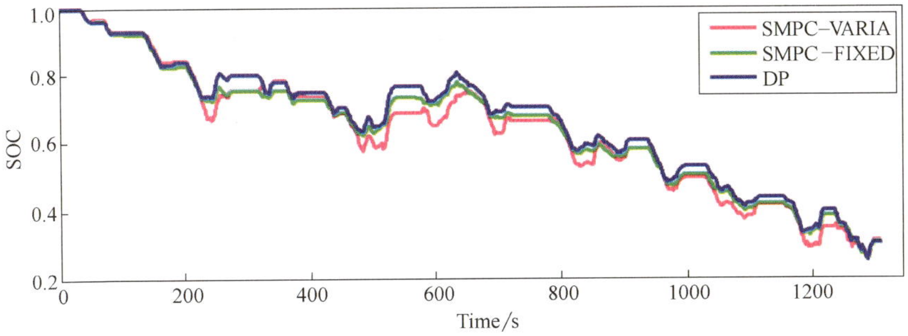

图 8-27　模型预测控制能量管理策略与动态规划能量管理策略效果对比

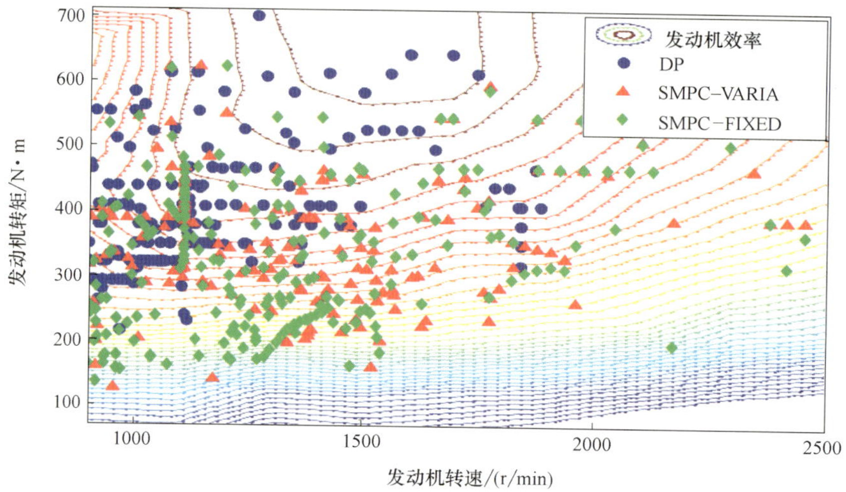

图 8-28 基于 DP、SMPC-FIXED 和 SMPC-VARIA 三种策略的发动机的工作点分布图

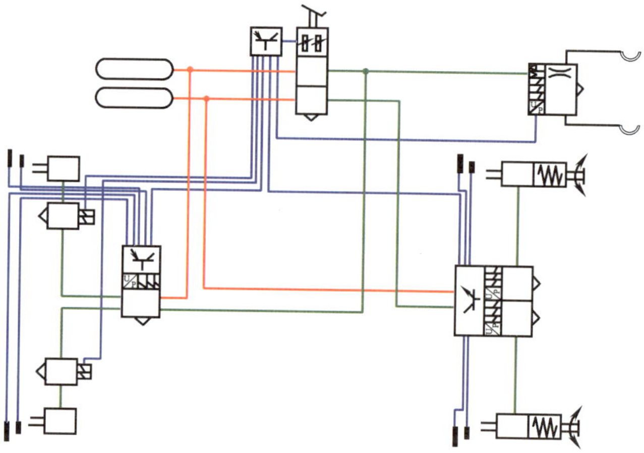
图 8-41 EBS 工作原理

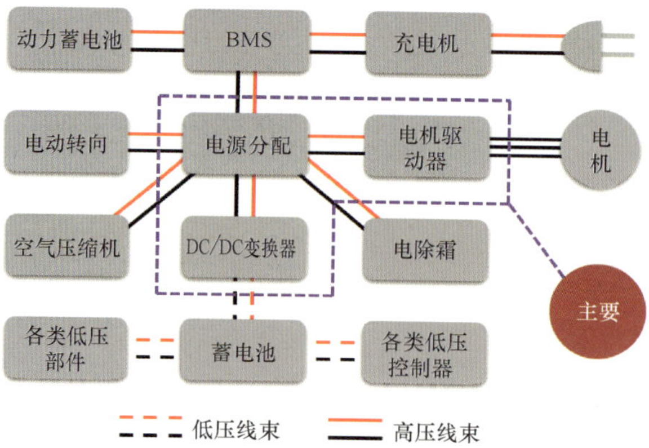

图 8-44 高低压连接及主要干扰源示意图

工况/模式	纯电模式	串联模式	并联模式	制动能量回收	行车充电	怠速充电
示意图	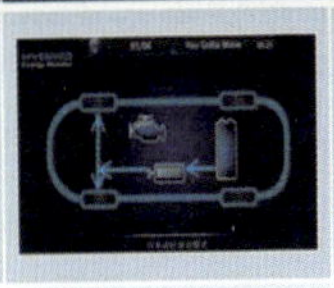	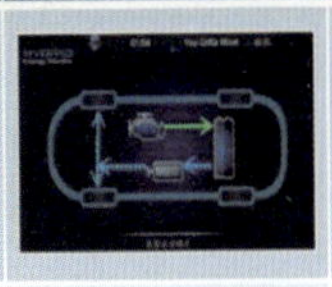	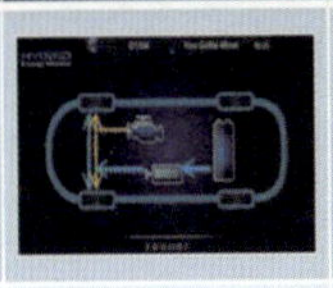	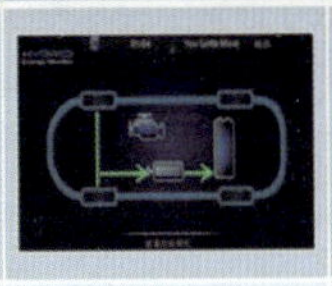	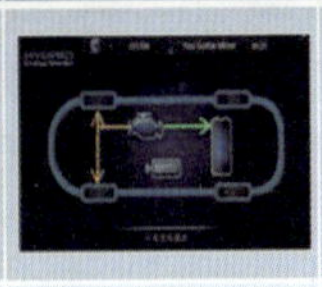	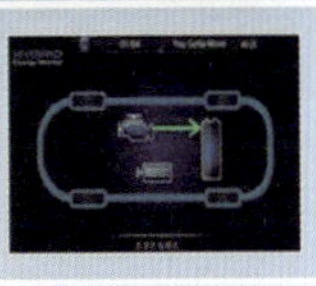
触发条件	动力蓄电池电量许可且车辆对转矩需求适中的情况	动力蓄电池电量较低，转矩需求低时	当有较大的转矩需求时	滑行制动和踏板制动中	行车中，动力蓄电池电量值低于规定值	车辆静止状态，动力蓄电池电量值低于规定值
工作状态	发动机不工作，ISG电机不工作，TM电机工作	发动机工作，ISG电机工作(充电)，TM电机工作(驱动)	发动机工作，ISG电机工作，TM电机工作	并联时ISG电机TM电机工作；纯电动模式下，仅TM电机工作	发动机工作，ISG电机工作(充电)，TM电机工作或不工作	发动机工作，ISG电机工作(充电)，TM电机不工作
能量流动	蓄电池供电给TM电机，TM电机再驱动车轮	发动机对动力蓄电池充电，TM电机驱动车轮	ISG电机发电TM电机驱动车轮	制动力矩经过ISG电机或TM电机给动力蓄电池充电	发动机对动力蓄电池充电，同时和TM电机一起驱动车辆	发动机只对动力蓄电池充电

图 8-56　荣威 550PHEV 动力系统各种运行模式及各模式下的动力源状态和能量流

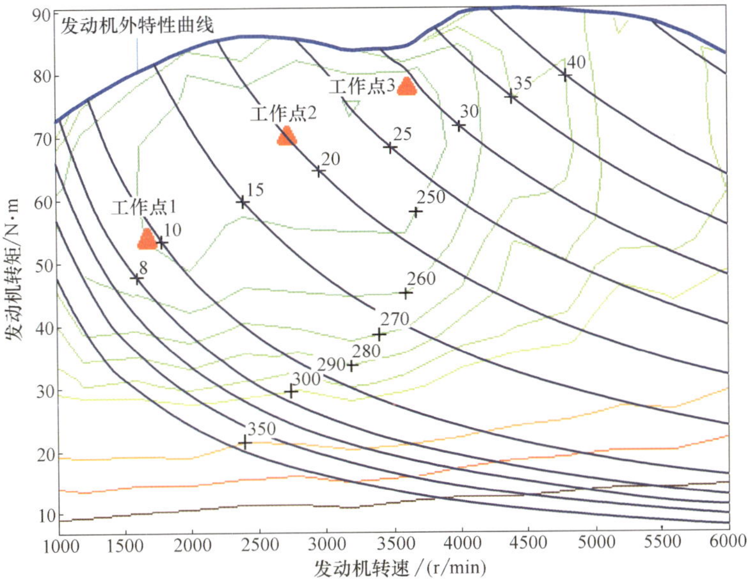

图 9-7　单 / 多点工作模式增程器的输出特性

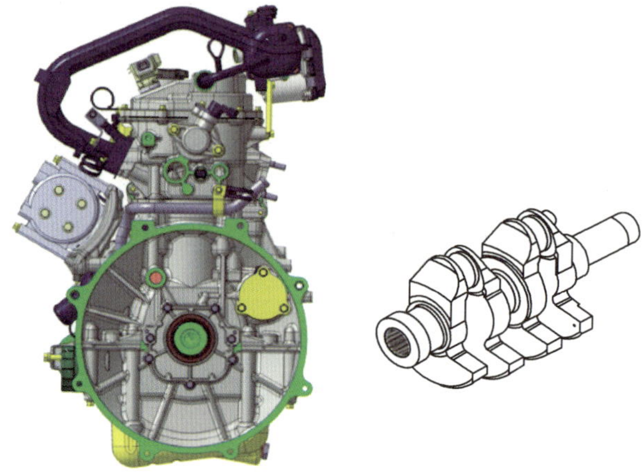

图 9-9　发动机曲轴后端加工为内花键

图 9-10　电机转子轴轴颈加工为外花键

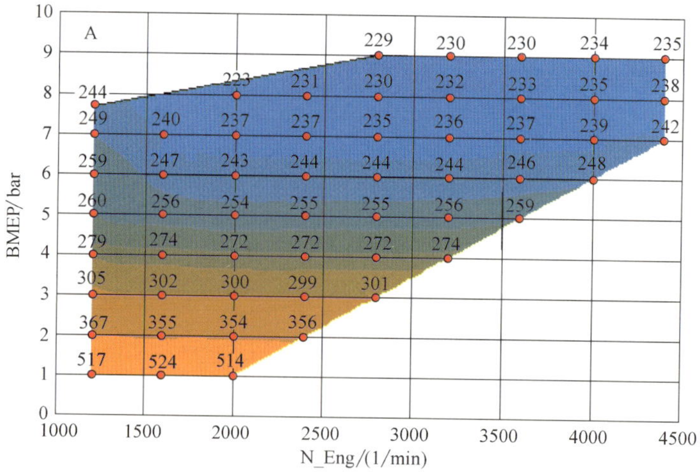

图 9-23　增程器发动机万有特性曲线

机型	额定功率最低转速/(r/min)	峰值功率最低转速/(r/min)
A	2890	4060
B	1560	2180
C	2700	3850
D	3280	4500
E	2220	3200
F	1600	2280
G	3600	4800

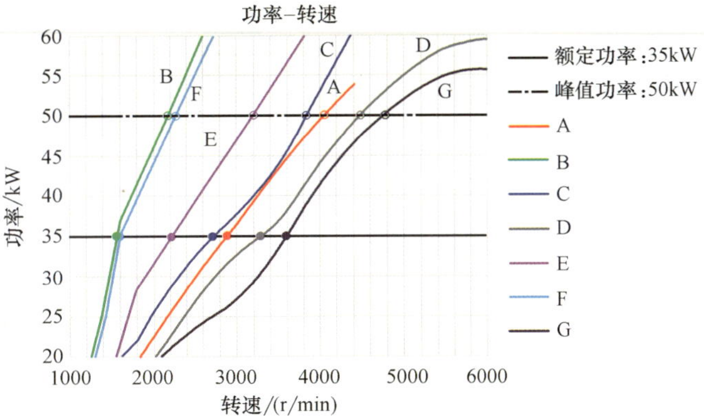

图 9-24　额定功率和峰值功率对应的发动机工作点

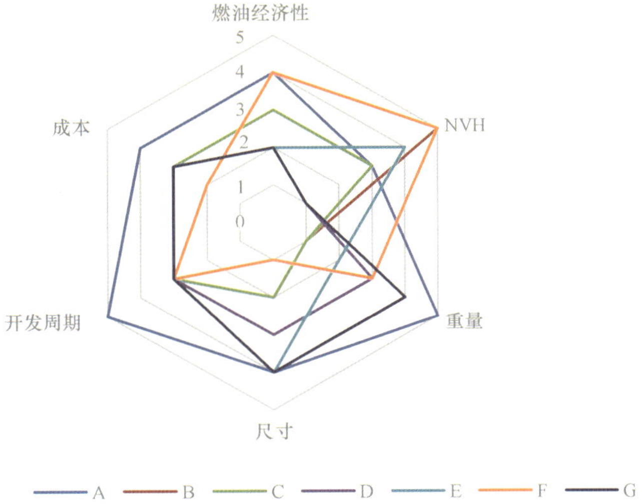

图 9-26　增程器发动机选型评价维度

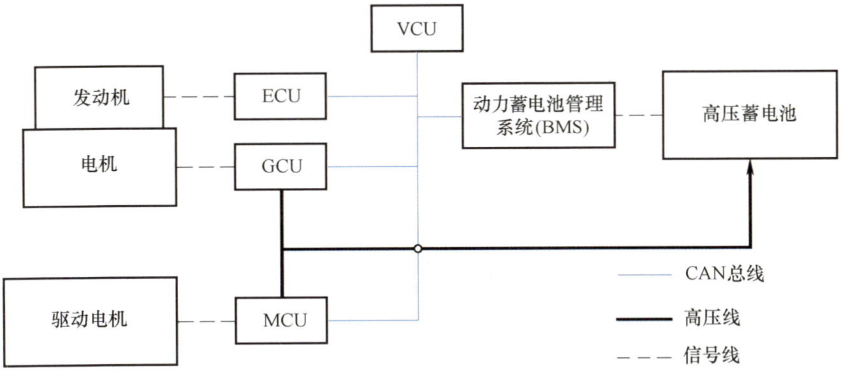

图 9-27　增程式电动汽车整车控制系统

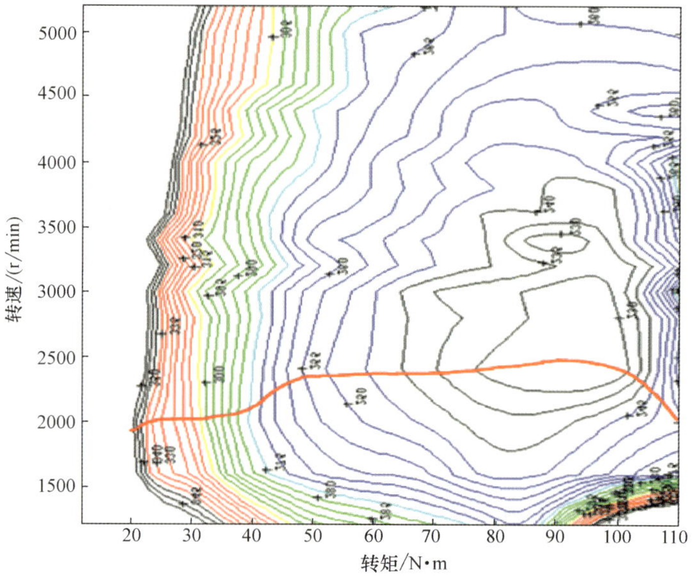

图 10-7　可实现的最低油耗曲线上转矩与转速之间的关系

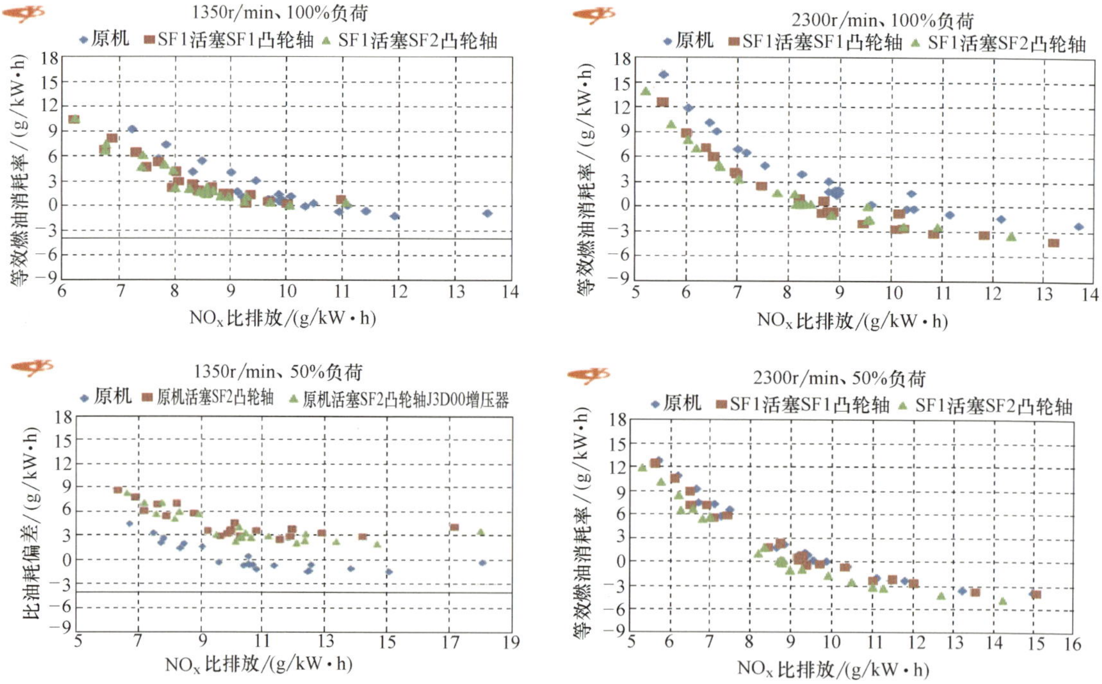

图 10-24　实验测试结果

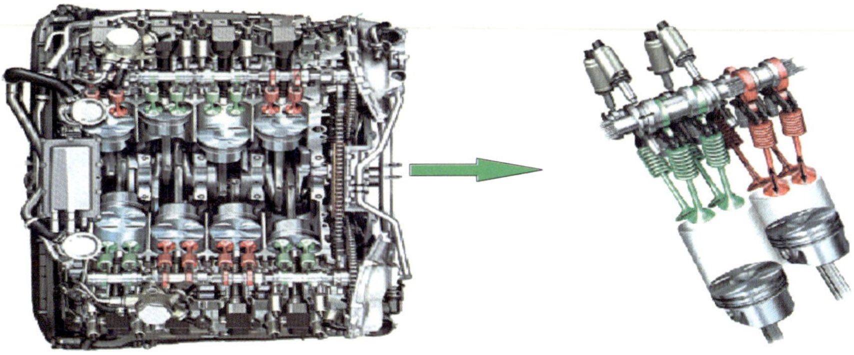

图 10-27　发动机灭缸技术

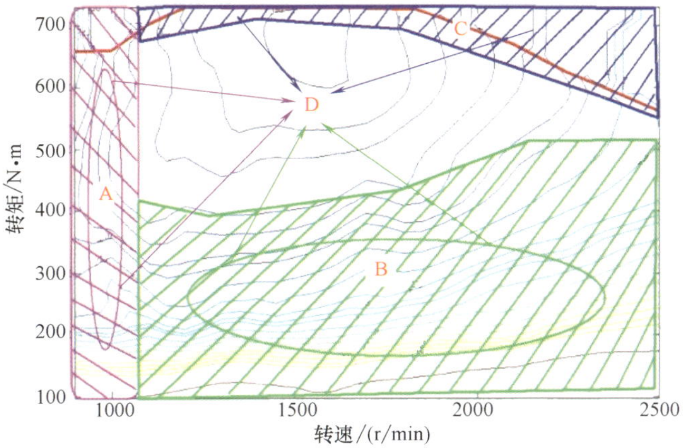

图 10-28　发动机万有特性优化

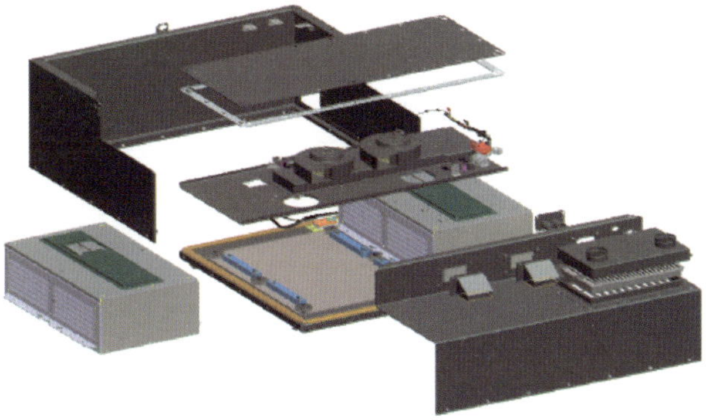

图 10-33　功率型电池组的结构分解图

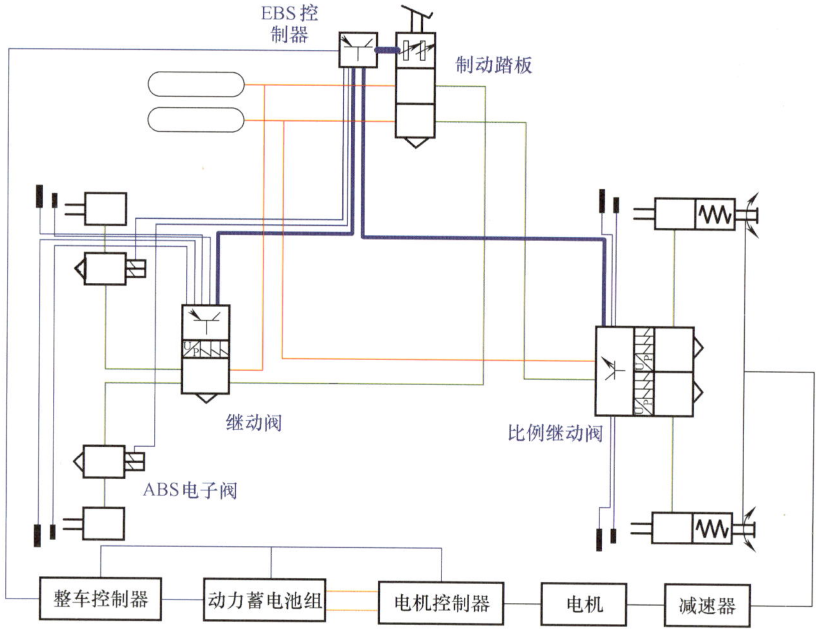

图 10-62 协调式制动能量回馈系统的整体方案

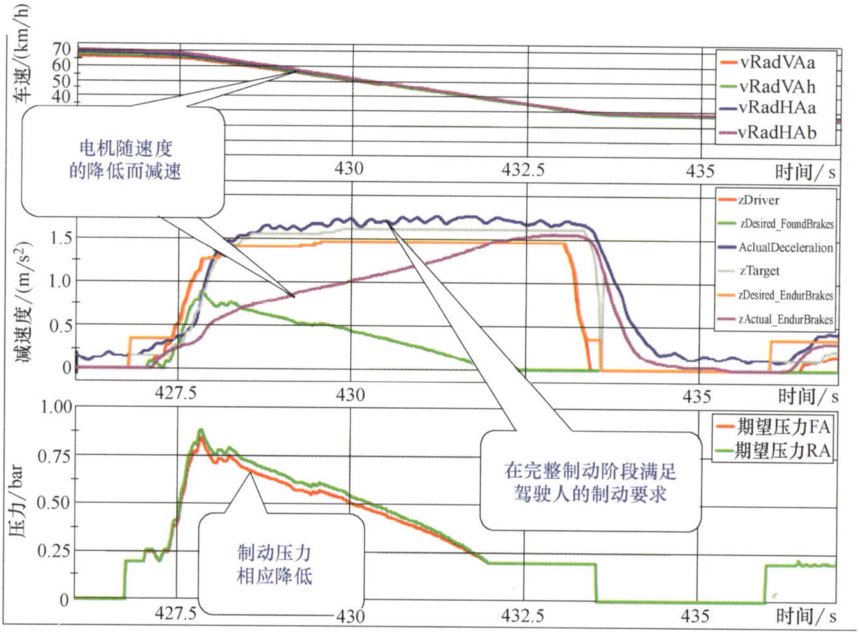

图 10-64 协调式制动能量回收方案的减速过程